"十三五"国家重点出版物出版规划项目

经济科学译丛

微观经济分析

第三版

Microeconomic Analysis

Third Edition

Hal R. Varian

哈尔·R. 范里安 / 著

王文举 滕飞 王方军 孙强 胡文玉 / 译

王文举 / 校

中国人民大学出版社
·北京·

　　自新中国成立尤其是改革开放 40 多年来，中国经济的发展创造了人类经济史上不曾有过的奇迹。中国由传统落后的农业国变成世界第一大工业国、第二大经济体，中华民族伟大复兴目标的实现将是人类文明史上由盛而衰再由衰而盛的旷世奇迹之一。新的理论来自新的社会经济现象，显然，中国的发展奇迹已经不能用现有理论很好地加以解释，这为创新中国经济学理论、构建具有中国特色的经济学创造了一次难得的机遇，为当代学人带来了从事哲学社会科学研究的丰沃土壤与最佳原料，为我们提供了观察和分析这一伟大"试验田"的难得机会，更为进一步繁荣我国哲学社会科学创造了绝佳的历史机遇，从而必将有助于我们建构中国特色哲学社会科学自主知识体系，彰显中国之路、中国之治、中国之理。

　　中国经济学理论的创新需要坚持兼容并蓄、开放包容、相互借鉴的原则。纵观人类历史的漫长进程，各民族创造了具有自身特点和标识的文明，这些文明共同构成了人类文明绚丽多彩的百花园。各种文明是各民族历史探索和开拓的丰厚积累，深入了解和把握各种文明的悠久历史和丰富内容，让一切文明的精华造福当今、造福人类，也是今天各民族生存和发展的深层指引。

　　"经济科学译丛"于 1995 年春由中国人民大学出版社发起筹备，其入选书目是国内较早引进的国外经济类教材。本套丛书一经推出就立即受到了国内经济学界和读者们的一致好评和普遍欢迎，并持续畅销多年。许多著名经济学家都对本套丛书给予了很高的评价，认为"经济科学译丛"的出版为国内关于经济理论和经济政策的讨论打下了共同研究的基础。近三十年来，"经济科学译丛"共出版了百余种全球范围内经典的经济学图书，为我国经济学教育事业的发展和学术研究的繁荣做出了积极的贡献。近年来，随着我国经济学教育事业的快速发展，国内经济学类引进版图书的品种越来越多，出版和更新的周期也在明显加快。为此，本套丛书也适时更新版本，增加新的内容，以顺应经济学教育发展的大趋势。

"经济科学译丛"的入选书目都是世界知名出版机构畅销全球的权威经济学教材，被世界各国和地区的著名大学普遍选用，很多都一版再版，盛行不衰，是紧扣时代脉搏、论述精辟、视野开阔、资料丰富的经典之作。本套丛书的作者皆为经济学界享有盛誉的著名教授，他们对于西方经济学的前沿课题都有透彻的把握和理解，在各自的研究领域都做出了突出的贡献。本套丛书的译者大多是国内著名经济学者和优秀中青年学术骨干，他们不仅在长期的教学研究和社会实践中积累了丰富的经验，而且具有较高的翻译水平。

本套丛书从筹备至今，已经过去近三十年，在此，对曾经对本套丛书做出贡献的单位和个人表示衷心感谢：中国留美经济学会的许多学者参与了原著的推荐工作；北京大学、中国人民大学、复旦大学以及中国社会科学院的许多专家教授参与了翻译工作；前任策划编辑梁晶女士为本套丛书的出版做出了重要贡献。

愿本套丛书为中国经济学教育事业的发展继续做出应有的贡献。

中国人民大学出版社

序 言

《微观经济分析》第一版于 1978 年出版。已过去 14 年，我认为是进行重大修订的时候了。在第三版中，我对结构和内容两方面进行了修订。

结构上的变化包括重新整理资料，将它们按照"模块"分章。大部分章节的标题对应于我所著的本科生教材《中级微观经济学》。这使得读者在有需要时能够容易地参考这一本科生教材。此外，如果本科生想进一步学习某一主题的高级内容，也可以学习《微观经济分析》的相应章节。这种模块章节的安排还有另外两个好处：可以按照各种顺序研读本书以及更方便查阅。

除了以上的重新组织外，在内容上也进行了几项修订。

第一，我重写了本书的大部分章节。现在的内容更充实，当然，我也希望它们更易懂。

第二，我更新了很多内容，尤其是关于垄断和寡头的内容完全是最新的，吸收了 20 世纪 80 年代产业组织理论的主要进展。

第三，我增添了很多新内容。具体地说，我增加了关于博弈论、资产市场以及信息的章节。这些章节可以为经济学专业一年级研究生提供关于这些内容的适当介绍。对于这些主题，我没有提供深入的讨论，因为我发现在研究生二年级和三年级，在学生已经熟练掌握了经济分析的标准工具后，再深入学习会更好。

第四，我新增了一些习题，并且提供了所有奇数序号习题的完整答案。*我必须说我对提供答案这种做法感到矛盾——但我希望大多数研究生应该有足够的意志力，在付出努力独立解决问题之前，不去翻阅答案。

本书的结构

正如我在前面所指出的，本书编成了许多较短的章节。我猜想几乎每个人都应该系统地学习本书前半部分，因为它描述的微观经济学基本工具对于所有经济学家都是有用的。本书的后半部分介绍了一些微观经济学专题。我估计大多数人会选学部分内容。有些教师想强调博弈论，有些教师喜欢讲授一般均衡。有些课程会花费很多时间来学习动态模型，另外一些则在福利经济学上花费几个星期。

我不可能对所有这些专题都提供详尽的介绍，因此我决定只对它们进行简要介绍。我尽量使用本书前半部分描述的符号和方法，从而使得这些章节能为教材或专业期刊文章的更详尽阐述铺平道路。幸运的是，对资产市场、博弈论、信息经济学

---

* 译者补充了所有偶数序号习题的答案。

和一般均衡理论的几项论述，现已有一些长篇幅的教材。总之，认真的学生在学习这些专题时不会缺乏相应的学习材料。

本书的制作

在重写这本书时，我已将所有材料都搬到唐纳德·克努特（Donald Knuth）的 T_EX 系统上。我认为现在这本书更美观一些了；而且，交叉编排附注、公式编号、索引等任务对于作者和读者来说都大为简化。由于现在作者修订教材的成本大幅减少了，读者应该能期望看到更频繁的更新。

本书的一部分是在 MS-DOS 系统下写成的，但是大部分是在 NeXT 计算机上书写及排版的。我用 Emacs 在克莱斯顿·托拉普（Kresten Thorup）的 auc-tex 状态下进行了初步编辑。使用 ispell 进行拼写检查，并用标准的 makeindex 和 bibtex 软件做了索引和参考书目的编排。使用汤姆·罗基奇（Tom Rokicki）的 T_EX 作为预览和印刷的选择软件。初版图形是用 Designer 和 Top Draw 制作的，一位制图者用 FreeHand 制作了最后的图版，并发送给我 Encapsulated Postscript 文件，该文件已经被并入 T_EX 码，其中运用了特雷弗·达雷尔（Trevor Darrell）的 psfig 宏命令。我特别感谢这些软件的开发者，他们将许多软件无偿地提供给使用者。

致　谢

这些年，很多人写信给我指出教材中出现的排印错误，或者提出评语与建议。这里有部分名单：泰伍菲克·阿克索依（Tevfik Aksoy）、吉姆·安德鲁尼（Jim Andreoni）、古斯塔沃·安杰利斯（Gustavo Angeles）、肯·宾默尔（Ken Binmore）、索仁·布洛姆奎斯特（Soren Blomqvist）、金·博德（Kim Border）、戈登·布朗（Gordon Brown）、史蒂文·布克拉（Steven Buccola）、马克·伯基（Mark Burkey）、李·沃丁·卡蒂（Lea Verdin Carty）、陈志奇（Zhiqi Chen）、约翰·奇尔顿（John Chilton）、弗朗西斯科·阿曼多·达·科斯塔（Francisco Armando da Costa）、贾科莫·科斯塔（Giacomo Costa）、戴维·W. 克劳福德（David W. Crawford）、彼得·戴蒙德（Peter Diamond）、卡伦·埃格尔斯顿（Karen Eggleston）、马克西姆·恩格尔斯（Maxim Engers）、瑟·弗莱姆（Sjur Flam）、马里奥·福尼（Mario Forni）、马考斯·加拉赫（Marcos Gallacher）、乔恩·汉密尔顿（Jon Hamilton）、芭芭拉·哈罗（Barbara Harrow）、凯文·杰克逊（Kevin Jackson）、姜易（Yi Jiang）、约翰·凯南（John Kennan）、大卫·基弗（David Kiefer）、雷切尔·克兰顿（Rachel Kranton）、李波（Bo Li）、乔治·麦拉茨（George Mailath）、戴维·马鲁格（David Malueg）、杜哈梅尔·马克（Duhamel Marc）、约翰·米勒（John Miller）、V. A. 诺拉哈（V. A. Noronha）、马丁·奥斯本（Martin Osborne）、马克·奥塔维尼（Marco Ottaviani）、阿蒂拉·兰特发（Attila Ratfai）、阿奇·罗森（Archie Rosen）、简·卢特考斯基（Jan Rutkowski）、迈克尔·山德福特（Michael Sandfort）、马克·山德瑞（Marco Sandri）、罗伊·H. M. 赛姆贝尔（Roy H. M. Sembel）、马瑞厄兹·赛德巴（Mariusz Shatba）、伯特·索恩比克（Bert Schoonbeek）、卡尔·西蒙（Carl Simon）、比尔·斯约史特洛姆（Bill

Sjostrom)、格哈德·佐尔格（Gerhard Sorger）、吉姆·斯旺森（Jim Swanson）、克努特·席德萨特（Knut Sydsater）、A. J. 塔尔曼（A. J. Talman）、寇恩兰德·伍罗理克（Coenraad Vrolijk）、理查德·伍德沃德（Richard Woodward）、弗朗西丝·伍利（Frances Wooley）、埃德·扎耶克（Ed Zajac），以及朱勇（Yong Zhu）。如果我的整理工作更细一些，那就还要另外添加一些名字。对于书中的错误，欢迎读者批评指正，可以在发给我的 E-mail 中指出，我将在下次印刷中纠正。我的 E-mail 为 Hal. Varian@umich. edu。

有几个人对新的第三版提出了建议，其中包括爱德华多·利（Eduardo Ley）、帕特·里根（Pat Reagan）、约翰·卫马克（John Weymark）、杰伊·威尔逊（Jay Wilson）。爱德华多·利还提供了部分习题和答案。

最后，我以给学生的一个建议来作为结束。当你读这本书时，请牢记理查德·斯蒂尔爵士（Richard Steele，1672—1729）的不朽名言："应当注意，本文中任何看起来枯燥无味的部分，都有匠心于内。"（It is to be noted that when any part of this paper appears dull there is a design in it.）

目　录

第1章 技 术

生产函数（production function）是用来描述厂商技术的最简单且最常用的方法，这通常在中级课程中已经学习过。不过，在某些情形下还有更一般和更有用的方法来刻画厂商技术。在本章中，我们将对表示厂商生产可能性的那些方法，以及描述厂商生产技术的经济性方面的方法进行讨论。

1.1 投入和产出的度量

厂商通过各种不同的要素投入组合生产产出。为了研究厂商的选择，我们需要一种便利的方法来概括厂商的生产可能性，即哪些投入和产出的组合是**技术上可行的**（technologically feasible）。

通常，最令人满意的是把投入与产出按照流量来度量：在每个时期内，一定量的投入被用来生产一定量的单位时期的产出。在特定的投入和产出中，明确引入时间维度是一个好主意。若如此，你将少犯错用度量单位、混淆存量与流量和其他一些基本错误。例如，如果我们以每周小时数度量劳动时间，我们将确定会以每周小时数度量资本的贡献，以周为单位度量产出。然而，正如我们在本章中所做的那样，当抽象地讨论技术选择时，通常省略时间维度。

我们可以根据有效的时间、地点以及环境来区分投入与产出。通过有效的时间和地点来界定投入与产出，我们能够抓住生产的某些时间或空间特征。例如，在一个给定年份中得到的水泥，能够用来构建一座在其下一年才能完工的建筑物。与此相似，从一个地方购买的水泥却可以在其他地方的生产中使用。

投入的"水泥"应被看成是可在特定时间和特定地点得到的一定等级的水泥。在一些情况下，我们甚至会在列出的限制条件中增加"如果天气是干燥的"等其他一些限制条件；也就是说，我们要考虑水泥产地的环境或自然状态。在具体说明投入产出时所需用的详细程度依赖于具体问题而定，但我们应该清楚的事实是，一个特定的投入或产出可以被以任意细节方式加以说明。

1.2　技术的说明

假设厂商有 n 种可作为投入或/和产出的物品。如果厂商使用 y_j^i 单位物品 j 作为投入，并生产 y_j^o 单位这种物品作为产出，那么物品 j 的**净产出**（net output）就由 $y_j = y_j^o - y_j^i$ 给定。如果物品 j 的净产出为正，那么该厂商生产的物品 j 要比它用作投入的多；如果净产出为负，则该厂商使用的物品 j 多于它的产出。

生产计划（production plan）就是各种物品净产出的一个简单列表。我们可以用空间 R^n 中的向量 **y** 来表示一个生产计划，其中：如果第 j 个物品作为净投入品，那么 y_j 就是负的；如果第 j 个物品是净产出品，y_j 就为正。所有技术上可行的生产计划构成的集合被称为该厂商的**生产可能性集**（production possibilities set），并且以空间 R^n 中的一个子集 Y 表示。Y 被假定为描述了所有技术上可行的投入产出模式。它给出了厂商所面对的技术可能性的一个完备的描述。

当我们研究处于特定经济环境中的厂商行为时，我们可能想要对那些"立即可行"和"最终可行"的生产计划进行区分。例如，从短期来看，厂商的一些投入是固定的，因此，只有那些与不变要素相容的生产计划才是可能的；但从长期来看，这类要素也是可变的，因此厂商的技术可能性也会改变。

我们通常假定，此类限制可以用空间 R^n 中的向量 **z** 表示。例如，**z** 是考察期间内最大量的各种投入和可能产出的一览表。用 $Y(\mathbf{z})$ 来表示**受限制的**（restricted）或**短期的生产可能性集**（short-run production possibilities set），此集合是由与受约束水平 **z** 相一致的所有可行的净产出束组成的。例如，假设短期内 n 要素被固定在 $\bar{y}_n$ 水平上，则 $Y(\bar{y}_n) = \{\mathbf{y} \in Y : y_n = \bar{y}_n\}$。注意到 $Y(\mathbf{z})$ 是 Y 的一个子集，因为它是由所有可行的生产计划组成的（这就意味着它们在 Y 中），并且这些生产计划满足某些附加条件。

例 1－1：投入要求集

假定我们正在考察一个只生产一种产出的厂商。在此例中，我们以 $(y, -\mathbf{x})$ 表示净产出束，其中 **x** 是一个能生产出 y 单位产出的投入向量。这样，我们就可以定义一个特殊的受限制的生产可能性集，即**投入要求集**（input requirement set）：

$$V(y) = \{\mathbf{x} \in R_+^n : (y, -\mathbf{x}) \in Y\}$$

投入要求集是所有至少生产 y 单位产出的投入束的集合。

注意，正如这里所定义的，投入要求集以正数度量投入，而不是像生产可能性集中使用负数度量投入。

例 1-2：等产量线

在上面的例 1-1 中，我们也可定义一条**等产量线**（isoquant）：

$$Q(y) = \{\mathbf{x} \in R_+^n : \mathbf{x} \in V(y) \text{且对于任意的} \ y' > y, \mathbf{x} \notin V(y')\}$$

该等产量线描述了所有恰好生产 y 单位产出的投入束。

例 1-3：短期的生产可能性集

假定一个厂商利用劳动和某种被称为"资本"的机器来生产某些产出。那么，生产计划应该是 $(y, -l, -k)$，其中 y 是产出水平，l 是劳动投入量，k 是资本投入量。我们设想在短期内劳动可以立即变化，但资本固定在 $\bar{k}$ 水平上。那么

$$Y(\bar{k}) = \{(y, -l, -k) \in Y : k = \bar{k}\}$$

就是一个**短期的生产可能性集**的例子。

例 1-4：生产函数

如果厂商只有一种产出，我们可以定义**生产函数**：

$$f(\mathbf{x}) = \{y \in R : (y, -\mathbf{x}) \in Y, \text{且} \ y \text{是最大产出}\}$$

例 1-5：变换函数

有一种生产函数的 n 维模拟，对我们研究一般均衡理论是有用的。如果在 Y 中不存在满足 $\mathbf{y}' \geqslant \mathbf{y}$ 并且 $\mathbf{y}' \neq \mathbf{y}$ 的 $\mathbf{y}'$，那么在 Y 中的生产计划 $\mathbf{y}$ 就是**（技术上）有效的** [（technologically) efficient]。那就是，如果用同样的投入不能生产更多的产出，或者用更少的投入不能生产相同的产出，生产计划就是有效的（仔细注意投入品的符号约定在这里如何起作用）。我们经常假定可以用**变换函数**（transformation function）T 来描述这组技术上有效的生产计划，即 $T: R^n \to R$，当且仅当 $\mathbf{y}$ 是有效的，$T(\mathbf{y}) = 0$。正如生产函数作为投入的函数挑选出最大的产出数量一样，变换函数则挑选出最大的净产出向量。

例 1-6：科布-道格拉斯技术

假定 a 为满足 $0 < a < 1$ 的一个参数，则**科布-道格拉斯技术**（Cobb-Douglas technology）可以定义为如下形式（见图 1-1A）：

$$Y = \{(y, -x_1, -x_2) \in R^3 : y \leqslant x_1^a x_2^{1-a}\}$$
$$V(y) = \{(x_1, x_2) \in R_+^2 : y \leqslant x_1^a x_2^{1-a}\}$$
$$Q(y) = \{(x_1, x_2) \in R_+^2 : y = x_1^a x_2^{1-a}\}$$
$$Y(z) = \{(y, -x_1, -x_2) \in R^3 : y \leqslant x_1^a x_2^{1-a}, x_2 = z\}$$
$$T(y, x_1, x_2) = y - x_1^a x_2^{1-a}$$
$$f(x_1, x_2) = x_1^a x_2^{1-a}$$

例 1-7：里昂惕夫技术

假定参数 $a>0$，$b>0$，则**里昂惕夫技术**（Leontief technology）可以定义为如下形式（见图 1-1B）：

$$Y=\{(y,-x_1,-x_2)\in R^3:y\leq\min(ax_1,bx_2)\}$$
$$V(y)=\{(x_1,x_2)\in R_+^2:y\leq\min(ax_1,bx_2)\}$$
$$Q(y)=\{(x_1,x_2)\in R_+^2:y=\min(ax_1,bx_2)\}$$
$$T(y,x_1,x_2)=y-\min(ax_1,bx_2)$$
$$f(x_1,x_2)=\min(ax_1,bx_2)$$

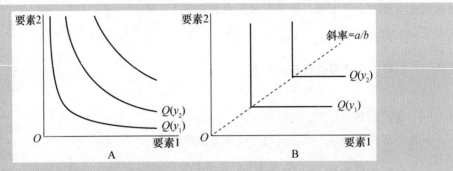

图 1-1 科布-道格拉斯技术和里昂惕夫技术

注：图 A 描绘了科布-道格拉斯技术的一般形状，图 B 描绘了里昂惕夫技术的一般形状。

在本章，我们主要讨论只生产一种产品的厂商；因此，我们通常将采用投入要求集或者生产函数来描述其技术。以后，我们将使用生产集和变换函数。

1.3 活动分析

描述生产集或者投入要求集最直接的方法就是简单地列出可行的生产计划。例如，假定生产一种产品需要两种投入要素：要素 1 和要素 2。这里有两种不同的**活动**（activity）或**技术**（technique）可以满足生产要求：

技术 A：一个单位的要素 1 和两个单位的要素 2，生产一单位的产出。

技术 B：两个单位的要素 1 和一个单位的要素 2，生产一单位的产出。

令产出为物品 1，要素是物品 2 和物品 3。那么，这两种活动所隐含的生产可能性可以表示为生产集：

$$Y=\{(1,-1,-2),(1,-2,-1)\}$$

或者投入要求集：

$$V(1)=\{(1,2),(2,1)\}$$

图 1-2A 具体描绘了这一投入要求集。

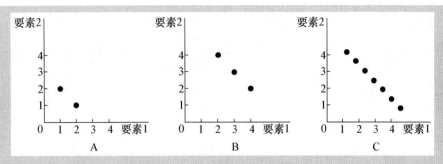

图 1-2 投入要求集

注：图 A 描绘了 $V(1)$，图 B 描绘了 $V(2)$，图 C 对于更大的 y 值描绘了 $V(y)$。

可能会有这种情况，即对于 $y=1, 2, \cdots$，为了生产 y 单位产出，我们可以恰好使用每种投入的 y 倍。在这种情况下，可以想到生产 y 单位产出的可行方式的集合可以表示为：

$$V(y)=\{(y, 2y), (2y, y)\}$$

不过，这个集合并没有包括所有相关的可能性。确实，若采用技术 A，$(y, 2y)$ 可以生产 y 单位产出；若采用技术 B，$(2y, y)$ 可以生产 y 单位产出。但是如果我们采用技术 A 和技术 B 的混合方式，结果会如何呢？

在此情况下，令 y_A 为使用技术 A 的产出量，y_B 为使用技术 B 的产出量，则 $V(y)$ 可以表示成集合：

$$V(y)=\{(y_A+2y_B, y_B+2y_A):y=y_A+y_B\}$$

因此，例如，正如图 1-2B 所示，$V(2)=\{(2, 4), (4, 2), (3, 3)\}$。注意，投入组合 $(3, 3)$ 可以生产两单位产出，其中一单位产出使用技术 A，一单位产出使用技术 B。

1.4 单调技术

让我们继续对上一节引入的两种活动的例子进行考察。假设我们有一个投入向量 $(3, 2)$，这足以生产一单位产出吗？我们可以证明：因为我们处置掉 2 个单位要素 1，留下 $(1, 2)$，用 $(3, 2)$ 确实可以生产一单位产出。因此，如果允许这样的**自由处置**（free disposal），则合理的观点是：如果 **x** 是生产 y 单位产出的可行方法，并且 **x**′ 是与 **x** 中每种投入至少一样多的投入向量，则 **x**′ 也应当是生产 y 单位产出的一种可行方法。那么，从下面的意义看，投入要求集是**单调的**（monotonic）：

单调性（monotonicity）：如果 $\mathbf{x}\in V(y)$，并且 $\mathbf{x}'\geqslant\mathbf{x}$，那么 $\mathbf{x}'\in V(y)$。

如果我们假定单调性成立，那么，在图 1-2 中描绘的投入要求集就变成了图 1-3 中所描绘的集合。

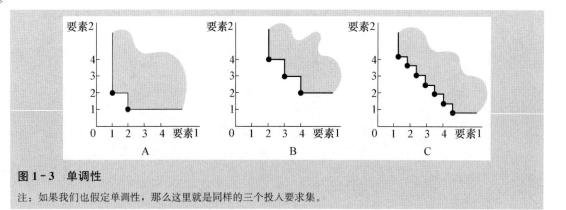

图 1-3 单调性

注：如果我们也假定单调性，那么这里就是同样的三个投入要求集。

单调性通常也是生产集的一个适当假设。在此背景下，我们一般假定，如果 **y** 在 Y 中，并且 $\mathbf{y}' \leqslant \mathbf{y}$，那么 $\mathbf{y}'$ 也一定在 Y 中。仔细注意符号约定在这里是如何起作用的。如果 $\mathbf{y}' \leqslant \mathbf{y}$，它意味着向量 $\mathbf{y}'$ 的每个分量都小于或等于 **y** 的对应分量。这意味着：与 **y** 相比，$\mathbf{y}'$ 所表示的生产计划通过使用与 **y** 至少一样多的所用投入，能够生产出相等或较少的产出。因此，人们自然会假定：如果 **y** 是可行的生产计划，则 $\mathbf{y}'$ 也是可行的。

1.5 凸技术

现在，让我们考虑一下，如果我们想要生产 100 单位的产出，投入要求集看起来会是什么样子。第一步，我们可能认为，如果用 100 乘以向量 (1，2) 和 (2，1)，我们应当能够仅仅复制以前我们所做的行为，并因此得到 100 倍的产量。显然，并非所有的生产过程都允许此类复制，但这在许多情形下却似乎是合理的。

若此类复制是可能的，则我们可以断定 (100，200) 和 (200，100) 在 $V(100)$ 中。还有其他方法可以生产 100 单位的产出吗？当然，我们可以运行 50 次活动 A，并运行 50 次活动 B。此方法将消耗 150 单位的物品 1 和 150 单位的物品 2 来生产 100 单位产出。因此，(150，150) 应该在投入要求集中。与此相似，我们可以运行 25 次活动 A 和 75 次活动 B，这意味着：

$$0.25(100,200)+0.75(200,100)=(175,125)$$

应当在 $V(100)$ 中。更一般地，对于 $t=0$，0.01，0.02，$\cdots$，1，

$$t(100,200)+(1-t)(200,100)=[100t+200(1-t),200t+(1-t)100]$$

也应该在 $V(100)$ 中。

这里，我们可以作出明显的逼近而让 t 取 0 到 1 之间的任意小数。这就可以推导出图 1-4A 所描绘的生产集。下面的定义对此特性进行了精确的表述。

凸性（convexity）：如果 **x**，$\mathbf{x}' \in V(y)$，那么对于所有的 $0 \leqslant t \leqslant 1$，$t\mathbf{x}+(1-t)$

$\mathbf{x}' \in V(y)$。即 $V(y)$ 是**凸集**（convex set）。

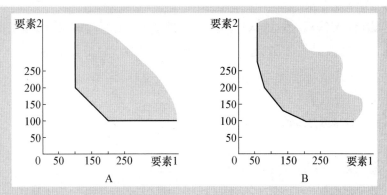

图 1-4 凸投入要求集

注：如果 $\mathbf{x}$ 和 $\mathbf{x}'$ 都能够生产 y 单位产出，那么任意加权平均 $t\mathbf{x}+(1-t)\mathbf{x}'$ 也能生产 y 单位产出。图 A 描绘了一个具有两个基本活动的凸投入要求集；图 B 描绘了具有很多活动的凸投入要求集。

通过复制论证，我们引出了凸性假定。如果我们想要生产"大"量的产出，并且能够复制"小"的生产过程，那么技术明显地应作为凸性来模型化。然而，如果相对于需要的产出量，基本活动的规模是巨大的，凸性或许不是一个合理的假设。

不过，仍有许多其他的观点认为，在一些情况下凸性仍是合理的假设。例如，假设我们正在考虑每个月的产出。如果投入向量 $\mathbf{x}$ 每月生产 y 单位产出，另一个向量 $\mathbf{x}'$ 每个月也生产 y 单位产出，那么，我们可以使用 $\mathbf{x}$ 半个月，剩下的半个月使用 $\mathbf{x}'$。如果在月中转换生产计划没有问题，我们就可以合理地预期会得到 y 单位产出。

我们不仅将上述观点运用到了投入要求集中，而且将其运用到了生产集中。通常假设：如果 $\mathbf{y}$ 和 $\mathbf{y}'$ 都在 Y 中，那么对于 $0 \leqslant t \leqslant 1$，$t\mathbf{y}+(1-t)\mathbf{y}'$ 也在 Y 中；换句话说，Y 是一个凸集。不过，需要注意的是，生产集凸性是一个比投入要求集凸性问题更大的假设。例如，生产集凸性排除了"启动成本"和其他的规模收益问题。这将在随后章节进行详细的讨论。现在，我们将描述 $V(y)$ 的凸性、生产函数的曲率和 Y 的凸性之间的关系。

凸生产集意味着凸投入要求集（convex production set implies convex input requirement set）：如果生产集 Y 是一个凸集，那么相关的投入要求集 $V(y)$ 也是一个凸集。

证明：如果 Y 是一个凸集，则对任意的 $\mathbf{x}$ 和 $\mathbf{x}'$，若满足 $(y, -\mathbf{x})$，$(y, -\mathbf{x}') \in Y$，必有

$$[ty+(1-t)y, -t\mathbf{x}-(1-t)\mathbf{x}'] \in Y$$

很简单，这要求 $\{y, -[t\mathbf{x}+(1-t)\ \mathbf{x}']\} \in Y$。因此，如果 $\mathbf{x}, \mathbf{x}' \in V(y)$，那么 $t\mathbf{x}+(1-t)\mathbf{x}' \in V(y)$。这表明：$V(y)$ 是凸集。证毕。

凸投入要求集等价于拟凹生产函数（convex input requirement set is equivalent to quasiconcave production function）：当且仅当生产函数 $f(\mathbf{x})$ 是一个拟凹函数时，$V(y)$ 是一个凸集。

证明： $V(y) = \{\mathbf{x}: f(\mathbf{x}) \geqslant y\}$，正是 $f(\mathbf{x})$ 的上轮廓集（upper contour set）。然而，当且仅当一个函数有一个凸上轮廓集时，它是拟凹的。见本书第 27 章。证毕。

1.6 正则技术

最后，我们考虑 $V(y)$ 的一个弱正则条件。

正则（regular）： 对于所有的 $y \geqslant 0$，$V(y)$ 是一个非空的闭集。

$V(y)$ 是非空的假设要求：总有某种可能的方法来生产出任意给定水平的产出。这是避免用"假定 y 可以被生产出来"这样的语句进行限制性阐述的最简单方法。

由于技术上的原因，$V(y)$ 被假定为闭集，这在多数情况下是无伤大雅的（innocuous）。$V(y)$ 是闭集的假设具有如下含义：假设我们有一个投入束序列 $(\mathbf{x}^i)$，每个投入束都能生产出 y 单位产出，并且此序列收敛于投入束 $\mathbf{x}^0$。那就是说，该序列中的投入束可以任意接近 $\mathbf{x}^0$。如果 $V(y)$ 为闭集，则极限投入束 $\mathbf{x}^0$ 必定可以生产 y 单位产出。粗略地说，投入要求集一定"包含它自己的边界"。

1.7 技术的参数表示

假定我们有很多可能的方法来生产某一给定水平的产出，那么如图 1-5 所示，将这一投入集概括为"平滑的"投入集也许是合理的。也就是说，我们可能想要拟合出经过所有可能生产点的一条很好的曲线。如果确实存在许多略有差异的方法可以生产给定水平的产出，这样的一个平滑过程就不会有太大的问题。

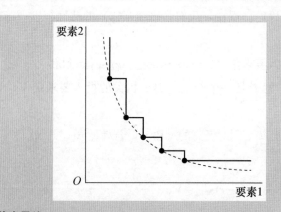

图 1-5 平滑一条等产量线

注：一个投入要求集和对其的一个"平滑的"逼近。

如果我们确实作出了这样的一种逼近来"平滑"投入要求集，那么自然地就会进一步寻找一种方便的方法，用含有几个未知参数的参数函数来表示技术。例如，前面提到的科布-道格拉斯技术表明：任何满足 $x^a x^{1-a} \geqslant y$ 的投入束（x_1，x_2）都可以至少生产 y 单位产出。

这些参数技术表示不必看作是对生产可能性的如实描述。生产可能性是描述物理上可能的生产计划的工程数据。也可能会出现如下情况：这一工程数据能够合理地被一个像科布-道格拉斯函数这样的方便的函数形式很好地描述。如果是这样的话，此类参数表示可能是非常有用的。

在大多数应用中，我们只关心在特定范围的投入产出水平下，对一种技术有一个参数逼近，并且通常使用相对简单的函数形式来作出这样的参数逼近。作为教学工具，这些参数表示非常方便，并且我们将常常把我们的技术用参数形式表示。于是我们就能够引入微积分和代数工具来研究厂商的生产选择。

1.8　技术替代率

假定我们有某个可由光滑的生产函数来概括的技术，并且我们正在特定点 $y^* = f(x_1^*, x_2^*)$ 进行生产。假如我们想要增加投入 1 的用量，同时减少投入 2 的用量，以便保持不变的产出水平。我们应该如何确定这两种要素之间的**技术替代率**（technical rate of substitution，TRS）呢？

在二维情况下，技术替代率正好是等产量线的斜率：如图 1-6 所描绘的，当 x_1 发生微量变化时，如何调整 x_2 以保持产出不变。在 n 维情况下，技术替代率是按特定方向度量的等产量曲面的斜率。

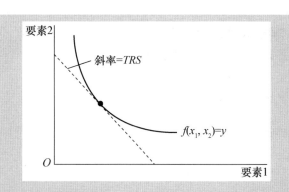

图 1-6　技术替代率

注：技术替代率度量了：当另一种投入变化时，为了保持产出不变，这种投入必须如何调整。

设 $x_2(x_1)$ 是一（隐）函数，它告诉我们如果我们正使用 x_1 单位的其他投入，需要多少的 x_2 来生产 y 产出。那么根据定义，$x_2(x_1)$ 必须满足恒等式：

$$f[x_1, x_2(x_1)] \equiv y$$

我们求解 $\partial x_2(x_1^*) / \partial x_1$ 的表达式。对上面的恒等式进行求导，我们得到：

$$\frac{\partial f(\mathbf{x}^*)}{\partial x_1} + \frac{\partial f(\mathbf{x}^*)}{\partial x_2}\frac{\partial x_2(x_1^*)}{\partial x_1} = 0$$

或者

$$\frac{\partial x_2(x_1^*)}{\partial x_1} = -\frac{\partial f(\mathbf{x}^*)/\partial x_1}{\partial f(\mathbf{x}^*)/\partial x_2}$$

这给出了技术替代率的一个显式表达式。

这里是另外一种导出技术替代率的方法。考虑一个在投入水平上发生（微小）变化的向量，我们写为 $\mathbf{dx}=(dx_1, dx_2)$。则产出的相关变动可以近似为

$$dy = \frac{\partial f}{\partial x_1}dx_1 + \frac{\partial f}{\partial x_2}dx_2$$

这个表达式被称为函数 $f(\mathbf{x})$ 的**全微分**（total differential）。考虑一个特定变化，其中只有要素 1 和要素 2 变动，并且该变化要使产出保持不变。也就是说，dx_1 和 dx_2 "沿一条等产量线" 调整。

由于产量保持不变，我们有：

$$0 = \frac{\partial f}{\partial x_1}dx_1 + \frac{\partial f}{\partial x_2}dx_2$$

可以求得：

$$\frac{dx_2}{dx_1} = -\frac{\partial f/\partial x_1}{\partial f/\partial x_2}$$

不管是隐函数方法还是全微分方法，都可以用来计算技术替代率。隐函数方法更严格一些，而全微分方法或许更直观一些。

例 1-8：科布-道格拉斯技术的技术替代率

给定函数 $f(x_1, x_2) = x_1^a x_2^{1-a}$，求导数可得：

$$\frac{\partial f(\mathbf{x})}{\partial x_1} = ax_1^{a-1}x_2^{1-a} = a\left[\frac{x_2}{x_1}\right]^{1-a}$$

$$\frac{\partial f(\mathbf{x})}{\partial x_2} = (1-a)x_1^a x_2^{-a} = (1-a)\left[\frac{x_1}{x_2}\right]^{a}$$

可以求得：

$$\frac{\partial x_2(x_1)}{\partial x_1} = -\frac{\partial f/\partial x_1}{\partial f/\partial x_2} = -\frac{a}{1-a}\frac{x_2}{x_1}$$

1.9 替代弹性

技术替代率度量等产量线的斜率。**替代弹性**（elasticity of substitution）则度

量等产量线的曲率。更具体地说，替代弹性度量的是当产出保持固定时，要素比率的百分比变动除以技术替代率 TRS 的百分比变动。若我们以 $\Delta(x_2/x_1)$ 表示要素比率的变动，ΔTRS 表示技术替代率的变动，我们可将替代弹性表示为：

$$\sigma = \frac{\dfrac{\Delta(x_2/x_1)}{x_2/x_1}}{\dfrac{\Delta TRS}{TRS}}$$

这是对曲率相对自然的度量：它表明随着等产量线斜率的变动，要素投入比率是如何变化的。如果斜率的微小变化带来了要素投入比率的大幅变化，等产量线是相对平坦的，这意味着替代弹性是较大的。

实际上，我们认为百分比变动很小，当 Δ 趋于 0 时对表达式取极限，因此 σ 的表达式变为：

$$\sigma = \frac{TRS}{(x_2/x_1)} \frac{\mathrm{d}(x_2/x_1)}{\mathrm{d}TRS}$$

通常，利用**对数的导数**（logarithmic derivative）来计算 σ 是很方便的。一般来说，如果 $y=g(x)$，y 对 x 的弹性是指由 x 的（微小）百分比变动引起的 y 的百分比变动。那就是，

$$\varepsilon = \frac{\dfrac{\mathrm{d}y}{y}}{\dfrac{\mathrm{d}x}{x}} = \frac{\mathrm{d}y}{\mathrm{d}x} \frac{x}{y}$$

若 x 和 y 均为正值，则这一导数可以写成：

$$\varepsilon = \frac{\mathrm{d}\ln y}{\mathrm{d}\ln x}$$

为了证明这一点，注意用到链式法则：

$$\frac{\mathrm{d}\ln y}{\mathrm{d}\ln x} \frac{\mathrm{d}\ln x}{\mathrm{d}x} = \frac{\mathrm{d}\ln y}{\mathrm{d}x}$$

对等号左右两边进行计算，我们有

$$\frac{\mathrm{d}\ln y}{\mathrm{d}\ln x} \frac{1}{x} = \frac{1}{y} \frac{\mathrm{d}y}{\mathrm{d}x}$$

或者

$$\frac{\mathrm{d}\ln y}{\mathrm{d}\ln x} = \frac{x}{y} \frac{\mathrm{d}y}{\mathrm{d}x}$$

作为一种选择，我们也可以用全微分写成

$$\mathrm{d}\ln y = \frac{1}{y} \mathrm{d}y$$

$$\mathrm{d}\ln x = \frac{1}{x} \mathrm{d}x$$

因此，

$$\varepsilon = \frac{\mathrm{d}\ln y}{\mathrm{d}\ln x} = \frac{\mathrm{d}y}{\mathrm{d}x}\frac{x}{y}$$

同样，给出的第一种计算是更严格的，但第二种计算更为直观。

将此运用到替代弹性上，我们可以写为

$$\sigma = \frac{\mathrm{d}\ln(x_2/x_1)}{\mathrm{d}\ln|TRS|}$$

（分母中的绝对值符号是为了将技术替代率 TRS 转换成正数，以保证对数有意义）。

例 1-9：科布-道格拉斯生产函数的替代弹性

从上面我们已经看到：

$$TRS = -\frac{a}{1-a}\frac{x_2}{x_1}$$

或者

$$\frac{x_2}{x_1} = -\frac{1-a}{a}TRS$$

可以得出

$$\ln\frac{x_2}{x_1} = \ln\frac{1-a}{a} + \ln|TRS|$$

这就意味着

$$\sigma = \frac{\mathrm{d}\ln(x_2/x_1)}{\mathrm{d}\ln|TRS|} = 1$$

1.10 规模收益

假定我们在使用某个投入向量 $\mathbf{x}$ 来生产 y 单位产出，并且我们通过某一 $t \geqslant 0$ 的量来按比例增加或减少投入，产出水平会发生什么？

在前面讨论的例子中，我们只想按一定比例增加产出。典型的假设是我们可以简单地复制我们以前所做的，因此可以生产出以前 t 倍的产出。如果这种缩放比例总是可能的，我们就说这种技术表现出**规模收益不变**（constant returns to scale）。更正式地说，

规模收益不变：如果下面任何一个条件得到满足，则该技术表现出**规模收益不变**：

（1）如果 $\mathbf{y}$ 在 Y 中，则对于所有 $t \geqslant 0$，$t\mathbf{y}$ 也在 Y 中；

（2）如果 $\mathbf{x}$ 在 $V(y)$ 中，则对于所有 $t \geqslant 0$，$t\mathbf{x}$ 也在 $V(ty)$ 中；

（3）对于所有 $t \geqslant 0$，$f(t\mathbf{x}) = tf(\mathbf{x})$，即生产函数 $f(\mathbf{x})$ 为一次齐次函数。

上面给出的复制观点表明：规模收益不变通常是关于技术方面所作出的一个合理假设。不过，也存在一些情况使得规模收益不变不是一个合理的假设。

第一种违背规模收益不变的情况是：当我们试图"细分"一个生产过程时。虽然总有可能以整数量扩大经营规模，但是以相同的方式缩小经营规模却可能不行。例如，或许存在着某个最小规模的经营，以至于低于这一规模时生产产出要涉及不同的技术。一旦达到最小的经营规模，更高水平的产出就可以通过复制生产出来。

第二种违背规模收益不变的情况是：当我们要以非整数量扩大经营规模时。当然，复制我们以前的做法足够简单，但是，我们怎样实现 1.5 倍的复制呢？

当生产规模相对于最小产出规模较小时，这两种规模收益不变不能被满足的情况才是重要的。

第三种违背规模收益不变的情况是：当所有的投入都变为 2 倍时，允许使用更有效的生产方式。复制观点认为，通过投入的加倍来使产出加倍的方法是可行的，但可能有更好的方法来生产产出。例如，考察一个在两点之间建立输油管道的厂商，使用劳动、机械和钢材作为投入来建造管道。我们对该厂商产出的相关度量采用其建成管线的输送能力。那么很清楚，如果我们将生产过程的所有投入都增加一倍，产出可能多于一倍。因为管道的表面积增加一倍，会使容量增加到原来的 4 倍。[①] 在这个例子中，当产出增长比例超过投入增加比例时，我们说该技术表现出**规模收益递增**（increasing returns to scale）。

规模收益递增：如果对于所有的 $t > 1$，$f(t\mathbf{x}) > tf(\mathbf{x})$，则称该技术表现出**规模收益递增**。

第四种违背规模收益不变的情况是：不可能去复制某种投入。例如，考虑一个 100 英亩的农场，如果我们想要生产两倍的产出，可以使用每种投入的两倍。但这也意味着要使用两倍量的土地。因为得不到更多的土地，所以这不可能做到。尽管当我们增加所有投入时，技术表现为规模收益不变，但对于我们所控制的投入而言，将其看作**规模收益递减**（decreasing returns to scale）可能是合适的。更准确地说，我们有：

规模收益递减：如果对于所有 $t > 1$，$f(t\mathbf{x}) < tf(\mathbf{x})$，则称该技术表现为**规模收益递减**。

规模收益递减最自然的情况就是我们不能复制某些投入的情况。这样，我们预期受限制的生产可能性集往往表现出规模收益递减。这就表明总是可以假定规模收益递减是由于某种不变投入的出现。

---

① 当然，更大的管道可能更难建造，因此我们并不认为产出一定恰好增加为原来的 4 倍，但其增加很可能超过 2 倍。

为了说明这一点，假设 $f(\mathbf{x})$ 是一个对 k 种投入表现为规模收益递减的生产函数，然后我们引进一个新的"虚拟"投入，并且以 z 度量其水平。定义一个新的生产函数 $F(z, \mathbf{x})$ 为

$$F(z, \mathbf{x}) = zf(\mathbf{x}/z)$$

注意到 F 表现为规模收益不变。如果我们用 $t(t \geqslant 0)$ 乘以所有的投入——$\mathbf{x}$ 投入和 z 投入，也有 t 倍的产出。如果 z 固定为 1，则我们恰好有与此前一样的技术。因此，初始的规模收益递减技术 $f(\mathbf{x})$ 可以看成是规模收益不变的技术 $F(z, \mathbf{x})$ 由于设定 $z=1$ 导致的限制。

最后，我们注意到上面所定义的各种规模收益在本质上是全域的。很可能会出现这样的情况：对一些 $\mathbf{x}$ 值，技术可能表现为规模收益递增，而对其他一些值，该技术则表现为规模收益递减。因此在许多情况下，规模收益的局部度量是很有用的。**规模弹性**（elasticity of scale）度量的是所有投入增加一个百分比，即经营规模增加所带来的产出增长的百分比。

令 $y = f(\mathbf{x})$ 为生产函数。t 为一正的标量，考虑函数 $y(t) = f(t\mathbf{x})$。如果 $t=1$，我们得到当前的经营规模；如果 $t>1$，所有投入增加为原来的 t 倍；如果 $t<1$，所有投入都减少到原来的 $\frac{1}{t}$。

则规模弹性是由下式

$$e(\mathbf{x}) = \frac{\dfrac{\mathrm{d}y(t)}{y(t)}}{\dfrac{\mathrm{d}t}{t}}$$

在 $t=1$ 时算出的数值。重新整理这一表达式，我们有

$$e(\mathbf{x}) = \left.\frac{\mathrm{d}y(t)}{\mathrm{d}t}\frac{t}{y}\right|_{t=1} = \left.\frac{\mathrm{d}f(t\mathbf{x})}{\mathrm{d}t}\frac{t}{f(t\mathbf{x})}\right|_{t=1}$$

注意：我们必须要算出表达式在 $t=1$ 处的值，来计算在点 $\mathbf{x}$ 处的规模弹性。依照 $e(\mathbf{x})$ 大于、等于或小于 1，我们可以说该技术表现为规模收益的局部递增、不变或递减。

例 1-10：规模收益和科布-道格拉斯技术

假定 $y = x_1^a x_2^b$，则 $f(tx_1, tx_2) = (tx_1)^a (tx_2)^b = t^{a+b} x_1^a x_2^b = t^{a+b} f(x_1, x_2)$。从而当且仅当 $a+b=1$ 时，$f(tx_1, tx_2) = tf(x_1, x_2)$。同样，$a+b>1$ 意味着规模收益递增，$a+b<1$ 意味着规模收益递减。

事实上，科布-道格拉斯技术的规模弹性恰恰就是 $a+b$。为看出这一点，我们应用定义：

$$\frac{\mathrm{d}(tx_1)^a (tx_2)^b}{\mathrm{d}t} = \frac{\mathrm{d}t^{a+b} x_1^a x_2^b}{\mathrm{d}t} = (a+b)t^{a+b-1} x_1^a x_2^b$$

计算出该导数在 $t=1$ 处的值并除以 $f(x_1，x_2)=x_1^a x_2^b$ 便得到这一结果。

1.11 齐次技术和位似技术

如果对于所有 $t>0$，$f(t\mathbf{x})=t^k f(\mathbf{x})$，那么函数 $f(\mathbf{x})$ 是 k **次齐次**（homogeneous of degree）函数。在经济学中，两个最重要的"次数"是零次和一次。[①] 零次齐次函数是形式为 $f(t\mathbf{x})=f(\mathbf{x})$ 的函数，一次齐次函数是形式为 $f(t\mathbf{x})=t f(\mathbf{x})$ 的函数。

把这一定义与规模收益不变的定义相比较，我们看到当且仅当一项技术的生产函数是一次齐次函数时，它具有规模收益不变的特征。

如果函数 g 是一个严格递增函数，即 $x>y$ 意味着 $g(x)>g(y)$ 的函数，则函数 $g：R \rightarrow R$ 是一个**正的单调变换**（positive monotonic transformation）（"正的"通常由上下文所隐含）。**位似函数**（homothetic function）是一个一次齐次函数的单调变换。换句话说，当且仅当 $f(\mathbf{x})$ 可以表示成 $f(\mathbf{x})=g(h(\mathbf{x}))$ 时，$f(\mathbf{x})$ 是一个位似函数。其中，$h(\cdot)$ 是一次齐次函数，$g(\cdot)$ 是单调函数。几何解释见图 1-7。

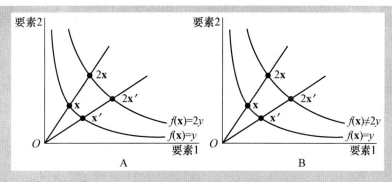

图 1-7 齐次函数与位似函数

注：图 A 描绘了一个一次齐次函数。如果 $\mathbf{x}$ 和 $\mathbf{x}'$ 都能生产出 y 单位的产出，那么 $2\mathbf{x}$ 和 $2\mathbf{x}'$ 都能生产出 $2y$ 单位的产出。图 B 描绘了一个位似函数。如果 $\mathbf{x}$ 和 $\mathbf{x}'$ 生产出同样水平的产出 y，那么 $2\mathbf{x}$ 和 $2\mathbf{x}'$ 能生产出同样水平的产出，但不必是 $2y$。

把单调变换看作是以不同的单位来度量产出的一种方法。例如，我们可以以品脱或夸脱来度量一化学过程的产出。在此情况下，从一个单位改变到另一个单位是很简单的事情——我们仅乘以或除以 2 即可。一个更为奇异的单调变换可以是这样的——我们以夸脱数的平方来度量产出。给定这一解释，一项位似技术就是有某种度量该项技术产出的方法，以便这项技术"看上去像"规模收益不变。

齐次函数与位似函数之所以令人感兴趣是由于它们的等产量线随着产量水平变

---

① 不过，有时认为硕士和博士是更重要的（译者注，degree 也有学位的意思）。

动而变动的简单方式。在齐次函数的例子中，这些等产量线都恰好是一条单一等产量线的"吹胀"（blown up）版本。如果 $f(\mathbf{x})$ 是一次齐次函数，那么如果 $\mathbf{x}$ 和 $\mathbf{x}'$ 都能生出 y 单位的产出，则 $t\mathbf{x}$ 和 $t\mathbf{x}'$ 都能生产出 ty 单位的产出，正如图 1-7A 所描绘的那样。位似函数几乎具有同样的性质：如果 $\mathbf{x}$ 和 $\mathbf{x}'$ 生产出同样水平的产出，那么 $t\mathbf{x}$ 和 $t\mathbf{x}'$ 能生产出同样水平的产出——但不一定是原产出的 t 倍。位似技术的等产量线看起来很像齐次技术的等产量线，只是等产量线所代表的产出水平是不同的。

齐次技术与位似技术之所以有趣是因为它们对技术替代率如何随着生产规模的变化而变化施加了特定的限制。特别是，这两类函数的技术替代率都与生产规模无关。

这可以根据本书第 26 章的结论立即得出，在那里我们表明如果 $f(\mathbf{x})$ 是一次齐次的，那么 $\partial f(\mathbf{x})/\partial x_i$ 是零次齐次的。这就得出任意两个偏导数的比率是零次齐次的，这是我们要找的结果。

例 1-11：CES 生产函数

不变替代弹性（constant elasticity of substitution）或 **CES 生产函数**（CES production function）具有如下形式：

$$y = [a_1 x_1^{\rho} + a_2 x_2^{\rho}]^{\frac{1}{\rho}}$$

容易证明 CES 函数表现出规模收益不变。根据参数 ρ 的值，CES 函数包含几种著名生产函数作为它的特例。下面将对此进行描述，图 1-8 也对此进行了说明。在我们的讨论中，假设参数 $a_1 = a_2 = 1$ 是很适合的。

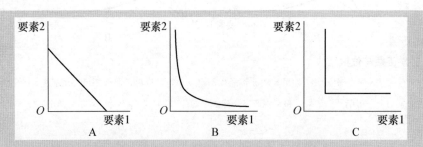

图 1-8　CES 生产函数

注：根据参数 ρ 的不同取值，CES 生产函数具有不同的形状。图 A 表示 $\rho=1$ 的情况；图 B 表示 $\rho=0$ 的情况；图 C 表示 $\rho=-\infty$ 的情况。

（1）线性生产函数（$\rho=1$），简单替换后得出：

$$y = x_1 + x_2$$

（2）科布-道格拉斯生产函数（$\rho=0$）。当 $\rho=0$ 时，由于要被 0 除，CES 生产函数不能被定义。不过，我们可以说明，随着 $\rho \to 0$，CES 生产函数的等产量线看起来非常像科布-道格拉斯生产函数的等产量线。

使用技术替代率可以很容易看出这一点。通过直接计算得到

$$TRS = -\left(\frac{x_1}{x_2}\right)^{\rho-1} \tag{1.1}$$

随着 ρ 趋近于 0，这趋向于极限

$$TRS = -\frac{x_2}{x_1}$$

这正是科布-道格拉斯生产函数的技术替代率。

（3）里昂惕夫生产函数（$\rho = -\infty$）。我们已经看到了由等式（1.1）给出的 CES 生产函数的技术替代率。当 $\rho \to -\infty$ 时，这一表达式逼近

$$TRS = -\left(\frac{x_1}{x_2}\right)^{-\infty} = -\left(\frac{x_2}{x_1}\right)^{\infty}$$

如果 $x_2 > x_1$，则 TRS 是（负）无穷大；如果 $x_2 < x_1$，则 TRS 就是零。这表明：随着 $\rho \to -\infty$，CES 生产函数的等量线看上去就像与里昂惕夫技术相应的等产量线。证毕。

发现 CES 生产函数具有不变替代弹性，或许并不会使你惊讶。要证明这一点，注意到所给出的技术替代率

$$TRS = -\left(\frac{x_1}{x_2}\right)^{\rho-1}$$

因此，

$$\frac{x_2}{x_1} = |TRS|^{\frac{1}{1-\rho}}$$

取对数，我们看到

$$\ln\frac{x_2}{x_1} = \frac{1}{1-\rho}\ln|TRS|$$

根据 σ 的定义，利用对数导数，

$$\sigma = \frac{d\ln x_2/x_1}{d\ln|TRS|} = \frac{1}{1-\rho}$$

注　释

替代弹性应归功于 Hicks（1932）。关于把替代弹性推广到 n 种投入情况的讨论，参见 Blackorby & Russell（1989）和其所引用的参考文献。规模弹性要归功于 Frisch（1965）。

习 题

1.1 判断对错：如果 $V(y)$ 是一个凸集，那么相关的生产集 Y 一定是凸的。

1.2 当 $a_1 \neq a_2$ 时，一般的 CES 技术 $y = (a_1 x_1^\rho + a_2 x_2^\rho)^{\frac{1}{\rho}}$ 的替代弹性是什么？

1.3 将**要素 i 的产出弹性**（output elasticity of a factor i）定义为：

$$\epsilon_i(\mathbf{x}) = \frac{\partial f(\mathbf{x})}{\partial x_i} \frac{x_i}{f(\mathbf{x})}$$

如果 $f(\mathbf{x}) = x_1^a x_2^b$，那么每个要素的产出弹性是什么？

1.4 如果规模弹性为 $\epsilon(\mathbf{x})$，并且要素 i 的产出弹性为 $\epsilon_i(\mathbf{x})$，证明 $\epsilon(\mathbf{x}) = \sum_{i=1}^{n} \epsilon_i(\mathbf{x})$。

1.5 CES 技术 $f(x_1, x_2) = (x_1^\rho + x_2^\rho)^{\frac{1}{\rho}}$ 的规模弹性是什么？

1.6 判断对错：当且仅当 $g'(x) > 0$ 时，可微函数 $g(x)$ 为严格增函数。

1.7 在正文中已断言：如果 $f(\mathbf{x})$ 是位似技术，并且 $\mathbf{x}$ 和 $\mathbf{x}'$ 生产同样水平的产出，那么 $t\mathbf{x}$ 和 $t\mathbf{x}'$ 也一定生产出同样水平的产出。你能严格证明这一点吗？

1.8 设 $f(x_1, x_2)$ 为一位似函数，证明它在 (x_1, x_2) 点的技术替代率等于它在 (tx_1, tx_2) 点的技术替代率。

1.9 考察 CES 技术 $f(x_1, x_2) = [a_1 x_1^\rho + a_2 x_2^\rho]^{\frac{1}{\rho}}$，证明我们可以将该函数写成如下形式：

$$f(x_1, x_2) = A(\rho)[b x_1^\rho + (1-b) x_2^\rho]^{\frac{1}{\rho}}$$

1.10 设 Y 为生产集。如果 $\mathbf{y}$ 在 Y 中和 $\mathbf{y}'$ 在 Y 中意味着 $\mathbf{y} + \mathbf{y}'$ 也在 Y 中，我们说该技术是**可加的**（additive）。如果 $\mathbf{y}$ 在 Y 中并且 $0 \leqslant t \leqslant 1$ 意味着 $t\mathbf{y}$ 也在 Y 中，我们说该技术是**可分的**（divisible）。证明：如果技术 Y 既是可加的又是可分的，那么 Y 一定是凸的且表现为规模收益不变。

1.11 对于每个投入要求集，判定它具有如下哪种特性：正则的、单调的和/或凸的。假设参数 a 和 b 以及产出水平都是严格正的。

(a) $V(y) = \{ (x_1, x_2): a x_1 \geqslant \log y, \ b x_2 \geqslant \log y \}$

(b) $V(y) = \{ (x_1, x_2): a x_1 + b x_2 \geqslant y, \ x_1 > 0 \}$

(c) $V(y) = \{ (x_1, x_2): a x_1 + \sqrt{x_1 x_2} + b x_2 \geqslant y \}$

(d) $V(y) = \{ (x_1, x_2): a x_1 + b x_2 \geqslant y \}$

(e) $V(y) = \{ (x_1, x_2): x_1(1-y) \geqslant a, \ x_2(1-y) \geqslant b \}$

(f) $V(y) = \{ (x_1, x_2): a x_1 - \sqrt{x_1 x_2} + b x_2 \geqslant y \}$

(g) $V(y) = \{ (x_1, x_2): x_1 + \min(x_1, x_2) \geqslant 3y \}$

第2章 利润最大化

经济**利润**（profit）被定义为厂商取得的收益与产生的成本之差。重要的是要理解，所有的成本都要包含在利润的计算中。如果一个小商人拥有一家食品杂货店，并且他也在店中工作，他作为雇员的工资应该作为成本计算进来。如果一些个人给厂商贷款，以换取按月回报，这些利息付款也必须计算为生产成本。

厂商的收益和成本都依赖于厂商所开展的活动。这些活动可以采取多种形式，实际的生产活动、要素的购买、广告的购买等都是厂商活动的例子。在一个相当抽象的水平上，我们可以设想厂商能从事这类各种各样的活动。我们可以把收益写为 n 种活动经营水平的函数 $R(a_1, \cdots, a_n)$，并把成本作为同样 n 种活动水平的函数 $C(a_1, \cdots, a_n)$。

对厂商行为的多数经济分析的一个基本假定是：厂商追求利润最大化。也就是说，厂商选择行动 $(a_1, \cdots, a_n)$，以便最大化 $R(a_1, \cdots, a_n) - C(a_1, \cdots, a_n)$。这是贯穿本书所用的行为假定。

甚至在这样广泛的一般化水平上，也表现出利润最大化的两个基本原则。第一个来自微积分的简单运用。厂商所面临的利润最大化问题可以写作：

$$\max_{a_1, \cdots, a_n} R(a_1, \cdots, a_n) - C(a_1, \cdots, a_n)$$

微积分的简单运用说明，一个最优行动集，$\mathbf{a}^* = (a_1^*, \cdots, a_n^*)$，满足条件：

$$\frac{\partial R(\mathbf{a}^*)}{\partial a_i} = \frac{\partial C(\mathbf{a}^*)}{\partial a_i} \quad i = 1, \cdots, n$$

这些条件背后的直觉是清晰的：如果边际收益大于边际成本，增加该活动的水平是有益的；如果边际收益小于边际成本，减少该活动的水平是值得的。

描述利润最大化特征的基本条件有几种具体的解释。例如，厂商要做的一项决定是选择它的产出水平。利润最大化的基本条件告诉我们，产出水平的选择应是再增加一单位产出的生产，能获得等于它的边际生产成本的边际收益。厂商要做的另一项决定是确定雇用多少某一特定的要素——比如说劳动。利润最大化的基本条件告诉我们，厂商雇用的劳动量应使得再多雇用一个单位劳动的边际收益等于雇用那个额外单位劳动的边际成本。

利润最大化的第二个基本条件是长期利润相等的条件。假设两个厂商具有完全相同的收益函数和成本函数，那么很清楚，从长期来说，这两个厂商就不可能有不相等的利润——因为每个厂商都可以模仿另一个的行为。这个条件是很简单的，但它的含义却常常出奇地有力。

为了以更为具体的方式来运用这些条件，我们需要把收益函数和成本函数分解成更为基本的部分。收益由两部分组成：厂商出售的各种产出的数量乘以每种产出的价格。成本也由两部分组成：厂商使用的每种投入的数量乘以每种投入的价格。

因此，厂商的利润最大化问题，就归结为确定对其各种产出希望索要的价格或各种投入所支付的价格，以及确定它的各种产出水平和希望使用的各种投入水平的问题了。当然，厂商不可能单方面确定价格和活动水平。在决定它的最优策略时，厂商面临两类约束：技术约束和市场约束。

技术约束（technological constraints）仅仅是那些有关生产计划可行性的约束。我们在前一章已经考察了描述技术约束的方式。

市场约束（market constraints）是那些有关其他主体行为对厂商影响的约束。例如，从厂商处购买产出的消费者可能对一定数量的产出只愿意支付某一价格；同样，厂商的供应商可能只接受某一价格来供应投入。

当厂商决定它的最优行动时，它必须考虑这两种约束。不过，开始时我们一次只考察一个约束是方便的。为此，后面几节所描述的厂商将只表现出最简单的那种市场行为，即**价格接受行为**（price-taking behavior）。假定每个厂商都把价格当作给定的，即当作利润最大化问题的外生变量。因此，厂商将只关心决定产出和投入的利润最大化水平。这样的价格接受厂商通常被认为是**竞争性厂商**（competitive firm）。

使用这一术语的原因稍后再讨论；不过，在这里我们可以简要地指出适宜于价格接受行为的那种情形。假定我们有一批信息灵通的消费者，他们购买由大量厂商生产的同质产品。那么，很清楚，所有厂商必须对它们的产品索取相同的价格——任何想为它的产品索要高于现行市场价的厂商都会立即失去它所有的顾客。因此，当各个厂商确定其最优决策时，它必须把市场价格当作给定的。在本章中，我们要研究在市场价格布局给定的情况下，生产计划的最优选择。

2.1 利润最大化概述

让我们考虑一下将其产出和要素市场价格当作给定的厂商的问题。让 p 代表厂商投入和产出的价格向量。[①] 该厂商的利润最大化问题可以表述成：

---

① 一般来说，我们把价格表示成行向量，数量表示成列向量。

2

$$\pi(\mathbf{p}) = \max \, \mathbf{py}$$
$$\text{s. t. } \mathbf{y} \in Y$$

因为产出以正数度量，投入以负数度量，这一问题的目标函数就是利润：收益减去成本。函数 $\pi(\mathbf{p})$（给出了作为价格函数的最大化利润）被称为厂商的**利润函数**（profit function）。

利润函数有几种有用的变体。例如，如果我们要考虑一个短期最大化问题，我们可以定义**短期利润函数**（short-run profit function），也被称为**受约束的利润函数**（restricted profit function）：

$$\pi(\mathbf{p}, \mathbf{z}) = \max \, \mathbf{py}$$
$$\text{s. t. } \mathbf{y} \in Y(\mathbf{z})$$

如果该厂商只生产一种产出，利润函数可以写作

$$\pi(p, \mathbf{w}) = \max \, pf(\mathbf{x}) - \mathbf{wx}$$

其中，p 现在是产出的（纯量）价格，$\mathbf{w}$ 是要素价格向量，投入以（非负）向量 $\mathbf{x} = (x_1, \cdots, x_n)$ 来度量。在这种情况下，我们也可以定义这个受约束的利润函数的一个变体，即**成本函数**（cost function）

$$c(\mathbf{w}, y) = \min \, \mathbf{wx}$$
$$\text{s. t. } \mathbf{x} \in V(y)$$

在短期，我们可能要考虑**受约束的**（restricted）或**短期的成本函数**（short-run cost function）：

$$c(\mathbf{w}, y, \mathbf{z}) = \min \, \mathbf{wx}$$
$$\text{s. t. } (y, -\mathbf{x}) \in Y(\mathbf{z})$$

当要素价格是 $\mathbf{w}$ 时，该成本函数给出生产 y 单位产出时的最小成本。由于在这个问题中，仅把要素价格当作外生的，该成本函数可以用来描述在要素市场上是价格接受者但在产品市场上并不将价格当作给定的厂商。这个观测在我们对垄断的研究中将会证明是有用的。

利润最大化行为可用微积分来描述。例如，单一产出利润最大化问题的一阶条件是：

$$p \frac{\partial f(\mathbf{x}^*)}{\partial x_i} = w_i \quad i = 1, \cdots, n$$

这个条件简单地说明，每种要素的边际产品的价值一定等于它的价格。使用向量记法，我们也可以把这些条件写成

$$p\mathbf{D}f(\mathbf{x}^*) = \mathbf{w}$$

这里

$$\mathbf{D}f(\mathbf{x}^*) = \left(\frac{\partial f(\mathbf{x}^*)}{\partial x_1}, \cdots, \frac{\partial f(\mathbf{x}^*)}{\partial x_n} \right)$$

是函数 f 的**梯度**（gradient）：f 对于它的每个自变量的偏导数向量。

一阶条件表明"每种要素的边际产品的价值一定等于它的价格"。这正好是我们前面所说的最优化原则中的一个特例：每个行动的边际收益等于它的边际成本。

此一阶条件也可以用图形展示出来。考虑图 2-1 所描绘的生产可能性集。在这种二维情况下，利润由 $\Pi = py - wx$ 给出。这个函数固定 p 和 w 后的水平集是直线，可以表示为 $y = \Pi/p + (w/p)x$ 形式的函数。其中等利润线的斜率给出了按产出单位来度量的工资，纵轴截距给出了按产出单位来度量的利润。

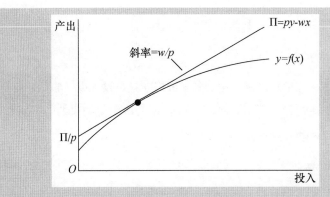

图 2-1　利润最大化

注：利润最大化的投入量出现在等利润线斜率等于生产函数斜率的地方。

利润最大化的厂商想要在生产集中找到代表最大利润水平的那一点——在这一点，相应的等利润线的纵轴截距是最大的。通过观察可以看出，这样的最优点可由相切条件来刻画：

$$\frac{\mathrm{d}f(x^*)}{\mathrm{d}x} = \frac{w}{p}$$

在这种二维情况下，不难看出利润最大化合适的二阶条件是，生产函数对投入的二阶导数一定是非正的：

$$\frac{\mathrm{d}^2 f(x^*)}{\mathrm{d}x^2} \leqslant 0$$

从几何图形来看，这意味着在利润最大化点上，生产函数一定位于它在 x^* 点切线的下方；亦即它一定是"局部凹的"。假定二阶导数严格为负常常是有用的。

在多种投入情况下，类似的二阶条件成立。在此情况下，利润最大化的二阶条件是，生产函数的二阶偏导数矩阵在最优点一定是**半负定的**（negative semidefinite）；也就是说，二阶条件要求海塞矩阵（Hessian matrix）

$$\mathbf{D}^2 f(\mathbf{x}^*) = \left(\frac{\partial^2 f(\mathbf{x}^*)}{\partial x_i \partial x_j} \right)$$

必须满足条件：对所有的向量 $\mathbf{h}$，$\mathbf{h}\,\mathbf{D}^2 f(\mathbf{x}^*)\mathbf{h}^t \leqslant 0$。（上标 t 表示转置运算。）注意，如果仅有一项投入，海塞矩阵就成了纯量，这个条件就简化成我们先前已对单一投入情况检验过的二阶条件。

从几何图形上看，要求海塞矩阵是半负定的意味着在最优选择点的附近，生产函数必须是局部凹的，即生产函数一定位于相切超平面的下方。

在许多应用中，我们将关注正则最大值情况，因此要检查的相关条件就是海塞矩阵是否为负定的。在本书第 26 章，我们将说明对这一问题的充分而必要的检验就是：海塞矩阵的顺序主子式在符号上一定是交替的。正如我们下面会看到的，这一代数条件对检验二阶条件有时是有用的。

2.2 困　难

对每个价格向量（p，$\mathbf{w}$）而言，一般都存在某个最优的要素选择$\mathbf{x}^*$。这个给出我们投入最优选择且以价格为自变量的函数被称作厂商的**要素需求函数**（factor demand function），可表示为 $\mathbf{x}(p,\mathbf{w})$。类似地，函数 $y(p,\mathbf{w}) = f[\mathbf{x}(p,\mathbf{w})]$ 被称作厂商的**供给函数**（supply function）。我们通常假定这些函数是有定义的并且性状良好，但是，如果情况不是这样，所引起的问题是值得考虑的。

第一，可能出现该技术不能由可微的生产函数来描述，以致上面所描述的导数不适当的情形。里昂惕夫技术就是这类问题的一个很好的例子。

第二，上面得出的微积分条件仅当选择变量可以在最优点的一个开邻域内变动时才是有意义的。在许多经济问题中，变量自然是非负的；如果某些变量在最优选择点取零值，上面所描述的微积分条件就可能是不适宜的。上面所描述的条件仅对**内点解**（interior solutions）（其中每种要素的使用都是正数）才是有效的。

为处理**边界解**（boundary solutions）而对这些条件做必要的修正并不困难。例如，如果在利润最大化问题中我们限定 $\mathbf{x}$ 是非负的，相应的一阶条件就变成

如果 $x_i = 0$，$p\dfrac{\partial f(\mathbf{x})}{\partial x_i} - w_i \leqslant 0$

如果 $x_i > 0$，$p\dfrac{\partial f(\mathbf{x})}{\partial x_i} - w_i = 0$

因此，来自增加 x_i 的边际利润一定是非正的，否则该厂商就会增加 x_i。如果 $x_i = 0$，来自增加 x_i 的边际利润可能是负的——也就是说，该厂商宁愿减少 x_i。但由于 x_i 已经是零了，这是不可能的了。最后，如果 $x_i > 0$，以致非负性约束并不起作用，我们就会有对内点解的通常条件。

涉及非负性约束或其他种类不等式约束的情况可以用本书第 27 章所描述的库

恩-塔克定理（Kuhn-Tucker theorem）来处理。在关于成本最小化的那一章中，我们将提供此定理的一些应用例子。

第三，也许不存在利润最大化的生产计划。例如，考虑这种情况，其中生产函数是 $f(x)=x$，以致一单位 x 生产一单位产出。不难看出，对 $p>w$ 而言，不存在利润最大化计划。当 $p>w$ 时，如果你想最大化 $px-wx$，你会想要选择无穷大的 x 值。仅当 $p\leqslant w$ 时，这项技术的最大化利润的生产计划才会存在，在这种情况下，最大利润水平将是零。

事实上，同样的现象会出现在规模收益不变的技术上。为了证明这一点，假设我们可以找到某个 $(p, \mathbf{w})$，在这一点上最优利润严格为正，以致

$$pf(\mathbf{x}^*)-\mathbf{w}\mathbf{x}^*=\pi^*>0$$

假定我们按因子 $t>1$ 的比例增加生产，我们的利润现在就是

$$pf(t\mathbf{x}^*)-\mathbf{w}t\mathbf{x}^*=t[pf(\mathbf{x}^*)-\mathbf{w}\mathbf{x}^*]=t\pi^*>\pi^*$$

这意味着，如果利润曾是正的，它们就能够变得更大——因此，在这种情况下，利润是无界的，并且不存在最大利润的生产计划。

从这个例子中可清楚地看到，对规模收益不变的厂商而言，唯一非平凡的利润最大化位置就是零利润对应的点。如果厂商正生产某个正的产出水平并且它赚取零利润，那么它对其生产的产出水平是不关心的。

第四，即使当利润最大化生产计划存在时，它也可能不是唯一的。如果对某种规模收益不变技术来说，$(y, \mathbf{x})$ 产生的最大利润为零，那么 $(ty, t\mathbf{x})$ 也将产生零利润，因而也是利润最大化的。在规模收益不变的情况下，如果在某个 $(p, \mathbf{w})$ 竟然存在着利润最大化的选择，一般来说就存在整个范围的利润最大化的生产计划。

例 2 - 1：科布-道格拉斯技术的利润函数

考虑 $f(x)=x^a$（$a>0$）形式的生产函数的利润最大化问题。一阶条件是

$$pax^{a-1}=w$$

二阶条件简化为：

$$pa(a-1)x^{a-2}\leqslant 0$$

当 $a\leqslant 1$ 时，二阶条件才能满足，这意味着要让竞争性的利润最大化有意义，生产函数必须是规模收益不变或递减的。

如果 $a=1$，一阶条件简化成 $p=w$。因此，当 $w=p$ 时，任意值的 x 都是利润最大化选择。当 $a<1$ 时，我们利用一阶条件来解出要素需求函数

$$x(p,w)=\left(\frac{w}{ap}\right)^{\frac{1}{a-1}}$$

供给函数由

$$y(p,w)=f(x(p,w))=\left(\frac{w}{ap}\right)^{\frac{a}{1-a}}$$

给出，并且利润函数由

$$\pi(p,w)=py(p,w)-wx(p,w)=w\left(\frac{1-a}{a}\right)\left(\frac{w}{ap}\right)^{\frac{a}{1-a}}$$

给出。

2.3　需求函数和供给函数的性质

把价格当作自变量所给出的投入和产出的最优选择的函数被称为**要素需求**（factor demand）函数和**产出供给**（output supply）函数。这些函数是一种特定形式的最大化问题——利润最大化问题的解的事实蕴涵着对需求函数和供给函数的行为的一些限制。

例如，容易看到，如果我们以某个正数 t 乘以所有的价格，最大化利润的要素投入向量不会改变。（你能严格证明这一点吗？）因此，对于 $i=1,\cdots,n$，要素需求函数 $x_i(p,\mathbf{w})$ 一定满足约束

$$x_i(tp,t\mathbf{w})=x_i(p,\mathbf{w})$$

换句话说，要素需求函数一定是零次齐次的。这一特性是利润最大化行为的一个重要含义：检查一些观察到的行为是否来自利润最大化模型的一个直接方法就是看需求函数是否为零次齐次的。如果它们不是，讨论中的厂商就不可能是最大化利润的。

我们想找到对需求函数的其他这样的限制。事实上，我们想完全列出这样的限制。我们可以用两种方法使用这样的列表。第一，我们可以用它来检验有关一个利润最大化的厂商如何对它的经济环境的变化作出反应的理论陈述。这类陈述的一个例子是："如果所有的价格都加倍，利润最大化厂商的商品需求水平和供给水平将不会变化。"第二，我们可以利用这类限制来实证判定一特定厂商观察到的行为是否与利润最大化模型相一致。如果我们观察到当所有的价格都加倍、其他条件都不变时，某个厂商的需求和供给发生了改变，我们就不得不断定（也许是不情愿的）该厂商不是一个利润最大化者。

这样看来，理论上和实践上的考虑都说明了确定需求函数和供给函数所拥有的性质的重要性。我们将以三种方法来解决这个问题。第一种方法是检查刻画最优选择的一阶条件。第二种方法是直接检查需求函数和供给函数的最大化性质。第三种方法是检查利润函数和成本函数的性质，并且把这些性质与需求函数联系起来。这种方法有时被称为"对偶方法"。这些检查最优行为的每一种方法对经济学中的其

他种类问题都是有用的，而且应仔细研究所涉及的操作。

经济学家把对一个经济变量如何对其环境的变化作出反应的研究称为**比较静态**（comparative statics）。例如，我们可以问一个利润最大化厂商的产出供给如何对产出价格的变化作出反应。这就是供给函数比较静态的研究部分。

术语"比较"指的是一个"之前"状况和一个"之后"状况的对比。术语"静态"指的是这样的思想，就是对比是在所有的调整都已"产生结果"后作出的，即我们必须把一种均衡状况同另一种均衡状况相比较。

术语"比较静态"并不是特别描述的，它似乎仅被经济学家所使用。这种分析的一个更好的术语是**灵敏度分析**（sensitivity analysis）。这个术语的额外好处就是，它在其他研究领域也在使用。不过，比较静态是经济学中的传统术语，并且似乎是如此深入于经济分析中，以至于试图改变它是徒劳的。

2.4　利用一阶条件的比较静态

让我们先考虑一个只有一种投入和一种产出的厂商最大化利润的简单例子。厂商所面临的问题是

$$\max_{x} pf(x) - wx$$

如果 $f(x)$ 是可微的，需求函数 $x(p, w)$ 一定满足必要的一阶和二阶条件：

$$pf'[x(p,w)] - w \equiv 0$$
$$pf''[x(p,w)] \leqslant 0$$

注意，这些条件是 p 和 w 的恒等式。因为根据定义 $x(p, w)$ 是在 (p, w) 处最大化利润的选择，$x(p, w)$ 对所有的 p 和 w 值一定满足利润最大化的必要条件。由于一阶条件是恒等式，我们可以就它对 w 进行微分，得到

$$pf''[x(p,w)]\frac{\mathrm{d}x(p,w)}{\mathrm{d}w} - 1 \equiv 0$$

假定我们有一个**正则**的最大值使得 $f''(x)$ 不等于零，我们通过相除能得到

$$\frac{\mathrm{d}x(p,w)}{\mathrm{d}w} \equiv \frac{1}{pf''[x(p,w)]} \tag{2.1}$$

这个恒等式告诉了我们关于要素需求函数 $x(p, w)$ 如何对 w 的变化作出反应的一些有趣的事实。首先，它给出了 $\frac{\mathrm{d}x}{\mathrm{d}w}$ 按生产函数表示的一个显式表达式。如果生产函数在最优点的一个邻域非常弯曲——以至于二阶导数在数值上很大——那么随着要素价格的变化，要素需求的变化将会很小（你可以画一个与图 2-1 相似的图形，实验一下来证明这一事实）。

其次，它给出了关于该导数符号的重要信息：因为最大化二阶条件表明生产函

数的二阶导数 $f''[x(p, w)]$ 是负的，方程（2.1）表明 $\mathrm{d}x(p, w)/\mathrm{d}w$ 是负的。换句话说，要素需求曲线向下倾斜。

当存在多种投入时，这个对一阶条件进行微分的过程也可以用来检查利润最大化行为。为简单起见，让我们考虑两种投入的情况。为了表述方便，我们将正规化 $p=1$，只看要素需求对要素价格如何表现。要素需求函数一定满足一阶条件

$$\frac{\partial f[x_1(w_1, w_2), x_2(w_1, w_2)]}{\partial x_1} \equiv w_1$$

$$\frac{\partial f[x_1(w_1, w_2), x_2(w_1, w_2)]}{\partial x_2} \equiv w_2$$

对 w_1 求微分，我们有

$$f_{11}\frac{\partial x_1}{\partial w_1} + f_{12}\frac{\partial x_2}{\partial w_1} = 1$$

$$f_{21}\frac{\partial x_1}{\partial w_1} + f_{22}\frac{\partial x_2}{\partial w_1} = 0$$

对 w_2 求微分，我们有

$$f_{11}\frac{\partial x_1}{\partial w_2} + f_{12}\frac{\partial x_2}{\partial w_2} = 0$$

$$f_{21}\frac{\partial x_1}{\partial w_2} + f_{22}\frac{\partial x_2}{\partial w_2} = 1$$

把这些方程写成矩阵形式，得到：

$$\begin{pmatrix} f_{11} & f_{12} \\ f_{21} & f_{22} \end{pmatrix} \begin{pmatrix} \dfrac{\partial x_1}{\partial w_1} & \dfrac{\partial x_1}{\partial w_2} \\ \dfrac{\partial x_2}{\partial w_1} & \dfrac{\partial x_2}{\partial w_2} \end{pmatrix} = \begin{pmatrix} 1 & 0 \\ 0 & 1 \end{pmatrix}$$

让我们假定有一个正则最大值。这意味着海塞矩阵是严格负定的，因而是满秩的[这个假设类似于一维情况下，$f''(x)<0$ 的假设]。求解一阶导数矩阵，我们有

$$\begin{pmatrix} \dfrac{\partial x_1}{\partial w_1} & \dfrac{\partial x_1}{\partial w_2} \\ \dfrac{\partial x_2}{\partial w_1} & \dfrac{\partial x_2}{\partial w_2} \end{pmatrix} = \begin{pmatrix} f_{11} & f_{12} \\ f_{21} & f_{22} \end{pmatrix}^{-1}$$

上面这个方程左边的矩阵被称为**替代矩阵**（substitution matrix），因为它描述了厂商随着要素价格的改变如何用一种投入替代另一种投入。按照我们的计算，替代矩阵仅是海塞矩阵的逆矩阵。这有几个重要的含义。

回想（严格的）利润最大化的二阶条件就是，海塞矩阵是一个对称的负定矩阵。对称负定矩阵的逆仍是一个对称的负定矩阵，这是线性代数的一个标准结果。这就意味着替代矩阵本身一定是一个对称的负定矩阵。特别地：

（1）$\partial x_i / \partial w_i < 0$，$i=1$，2，因为负定矩阵的对角线上的项一定是负的。

（2）根据矩阵的对称性，$\dfrac{\partial x_i}{\partial w_j} = \dfrac{\partial x_j}{\partial w_i}$。

虽然要素需求曲线应该具有负斜率是相当直观的，但替代矩阵是对称的事实并不是很直观。为什么当物品 j 的价格变动时，厂商对物品 i 的需求变动必然等于当物品 i 的价格变动时厂商对物品 j 的需求变动呢？对此没有明显的理由……但是它蕴涵在利润最大化行为的模型中。

对任意数目的投入，可以进行同类计算。正规化令 $p=1$，利润最大化的一阶条件为：

$$\mathbf{D}f[\mathbf{x}(\mathbf{w})] - \mathbf{w} \equiv \mathbf{0}$$

如果我们对 $\mathbf{x}$ 进行微分，得到

$$\mathbf{D}^2 f[\mathbf{x}(\mathbf{w})]\mathbf{Dx}(\mathbf{w}) - \mathbf{I} \equiv \mathbf{0}$$

解此方程求替代矩阵，我们发现

$$\mathbf{Dx}(\mathbf{w}) \equiv [\mathbf{D}^2 f(\mathbf{x}(\mathbf{w}))]^{-1}$$

由于 $\mathbf{D}^2 f[\mathbf{x}(\mathbf{w})]$ 是一个对称的负定矩阵，替代矩阵 $\mathbf{Dx}(\mathbf{w})$ 就是对称的负定矩阵。这个公式当然是上面所描述的一种投入品和两种投入品情况的一个自然的类似。

替代矩阵是半负定的实证内容是什么？我们可以提供下面的解释。假设要素价格向量由 $\mathbf{w}$ 变成 $\mathbf{w}+\mathbf{dw}$，那么要素需求的相应变化就是

$$\mathbf{dx} = \mathbf{Dx}(\mathbf{w})\mathbf{d}\,\mathbf{w}^t$$

将方程两边同时乘以 $\mathbf{dw}$，得到

$$\mathbf{dwdx} = \mathbf{dwDx}(\mathbf{w})\mathbf{d}\,\mathbf{w}^t \leqslant 0$$

此不等式从半负定矩阵的定义得出。我们看到替代矩阵的半负定性意味着要素价格变动和要素需求变动的内积一定总是非正的，至少对要素价格的无穷小变动而言是如此。例如，如果第 i 种要素的价格上升，并且其他要素价格不变，就应得出对第 i 种要素的需求一定减少。一般来说，数量变动 $\mathbf{dx}$ 一定与价格变动 $\mathbf{dw}$ 成钝角，粗略而言，数量变动的方向一定或多或少与价格变动的方向"相反"。

2.5 利用代数的比较静态

在这一节，我们要检查直接从最大化定义本身得出的利润最大化行为的结果。我们要在一个与以前略有不同的场景下进行此项工作。我们不是以厂商的需求函数和供给函数来描述它的行为，而是看作对一个厂商的行为恰好有一个有限次数的观察。这就允许我们避免取极限中所涉及的一些冗长的细节，给出了我们进行实证分

析的一个更现实的场景。(难道谁曾有过无穷数量的数据吗?)

这样,假定给出我们观察到的一系列价格向量$\mathbf{p}^t$,以及与此相关联的净产出向量$\mathbf{y}^t$,$t=1,\cdots,T$。我们把这个集合当作数据。根据我们以前描述过的净供给函数,数据就是一些观察到的 $[\mathbf{p}^t,\mathbf{y}(\mathbf{p}^t)]$,$t=1,\cdots,T$。

我们要问的第一个问题就是,对于这组数据集,利润最大化模型意味着什么?如果厂商是在最大化利润,那么所观察到的在价格$\mathbf{p}^t$时的净产出选择一定会有一个利润水平,该利润水平至少与这个厂商选择任何其他净产出时的利润一样多。我们不知道在这种情形下所有其他可行的选择,但我们确定知道它们中的一些,即我们观察到的那些选择$\mathbf{y}^s$,$s=1,\cdots,T$。从而,利润最大化的一个必要条件就是

$$\mathbf{p}^t\mathbf{y}^t\geqslant\mathbf{p}^t\mathbf{y}^s\text{对所有的}t,s=1,\cdots,T\text{成立}$$

我们把这个条件称为**利润最大化弱公理**(weak axiom of profit maximization,WAPM)。

在图 2-2A 中,我们画出了两组违反利润最大化弱公理的观察数据,而图 2-2B 显示了两组满足利润最大化弱公理的数据。

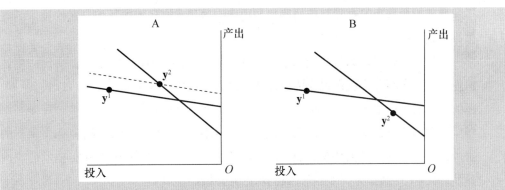

图 2-2　利润最大化弱公理

注:图 A 显示了两组违反 WAPM 的观察数据,因为$\mathbf{p}^1\mathbf{y}^2>\mathbf{p}^1\mathbf{y}^1$。图 B 描绘了两组满足 WAPM 的数据。

利润最大化弱公理是一个简单但很有用的条件;让我们来导出它的一些推论。固定两个观察值t和s,写出每个观察值的利润最大化弱公理。我们有

$$\mathbf{p}^t(\mathbf{y}^t-\mathbf{y}^s)\geqslant0$$
$$-\mathbf{p}^s(\mathbf{y}^t-\mathbf{y}^s)\geqslant0$$

将这两个不等式相加得到

$$(\mathbf{p}^t-\mathbf{p}^s)(\mathbf{y}^t-\mathbf{y}^s)\geqslant0$$

令$\Delta\mathbf{p}=(\mathbf{p}^t-\mathbf{p}^s)$和$\Delta\mathbf{y}=(\mathbf{y}^t-\mathbf{y}^s)$,我们可以将这个表达式重写为

$$\Delta\mathbf{p}\Delta\mathbf{y}\geqslant0 \tag{2.2}$$

换句话说,价格变动向量与相关联的净产出变动向量的内积一定是非负的。

例如，如果 $\Delta\mathbf{p}$ 是向量 $(1, 0, \cdots, 0)$，那么这个不等式就意味着 Δy_1 一定是非负的。如果第一项物品是该厂商的产出物品，并且因此是个正数，那么当价格上升时，这种物品的供给不可能减少。如果第一项物品是该厂商的投入，并且以一个负数来度量，那么当它的价格上升时，对该物品的需求不一定增加。

当然，方程 (2.2) 只是前面部分所得出的无穷小不等式的一个 "Δ" 说法。但它更强，因为它适用于所有的价格变动，而不仅仅是无穷小的变动。注意到方程 (2.2) 是直接从利润最大化的定义得出的，并且关于技术的正则性假定也是不必要的。

2.6 可恢复性

是否利润最大化弱公理已经穷尽了利润最大化行为的所有含义，或者还有利润最大化所蕴含的其他有用的条件吗？回答这个问题的一种方法就是试图构造一项导致利润最大化行为产生观察到的行为 $(\mathbf{p}^t, \mathbf{y}^t)$ 的技术。如果我们能为满足利润最大化弱公理的任何一组数据找到这样的技术，那么利润最大化弱公理一定确实穷尽了利润最大化行为的含义。我们称这种构造一项与观察到的选择相一致的技术的操作为**可恢复性**（recoverability）操作。

我们将要说明，如果一组数据满足利润最大化弱公理，那么总能找到一项技术，对该技术而言，观察到的选择是利润最大化选择。事实上，总是可以找到一个闭的且凸的生产集 Y。本节的余下部分将简述这一论断的证明。

我们的任务是构造一个作为利润最大化选择会产生观察到的选择 $(\mathbf{p}^t, \mathbf{y}^t)$ 的生产集。实际上，我们要构造两个这样的生产集，一个用来作为真实技术的"内界"，另一个用来作为"外界"。我们从内界开始。

假设真实的生产集 Y 是凸的和单调的。因为 Y 一定包含 $\mathbf{y}^t$，$t=1, \cdots, T$，自然应取内界为包含 $\mathbf{y}^1, \cdots, \mathbf{y}^t$ 的最小的凸且单调的集合。这个集合被称作点 $\mathbf{y}^1, \cdots, \mathbf{y}^T$ 的凸的单调包（hull），并被表示成

$$YI = \{\mathbf{y}^t : t = 1, \cdots, T\} \text{ 的凸单调包}$$

图 2-3A 描绘了 YI 集。

容易表明：对技术 YI 而言，$\mathbf{y}^t$ 是在价格 $\mathbf{p}^t$ 时的利润最大化选择。我们必须要做的就是对所有的 t 检验

$$\mathbf{p}^t \mathbf{y}^t \geqslant \mathbf{p}^t \mathbf{y} \text{ 对所有的 } \mathbf{y} \in YI \text{ 成立}$$

假定情况不是这样，那么对某个观察值 t 而言，在 YI 中就有某个 $\mathbf{y}$ 使得 $\mathbf{p}^t \mathbf{y}^t < \mathbf{p}^t \mathbf{y}$。但是考察该图说明，一定存在某个观察值 s，使得 $\mathbf{p}^t \mathbf{y}^t < \mathbf{p}^t \mathbf{y}^s$ 成立。但这个不等式违反了利润最大化弱公理。

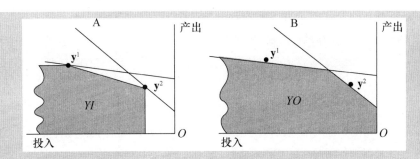

图 2 - 3 集合 *YI* 和 *YO*

注：*YI* 集是最小的凸的单调集，它是与数据相一致的生产集。*YO* 集是最大的凸的单调集，它是与数据相一致的生产集。

这样一来，*YI* 集就使得观察到的行为在这种意义上**合理化**（rationalize）了，即它是一项可以产生那种行为的可能的技术。不难看出，*YI* 集一定包含在可以产生观察到的行为的任意凸的技术里：如果 *Y* 产生了观察到的行为且它是凸的，那么它一定包含了观察到的选择$\mathbf{y}^t$，并且这些点的凸包是最小的这样的集合。在此意义上，*YI* 给出了我们能产生观察到的选择的真实技术的一个内界。

很自然地会问，是否我们可以找到这个"真实"技术的一个外界，亦即我们能否找到一个 *YO* 集，它保证包含与观察到的行为相一致的任何技术？

回答这个问题的技巧是剔除所有不可能包含在真实技术中的点，然后把剩下的包括进来。更准确地，我们定义 *NOTY* 为：

$$NOTY = \{\mathbf{y} : \mathbf{p}^t \mathbf{y} > \mathbf{p}^t \mathbf{y}^t \text{ 对某个 } t \text{ 成立}\}$$

NOTY 是由所有那些比某个观察到的选择要产生更高利润的净产出束组成的。如果该厂商是一个利润最大化者，这样的净产出束就不可能是技术可行的，否则就应该选择它们了。现在我们取这个集合的补集为 *Y* 的外界：

$$YO = \{\mathbf{y} : \mathbf{p}^t \mathbf{y} \leqslant \mathbf{p}^t \mathbf{y}^t, t = 1, \cdots, T\}$$

图 2 - 3B 描绘了 *YO* 集。

为了说明 *YO* 集使观察到的行为合理化，我们必须要说明，观察到的选择所产生的利润至少与 *YO* 集中任何其他 **y** 所产生的利润一样多。假设不是这样，那么存在某个$\mathbf{y}^t$，对 *YO* 集中某个 **y** 而言，满足 $\mathbf{p}^t \mathbf{y}^t < \mathbf{p}^t \mathbf{y}$。但是这与上面所给出的 *YO* 集的定义相矛盾。

从 *YO* 集的构造来看很清楚，它一定包含与数据（$\mathbf{y}^t$）相一致的任何生产集。因此，*YO* 集和 *YI* 集形成了产生该数据的真实生产集的最紧密的内界和外界。

注　释

关于比较静态方法论的更多的信息，参见　Silberberg（1974）和 Silberberg（1990）。这里描述的代数方法是由 Afriat（1967）和 Samuelson（1947）提倡的，进一步的发展，参见 Varian（1982b）。

习　题

2.1　利用库恩-塔克定理来推导出即使对边界解（即当某些要素不被使用时）也是有效的利润最大化和成本最小化条件。

2.2　证明对表现出规模收益递增的技术，只要有某一点产生正利润，就不存在利润最大化束。

2.3　计算出技术 $y=x^a$（$0<a<1$）的利润函数，并证明它对（p, w）是齐次和凸的。

2.4　设 $f(x_1, x_2)$ 是两要素生产函数，w_1 和 w_2 是它们各自的价格。证明要素份额 $\frac{w_2 x_2}{w_1 x_1}$ 对 $\frac{x_1}{x_2}$ 的弹性是 $\frac{1}{\sigma}-1$。

2.5　证明要素份额对 $\frac{w_2}{w_1}$ 的弹性是 $1-\sigma$。

2.6　设（$\mathbf{p}^t$, $\mathbf{y}^t$）（$t=1, \cdots, T$）是一组满足利润最大化弱公理的观察到的选择，YI 和 YO 是真实生产集 Y 的内界和外界。令 $\pi^+(\mathbf{p})$ 是与 YO 相关的利润函数，$\pi^-(\mathbf{P})$ 是与 YI 相关的利润函数，且 $\pi(\mathbf{p})$ 是与 Y 相关的利润函数。证明对所有的 $\mathbf{p}$，$\pi^+(\mathbf{p}) \geqslant \pi(\mathbf{p}) \geqslant \pi^-(\mathbf{p})$。

2.7　生产函数是 $f(x)=20x-x^2$，并且产出价格正规化为 1。设 w 是 x 投入的价格，我们一定有 $x \geqslant 0$。

（a）如果 $x>0$，利润最大化的一阶条件是什么？

（b）w 取什么值时，x 的最优值是 0？

（c）w 取什么值时，x 的最优值是 10？

（d）要素需求函数是什么？

（e）利润函数是什么？

（f）利润函数对 w 的导数是什么？

第3章 利润函数

给定任意的生产集 Y，我们已经知道如何去计算利润函数 $\pi(\mathbf{p})$，该函数给出了在价格 $\mathbf{p}$ 时可获得的最大利润。利润函数拥有几个直接从它的定义得出的重要性质。这些性质对于分析利润最大化行为是非常有用的。

回想一下，根据定义，作为净产出价格向量的函数，利润函数就是厂商能够取得的最大利润：

$$\pi(\mathbf{p}) = \max_{\mathbf{y}} \mathbf{py}$$

$$\text{s. t. } \mathbf{y} \in Y$$

从得出的数学结果的观点来看，重要的是这个问题中的目标函数是价格的线性函数。

3.1 利润函数的性质

我们从概述利润函数的性质开始。重要的是认识到，这些特性仅仅是从利润最大化假设中得出的。有关凸性、单调性或其他正则性的假设都不是必要的。

利润函数的性质：

(1) 利润函数是产出价格的非减函数、投入价格的非增函数。如果对所有的产出，价格 $p'_i \geqslant p_i$，并且对所有的投入，价格 $p'_j \leqslant p_j$，那么 $\pi(\mathbf{p'}) \geqslant \pi(\mathbf{p})$。

(2) 利润函数是 $\mathbf{p}$ 的一次齐次函数，即对所有的 $t \geqslant 0$，$\pi(t\mathbf{p}) = t\pi(\mathbf{p})$。

(3) 利润函数是 $\mathbf{p}$ 的凸函数。令 $\mathbf{p''} = t\mathbf{p} + (1-t)\mathbf{p'}$，$0 \leqslant t \leqslant 1$，则有

$$\pi(\mathbf{p''}) \leqslant t\pi(\mathbf{p}) + (1-t)\pi(\mathbf{p'})$$

(4) 利润函数是 $\mathbf{p}$ 的连续函数。函数 $\pi(\mathbf{p})$ 是连续的，至少当 $\pi(\mathbf{p})$ 是定义良好的且 $p_i > 0$，$i = 1, \cdots, n$ 时。

证明：我们再次强调这些性质的证明只是从利润函数的定义得出，并不依赖技术的任何性质。

（1）令 **y** 是 **p** 时的利润最大化净产出向量，因此 $\pi(\mathbf{p})=\mathbf{py}$，并令 **y′** 是 **p′** 时的利润最大化净产出向量，因此 $\pi(\mathbf{p}')=\mathbf{p}'\mathbf{y}'$。则由利润最大化的定义，我们有 $\mathbf{p}'\mathbf{y}'\geqslant$ $\mathbf{p}'\mathbf{y}$。由于对所有 $y_i\geqslant 0$ 的 i 而言，$p_i'\geqslant p_i$，并且对所有 $y_i\leqslant 0$ 的 i 而言，$p_i'\leqslant p_i$，我们也有 $\mathbf{p}'\mathbf{y}\geqslant\mathbf{py}$。把这两个不等式放在一起，我们有 $\pi(\mathbf{p}')=\mathbf{p}'\mathbf{y}'\geqslant\mathbf{py}=\pi(\mathbf{p})$，正如要求的那样。

（2）令 **y** 是 **p** 时的利润最大化净产出向量，因此对 Y 中的所有 **y′**，有 $\mathbf{py}\geqslant\mathbf{py}'$。可以得出，对于 $t\geqslant 0$ 和对 Y 中的所有 **y′**，有 $t\mathbf{py}\geqslant t\mathbf{py}'$。因此 **y** 也在价格 $t\mathbf{p}$ 时使利润最大化。于是 $\pi(t\mathbf{p})=t\mathbf{py}=t\pi(\mathbf{p})$。

（3）令 **y** 在价格 **p** 时最大化利润，**y′** 在 **p′** 时最大化利润，**y″** 在 **p″** 时最大化利润。那么我们有

$$\pi(\mathbf{p}'')=\mathbf{p}''\mathbf{y}''=[t\mathbf{p}+(1-t)\mathbf{p}']\mathbf{y}''=t\mathbf{py}''+(1-t)\mathbf{p}'\mathbf{y}'' \tag{3.1}$$

由利润最大化的定义，我们知道

$$t\mathbf{py}''\leqslant t\mathbf{py}=t\pi(\mathbf{p})$$
$$(1-t)\mathbf{p}'\mathbf{y}''\leqslant(1-t)\mathbf{p}'\mathbf{y}'=(1-t)\pi(\mathbf{p}')$$

将这两个不等式相加，并利用方程（3.1），我们有

$$\pi(\mathbf{p}'')\leqslant t\pi(\mathbf{p})+(1-t)\pi(\mathbf{p}')$$

正如要求的那样。

（4）$\pi(\mathbf{p})$ 的连续性可由本书第 27 章所描述的最大值定理得出。证毕。

利润函数是一次齐次的并且是产出价格的增函数这一事实并不令人十分惊奇。然而，凸性性质似乎并不很直观。尽管有这个表面印象，但对凸性结论有一个合理的经济学解释，这个解释被证明有很重要的结果。

如图 3-1 所示，要素价格保持不变，考虑利润对于某单个产出物品价格的曲线图。在价格向量（p^*，$\mathbf{w}^*$）点，利润最大化生产计划（y^*，$\mathbf{x}^*$）产生利润 $p^*y^*-\mathbf{w}^*\mathbf{x}^*$。假定 p 上升，但厂商继续使用同样的生产计划（y^*，$\mathbf{x}^*$）。把这种惰性行为产生的利润称作"惰性利润函数"，并且表示成 $\Pi(p)=py^*-\mathbf{w}^*\mathbf{x}^*$。容易看出这是一条直线。追求最优策略所获的利润一定至少要与追求惰性策略的利润一样大，所以 $\pi(p)$ 的图形一定位于 $\Pi(p)$ 的图形之上。对于任何价格 p，可以重复同样的论断，所以利润函数一定位于它每一点切线的上方，这就得出 $\pi(p)$ 一定是凸函数。

利润函数的性质有几种用途。此刻我们将只满足于观察一点，即这些性质提供了利润最大化行为的几个可观察的含义。例如，假设我们可以使用有某个厂商的会计数据，并且观察到当所有价格都按某个 $t>0$ 的因子按比例增加时，利润并没有按比例上升。如果环境中没有其他明显的变化，我们可以怀疑该厂商并非在最大化利润。

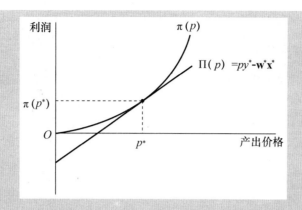

图 3 - 1 利润函数

注：随着产出价格的上升，利润函数以更快的速度上升。

例 3 - 1：价格稳定效应

假定一个竞争性产业面对随机波动的产出价格。为简单起见，我们设想产出价格为 q 的概率是 p_1，为 $(1-q)$ 的概率是 p_2。有人建议把产出价格稳定在平均价格 $\bar{p}=qp_1+(1-q)p_2$ 上可能是合适的。这将如何影响该产业中一个典型厂商的利润呢？

我们必须将 p 波动时的平均利润与平均价格下的利润进行对比。由于利润函数是凸的，

$$q\pi(p_1)+(1-q)\pi(p_2) \geqslant \pi[qp_1+(1-q)p_2]=\pi(\bar{p})$$

这样，伴随波动价格的平均利润至少与稳定价格下的利润一样大。

初看起来，这个结论似乎是违反直觉的，但当我们记起利润函数凸性的经济机理时，它就变得很清楚了。每个厂商都会在价格高企时生产更多的产出，在价格低落时生产更少。这样做获得的利润会超过以平均价格生产一个固定数量产出时获得的利润。

3.2 来自利润函数的供给函数和需求函数

如果给出净供给函数 $\mathbf{y(p)}$，我们就很容易计算利润函数。我们仅需把它代入利润的定义，就会得到：

$$\pi(\mathbf{p})=\mathbf{py(p)}$$

假定给出的是利润函数，要求找出净供给函数。如何做呢？事实证明，解决这个问题有一个很简单的方法：仅需对利润函数求微分。证明这一方法可行，是下一个命题的内容。

霍特林引理（Hotelling's lemma）：（导数性质）令 $y_i(\mathbf{p})$ 为厂商对物品 i 的净供给函数，并假定利润函数的导数存在，且 $p_i>0$，那么

$$y_i(\mathbf{p})=\frac{\partial\pi(\mathbf{p})}{\partial p_i} \quad i=1,\cdots,n$$

证明：假定 $\mathbf{y}^*$ 是价格 $\mathbf{p}^*$ 时的利润最大化的净产出向量。定义函数

$$g(\mathbf{p}) = \pi(\mathbf{p}) - \mathbf{p}\,\mathbf{y}^*$$

明显地，价格 $\mathbf{p}$ 时的利润最大化生产计划至少与生产计划 $\mathbf{y}^*$ 一样有利。然而，计划 $\mathbf{y}^*$ 是价格为 $\mathbf{p}^*$ 时的利润最大化计划，因此，函数 g 在 $\mathbf{p}^*$ 点达到了最小值 0。关于价格的假定表明这是个内部最小值。

那么最小值的一阶条件意味着

$$\frac{\partial g(\mathbf{p}^*)}{\partial p_i} = \frac{\partial \pi(\mathbf{p}^*)}{\partial p_i} - y_i^* = 0 \quad i = 1, \cdots, n$$

因为这对所有 $\mathbf{p}^*$ 的选择都是正确的，所以结果得证。证毕。

上面的证明仅是图 3-1 所描述关系的一种代数说明。由于"惰性"利润线图形位于利润函数图形的下方，且在一点重合，两条线一定在那一点相切。但是，这就意味着利润函数在 p^* 处的导数一定等于在此价格下的利润最大化要素供给：$y(p^*) = \partial \pi(p^*) / \partial p$。

就导数特性所给出的论证是令人信服的（我希望！），但它可能没给人以启迪。下面的论证可能有助于看清正在进行的事情。

让我们考虑单一投入和单一产出的情况。在这种情况下，最大化利润的一阶条件取简单形式

$$p \frac{\mathrm{d}f(x)}{\mathrm{d}x} - w = 0 \tag{3.2}$$

要素需求函数 $x(p, w)$ 一定满足这个一阶条件。

给出利润函数为

$$\pi(p, w) \equiv p f[x(p, w)] - w x(p, w)$$

对 w 求微分，我们有

$$\frac{\partial \pi}{\partial w} = p \frac{\partial f[x(p, w)]}{\partial x} \frac{\partial x}{\partial w} - w \frac{\partial x}{\partial w} - x(p, w)$$

$$= \left\{ p \frac{\partial f[x(p, w)]}{\partial x} - w \right\} \frac{\partial x}{\partial w} - x(p, w)$$

把方程（3.2）代入，我们看到：

$$\frac{\partial \pi}{\partial w} = -x(p, w)$$

负号来自这样的事实——我们正在增加投入的价格，所以利润必定下降。

这个论证展示了霍特林引理背后的经济解释。当一种产出的价格有一微小增加时，会有两个效应。第一，有一个直接效应：因为价格上升，厂商会赚取更多的利润，即使它继续生产同样水平的产出。

3

　　但第二，有一个间接效应：产出价格的增加会引导厂商少量地改变它的产出水平。不过，由产出的任何无穷小变化所导致的利润变动必定等于零，因为我们已经处于利润最大化生产计划上。因此，间接效应的影响是零，我们就只剩下直接效应了。

3.3　包络定理

　　利润函数的导数特性是被称为**包络定理**（envelope theorem）（本书第 27 章一个更一般化的结果）的一种特例。考虑一个任意的最大化问题，其中目标函数依赖某个参数 a：

$$M(a) = \max_{x} f(x, a)$$

函数 $M(a)$ 把目标函数的最大值当作参数 a 的函数。在利润函数的例子中，a 将是某种价格，x 是某种要素需求，$M(a)$ 是作为价格函数的利润的最大化值。

　　令 $x(a)$ 为求解最大化问题的 x 的值。那么，我们也可以写作 $M(a) = f[x(a), a]$。这就简单地说明函数的最优化值等于函数在最优选择时的值。

　　知道 $M(a)$ 如何随着 a 的变化而变化，通常是令人感兴趣的。包络定理告诉了我们这个答案：

$$\frac{dM(a)}{da} = \left.\frac{\partial f(x, a)}{\partial a}\right|_{x=x(a)}$$

这个表达式说明 M 对 a 的导数是由 f 对 a 求偏导后，并保持 x 固定在最优选择上来给出的。这就是该偏导数右边竖杠的意思。包络定理的证明就是由本书第 27 章所给出的一个相对直接的计算。（在你看答案之前，你应该试着自己证明该结论。）

　　让我们看看包络定理是如何在单个投入、单个产出的利润最大化问题的例子中起作用的。该利润最大化问题是

$$\pi(p, w) = \max_{x} p f(x) - wx$$

包络定理中的 a 就是 p 或 w，$M(a)$ 就是 $\pi(p, w)$。根据包络定理，$\pi(p, w)$ 对 p 的偏导数就是目标函数的偏导数在最优选择处取值：

$$\frac{\partial \pi(p, w)}{\partial p} = f(x)\big|_{x=x(p,w)} = f[x(p, w)]$$

这就是厂商在价格（p，w）的利润最大化供给。类似地，

$$\frac{\partial \pi(p, w)}{\partial w} = -x\big|_{x=x(p,w)} = -x(p, w)$$

就是要素的利润最大化的净供给。

3.4 利用利润函数的比较静态

在本章一开始，我们就证明了利润函数一定满足某些性质。我们刚才已看到净供给函数是利润函数的导数。看看利润函数的性质对净供给函数的性质蕴涵的内容还是令人感兴趣的。让我们来逐个检查这些性质。

第一，利润函数是价格的单调函数。从而，如果物品 i 是一种投入，$\pi(\mathbf{p})$ 对物品 i 价格的偏导数就是负的；如果物品 i 是产出，该偏导数就是正的。这正是我们对净供给所采用的符号约定。

第二，利润函数关于价格是一次齐次的。我们已看到这就意味着利润函数的偏导数一定是零次齐次的。以正数因子 t 的比例缩放所有的价格不会改变厂商的最优选择，因而利润按相同的因子 t 比例缩放。

第三，利润函数是价格 $\mathbf{p}$ 的凸函数。因此，π 对 $\mathbf{p}$ 的二阶导数矩阵（即海塞矩阵）一定是半正定矩阵。但利润函数的二阶导数矩阵正是净供给函数的一阶导数矩阵。例如，在两物品情况下，我们有

$$\begin{pmatrix} \dfrac{\partial^2 \pi}{\partial p_1^2} & \dfrac{\partial^2 \pi}{\partial p_1 \partial p_2} \\ \dfrac{\partial^2 \pi}{\partial p_1 \partial p_2} & \dfrac{\partial^2 \pi}{\partial p_2^2} \end{pmatrix} = \begin{pmatrix} \dfrac{\partial y_1}{\partial p_1} & \dfrac{\partial y_1}{\partial p_2} \\ \dfrac{\partial y_2}{\partial p_1} & \dfrac{\partial y_2}{\partial p_2} \end{pmatrix}$$

右边的矩阵正是替代矩阵——物品 i 的净供给如何随物品 j 的价格变动而变动。从利润函数的特性可以得出，这必定是一个对称的半正定矩阵。

净供给函数是利润函数的导数这个事实给了我们一个灵便的方法以在利润函数特性和净供给函数特性之间移动。通过使用这种关系，有关利润最大化行为的许多命题都变得更容易得出了。

例 3 - 2：勒夏特列原理（the LeChatelier principle）

让我们与长期反应相比来考虑厂商供给行为的短期反应。在长期厂商对价格变动反应更大，这似乎是有道理的。因为根据定义，长期比短期有更多的要素可以调整。这个直观的命题可以被严格地证明。

为简单起见，我们假定只有一种产出，且所有投入的价格都是固定的。这样，利润函数就只依赖于产出的（纯量）价格了。以 $\pi_S(p, z)$ 来表示短期利润函数，其中 z 是在短期被固定的某种要素。令对这种要素的长期利润最大化需求由 $z(p)$ 给出，这样长期利润函数就由 $\pi_L(p) = \pi_S[p, z(p)]$ 给出。最后，设 p^* 为某个给定的产出价格，并设 $z^* = z(p^*)$ 为价格 p^* 时对 z 要素的最优长期需求。

由于长期可以调整的要素集合包括了短期可以调整的要素子集，长期利润总是至少与短期利润一样大。因此，对所有的价格 p，有

$$h(p) = \pi_L(p) - \pi_S(p, z^*) = \pi_S[p, z(p)] - \pi_S(p, z^*) \geqslant 0$$

在价格 p^* 时，长期利润与短期利润之差为零，这样 $h(p)$ 在 $p = p^*$ 时达到了最小值。因此，一阶导数在 p^* 时一定为零。根据霍特林引理，我们看到，在价格 p^* 时，对每种物品的短期和长期净供给一定是相等的。

但我们还可以更进一步。由于 p^* 事实上是 $h(p)$ 的最小值，$h(p)$ 的二阶导数就是非负的。这就意味着

$$\frac{\partial^2 \pi_L(p^*)}{\partial p^2} - \frac{\partial^2 \pi_S(p^*, z^*)}{\partial p^2} \geqslant 0$$

再一次使用霍特林引理，得到

$$\frac{\mathrm{d} y_L(p^*)}{\mathrm{d} p} - \frac{\partial y_S(p^*, z^*)}{\partial p} = \frac{\partial^2 \pi_L(p^*)}{\partial p^2} - \frac{\partial^2 \pi_S(p^*, z^*)}{\partial p^2} \geqslant 0$$

这个表达式表明在 $z^* = z(p^*)$ 时，对价格变动的长期供给反应至少与短期供给反应一样大。

注 释

利润函数的性质是由 Hotelling（1932）、Hicks（1946）和 Samuelson（1947）发展起来的。

习 题

3.1 一个竞争性的利润最大化厂商有利润函数 $\pi(w_1, w_2) = \phi_1(w_1) + \phi_2(w_2)$。将产出价格正规化为 1。

（a）对于函数 $\phi_i(w_i)$ 的一阶导数和二阶导数，我们可以知道些什么？

（b）如果 $x_i(w_1, w_2)$ 是对要素 i 的要素需求函数，$\partial x_i / \partial w_j$ 的符号是什么？

（c）令 $f(x_1, x_2)$ 为产生这种形式利润函数的生产函数。关于这种生产函数的形式，我们可以说些什么呢？（提示：看一阶条件。）

3.2 考虑当 $x \leqslant 1$，$y = 0$ 和当 $x > 1$，$y = \ln x$ 所描述的技术。计算出这种技术的利润函数。

3.3 给出生产函数 $f(x_1, x_2) = a_1 \ln x_1 + a_2 \ln x_2$，计算出利润最大化的需求函数、供给函数和利润函数。为简单起见，假定存在内点解。假定 $a_i > 0$。

3.4 给出生产函数 $f(x_1, x_2) = x_1^{a_1} x_2^{a_2}$，计算出利润最大化的需求函数、供给函数和利润函数。假定 $a_i > 0$。a_1 和 a_2 必须满足什么样的约束？

3.5 给出生产函数 $f(x_1, x_2) = \min \{x_1, x_2\}^a$，计算出利润最大化的需求函数、供给函数和利润函数。a 必须满足什么约束？

第4章 成本最小化

本章，我们将研究成本最小化厂商的行为。这个问题之所以令人感兴趣是由于两个原因：第一，它为我们提供了另一种方法来看待一个面对竞争性产出市场的厂商的供给行为。第二，对于非竞争性产出市场的厂商，成本函数也允许我们将其生产行为模型化。此外，成本最小化分析让我们对检查有约束的最优化问题时所使用的分析方法有所体会。

4.1 成本最小化的微积分分析

让我们考虑找到一种成本最小化方法来生产一给定产出水平的问题：

$$\min_{\mathbf{x}} \mathbf{wx}$$

$$\text{s. t. } f(\mathbf{x}) = y$$

我们利用拉格朗日乘数法来分析这个有约束的最小化问题。先写出拉格朗日函数：

$$L(\lambda, \mathbf{x}) = \mathbf{wx} - \lambda[f(\mathbf{x}) - y]$$

对它就每个选择变量 x_i 和拉格朗日乘数 λ 求微分。描述内点解 $\mathbf{x}^*$ 的一阶条件是

$$w_i - \lambda \frac{\partial f(\mathbf{x}^*)}{\partial x_i} = 0 \quad i = 1, \cdots, n$$

$$f(\mathbf{x}^*) = y$$

这些条件也可用向量形式写出。令 $\mathbf{D}f(\mathbf{x})$ 为梯度向量，即 $f(\mathbf{x})$ 的偏导数向量，我们可以把导数条件写为：

$$\mathbf{w} = \lambda \mathbf{D}f(\mathbf{x}^*)$$

我们可由第 i 个条件除以第 j 个条件所得到的

$$\frac{w_i}{w_j} = \frac{\dfrac{\partial f(\mathbf{x}^*)}{\partial x_i}}{\dfrac{\partial f(\mathbf{x}^*)}{\partial x_j}} \quad i, j = 1, \cdots, n \tag{4.1}$$

来解释这些一阶条件。

这个表达式的右边是技术替代率，即当保持产出水平不变时，以此比率要素 j 被要素 i 所代替。这个表达式的左边是经济替代率——当保持成本不变时，以此比率要素 j 被要素 i 所代替。上面给出的条件要求技术替代率等于经济替代率。如果不是这样，就存在某种导致以更低的成本方法生产同样产出的调整。

例如，假设

$$\frac{w_i}{w_j} = \frac{2}{1} \neq \frac{1}{1} = \frac{\dfrac{\partial f(\mathbf{x}^*)}{\partial x_i}}{\dfrac{\partial f(\mathbf{x}^*)}{\partial x_j}}$$

那么，如果我们减少一单位要素 i，增加一单位要素 j，产出本质上保持不变，但成本却下降了。因为我们少雇用一单位要素 i 节省了两美元，而通过多雇用一单位要素 j 导致成本仅增加一美元。

此一阶条件也可以用图形方式来表示。在图 4−1 中，曲线代表等产量线，而直线代表不变成本曲线。当 y 被固定时，厂商的问题就是在给定的等产量线上找到一个成本最小化点。不变成本曲线方程 $C = w_1 x_1 + w_2 x_2$，可以写为 $x_2 = C/w_2 - (w_1/w_2) x_1$。因为 w_1 和 w_2 固定不变，厂商要在给出的等产量线上找到一点，以使相关的不变成本曲线有一最小的纵截距。很清楚，这样的点应以相切条件来刻画，即不变成本曲线的斜率一定等于等产量线在这一点的斜率。用代数表达式代表这两个斜率，就给出了方程（4.1）。

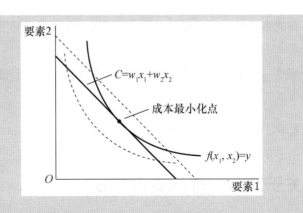

图 4−1　成本最小化
注：在最小化成本的那一点，等产量线一定与不变成本线相切。

对图 4−1 的检查表明，在成本最小化的选择处，也一定满足一个二阶条件，即等产量线一定位于等成本线之上。换一种方式来说就是，保持成本不变的要素投入的任何变动——亦即沿等成本线的移动——一定导致产出减少或保持不变。

这个条件的局部含义是什么？令 (h_1, h_2) 为要素 1 和要素 2 的微小变动，考虑产出的相应变动。假设有必要的可微性，我们可以写出二阶泰勒展开式：

$$f(x_1+h_1,x_2+h_2)\approx f(x_1,x_2)+\frac{\partial f}{\partial x_1}h_1+\frac{\partial f}{\partial x_2}h_2$$

$$+\frac{1}{2}\left[\frac{\partial^2 f}{\partial x_1^2}h_1^2+2\frac{\partial^2 f}{\partial x_1\partial x_2}h_1h_2+\frac{\partial^2 f}{\partial x_2^2}h_2^2\right]$$

这可以用矩阵的形式更方便地写为：

$$f(x_1+h_1,x_2+h_2)\approx f(x_1,x_2)+(f_1 \quad f_2)\begin{bmatrix}h_1\\h_2\end{bmatrix}$$

$$+\frac{1}{2}(h_1 \quad h_2)\begin{bmatrix}f_{11} & f_{12}\\f_{21} & f_{22}\end{bmatrix}\begin{bmatrix}h_1\\h_2\end{bmatrix}$$

保持成本不变的变动 (h_1,h_2) 一定满足 $w_1h_1+w_2h_2=0$。用成本最小化的一阶条件代替 w_i，我们可以把这个等式写为：

$$w_1h_1+w_2h_2=\lambda f_1h_1+\lambda f_2h_2=\lambda[f_1h_1+f_2h_2]=0$$

因此，泰勒展开式中的一阶项对沿等成本线移动而言，一定等于零。这样，对沿着等成本线的任何移动，产出都下降的要求可以表示成：对所有满足 $(f_1 \quad f_2)\begin{bmatrix}h_1\\h_2\end{bmatrix}=0$ 的 (h_1,h_2)，有

$$(h_1 \quad h_2)\begin{bmatrix}f_{11} & f_{12}\\f_{21} & f_{22}\end{bmatrix}\begin{bmatrix}h_1\\h_2\end{bmatrix}\leqslant 0 \qquad (4.2)$$

直观地，在成本最小化点，相切于等成本线的一阶移动意味着产出保持不变，二阶移动意味着产出下降。

这种表达二阶条件的方法可以推广到 n 种要素的情况；适宜的二阶条件是：生产函数的海塞矩阵是满足线性约束的半负定矩阵，即

$$\mathbf{h}^t \mathbf{D}^2 f(\mathbf{x}^*)\mathbf{h}\leqslant 0 \text{ 对所有满足 } \mathbf{wh}=0 \text{ 的 } \mathbf{h} \text{ 成立}$$

4.2 关于二阶条件的更多内容

本书第 27 章表明，我们可以用拉格朗日函数的海塞矩阵的方式来表述二阶条件。让我们对手边的例子运用那种方法。

在这个例子中，拉格朗日函数为：

$$L(\lambda,x_1,x_2)=w_1x_1+w_2x_2-\lambda[f(x_1,x_2)-y]$$

成本最小化的一阶条件是，拉格朗日函数对 λ、x_1 和 x_2 的一阶导数等于零。二阶条件涉及拉格朗日函数的海塞矩阵，

$$\mathbf{D}^2 L(\lambda^*, x_1^*, x_2^*) = \begin{pmatrix} \dfrac{\partial^2 L}{\partial \lambda^2} & \dfrac{\partial^2 L}{\partial \lambda \partial x_1} & \dfrac{\partial^2 L}{\partial \lambda \partial x_2} \\[2mm] \dfrac{\partial^2 L}{\partial x_1 \partial \lambda} & \dfrac{\partial^2 L}{\partial x_1^2} & \dfrac{\partial^2 L}{\partial x_1 \partial x_2} \\[2mm] \dfrac{\partial^2 L}{\partial x_2 \partial \lambda} & \dfrac{\partial^2 L}{\partial x_2 \partial x_1} & \dfrac{\partial^2 L}{\partial x_2^2} \end{pmatrix}$$

用 f_{ij} 来表示 $\partial^2 f / \partial x_i \partial x_j$ 是方便的。计算各种二阶导数且使用这种符号就为我们给出

$$\mathbf{D}^2 L(\lambda^*, x_1^*, x_2^*) = \begin{pmatrix} 0 & -f_1 & -f_2 \\ -f_1 & -\lambda f_{11} & -\lambda f_{12} \\ -f_2 & -\lambda f_{21} & -\lambda f_{22} \end{pmatrix} \tag{4.3}$$

这就是所谓的**加边海塞**（bordered Hessian）矩阵，由本书第 27 章得出，当且仅当加边海塞矩阵的行列式为负时，式（4.2）中所表述的二阶条件满足严格不等式。这就给出了一个相对简单的条件来判定特殊情况下的二阶条件是否得到了满足。

对于有 n 种要素需求的一般情况，二阶条件变得复杂一点。在这种情况下，我们必须检查加边海塞矩阵某些子矩阵行列式的符号。参见本书第 27 章的讨论。

例如，假定有三种生产要素。加边海塞矩阵将采取如下形式：

$$\mathbf{D}^2 L(\lambda^*, x_1^*, x_2^*, x_3^*) = \begin{pmatrix} 0 & -f_1 & -f_2 & -f_3 \\ -f_1 & -\lambda f_{11} & -\lambda f_{12} & -\lambda f_{13} \\ -f_2 & -\lambda f_{21} & -\lambda f_{22} & -\lambda f_{23} \\ -f_3 & -\lambda f_{31} & -\lambda f_{32} & -\lambda f_{33} \end{pmatrix} \tag{4.4}$$

则此三要素情况的二阶条件要求式（4.3）和式（4.4）的行列式在最优选择处的取值都是负的。如果有 n 种要素，为了使二阶条件满足严格不等式，所有这种形式的加边海塞矩阵的行列式必须都是负的。

4.3　困　难

对每个 $\mathbf{w}$ 和 y 的选择，都存在某个 $\mathbf{x}^*$ 的选择，使得生产 y 单位产出的成本最小。我们把给出这个最优选择的函数称为**条件要素需求函数**（conditional factor demand function），把它记作 $\mathbf{x}(\mathbf{w}, y)$。注意，条件要素需求不仅依赖于要素价格，也依赖于产出水平。**成本函数**是在要素价格 $\mathbf{w}$ 和产出水平 y 下的最小成本，即 $c(\mathbf{w}, y) = \mathbf{w}\mathbf{x}(\mathbf{w}, y)$。

一阶条件是合理直观的，但仅是机械地运用一阶条件就会像在利润最大化情况中那样导致困难。让我们检查一下伴随利润最大化问题而产生的 4 个可能困难，再看看它们如何与成本最小化问题有关。

第一个问题是研究中的技术可能无法用一个可微的生产函数来表示，所以不能运用微积分方法。里昂惕夫技术就是这种问题的一个很好的例子。我们在下面要计算它的成本函数。

第二个问题是条件仅对内部运作位置才是有效的；如果成本最小化点出现在边界上，这些条件必须修正。适当的条件证明是

$$\lambda \frac{\partial f(\mathbf{x}^*)}{\partial x_i} - w_i \leqslant 0，如果 x_i^* = 0$$

$$\lambda \frac{\partial f(\mathbf{x}^*)}{\partial x_i} - w_i = 0，如果 x_i^* > 0$$

我们将在下面的一个特定例子中进一步检查这一问题。

在我们对利润最大化的讨论中的第三个问题是必须处理利润最大化束的存在问题。不过，在成本最小化的情况下，一般不会出现这类问题。我们知道，连续函数在有界闭集中取得最小值和最大值。目标函数 **wx** 必定是连续函数，且根据假设 $V(y)$ 集是个闭集。我们所需建立的一切就是把我们的注意力限定到 $V(y)$ 的一个有界子集中去。但这是容易的。挑取 **x** 的任意值，比如说 $\mathbf{x}'$。显然，最小成本的要素束一定有少于 $\mathbf{wx}'$ 的成本。因此，我们把注意力限定在子集 $\{\mathbf{x} \in V(y)：\mathbf{wx} \leqslant \mathbf{wx}'\}$ 中，只要 $\mathbf{w} \gg \mathbf{0}$，它必定是一个有界子集。

第四个问题是一阶条件不能为厂商确定唯一的运作位置。毕竟，微积分条件仅是必要条件。尽管它们对局部最优的存在通常是充分的，但仅在某些凸性条件下，亦即要求 $V(y)$ 对成本最小化问题是凸的，这些条件才能唯一地描述一个全域最优。

例 4-1：科布-道格拉斯技术的成本函数

考虑成本最小化问题

$$c(\mathbf{w}, y) = \min_{x_1, x_2} w_1 x_1 + w_2 x_2$$
$$\text{s. t. } A x_1^a x_2^b = y$$

解约束条件求得 x_2，我们看到这个问题等价于

$$\min_{x_1} w_1 x_1 + w_2 A^{-\frac{1}{b}} y^{\frac{1}{b}} x_1^{-\frac{a}{b}}$$

一阶条件为

$$w_1 - \frac{a}{b} w_2 A^{-\frac{1}{b}} y^{\frac{1}{b}} x_1^{-\frac{a+b}{b}} = 0$$

它给出了我们对要素1的条件需求函数：

$$x_1(w_1, w_2, y) = A^{-\frac{1}{a+b}} \left[\frac{a w_2}{b w_1} \right]^{\frac{b}{a+b}} y^{\frac{1}{a+b}}$$

另一个条件需求函数为：

$$x_2(w_1,w_2,y)=A^{-\frac{1}{a+b}}\left[\frac{aw_2}{bw_1}\right]^{-\frac{a}{a+b}}y^{\frac{1}{a+b}}$$

成本函数为：

$$c(w_1,w_2,y)=w_1x_1(w_1,w_2,y)+w_2x_2(w_1,w_2,y)$$

$$=A^{\frac{1}{a+b}}\left[\left(\frac{a}{b}\right)^{\frac{b}{a+b}}+\left(\frac{a}{b}\right)^{\frac{-a}{a+b}}\right]w_1^{\frac{a}{a+b}}w_2^{\frac{b}{a+b}}y^{\frac{1}{a+b}}$$

　　当我们以科布-道格拉斯技术为例时，我们通常使用单位度量，让 $A=1$，并且使用规模收益不变假设 $a+b=1$。在此情况下，成本函数简化为

$$c(w_1,w_2,y)=Kw_1^a w_2^{1-a}y$$

其中，$K=a^{-a}(1-a)^{a-1}$。

例 4 - 2：CES 技术的成本函数

　　假定 $f(x_1,x_2)=(x_1^\rho+x_2^\rho)^{\frac{1}{\rho}}$。相应的成本函数是什么？

成本最小化问题为：

$$\min w_1x_1+w_2x_2$$

$$s.\,t.\ x_1^\rho+x_2^\rho=y^\rho$$

一阶条件为：

$$w_1-\lambda\rho x_1^{\rho-1}=0$$

$$w_2-\lambda\rho x_2^{\rho-1}=0$$

$$x_1^\rho+x_2^\rho=y^\rho$$

解前两个方程求 x_1^ρ 和 x_2^ρ，我们有

$$x_1^{\rho}=w_1^{\frac{\rho}{\rho-1}}(\lambda\rho)^{\frac{-\rho}{\rho-1}}$$

$$x_2^{\rho}=w_2^{\frac{\rho}{\rho-1}}(\lambda\rho)^{\frac{-\rho}{\rho-1}}$$

(4.5)

把这些代入生产函数得到：

$$(\lambda\rho)^{\frac{-\rho}{\rho-1}}\left[w_1^{\frac{\rho}{\rho-1}}+w_2^{\frac{\rho}{\rho-1}}\right]=y^\rho$$

解出 $(\lambda\rho)^{\frac{-\rho}{\rho-1}}$，代入式（4.5）。这就给出了我们的条件要素需求函数：

$$x_1(w_1,w_2,y)=w_1^{\frac{1}{\rho-1}}\left[w_1^{\frac{\rho}{\rho-1}}+w_2^{\frac{\rho}{\rho-1}}\right]^{-\frac{1}{\rho}}y$$

$$x_2(w_1,w_2,y)=w_2^{\frac{1}{\rho-1}}\left[w_1^{\frac{\rho}{\rho-1}}+w_2^{\frac{\rho}{\rho-1}}\right]^{-\frac{1}{\rho}}y$$

把这些函数代入成本函数的定义就产生了：

$$c(w_1, w_2, y) = w_1 x_1(w_1, w_2, y) + w_2 x_2(w_1, w_2, y)$$

$$= y[w_1^{\frac{r}{\rho}} + w_2^{\frac{r}{\rho}}][w_1^{\frac{r}{\rho}} + w_2^{\frac{r}{\rho}}]^{-\frac{1}{\rho}}$$

$$= y[w_1^{\frac{r}{\rho}} + w_2^{\frac{r}{\rho}}]^{\frac{\rho-1}{\rho}}$$

如果我们令 $r = \rho/(\rho - 1)$，这个表达式看上去就更加完美了，写作：

$$c(w_1, w_2, y) = y[w_1^r + w_2^r]^{\frac{1}{r}}$$

注意，用 r 代替 ρ，此成本函数与初始的 CES 生产函数有相同的形式。在一般情况下

$$f(x_1, x_2) = [(a_1 x_1)^\rho + (a_2 x_2)^\rho]^{\frac{1}{\rho}}$$

通过类似的计算显示出：

$$c(w_1, w_2, y) = [(w_1/a_1)^r + (w_2/a_2)^r]^{\frac{1}{r}} y$$

例 4-3：里昂惕夫技术的成本函数

假设 $f(x_1, x_2) = \min\{ax_1, bx_2\}$。相应的成本函数是什么？既然我们知道厂商不会浪费任何有正价格的投入，那么，厂商一定在 $y = ax_1 = bx_2$ 这样的点上运作。因此，如果厂商想要生产 y 单位的产出，那么不论投入价格为多少，它一定使用 y/a 单位物品 1 和 y/b 单位物品 2。因而，给出成本函数为：

$$c(w_1, w_2, y) = \frac{w_1 y}{a} + \frac{w_2 y}{b} = y\left(\frac{w_1}{a} + \frac{w_2}{b}\right)$$

例 4-4：线性技术的成本函数

假设 $f(x_1, x_2) = ax_1 + bx_2$，以便要素 1 和要素 2 是完全替代的。成本函数的形式是什么样的呢？由于这两种物品是完全替代的，厂商将会使用较便宜的那一种。因此成本函数就会具有形式 $c(w_1, w_2, y) = \min\{w_1/a, w_2/b\}y$。

在这种情况下，对成本最小化问题的答案一般来说涉及边界解：两种要素中的一种使用量为零。尽管看出这个特定问题的答案是容易的，但它值得提供一个更正规的解法，因为它可以作为库恩-塔克定理发挥作用的一个很好的例子。由于我们几乎从不会有内点解，库恩-塔克定理是用在这儿的适宜工具。参见第 27 章关于此定理的陈述。

为了符号方便，我们考虑 $a = b = 1$ 的特殊情况。我们提出这个最小化问题为：

$$\min w_1 x_1 + w_2 x_2$$
$$\text{s. t. } x_1 + x_2 = y$$
$$x_1 \geqslant 0$$
$$x_2 \geqslant 0$$

这个问题的拉格朗日函数可以写为：

$$L(\lambda,\mu_1,\mu_2,x_1,x_2)=w_1x_1+w_2x_2-\lambda(x_1+x_2-y)-\mu_1x_1-\mu_2x_2$$

库恩-塔克一阶条件是

$$w_1-\lambda-\mu_1=0$$
$$w_2-\lambda-\mu_2=0$$
$$x_1+x_2=y$$
$$x_1\geqslant0$$
$$x_2\geqslant0$$

互补松弛条件为:

$$\mu_1\geqslant0,\ \text{当}\ x_1>0\ \text{时}\ \mu_1=0$$
$$\mu_2\geqslant0,\ \text{当}\ x_2>0\ \text{时}\ \mu_2=0$$

为了确定这个最小化问题的解,我们必须检查其中的不等式约束起作用或不起作用的每一种可能的情况。由于有两个约束,并且每个都分为起作用和不起作用两种情形,我们就有四种情况要考虑。

(1) $x_1=0$, $x_2=0$。在这种情况下,除非 $y=0$,否则我们不能满足条件 $x_1+x_2=y$。

(2) $x_1=0$, $x_2>0$。在这种情况下,我们知道 $\mu_2=0$。因此,前两个一阶条件给出:

$$w_1=\lambda+\mu_1$$
$$w_2=\lambda$$

由于 $\mu_1\geqslant0$,这种情况仅当 $w_1\geqslant w_2$ 时才会出现。由于 $x_1=0$,它得出 $x_2=y$。

(3) $x_2=0$, $x_1>0$。与上面情况类似的推理表明,$x_1=y$,并且这种情况仅当 $w_2\geqslant w_1$ 时才会产生。

(4) $x_1>0$, $x_2>0$。在这种情况下,互补松弛性意味着 $\mu_1=0$ 和 $\mu_2=0$。这样,一阶条件意味着 $w_1=w_2$。

上面的问题尽管有些琐碎,但却是在应用库恩-塔克定理时所使用的典型方法。如果有 k 种可能起作用或不起作用的约束,那么在最优值点就有 2^k 种可能的情形。必须检查它们中的每一个,看看它是否确实与代表潜在最优解所要求的所有条件都相容。

4.4 条件要素需求函数

现在,让我们转向成本最小化问题和条件要素需求。运用通常的论据,条件要素需求函数 $\mathbf{x}(\mathbf{w},y)$ 一定满足一阶条件:

$$f[\mathbf{x}(\mathbf{w},y)]\equiv y$$
$$\mathbf{w}-\lambda\mathbf{D}f[\mathbf{x}(\mathbf{w},y)]\equiv\mathbf{0}$$

在下面的计算中，很容易在矩阵代数中出错，所以我们将考虑一个简单的两物品的例子。在这种情况下，一阶条件看上去如：

$$f[x_1(w_1,w_2,y),x_2(w_1,w_2,y)]\equiv y$$

$$w_1-\lambda\frac{\partial f[x_1(w_1,w_2,y),x_2(w_1,w_2,y)]}{\partial x_1}\equiv 0$$

$$w_2-\lambda\frac{\partial f[x_1(w_1,w_2,y),x_2(w_1,w_2,y)]}{\partial x_2}\equiv 0$$

正如在上一章，这些一阶条件是恒等式——根据条件要素需求函数的定义，它们对所有 w_1，w_2 和 y 的值都是成立的。因此，我们可以就这些恒等式对 w_1 求微分。

我们发现：

$$\frac{\partial f}{\partial x_1}\frac{\partial x_1}{\partial w_1}+\frac{\partial f}{\partial x_2}\frac{\partial x_2}{\partial w_1}\equiv 0$$

$$1-\lambda\left[\frac{\partial^2 f}{\partial x_1^2}\frac{\partial x_1}{\partial w_1}+\frac{\partial^2 f}{\partial x_1\partial x_2}\frac{\partial x_2}{\partial w_1}\right]-\frac{\partial f}{\partial x_1}\frac{\partial \lambda}{\partial w_1}\equiv 0$$

$$0-\lambda\left[\frac{\partial^2 f}{\partial x_2\partial x_1}\frac{\partial x_1}{\partial w_1}+\frac{\partial^2 f}{\partial x_2^2}\frac{\partial x_2}{\partial w_1}\right]-\frac{\partial f}{\partial x_2}\frac{\partial \lambda}{\partial w_1}\equiv 0$$

这些方程可以写成矩阵形式：

$$\begin{bmatrix} 0 & -f_1 & -f_2 \\ -f_1 & -\lambda f_{11} & -\lambda f_{21} \\ -f_2 & -\lambda f_{12} & -\lambda f_{22} \end{bmatrix}\begin{bmatrix} \dfrac{\partial \lambda}{\partial w_1} \\[2mm] \dfrac{\partial x_1}{\partial w_1} \\[2mm] \dfrac{\partial x_2}{\partial w_1} \end{bmatrix}\equiv\begin{bmatrix} 0 \\ -1 \\ 0 \end{bmatrix}$$

注意这个重要的事实——左边的矩阵正是最大化二阶条件中所涉及的加边海塞矩阵（参见本书第 27 章）。我们可以用矩阵代数的标准方法——本书第 26 章讨论的克莱姆法则（Cramer's rule）来求解 $\partial x_1/\partial w_1$：

$$\frac{\partial x_1}{\partial w_1}=\frac{\begin{vmatrix} 0 & 0 & -f_2 \\ -f_1 & -1 & -\lambda f_{21} \\ -f_2 & 0 & -\lambda f_{22} \end{vmatrix}}{\begin{vmatrix} 0 & -f_1 & -f_2 \\ -f_1 & -\lambda f_{11} & -\lambda f_{21} \\ -f_2 & -\lambda f_{12} & -\lambda f_{22} \end{vmatrix}}$$

令 H 代表这个分式的分母的矩阵行列式。我们知道，根据最小化的二阶条件，这是个负数。进行分子计算，我们有：

$$\frac{\partial x_1}{\partial w_1}=\frac{f_2^2}{H}<0$$

从而，条件要素需求曲线向下倾斜。

类似地，我们可以得出 $\partial x_2 / \partial w_1$ 的表达式。再次运用克莱姆法则，我们有：

$$\frac{\partial x_2}{\partial w_1}=\frac{\begin{vmatrix} 0 & -f_1 & 0 \\ -f_1 & -\lambda f_{11} & -1 \\ -f_2 & -\lambda f_{12} & 0 \end{vmatrix}}{\begin{vmatrix} 0 & -f_1 & -f_2 \\ -f_1 & -\lambda f_{11} & -\lambda f_{21} \\ -f_2 & -\lambda f_{12} & -\lambda f_{22} \end{vmatrix}}$$

进行已指明的计算，

$$\frac{\partial x_2}{\partial w_1}=-\frac{f_2 f_1}{H}>0 \tag{4.6}$$

对 $\partial x_1 / \partial w_2$ 进行同类的计算，我们发现：

$$\frac{\partial x_1}{\partial w_2}=\frac{\begin{vmatrix} 0 & 0 & -f_2 \\ -f_1 & 0 & -\lambda f_{12} \\ -f_2 & -1 & -\lambda f_{22} \end{vmatrix}}{\begin{vmatrix} 0 & -f_1 & -f_2 \\ -f_1 & -\lambda f_{11} & -\lambda f_{21} \\ -f_2 & -\lambda f_{12} & -\lambda f_{22} \end{vmatrix}}$$

这意味着：

$$\frac{\partial x_1}{\partial w_2}=-\frac{f_1 f_2}{H}>0 \tag{4.7}$$

对比表达式（4.6）和表达式（4.7），我们看到它们是相同的。这样，$\partial x_1 / \partial w_2$ 等于 $\partial x_2 / \partial w_1$。正如在利润最大化情况中那样，我们找到了一个对称条件：作为成本最小化模型的结果，"交叉价格效应一定相等"。

在这里考察的两种投入情况下，交叉价格效应的符号一定为正。也就是说，这两种要素一定是**替代**的。这是两种投入情况所特有的；如果有更多的生产要素，它们中任意两个之间的交叉价格效应方向是不确定的。

现在，我们开始依据矩阵代数改述上面的计算。由于在所有的计算中，y 都保持不变，出于符号上的方便，我们将把它作为条件要素需求的自变量来省略。成本最小化的一阶条件是

$$f[\mathbf{x}(\mathbf{w})]\equiv y$$
$$\mathbf{w}-\lambda \mathbf{D}f[\mathbf{x}(\mathbf{w})]\equiv \mathbf{0}$$

将这些恒等式对 w 求微分，我们发现：

$$\mathbf{D}f[\mathbf{x}(\mathbf{w})]\mathbf{D}\mathbf{x}(\mathbf{w})=\mathbf{0}$$

$$\mathbf{I}-\lambda\,\mathbf{D}^2 f[\mathbf{x}(\mathbf{w})]\mathbf{D}\mathbf{x}(\mathbf{w})-\mathbf{D}f[\mathbf{x}(\mathbf{w})]\mathbf{D}\lambda(\mathbf{w})=\mathbf{0}$$

整理后我们得到：

$$\begin{bmatrix} \mathbf{0} & -\mathbf{D}f(\mathbf{x}) \\ -\mathbf{D}f(\mathbf{x})^t & -\lambda\,\mathbf{D}^2 f(\mathbf{x}) \end{bmatrix}\begin{bmatrix} \mathbf{D}\lambda(\mathbf{w}) \\ \mathbf{D}\mathbf{x}(\mathbf{w}) \end{bmatrix}=-\begin{bmatrix} \mathbf{0} \\ \mathbf{I} \end{bmatrix}$$

注意该矩阵就是加边海塞矩阵，即拉格朗日函数的二阶导数矩阵。假定我们有正则的最优解，使得这一海塞矩阵是非退化的，我们可以对海塞矩阵取逆来解出替代矩阵 $\mathbf{D}\mathbf{x}(\mathbf{w})$：

$$\begin{bmatrix} \mathbf{D}\lambda(\mathbf{w}) \\ \mathbf{D}\mathbf{x}(\mathbf{w}) \end{bmatrix}=\begin{bmatrix} \mathbf{0} & \mathbf{D}f(\mathbf{x}) \\ \mathbf{D}f(\mathbf{x})^t & \lambda\,\mathbf{D}^2 f(\mathbf{x}) \end{bmatrix}^{-1}\begin{bmatrix} \mathbf{0} \\ \mathbf{I} \end{bmatrix}$$

（我们已通过乘以 -1 来去掉表达式两边的负号。）由于加边海塞矩阵是对称的，它的逆矩阵也是对称的，这就表明交叉价格效应是对称的。它也表明替代矩阵是半负定的。由于我们将在后面用其他方法对此问题提供一个简单的证明，在这里，我们就略去了这个证明。

4.5　成本最小化的代数方法

像在利润最大化的情况那样，我们也可以对成本最小化问题运用代数技巧。我们取一些观察到的厂商产出水平 y^t、要素价格 $\mathbf{w}^t$ 和要素水平 $\mathbf{x}^t$（$t=1,\cdots,T$）的选择作为我们的数据，何时这些数据会与成本最小化模型相一致？

一个显然的必要条件是，观察到的投入选择的成本应不大于可生产至少同样多产出的任何其他水平的投入成本。用符号来解释，这就是说

$$\mathbf{w}^t\,\mathbf{x}^t\leqslant\mathbf{w}^t\,\mathbf{x}^s\ \text{对所有满足}\ y^s\geqslant y^t\ \text{的}\ s\ \text{和}\ t\ \text{成立}$$

我们把这个条件称为**成本最小化弱公理**（weak axiom of cost minimization，WACM）。

正如在利润最大化情况中那样，成本最小化弱公理可用于得出向下倾斜的需求的 $\triangle$ 说法。取两个具有相同产出水平的不同的观察数据，并且注意到成本最小化意味着：

$$\mathbf{w}^t\,\mathbf{x}^t\leqslant\mathbf{w}^t\,\mathbf{x}^s$$

$$\mathbf{w}^s\,\mathbf{x}^s\leqslant\mathbf{w}^s\,\mathbf{x}^t$$

第一个表达式是说第 t 期的观察在第 t 期的价格下一定有更低的生产成本；第二个表达式是说第 s 期的观察在第 s 期的价格下一定有更低的生产成本。

把第二个不等式写为：

$$-\mathbf{w}^s\,\mathbf{x}^t \leqslant -\mathbf{w}^s\,\mathbf{x}^s$$

把它加到第一个不等式上去，重新排列得到：

$$(\mathbf{w}^t-\mathbf{w}^s)(\mathbf{x}^t-\mathbf{x}^s) \leqslant 0$$

或者

$$\Delta\mathbf{w}\Delta\mathbf{x} \leqslant 0$$

粗略来说，要素需求向量一定与要素价格向量朝"相反"方向移动。

我们也可以为产生这些数据的真实投入要求集构造出内界和外界。在这里我们要陈述一下这些界限，并且把它留给读者来检查细节。其论证与利润最大化情况所提供的类似。

内界是由

$$VI(y)=\{\mathbf{x}^t:y^t\geqslant y\} \text{ 的凸的单调包}$$

给出，即内界仅是所有能够至少生产 y 数量产出的观察数据的凸的单调包。外界是由

$$VO(y)=\{\mathbf{x}:\mathbf{w}^t\mathbf{x}\geqslant \mathbf{w}^t\,\mathbf{x}^t \text{ 对所有满足 } y^t\leqslant y \text{ 的 } t \text{ 成立}\}$$

给出。

这些构造与早先的 YO 和 YI 的构造类似。图 4-2 给出了 VO 和 VI 的图形。

$VI(y)$ 包含在 $V(y)$ 中是很明显的，至少只要 $V(y)$ 是凸的和单调的就行。$VO(y)$ 包含 $V(y)$ 也许就不是很明显的了，因此我们提供下面的证明。

假设与断言相反，我们有某个 $\mathbf{x}$ 在 $V(y)$ 中但不在 $VO(y)$ 中。由于 $\mathbf{x}$ 不在 $VO(y)$ 中，一定存在某个观察值 t，满足 $y^t\leqslant y$，并且

$$\mathbf{w}^t\mathbf{x}\leqslant \mathbf{w}^t\,\mathbf{x}^t \tag{4.8}$$

但是，由于 $\mathbf{x}$ 是在 $V(y)$ 中，它能生产至少 y^t 单位的产出，不等式（4.8）表明它花费的成本比 $\mathbf{x}^t$ 少，这就与 $\mathbf{x}^t$ 是成本最小化束的假设相矛盾。

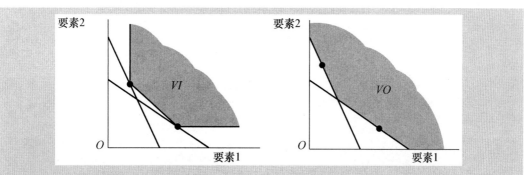

图 4-2　内界和外界

注：集合 VI 和 VO 给出了真实投入要求集的内界和外界。

注　释

4

成本最小化的代数学方法由 Varian（1982b）作了进一步的发展。

习　题

4.1　严格证明利润最大化意味着成本最小化。

4.2　利用库恩-塔克定理导出即使最优解涉及边界解时也是有效的成本最小化条件。

4.3　一个厂商有两个车间，它们各自的成本函数为 $c_1(y_1)=y_1^2/2$ 和 $c_2(y_2)=y_2$。该厂商的成本函数是什么？

4.4　一个厂商有两个车间：一个车间根据生产函数 $x_1^a x_2^{1-a}$ 来生产产出，另一个车间的生产函数是 $x_1^b x_2^{-b}$。该技术的成本函数是什么？

4.5　假设厂商有两种可能的活动来生产产出。活动 a 使用 a_1 单位物品 1 和 a_2 单位物品 2 来生产 1 单位产出。活动 b 使用 b_1 单位物品 1 和 b_2 单位物品 2 来生产 1 单位产出。要素只能以这些固定比例来使用。如果要素价格是（w_1，w_2），对这两种要素的需求是什么？该技术的成本函数

是什么？对什么样的要素价格，成本函数是不可微的？

4.6　一个厂商有两个车间，成本函数分别是 $c_1(y_1)=4\sqrt{y_1}$，$c_2(y_2)=2\sqrt{y_2}$。当生产 y 的产出时，它的成本是多少？

4.7　下表显示了对一个厂商的要素需求 x_1、x_2，要素价格 w_1、w_2 和产出 y 的两组观测值。表中所描述的行为与成本最小化行为一致吗？

Obs	y	w_1	w_2	x_1	x_2
A	100	2	1	10	20
B	110	1	2	14	10

4.8　一个厂商有生产函数 $y=x_1 x_2$。如果在 $w_1=w_2=1$ 时，生产的最小成本等于 4，y 等于多少？

第 5 章 　成本函数

成本函数是度量在某些固定的要素价格下，生产给定产出水平的最小成本。就其本身而论，它概括了有关厂商可获得的技术选择的信息。事实证明成本函数的行为能够告诉我们许多有关厂商技术的性质。

正如生产函数是我们描述生产的技术可能性的主要方式一样，成本函数是我们描述厂商的经济可能性的主要方式。在下面两节，我们将研究成本函数 $c(\mathbf{w}, y)$ 对它的自变量价格和数量的表现。在进行这项研究之前，我们需要定义一些相关的函数，即平均成本函数和边际成本函数。

5.1 平均成本和边际成本

我们来考虑成本函数的结构。通常，成本函数总可以简单表达为条件要素需求的价值。

$$c(\mathbf{w}, y) \equiv \mathbf{w}\mathbf{x}(\mathbf{w}, y)$$

这就是说，生产 y 单位产出的最小成本就是以最廉价的方式生产 y 的成本。

在短期，某些生产要素被固定在预先确定的水平上。令 $\mathbf{x}_f$ 为固定要素向量，$\mathbf{x}_v$ 为可变要素向量，把 $\mathbf{w}$ 拆成 $\mathbf{w} = (\mathbf{w}_v, \mathbf{w}_f)$，即可变要素和固定要素的价格向量。一般短期条件要素需求函数将依赖于 $\mathbf{x}_f$，所以我们把它写为 $\mathbf{x}_v(\mathbf{w}, y, \mathbf{x}_f)$。那么，短期成本函数可以写成：

$$c(\mathbf{w}, y, \mathbf{x}_f) = \mathbf{w}_v \, \mathbf{x}_v(\mathbf{w}, y, \mathbf{x}_f) + \mathbf{w}_f \, \mathbf{x}_f$$

$\mathbf{w}_v \, \mathbf{x}_v(\mathbf{w}, y, \mathbf{x}_f)$ 项被称为**短期可变成本**（short-run variable cost，SVC），$\mathbf{w}_f \, \mathbf{x}_f$ 项是**固定成本**（fixed cost，FC）。从这些基本单位中，我们可以定义各种导出的成本概念：

$$短期总成本 = STC = \mathbf{w}_v \, \mathbf{x}_v(\mathbf{w}, y, \mathbf{x}_f) + \mathbf{w}_f \, \mathbf{x}_f$$

$$短期平均成本 = SAC = \frac{c(\mathbf{w}, y, \mathbf{x}_f)}{y}$$

$$\text{短期平均可变成本} = SAVC = \frac{\mathbf{w}_v\, \mathbf{x}_v(\mathbf{w}, y, \mathbf{x}_f)}{y}$$

$$\text{短期平均固定成本} = SAFC = \frac{\mathbf{w}_f\, \mathbf{x}_f}{y}$$

$$\text{短期边际成本} = SMC = \frac{\partial c(\mathbf{w}, y, \mathbf{x}_f)}{\partial y}$$

当所有要素都可变时，厂商将优化 $\mathbf{x}_f$ 的选择。从而，正如前面所指明的，长期成本函数仅取决于要素价格和产出水平。

我们将以下述方式，通过短期成本函数来描述长期成本函数。令 $\mathbf{x}_f(\mathbf{w}, y)$ 为固定要素的最优选择，令 $\mathbf{x}_v(\mathbf{w}, y) = \mathbf{x}_v[\mathbf{w}, y, \mathbf{x}_f(\mathbf{w}, y)]$ 为可变要素的长期最优选择，则长期成本函数可以写为：

$$c(\mathbf{w}, y) = \mathbf{w}_v\, \mathbf{x}_v(\mathbf{w}, y) + \mathbf{w}_f\, \mathbf{x}_f(\mathbf{w}, y) = c[\mathbf{w}, y, \mathbf{x}_f(\mathbf{w}, y)]$$

长期成本函数可以用来定义类似于上面定义过的成本概念：

$$\text{长期平均成本} = LAC = \frac{c(\mathbf{w}, y)}{y}$$

$$\text{长期边际成本} = LMC = \frac{\partial c(\mathbf{w}, y)}{\partial y}$$

注意：由于在长期中，所有的成本都是可变的，"长期平均成本"等于"长期平均可变成本"；同理，"长期固定成本"为零。

当然，长期与短期都是相对的概念。哪些要素看成是可变的，哪些要素看成是固定不变的，取决于要分析的具体问题。首先你必须考虑你想要分析的厂商行为所处的时期，其次要问在那个时期内厂商可以调整哪些要素。

例 5 - 1：短期科布-道格拉斯成本函数

假设科布-道格拉斯技术中的第二个要素被限定在水平 k 上运作，则成本最小化问题是

min $w_1 x_1 + w_2 k$

s. t. $y = x_1^a k^{1-a}$

解约束条件求得 x_1 作为给定的 y 和 k 的函数：

$$x_1 = (y k^{a-1})^{\frac{1}{a}}$$

这样，

$$c(w_1, w_2, y, k) = w_1 (y k^{a-1})^{\frac{1}{a}} + w_2 k$$

也可以计算得出下面的变量：

$$\text{短期平均成本} = w_1 \left(\frac{y}{k}\right)^{\frac{1-a}{a}} + \frac{w_2 k}{y}$$

$$短期平均可变成本 = w_1 \left(\frac{y}{k}\right)^{\frac{1}{a}}$$

$$短期平均固定成本 = \frac{w_2 k}{y}$$

$$短期边际成本 = \frac{w_1}{a} \left(\frac{y}{k}\right)^{\frac{1}{a}}$$

例 5－2：规模收益不变和成本函数

如果生产函数显示出规模收益不变，那么直观上很清楚，成本函数应当显示出成本关于产出水平是线性的：如果你想要生产两倍的产出，这将花费你两倍的成本。这一直觉将在下面的命题中被证实。

规模收益不变： 如果生产函数显示出规模收益不变，那么成本函数可以写成 $c(\mathbf{w}, y) = yc(\mathbf{w}, 1)$。

证明： 设 $\mathbf{x}^*$ 为在价格 $\mathbf{w}$ 时生产 1 单位产出的最便宜的方法，因此 $c(\mathbf{w}, 1) = \mathbf{w}\mathbf{x}^*$。那么，可以断言：$c(\mathbf{w}, y) = \mathbf{w} y \mathbf{x}^* = yc(\mathbf{w}, 1)$。首先注意到，由于技术是规模收益不变的，$y\mathbf{x}^*$ 用于生产 y 是可行的。假定它并没有最小化成本；而令 $\mathbf{x}'$ 为价格 $\mathbf{w}$ 下生产 y 单位产出的成本最小化束，则 $\mathbf{w}\mathbf{x}' < \mathbf{w} y \mathbf{x}^*$。那么，$\mathbf{w}\mathbf{x}'/y < \mathbf{w}\mathbf{x}^*$，并且由于技术是规模收益不变的，$\mathbf{x}'/y$ 也能生产 1 单位产出。这就与 $\mathbf{x}^*$ 的定义相矛盾。证毕。

如果技术显示出规模收益不变，那么平均成本函数、平均可变成本函数和边际成本函数都是相同的。

5.2　成本的几何图形

成本函数是研究厂商经济行为的一个最有用的工具。随后将在一定意义上弄清楚，成本函数概括了关于厂商技术的所有经济上的相关信息。在下面的几节中，我们将检验成本函数的一些性质。这个任务最方便的方式是分两阶段来完成：第一，我们在固定要素价格假设下检验成本函数的性质。在这种情况下，我们将成本函数简单地写成 $c(y)$。第二，我们考察要素价格自由变动时成本函数的性质。

由于我们把要素价格取为固定的，成本只取决于厂商的产出水平，因此可以画出联系产出和成本的有用图形。总成本曲线总是被假定为关于产出是单调的：你生产得越多，成本就越高。然而，平均成本曲线随着产出可增可减，这取决于总成本的增加是比线性增加更多还是更少。通常认为最真实的情况是：至少在短期内是平均成本曲线先减少然后增加。其原因如下。

在短期中，成本函数有两部分：固定成本和可变成本。因而我们可以把短期平均成本写为：

$$SAC = \frac{c(\mathbf{w}, y, \mathbf{x}_f)}{y} = \frac{\mathbf{w}_f \, \mathbf{x}_f}{y} + \frac{\mathbf{w}_v \, \mathbf{x}_v (\mathbf{w}, y, \mathbf{x}_f)}{y} = SAFC + SAVC$$

在多数应用中，短期固定要素都是诸如机器、建筑物和其他类型的资本设备等，而可变要素为劳动和原材料。让我们考虑归因于这些要素的成本如何随产出变化而改变。

随着我们增加产出，如果存在某个最初的规模经济范围，平均可变成本最初可能下降。然而，似乎合理地假定所需要的可变要素会或多或少地按线性增加，直至接近由固定要素数量所决定的某个产出的容量水平为止。当我们接近该容量时，我们需要使用比比例量更多的可变投入来增加产出。因此，正如图 5-1A 所描绘的，平均可变成本函数最终将随着产出增加而增加。当然，如图 5-1B 所示，平均固定成本一定随着产出的增加而减少。把平均可变成本曲线与平均固定成本曲线加到一起，就给出了图 5-1C 中的 U 形平均成本曲线。平均成本最初的减少是由于平均固定成本的减少；平均成本最终的增加是由于平均可变成本的增加。使生产的平均成本最小的产出水平有时被称为**最小有效规模**（minimal efficient scale）。

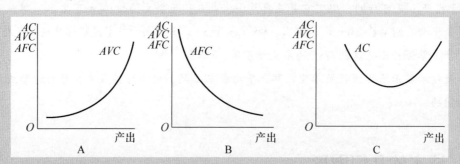

图 5-1　平均成本曲线

注：平均可变成本曲线最终会随着产出增加而增加，平均固定成本曲线总是随着产出增加而减少。这两种效应的相互作用就产生了 U 形的平均成本曲线。

在长期，所有成本都是可变成本，在这样的条件下，由于厂商可以重复它的生产过程，递增平均成本似乎是不合理的。因而，合理的长期平均成本可能性应当是，要么是不变的，要么是递减的。此外，正如我们以前提到的，某些种类的厂商由于长期固定要素而不可能显示出长期规模收益不变技术。如果某些要素在长期中确实保持固定不变，适宜的长期平均成本曲线应该假定是 U 形的，本质上其原因与短期情况相同。

现在我们考虑边际成本曲线。它与平均成本曲线的关系是什么？令 y^* 表示最小平均成本点，那么在 y^* 的左边，平均成本在下降，因此对于 $y \leqslant y^*$，有

$$\frac{\mathrm{d}}{\mathrm{d}y}\left(\frac{c(y)}{y}\right) \leqslant 0$$

求导得出：

对 $y \leqslant y^*$，$\dfrac{yc'(y) - c(y)}{y^2} \leqslant 0$

这表明

对 $y \leqslant y^*$，$c'(y) \leqslant \dfrac{c(y)}{y}$

这个不等式说明，在最小平均成本点左边，边际成本要小于平均成本。类似的分析表明：

对 $y \geqslant y^*$，$c'(y) \geqslant \dfrac{c(y)}{y}$

由于两个不等式一定在 y^* 成立，我们有：

$$c'(y^*) = \dfrac{c(y^*)}{y^*}$$

这就是，在最小平均成本点，边际成本等于平均成本。

边际成本曲线与平均可变成本曲线的关系是什么？简单地改变一下上面论证中的符号，我们可以说明，当平均可变成本曲线下降时，边际成本曲线位于平均可变成本曲线之下；当它上升时，边际成本曲线位于平均可变成本曲线之上。由此可知，边际成本曲线一定通过平均可变成本曲线的最小点。

也不难说明，对于第一单位产出，边际成本一定等于平均可变成本。毕竟，第一单位产出的边际成本与第一单位产出的平均可变成本是相同的，因为两个数都等于 $c_v(1) - c_v(0)$。更正规的证明也是可能的。定义平均可变成本为：

$$AVC(y) = \dfrac{c_v(y)}{y}$$

如果 $y = 0$，这个表达式就变成 $0/0$，这是未定式。不过，利用洛必达法则（L'Hôpital's rule）可以计算出 $c_v(y)/y$ 的极限：

$$\lim_{y \to 0} \dfrac{c_v(y)}{y} = \dfrac{c_v'(0)}{1}$$

（见本书第 26 章关于这个法则的表述。）由此得知：在零产出时，平均可变成本就是边际成本。

刚讨论过的所有分析对长期和短期都适用。不过，如果生产在长期中显示出规模收益不变，以保证成本函数关于产出水平是线性的，那么平均成本、平均可变成本和边际成本都彼此相等，这就使得刚描述过的大多数关系变得相当不重要了。

例 5-3：科布-道格拉斯成本曲线

正如在早前的一个例子中计算出的那样，一般化的科布-道格拉斯技术具有如下成本函数形式：

$$c(y) = Ky^{\frac{1}{a+b}} \quad a+b \leqslant 1$$

其中 K 是要素价格和参数的函数。因此，

$$AC(y) = \frac{c(y)}{y} = Ky^{\frac{1-a-b}{a+b}}$$

$$MC(y) = c'(y) = \frac{K}{a+b}y^{\frac{1-a-b}{a+b}}$$

如果 $a+b<1$，成本曲线显示出递增的平均成本；如果 $a+b=1$，成本曲线显示出不变的平均成本。

我们早前也看到科布-道格拉斯技术的短期成本函数形式为：

$$c(y) = Ky^{\frac{1}{a}} + F$$

因此，

$$AC(y) = \frac{c(y)}{y} = Ky^{\frac{1-a}{a}} + \frac{F}{y}$$

5.3　长期成本曲线和短期成本曲线

现在，我们来考虑长期成本曲线和短期成本曲线间的关系。很明显的是，由于短期成本最小化问题正是一个有约束的长期成本最小化问题的变体，长期成本曲线一定不会位于任何短期成本曲线之上。

我们将长期成本函数记为 $c(y)=c[y, z(y)]$。我们在这里省略了要素价格，因为假定价格是固定的，并且我们令 $z(y)$ 为对单个固定要素的成本最小化需求。令 y^* 为某个给定的产出水平，令 $z^*=z(y^*)$ 为对此固定要素的相应的长期需求。对所有产出水平，短期成本 $c(y,z^*)$ 一定至少与长期成本 $c[y, z(y)]$ 一样大，并且在产出水平 y^*，短期成本将等于长期成本，因此 $c(y^*, z^*)=c[y^*, z(y^*)]$。从而，长期成本曲线与短期成本曲线一定在 y^* 点相切。

这正是包络定理的几何学的重新表述。长期成本曲线在 y^* 点的斜率为：

$$\frac{dc[y^*,z(y^*)]}{dy} = \frac{\partial c(y^*,z^*)}{\partial y} + \frac{\partial c(y^*,z^*)}{\partial z}\frac{\partial z(y^*)}{\partial y}$$

但由于 z^* 是产出水平为 y^* 时固定要素的最优选择，我们一定有：

$$\frac{\partial c(y^*,z^*)}{\partial z} = 0$$

因此，在 y^* 处的长期边际成本等于 (y^*, z^*) 处的短期边际成本。

最后，我们注意到，如果长期成本曲线和短期成本曲线是相切的，那么长期和短期的平均成本曲线也一定相切。图 5-2 阐明了一个典型的结构。

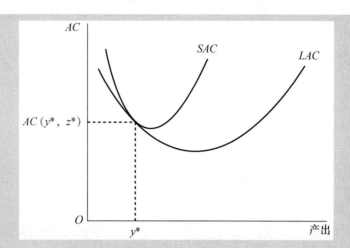

图 5-2　长期和短期平均成本曲线

注：注意到长期和短期平均成本曲线一定相切，这意味着长期和短期的边际成本一定相等。

另一种看待长期和短期平均成本曲线关系的方法是从短期平均成本曲线簇开始的。例如，假定我们有一种固定的要素，只可以以三种离散水平 z_1、z_2 和 z_3 来使用。我们在图 5-3 中描绘了这簇曲线。长期成本曲线会是什么？它就是这些短期成本曲线的下包络线，因为生产产出 y 的 z 的最优选择正是生产 y 的最小成本选择。这个包络操作生成一个扇贝形的长期平均成本曲线。如果固定要素有更多的可能取值，这个扇贝线就变成一条平滑的曲线。

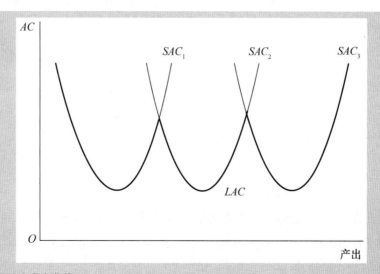

图 5-3　长期平均成本曲线

注：长期平均成本曲线 LAC 是短期平均成本曲线 SAC_1、SAC_2 和 SAC_3 的下包络线。

5.4 要素价格和成本函数

现在，我们转向对成本函数价格行为的研究。几个有趣的性质可以直接从成本函数的定义得出。下面将对这些性质进行概括。注意其与利润函数的性质密切相似。

成本函数的性质：

(1) 成本函数是价格 $\mathbf{w}$ 的非减函数。如果 $\mathbf{w}' \geqslant \mathbf{w}$，那么 $c(\mathbf{w}', y) \geqslant c(\mathbf{w}, y)$。

(2) 成本函数是 $\mathbf{w}$ 的一次齐次函数。对于 $t > 0$，有 $c(t\mathbf{w}, y) = tc(\mathbf{w}, y)$。

(3) 成本函数是 $\mathbf{w}$ 的凹函数。对于 $0 \leqslant t \leqslant 1$，有

$$c[t\mathbf{w} + (1-t)\mathbf{w}', y] \geqslant tc(\mathbf{w}, y) + (1-t)c(\mathbf{w}', y)$$

(4) 成本函数是 $\mathbf{w}$ 的连续函数。对于 $\mathbf{w} \gg \mathbf{0}$，$c(\mathbf{w}, y)$ 作为 $\mathbf{w}$ 的函数是连续的。

证明：

(1) 这是显然的，但正式的证明可能是有益的。令 $\mathbf{x}$ 和 $\mathbf{x}'$ 为与 $\mathbf{w}$ 和 $\mathbf{w}'$ 相对应的成本最小化束。那么根据最小化，有 $\mathbf{w}\mathbf{x} \leqslant \mathbf{w}\mathbf{x}'$。由于 $\mathbf{w} \leqslant \mathbf{w}'$，又有 $\mathbf{w}\mathbf{x}' \leqslant \mathbf{w}'\mathbf{x}'$。联立这些不等式，就得出要求证的 $\mathbf{w}\mathbf{x} \leqslant \mathbf{w}'\mathbf{x}'$。

(2) 我们证明如果 $\mathbf{x}$ 是价格 $\mathbf{w}$ 的成本最小化束，那么 $\mathbf{x}$ 在价格 $t\mathbf{w}$ 处也最小化成本。假设不是这样，令 $\mathbf{x}'$ 为 $t\mathbf{w}$ 的成本最小化束，由此 $t\mathbf{w}\mathbf{x}' < t\mathbf{w}\mathbf{x}$。但此不等式意味着 $\mathbf{w}\mathbf{x}' < \mathbf{w}\mathbf{x}$，这与 $\mathbf{x}$ 的定义相矛盾。从而，以正数 t 乘以要素价格并不改变成本最小化束的组成，因而成本一定正好以因子 t 上升：$c(t\mathbf{w}, y) = t\mathbf{w}\mathbf{x} = tc(\mathbf{w}, y)$。

(3) 令 $(\mathbf{w}, \mathbf{x})$ 和 $(\mathbf{w}', \mathbf{x}')$ 为两个成本最小化的价格和要素组合，并且对任意的 $0 \leqslant t \leqslant 1$，令 $\mathbf{w}'' = t\mathbf{w} + (1-t)\mathbf{w}'$。现在

$$c(\mathbf{w}'', y) = \mathbf{w}''\mathbf{x}'' = t\mathbf{w}\mathbf{x}'' + (1-t)\mathbf{w}'\mathbf{x}''$$

由于 $\mathbf{x}''$ 不必然是价格 $\mathbf{w}$ 或 $\mathbf{w}'$ 下生产 y 的最便宜方法，我们有 $\mathbf{w}\mathbf{x}'' \geqslant c(\mathbf{w}, y)$ 和 $\mathbf{w}'\mathbf{x}'' \geqslant c(\mathbf{w}', y)$。因此，

$$c(\mathbf{w}'', y) \geqslant tc(\mathbf{w}, y) + (1-t)c(\mathbf{w}', y)$$

(4) c 的连续性可从本书第 27 章的最大值定理得出。证毕。

这里唯一令人惊奇的性质是其凹性。不过，我们可以为这一性质提供直观感觉，此直觉与呈现给利润函数的相似。假设所有其他要素价格不变，我们用曲线图将成本表示为一个单一投入价格的函数。如果一种要素价格上升，成本将不会下降（性质 1），但它们将以一个递减的比率上升（性质 3）。为什么？因为随着这一要素变得更加昂贵，且其他价格保持原样，成本最小化厂商会放弃它而转用其他投入。

通过考察图 5-4 会使这一点更为清楚。令 $\mathbf{x}^*$ 为价格 $\mathbf{w}^*$ 下的成本最小化束。假设要素 1 的价格从 w_1^* 变为 w_1，如果我们行为惰性而继续使用 $\mathbf{x}^*$，我们的成本将

为 $C = w_1 x_1^* + \sum_{i=2}^{n} w_i^* x_i^*$。最小的生产成本 $c(\mathbf{w}, y)$ 一定小于这个"惰性"成本函数；因此，$c(\mathbf{w}, y)$ 的图形一定位于惰性成本函数之下，且两条曲线在 w_1^* 处重合。不难看出，这意味着 $c(\mathbf{w}, y)$ 对 w_1 是凹的。

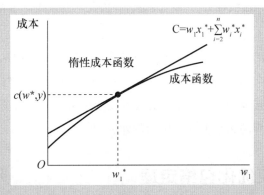

图 5-4 成本函数的凹性

注：成本函数是要素价格的凹函数，因为它一定位于"惰性"成本函数的下方。

同样的图形可用于发现一个很有用的找到条件要素需求表达式的方法。我们首先正式地表述这个结果：

谢泼德引理（Shephard's lemma）：（导数性质）设 $x_i(\mathbf{w}, y)$ 为厂商对投入 i 的条件要素需求，那么，如果成本函数在（$\mathbf{w}, y$）处是可微的，且 $w_i > 0$，$i = 1, \cdots, n$，则

$$x_i(\mathbf{w}, y) = \frac{\partial c(\mathbf{w}, y)}{\partial w_i} \quad i = 1, \cdots, n$$

证明：该证明与霍特林引理的证明很相似。设 $\mathbf{x}^*$ 为价格 $\mathbf{w}^*$ 下生产 y 的成本最小化束，然后定义函数

$$g(\mathbf{w}) = c(\mathbf{w}, y) - \mathbf{w}\,\mathbf{x}^*$$

由于 $c(\mathbf{w}, y)$ 是生产 y 的最便宜的方法，这个函数永远是非正的。在 $\mathbf{w} = \mathbf{w}^*$ 时，$g(\mathbf{w}^*) = 0$。由于这是 $g(\mathbf{w})$ 的最大值，它的导数一定为零：

$$\frac{\partial g(\mathbf{w}^*)}{\partial w_i} = \frac{\partial c(\mathbf{w}^*, y)}{\partial w_i} - x_i^* = 0 \qquad i = 1, \cdots, n$$

因此，成本最小化投入向量正是由成本函数对价格的导数向量给出的。证毕。

因为这个命题很重要，我们将提供证明它的四种不同方法。第一种方法：根据定义，成本函数等于 $c(\mathbf{w}, y) \equiv \mathbf{w}\mathbf{x}(\mathbf{w}, y)$，将此表达式对 w_i 求微分，并使用一阶条件就给出了结果。[提示：$\mathbf{x}(\mathbf{w}, y)$ 也满足恒等式 $f[\mathbf{x}(\mathbf{w}, y)] \equiv y$。你需要将其对 w_i 求微分。]

第二种方法：上面的计算实际上是在重复下一节描述的包络定理的推理。运用

这个定理可以直接给出想要的结果。

第三种方法：利用我们在论证成本函数凹性时使用过的同一图形图 5-4，有一种很好的几何论证。回忆在图 5-4 中，直线 $c = w_1 x_1^* + \sum_{i=2}^{n} w_i^* x_i^*$ 位于 $c = c(\mathbf{w}, y)$ 之上，并且两条曲线在 $w_1 = w_1^*$ 处重合。因此，两条线一定相切，于是 $x_1^* = \partial c(\mathbf{w}^*, y) / \partial w_1$。

第四种方法：我们考虑命题背后的基本经济直觉。如果我们正处于成本最小化点上，价格 w_1 开始增加，存在一个直接效应，也即第一种要素的花费会增加。同时存在一个间接效应，也即我们想要改变要素组合。但由于我们正处于成本最小化点上，任何这样的微小变动产生的额外利润都为零。

5.5 约束优化包络定理

谢泼德引理是包络定理的另一个例子。然而，在这种情况下我们必须应用适合于有约束的最大化问题的包络定理的一个变体。在本书第 27 章给出了这种情况的证明。

考虑具有下面形式的一般的参数化的有约束的最大化问题：

$$M(a) = \max_{x_1, x_2} g(x_1, x_2, a)$$
$$\text{s. t. } h(x_1, x_2, a) = 0$$

在成本函数为 $g(x_1, x_2, a) = w_1 x_1 + w_2 x_2$ 的情况下，$h(x_1, x_2, a) = f(x_1, x_2) - y$，$a$ 可以是价格之一。

这个问题的拉格朗日函数为：

$$L = g(x_1, x_2, a) - \lambda h(x_1, x_2, a)$$

一阶条件是

$$\frac{\partial g}{\partial x_1} - \lambda \frac{\partial h}{\partial x_1} = 0$$

$$\frac{\partial g}{\partial x_2} - \lambda \frac{\partial h}{\partial x_2} = 0 \tag{5.1}$$

$$h(x_1, x_2, a) = 0$$

这些条件决定了最优选择函数 $[x_1(a), x_2(a)]$，它又依次决定了最大值函数：

$$M(a) \equiv g[x_1(a), x_2(a), a] \tag{5.2}$$

包络定理给出了一个值函数对最大化问题中的一个参数求导的公式。具体地，这个公式为：

$$\frac{\mathrm{d}M(a)}{\mathrm{d}a} = \frac{\partial L(\mathbf{x}, a)}{\partial a}\bigg|_{\mathbf{x}=\mathbf{x}(a)}$$

$$= \frac{\partial g(x_1, x_2, a)}{\partial a}\bigg|_{x_i=x_i(a)} - \lambda \frac{\partial h(x_1, x_2, a)}{\partial a}\bigg|_{x_i=x_i(a)}$$

像前面一样，对偏导数的解释需要特别小心：它们是把 x_1 和 x_2 固定在它们的最优值时 g 和 h 对 a 的导数。本书第 27 章给出了对此包络定理的证明。在这里，我们只是简单地将其应用到成本最小化问题上。

在这个问题中，参数 a 可以选择成是一种要素价格 w_i。最优值函数 $M(a)$ 就是成本函数 $c(\mathbf{w}, y)$。包络定理断定：

$$\frac{\partial c(\mathbf{w}, y)}{\partial w_i} = \frac{\partial L}{\partial w_i} = x_i\big|_{x_i=x_i(\mathbf{w}, y)} = x_i(\mathbf{w}, y)$$

这就是谢泼德引理。

例 5-4：重新考察边际成本

作为包络定理的另一个应用，考虑成本函数对 y 的导数。根据包络定理，这由拉格朗日函数对 y 的导数给出。成本最小化问题的拉格朗日函数为：

$$L = w_1 x_1 + w_2 x_2 - \lambda\big[f(x_1, x_2) - y\big]$$

因此

$$\frac{\partial c(w_1, w_2, y)}{\partial y} = \lambda$$

换句话说，成本最小化问题中的拉格朗日乘数就是边际成本。

5.6 利用成本函数的比较静态

早期我们表明了，成本函数具有某些性质，其源自成本最小化问题的结构；上面我们说明了，条件要素需求函数就是成本函数的导数。因此，我们已经发现的关于成本函数的一些性质将转化为对它的导数，即要素需求函数的某些约束。这些约束与我们早期用其他方法发现的约束相同，但它们在使用成本函数上的发展是很好的。

让我们逐个检查一下这些约束。

（1）成本函数是要素价格的非减函数，由此得出 $\partial c(\mathbf{w}, y)/\partial w_i = x_i(\mathbf{w}, y) \geqslant 0$。

（2）成本函数是 $\mathbf{w}$ 的一次齐次函数，因此，成本函数的导数，即要素需求关于 $\mathbf{w}$ 是零次齐次的（参见本书第 26 章）。

（3）成本函数是 w 的凹函数，因此，成本函数的二阶导数矩阵——要素需求函数的一阶导数矩阵——是对称的半负定矩阵。这不是成本最小化行为的明显结果。它还有多个含义：

ⓐ交叉价格效应是对称的，亦即

$$\frac{\partial x_i(\mathbf{w}, y)}{\partial w_j} = \frac{\partial^2 c(\mathbf{w}, y)}{\partial w_j \partial w_i} = \frac{\partial^2 c(\mathbf{w}, y)}{\partial w_i \partial w_j} = \frac{\partial x_j(\mathbf{w}, y)}{\partial w_i}$$

ⓑ自价格效应是非正的。粗略地说，条件要素需求曲线向下倾斜。得出结论是因为 $\partial x_i(\mathbf{w}, y)/\partial w_i = \partial^2 c(\mathbf{w}, y)/\partial w_i^2 \leqslant 0$，其中最后一个不等式来自这样一个事实，即半负定矩阵的对角线项一定是非正的。

ⓒ要素需求变动向量与要素价格变动向量"反方向"移动，也就是 $\mathbf{dwdx} \leqslant 0$。

注意，由于成本函数的凹性仅从成本最小化假设得出，要素需求函数一阶导数矩阵的对称性和半负定性仅从成本最小化假设得出，并不涉及对技术结构的任何限制。

注　释

成本函数的性质是由一些作者发展起来的，但 Shephard（1953）和 Shephard（1970）进行了最为系统的处理。全面的评述可在 Diewert（1974）得到。这里的处理大部分归功于 McFadden（1978）。

习　题

5.1　一个厂商有两个车间。一个车间按照成本函数 $c_1(y_1) = y_1^2$ 来生产；另一个车间按照成本函数 $c_2(y_2) = y_2^2$ 来生产。要素价格固定，因此在讨论中省略。该厂商的成本函数是什么？

5.2　一个厂商有两个车间，成本函数分别为 $c_1(y_1) = 3y_1^2$ 和 $c_2(y_2) = y_2^2$。该厂商的成本函数是什么？

5.3　一个厂商的生产函数由 $f(x_1, x_2, x_3, x_4) = \min\{2x_1 + x_2, x_3 + 2x_4\}$ 给出，该技术的成本函数是什么？作为要素价格（w_1, w_2, w_3, w_4）和产出 y 的函数，要素1和要素2的条件需求函数是什么？

5.4　一个厂商的生产函数由 $f(x_1, x_2) = \min\{2x_1 + x_2, x_1 + 2x_2\}$ 给出，该技术的成本函

数是什么？作为要素价格（w_1, w_2）和产出 y 的函数，要素1和要素2的条件需求函数是什么？

5.5　一个厂商的生产函数形式为 $f(x_1, x_2) = \max\{x_1, x_2\}$，这个厂商有凸的还是非凸的投入要求集？要素1的条件要素需求函数是什么？它的成本函数是什么？

5.6　考虑一个有如下形式条件要素需求函数的厂商：

$$x_1 = 1 + 3w_1^{-\frac{1}{2}} w_2^c$$
$$x_2 = 1 + bw_1^{\frac{1}{2}} w_2^c$$

为方便起见，设产出等于1。参数 a、b、c 的取值是什么？为什么？

5.7　一个厂商的生产函数为 $y = x_1 x_2$。如果

在 $w_1 = w_2 = 1$ 时，生产的最小成本等于 4，y 等于什么？

5.8　一个厂商的成本函数为：

$$c(y) = \begin{cases} y^2 + 1 & 当\ y > 0\ 时 \\ 0 & 当\ y = 0\ 时 \end{cases}$$

令 p 为产出价格，要素价格固定。如果 $p = 2$，该厂商会生产多少？如果 $p = 1$，该厂商会生产多少？该厂商的利润函数是多少？（提示：要小心！）

5.9　一个典型的硅谷厂商利用成本函数 $c(y)$ 来生产 y 块芯片，该成本函数显示出递增的边际成本。它生产的芯片里，$1 - \alpha$ 的概率是次品，不能卖出。能工作的芯片可以以价格 p 卖出且芯片市场是高度竞争的。

（a）计算利润对 α 的导数和它的符号。

（b）计算产出对 α 的导数和它的符号。

（c）假设有 n 个相同的芯片生产商，令 $D(p)$ 为需求函数，$p(\alpha)$ 为竞争均衡价格，计算（$\mathrm{d}p/\mathrm{d}\alpha$）和它的符号。

5.10　假设一厂商在其产出市场和要素市场上是竞争性行为。假定每个投入的价格均上升，且令 $\mathrm{d}w_i$ 为要素 i 价格的增加。在什么条件下，最大化产出的利润会减少？

5.11　一个厂商利用 4 种投入来生产 1 种产出，生产函数是

$$f(x_1, x_2, x_3, x_4) = \min\{x_1, x_2\} + \min\{x_3, x_4\}$$

（a）当要素价格向量是 $\mathbf{w} = (1, 2, 3, 4)$ 时，生产 1 单位产出的条件要素需求向量是什么？

（b）成本函数是什么？

（c）这项技术显示出什么种类的规模收益？

（d）另一厂商的生产函数为 $f(x_1, x_2, x_3, x_4) = \min\{x_1 + x_2, x_3 + x_4\}$。当价格为 $\mathbf{w} = (1, 2, 3, 4)$ 时，生产 1 单位产出的条件要素需求向量是什么？

（e）这个厂商的成本函数是什么？

（f）这项技术代表什么种类的规模收益？

5.12　如果随着产出的增加，对 i 种要素的条件需求下降，即 $\partial x_i(\mathbf{w}, y)/\partial y < 0$，那么生产要素 i 就被叫作劣质要素。

（a）画图说明劣质要素是可能的。

（b）说明如果技术是规模收益不变的，那么不存在劣质要素。

（c）说明如果随着某个要素价格增加，边际成本下降，那么该要素一定是劣质的。

5.13　考虑一个利润最大化厂商，生产一种在竞争性市场上出售的产品。据观察，当产出品价格上升时，该厂商要雇用更多的熟练工人但更少的非熟练工人。现在非熟练工人团结起来，成功地使工资增加。假定所有其他价格保持不变。

（a）该厂商对非熟练工人的需求会有什么变化？

（b）厂商的产出供给会发生什么变化？

5.14　你对产出变动 Δy，成本变动 Δc，要素价格变动 Δw_i，以及要素需求水平 x_i，$i = 1, \cdots, n$ 有一时间序列观察数据。你如何构造每期的边际成本 $\partial c(\mathbf{w}, y)/\partial y$ 的估计？

5.15　计算技术 $V(y) = \{(x_1, x_2, x_3): x_1 + \min(x_2, x_3) \geqslant 3y\}$ 的成本函数。

5.16　对于每个成本函数，判断它是否为一次齐次、单调、凹的和/或连续的。如果是，求出相应的生产函数。

（a）$c(\mathbf{w}, y) = y^{\frac{1}{2}}(w_1 w_2)^{\frac{3}{4}}$

（b）$c(\mathbf{w}, y) = y(w_1 + \sqrt{w_1 w_2} + w_2)$

（c）$c(\mathbf{w}, y) = y(w_1 e^{-w_1} + w_2)$

（d）$c(\mathbf{w}, y) = y(w_1 - \sqrt{w_1 w_2} + w_2)$

（e）$c(\mathbf{w}, y) = (y + \dfrac{1}{y})\sqrt{w_1 w_2}$

5.17　一个厂商的投入要求集为 $V(y) = \{\mathbf{x} \geqslant \mathbf{0}: ax_1 + bx_2 \geqslant y^2\}$。

（a）生产函数是什么？

（b）条件要素需求是什么？

（c）成本函数是什么？

第6章 对 偶

在上一章，我们研究了成本函数的性质，成本函数度量的是取得既定产出水平的最小成本。给定任何技术，至少在原则上可以直接导出其成本函数：我们只需求解成本最小化问题就可以了。

本章，我们说明这个过程是可逆的。给定一个成本函数，我们可以"解出"产生该成本函数的技术。这意味着，从本质上讲，成本函数包含着与生产函数所含有的同样信息。依据生产函数性质所定义的任何概念都有一个按照成本函数性质的"对偶"定义，反之亦然。这个一般性的观察被称为**对偶**（duality）原理。我们将在本章中研究它的几个重要结论。

表示经济行为不同方式间的对偶，对于研究消费者理论、福利经济学和经济学许多其他领域都是有用的。许多直接看起来难以理解的关系，当使用对偶工具来看时，就变得简单或平常了。

6.1 对偶概述

在第 4 章，我们描述了一个集合 $VO(y)$，论证了它是真实投入要求集 $V(y)$ 的一个"外界"。给定数据 $(\mathbf{w}^t, \mathbf{x}^t, y^t)$，$VO(y)$ 被定义为：

$$VO(y) = \{\mathbf{x} : \mathbf{w}^t \mathbf{x} \geqslant \mathbf{w}^t \mathbf{x}^t \text{ 对所有满足 } y^t \leqslant y \text{ 的 } t \text{ 成立}\}$$

容易证明，$VO(y)$ 是闭的、单调的、凸的技术。更进一步，正如我们在第 4 章所观察到的，它包含任何能够产生数据 $(\mathbf{w}^t, \mathbf{x}^t, y^t)$（$t = 1, \cdots, T$）的技术。

如果我们观察许多不同要素价格下的选择，$VO(y)$ 似乎应该在某种意义上"接近"真实的投入要求集。为了使这一点更明确，让要素价格在所有可能的价格向量 $\mathbf{w} \geqslant 0$ 中变动。那么，VO 的自然推广就变为：

$$V^*(y) = \{\mathbf{x} : \mathbf{w}\mathbf{x} \geqslant \mathbf{w}\mathbf{x}(\mathbf{w}, y) = c(\mathbf{w}, y), \text{对所有的 } \mathbf{w} \geqslant \mathbf{0}\}$$

$V^*(y)$ 和真实投入要求集 $V(y)$ 之间的关系是什么？当然，正如本书第 4 章

所说明的，$V^*(y)$ 包含着 $V(y)$。一般来说，$V^*(y)$ 严格包含 $V(y)$。例如，在图
6-1A 中，我们看到阴影区域不能从 $V^*(y)$ 中剔除，因为该区域中的点满足条件
$\mathbf{wx} \geqslant c(\mathbf{w}, y)$。

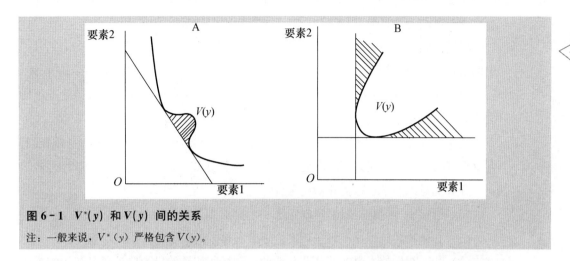

图 6-1 $V^*(y)$ 和 $V(y)$ 间的关系
注：一般来说，$V^*(y)$ 严格包含 $V(y)$。

对于图 6-1B，情况亦然。成本函数仅仅包含 $V(y)$ 的经济上的相关部分信息，
也就是说，那些要素束实际上是成本最小化问题的解，亦即实际上是条件要素需求。

然而，假设我们原来的技术是凸且单调的。在这种情况下，$V^*(y)$ 等于 $V(y)$。
这是因为，在凸且单调的情况下，$V(y)$ 边界上的每一个点都是某一价格向量 $\mathbf{w} \geqslant \mathbf{0}$
下的成本最小化要素需求。这样，对所有的 $\mathbf{w} \geqslant \mathbf{0}$，满足 $wx \geqslant c(\mathbf{w}, y)$ 的点的集合
将准确地刻画投入要求集。更正式地说：

何时 $V(y)$ 等于 $V^*(y)$：假设 $V(y)$ 是正则、凸、单调的技术，那么 $V^*(y) =$
$V(y)$。

证明：（概述）我们已经知道，$V^*(y)$ 包含 $V(y)$，因此我们只须证明如果 $\mathbf{x}$ 在
$V^*(y)$ 中，那么 $\mathbf{x}$ 一定在 $V(y)$ 中。假设 $\mathbf{x}$ 不是 $V(y)$ 中的一个元素，则由于 $V(y)$
是满足单调性假设的闭的凸集，我们可以应用分离超平面定理（参见本书第 26 章）
的一种变体，来找到一个向量 $\mathbf{w}^* \geqslant \mathbf{0}$，对所有 $V(y)$ 中的 $\mathbf{z}$，都满足 $\mathbf{w}^* \mathbf{x} < \mathbf{w}^* \mathbf{z}$。
令 $\mathbf{z}^*$ 为 $V(y)$ 中的在价格 $\mathbf{w}^*$ 下使成本最小化的点。那么，特别地我们有 $\mathbf{w}^* \mathbf{x} <$
$\mathbf{w}^* \mathbf{z}^* = c(\mathbf{w}^*, y)$。但这样根据 $V^*(y)$ 的定义，$\mathbf{x}$ 就不在 $V^*(y)$ 中了。证毕。

这个命题表明：如果初始技术是凸且单调的，那么与此技术相关的成本函数可
以完全用来重构初始技术。如果我们知道每个可能的价格向量 $\mathbf{w}$ 下的最小运作成
本，我们就知道了该厂商所面对的完整的技术选择集。

这是凸且单调技术情形下合理且满意的结果，但对技术行为并非如此良好的情
况又如何呢？假设我们从某项可能非凸的技术 $V(y)$ 开始，我们找到它的成本函数
$c(\mathbf{w}, y)$，然后得到 $V^*(y)$。从上面的结论可知，$V^*(y)$ 并不一定等于 $V(y)$，除
非 $V(y)$ 碰巧具有凸性和单调性性质。不过，假设我们定义：

$$c^*(\mathbf{w}, y) = \min \mathbf{wx}$$

$$\text{s. t. } \mathbf{x} \in V^*(y)$$

$c^*(\mathbf{w}, y)$ 和 $c(\mathbf{w}, y)$ 之间的关系是什么？

何时 $c(\mathbf{w}, y)$ 等于 $c^*(\mathbf{w}, y)$：由这些函数的定义可得 $c^*(\mathbf{w}, y) = c(\mathbf{w}, y)$。

证明：容易看出 $c^*(\mathbf{w}, y) \leqslant c(\mathbf{w}, y)$；因为 $V^*(y)$ 总是包含 $V(y)$，$V^*(y)$ 中的最小成本束一定至少与 $V(y)$ 中的最小成本束一样小。假设对某个价格 $\mathbf{w}'$，$V^*(y)$ 中的成本最小化束 $\mathbf{x}'$ 具有性质：$\mathbf{w}'\mathbf{x}' = c^*(\mathbf{w}', y) < c(\mathbf{w}', y)$。但这不可能发生，因为根据 $V^*(y)$ 的定义，$\mathbf{w}'\mathbf{x}' \geqslant c(\mathbf{w}', y)$。证毕。

这个命题表明：技术 $V(y)$ 的成本函数与其凸化后的 $V^*(y)$ 的成本函数相同。在这个意义上，凸性投入要求集的假设从经济学观点看，并不是一个很强的约束。

让我们总结一下迄今为止的讨论：

（1）给定成本函数，我们可以定义一个投入要求集 $V^*(y)$。

（2）如果初始技术是凸且单调的，那么所构造的技术与初始技术相同。

（3）如果初始技术是非凸或非单调的，那么所构造的投入要求集是初始的投入要求集经过凸化和单调化后的一个变体。更重要的是，所构造的技术与初始技术具有相同的成本函数。

我们可以用生产中的对偶的基本原理来简洁地概述上述三点：厂商的成本函数概括了它技术上有关经济方面的所有内容。

6.2 成本函数的充分条件

在上一节我们看到，成本函数概括了一项技术与经济相关的所有信息。在上一章我们已经看到，所有成本函数都是价格的非减、齐次、凹的连续函数。问题是：假定给出一个价格的非减、齐次、凹的连续函数，它必然是某项技术的成本函数吗？

这个问题的另一种表述方式是：上一章所刻画的这些性质是成本最小化行为含义的完整表述吗？给定一个具有那些性质的函数，它就一定是从某项技术中产生的吗？回答是肯定的，下面的命题将说明如何构造这样一项技术。

何时 $\phi(\mathbf{w}, y)$ 是成本函数：令 $\phi(\mathbf{w}, y)$ 是可微函数，满足：

（1）对所有的 $t \geqslant 0$，$\phi(t\mathbf{w}, y) = t\phi(\mathbf{w}, y)$；

（2）对 $\mathbf{w} \geqslant 0$，$y \geqslant 0$，$\phi(\mathbf{w}, y) \geqslant 0$；

（3）对 $\mathbf{w}' \geqslant \mathbf{w}$，$\phi(\mathbf{w}', y) \geqslant \phi(\mathbf{w}, y)$；

（4）$\phi(\mathbf{w}, y)$ 是 $\mathbf{w}$ 的凹函数。

则 $\phi(\mathbf{w}, y)$ 就是由 $V^*(y) = \{\mathbf{x} \geqslant \mathbf{0}: \mathbf{wx} \geqslant \phi(\mathbf{w}, y)$，对所有 $\mathbf{w} \geqslant 0\}$ 所定义的技术的成本函数。

证明：给定一个 $\mathbf{w} \geqslant 0$，我们定义：

$$\mathbf{x}(\mathbf{w}, y) = \left(\frac{\partial \phi(\mathbf{w}, y)}{\partial w_1}, \cdots, \frac{\partial \phi(\mathbf{w}, y)}{\partial w_n} \right)$$

注意到由于 $\phi(\mathbf{w}, y)$ 是 w 的一次齐次函数，欧拉法则（Euler's law）意味着 $\phi(\mathbf{w}, y)$ 可以写成：

$$\phi(\mathbf{w}, y) = \sum_{i=1}^{n} w_i \frac{\partial \phi(\mathbf{w}, y)}{\partial w_i} = \mathbf{w}\mathbf{x}(\mathbf{w}, y)$$

（欧拉法则可参见本书第 26 章。）注意，$\phi(\mathbf{w}, y)$ 的单调性意味着 $\mathbf{x}(\mathbf{w}, y) \geqslant 0$。

我们需要证明的是，对于任意给定的 $\mathbf{w}' \geqslant 0$，对于 $V^*(y)$ 中所有的 $\mathbf{x}$，$\mathbf{x}(\mathbf{w}', y)$ 实际上都使得 $\mathbf{w}'\mathbf{x}$ 最小，即对于所有的 $\mathbf{x} \in V^*(y)$，有

$$\phi(\mathbf{w}', y) = \mathbf{w}'\mathbf{x}(\mathbf{w}', y) \leqslant \mathbf{w}'\mathbf{x}$$

首先，我们证明 $\mathbf{x}(\mathbf{w}', y)$ 是可行的，即 $\mathbf{x}(\mathbf{w}', y)$ 在 $V^*(y)$ 中。根据 $\phi(\mathbf{w}, y)$ 在 $\mathbf{w}$ 上的凹性，我们得出：对所有的 $\mathbf{w} \geqslant 0$，有

$$\phi(\mathbf{w}', y) \leqslant \phi(\mathbf{w}, y) + \mathbf{D}\phi(\mathbf{w}, y)(\mathbf{w}' - \mathbf{w})$$

（参见本书第 27 章。）

和前面一样使用欧拉法则，这就简化成

$$\text{对所有 } \mathbf{w} \geqslant 0, \phi(\mathbf{w}', y) \leqslant \mathbf{w}'\mathbf{x}(\mathbf{w}, y)$$

从 $V^*(y)$ 的定义可得：$\mathbf{x}(\mathbf{w}', y)$ 在 $V^*(y)$ 中。

其次，我们证明对 $V^*(y)$ 中所有的 $\mathbf{x}$，$\mathbf{x}(\mathbf{w}, y)$ 实际上使 $\mathbf{w}\mathbf{x}$ 最小。如果 $\mathbf{x}$ 在 $V^*(y)$ 中，那么根据定义，它一定满足

$$\mathbf{w}\mathbf{x} \geqslant \phi(\mathbf{w}, y)$$

但根据欧拉法则，

$$\phi(\mathbf{w}, y) = \mathbf{w}\mathbf{x}(\mathbf{w}, y)$$

上面两个表达式意味着：对所有在 $V^*(y)$ 的 $\mathbf{x}$，$\mathbf{w}\mathbf{x} \geqslant \mathbf{w}\mathbf{x}(\mathbf{w}, y)$。证毕。

6.3 需求函数

上一节所证明的命题提出了一个有趣的问题。假设给你一组函数 $[g_i(\mathbf{w}, y)]$，它们满足上一章所描述的条件要素需求函数的性质，即它们是价格的零次齐次函数，并且

$$\left(\frac{\partial g_i(\mathbf{w}, y)}{\partial w_j} \right)$$

是一个对称的半负定矩阵。这些函数必定是某项技术的要素需求函数吗？

让我们试着运用上面的命题。首先，我们构造一个候选成本函数：

$$\phi(\mathbf{w}, y) = \sum_{i=1}^{n} w_i g_i(\mathbf{w}, y)$$

其次，我们检查它是否满足上面刚刚证明过的命题所要求的性质。

（1）$\phi(\mathbf{w}, y)$ 是 $\mathbf{w}$ 的一次齐次函数吗？为检查这一点，我们来看一下 $\phi(t\mathbf{w}, y) = \sum_i tw_i g_i(t\mathbf{w}, y)$。因为根据假设，函数 $g_i(\mathbf{w}, y)$ 都是零次齐次的，$g_i(t\mathbf{w}, y) = g_i(\mathbf{w}, y)$，因此

$$\phi(t\mathbf{w}, y) = t \sum_{i=1}^{n} w g_i(\mathbf{w}, y) = t\phi(\mathbf{w}, y)$$

（2）对于 $\mathbf{w} \geqslant \mathbf{0}$，$\phi(\mathbf{w}, y) \geqslant 0$ 是否成立？由于 $g_i(\mathbf{w}, y) \geqslant 0$，答案显然是肯定的。

（3）$\phi(\mathbf{w}, y)$ 是 w_i 的非减函数吗？运用乘积法则，我们计算：

$$\frac{\partial \phi(\mathbf{w}, y)}{\partial w_i} = g_i(\mathbf{w}, y) + \sum_{j=1}^{n} w_j \frac{\partial g_j(\mathbf{w}, y)}{\partial w_i}$$

$$= g_i(\mathbf{w}, y) + \sum_{j=1}^{n} w_j \frac{\partial g_i(\mathbf{w}, y)}{\partial w_j}$$

因为 $g_i(\mathbf{w}, y)$ 是零次齐次的，最后一项消失，$g_i(\mathbf{w}, y)$ 显然要大于或等于零。

（4）最后，$\phi(\mathbf{w}, y)$ 是 $\mathbf{w}$ 的凹函数吗？为检查这一点，我们对 $\phi(\mathbf{w}, y)$ 求两次微分得到：

$$\left(\frac{\partial^2 \phi}{\partial w_i \partial w_j} \right) = \left(\frac{\partial g_i(\mathbf{w}, y)}{\partial w_j} \right)$$

凹性要求这些矩阵是对称且半负定的，这正是假设所给出的。

因此，本节所证明的命题是适用的，有一项能产生 $[g_i(\mathbf{w}, y)]$ 作为它的条件要素需求的技术 $V^*(y)$。这意味着齐次性和半负定性就是成本最小化行为模型对需求函数所施加的完全的限制。

当然，从本质上看，同样的结论对利润函数以及（非条件）需求和供给函数也是成立的。如果利润函数服从本书第 3 章所描述的限制，或等价地，如果需求函数和供给函数遵守本书第 3 章的限制，那么就一定存在能产生这一利润函数或这些需求与供给函数的技术。

例 6 - 1：应用对偶映射

假设给出我们一个特定的成本函数 $c(\mathbf{w}, y) = yw_1^a w_2^{1-a}$。我们如何求出它的相应的技术？根据导数性质，

$$x_1(\mathbf{w}, y) = a y w_1^{a-1} w_2^{1-a} = a y \left(\frac{w_2}{w_1} \right)^{1-a}$$

$$x_2(\mathbf{w}, y) = (1-a)yw_1^a w_2^{-a} = (1-a)y\left(\frac{w_2}{w_1}\right)^{-a}$$

我们想要从这两个方程中消去 w_2/w_1，得到一个由 x_1 和 x_2 表示的 y 的方程。整理每个方程得到：

$$\frac{w_2}{w_1} = \left(\frac{x_1}{ay}\right)^{\frac{1}{1-a}}$$

$$\frac{w_2}{w_1} = \left[\frac{x_2}{(1-a)y}\right]^{-\frac{1}{a}}$$

令两个方程相等，并对两边取 $-a(1-a)$ 次幂，

$$\frac{x_1^{-a}}{a^{-a}y^{-a}} = \frac{x_2^{1-a}}{(1-a)^{(1-a)}y^{1-a}}$$

或者

$$\left[a^a(1-a)^{1-a}\right]y = x_1^a x_2^{1-a}$$

这正是科布-道格拉斯技术。

例 6-2：规模收益不变和成本函数

由于成本函数告诉了我们关于技术的经济上的所有相关信息，我们就可以尝试依据对技术的限制来解释对成本的各种限制。在本书第 5 章，我们说明了如果技术表现出规模收益不变，那么成本函数就具有 $c(\mathbf{w})y$ 形式。在这里，我们将说明反过来的含义也是对的。

规模收益不变：令 $V(y)$ 为凸且单调的，那么如果 $c(\mathbf{w}, y)$ 可以表示为 $yc(\mathbf{w})$，$V(y)$ 一定表现出规模收益不变。

证明：利用凸性、单调性和成本函数假设中的假定形式，我们知道：

$$V(y) = V^*(y) = \{\mathbf{x}: \mathbf{w} \cdot \mathbf{x} \geq yc(\mathbf{w}), \text{对所有的 } \mathbf{w} \geq \mathbf{0}\}$$

我们想要说明：如果 $\mathbf{x}$ 在 $V^*(y)$ 中，那么 $t\mathbf{x}$ 在 $V^*(ty)$ 中。如果 $\mathbf{x}$ 在 $V^*(y)$ 中，我们知道对所有 $\mathbf{w} \geq \mathbf{0}$，$\mathbf{wx} \geq yc(\mathbf{w})$。方程两边同乘以 t，我们得到：对所有 $\mathbf{w} \geq \mathbf{0}$，$\mathbf{wtx} \geq tyc(\mathbf{w})$。这就是说 $t\mathbf{x}$ 在 $V^*(ty)$ 中。证毕。

例 6-3：规模弹性和成本函数

给出一个生产函数 $f(\mathbf{x})$，我们可以考虑以**规模弹性**（elasticity of scale）命名的规模收益的局部度量：

$$e(\mathbf{x}) = \frac{\mathrm{d}f(t\mathbf{x})}{\mathrm{d}t}\frac{t}{f(\mathbf{x})}\bigg|_{t=1}$$

这在本书第 1 章定义过。随着 $e(\mathbf{x})$ 小于、等于或大于 1，该技术表现出规模收益局部递减、不变或递增。

给定某个要素价格向量，我们可以计算厂商的成本函数 $c(\mathbf{w}, y)$。令 $\mathbf{x}^*$ 为在 $(\mathbf{w}, y)$ 下

的成本最小化束。那么我们可以以下面的公式来计算 $e(\mathbf{x}^*)$：

$$e(\mathbf{x}^*) = \frac{c(\mathbf{w}, y)/y}{\partial c(\mathbf{w}, y)/\partial y} = \frac{AC(y)}{MC(y)}$$

为看清这一点，我们进行显示在 $e(\mathbf{x})$ 定义中的微分：

$$e(\mathbf{x}^*) = \frac{\sum\limits_{i=1}^{n} \dfrac{\partial f(\mathbf{x}^*)}{\partial x_i} x_i^*}{f(\mathbf{x}^*)}$$

由于 $\mathbf{x}^*$ 最小化了成本，它满足一阶条件 $w_i = \lambda \dfrac{\partial f(x^*)}{\partial x_i}$。更进一步，根据包络定理，$\lambda = \partial c(\mathbf{w}, y)/\partial y$（参见本书第 5 章）。因此，

$$e(\mathbf{x}^*) = \frac{\sum\limits_{i=1}^{n} w_i x_i^*}{\lambda f(\mathbf{x}^*)} = \frac{c(\mathbf{w}, y)/f(\mathbf{x}^*)}{\partial c(\mathbf{w}, y)/\partial y} = \frac{AC(y)}{MC(y)}$$

6.4 对偶的几何图形

在本节中，我们将从几何图形上检查由其生产函数所概括的厂商技术与由其成本函数所概括的厂商的经济行为之间的关系。

在图 6-2 中，我们画出了厂商的等产量线和同样产出水平 y 下的等成本线。该等成本线上（w_1^*，w_2^*）点的斜率由下式给出：

$$\frac{\mathrm{d}w_2(w_1^*)}{\mathrm{d}w_1} = -\frac{\dfrac{\partial c(\mathbf{w}^*, y)}{\partial w_1}}{\dfrac{\partial c(\mathbf{w}^*, y)}{\partial w_2}} = -\frac{x_1(\mathbf{w}^*, y)}{x_2(\mathbf{w}^*, y)}$$

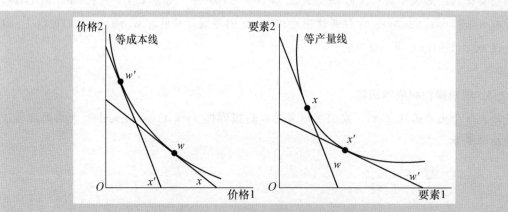

图 6-2　等产量线和等成本线的曲率

注：等产量线越弯曲，等成本线越平直。

等产量线可定义为:

$$f(\mathbf{x}) \equiv y$$

等产量线在点 $\mathbf{x}^*$ 处的斜率由下式给出:

$$\frac{\mathrm{d}x_2(x_1^*)}{\mathrm{d}x_1} = -\frac{\dfrac{\partial f(\mathbf{x}^*)}{\partial x_1}}{\dfrac{\partial f(\mathbf{x}^*)}{\partial x_2}}$$

现在,如果 (x_1^*, x_2^*) 是价格 (w_1^*, w_2^*) 下的成本最小化点,我们知道它满足一阶条件

$$\frac{w_1^*}{w_2^*} = \frac{\dfrac{\partial f(\mathbf{x}^*)}{\partial x_1}}{\dfrac{\partial f(\mathbf{x}^*)}{\partial x_2}}$$

注意这个良好的**对偶性**:等产量线的斜率给出了要素价格的比率,而等成本线的斜率给出了要素水平的比率。

等产量线和等成本线的曲率如何呢?原来它们的曲率是逆相关的:如果等成本线非常弯曲,等产量线就会相当平坦,反之亦然。我们可以通过考虑等成本线上某个特定点 (w_1, w_2),然后移动到相当远的该等成本线上的点 (w_1', w_2') 观察到这一点。假设我们发现等成本线的斜率变化不大——也就是该等成本线有小的曲率。由于等成本线的斜率给出了我们要素需求的比率,这就意味着成本最小化束一定相当近似。参考图 6-2,我们看到这意味着等产量线一定相当弯曲。在极端情况下,我们发现里昂惕夫技术的成本函数是一个线性函数,L 形状的成本函数对应一个线性技术。

例 6-4:生产函数、成本函数和条件要素需求

假定我们有一条很好的光滑的凸的等产量线,那么等成本线也是凸的和光滑的,并且条件要素需求曲线也表现良好,如图 6-3 所示。

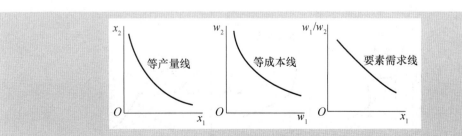

图 6-3 技术、成本和需求

注:光滑、凸的等产量线情况。

假定等产量线有一段平坦部分,以致在某个要素价格组合下,不存在唯一的要素需求

束。那么等成本线在这一要素价格水平上一定是不可微的，并且条件要素需求函数是多值的，如图 6-4 所示。

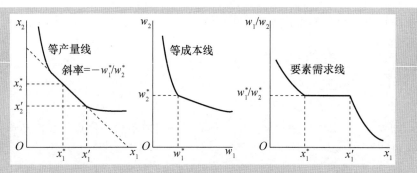

图 6-4 技术、成本和需求

注：具有平坦部分的等产量线情况。在等于平坦部分斜率的价格处，等成本线上有个扭结。在这些要素价格处，有许多个成本最小化束。

假定等产量线在某个点上有扭结，那么对于某个价格范围而言，就需要一个固定的投入束。这意味着等成本线像图 6-5 描绘的那样，一定有一段平坦部分。

假定等产量线在某个范围内是非凸的，那么等成本线就如图 6-6 描绘的那样，在某个点有一个扭结，并且条件要素需求函数是不连续的、多值的。通过比较图 6-4 和图 6-6，注意到该技术的成本函数与该技术凸化后的成本函数难以区分。

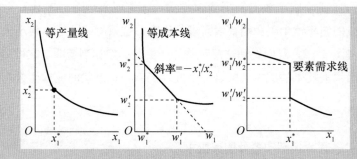

图 6-5 技术、成本和需求

注：扭结的等产量线情况。在等成本线上有一段平坦部分。在此部分，有几个相同的价格束使成本最小化。

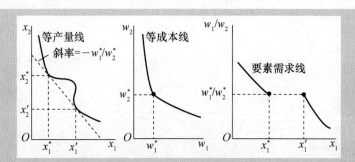

图 6-6 技术、成本和需求

注：非凸的等产量线情况。等成本线看上去与有平坦部分的情形是相同的，但现在要素需求函数不连续了。

6.5 对偶的应用

在技术的描述和它相关联的成本函数间存在对偶关系的这一事实对生产经济学有几个重要的结论。我们已经简要地顺便接触了一些，但在这里值得把它们总结一下。

第一，有两种描述技术特征的不同方法在理论上是很方便的，因为通过使用成本函数或利润函数比使用技术的直接表达更容易演示某些种类的论证。例如，考虑以前给出的波动价格下的期望利润比价格稳定情形下的期望利润要高的例子。这是利润函数凸性的一个平常结论；如果我们使用技术的直接表述来处理这个情形，实质上论证就不会那么平常了。

第二，诸如成本函数和利润函数这样行为的对偶性表述在均衡分析中是非常有用的，因为它们把行为假定包括在对函数的说明中。例如，如果我们想要考察某个特定税收政策影响厂商利润的方式，我们可以调查该税收是如何影响厂商所面对的价格的，然后看在那些价格上特定的变化是如何影响利润函数的。我们不必求解任何最大化问题——它们已在利润函数的说明中"求解"过了。

第三，齐次性、单调性和曲率性质穷尽了成本函数和利润函数的性质，这一事实使得证明某类有关厂商行为的命题简单多了。我们可以简单地问，研究中的特定性质是否成本函数或利润函数齐次性、单调性或曲率的一个结论？如果不是，那么该性质就不是简单地从最大化行为中得出的。

第四，利润函数和成本函数可以用三个相对简单的数学条件来特征化，这一事实在产生表示技术的参数形式上有很大帮助。例如，为了完整地确定一项技术，要做的全部事情就是确定一个要素价格的连续的、齐次的、单调的凹函数。这比确定表示技术的生产函数要方便得多。这样的参数表示在计算例子里或经济计量工作中可能会有相当大的帮助。

第五，对经济计量工作而言，对偶表示通常证明是更令人满意的。其原因在于，进入对偶规定的变量——价格变量——对于厂商的选择问题而言，一般被认为是外生变量。如果要素市场是竞争性的，那么厂商就被认为是把要素价格当作给定的来选择投入水平，以便要素价格与统计中的生产关系的误差项不相关。这个性质从统计学的观点看来是很合意的。我们将在第 12 章中进一步研究。

注　释

成本函数和利润函数间的基本对偶性首先被 Shephard（1953）所严格证明。对这一问题的历史进展和一般化的现代处理，请见 Diewert（1974）。

习 题

6.1 成本函数为 $c(w_1, w_2, y) = \min\{w_1, w_2\}y$，生产函数是什么？条件要素需求是什么？

6.2 成本函数为 $c(w_1, w_2, y) = y(w_1 + w_2)$，条件要素需求是什么？生产函数是什么？

6.3 成本函数为 $c(w_1, w_2, y) = w_1^a w_2^b y$，有关 a 和 b 我们知道什么？

第7章 效用最大化

本章我们开始考察消费者行为。在竞争厂商理论中,供给函数和需求函数是从利润最大化行为模型和基础的技术约束条件说明推导出来的。在消费者理论中,我们将通过考察基础经济约束条件下的效用最大化行为模型来推导出需求函数。

7.1 消费者偏好

我们考察一个在**消费集**(consumption set)X中面临可能消费束的消费者。在本书中,我们通常假设X是k维实数空间R^k中的非负象限,但也可能用于表示更多的特定消费集。例如这个集合可能仅包含至少能维持消费者生存的消费束。我们总是假定X为闭集和凸集。

假设消费者对X中的消费束具有偏好。我们用$\mathbf{x} \succeq \mathbf{y}$表示"消费者认为消费束$\mathbf{x}$至少与消费束$\mathbf{y}$一样好"。我们想要用偏好作为消费束集合的序(order)。因此,需要假设偏好满足几个标准性质。

完备性(complete):对于X中的所有$\mathbf{x}$和$\mathbf{y}$,或者$\mathbf{x} \succeq \mathbf{y}$,或者$\mathbf{y} \succeq \mathbf{x}$,或者二者同时成立。

反身性(reflexive):对于X中的所有$\mathbf{x}$,$\mathbf{x} \succeq \mathbf{x}$。

传递性(transitive):对于X中的所有$\mathbf{x}$,$\mathbf{y}$,$\mathbf{z}$,若$\mathbf{x} \succeq \mathbf{y}$且$\mathbf{y} \succeq \mathbf{z}$,则$\mathbf{x} \succeq \mathbf{z}$。

第一个假设表明任意两个消费束具有可比性,第二个假设是显而易见的,而第三个假设是讨论偏好最大化时所必需的,因为如果偏好不具有传递性,那么消费束集合中就可能不存在最好的元素。

给定表示"弱偏好"的序关系$\succeq$,我们可以定义**严格偏好**(strict preference)的序关系$\succ$:定义$\mathbf{x} \succ \mathbf{y}$意味着$\mathbf{y} \succeq \mathbf{x}$不成立。$\mathbf{x} \succ \mathbf{y}$表示"$\mathbf{x}$严格优于$\mathbf{y}$"。类似地,我们定义"**无差异**"(indifference)的概念:$\mathbf{x} \sim \mathbf{y}$当且仅当$\mathbf{x} \succeq \mathbf{y}$且$\mathbf{y} \succeq \mathbf{x}$。

我们通常希望对消费者偏好作出其他一些假设,例如:

连续性：对于 X 中的所有 **y**，集合 $\{\mathbf{x}: \mathbf{x} \succeq \mathbf{y}\}$ 和 $\{\mathbf{x}: \mathbf{x} \preceq \mathbf{y}\}$ 都是闭集，由此得出，集合 $\{\mathbf{x}: \mathbf{x} \succ \mathbf{y}\}$ 和 $\{\mathbf{x}: \mathbf{x} \prec \mathbf{y}\}$ 都是开集。

这个假设对排除某些非连续性行为是必要的，也就是说，如果 $(\mathbf{x}^i)$ 是一至少与消费束 **y** 同样好的消费束序列，且该序列收敛于某一消费束 $\mathbf{x}^*$，则 $\mathbf{x}^*$ 至少与 **y** 同样好。

连续性假设的最重要推论是：如果 **y** 严格优于 **z**，且 **x** 是一个足够接近于 **y** 的消费束，那么 **x** 必定严格优于 **z**。这个推论只是假设严格偏好的消费束集合是一个开集的另一种表达。关于开集和闭集的简单讨论，请参阅本书第 26 章。

在经济分析中，用**效用函数**（utility function）来概括消费者行为通常是方便的，即存在一个函数 $u: X \to R$，使得当且仅当 $u(\mathbf{x}) > u(\mathbf{y})$ 时 $\mathbf{x} \succ \mathbf{y}$。可以证明，如果偏好序关系是完备的、反身的、传递的和连续的，则它可用一个连续效用函数来表示。后面我们将证明此结论的一个较弱情形。效用函数通常是描述偏好的一种非常方便的工具，但没有给出任何心理方面的解释。效用函数的唯一有重要作用的特征就是其序数特性。如果 $u(\mathbf{x})$ 代表某一偏好 $\succeq$，并且 $f: R \to R$ 是一单调函数，由于当且仅当 $u(\mathbf{x}) \geq u(\mathbf{y})$ 时 $f[u(\mathbf{x})] \geq f[u(\mathbf{y})]$，则 $f[u(\mathbf{x})]$ 可准确地代表同样的偏好。

关于偏好还有其他几个有用的假设，例如：

弱单调性：如果 $\mathbf{x} \geq \mathbf{y}$，则 $\mathbf{x} \succeq \mathbf{y}$。

强单调性：如果 $\mathbf{x} \geq \mathbf{y}$ 且 $\mathbf{x} \neq \mathbf{y}$，则 $\mathbf{x} \succ \mathbf{y}$。

弱单调性是说"增加一点东西至少与原来一样好"。如果消费者可以无成本地处理他不想要的物品，这个假设就是微不足道的。强单调性是说"每种物品至少一样多，且某种物品严格多的消费束必定是严格好的"。这个假设只表明物品是好的，多多益善。

如果其中一种物品是"坏"的，比如垃圾或者污染，则强单调性假设不能满足。在这些情况下，重新把物品定义为垃圾的缺乏或污染的缺乏，这通常会导致对重新定义的物品的偏好，从而满足强单调性假设。

比上述两种单调性更弱的另一种假设是下面的局部非饱和性假设：

局部非饱和性（local nonsatiation）：给定 X 中的任意 **x** 和任意 $\varepsilon > 0$，则在 X 中存在满足 $|\mathbf{x} - \mathbf{y}| < \varepsilon$ 的消费束 **y**，使得 $\mathbf{y} \succ \mathbf{x}$。[①]

局部非饱和性是说：即使仅允许对消费束做微小的变动，消费者也会做得更好一些。可以证明，强单调性成立意味着局部非饱和性成立，但反之则不成立。局部非饱和性排除了"浓厚的"无差异曲线。

下面的两个假设通常对保证消费者需求函数的良好行为是非常有用的。

凸性：给定 X 中的 **x**、**y** 和 **z**，如果 $\mathbf{x} \succeq \mathbf{z}$ 和 $\mathbf{y} \succeq \mathbf{z}$，则对所有的 $0 \leq t \leq 1$，有 $t\mathbf{x} + (1-t)\mathbf{y} \succeq \mathbf{z}$。

---

① 符号 $|\mathbf{x} - \mathbf{y}|$ 表示 **x** 和 **y** 之间的欧几里得距离。

严格凸性：给定 X 中的 $\mathbf{x}$、$\mathbf{y}$ 和 $\mathbf{z}$，且 $\mathbf{x}\neq\mathbf{y}$，如果 $\mathbf{x}\succeq\mathbf{z}$ 和 $\mathbf{y}\succeq\mathbf{z}$，则对所有的 $0<t<1$，都有 $t\mathbf{x}+(1-t)\mathbf{y}\succ\mathbf{z}$。

给定一个偏好序关系，我们通常用图形来表示它。彼此无差异的所有消费束的集合被称为**无差异曲线**（indifference curve）。无差异曲线可视为效用函数的**水平集**（level set），它们类似于生产理论中使用的等产量线。在无差异曲线上或其上方的所有消费束的集合 $\{\mathbf{x}\in X:\ \mathbf{x}\succeq\mathbf{y}\}$ 被称为**上轮廓集**（upper contour set），这类似于生产理论中使用的投入要求集。

凸性意味着代理人偏好平均而非极端，但除此之外，它并没有其他经济含义。凸性偏好可能让无差异曲线出现"平坦点"，而严格凸性偏好使无差异曲线严格弯曲。凸性是新古典假设"边际替代率递减"的一个推广。

例 7－1：效用函数的存在性

效用函数的存在性：假设消费者偏好是完备的、反身的、传递的、连续的和强单调的，则存在一个能代表该偏好的连续效用函数 $u:R^k_+\to R$。

证明：令 $\mathbf{e}=(1,\cdots,1)$ 为 R^k_+ 中的向量，那么对于任意给定的向量 $\mathbf{x}$，令 $u(\mathbf{x})$ 是使得 $\mathbf{x}\sim u(\mathbf{x})\mathbf{e}$ 成立的实数。我们需要证明这样的实数存在且是唯一的。

令 $B=\{t\in R:\ t\mathbf{e}\succeq\mathbf{x}\}$，$W=\{t\in R:\ \mathbf{x}\succeq t\mathbf{e}\}$。则强单调性假设表明 B 是非空的；W 因为包含 0 所以一定是非空的。连续性表明 B 和 W 都是闭集。由于实直线是连通的，存在某个 t_x 使得 $t_x\mathbf{e}\sim\mathbf{x}$。我们只需证明该效用函数实际上代表了相关的偏好。令

$$u(\mathbf{x})=t_x，其中\ t_x\mathbf{e}\sim\mathbf{x}$$
$$u(\mathbf{y})=t_y，其中\ t_y\mathbf{e}\sim\mathbf{y}$$

那么，如果 $t_x<t_y$，强单调性表明 $t_x\mathbf{e}\prec t_y\mathbf{e}$，传递性表明

$$\mathbf{x}\sim t_x\mathbf{e}\prec t_y\mathbf{e}\sim\mathbf{y}$$

类似地，如果 $\mathbf{x}\succ\mathbf{y}$，则 $t_x\mathbf{e}\succ t_y\mathbf{e}$，因此 t_x 一定大于 t_y。

$u(\mathbf{x})$ 是连续函数的证明比较复杂，这里从略。证毕。

例 7－2：边际替代率

令 $u(x_1,\cdots,x_k)$ 为效用函数。假设我们增加第 i 种物品的数量，消费者如何调整第 j 种物品的消费量才能保持效用不变？

根据本书第 1 章所构建的方法，我们设 dx_i 和 dx_j 分别为 x_i 和 x_j 的变动。根据假设，效用变化必定为 0，所以

$$\frac{\partial u(\mathbf{x})}{\partial x_i}dx_i+\frac{\partial u(\mathbf{x})}{\partial x_j}dx_j=0$$

因此

$$\frac{\mathrm{d}x_j}{\mathrm{d}x_i} = -\frac{\dfrac{\partial u(\mathbf{x})}{\partial x_i}}{\dfrac{\partial u(\mathbf{x})}{\partial x_j}}$$

该表达式被称为物品 i 和物品 j 间的**边际替代率**。

边际替代率并不依赖于所选择的代表相关偏好的效用函数。为证明这一结论，令 $v(u)$ 为效用的单调变换，则该效用函数的边际替代率为

$$\frac{\mathrm{d}x_j}{\mathrm{d}x_i} = -\frac{v'(u)\dfrac{\partial u(\mathbf{x})}{\partial x_i}}{v'(u)\dfrac{\partial u(\mathbf{x})}{\partial x_j}} = -\frac{\dfrac{\partial u(\mathbf{x})}{\partial x_i}}{\dfrac{\partial u(\mathbf{x})}{\partial x_j}}$$

7.2 消费者行为

由于有了一种方便的方法来表示偏好，我们就可以开始研究消费者行为。我们的基本假设是：理性的消费者总是从其消费可行集中选择一个最偏好的消费束。

在基本的偏好最大化问题中，消费可行集正是满足消费者预算约束的所有消费束的集合。令 m 是消费者可用的固定货币数量，$\mathbf{p}=(p_1, \cdots, p_k)$ 为物品 $1, \cdots, k$ 的价格向量。可行消费束集合，即消费者预算集合，由下式给出：

$$B=\{\mathbf{x}\in X: \mathbf{px}\leqslant m\}$$

偏好最大化问题可以写为：

$$\max u(\mathbf{x})$$
$$\text{s. t. } \mathbf{px}\leqslant m$$
$$\mathbf{x}\in X$$

我们注意此最大化问题的几个基本特征：第一，该问题是否有解。根据本书第 27 章的有关内容，我们需要证明目标函数是连续的，且约束集是闭集和有界的。由假设可知效用函数是连续的，约束集一定是闭集。如果 $p_i>0$，$i=1, \cdots, k$ 且 $m\geqslant 0$，不难证明约束集是有界的。如果某一物品的价格为零，那么消费者对该物品的需求可能是无穷的。我们一般不考虑这样的边界问题。

第二，我们检查关于偏好的表示问题。在此我们能够观察到最大化选择 $\mathbf{x}^*$ 与用于表示偏好的效用函数的选择无关。这是因为最优消费束 $\mathbf{x}^*$ 具有如下性质：对 B 中的所有 $\mathbf{x}$，$\mathbf{x}^*\succeq\mathbf{x}$。因此，表示此偏好 $\succeq$ 的任何效用函数，必定挑选 $\mathbf{x}^*$ 作为一个有约束的最大解。

第三，如果用某一正的常数乘以效用函数中的所有价格和收入，不会改变预算集，因此也不会改变最优选择的集合。也就是说，如果 $\mathbf{x}^*$ 具有性质——对于所有

满足 **px**≤*m* 的消费束 **x**，有 **x*** ≥**x**——则对于所有满足 *t***py**≤*tm* 的消费束 **y**，必有 **x*** ≥**y**。粗略地说，最优选择集合关于价格和收入是"零次齐次"的。

通过对偏好作出几个规律性假设，我们能够对消费者的最大化行为进行更深入的探讨。例如，假设偏好满足局部非饱和性，我们究竟能否得到一个满足 **px*** ＜*m* 的 **x*** ？假设我们能得到，那么，由于 **x*** 的花费一定小于 *m*，*X* 中足够接近 **x*** 的每一个消费束的花费也一定小于 *m*，因而是可行的。但是，根据局部非饱和性假设，一定存在某一足够接近 **x*** 的消费束 **x**，并且 **x** 优于 **x***。但是，这意味着在预算集 *B* 的约束下，**x*** 不能最大化偏好。

因此，在局部非饱和性假设下，效用最大化的消费束 **x*** 必须满足预算约束的等式。这就允许我们把消费者最优化问题重新表述为：

$$v(\mathbf{p}, m) = \max \ u(\mathbf{x})$$
$$\text{s. t. } \mathbf{px} = m$$

函数 $v(\mathbf{p}, m)$ 被称为**间接效用函数**（indirect utility function），它给出了在给定的价格和收入下，消费者可实现的最大效用。解此问题所得到的 **x** 的值被称为消费者的**需求束**（demanded bundle）：它表示在给定的价格水平和收入条件下，消费者期望得到的每一种物品的数量。假设在每个预算条件下存在唯一的需求束，这只是为了方便，并非分析所必需。

把价格 **p** 和收入 *m* 与需求束联系起来的函数被称为消费者的**需求函数**，用 **x**(**p**, *m*) 来表示。与厂商情况一样，我们需要作出若干假设以确保需求函数能够定义良好，特别是需要假定存在唯一的最大化效用的消费束。后面我们将会看到，偏好的严格凸性将确保这一行为。

正像厂商情况那样，消费者需求函数是 (**p**, *m*) 的零次齐次函数。如前所述，用一个正数同时乘以所有价格和收入丝毫不改变预算集，因此也不改变效用最大化问题的答案。

如同生产情况，只要效用函数是可微的，我们就可以用微积分来刻画最优化行为。效用最大化问题的拉格朗日函数可以写为：

$$L = u(\mathbf{x}) - \lambda(\mathbf{px} - m)$$

其中，λ 为拉格朗日乘数。对拉格朗日函数求关于 x_i 的微分，得出一阶条件：

$$\frac{\partial u(\mathbf{x})}{\partial x_i} - \lambda p_i = 0 \quad i = 1, \cdots, k$$

为了解释这些条件，我们可以用第 *j* 个一阶条件去除第 *i* 个一阶条件以消去拉格朗日乘数 λ，得到：

$$-\frac{\dfrac{\partial u(\mathbf{x}^*)}{\partial x_i}}{\dfrac{\partial u(\mathbf{x}^*)}{\partial x_j}} = \frac{p_i}{p_j}, \ i, j = 1, \cdots, k$$

左边的分式是物品 i 和物品 j 之间的边际替代率，右边的分式被称为物品 i 和物品 j 之间的**经济替代率**。最大化意味着这两个替代率是相等的。假定它们不相等，例如，假设

$$\frac{\frac{\partial u(\mathbf{x}^*)}{\partial x_i}}{\frac{\partial u(\mathbf{x}^*)}{\partial x_j}}=\frac{1}{1}\neq\frac{2}{1}=\frac{p_i}{p_j}$$

那么，如果消费者放弃一个单位的物品 i，并购买一个单位的物品 j，则其所获得的效用将保持在同一无差异曲线上并拥有额外的一美元可供花费。因此，总效用还可以增加，与最大化相矛盾。

图 7-1 用几何图形描述了这一论证。消费者预算线用 $\{\mathbf{x}:p_1x_1+p_2x_2=m\}$ 给出，也可以将其表示为隐函数 $x_2=m/p_2-(p_1/p_2)x_1$ 的图形。因此，预算线的斜率为 $-p_1/p_2$，纵轴的截距为 m/p_2。消费者期望在预算线上找到实现最高效用的点。这显然需要满足相切条件，即无差异曲线的斜率等于预算线的斜率。将其用代数表示可得出上述条件。

最后，我们可以用向量语言来描述最大化条件。令 $\mathbf{x}^*$ 为最优选择，令 $\mathbf{dx}$ 为满足预算约束的 $\mathbf{x}^*$ 的扰动，因此，我们一定有

$$\mathbf{p}(\mathbf{x}^*\pm\mathbf{dx})=m$$

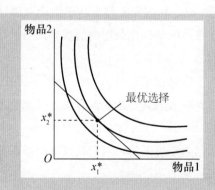

图 7-1 偏好最大化

注：最优消费束为无差异曲线与预算约束线的切点。

由于 $\mathbf{px}=m$，该方程表明 $\mathbf{p\,dx}=0$，这就意味着 $\mathbf{dx}$ 一定与 $\mathbf{p}$ 正交。

对于任何这样的扰动 $\mathbf{dx}$，效用保持不变，否则 $\mathbf{x}^*$ 就不会是最优的。因此，我们也有

$$\mathbf{D}u(\mathbf{x}^*)\mathbf{dx}=0$$

上式表明 $\mathbf{D}u(\mathbf{x}^*)$ 与 $\mathbf{dx}$ 也是正交的。因为这对于满足 $\mathbf{p\,dx}=0$ 的所有扰动都成立，我们一定有 $\mathbf{D}u(\mathbf{x}^*)$ 与 $\mathbf{p}$ 成比例，正如我们在一阶条件中所知道的那样。

效用最大化的二阶条件可以通过应用本书第 27 章的结果得出。拉格朗日函数

对物品 i 和物品 j 的二阶导数是 $\partial^2 u(\mathbf{x})/\partial x_i \partial x_j$。因此，二阶条件可以写为

$$\mathbf{h}^t\, \mathbf{D}^2 u(\mathbf{x}^*)\mathbf{h} \leqslant 0, \text{对于所有满足 } \mathbf{p}\mathbf{h}=0 \text{ 的向量 } \mathbf{h} \text{ 成立} \qquad (7.1)$$

这一条件要求对于所有与价格向量 $\mathbf{p}$ 正交的向量 $\mathbf{h}$，效用函数的海塞矩阵是半负定的。这实质上等价于要求效用函数 $u(\mathbf{x})$ 是局部拟凹的。从几何图形上看，这个条件意味着上轮廓集一定位于最优消费束 $\mathbf{x}^*$ 的预算超平面的上方。

通常，此二阶条件也可以表示为包括加边海塞矩阵的条件，考察本书第 27 章的相关内容，我们知道此公式化表明当且仅当加边海塞矩阵的自然顺序主子式符号交替时，式（7.1）满足严格不等式。因此，

$$\begin{vmatrix} 0 & -p_1 & -p_2 \\ -p_1 & u_{11} & u_{12} \\ -p_2 & u_{21} & u_{22} \end{vmatrix} > 0$$

$$\begin{vmatrix} 0 & -p_1 & -p_2 & -p_3 \\ -p_1 & u_{11} & u_{12} & u_{13} \\ -p_2 & u_{21} & u_{22} & u_{23} \\ -p_3 & u_{31} & u_{32} & u_{33} \end{vmatrix} < 0$$

等等。

7.3　间接效用

回顾前面定义的间接效用函数。$v(\mathbf{p}, m)$ 作为 $\mathbf{p}$ 和 m 的函数，给出了最大化效用。

间接效用函数的性质：

（1）$v(\mathbf{p}, m)$ 是价格 $\mathbf{p}$ 的非递增函数，即如果 $\mathbf{p}' \geqslant \mathbf{p}$，则 $v(\mathbf{p}', m) \leqslant v(\mathbf{p}, m)$；同理，$v(\mathbf{p}, m)$ 是收入 m 的非递减函数。

（2）$v(\mathbf{p}, m)$ 是关于 $(\mathbf{p}, m)$ 的零次齐次函数。

（3）$v(\mathbf{p}, m)$ 是关于价格 $\mathbf{p}$ 的拟凸函数，即对所有的 k，$\{\mathbf{p}: v(\mathbf{p}, m) \leqslant k\}$ 是凸集。

（4）对于所有的 $\mathbf{p} \gg 0$，$m > 0$，$v(\mathbf{p}, m)$ 是连续函数。

证明：

（1）对于 $\mathbf{p}' \geqslant \mathbf{p}$，令 $B = \{\mathbf{x}: \mathbf{p}\mathbf{x} \leqslant m\}$，$B' = \{\mathbf{x}: \mathbf{p}'\mathbf{x} \leqslant m\}$，则 $B' \subseteq B$。因此，$u(\mathbf{x})$ 在 B 上的最大值至少与 $u(\mathbf{x})$ 在 B' 上的最大值一样大，即 $v(\mathbf{p}', m) \leqslant v(\mathbf{p}, m)$。对 m 的论证是类似的。

（2）如果价格和收入同时乘以一个正数，预算集并不改变。因此，对于 $t > 0$，$v(t\mathbf{p}, tm) = v(\mathbf{p}, m)$。

（3）假设 $\mathbf{p}$ 和 $\mathbf{p}'$ 满足 $v(\mathbf{p}, m) \leqslant k$，$v(\mathbf{p}', m) \leqslant k$。令 $\mathbf{p}'' = t\mathbf{p} + (1-t)\mathbf{p}'$，我们

需要证明 $v(\mathbf{p}'',m) \leqslant k$。定义预算集：

$$B = \{\mathbf{x}: \mathbf{px} \leqslant m\}$$
$$B' = \{\mathbf{x}: \mathbf{p}'\mathbf{x} \leqslant m\}$$
$$B'' = \{\mathbf{x}: \mathbf{p}''\mathbf{x} \leqslant m\}$$

我们将证明 B'' 中的任意 $\mathbf{x}$ 要么属于 B，要么属于 B'，即 $B \cup B' \supset B''$。假设不是这样，则存在一个 $\mathbf{x}$，使得 $t\mathbf{px} + (1-t)\mathbf{p}'\mathbf{x} \leqslant m$，但 $\mathbf{px} > m$，$\mathbf{p}'\mathbf{x} > m$。这两个不等式可以写成：

$$t\mathbf{px} > tm$$
$$(1-t)\mathbf{p}'\mathbf{x} > (1-t)m$$

两式相加，我们得到

$$t\mathbf{px} + (1-t)\mathbf{p}'\mathbf{x} > m$$

这与我们最初的假设相矛盾。

现在注意到：

$$v(\mathbf{p}'',m) = \max_{\mathbf{x} \in B''} u(\mathbf{x})$$
$$\leqslant \max_{x \in B \cup B'} u(\mathbf{x}) \quad （由于 B \cup B' \supset B''）$$
$$\leqslant k \quad [由于 v(\mathbf{p},m) \leqslant k, v(\mathbf{p}',m) \leqslant k]$$

（4）这个性质可以由本书第 27 章的最大值定理得到证明。证毕。

在图 7-2 中，我们描绘了一组典型的"价格无差异曲线"，这些曲线恰是间接效用函数的水平集。由上面定理中的性质（1），当无差异曲线移向原点时，效用是非递减的；根据性质（3），下轮廓集是凸集。值得注意的是，由于间接效用随着价格的升高而下降，下轮廓集位于价格无差异曲线的东北部。

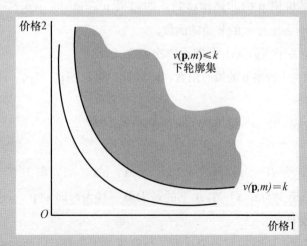

图 7-2 价格无差异曲线

注：无差异曲线是指对某一常数 k，使 $v(\mathbf{p},m) = k$ 的所有价格的组合；下轮廓集是由满足 $v(\mathbf{p},m) \leqslant k$ 的所有价格组成的集合。

我们注意到，如果偏好满足局部非饱和性假设，则 $v(\mathbf{p}, m)$ 就是收入 m 的严格递增函数。在图 7-3 中，我们描绘了对于不变的价格，$v(\mathbf{p}, m)$ 与 m 之间的关系。因为函数 $v(\mathbf{p}, m)$ 关于收入 m 是严格递增的，我们可以求该函数的反函数，解出 m，使其成为效用水平的函数；即给定任何效用水平 u，我们可以从图 7-3 中找到在价格水平 $\mathbf{p}$ 下实现效用 u 所必需的最小收入量。以这种方式联系收入和效用的函数被称为**支出函数**（expenditure function），即间接效用函数的反函数，用 $e(\mathbf{p}, u)$ 来表示。

支出函数的一个等价定义可由下述问题给出：

$$e(\mathbf{p}, u) = \min \mathbf{px}$$
$$\text{s. t. } u(\mathbf{x}) \geqslant u$$

支出函数给出了实现某一固定效用水平下的最小成本。

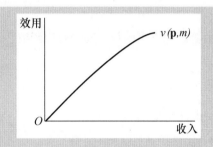

图 7-3 效用作为收入的函数

注：随着收入的增加，间接效用一定增加。

支出函数与我们在研究厂商行为时所考察的成本函数是完全类似的。因此，它具有我们在本书第 5 章所推导出来的所有性质。为了方便，我们把这些性质重述如下：

支出函数的性质：

（1）$e(\mathbf{p}, u)$ 是关于 $\mathbf{p}$ 的非递减函数。

（2）$e(\mathbf{p}, u)$ 是关于 $\mathbf{p}$ 的一次齐次函数。

（3）$e(\mathbf{p}, u)$ 是关于 $\mathbf{p}$ 的凹函数。

（4）对于 $\mathbf{p} \gg \mathbf{0}$，$e(\mathbf{p}, u)$ 是 $\mathbf{p}$ 的连续函数。

（5）如果 $\mathbf{h}(\mathbf{p}, u)$ 表示在价格水平 $\mathbf{p}$ 下实现效用水平 u 所必需的最小支出束，假设 $e(\mathbf{p}, u)$ 的导数存在且 $p_i > 0$，则

$$h_i(\mathbf{p}, u) = \frac{\partial e(\mathbf{p}, u)}{\partial p_i} \quad i = 1, \cdots, k$$

证明：这些性质与成本函数的性质是完全相同的，参见本书第 5 章关于这些性质的证明。证毕。

函数 $\mathbf{h}(\mathbf{p}, u)$ 被称作**希克斯需求函数**（Hicksian demand function）。希克斯需

求函数类似于以前所讨论的条件要素需求函数，它告诉我们何种消费束可实现目标效用水平并使总支出最小。

希克斯需求函数有时也被称为**补偿需求函数**（compensated demand function），这个术语源于把需求函数视为通过改变价格和收入以使消费者维持在一个固定的效用水平。因而，收入变化被用于"补偿"价格的变化。

因为希克斯需求函数依赖于不可直接观测的效用，所以它们也是不可直接观测的。表示为价格和收入的需求函数是可以观测的。当我们想要强调希克斯需求函数和通常需求函数的区别时，我们把后者称为**马歇尔需求函数**（Marshallian demand function），用 $\mathbf{x}(\mathbf{p}, m)$ 表示。马歇尔需求函数正是我们一直讨论的普通的市场需求函数。

7.4 一些重要的恒等式

有一些重要的恒等式把支出函数、间接效用函数、马歇尔需求函数和希克斯需求函数联系在一起。

我们考虑效用最大化问题：

$$v(\mathbf{p}, m^*) = \max u(\mathbf{x})$$

s. t. $\mathbf{px} \leqslant m^*$

令 $\mathbf{x}^*$ 为该问题的解，并令 $u^* = u(\mathbf{x}^*)$。考虑支出最小化问题：

$$e(\mathbf{p}, u^*) = \min \mathbf{px}$$

s. t. $u(\mathbf{x}) \geqslant u^*$

观察图 7-4 会使你相信：在正常情况下，效用最大化问题和支出最小化问题应当具有相同的解 $\mathbf{x}^*$（更严格的证明在本章附录中给出）。这个简单的观察可得出四个重要的恒等式：

(1) $e[\mathbf{p}, v(\mathbf{p}, m)] \equiv m$。达到效用 $v(\mathbf{p}, m)$ 所需的最小支出是 m。

(2) $v[\mathbf{p}, e(\mathbf{p}, u)] \equiv u$。由收入 $e(\mathbf{p}, u)$ 所能获得的最大效用是 u。

(3) $x_i(\mathbf{p}, m) \equiv h_i[\mathbf{p}, v(\mathbf{p}, m)]$。在收入 m 下的马歇尔需求与在效用 $v(\mathbf{p}, m)$ 下的希克斯需求是相等的。

(4) $h_i(\mathbf{p}, u) \equiv x_i[\mathbf{p}, e(\mathbf{p}, u)]$。效用 u 下的希克斯需求与收入 $e(\mathbf{p}, u)$ 下的马歇尔需求是相等的。

最后一个恒等式也许是最重要的，因为它将"可观测"的马歇尔需求函数和"不可观测"的希克斯需求函数联系起来。恒等式（4）表明：作为支出最小化问题的解，希克斯需求函数等于适当收入水平下的马歇尔需求函数，这里的"适当"收入水平是指在给定价格下取得期望效用水平所需的最低收入。因此，任何需求束既

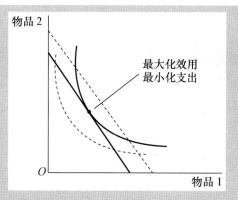

图7-4 最大化效用和最小化支出

注：通常最大化效用的消费束也将最小化支出，反之亦然。

可以表示为效用最大化问题的解，也可以表示为支出最小化问题的解。在本章附录中，我们给出了这种等价成立的确切条件。在此我们只考察这一对偶性的结论。

正是这一联系引出了术语"补偿需求函数"，其含义是，如果消费者的收入被"补偿"以便能实现某种目标效用水平，那么各种物品的希克斯需求函数就是马歇尔需求函数。

下面的命题给出了上述恒等式的一个极好的应用：

罗伊恒等式（Roy's identity）：如果 $\mathbf{x}(\mathbf{p}, m)$ 是马歇尔需求函数，则有

$$x_i(\mathbf{p},m)=-\frac{\dfrac{\partial v(\mathbf{p},m)}{\partial p_i}}{\dfrac{\partial v(\mathbf{p},m)}{\partial m}} \quad i=1,\cdots,k$$

当然，需假设等式右侧是定义良好的（well defined），并且 $p_i>0$，$m>0$。

证明：假设 $\mathbf{x}^*$ 在（$\mathbf{p}^*$，m^*）处产生最大效用 u^*，由上述恒等式，我们知道

$$\mathbf{x}(\mathbf{p}^*,m^*)\equiv\mathbf{h}(\mathbf{p}^*,u^*) \tag{7.2}$$

由另一个基本恒等式，我们也知道

$$u^*\equiv v[\mathbf{p},e(\mathbf{p},u^*)]$$

此恒等式表明，不管价格水平如何，如果消费者在那些价格下以最小收入获得效用 u^*，则他能够获得的最大效用就是 u^*。

因为这是一个恒等式，我们可以将其两边对 p_i 求微分，得到

$$0=\frac{\partial v(\mathbf{p}^*,m^*)}{\partial p_i}+\frac{\partial v(\mathbf{p}^*,m^*)}{\partial m}\frac{\partial e(\mathbf{p}^*,u^*)}{\partial p_i}$$

整理并将其与恒等式（7.2）相结合，我们有

$$x_i(\mathbf{p}^*,m^*)\equiv h_i(\mathbf{p}^*,u^*)\equiv\frac{\partial e(\mathbf{p}^*,u^*)}{\partial p_i}\equiv-\frac{\partial v(\mathbf{p}^*,m^*)/\partial p_i}{\partial v(\mathbf{p}^*,m^*)/\partial m}$$

由于该恒等式对所有的（$\mathbf{p}^*$，m^*）成立，且由于$\mathbf{x}^* = \mathbf{x}(\mathbf{p}^*，m^*)$，则结果得证。证毕。

上述证明虽然很讲究，但并不是特别具有启发性。下面给出罗伊恒等式的另一个直接证明。给出间接效用函数为：

$$v(\mathbf{p},m) \equiv u[\mathbf{x}(\mathbf{p},m)] \tag{7.3}$$

上式两边对 p_j 求微分，我们发现：

$$\frac{\partial v(\mathbf{p},m)}{\partial p_j} = \sum_{i=1}^{k} \frac{\partial u(\mathbf{x})}{\partial x_i} \frac{\partial x_i}{\partial p_j} \tag{7.4}$$

因为 $\mathbf{x}(\mathbf{p}，m)$ 是需求函数，它满足效用最大化的一阶条件。把一阶条件代入式（7.4），则有：

$$\frac{\partial v(\mathbf{p},m)}{\partial p_j} = \lambda \sum_{i=1}^{k} p_i \frac{\partial x_i}{\partial p_j} \tag{7.5}$$

需求函数也满足预算约束 $\mathbf{px}(\mathbf{p}，m) \equiv m$，此恒等式对 p_j 求微分，我们有

$$x_j(\mathbf{p},m) + \sum_{i=1}^{k} p_i \frac{\partial x_i}{\partial p_j} = 0 \tag{7.6}$$

将式（7.6）代入式（7.5），得到

$$\frac{\partial v(\mathbf{p},m)}{\partial p_j} = -\lambda x_j(\mathbf{p},m) \tag{7.7}$$

我们将式（7.3）对 m 求微分，有

$$\frac{\partial v(\mathbf{p},m)}{\partial m} = \lambda \sum_{i=1}^{k} p_i \frac{\partial x_i}{\partial m} \tag{7.8}$$

将预算约束对 m 求微分，我们有

$$\sum_{i=1}^{k} p_i \frac{\partial x_i}{\partial m} = 1 \tag{7.9}$$

将式（7.9）代入式（7.8），得出

$$\frac{\partial v(\mathbf{p},m)}{\partial m} = \lambda \tag{7.10}$$

此方程表明，一阶条件中的拉格朗日乘数就是收入的边际效用。结合式（7.7）和式（7.10），则可得到罗伊恒等式。

最后，关于罗伊恒等式的最后一个证明，我们注意到，罗伊恒等式是第27章所描述的包络定理的直接结论，上述证明只是在履行该定理的证明步骤。

7.5 货币度量效用函数

把各种场合出现的支出函数纳入福利经济学中是一个极大的发展。考虑某一价

格 **p** 和给定的物品束 **x**，我们可以提出下述问题：一个给定的消费者在价格 **p** 下需要多少货币才能与其消费物品束 **x** 的境况同样好？

图 7-5 告诉我们：如果我们知道消费者的偏好，如何通过图形给出这一问题的答案。我们已看出消费者需要多少货币才能达到通过 **x** 的无差异曲线。从数学上看，我们仅需求解如下问题：

$$\min_{\mathbf{z}} \mathbf{pz}$$

$$\text{s. t. } u(\mathbf{z}) \geqslant u(\mathbf{x})$$

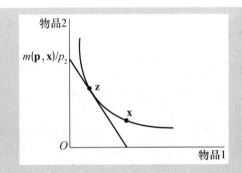

图 7-5 直接货币度量效用函数

注：货币度量效用函数给出了在价格 **p** 下为购买至少与 **x** 同样好的消费束所必需的最小支出。

这种类型的函数经常出现，值得给出一个特别的名称。效仿萨缪尔森（Samuelson，1974），我们将其称为**货币度量效用函数**（money metric utility function）。它也被称为"最低收入函数"或"直接补偿函数"，甚至还有其他种种名称。一个替代的定义是

$$m(\mathbf{p}, \mathbf{x}) \equiv e[\mathbf{p}, u(\mathbf{x})]$$

容易看到：对于固定的 **x**，$u(\mathbf{x})$ 是固定的，所以 $m(\mathbf{p}, \mathbf{x})$ 的行为非常类似于支出函数：它关于 **p** 是单调、齐次、凹的等。不太明显的是：当 **p** 是固定的时，$m(\mathbf{p}, \mathbf{x})$ 实际上是一个效用函数。证明是简单的。对于固定的价格，支出函数对效用水平是递增的：如果你想获得更高的效用水平，你就必须花费更多的钱。事实上，对于连续的、局部非饱和的偏好，支出函数对效用 u 是严格递增的。所以，对于固定价格 **p**，$m(\mathbf{p}, \mathbf{x})$ 仅是效用函数的单调变换，因此它本身也是一个效用函数。

这一点在图 7-5 中很容易看到：通过 **x** 的无差异曲线上所有的点代表与 $m(\mathbf{p}, \mathbf{x})$ 同样的效用水平；更高的无差异曲线上所有的点代表更高的效用水平。所以它确实是一个效用函数。

对于间接效用，我们同样可以构造一个**间接货币度量效用函数**（indirect money metric utility function），它由下式给出：

$$\mu(\mathbf{p}; \mathbf{q}, m) \equiv e[\mathbf{p}, v(\mathbf{q}, m)]$$

即 $\mu(\mathbf{p};\mathbf{q},m)$ 测度消费者在价格 $\mathbf{p}$ 下需要多少货币才能够与他面对价格 $\mathbf{q}$ 和收入 m 情况下所能达到的境况一样好。正如直接货币度量效用函数一样，$\mu(\mathbf{p};\mathbf{q},m)$ 表现为关于价格 $\mathbf{p}$ 的一个支出函数，但现在它表现为关于价格 $\mathbf{q}$ 和收入 m 的一个间接效用函数，因为它毕竟仅仅是间接效用函数的一个单调变换。参见图 7-6，它给出了此问题的一个图形解释。

直接和间接补偿函数的一个好的特征是它们仅包含了可观测的变量。它们是度量利益变化的特别的直接和间接效用函数，而且其单调变换的特点也无可置疑。我们将看到这一特征对于讨论可积性理论和福利经济学是有益的。

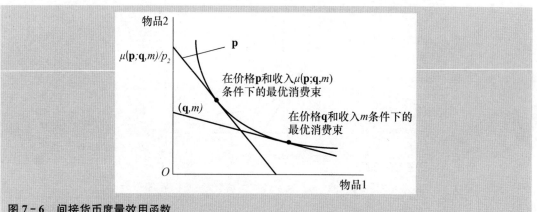

图 7-6 间接货币度量效用函数

注：此函数给出了消费者在价格 $\mathbf{p}$ 时为了达到与面对价格 $\mathbf{q}$ 和收入 m 时一样好的境况所需的最低支出。

例 7-3：科布-道格拉斯效用函数

科布-道格拉斯效用函数由 $u(x_1,x_2)=x_1^a x_2^{1-a}$ 给出。由于该函数的任何单调变换都代表同样的偏好，我们也可将其写成：$u(x_1,x_2)=a\ln x_1+(1-a)\ln x_2$。

支出函数和希克斯需求函数与本书第 4 章推导出来的成本函数和条件要素需求函数相同，取决于符号的变化。马歇尔需求函数和间接效用函数可以通过求解下面的问题导出：

$$\max\ a\ln x_1+(1-a)\ln x_2$$
$$\text{s. t.}\ p_1 x_1+p_2 x_2=m$$

其一阶条件为：

$$\frac{a}{x_1}-\lambda p_1=0$$

$$\frac{1-a}{x_2}-\lambda p_2=0$$

或者

$$\frac{a}{p_1 x_1}=\frac{1-a}{p_2 x_2}$$

交叉相乘并运用预算约束条件，得到

$$ap_2x_2 = p_1x_1 - ap_1x_1$$

$$am = p_1x_1$$

$$x_1(p_1, p_2, m) = \frac{am}{p_1}$$

代入预算约束，得到第二个马歇尔需求：

$$x_2(p_1, p_2, m) = \frac{(1-a)m}{p_2}$$

代入目标函数，并消掉常数，得到间接效用函数：

$$v(p_1, p_2, m) = \ln m - a\ln p_1 - (1-a)\ln p_2 \qquad (7.11)$$

　　导出间接效用函数的一个快捷的方法是求解我们在本书第 4 章导出的科布-道格拉斯成本/支出函数的逆函数。这给出

$$e(p_1, p_2, u) = Kp_1^a p_2^{1-a}u$$

其中，K 是依赖于 a 的某个常数。用 m 替换 $e(p_1, p_2, u)$，用 $v(p_1, p_2, m)$ 替换 u 后，对上式求逆，我们得到

$$v(p_1, p_2, m) = \frac{m}{Kp_1^a p_2^{1-a}}$$

若对上式两边取对数，可以看出，该式正是式（7.11）的单调变换。

　　货币度量效用函数可以通过替换推导出来，我们有

$$m(\mathbf{p}, \mathbf{x}) = Kp_1^a p_2^{1-a}u(x_1, x_2) = Kp_1^a p_2^{1-a}x_1^a x_2^{1-a}$$

和

$$\mu(\mathbf{p}; \mathbf{q}, m) = Kp_1^a p_2^{1-a}v(q_1, q_2, m) = p_1^a p_2^{1-a}q_1^{-a}q_2^{a-1}m$$

例 7-4：CES 效用函数

　　CES 效用函数由 $u(x_1, x_2) = (x_1^\rho + x_2^\rho)^{1/\rho}$ 给出。由于偏好对于效用的单调变换是不变的，我们也可以选择 $u(x_1, x_2) = \dfrac{1}{\rho}\ln(x_1^\rho + x_2^\rho)$。

　　前面我们已经知道，CES 技术的成本函数具有形式 $c(w, y) = (w_1^r + w_2^r)^{1/r}y$，其中 $r = \rho/(\rho-1)$。因此，CES 效用函数的支出函数具有形式

$$e(\mathbf{p}, u) = (p_1^r + p_2^r)^{1/r}u$$

我们通过对上述方程求逆函数可以得到间接效用函数：

$$v(\mathbf{p}, m) = (p_1^r + p_2^r)^{-1/r}m$$

应用罗伊定律，可以得到需求函数：

$$x_1(\mathbf{p},m) = \frac{-\partial v(\mathbf{p},m)/\partial p_1}{\partial v(\mathbf{p},m)/\partial m} = \frac{\frac{1}{r}(p_1^r + p_2^r)^{-(1+\frac{1}{r})} mr p_1^{r-1}}{(p_1^r + p_2^r)^{-1/r}}$$

$$= \frac{p_1^{r-1} m}{(p_1^r + p_2^r)}$$

通过替换，可得到对应于 CES 效用函数的货币度量效用函数：

$$m(\mathbf{p},\mathbf{x}) = (p_1^r + p_2^r)^{\frac{1}{r}} (x_1^{\rho} + x_2^{\rho})^{\frac{1}{\rho}}$$

$$\mu(\mathbf{p};\mathbf{q},m) = (p_1^r + p_2^r)^{\frac{1}{r}} (q_1^r + q_2^r)^{-\frac{1}{r}} m$$

附 录

考察下面两个问题：

$$\max u(\mathbf{x})$$
$$\text{s. t. } \mathbf{px} \leqslant m \tag{7.12}$$

$$\min \mathbf{px}$$
$$\text{s. t. } u(\mathbf{x}) \geqslant u \tag{7.13}$$

假设：

(1) 效用函数是连续的；

(2) 偏好满足局部非饱和性；

(3) 两个最优化问题的解存在。

效用最大化意味着支出最小化。 如果上述假设成立，令 $\mathbf{x}^*$ 是式（7.12）的解，并令 $u = u(\mathbf{x}^*)$，则 $\mathbf{x}^*$ 是式（7.13）的解。

证明： 如果上述假设不成立，令 $\mathbf{x}'$ 为式（7.13）的解，因此 $\mathbf{px}' < \mathbf{p}\mathbf{x}^*$ 并且 $u(\mathbf{x}') \geqslant u(\mathbf{x}^*)$。根据局部非饱和性，存在一个足够接近于 $\mathbf{x}'$ 的消费束 $\mathbf{x}''$，使得 $\mathbf{px}'' < \mathbf{p}\mathbf{x}^* = m$ 和 $u(\mathbf{x}'') > u(\mathbf{x}^*)$。但这意味着 $\mathbf{x}^*$ 不可能是式（7.12）的解。证毕。

支出最小化意味着效用最大化。 如果上述假设成立，且 $\mathbf{x}^*$ 是式（7.13）的解。令 $m = \mathbf{p}\mathbf{x}^*$ 并假设 $m > 0$，则 $\mathbf{x}^*$ 是式（7.12）的解。

证明： 如果上述假设不成立，令 $\mathbf{x}'$ 为式（7.12）的解，使得 $u(\mathbf{x}') > u(\mathbf{x}^*)$ 且 $\mathbf{px}' = \mathbf{p}\mathbf{x}^* = m$。由于 $\mathbf{p}\mathbf{x}^* > 0$，且效用是连续的，我们可以找到 $0 < t < 1$ 使得 $\mathbf{p}t\mathbf{x}' < \mathbf{p}\mathbf{x}^* = m$ 且 $u(t\mathbf{x}') > u(\mathbf{x}^*)$。因此，$\mathbf{x}^*$ 不是式（7.13）的解。证毕。

注 释

效用函数存在性的证明是以 Wold（1943）为基础的。效用函数存在的一般定理请参阅 Debreu（1964）。

间接效用函数的重要性在 Roy（1942）及 Roy（1947）中首先得到认识。支出函数要归功于 Hicks（1946）。阐述消费者理论的对偶方法请参阅 McFadden&Winter（1968）。货币度量效用函数由 McKenzie（1957）和 Samuelson（1974）所使用。

习 题

7.1 如果 $x_1 + x_2 < y_1 + y_2$，考察在非负象限由 $(x_1, x_2) \succ (y_1, y_2)$ 定义的偏好。这些偏好

是否具有局部非饱和性？若仅有两种消费物品且消费者面临正的价格，消费者会花费其全部收入吗？请解释。

7.2 某消费者具有效用函数 $u(x_1, x_2) = \max\{x_1, x_2\}$。求消费者对物品 1 的需求函数，并求出他的间接效用函数和支出函数。

7.3 某消费者具有下述形式的间接效用函数：

$$v(p_1, p_2, m) = \frac{m}{\min\{p_1, p_2\}}$$

该消费者的支出函数、（拟凹的）效用函数和对物品 1 的需求函数分别是何种形式？

7.4 考察由下式给出的间接效用函数：

$$v(p_1, p_2, m) = \frac{m}{p_1 + p_2}$$

(a) 求需求函数；

(b) 求支出函数；

(c) 求直接效用函数。

7.5 某消费者具有如下形式的直接效用函数：

$$U(x_1, x_2) = u(x_1) + x_2$$

其中物品 1 是一个离散型物品，物品 1 仅有的可能消费水平是 $x_1 = 0$ 和 $x_1 = 1$。为方便起见，假设 $u(0) = 0$，$p_2 = 1$。问：

(a) 该消费者具有何种偏好？

(b) p_1 严格低于何种水平时，消费者才会明确选择 $x_1 = 1$？

(c) 与此直接效用函数相联系的间接效用函数的代数形式是什么？

7.6 某消费者具有间接效用函数 $v(\mathbf{p}, m) = A(\mathbf{p})m$，问：

(a) 该消费者具有何种偏好？

(b) 该消费者的支出函数 $e(\mathbf{p}, u)$ 是什么？

(c) 该消费者的间接货币度量效用函数 $\mu(\mathbf{p}; \mathbf{q}, m)$ 是什么？

(d) 假设改为消费者具有间接效用函数 $v(\mathbf{p}, m) = A(\mathbf{p})m^b$，其中 $b > 1$，则该消费者的间接货币度量效用函数将具有何种形式？

第8章 选 择

在本章，我们将考察消费者需求行为的比较静态：研究消费者的需求如何随着价格和收入的变化而变化。如厂商的情况一样，我们将用三种不同方法来处理这一问题：利用微分一阶条件；利用支出函数和间接效用函数的性质；利用优化模型所含有的代数不等式。

8.1 比较静态

下面，让我们更详细地考察两物品消费者最大化问题。观察消费者的需求如何随着最大化问题中参数的变化而变化，是令人感兴趣的。我们保持价格固定而让收入变化，由此导致的效用最大化消费束的轨迹被称作**收入扩展线**（income expansion path）。由收入扩展线，我们可以导出一个（在价格不变的情况下）联系收入与每一物品需求的函数。这些函数被称作**恩格尔曲线**（Engel curve）。有下列几种可能的情形：

（1）收入扩展线（和这样的每一条恩格尔曲线）是一条通过原点的直线。在这种情况下，据说消费者具有单位收入弹性的需求曲线。该消费者在每一收入水平下将消费同比例的每种物品。

（2）收入扩展线向其中的一种或者另一种物品弯曲，即当消费者收入增加时，他对两种物品的消费都增加，但对一种物品的需求比例大于另一种。前者称为**奢侈品**（luxury good），后者称为**必需品**（necessary good）。

（3）收入扩展线向后弯曲——在这种情况下，收入增加意味着消费者要减少其中一种物品的消费。例如，可能会有人认为，随着收入的增加，我将减少土豆的消费。这种物品被称作**劣质品**（inferior goods）。需求随收入增加而增加的物品被称作**正常品**（normal goods）（参见图 8 - 1）。

我们也可以保持收入固定而让价格变化。如果我们让 p_1 变化而保持 p_2 和 m 固定，预算线将倾斜，预算线与无差异曲线切点的轨迹将会描绘出一条曲线，这条曲线被称作**价格提供线**（price offer curve）。在图 8 - 2 中，第一种情况属于正常情

况，即物品 1 的价格降低导致对物品 1 的需求增多。第二种情况则是物品 1 的价格
下降引起了对该物品需求的下降。此类物品被称作**吉芬品**（Giffen good）。还是以
土豆为例：如果土豆的价格下降，我能够购买同以前一样多的土豆，而我的钱仍有
剩余。我可以用这些剩余的钱去购买更多的意大利面。现在既然我能消费更多的意
大利面，我就不再消费像以前那样多的土豆了。

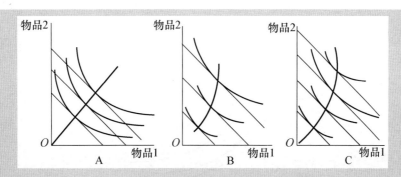

图 8-1　收入扩展线

注：图 A 描绘了单位弹性需求；图 B 中物品 2 为奢侈品；图 C 中物品 1 是劣质品。

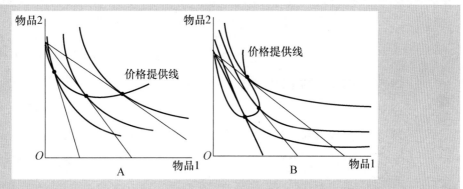

图 8-2　价格提供线

注：在图 A 中，物品 1 的需求随着价格下降而增加，因此它是普通物品。在图 B 中，物品 1 的需求随着价格下降而
下降，所以它是吉芬品。

　　在上述例子中我们看到，一物品的价格下降可能具有两种效应：一种效应是一
物品相对另一物品更便宜了；另一种效应则是总"购买力"可能发生变化。消费者
理论中的一个基本结果——斯卢茨基方程，把这两种效应联系了起来。后面我们将
用几种方法推导出斯卢茨基方程。

例 8-1：消费税和所得税

　　假定我们要对一个效用最大化的消费者征税以获得一定数量的税收。最初，该消费者的
预算约束是 $p_1 x_1 + p_2 x_2 = m$，但当我们对物品 1 的销售征税后，该消费者的预算约束变为
$(p_1 + t)x_1 + p_2 x_2 = m$。消费税的效果在图 8-3 中表示出来。如果我们用 (x_1^*, x_2^*) 表示税

后消费水平，则征税所能得到的税收为 tx_1^* 。

现在假定我们要对收入征税以获取同样数量的税收。消费者的预算约束则变为 $p_1x_1 +$ $p_2x_2 = m - tx_1^*$ 。这是一条斜率为 $-p_1/p_2$ 并通过 (x_1^*, x_2^*) 的直线，如图 8-3 所示。注意到由于这条预算线与通过 (x_1^*, x_2^*) 的无差异曲线相交，所以，尽管都能产生同样的税收，但与缴纳商品税相比，缴纳所得税消费者能获得更高的效用水平。

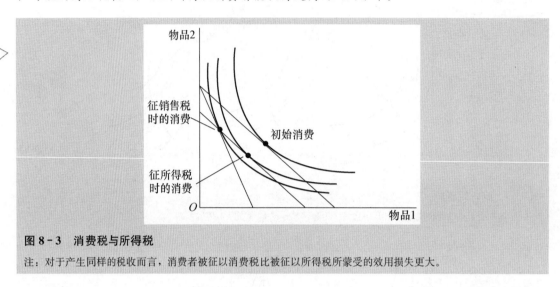

图 8-3 消费税与所得税
注：对于产生同样的税收而言，消费者被征以消费税比被征以所得税所蒙受的效用损失更大。

8.2 斯卢茨基方程

我们已经看到，希克斯需求曲线或者补偿需求曲线，与在厂商理论中讨论的条件要素需求曲线在形式上是相同的。因此它同条件要素需求具有同样的性质，特别是它具有一个对称的半负定替代矩阵。

就厂商而言，由于厂商的产出是一个可以观测的变量，这种类型的约束是对厂商行为的一种可以观测的约束。对消费者而言，由于效用是不可直接观测的，这种约束看来并不具有多大用途。

然而事实证明，这种表面现象具有误导作用。尽管补偿需求函数是不可直接观测的，但我们将看到其导数可以从可观测的事实（即马歇尔需求函数对价格和收入的导数）中很容易加以计算。这种关系被称作**斯卢茨基方程**（Slutsky equation）。

斯卢茨基方程：

$$\frac{\partial x_j(\mathbf{p},m)}{\partial p_i} = \frac{\partial h_j[\mathbf{p},v(\mathbf{p},m)]}{\partial p_i} - \frac{\partial x_j(\mathbf{p},m)}{\partial m}x_i(\mathbf{p},m)$$

证明：设 $\mathbf{x}^*$ 在 $(\mathbf{p}^*, m^*)$ 处最大化效用，并令 $u^* = u(\mathbf{x}^*)$ ，下述恒等式成立：

$$h_j(\mathbf{p},u^*) \equiv x_j[\mathbf{p},e(\mathbf{p},u^*)]$$

我们将此恒等式两边对价格 p_i 求导，并求导数在 $\mathbf{p}^*$ 点的值，得到

$$\frac{\partial h_j(\mathbf{p}^*,u^*)}{\partial p_i}=\frac{\partial x_j(\mathbf{p}^*,m^*)}{\partial p_i}+\frac{\partial x_j(\mathbf{p}^*,m^*)}{\partial m}\frac{\partial e(\mathbf{p}^*,u^*)}{\partial p_i}$$

仔细注意此式的含义。方程的左侧表示当 p_i 变化时补偿需求如何变化；方程的右侧表明，这一变化等于支出固定在 m^* 时需求的变化，再加上收入变化引起的需求变化与为保持效用水平不变收入必须变化的量的乘积。但最后一项 $\partial e(\mathbf{p}^*,u^*)/\partial p_i$ 其实就是 x_i^*，重新排列得到

$$\frac{\partial x_j(\mathbf{p}^*,m^*)}{\partial p_i}=\frac{\partial h_j(\mathbf{p}^*,u^*)}{\partial p_i}-\frac{\partial x_j(\mathbf{p}^*,m^*)}{\partial m}x_i^*$$

此式就是斯卢茨基方程。证毕。

斯卢茨基方程将价格变化 Δp_i 引起的需求变化分解为两种单独的效应：**替代效应**（substitution effect）与**收入效应**（income effect）：

$$\Delta x_j\approx\frac{\partial x_j(\mathbf{p},m)}{\partial p_i}\Delta p_i=\frac{\partial h_j(\mathbf{p},u)}{\partial p_i}\Delta p_i-\frac{\partial x_j(\mathbf{p},m)}{\partial m}x_i\Delta p_i$$

我们也可以考察所有价格同时变化的替代效应和收入效应。在这种情况下我们只需把这些导数视为广义的 n 维导数而非偏导数。在两物品情况下，斯卢茨基方程可写成如下形式：

$$\mathbf{D}_p\mathbf{x}(\mathbf{p},m)=\mathbf{D}_p\mathbf{h}(\mathbf{p},u)-\mathbf{D}_m\mathbf{x}(\mathbf{p},m)\mathbf{x}$$

$$\begin{bmatrix}\dfrac{\partial x_1(\mathbf{p},m)}{\partial p_1}&\dfrac{\partial x_1(\mathbf{p},m)}{\partial p_2}\\[3mm]\dfrac{\partial x_2(\mathbf{p},m)}{\partial p_1}&\dfrac{\partial x_2(\mathbf{p},m)}{\partial p_2}\end{bmatrix}=\begin{bmatrix}\dfrac{\partial h_1(\mathbf{p},u)}{\partial p_1}&\dfrac{\partial h_1(\mathbf{p},u)}{\partial p_2}\\[3mm]\dfrac{\partial h_2(\mathbf{p},u)}{\partial p_1}&\dfrac{\partial h_2(\mathbf{p},u)}{\partial p_2}\end{bmatrix}-\begin{bmatrix}\dfrac{\partial x_1(\mathbf{p},m)}{\partial m}\\[3mm]\dfrac{\partial x_2(\mathbf{p},m)}{\partial m}\end{bmatrix}[x_1,x_2]$$

式中，$u=v(\mathbf{p},m)$。

展开最后一项给出：

$$\begin{bmatrix}\dfrac{\partial x_1(\mathbf{p},m)}{\partial m}\\[3mm]\dfrac{\partial x_2(\mathbf{p},m)}{\partial m}\end{bmatrix}[x_1,x_2]=\begin{bmatrix}\dfrac{\partial x_1(\mathbf{p},m)}{\partial m}x_1&\dfrac{\partial x_1(\mathbf{p},m)}{\partial m}x_2\\[3mm]\dfrac{\partial x_2(\mathbf{p},m)}{\partial m}x_1&\dfrac{\partial x_2(\mathbf{p},m)}{\partial m}x_2\end{bmatrix}$$

假设价格变化为 $\Delta\mathbf{p}=(\Delta p_1,\Delta p_2)$，我们关心需求的近似变化 $\Delta\mathbf{x}=(\Delta x_1,\Delta x_2)$。根据斯卢茨基方程，我们可以通过下式计算这种变化：

$$\begin{bmatrix}\Delta x_1\\\Delta x_2\end{bmatrix}\approx\begin{bmatrix}\dfrac{\partial h_1}{\partial p_1}&\dfrac{\partial h_1}{\partial p_2}\\[3mm]\dfrac{\partial h_2}{\partial p_1}&\dfrac{\partial h_2}{\partial p_2}\end{bmatrix}\begin{bmatrix}\Delta p_1\\\Delta p_2\end{bmatrix}-\begin{bmatrix}\dfrac{\partial x_1}{\partial m}x_1&\dfrac{\partial x_1}{\partial m}x_2\\[3mm]\dfrac{\partial x_2}{\partial m}x_1&\dfrac{\partial x_2}{\partial m}x_2\end{bmatrix}\begin{bmatrix}\Delta p_1\\\Delta p_2\end{bmatrix}$$

$$=\begin{bmatrix}\Delta x_1^s\\\Delta x_2^s\end{bmatrix}-\begin{bmatrix}\Delta x_1^m\\\Delta x_2^m\end{bmatrix}$$

第一个向量是替代效应，它表示希克斯需求如何变化。由于希克斯需求变化保持效用不变，$(\Delta x_1^s, \Delta x_2^s)$ 将与无差异曲线相切。第二个向量为收入效应。价格变化导致"购买力"变化 $x_1 \Delta p_1 + x_2 \Delta p_2$；与价格保持在最初水平不变相比，向量 $(\Delta x_1^m, \Delta x_2^m)$ 则测度了购买力变化对需求的影响。因此，这个向量位于收入扩展线上。

我们也可以对需求的有限变化作类似的分解，如图 8-4 所示。在该图中，价格由 $\mathbf{p}^0$ 变为 $\mathbf{p}'$，需求由 $\mathbf{x}$ 变成 $\mathbf{x}'$。为构造希克斯分解，我们首先围绕无差异曲线旋转预算线，以找到在价格 $\mathbf{p}'$ 时使效用固定在初始水平下的最优消费束。然后我们移动预算线到 $\mathbf{x}'$ 来找出收入效应。总效应是这两次移动之和。

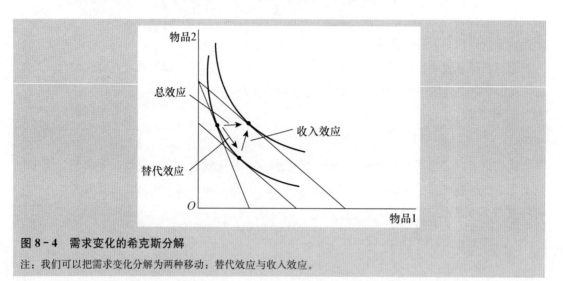

图 8-4 需求变化的希克斯分解

注：我们可以把需求变化分解为两种移动：替代效应与收入效应。

例 8-2：科布-道格拉斯斯卢茨基方程

我们以科布-道格拉斯函数为例来检验斯卢茨基方程。正如我们所知道的，在这种情况下我们有

$$v(p_1, p_2, m) = m p_1^{-a} p_2^{a-1}$$

$$e(p_1, p_2, u) = u p_1^a p_2^{1-a}$$

$$x_1(p_1, p_2, m) = \frac{am}{p_1}$$

$$h_1(p_1, p_2, u) = a p_1^{a-1} p_2^{1-a} u$$

于是

$$\frac{\partial x_1(\mathbf{p}, m)}{\partial p_1} = -\frac{am}{p_1^2}$$

$$\frac{\partial x_1(\mathbf{p}, m)}{\partial m} = \frac{a}{p_1}$$

$$\frac{\partial h_1(\mathbf{p}, u)}{\partial p_1} = a(a-1) p_1^{a-2} p_2^{1-a} u$$

$$\frac{\partial h_1[\mathbf{p},v(\mathbf{p},m)]}{\partial p_1}=a(a-1)\,p_1^{a-2}\,p_2^{1-a}\,mp_1^{-a}\,p_2^{a-1}$$

$$=a(a-1)\,p_1^{-2}\,m$$

现在将其代入斯卢茨基方程，得到

$$\frac{\partial h_1}{\partial p_1}-\frac{\partial x_1}{\partial m}x_1=\frac{a(a-1)m}{p_1^2}-\frac{a}{p_1}\frac{am}{p_1}=\frac{[a(a-1)-a^2]\,m}{p_1^2}$$

$$=\frac{-am}{p_1^2}=\frac{\partial x_1}{\partial p_1}$$

8.3 需求函数的性质

支出函数的性质为发展新古典消费者行为理论的主要命题提供了一种非常便捷的途径：

（1）替代项矩阵$[\partial h_j(\mathbf{p},u)/\partial p_i]$是半负定的。这是因为支出函数为凹函数，因此

$$[\partial_j(\mathbf{p},u)/\partial p_i]=[\partial^2 e(\mathbf{p},u)/\partial p_i\partial p_j]$$

是半负定的（参见本书第27章）。

（2）替代项矩阵是对称的，因为

$$\frac{\partial h_j(\mathbf{p},u)}{\partial p_i}=\frac{\partial^2 e(\mathbf{p},u)}{\partial p_j\partial p_i}=\frac{\partial^2 e(\mathbf{p},u)}{\partial p_i\partial p_j}=\frac{\partial h_i(\mathbf{p},u)}{\partial p_j}$$

（3）特别是"补偿自价格效应（compensated own-price effect）是非正的"。即希克斯需求曲线向下倾斜：

$$\frac{\partial h_i(\mathbf{p},u)}{\partial p_i}=\frac{\partial^2 e(\mathbf{p},u)}{\partial p_i^2}\leqslant 0$$

因为替代矩阵是半负定的，所以对角线各项为非正的。

上述这些限制都是关于希克斯需求函数的，而希克斯需求不是直接可观测的。然而，正如我们前面所指出的，斯卢茨基方程使得我们可以把希克斯需求 $\mathbf{h}$ 对价格 $\mathbf{p}$ 的导数表示为马歇尔需求 $\mathbf{x}$ 对价格 $\mathbf{p}$ 和收入 m 的导数，而这些是可以观测的。例如，斯卢茨基方程和上述分析可以产生：

（4）替代矩阵$\left(\dfrac{\partial x_j\ (\mathbf{p},\ m)}{\partial p_i}+\dfrac{\partial x_j\ (\mathbf{p},\ m)}{\partial m}x_i\right)$是一个对称的半负定矩阵。

这是一个很不直观的结论：价格和收入导数的一个特别组合必然产生一个半负定矩阵，然而它却是从最大化行为逻辑中得出的一个铁律。

8.4 利用一阶条件的比较静态

斯卢茨基方程也可以通过微分一阶条件推导出来。由于计算有点冗长，我们仅限于对两物品的情况进行讨论，并粗略地勾画出该讨论的主要轮廓。

在此情况下，一阶条件采取的形式为

$$p_1 x_1(p_1,p_2,m)+p_2 x_2(p_1,p_2,m)-m\equiv 0$$

$$\frac{\partial u[x_1(p_1,p_2,m),x_2(p_1,p_2,m)]}{\partial x_1}-\lambda p_1\equiv 0$$

$$\frac{\partial u[x_1(p_1,p_2,m),x_2(p_1,p_2,m)]}{\partial x_2}-\lambda p_2\equiv 0$$

将其对 p_1 求微分，并以矩阵形式表示，有

$$\begin{bmatrix} 0 & -p_1 & -p_2 \\ -p_1 & u_{11} & u_{12} \\ -p_2 & u_{21} & u_{22} \end{bmatrix} \begin{bmatrix} \frac{\partial \lambda}{\partial p_1} \\ \frac{\partial x_1}{\partial p_1} \\ \frac{\partial x_2}{\partial p_1} \end{bmatrix} \equiv \begin{bmatrix} x_1 \\ \lambda \\ 0 \end{bmatrix}$$

根据克莱姆法则求解 $\partial x_1/\partial p_1$，我们得到

$$\frac{\partial x_1}{\partial p_1}=\frac{\begin{vmatrix} 0 & x_1 & -p_2 \\ -p_1 & \lambda & u_{12} \\ -p_2 & 0 & u_{22} \end{vmatrix}}{H}$$

其中 $H>0$ 是加边海塞矩阵的行列式。

通过第二列的余子式展开行列式，我们有

$$\frac{\partial x_1}{\partial p_1}=\lambda \frac{\begin{vmatrix} 0 & -p_2 \\ -p_2 & u_{22} \end{vmatrix}}{H}-x_1\frac{\begin{vmatrix} -p_1 & u_{12} \\ -p_2 & u_{22} \end{vmatrix}}{H}$$

此式已经开始有点像斯卢茨基方程了。注意，正如所要求的那样，上式右边第一项是负值，右边第一项被证明是替代效应。现在我们回到一阶条件并将其对收入 m 求导，有

$$\begin{bmatrix} 0 & -p_1 & -p_2 \\ -p_1 & u_{11} & u_{12} \\ -p_2 & u_{21} & u_{22} \end{bmatrix} \begin{bmatrix} \frac{\partial \lambda}{\partial m} \\ \frac{\partial x_1}{\partial m} \\ \frac{\partial x_2}{\partial m} \end{bmatrix} = \begin{bmatrix} -1 \\ 0 \\ 0 \end{bmatrix}$$

根据克莱姆法则，得到

$$\frac{\partial x_1}{\partial m}=\frac{\begin{vmatrix} -p_1 & u_{12} \\ -p_2 & u_{22} \end{vmatrix}}{H}$$

将其代入上面推导出的 $\partial x_1/\partial p_1$ 方程，我们得到斯卢茨基方程的收入效应部分。为导出替代效应，我们需要建立支出最小化问题并计算 $\partial h_1/\partial p_1$。这个计算与本书第 4 章条件要素需求函数的计算类似，其结果表达式可以证明等于上述方程中的替代项，由此我们便建立了斯卢茨基方程。

8.5 可积性问题

我们已经知道，效用最大化假设对消费者行为施加了某些可观测的约束，特别是我们知道替代项矩阵

$$\left(\frac{\partial h_i(\mathbf{p},u)}{\partial p_j}\right)=\left(\frac{\partial x_i(\mathbf{p},m)}{\partial p_j}+\frac{\partial x_i(\mathbf{p},m)}{\partial m}x_j(\mathbf{p},m)\right)$$

一定是一个对称的半负定矩阵。

假设我们有一组具有对称的半负定替代矩阵的需求函数，是否必须存在一个效用函数，由这个效用函数可以推导出这些需求函数？这个问题被称为**可积性问题**（integrability problem）。

正如我们已经知道的，我们有几种等价的方式来描述消费者偏好。我们可以使用效用函数、间接效用函数，以及支出函数等。间接效用函数和支出函数是解决可积性问题十分便利的方式。

例如，罗伊定律告诉我们

$$x_i(\mathbf{p},m)=-\frac{\partial v(\mathbf{p},m)/\partial p_i}{\partial v(\mathbf{p},m)/\partial m} \tag{8.1}$$

通常，给定间接效用函数，然后利用此恒等式去计算需求函数。然而可积性问题提出相反的问题：给定需求函数，并知道式（8.1）中的 $i=1,\cdots,k$，我们如何求解这些方程以得到 $v(\mathbf{p},m)$？或者更基本地，我们如何知道方程组的解是否存在？

式（8.1）给出的方程组是一个**偏微分方程**（partial differential equations）组，可积性问题要求我们来确定这个方程组的解。

实际上，根据支出函数而不是间接效用函数来提出这一问题要容易一些。假设我们有一组需求函数 $[x_i(\mathbf{p},m)]$，$i=1,\cdots,k$。我们选择某一点 $\mathbf{x}^0=\mathbf{x}(\mathbf{p}^0,m)$ 并假定其效用为 u^0，我们如何构造支出函数 $e(\mathbf{p},u^0)$？一旦我们找出与此需求函数一致的支出函数，我们便可以用其求解隐含的直接或间接效用函数。

如果这个支出函数确实存在，它一定满足下述偏微分方程组

$$\frac{\partial e(\mathbf{p}, u^0)}{\partial p_i} = h_i(\mathbf{p}, u^0) = x_i[\mathbf{p}, e(\mathbf{p}, u^0)] \quad i = 1, \cdots, k \tag{8.2}$$

和初始条件

$$e(\mathbf{p}^0, u^0) = \mathbf{p}^0 \mathbf{x}(\mathbf{p}^0, m^0)$$

这些方程仅表明：在效用水平 u 的每一物品的希克斯需求等于在收入 $e(\mathbf{p}, u)$ 下的马歇尔需求。现在我们知道，本书第 26 章所描述的**可积性条件**是指下面的偏微分方程组

$$\frac{\partial f(\mathbf{p})}{\partial p_i} = g_i(\mathbf{p}) \quad i = 1, \cdots, k$$

具有一个（局部）解当且仅当对于所有的 i 和 j，

$$\frac{\partial g_i(\mathbf{p})}{\partial p_j} = \frac{\partial g_j(\mathbf{p})}{\partial p_i}$$

把这个条件应用于上述问题，我们看到此条件转化为要求矩阵

$$\left(\frac{\partial x_i(\mathbf{p}, m)}{\partial p_j} + \frac{\partial x_i(\mathbf{p}, m)}{\partial m} \frac{\partial e(\mathbf{p}, u)}{\partial p_j} \right)$$

是对称的。而这恰好是斯卢茨基约束！因此斯卢茨基约束意味着需求函数"可积"，从而能够求得一个与观测的选择行为一致的支出函数。

对称性条件足以保证存在一个支出函数 $e(\mathbf{p}, u^0)$，至少在某个范围内满足方程 (8.2)。（确保整体解存在的条件要更复杂一些。）然而为使其成为一个真实的支出函数，它对价格也必须是凹的，即 $e(\mathbf{p}, u)$ 的二阶导数矩阵必须是半负定的。但是我们已经知道，$e(\mathbf{p}, u)$ 的二阶导数矩阵只不过是斯卢茨基替代矩阵。如果它是半负定的，则上述偏微分方程组的解一定是凹的。

这些观测结果使我们得到了对可积性问题的解。给定一组需求函数 $[x_i(\mathbf{p}, m)]$，我们只需要证明它们具有一个对称的半负定替代矩阵。如果它们具备这些条件，我们原则上就能解式 (8.2) 给出的方程组，得到一个与那些需求函数相一致的支出函数。

有一个极好的技巧能使我们从需求函数重新得到间接效用函数，与此同时，我们也可重新得到支出函数。方程 (8.2) 对所有的效用水平 u^0 都成立，所以我们选择一个基准价格向量 $\mathbf{q}$ 和收入水平 m，并令 $u^0 = v(\mathbf{q}, m)$。通过这个替换，我们可把式 (8.2) 写成

$$\frac{\partial e[\mathbf{p}, v(\mathbf{q}, m)]}{\partial p_i} = x_i\{\mathbf{p}, e[\mathbf{p}, v(\mathbf{q}, m)]\}$$

现在边界条件则变为

$$e[\mathbf{q}, v(\mathbf{q}, m)] = m$$

回想本书第 7 章给出的（间接）货币度量效用函数的定义：$\mu(\mathbf{p}; \mathbf{q}, m) \equiv e[\mathbf{p},$

$v(\mathbf{q}, m)]$。利用这个定义，我们可以把这个方程组写成如下形式：

$$\frac{\partial \mu(\mathbf{p};\mathbf{q},m)}{\partial p_i} = x_i[\mathbf{p}, \mu(\mathbf{p};\mathbf{q},m)] \quad i=1,\cdots,k$$

$$\mu(\mathbf{q};\mathbf{q},m) = m$$

我们把此方程组称作**可积性方程组**（integrability equations）。解此问题的一个函数 $\mu(\mathbf{p};\mathbf{q},m)$ 给了我们一个间接效用函数——一个特别的间接效用函数——它可以描述观测到的需求行为 $\mathbf{x}(\mathbf{p}, m)$。通常可以极方便地将这个货币度量效用函数应用于福利分析。

例 8-3：两物品的可积性

如果只有两种物品可供消费，由于只有一个独立变量，即两物品的相对价格，可积性方程组的形式将变得非常简单。类似地，只存在一个独立的方程，因为如果我们知道对一物品的需求，我们就可以通过预算约束发现对另一物品的需求。

我们把物品 2 的价格标准化为 1，并用 p 表示第一种物品的价格，$x(p, m)$ 为其需求函数，则可积性方程组变为一个单一方程加上一个边界条件：

$$\frac{\mathrm{d}\mu(p;q,m)}{\mathrm{d}p} = x[p, \mu(p;q,m)]$$

$$\mu(q;q,m) = m$$

这恰是一个具有边界条件的常微分方程，可以用标准的技术对其求解。

例如，假设我们有一个对数线性需求函数：

$$\ln x = a\ln p + b\ln m + c$$

$$x = p^a m^b e^c$$

可积性方程是

$$\frac{\mathrm{d}\mu(p;q,m)}{\mathrm{d}p} = p^a e^c \mu^b$$

重新排列，我们得到

$$\mu^{-b}\frac{\mathrm{d}\mu(p;q,m)}{\mathrm{d}p} = p^a e^c$$

对此式积分，有

$$\int_p^q \mu^{-b}\frac{\partial \mu}{\partial t}\mathrm{d}t = e^c \int_p^q t^a \mathrm{d}t$$

$$\left.\frac{\mu^{1-b}}{1-b}\right|_p^q = \frac{q^{a+1}-p^{a+1}}{a+1}e^c$$

其中 $b\neq 1$。解此方程得

$$\frac{m^{1-b}-\mu(p;q,m)^{1-b}}{1-b}=\frac{q^{a+1}-p^{a+1}}{a+1}e^c$$

或者

$$\mu(p;q,m)=\left[m^{1-b}+\frac{(b-1)}{(1+a)}e^c(q^{a+1}-p^{a+1})\right]^{\frac{1}{1-b}}$$

例 8-4：多种物品的可积性

现在我们来考察有三种物品因而具有两个独立需求方程的情况。为明确起见，我们考察科布-道格拉斯方程组

$$x_1=\frac{a_1m}{p_1}$$

$$x_2=\frac{a_2m}{p_2}$$

前面我们证明了这个方程组满足斯卢茨基对称性条件，所以我们知道可积性方程有解。我们只需要解下列偏微分方程组：

$$\frac{\partial\mu}{\partial p_1}=\frac{a_1\mu}{p_1}$$

$$\frac{\partial\mu}{\partial p_2}=\frac{a_2\mu}{p_2}$$

$$\mu(q_1,q_2;q_1,q_2,m)=m$$

第一个方程意味着对于某个积分常数 C_1，

$$\ln\mu=a_1\ln p_1+C_1$$

第二个方程意味着

$$\ln\mu=a_2\ln p_2+C_2$$

所以自然可以找到一个解

$$\ln\mu=a_1\ln p_1+a_2\ln p_2+C_3$$

其中 C_3 独立于 p_1 和 p_2。

代入边界条件，我们有

$$\ln\mu(\mathbf{q};\mathbf{q},m)=\ln m=a_1\ln q_1+a_2\ln q_2+C_3$$

将此方程对 C_3 求解并代入，我们有

$$\ln\mu(\mathbf{p};\mathbf{q},m)=a_1\ln p_1+a_2\ln p_2-a_1\ln q_1-a_2\ln q_2+\ln m$$

此式确实是科布-道格拉斯效用函数的间接货币度量效用函数。参见本书第 7 章对此函数的另一个求导。

8.6 消费中的对偶

我们已经知道如何通过求解可积性方程，从观测到的需求函数可以重新得到间接效用函数。这里我们来看看如何解出直接效用函数。

答案表明，直接效用函数与间接效用函数之间存在相当完美的对偶性。根据标准化的间接效用函数来描述这一计算是最方便的。所谓标准化是指用价格除以收入使支出恒等于1。因此标准化的间接效用函数由下式给出：

$$v(\mathbf{p}) = \max_{\mathbf{x}} u(\mathbf{x})$$

$$\text{s. t. } \mathbf{px} = 1$$

可以证明：如果给出间接效用函数 $v(\mathbf{p})$，我们可以通过解下述最小化问题得到直接效用函数：

$$u(\mathbf{x}) = \min_{\mathbf{p}} v(\mathbf{p})$$

$$\text{s. t. } \mathbf{px} = 1$$

只要继续向下阅读，你就会发现这个证明并不困难。令 $\mathbf{x}$ 为在价格 $\mathbf{p}$ 时的需求束，则由定义有 $v(\mathbf{p}) = u(\mathbf{x})$。令 $\mathbf{p}'$ 为满足预算约束以致 $\mathbf{p}'\mathbf{x} = 1$ 的任意其他价格向量。由于预算集的形式，$\mathbf{x}$ 总是在价格 $\mathbf{p}'$ 下的可行选择，所以效用最大化选择一定能产生一个至少同需求束 $\mathbf{x}$ 所产生的效用同样大的效用，即 $v(\mathbf{p}') \geqslant u(\mathbf{x}) = v(\mathbf{p})$。因此，满足预算约束的在所有价格 $\mathbf{p}$ 上的间接效用函数的最小值就给出了需求束 $\mathbf{x}$ 的效用。

这个观点在图 8-5 中得以描述。满足预算约束 $\mathbf{px} = 1$ 的任意价格向量 $\mathbf{p}$，一定能够产生一个高于 $u(\mathbf{x})$ 的效用，也就是说，$u(\mathbf{x})$ 是上述最小化问题的解。

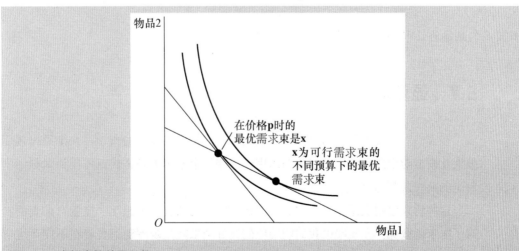

图 8-5 求解直接效用函数

注：需求束 $\mathbf{x}$ 的效用一定不大于 $\mathbf{x}$ 为可行需求束的任意价格 $\mathbf{p}$ 时所能实现的效用。

例 8-5：求解直接效用函数

假设我们有一个间接效用函数：$v(p_1, p_2) = -a\ln p_1 - b\ln p_2$，与之相联系的直接效用函数是什么？我们建立最小化问题：

$$\min_{p_1, p_2} -a\ln p_1 - b\ln p_2$$

$$\text{s. t. } p_1 x_1 + p_2 x_2 = 1$$

一阶条件为

$$-a/p_1 = \lambda x_1$$

$$-b/p_2 = \lambda x_2$$

或者

$$-a = \lambda p_1 x_1$$

$$-b = \lambda p_2 x_2$$

将二者相加并利用预算约束，得到

$$\lambda = -a - b$$

代回到一阶条件，有

$$p_1 = \frac{a}{(a+b)x_1}$$

$$p_2 = \frac{b}{(a+b)x_2}$$

这些是最小化间接效用的价格 (p_1, p_2) 选择。现在将这些选择代入间接效用函数：

$$u(x_1, x_2) = -a\ln\frac{a}{(a+b)x_1} - b\ln\frac{b}{(a+b)x_2}$$

$$= a\ln x_1 + b\ln x_2 + C$$

这就是我们熟悉的科布-道格拉斯效用函数，其中 C 为常数。

8.7 显示偏好

在我们对消费者行为的研究中，我们已把偏好作为基本的概念，并推导出效用最大化模型对观测到的需求函数的约束。这些约束基本上是替代矩阵项为对称的半负定的斯卢茨基约束。

这些约束原则上是可以观测的，但在实践中仍然有些理想化。究竟有谁真的看到了需求函数呢？在实践中我们能期望的最好结果就是观测到消费者在不同环境下的一系列选择。例如，我们可以对消费者行为取一些观测值，即对 $t = 1, \cdots, T$，取价格 $\mathbf{p}^t$ 和相应的消费束 $\mathbf{x}^t$ 的一系列选择 $(\mathbf{p}^t, \mathbf{x}^t)$，我们如何分辨这些数据是否为一个效用最大化的消费者所产生的呢?

对于观测到的行为 $(\mathbf{p}^t, \mathbf{x}^t)$ $(t=1, \cdots, T)$,如果对满足 $\mathbf{p}^t\mathbf{x}^t \geqslant \mathbf{p}^t\mathbf{x}$ 的所有消费束 $\mathbf{x}$,都有 $u(\mathbf{x}^t) \geqslant u(\mathbf{x})$,我们就说效用函数 $u(\mathbf{x})$ **合理化**了观测到的行为。也就是说,如果所选择的消费束在预算集合上使效用达到了最大值,则效用函数 $u(\mathbf{x})$ 合理化了观测到的行为。假设这些数据都是由这样的最大化过程产生的,这些观测到的选择必须满足何种可观测的约束呢?

如果对效用函数 $u(\mathbf{x})$ 没有任何假设,对此问题则有一个不太重要的答案,即没有约束。假设 $u(\mathbf{x})$ 是一个常函数,所以消费者对观测到的消费束是无差异的。则对观测到的选择模式没有任何约束:任何选择都是可能的。

为使这个问题有意义,我们必须排除这种不重要的情况。做到这一点最简单的方式就是要求基本的效用函数是局部非饱和的。现在我们的问题变为:由局部非饱和效用函数最大化所施加的可观测的约束是什么?

我们注意到:如果 $\mathbf{p}^t\mathbf{x}^t \geqslant \mathbf{p}^t\mathbf{x}$,则一定有 $u(\mathbf{x}^t) \geqslant u(\mathbf{x})$。因为 $\mathbf{x}^t$ 是消费者在能够选择 $\mathbf{x}$ 的情况下作出的选择,所以 $\mathbf{x}^t$ 的效用一定至少不小于 $\mathbf{x}$ 的效用。在这种情况下,我们说 $\mathbf{x}^t$ **被直接显示好于**(directly revealed preferred)$\mathbf{x}$,表示为 $\mathbf{x}^t R^D \mathbf{x}$。作为此定义和数据是由效用最大化所产生的假设的结果,我们可以得出结论:"$\mathbf{x}^t R^D \mathbf{x}$ 意味着 $u(\mathbf{x}^t) \geqslant u(\mathbf{x})$。"

假设 $\mathbf{p}^t\mathbf{x}^t > \mathbf{p}^t\mathbf{x}$,是否一定可得到 $u(\mathbf{x}^t) > u(\mathbf{x})$?不难证明,局部非饱和性假设意味着这个结论成立。因为由上一段我们知道 $u(\mathbf{x}^t) \geqslant u(\mathbf{x})$;如果 $u(\mathbf{x}^t) = u(\mathbf{x})$,则根据局部非饱和性,将存在一个足够接近 $\mathbf{x}$ 的 $\mathbf{x}'$,使得 $\mathbf{p}^t\mathbf{x}^t > \mathbf{p}^t\mathbf{x}'$ 且 $u(\mathbf{x}') > u(\mathbf{x}) = u(\mathbf{x}^t)$。这与效用最大化假设相矛盾。

如果 $\mathbf{p}^t\mathbf{x}^t > \mathbf{p}^t\mathbf{x}$,则我们说 $\mathbf{x}^t$ **被直接显示严格好于** $\mathbf{x}$,并写成 $\mathbf{x}^t P^D \mathbf{x}$。

现在假设我们有一个这样显示偏好的比较序列:$\mathbf{x}^t R^D \mathbf{x}^j$,$\mathbf{x}^j R^D \mathbf{x}^k$,$\cdots$,$\mathbf{x}^n R^D \mathbf{x}$。在这种情况下我们说 $\mathbf{x}^t$ **被显示好于** $\mathbf{x}$,并表示为 $\mathbf{x}^t R \mathbf{x}$。关系 R 有时被称作关系 R^D 的**传递闭包**(transitive closure)。如果我们假设数据是由效用最大化产生的,则得出 "$\mathbf{x}^t R \mathbf{x}$ 意味着 $u(\mathbf{x}^t) \geqslant u(\mathbf{x})$"。

考虑两个观测值 $\mathbf{x}^t$ 和 $\mathbf{x}^s$。现在我们有了确定 $u(\mathbf{x}^t) \geqslant u(\mathbf{x}^s)$ 是否成立的方法,也有了一个可观测的条件来确定 $u(\mathbf{x}^s) > u(\mathbf{x}^t)$ 是否成立。很明显,这两个条件不应同时满足。这个条件被描述为:

显示偏好一般性公理(generalized axiom of revealed preference,GARP):如果 $\mathbf{x}^t$ 被显示好于 $\mathbf{x}^s$,则 $\mathbf{x}^s$ 不能被直接显示严格好于 $\mathbf{x}^t$。

利用上面定义的符号,我们也可以把此公理表述为:

GARP:$\mathbf{x}^t R \mathbf{x}^s$ 意味着 $\mathbf{x}^s P^D \mathbf{x}^t$ 不成立。或者说,$\mathbf{x}^t R \mathbf{x}^s$ 意味着 $\mathbf{p}^s\mathbf{x}^s \leqslant \mathbf{p}^s\mathbf{x}^t$。

如词义所示,GARP 是其他各类显示偏好检验的一般化。下面是两个标准条件。

显示偏好弱公理(weak axiom of revealed preference,WARP):如果 $\mathbf{x}^t R^D \mathbf{x}^s$,且 $\mathbf{x}^t \neq \mathbf{x}^s$,则 $\mathbf{x}^s R^D \mathbf{x}^t$ 不成立。

显示偏好强公理（strong axiom of revealed preference，SARP）：如果$\mathbf{x}^t R\ \mathbf{x}^s$，且$\mathbf{x}^t \neq \mathbf{x}^s$，则$\mathbf{x}^s R\ \mathbf{x}^t$不成立。

这些公理中的每一个都要求在每一预算水平只有唯一的需求束，然而 GARP 允许多个需求束存在，所以 GARP 允许产生观测到选择的无差异曲线上有平坦点（flat spots）存在。

8.8　最大化的充分条件

如果数据（$\mathbf{p}^t$，$\mathbf{x}^t$）是由具有非饱和偏好的效用最大化的消费者所生成的，则这些数据一定满足 GARP，所以 GARP 是效用最大化的一个可观测的结果。但 GARP 是否能表达出效用最大化模型的全部含义呢？如果某数据满足此公理，那么，它是否一定源于效用最大化，或者至少可视为源于那种方式？GARP 是否为效用最大化的充分条件？

我们将证明，结论是肯定的。如果一个有限数据集合满足 GARP，则存在一个能够合理化观测到行为的效用函数，即存在一个能够产生该行为的效用函数。因此，GARP 满足了效用最大化模型所施加的一系列约束。

下面的定理是表述这一结论的最佳方式。

阿弗雷特定理（Afriat's theorem）：设（$\mathbf{p}^t$，$\mathbf{x}^t$）（$t=1$，…，T）是有限个价格向量和消费束的观测值，则下述条件是等价的：

（1）存在一个合理化这组数据的局部非饱和的效用函数；

（2）这组数据满足 GARP；

（3）存在满足下述阿弗雷特不等式的正数（u^t，λ^t），$t=1$，…，T

$$u^s \leqslant u^t + \lambda^t\ \mathbf{p}^t(\mathbf{x}^s - \mathbf{x}^t) \quad \text{对所有的 } t \text{ 和 } s \text{ 成立}$$

（4）存在一个合理化这组数据的局部非饱和的、连续的、凹的、单调的效用函数。

证明：我们已经知道，（1）成立意味着（2）成立。省略（2）成立意味着（3）成立的证明，请参见范里安（Varian，1982a）的论述。（4）成立意味着（1）成立是显然的。所以剩下来的只需要证明（3）成立意味着（4）成立。

我们通过提出一个有效的效用函数来建立这一含义。定义

$$u(\mathbf{x}) = \min_t \{u^t + \lambda^t\ \mathbf{p}^t(\mathbf{x} - \mathbf{x}^t)\}$$

注意到此函数是连续的。只要$\mathbf{p}^t \geqslant \mathbf{0}$，并且无$\mathbf{p}^t = \mathbf{0}$，则该函数将是局部非饱和的和单调的。不难证明它也是凹的。从几何上看，此函数恰好是有限个超平面的下包络。

我们需要证明，此函数合理化了这组数据，即价格为$\mathbf{p}^t$时，效用函数在$\mathbf{x}^t$实现约束最大化。首先我们证明$u(\mathbf{x}^t) = u^t$。如果此式不成立，我们将有

$$u(\mathbf{x}^t)=u^m+\lambda^m\ \mathbf{p}^m(\mathbf{x}^t-\mathbf{x}^m)<u^t$$

但此式违背阿弗雷特不等式。因此，$u(\mathbf{x}^t)=u^t$。

现假设$\mathbf{p}^s\ \mathbf{x}^s\geqslant\mathbf{p}^s\mathbf{x}$，由此得

$$u(\mathbf{x})=\min_t\{u^t+\lambda^t\ \mathbf{p}^t(\mathbf{x}-\mathbf{x}^t)\}\leqslant u^s+\lambda^s\ \mathbf{p}^s(\mathbf{x}-\mathbf{x}^s)\leqslant u^s=u(\mathbf{x}^s)$$

这表明对所有满足$\mathbf{p}^s\mathbf{x}\leqslant\mathbf{p}^s\ \mathbf{x}^s$的 $\mathbf{x}$，$u(\mathbf{x}^s)\geqslant u(\mathbf{x})$。换言之，$u(\mathbf{x})$ 合理化了观测到的选择。证毕。

在证明阿弗雷特定理时定义的效用函数有一个自然的解释。假设 $u(\mathbf{x})$ 是一个凹的、可微的效用函数，并合理化了观测到的选择。$u(\mathbf{x})$ 是可微的这一事实，意味着它一定满足 T 个一阶条件：

$$\mathbf{D}u(\mathbf{x}^t)=\lambda^t\ \mathbf{p}^t \tag{8.3}$$

$u(\mathbf{x})$ 是凹的这一事实，意味着它一定满足凹性条件：

$$u(\mathbf{x}^t)\leqslant u(\mathbf{x}^s)+\mathbf{D}u(\mathbf{x}^s)(\mathbf{x}^t-\mathbf{x}^s) \tag{8.4}$$

将式（8.3）代入式（8.4），我们有

$$u(\mathbf{x}^t)\leqslant u(\mathbf{x}^s)+\lambda^s\ \mathbf{p}^s(\mathbf{x}^t-\mathbf{x}^s)$$

因此，阿弗雷特数 u^t 和 λ^t 可以解释为与观测到的选择相一致的效用水平和边际效用。

阿弗雷特定理最显著的含义是（1）成立意味着（4）成立：如果存在可合理化这组数据的任意局部非饱和效用函数，则一定存在一个可合理化这组数据的连续、单调、凹的效用函数。这类似于我们在本书第 6 章所作出的观察，在那里我们曾证明，如果投入要求集存在非凸部分，则在那里就不会存在成本最小化的选择。

对效用最大化也是同样道理。如果相关效用函数在某些点具有"错误的"弯曲，我们就难以观测到在这些点所进行的选择，因为它们不能满足二阶条件。因此，市场数据不允许我们拒绝偏好的凸性和单调性假设。

8.9 利用显示偏好的比较静态

因为 GARP 是效用最大化的充分必要条件，所以它一定具备与前面导出的比较静态结果类似的一些条件。这些包括把价格变化的效果分解为收入效应和替代效应的斯卢茨基分解，以及自替代效应为负这一事实。

我们从后一结论开始分析。当我们考察价格的一个有限变化而非无穷小的变化时，存在两个可能的补偿需求的定义。第一个定义是我们前面定义的自然扩展，即在讨论如果我们改变收入水平以恢复原有的效用水平时对此物品的需求。也就是说，当价格由 $\mathbf{p}$ 变为 $\mathbf{p}+\Delta\mathbf{p}$ 时，对物品 i 的补偿需求的值正是 $x_i(\mathbf{p}+\Delta\mathbf{p},m+\Delta m)\equiv x_i(\mathbf{p}+\Delta\mathbf{p},e(\mathbf{p}+\Delta\mathbf{p},u))$。其中 u 是在 $(\mathbf{p},m)$ 下取得的初始效用水平。这种概

念的补偿被称为**希克斯补偿**（Hicksian compensation）。

当价格由 **p** 变为 **p**＋**Δp** 时的第二个补偿需求的概念被称作**斯卢茨基补偿**（Slutsky compensation），它是指变化收入以维持原有的消费水平而导致的需求水平。它可以很容易地通过下面的方程来表达。我们要收入变化 Δm，以便在新的价格 **p**＋**Δp** 下实现原有的消费水平 **x**(**p**，m)。即

$$(\mathbf{p}+\Delta\mathbf{p})\mathbf{x}(\mathbf{p},m)=m+\Delta m$$

由于 **p x**(**p**，m)＝m，所以此式简化为 **Δpx**(**p**，m)＝Δm。

这两个补偿概念的区别通过图 8-6 来描述。斯卢茨基补偿是直接可测量的，不含有偏好的知识；而希克斯补偿则更便于进行分析工作。

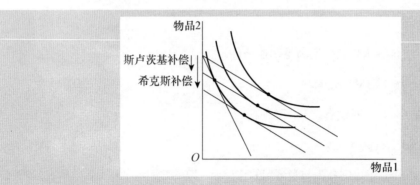

图 8-6 希克斯补偿与斯卢茨基补偿

注：希克斯补偿是维持原有效用水平所需的货币数量；斯卢茨基补偿是维持原有消费束所需的货币数量。

对于价格的无穷小变化，没有必要区分这两个补偿概念，因为它们是一致的。我们仅通过考察支出函数就可以证明这一点。如果物品 j 的价格变化 $\mathrm{d}p_j$，我们需要支出变化 $[\partial e(\mathbf{p}, u)/\partial p_j]\mathrm{d}p_j$ 以维持效用不变。如果我们要保持原有的消费水平，需要收入变化 $x_j\mathrm{d}p_j$。由支出函数的导数性质可知这两个量是相同的。

不管你喜欢哪一个定义，我们仍能利用显示偏好来证明"补偿自价格效应是负的"。假设我们考察希克斯的定义。我们从价格向量 **p** 开始，令 **x**＝**x**(**p**，m)为需求束。价格向量变化为 **p**＋**Δp**，因而补偿需求变化为 **x**(**p**＋**Δp**，$m+\Delta m$)，其中 Δm 是使**x**(**p**＋**Δp**，$m+\Delta m$) 与 **x**(**p**，m) 无差别所必需的收入额。

由于 **x**(**p**，m) 与 **x**(**p**＋**Δp**，$m+\Delta m$) 是彼此无差异的，任何一项都不能被直接显示严格好于另一项。所以，我们一定有

$$\mathbf{px}(\mathbf{p},m)\leqslant\mathbf{px}(\mathbf{p}+\Delta\mathbf{p},m+\Delta m)$$
$$(\mathbf{p}+\Delta\mathbf{p})\mathbf{x}(\mathbf{p}+\Delta\mathbf{p},m+\Delta m)\leqslant(\mathbf{p}+\Delta\mathbf{p})\mathbf{x}(\mathbf{p},m)$$

把这些不等式相加，我们有

$$\Delta\mathbf{p}[\mathbf{x}(\mathbf{p}+\Delta\mathbf{p},m+\Delta m)-\mathbf{x}(\mathbf{p},m)]\leqslant 0$$

令 $\Delta\mathbf{x}=\mathbf{x}(\mathbf{p}+\Delta\mathbf{p},\ m+\Delta m)-\mathbf{x}(\mathbf{p},\ m)$，则此式变为

$$\Delta\mathbf{p}\Delta\mathbf{x}\leqslant 0$$

假如只有一种物品价格发生变化，于是 $\Delta\mathbf{p}=(0,\cdots,\ \Delta p_i,\ \cdots,\ 0)$。则此不等式意味着 x_i 一定与价格的变化方向相反。

现在回到斯卢茨基的定义。我们同以前一样使用同样的定义，但现在把 Δm 解释为能够购买原来的消费束所必需的收入变化。根据假设，由于 $\mathbf{x}(\mathbf{p},\ m)$ 是价格 $\mathbf{p}+\Delta\mathbf{p}$ 时的可行消费水平，所以，在价格 $\mathbf{p}+\Delta\mathbf{p}$ 时实际选择的消费束不会显示劣于 $\mathbf{x}(\mathbf{p},\ m)$。也就是说

$$\mathbf{p}\mathbf{x}(\mathbf{p},m)\leqslant\mathbf{p}\mathbf{x}(\mathbf{p}+\Delta\mathbf{p},m+\Delta m)$$

由 Δm 的建构，有 $(\mathbf{p}+\Delta\mathbf{p})\mathbf{x}(\mathbf{p}+\Delta\mathbf{p},\ m+\Delta m)=(\mathbf{p}+\Delta\mathbf{p})\mathbf{x}(\mathbf{p},\ m)$，从上面的不等式中减去这个等式，得到

$$\Delta\mathbf{p}\Delta\mathbf{x}\leqslant 0$$

恰好与前面的相同。

8.10　斯卢茨基方程的离散情形

现在我们回到推导出斯卢茨基方程这一任务上来。我们前面曾通过对一个包含希克斯需求与马歇尔需求的恒等式求导，推导出了这一方程。我们从下述运算恒等式开始：

$$x_i(\mathbf{p}+\Delta\mathbf{p},m)-x_i(\mathbf{p},m)=x_i(\mathbf{p}+\Delta\mathbf{p},m+\Delta m)-x_i(\mathbf{p},m)$$
$$-[x_i(\mathbf{p}+\Delta\mathbf{p},m+\Delta m)-x_i(\mathbf{p}+\Delta\mathbf{p})]$$

注意，根据一般的代数规则，上式是成立的。

假设 $\Delta\mathbf{p}=(0,\cdots,\ \Delta p_j,\ \cdots,\ 0)$，则斯卢茨基意义上的收入补偿变化是 $\Delta m=x_j(\mathbf{p},\ m)\Delta p_j$。如果将上述恒等式两边同除以 Δp_j，并用 $\Delta p_j=\Delta m/x_j(\mathbf{p},\ m)$ 这一事实，我们有

$$\frac{x_i(\mathbf{p}+\Delta\mathbf{p},m)-x_i(\mathbf{p},m)}{\Delta p_j}=\frac{x_i(\mathbf{p}+\Delta\mathbf{p},m+\Delta m)-x_i(\mathbf{p},m)}{\Delta p_j}$$
$$-x_j(\mathbf{p},m)\frac{[x_i(\mathbf{p}+\Delta\mathbf{p},m+\Delta m)-x_i(\mathbf{p}+\Delta\mathbf{p})]}{\Delta m}$$

对此表达式的每一项加以解释，我们可以将其写成

$$\frac{\Delta x_i}{\Delta p_j}=\frac{\Delta x_i}{\Delta p_j}\bigg|_{\text{comp}}-x_j\frac{\Delta x_i}{\Delta m}$$

注意到最后一个方程仅是斯卢茨基方程的一个离散的类似。方程左边这项表示物品

i 的需求如何随着物品 j 的价格变化而变化。它被分解为替代效应和收入效应。替代效应是指当物品 j 的价格变化并且收入也变化时，物品 i 的需求如何变化以便维持原有的可能消费水平。收入效应是指当价格不变而收入变化时引起的对物品 i 的需求变化乘以对物品 j 的需求。价格变化的斯卢茨基分解通过图 8-7 来描述。

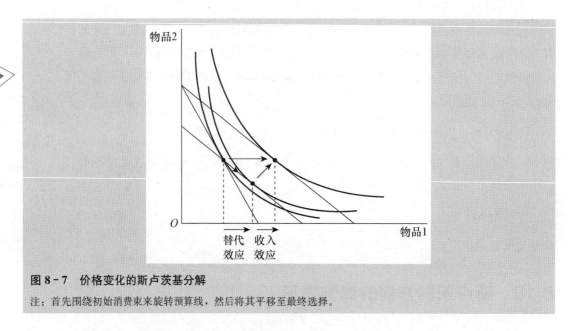

图 8-7　价格变化的斯卢茨基分解

注：首先围绕初始消费束来旋转预算线，然后将其平移至最终选择。

8.11　可恢复性

因为显示偏好条件是一个由效用最大化行为所施加约束的完备集合，它们一定包含了有关潜在偏好的所有可用的信息。如何利用显示偏好关系在已经观测到的选择 $\mathbf{x}^t$（$t=1,\cdots,T$）中确定偏好关系，或多或少是较为明显的。然而，利用显示偏好关系在从未观测到的选择中区分偏好关系，则是较为模糊的。

利用例子可以非常容易地看到这一点。图 8-8 描绘了对选择行为的一个独立观测（$\mathbf{p}^1,\mathbf{x}^1$）。这个选择对于一个通过消费束 $\mathbf{x}^0$ 的无差异曲线意味着什么呢？注意，$\mathbf{x}^0$ 原来并未被观测到，特别是我们没有关于 $\mathbf{x}^0$ 是否为最优选择的价格信息。

我们尝试利用显示偏好来确定通过 $\mathbf{x}^0$ 的无差异曲线的"界限"。我们观测到，$\mathbf{x}^1$ 被显示好于 $\mathbf{x}^0$。假设偏好关系为凸的和单调的，则连接 $\mathbf{x}^0$ 和 $\mathbf{x}^1$ 线段上的所有消费束至少和 x^0 同样好，位于 $\mathbf{x}^0$ 东北部的所有消费束至少和 $\mathbf{x}^0$ 同样好。将此消费束集合称作"被显示好于" $\mathbf{x}^0$，表示为 $RP(x^0)$。不难证明它是通过点 $\mathbf{x}^0$ 的上轮廓集的最佳内界（inner bound）。

为导出最佳外界（best outer bound），我们必须考察所有可能通过 $\mathbf{x}^0$ 的预算线。对所有这些预算线，令 RW 表示被显示劣于 $\mathbf{x}^0$ 的所有消费束的集合。RW 中的消费束一定劣于 $\mathbf{x}^0$，无论使用哪一条通过 $\mathbf{x}^0$ 的预算线。

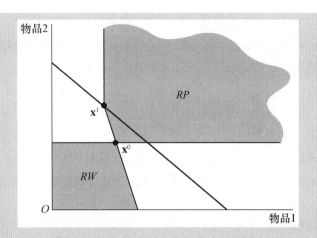

图8-8 内界与外界

注：对于通过 $\mathbf{x}^0$ 的无差异曲线，RP 是内界，RW 的补集是外界。

点 $\mathbf{x}^0$ 的上轮廓集的外界则可定义为该集合的补集：$NRW=$ 所有不在 RW 中的消费束。任何不在 NRW 集合中的消费束，就不会被一致性的效用最大化消费者显示好于 $\mathbf{x}^0$。从这个意义上讲，NRW 是最佳外界。为什么？因为通过这种构建，一个不在 $NRW(\mathbf{x}^0)$ 中的消费束必将在集合 $RW(\mathbf{x}^0)$ 中，而它必将被显示劣于 $\mathbf{x}^0$。

在观测一次性选择的情况下，边界并不是很紧密。但在多次选择的情况下，这些边界变得非常紧凑，有效地限制了内外界间的真实无差异曲线。图8-9给出的一个例子对此加以说明。通过构建这些边界以确保自己理解它们来自何方是重要的。一旦我们构建了上轮廓集的内界和外界，我们就恢复了包含于观测到的需求行为中的偏好的所有基本信息。因此，RP 与 RW 的构建类似于解可积性方程。

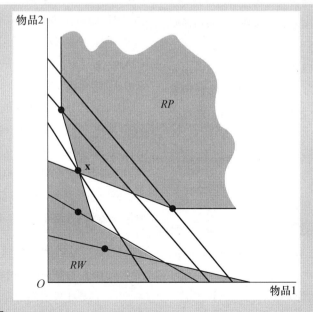

图8-9 内界与外界

注：当存在多个观测值时，内外界之间会变得非常紧凑。

我们对 RP 和 RW 的构建一直是通过图示来进行的。但是，将这种分析一般化到多种物品是完全可能的。可以证明，确定一个消费束被显示好于或劣于另一消费束，需要检验一个特定的线性不等式集合是否有解。

注 释

这里给出的斯卢茨基方程的两个证明参考了 McKenzie（1957）和 Cook（1972）；可积性问题的详尽介绍可参看 Hurwicz & Uzawa（1971）；显示偏好的思想源于 Samuelson（1948）；这里采用的方法参考了 Afriat（1967）和 Varian（1982a）；利用显示偏好推导斯卢茨基方程参见 Yokoyama（1968）。

习 题

8.1 弗兰克·费希尔（Frank Fisher）的支出函数是 $e(\mathbf{p}, u)$，他对开玩笑的需求函数是 $x_j(\mathbf{p}, m)$，其中 $\mathbf{p}$ 为价格向量，收入 $m \gg 0$。证明：对弗兰克而言，当且仅当 $\partial^2 e / \partial p_j \partial u > 0$ 时，开玩笑为正常品。

8.2 计算两物品的科布-道格拉斯需求函数的替代矩阵。验证对角线各项是负的，以及交叉价格效应是对称的。

8.3 假设一个消费者具有线性需求函数 $x = ap + bm + c$。写出为得到货币度量效用函数而需要求解的微分方程；如果可能，请解此方程。

8.4 假设一个消费者具有一个半对数需求方程 $\ln x = ap + bm + c$。写出为得到货币度量效用函数而需要求解的微分方程。如果可能，请解此方程。

8.5 某消费者的效用函数为 $u(x_1, x_2) = x_1^{\frac{3}{2}} x_2$，其预算约束为 $3x_1 + 4x_2 = 100$，求其需求束。

8.6 利用效用函数 $u(x_1, x_2) = x_1^{\frac{1}{2}} x_2^{\frac{1}{3}}$，预算约束 $m = p_1 x_1 + p_2 x_2$，计算 $\mathbf{x}(\mathbf{p}, m)$、$v(\mathbf{p}, m)$、$\mathbf{h}(\mathbf{p}, u)$ 和 $e(\mathbf{p}, u)$

8.7 根据效用函数 $u(x_1, x_2) = (x_1 - \alpha_1)^{\beta_1} (x_2 - \alpha_2)^{\beta_2}$ 和预算约束 $m = p_1 x_1 + p_2 x_2$，计算 $\mathbf{x}(\mathbf{p}, m)$、$v(\mathbf{p}, m)$、$\mathbf{h}(\mathbf{p}, u)$ 和 $e(\mathbf{p}, u)$，并验证替代矩阵项 $\left(\dfrac{\partial h_j(\mathbf{p}, u)}{\partial p_i} \right)$ 是对称的。

8.8 利用效用函数 $u^*(x_1, x_2) = \dfrac{1}{2} \ln x_1 + \dfrac{1}{3} \ln x_2$，重复习题 8.6、习题 8.7 的练习，并证明如果用 e^{u^*} 替换 u，前面的所有公式依然成立。

8.9 以 $u = \phi(\mathbf{x})$ 代表偏好关系，计算支出函数、间接效用函数和需求。对于一个单调递增的函数 $\psi(\cdot)$，如果同样的偏好关系现在用 $u^* = \psi[\phi(\mathbf{x})]$ 来代表，证明：$e(\mathbf{p}, u)$ 被 $e[\mathbf{p}, \psi^{-1}(u^*)]$ 代替，$v(\mathbf{p}, m)$ 被 $\psi[v(\mathbf{p}, m)]$ 代替，$\mathbf{h}(\mathbf{p}, u)$ 被 $\mathbf{h}[\mathbf{p}, \psi^{-1}(u^*)]$ 代替。同时验证，马歇尔需求 $\mathbf{x}(\mathbf{p}, m)$ 未受到影响。

8.10 考察戴夫（Dave）的两期效用模型 $u(x_1, x_2)$，其中 x_1 代表其在第一时期的消费，x_2 代表其在第二时期的消费。戴夫的禀赋是 $(\bar{x}_1, \bar{x}_2)$，可用于每个时期的消费，但他也可以对现在和未来的消费进行交易，即把现在的消费卖给将来消费，反之亦然。因此，其预算约束为

$$p_1 x_1 + p_2 x_2 = p_1 \bar{x}_1 + p_2 \bar{x}_2$$

其中 p_1 和 p_2 分别为第一时期和第二时期的价格。

（a）推导此模型的斯卢茨基方程（注意，现在戴夫的收入取决于他的禀赋的价值，而此价值又取决于价格：$m = p_1 \bar{x}_1 + p_2 \bar{x}_2$）。

（b）假设戴夫的最优选择满足 $x_1 < \bar{x}_1$。如果价格 p_1 下降，戴夫的处境会好转还是会恶化？如果价格 p_2 下降呢？

（c）什么是消费物品的回报率？

8.11 考察一个对物品 1 和物品 2 有需求的消费者。当物品价格为（2，4）时，其需求为（1，2）。当价格为（6，3）时，其需求为（2，1），没有其他重要的变化。问该消费者是否最大化其效用？

8.12 假定间接效用函数的形式为 $v(p, y) = f(p)y$。问：支出函数是何种形式？用函数 $f(\cdot)$ 和 y 表示的间接补偿函数 $\mu(p; q, y)$ 是何种形式？

8.13 效用函数为 $u(x_1, x_2) = \min \{x_2 + 2x_1, x_1 + 2x_2\}$。

（a）画出 $u(x_1, x_2) = 20$ 的无差异曲线，把 $u(x_1, x_2) \geqslant 20$ 的部分涂上阴影。

（b）当 p_1/p_2 为何值时，唯一的最优解是 $x_1 = 0$？

（c）当 p_1/p_2 为何值时，唯一的最优解是 $x_2 = 0$？

（d）如果 x_1、x_2 均不为 0，且最优解是唯一的，那么 x_1/x_2 一定为何值？

8.14 在现行税制下，个人可以每年在个人退休账户（Individual Retirement Account，IRA）中储蓄 2 000 美元。IRA 是一个有税收优惠待遇的储蓄工具。考察一个在特定时点具有收入 Y 的消费者，他愿将 C 部分用于消费，S_1 用于 IRA 储蓄，S_2 用于普通储蓄。假设"简化型"效用函数的形式为

$$U(C, S_1, S_2) = S_1^{\alpha} S_2^{\beta} C^{\gamma}$$

（这是一个简化型效用函数，因为这些参数并不是真正外生性质的参数，而且包括资产税处理等问题。）该消费者的预算约束为

$$C + S_1 + S_2 = Y$$

该消费者可在 IRA 中储蓄的限度以 L 表示。

（a）推导一个限度 L 不受约束的消费者对 S_1 和 S_2 的需求函数。

（b）推导一个限度 L 存在约束的消费者对 S_1 和 S_2 的需求函数。

8.15 如果闲暇是劣质品，劳动供给曲线的斜率是什么？

8.16 一个效用最大化的消费者具有严格凸的且严格单调的偏好关系。他消费两种物品 x_1 和 x_2，两种物品的价格均为 1；他对任一种物品的消费不能为负，他每年拥有收入 m，现期消费水平为（x_1^*，x_2^*），其中，$x_1^* > 0$，$x_2^* > 0$。假设下一年他得到一笔捐赠 $g_1 \leqslant x_1^*$，他必须将其全部用于物品 1 的支付（如果他愿意，他可以拒绝接受这笔捐赠）。

（a）判断正误。如果物品 1 为正常品，则这笔捐赠对其消费的影响，一定与一笔不附条件的同样数量的一次性捐赠的影响相同。若正确，请证明；若错误，也请证明。

（b）判断正误。如果上述消费者在全部收入 $m > x_1^* + x_2^*$ 时，物品 1 为劣质品，则如果得到一笔他必须用于物品 1 消费的捐赠 g_1，对其消费的影响一定与不附条件的同样数量的捐赠的影响相同。若正确，请证明；若错误，请说明如果有人给予该消费者这笔捐赠，该消费者将如何处理。

（c）假设上面讨论的消费者具有位似偏好，现期消费 $x_1^* = 12$，$x_2^* = 36$。画一个以 g_1 为横轴，以物品 1 的数量为纵轴的图。用此图来说明：如果消费者的普通收入 $m = 48$，并且他得到一笔必须用于物品 1 消费的捐赠 g_1，他对物品 1 的需求量。在 g_1 为何水平时，此图具有一个扭结（kink）？（在回答此问题以前考虑一下，给出一个数量答案。）

第9章 需 求

在本章中我们研究需求行为的几个专题，它们中的大部分都与预算约束的特殊形式或与导致需求行为特殊形式的偏好有关。存在很多情况，这类特殊情况非常便于分析，并且对于理解它们如何运作是有用的。

9.1 预算约束中的禀赋

在研究消费者行为时我们把收入看成是外生的。但是，在更精巧的消费者行为模型中有必要考虑收入是如何产生的。这样做的标准方法是考虑消费者拥有各种物品的**禀赋**（endowment）$\omega = (\omega_1, \cdots, \omega_k)$，这些物品可以以现行市场价格 $\mathbf{p}$ 出售，这样消费者的收入 $m = \mathbf{p}\omega$，该收入可以用来购买其他物品。

效用最大化问题就变成

$$\max_{\mathbf{x}} u(\mathbf{x})$$
$$\text{s. t. } \mathbf{p}\mathbf{x} = \mathbf{p}\omega$$

可以用标准技术解这一问题得出需求函数 $\mathbf{x}(\mathbf{p}, \mathbf{p}\omega)$。物品 i 的**净需求**（net demand）是 $x_i - \omega_i$。消费者可以有正的或负的净需求，这取决于他想要的某种物品的数量是多于还是少于他的禀赋。

在这个模型中价格影响消费者必须卖的物品的价值以及他希望卖的物品的价值。这在斯卢茨基方程中显而易见，在此我们进行推导。求需求对价格的微分：

$$\frac{\partial x_i(\mathbf{p}, \mathbf{p}\omega)}{\mathrm{d}p_j} = \frac{\partial x_i(\mathbf{p}, \mathbf{p}\omega)}{\partial p_j}\bigg|_{\mathbf{p}\omega = \text{常数}} + \frac{\partial x_i(\mathbf{p}, \mathbf{p}\omega)}{\partial m}\omega_j$$

等式右侧第一项是收入不变时需求对价格的导数，第二项是需求对收入的导数乘以收入的变化。使用斯卢茨基方程可以展开第一项，合并得

$$\frac{\partial x_i(\mathbf{p}, \mathbf{p}\omega)}{\mathrm{d}p_j} = \frac{\partial h_i(\mathbf{p}, u)}{\partial p_j} + \frac{\partial x_i(\mathbf{p}, \mathbf{p}\omega)}{\partial m}(\omega_j - x_j)$$

现在收入效应取决于物品 j 的净需求而不是总需求。

想一想正常品的情况，当该物品的价格上涨时，替代效应和收入效应同时促使消费减少。但是假设该消费者是该物品的净卖者，那么他实际的收入增加，同时这一额外的**禀赋收入效应**（endowment income effect）实际上将导致物品消费的增加。

□ 劳动供给

假设消费者选择两种物品——消费和劳动，她也有一些非劳动收入 m，用 $v(c, l)$ 代表消费和劳动的效用，效用最大化问题即为

$$\max_{c,l} v(c,l)$$

$$\text{s. t. } pc = wl + m$$

这个问题看起来与我们已经研究的问题有所不同：劳动也许是一"厌恶品"（bad）而非好的，并且劳动出现在预算约束的右侧。

然而，把它变成我们曾研究过的标准形式的问题并不太困难，用 $\bar{L}$ 代表消费者最长的工作时间，把 $L = \bar{L} - l$ 看成"闲暇"（leisure）。消费和闲暇的效用函数为 $u(c, \bar{L} - l) = v(c, l)$。这样我们把效用最大化问题重新表述为：

$$\max_{c,l} u(c, \bar{L} - l)$$

$$\text{s. t. } pc + w(\bar{L} - l) = w\bar{L} + m$$

或者，使用定义 $L = \bar{L} - l$，我们有

$$\max_{c,L} u(c, L)$$

$$\text{s. t. } pc + wL = w\bar{L} + m$$

实质上这与我们前面见过的形式相同。此时消费者以价格 w 卖出她的劳动禀赋，然后买回诸如闲暇这类物品。

斯卢茨基方程可以让我们计算出闲暇的需求如何随工资率的变化而变化。我们有

$$\frac{dL(p,w,m)}{dw} = \frac{\partial L(p,w,u)}{\partial w} + \frac{\partial L(p,w,m)}{\partial m}[\bar{L} - L]$$

注意括弧中的项从定义上说是非负的，实际上几乎肯定是正的。[①] 这说明闲暇需求的导数是一负数和一正数之和，其符号本质上说是不明确的。换句话说，工资率的增加既能导致劳动供给的增加，也能导致劳动供给的减少。

实质上工资率的增加趋向于增加劳动供给，因为这使得闲暇更加昂贵——你可以通过多工作来获得多消费。但是，与此同时，工资率增加可能使你更富有，这势必增加你对闲暇的需求。

---

① 可能除期末考试时间以外。

9.2 位似效用函数

当对于所有的 $t>0$，$f(t\mathbf{x})=tf(\mathbf{x})$ 时，函数 $f\colon R^n \rightarrow R$ 是**一次齐次的**。当 $f(\mathbf{x})=g[h(\mathbf{x})]$ 时，函数 $f(\mathbf{x})$ 是**位似的**，这里 g 是严格递增函数，并且 h 是一次齐次函数。这类函数数学性质的进一步讨论见本书第 26 章。

经济学家常常发现这样假设是有用的，即假设效用函数是齐次的或位似的。实际上在效用理论中这两个概念的区别较小。位似函数仅是齐次函数的单调变换，但是效用函数只是被定义成单调变换。这样假设偏好可以用位似函数代表，等同于假设偏好可以用一次齐次函数代表。如果一个消费者拥有可以用位似效用函数代表的偏好，经济学家就会说此消费者有**位似偏好**（homothetic preferences）。

我们看到在生产理论的讨论中，如果生产函数是一次齐次的，那么成本函数可以写成 $c(\mathbf{w}, y)=c(\mathbf{w})y$。由此类推，如果效用函数是一次齐次的，那么支出函数可以写成 $e(\mathbf{p}, u)=e(\mathbf{p})u$。

相应地，这意味着间接效用函数可写成 $v(\mathbf{p}, m)=v(\mathbf{p})m$。那么，罗伊恒等式意味着需求函数具有形式 $x_i(\mathbf{p}, m)=x_i(\mathbf{p})m$，也就是它们是收入的线性函数。在后面我们将看到，在需求分析中"收入效应"具有这种特殊的形式常常是很有用的。

9.3 物品的归并

在许多情况下通过一些"部分"最大化问题来构造消费者选择模型是合理的。例如我们也许希望构造消费者"肉类"选择模型，而不区分有多少牛肉、猪肉、羊肉等。在大部分经验工作中，一类物品的一定程度的归并是必要的。

为了描述有关消费决策可分性的一些有用结果，我们有必要引入一些新符号。让我们设想把消费束分成两个"亚束"（subbundles），这样消费束形成 $(\mathbf{x}, \mathbf{z})$。例如，$\mathbf{x}$ 是不同类型的肉的消费向量，$\mathbf{z}$ 是所有其他物品的消费向量。

我们把价格向量类似地分成 $(\mathbf{p}, \mathbf{q})$。$\mathbf{p}$ 是不同种类肉的价格向量，$\mathbf{q}$ 是其他物品的价格向量。用这样的符号可把标准的效用最大化问题写成：

$$\max_{\mathbf{x},\mathbf{z}} u(\mathbf{x}, \mathbf{z}) \tag{9.1}$$

$$\text{s. t. } \mathbf{px}+\mathbf{qz}=m$$

有趣的问题是在何种条件下我们可以研究作为一组 x 物品（x-goods）的需求问题，而无须担心需求如何在该组物品的各组成部分间进行区分。

一种从数学上用公式表述这一问题的方法如下。我们意欲构造一个纯量的**数量指数**（quantity index）X，以及一个纯量的价格指数 P，它们是数量向量和价格向量的函数：

$$P = f(\mathbf{p}) \tag{9.2}$$
$$X = g(\mathbf{x})$$

在上述表达式中，P 被认为是给出物品"平均价格"的某种"价格指数"，X 被认为是给出所消费的肉类的平均"量"的数量指数。我们希望可以找到一种方法来构造这些价格和数量指数，以使它们的表现像普通价格和数量。

也就是我们希望获得一个新的效用函数 $U(X, \mathbf{z})$，它只取决于 x 物品消费的数量指数，这将给出相同的答案，就像我们在式（9.1）中解决整个最大化问题一样。更正式地考虑这一问题：

$$\max_{X, \mathbf{z}} U(X, \mathbf{z})$$

$$\text{s. t. } PX + \mathbf{qz} = m$$

数量指数 X 的需求函数是一函数 $X(P, \mathbf{q}, m)$。我们想知道它何时会是这样的情况：

$$X(P, \mathbf{q}, m) \equiv X[f(\mathbf{p}), \mathbf{q}, m] = g[\mathbf{x}(\mathbf{p}, \mathbf{q}, m)]$$

这要求我们通过两条不同的路径获得 X 的相同值：

（1）首先使用 $P = f(\mathbf{p})$ 加总价格，其次在预算约束 $PX + \mathbf{qz} = m$ 条件下求 $U(X, \mathbf{z})$ 的最大化。

（2）首先在 $\mathbf{px} + \mathbf{qz} = m$ 条件下求 $u(\mathbf{x}, \mathbf{z})$ 的最大化，其次加总数量得到 $X = g(\mathbf{x})$。

这里有两种情况碰巧会使这种加总成为可能。第一种情况是对价格变化进行约束，即**希克斯可分性**（Hicksian separability）。第二种情况是对偏好结构进行约束，即**函数可分性**（functional separability）。

□ 希克斯可分性

假设价格向量 $\mathbf{p}$ 总是与某个固定的基础价格向量 $\mathbf{p}^0$ 成比例，以便对于某个纯量 t 来说 $\mathbf{p} = t\mathbf{p}^0$。如果 x 物品是各种肉，这个条件要求各种肉的相对价格保持不变——它们都同比例地增加和减少。

遵循上述的一般架构，我们定义 x 物品的价格和数量指数为

$$P = t$$
$$X = \mathbf{p}^0 \mathbf{x}$$

我们定义与这些指数相关的间接效用函数为

$$V(P, \mathbf{q}, m) = \max_{\mathbf{x}, \mathbf{z}} u(\mathbf{x}, \mathbf{z})$$

$$\text{s. t. } P\mathbf{p}^0 \mathbf{x} + \mathbf{qz} = m$$

以下是简单明了的：检验这个间接效用函数具有全部常见的性质，它是拟凸的，价格和收入方面是齐次的，等等。特别是，包络定理的直接应用说明我们可以用罗伊

恒等式恢复 x 物品的需求函数：

$$X(P,\mathbf{q},m)=-\frac{\partial V(P,\mathbf{q},m)/\partial P}{\partial V(P,\mathbf{q},m)/\partial m}=\mathbf{p}^0\mathbf{x}(\mathbf{p},\mathbf{q},m)$$

这个计算说明 $X(P,\mathbf{q},m)$ 是一个恰当的 x 物品消费的数量指数：如果我们首先加总价格然后求 $U(X,\mathbf{z})$ 的最大化，就如同求 $u(\mathbf{x},\mathbf{z})$ 的最大化再加总数量时一样，我们可获得相同的结果。

我们可以求解直接效用函数，通过通常的计算它是 $V(P,\mathbf{q},m)$ 的对偶

$$U(X,\mathbf{z})=\min_{P,\mathbf{q}} V(P,\mathbf{q},m)$$

s. t. $PX+\mathbf{qz}=m$

通过构造，直接效用函数有这样的性质

$$V(P,\mathbf{q},m)=\max_{X,\mathbf{z}} U(X,\mathbf{z})$$

s. t. $PX+\mathbf{qz}=m$

因此，这样构造的价格和数量指数的表现与普通价格和数量一样。

□ 两物品模型

希克斯加总的一个常见应用是研究单个物品的需求。在这种情况下，把一组 z 物品看成是单个物品 z，x 物品是"所有其他物品"。实际的最大化问题是

$$\max_{\mathbf{x},z} u(\mathbf{x},z)$$

s. t. $\mathbf{px}+qz=m$

假设 x 物品的相对价格保持不变，以便 $\mathbf{p}=P\mathbf{p}^0$，即价格向量 $\mathbf{p}$ 是某个基础价格向量 $\mathbf{p}^0$ 乘以某个价格指数 P。那么希克斯加总说明我们可以将 z 物品的需求函数写为

$$z=z(P,q,m)$$

因为这个需求函数是零次齐次的，并且稍稍滥用一下符号，也可以写成

$$z=z(q/P,m/P)$$

这说明 z 物品的需求取决于 z 物品对"所有其他物品"的相对价格以及收入除以"所有其他物品"的价格。实际上所有其他物品的价格指数通常采用某个标准消费者价格指数（consumer price index，CPI）。z 物品的需求变成仅两个变量的函数：z 物品价格与 CPI 相比和收入与 CPI 相比。

□ 函数可分性

第二种可以分解消费者消费决策的情况叫**函数可分性**。假设基本的偏好次序具有这样的性质

$$(\mathbf{x}, \mathbf{z}) \succ (\mathbf{x}', \mathbf{z})，当且仅当 (\mathbf{x}, \mathbf{z}') \succ (\mathbf{x}', \mathbf{z}') 时$$

对于所有的消费束 $\mathbf{x}$、$\mathbf{x}'$、$\mathbf{z}$ 和 $\mathbf{z}'$。这个条件说明假如对于其他物品的某些选择来说，对于 $\mathbf{x}$ 的偏好强于 $\mathbf{x}'$，那么对于其他物品的所有选择来说，对于 $\mathbf{x}$ 的偏好强于 $\mathbf{x}'$，或者更简洁地说，x 物品的偏好独立于 z 物品之外。

如果这个"独立"性质予以满足，同时偏好是局部非饱和的，那么 $\mathbf{x}$ 和 $\mathbf{z}$ 的效用函数可写成 $u(\mathbf{x}, \mathbf{z}) = U[v(\mathbf{x}), \mathbf{z}]$，其中 $U(v, \mathbf{z})$ 是 v 的增函数。也就是 $\mathbf{x}$ 和 $\mathbf{z}$ 的总效用可以写成 $\mathbf{x}$ 的子效用（subutility）$v(\mathbf{x})$ 和 z 物品消费水平的函数。

如果效用函数可用这种形式表达，我们说效用函数是**弱可分的**（weakly separable）。关于效用最大化问题的结构可分性说明什么？通常我们把物品的需求函数写为 $\mathbf{x}(\mathbf{p}, \mathbf{q}, m)$ 和 $\mathbf{z}(\mathbf{p}, \mathbf{q}, m)$，用 $m_x = \mathbf{p}\mathbf{x}(\mathbf{p}, \mathbf{q}, m)$ 表示 x 物品的最优支出。

事实证明，如果总的效用函数是弱可分的，x 物品的最优选择可通过解下列子效用最大化问题得到

$$\max v(\mathbf{x}) \tag{9.3}$$

$$\text{s.t. } \mathbf{p}\mathbf{x} = m_x$$

这说明如果我们知道 x 物品的支出 $m_x = \mathbf{p}\mathbf{x}(\mathbf{p}, \mathbf{q}, m)$，我们就可以通过解子效用最大化问题来确定 x 物品的最优选择。换句话说，x 物品的需求仅是 x 物品的价格和在 x 物品上支出 m_x 的函数。其他物品的价格只有在确定 x 物品的支出时是有关系的。

这一证明是直接的。假设 $\mathbf{x}(\mathbf{p}, \mathbf{q}, m)$ 解不了上面的问题，作为替代，用 $\mathbf{x}'$ 表示 $\mathbf{x}$ 的另一个值，它满足预算约束并且产生更大的子效用。那么束 $(\mathbf{x}', \mathbf{z})$ 会比 $[\mathbf{x}(\mathbf{p}, \mathbf{q}, m), \mathbf{z}(\mathbf{p}, \mathbf{q}, m)]$ 给出更高的总效用，而这与需求函数的定义相矛盾。

需求函数 $\mathbf{x}(\mathbf{p}, m_x)$ 有时被称为**条件需求函数**（conditional demand functions），因为它们给出以 x 物品的支出水平为条件的 x 物品的需求。例如，这样我们可以认为牛肉的需求是牛肉、猪肉和羊肉价格以及肉类总支出的函数。

用 $e(\mathbf{p}, v)$ 表示式（9.3）中给出的子效用最大化问题的支出函数。这告诉我们在价格 $\mathbf{p}$ 时 x 物品支出多少对于取得子效用 v 是必要的。

不难理解，我们可以将消费者总的最大化问题表示为

$$\max_{v, \mathbf{z}} U(v, \mathbf{z})$$

$$\text{s.t. } e(\mathbf{p}, v) + \mathbf{q}\mathbf{z} = m$$

这几乎就是我们想要的形式：v 是一个恰当的 x 物品的数量指数，但是 x 物品的价格指数不太对。我们希望 P 乘以 X，但是我们有 $\mathbf{p}$ 和 $X = v$ 的某个非线性函数。

为了得到一个在数量指数中是线性的预算约束，需要假设子效用函数具有一个特殊的结构。比如，假定子效用函数是位似的，那么我们从本书第 5 章可知，我们可以把 $e(\mathbf{p}, v)$ 写成 $e(\mathbf{p})v$。因此我们可以选择我们的数量指数为 $X = v(\mathbf{x})$，价格指数为 $P = e(\mathbf{p})$ 以及效用函数为 $U(X, \mathbf{z})$。如果我们解

$$\max_{X, \mathbf{z}} U(X, \mathbf{z})$$

$$\text{s. t. } PX + \mathbf{qz} = m$$

就像我们解

$$\max_{\mathbf{x}, \mathbf{z}} u[v(\mathbf{x}), \mathbf{z}]$$

$$\text{s. t. } \mathbf{px} + \mathbf{qz} = m$$

然后使用 $X = v(\mathbf{x})$ 加总，我们将得到相同的 X。

在这一表述中，我们把消费决策看成是两步发生的：首先，消费者通过解总的最大化问题把综合商品（例如肉）消费的多少看成是肉价格指数的函数；其次，消费者在给定各种肉价格和总支出的条件下考虑消费多少牛肉，这就是子效用最大化问题的解。这个两步预算过程在需求应用分析中非常方便。

9.4 消费者的归并

我们已经研究了消费者需求函数 $\mathbf{x}(\mathbf{p}, m)$ 的性质。现在我们考虑 $i = 1, \cdots, n$ 个消费者的某个集合，每位消费者对某 k 商品拥有一个需求函数，因此消费者 i 的需求函数是一个向量 $\mathbf{x}_i(\mathbf{p}, m_i) = [x_i^1(\mathbf{p}, m_i), \cdots, x_i^k(\mathbf{p}, m_i)]$，$i = 1, \cdots, n$。注意我们已经稍微改变了我们的符号：物品用上标表示，消费者用下标表示。总需求函数被定义为 $\mathbf{X}(\mathbf{p}, m_1, \cdots, m_n) = \sum_{i=1}^{n} \mathbf{x}_i(\mathbf{p}, m_i)$，物品 j 的总需求用 $X^j(\mathbf{p}, \mathbf{m})$ 表示，其中 $\mathbf{m}$ 表示收入向量 $(m_1, \cdots, m_n)$。

总需求函数秉承个人需求函数的某些性质。比如，如果个人需求函数是连续的，那么总需求函数肯定连续。

个人需求函数连续是总需求函数连续的充分条件但并不是必要条件。例如，考虑洗衣机的需求，假设大部分消费者想要一台且仅一台洗衣机，这看起来是合理的假设，因此个人消费者 i 的需求函数就像图 9-1 中所画出的函数一样。

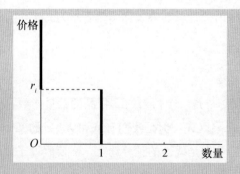

图 9-1 离散商品的需求

注：在高于 r_i 的任何价格时消费者 i 对该物品的需求为零。如果价格低于或等于 r_i，消费者 i 将需求一单位该物品。

价格 r_i 叫作第 i 个消费者的**保留价格**（reservation price）。如果消费者的收入和口味变化，我们期许看到几个不同的保留价格。洗衣机的总需求由 $X(p)$ 给出，$X(p)=$ 消费者数，即其保留价格至少是 p 的那些消费者的个数。如果有许多保留价格分散的消费者，把这看成一个连续函数是有意义的：如果价格上涨一个小数，只有少量消费者——"边际"消费者——决定停止购买此物品。虽然他们的需求变化是不连续的，但是总的需求将只变化一个小量。

总需求函数还将秉承哪些个人需求函数的其他性质？是否存在一个总的斯卢茨基方程或一个总的显示偏好强公理？遗憾的是，这些问题的答案是否定的。实际上，总需求函数除了齐次和连续外，通常不具有有趣的性质。因此消费者理论通常对总的行为没有限制。

然而，在某些实例中却显示出总的行为好像是由单个"有代表性的"消费者引发的，下面我们考虑一个这样的情况。

假设所有个体消费者的间接效用函数具有**戈尔曼形式**（Gorman form）：

$$v_i(\mathbf{p}, m_i) = a_i(\mathbf{p}) + b(\mathbf{p}) m_i$$

注意 $a_i(\mathbf{p})$ 项随消费者不同而不同，但是 $b(\mathbf{p})$ 项被假定为对于所有消费者都是相同的。运用罗伊恒等式，消费者 i 的物品 j 的需求函数将采取这样的形式：

$$x_i^j(\mathbf{p}, m_i) = \alpha_i^j(\mathbf{p}) + \beta^j(\mathbf{p}) m_i \tag{9.4}$$

其中，

$$\alpha_i^j(\mathbf{p}) = -\frac{\dfrac{\partial a_i(\mathbf{p})}{\partial p_j}}{b(\mathbf{p})}$$

$$\beta^j(\mathbf{p}) = -\frac{\dfrac{\partial b(\mathbf{p})}{\partial p_j}}{b(\mathbf{p})}$$

注意物品 j 的边际消费倾向 $\partial x_i^j(\mathbf{p}, m_i)/\partial m_i$ 独立于任何消费者的收入水平，并且对于任何消费者而言它是常数，因为 $b(\mathbf{p})$ 对于任何消费者而言是常数。物品 j 的总需求可采取如下形式：

$$X^j(\mathbf{p}, m^1, \cdots, m^n) = -\left[\sum_{i=1}^{n} \frac{\dfrac{\partial a_i(p)}{\partial p_j}}{b(\mathbf{p})} + \frac{\dfrac{\partial b(p)}{\partial p_j}}{b(\mathbf{p})} \sum_{i=1}^{n} m_i \right]$$

实际上这个需求函数可由一个代表性消费者产生，他的代表性间接效用函数由下式给出

$$V(\mathbf{p}, M) = \sum_{i=1}^{n} a_i(\mathbf{p}) + b(\mathbf{p}) M = A(\mathbf{p}) + B(\mathbf{p}) M$$

其中 $M = \sum_{i=1}^{n} m_i$。

对此的证明是仅对这个间接效用函数应用罗伊恒等式，同时注意它产生式（9.4）给出的需求函数。实际可以证明戈尔曼形式是间接效用函数最普通的形式，它在某种意义上允许在代表性消费者模型中加总。因此戈尔曼形式不仅对代表性消费者模型的成立是充分的，而且是必要的。

虽然这一事实的完整证明相当复杂，但是下述证明是令人信服的。为简单起见，假设只有两个消费者，那么通过假设，物品 j 的总需求可写成

$$X^j(\mathbf{p}, m_1 + m_2) \equiv x_1^j(\mathbf{p}, m_1) + x_2^j(\mathbf{p}, m_2)$$

如果我们首先对 m_1 求微分，然后对 m_2 求微分，我们得到下列恒等式：

$$\frac{\partial X^j(\mathbf{p}, M)}{\partial M} \equiv \frac{\partial x_1^j(\mathbf{p}, m_1)}{\partial m_1} \equiv \frac{\partial x_2^j(\mathbf{p}, m_2)}{\partial m_2}$$

因此，物品 j 的边际消费倾向对于所有消费者一定都是相同的。如果我们对 m_1 再次求这个表达式的微分，我们得到

$$\frac{\partial^2 X^j(\mathbf{p}, M)}{\partial M^2} \equiv \frac{\partial^2 x_1^j(\mathbf{p}, m_1)}{\partial m_1^2} \equiv 0$$

这样，消费者 1 对物品 j 的需求——以及消费者 2 的需求——关于收入是仿射的。因此，物品 j 的需求函数取这样的形式：$x_i^j(\mathbf{p}, m_i) = \alpha_i^j(\mathbf{p}) + \beta^j(\mathbf{p}) m_i$。如果这对于所有物品是真，每个消费者的间接效用函数必然具有戈尔曼形式。

具有戈尔曼形式的效用函数的一个特例是位似效用函数。此时间接效用函数有 $v(\mathbf{p}, m) = v(\mathbf{p})m$ 这样的形式，这是明显的戈尔曼形式。另一个特例是拟线性效用函数。在这个特例中 $v(\mathbf{p}, m) = v(\mathbf{p}) + m$，这明显地具有戈尔曼形式。位似和/或拟线性效用函数具有的许多性质，戈尔曼形式也具有。

9.5 反需求函数

在许多应用中把价格看成数量的函数对于表述需求行为是有趣的。也就是，给定物品向量 $\mathbf{x}$，我们想找到价格向量 $\mathbf{p}$ 和收入 m 使得 $\mathbf{x}$ 就是需求束。

因为需求函数是零次齐次的，我们可以将收入固定在某个给定的水平，同时简单地确定与这个收入水平相关的价格。最方便的选择是固定 $m = 1$。

在此情况下效用最大化问题的一阶条件是

$$\frac{\partial u(\mathbf{x})}{\partial x_i} - \lambda p_i = 0 \quad i = 1, \cdots, k$$

$$\sum_{i=1}^{k} p_i x_i = 1$$

我们想从这组等式中消除 λ。

为了这样做，用 x_i 乘以第一组等式中的每一个等式，然后就物品的数量对它

们进行加总，得

$$\sum_{i=1}^{k} \frac{\partial u(\mathbf{x})}{\partial x_i} x_i = \lambda \sum_{i=1}^{k} p_i x_i = \lambda$$

把 λ 的值代入第一个表达式，将 $\mathbf{p}$ 表示为 $\mathbf{x}$ 的函数：

$$p_i(\mathbf{x}) = \frac{\dfrac{\partial u(\mathbf{x})}{\partial x_i}}{\displaystyle\sum_{j=1}^{k} \frac{\partial u(\mathbf{x})}{\partial x_j} x_j} \qquad (9.5)$$

给定任何需求向量 $\mathbf{x}$，我们可使用这个表达式得到价格向量 $\mathbf{p(x)}$，$\mathbf{p(x)}$ 满足最大化的必要条件。如果效用函数是拟凹的，以便使这些必要条件确实对于最大化来说是充分的，那么这将给出反需求关系。

如果效用函数并非处处拟凹，会发生什么？这样就会有一些商品束在任何价格下都不会被需要；无差异曲线非凸部分上的任何商品束就是这样的一种商品束。

上面的反需求表达式存在一个对偶形式，这可以从本书第 8 章的表达式中得到。那里的论证说明需求束 $\mathbf{x}$ 必须在所有满足预算约束的价格上使间接效用最小。这样 $\mathbf{x}$ 必须满足一阶条件

$$\frac{\partial v(\mathbf{p})}{\partial p_i} - \mu x_i = 0 \qquad i = 1, \cdots, k$$

$$\sum_{i=1}^{k} p_i x_i = 1$$

现在用 p_i 乘以第一组等式，把它们相加得 $\mu = \displaystyle\sum_{i=1}^{k} \frac{\partial v(\mathbf{p})}{\partial p_i} p_i$。代回一阶条件，我们得到一个表达式，式中需求束是标准化间接效用函数的函数：

$$x_i(\mathbf{p}) = \frac{\dfrac{\partial v(\mathbf{p})}{\partial p_i}}{\displaystyle\sum_{j=1}^{k} \frac{\partial v(\mathbf{p})}{\partial p_j} p_j} \qquad (9.6)$$

注意这一很好的对偶性：直接需求函数的表达式（9.6）和间接需求函数的表达式（9.5）有相同的形式。这个表达式也可以从标准化间接效用函数的定义和罗伊恒等式导出。

9.6　需求函数的连续性

迄今为止，我们一直愉快地假设我们分析的需求函数表现良好；也就是，它们是连续的甚至是可微的函数。这些假设是无可非议的吗？

参考本书第 27 章的极大值定理，我们看到，只要需求函数被较好地定义，至少当 $\mathbf{p} \gg 0$ 和 $m > 0$ 时，它们将是连续的；也就是，只要 $\mathbf{x(p}, m)$ 在价格 $\mathbf{p}$ 和收入

m 处是唯一的最大化束，那么需求将会随 **p** 和 m 连续变化。

如果我们想确保对于所有的 **p**≫0 和 m>0，需求是连续的，那么我们需要保证需求总是唯一的。我们需要的条件是严格凸性的条件。

唯一需求束：如果偏好是严格凸的，那么对于每个 **p**≫0，存在一个唯一的消费束 **x**，使 u 在消费者预算集 $B(\mathbf{p}, m)$ 中最大。

证明：假设 **x**′ 和 **x**″ 均使 u 在 $B(\mathbf{p}, m)$ 中最大，那么 $\frac{1}{2}\mathbf{x}' + \frac{1}{2}\mathbf{x}''$ 也在 $B(\mathbf{p}, m)$ 中，并且其偏好严格强于 **x**′ 和 **x**″，而这是一个矛盾。证毕。

宽松地说，如果需求函数得以较好地定义和处处连续，并且自偏好最大化中导出，那么基本的偏好一定是严格凸的。如果不是，一定存在某个点，在某组价格下存在一个以上的最优束，就像图 9-2 所展示的一样。注意，在图 9-2 的例子中，价格的较小变化会带来需求束的较大变化：需求"函数"是不连续的。

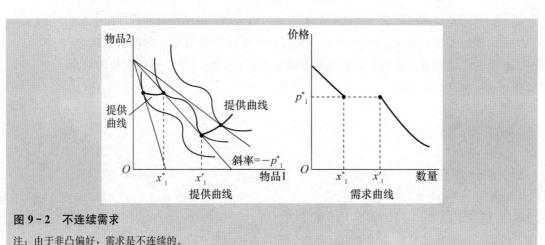

图 9-2　不连续需求

注：由于非凸偏好，需求是不连续的。

注　释

条件需求参考 Pollak（1969）；可分性的处理见 Blackorby，Primont & Russell（1979）；进一步发展和消费者需求估计的应用见 Deaton & Muell-bauer（1980）；归并部分基于 Gorman（1953）；归并中的正负结果的综述见 Shafer & Sonnenschein（1982）。

习　题

9.1　假设偏好是位似的，证明

$$\frac{\partial x_i(\mathbf{p}, m)}{\partial p_j} = \frac{\partial x_j(\mathbf{p}, m)}{\partial p_i}$$

9.2　某个特殊物品的需求函数是 $x = a + bp$，

求相关的直接和间接效用函数。

9.3　某个特殊物品的需求函数是 $x = a + bp + cm$，求相关的直接和间接效用函数。（提示：完全解这个问题你需要知道如何解一个线性、非齐次可微方程。如果你不记得如何做，那么仅写出方程。）

9.4 两物品的需求函数是

$$x_1 = a_1 + b_1 p_1 + b_{12} p_2$$

$$x_2 = a_2 + b_{21} p_1 + b_2 p_2$$

理论中隐含的对参数的限制是什么？求相关的货币度量效用函数。

9.5 求习题 9.4 问题的直接效用函数。

9.6 用（$\mathbf{q}$，m）表示价格和收入，令 $\mathbf{p} = \dfrac{\mathbf{q}}{m}$，用罗伊恒等式导出表述式

$$x_i(\mathbf{p}) = \frac{\dfrac{\partial v(\mathbf{p})}{\partial p_i}}{\displaystyle\sum_{j=1}^{k} \frac{\partial v(\mathbf{p})}{\partial p_j} p_j}$$

9.7 考虑效用函数 $u(x_1, z_2, z_3) = x_1^a z_2^b z_3^c$，（$z_2$，$z_3$）这个效用函数是（弱）可分的吗？求 z 物品消费的子效用函数。给定 z 物品的支出 m_z，求 z 物品的条件需求。

9.8 存在两物品 x 和 y，x 物品的消费需求函数是 $\ln x = a - bp + cm$，其中 p 是 x 物品相对 y 物品的价格，m 表示货币收入除以 y 物品的价格。

（a）解什么方程式来决定导致这种需求行为的间接效用函数？

（b）这个可微方程式的边界条件是什么？

9.9 消费者有一效用函数 $u(x, y, z) = \min\{x, y\} + z$，三物品的价格由（$p_x$，$p_y$，$p_z$）给出，消费者支出的货币是 m。

（a）结果是这个效用函数可以写成 $U[V(x, y), z]$，求函数 $V(x, y)$ 和函数 $U(V, z)$；

（b）求三物品的需求函数；

（c）求间接效用函数。

9.10 假设存在两物品 x_1 和 x_2，用 p_1 表示物品 1 的价格，令物品 2 的价格等于 1，用 y 表示收入，物品 1 的消费需求是

$$x_1 = 10 - p_1$$

（a）求物品 2 的需求函数。

（b）求方程式，这个方程式可以计算产生需求函数的收入补偿函数。

（c）求与需求函数相关的收入补偿函数。

9.11 消费者 1 有支出函数 $e_1(p_1, p_2, u_1) = u_1 \sqrt{p_1 p_2}$，消费者 2 有效用函数 $u_2(x_1, x_2) = 43 x_1^3 x_2^a$。

（a）求每个消费者每种物品的马歇尔（市场）需求函数，m_1 和 m_2 分别表示消费者 1 和消费者 2 的收入。

（b）参数 a 的值是多少将使得存在一个总需求函数独立于收入的分配？

9

第10章 消费者剩余

当经济环境发生变化时消费者的经济状态也许变好也许变差。经济学家经常希望度量消费者是如何受经济环境变化的影响的，并已经发展了几种工具使他们能够做到这一点。

在初级课程中讨论的福利变化的经典度量是消费者剩余。然而，只有在特殊情况下，消费者剩余才是福利变化的精确度量。在本章中，我们要讨论度量福利变化的更一般的方法。这些更一般的方法将消费者剩余作为其中一个特例。

10.1 补偿变动和等价变动

首先我们要考虑什么是福利变化的"理想"度量。在最基础的水平上，我们要做的是对由某项政策导致的效用变化进行度量。假设我们有两个预算 $(\mathbf{p}^0, m^0)$ 和 $(\mathbf{p}', m')$，它们度量给定消费者在两个不同政策体系下需要面对的价格和收入，较为方便的办法是用 $(\mathbf{p}^0, m^0)$ 表示现状，$(\mathbf{p}', m')$ 表示拟定的变化，虽然这并非唯一的说明方法。

那么测度从 $(\mathbf{p}^0, m^0)$ 到 $(\mathbf{p}', m')$ 所出现的明显的福利变化，就是间接效用之差：

$$v(\mathbf{p}', m') - v(\mathbf{p}^0, m^0)$$

如果这个效用之差是正的，那么政策变化是值得的，至少就这个消费者而言是如此。如果是负的，政策变化就不值得。

通常我们这样做是最好的。效用理论本质上完全是序数性的，而又不存在明确无误的方法来把效用变化数量化。然而出于某些目的，对消费者福利变化进行货币度量是合宜的。这也许是政策分析家为了确定轻重缓急，他们想对福利变化的大小做到大致心中有数。或许是政策分析家想比较带给不同消费者的利益和成本。在这种情况下，选择一个效用差异的"标准"度量是合宜的。可采用的合理度量是（间接）货币度量效用函数，见本书第7章。

回想一下，$\mu(\mathbf{q};\ \mathbf{p},\ m)$ 度量的是消费者在价格 $\mathbf{q}$ 时需要多少收入，以便使他或她像面对价格 $\mathbf{p}$ 时拥有收入 m 一样富有，也即，将 $\mu(\mathbf{q};\ \mathbf{p},\ m)$ 定义成 $e[\mathbf{q},\ v(\mathbf{p},\ m)]$。如果我们采用效用的这种度量，上述的效用差异就变成

$$\mu(\mathbf{q};\mathbf{p}',m')-\mu(\mathbf{q};\mathbf{p}^0,m^0)$$

它保留基础价格 $\mathbf{q}$。这里有两种明显的选择：让 $\mathbf{q}$ 等于 $\mathbf{p}^0$ 或 $\mathbf{p}'$。这导致下面两种效用差异的度量：

$$
\begin{aligned}
EV &= \mu(\mathbf{p}^0;\mathbf{p}',m')-\mu(\mathbf{p}^0;\mathbf{p}^0,m^0)\\
&= \mu(\mathbf{p}^0;\mathbf{p}',m')-m^0
\end{aligned}
$$

$$
\begin{aligned}
CV &= \mu(\mathbf{p}';\mathbf{p}',m')-\mu(\mathbf{p}';\mathbf{p}^0,m^0)\\
&= m'-\mu(\mathbf{p}';\mathbf{p}^0,m^0)
\end{aligned}
\tag{10.1}
$$

第一个度量叫**等价变动**（equivalent variation），它使用现行价格作为基础价格，寻求现行价格下收入变化多少在效用上等价于拟定的变化。第二种度量叫**补偿变动**（compensating variation），它使用新价格作为基础价格，寻求收入变化多少对于补偿消费者接受价格变化的影响是必要的（补偿发生在变化后，所以补偿变动使用变化之后的价格）。

这两者都是对价格变化的福利效应的合理度量。它们的量值通常不同，这是因为一美元的价值取决于相关的价格。然而，它们的符号总是相同的，因为它们都是度量相同的效用差异，只是使用了不同的效用函数。图 10-1 描绘了在两物品情况下等价变动和补偿变动的一个例子。

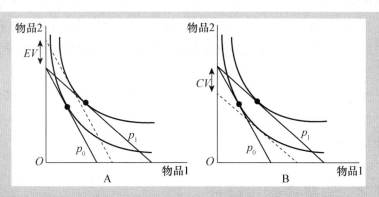

图 10-1　等价变动和补偿变动

注：在此图中 $p_2=1$ 且物品 1 的价格从 p_0 降至 p_1。A 图描绘了收入的等价变动——在最初价格 p_0 下消费者需要多少额外货币来使他面对 p_1 时保持福利不变。B 图描绘了收入的补偿变动——需要从消费者那里拿走多少货币以使他面对 p_0 时保持福利不变。

哪种度量最恰当取决于涉及的情况和你试图回答的问题。如果你试图在新价格下推行某个补偿计划，那么补偿变动显得较为合理。然而，如果你只想对"意愿支

付"进行合理的度量，那么等价变动可能更好。有两个原因说明是这样。第一，等价变动度量现行价格下的收入变化，相对于假设的某个价格，决策者更容易判断现行价格下一美元的价值。第二，如果我们比较一个以上拟定政策的变动，那么补偿变动为每项新政策使用不同的基础价格，而等价变动保持现状中的基础价格不变。因此，等价变动更适宜在不同规划中进行比较。

那么，认定补偿和等价变动是效用变化的合理指示器，我们在实际中如何度量它们？这个问题等价于：在实际中我们如何度量 $\mu(\mathbf{q}; \mathbf{p}, m)$？

我们在第 8 章研究可积性理论时已回答了这个问题。在那里，通过观察需求行为 $\mathbf{x}(\mathbf{p}, m)$，我们探讨了如何恢复 $\mu(\mathbf{q}; \mathbf{p}, m)$ 所代表的偏好。给定任何观察到的需求行为，我们至少在原则上可以解可积性方程，并导出相关的货币度量效用函数。

在第 8 章中我们看到如何为几个普通的需求函数的函数形式，包括线性、对数线性、半对数等，导出货币度量效用函数。原则上我们为满足可积性条件的任何需求函数做类似的计算。

然而在实际中在其他方向上作参数设定会更简单：首先设定间接效用函数的函数形式，其次通过罗伊恒等式导出需求函数的形式。毕竟，通常微分一个函数总比解一组局部可微方程容易得多！

如果我们设定间接效用函数的一个参数式，那么对相关需求方程组参数的估计会立即产生基本效用函数的参数。一旦有了相关的参数，我们就可不太困难地导出代数上或者数字上的货币度量效用函数——以及补偿和等价变动。这种方法更详细的描述见第 12 章。

当然，只有当估计的参数满足最佳模型暗含的各种限定时，这种方法才有意义。我们可能要测试一下这些限定条件，看看它们在我们特定的经验例子中是否可行。如果是这样，估计一下受制于这些限定条件的参数。

总结：如果需求函数是可观测的，同时如果需求函数满足效用最大化隐含的条件，那么补偿和等价变动在实际中就是可观察的。观察到的需求行为可用来构造福利变化的度量，这种度量又可用来分析政策选择。

10.2 消费者剩余概述

度量福利变化的经典工具是**消费者剩余**（consumer's surplus）。如果 $x(p)$ 作为价格的函数是某种物品的需求，那么自 p^0 向 p' 运动时与价格相关的消费者剩余是

$$\mathrm{CS} = \int_{p^0}^{p'} x(t)\,\mathrm{d}t$$

这就是需求曲线左边在 p^0 和 p' 之间的区域。结果是当消费者偏好可以用拟线性效

用函数代表时，消费者剩余就是福利变化的精确度量。更精确地说，当效用是拟线性的时，补偿变动等于等价变动，同时两者均等于消费者剩余的积分。就效用函数的更一般的形式来说，补偿变动不同于等价变动并且消费者剩余并非福利变化的精确度量。然而，即便效用不是拟线性的，消费者剩余也可以是一个更精确度量的合理近似值。在下面我们进一步讨论这些观点。

10.3　拟线性效用

假设存在效用的单调变换，它有这样的形式

$$U(x_0,x_1,\cdots,x_k)=x_0+u(x_1,\cdots,x_k)$$

注意这种效用函数对一种物品是线性的，但是（可能）对其他物品是非线性的。为此我们称其为**拟线性效用函数**（quasilinear utility function）。

本节我们将集中讨论 $k=1$ 的特例，此时效用函数具有 $x_0+u(x_1)$ 的形式。同样，如果存在多种物品，我们说的每件事仍是有效的。我们假定 $u(x_1)$ 是严格凹函数。

让我们考虑下面形式的效用最大化问题：

$$\max_{x_0,x_1} x_0+u(x_1)$$

$$\text{s. t. } x_0+p_1x_1=m$$

吸引人的是代入目标函数，把此问题简化成无约束的最大化问题

$$\max_{x_1} u(x_1)+m-p_1x_1$$

这有明显的一阶条件

$$u'(x_1)=p_1$$

这只要求物品 1 消费的边际效用等于它的价格。

通过检查一阶条件可知，物品 1 的需求仅是物品 1 价格的函数，所以我们把需求函数写成 $x_1(p_1)$。物品 0 的需求可由预算约束 $x_0=m-p_1x_1(p_1)$ 决定。把这些需求函数代入效用函数可得间接效用函数：

$$V(p_1,m)=u[x_1(p_1)]+m-p_1x_1(p_1)=v(p_1)+m$$

其中 $v(p_1)=u[x_1(p_1)]-p_1x_1(p_1)$。

这种方法是完美的，但它隐藏了一个潜在的问题。仔细思考可知，明显地，物品 1 的需求在所有的价格和收入水平下都不能独立于收入。如果收入足够小，物品 1 的需求必然受到收入的约束。

假设我们把效用最大化问题表述成能明确地识别 x_0 的非负性约束：

$$\max_{x_0, x_1} u(x_1) + x_0$$

$$\text{s. t. } p_1 x_1 + x_0 = m$$

$$x_0 \geq 0$$

现在我们将得到两类答案，这取决于 $x_0 > 0$ 还是 $x_0 = 0$。如果 $x_0 > 0$，我们将有上述答案——物品 1 的需求仅取决于物品 1 的价格并独立于收入。如果 $x_0 = 0$，那么间接效用函数将由 $u(m/p_1)$ 给出。

假想消费者自 $m = 0$ 开始并使收入增加一个较小的量，效用的增加就是 $u'(m/p_1)/p_1$。如果它大于 1，那么消费者把最初的一美元收入花在物品 1 上比花在物品 0 上更好。我们继续花钱在物品 1 上直至花在该物品上的额外一美元的边际效用等于 1；也就是直至消费的边际效用等于价格。然后所有额外的收入将花在 x_0 物品上。

拟线性效用函数常被用于应用福利经济学，因为它有一个简单的需求结构。需求只取决于价格——至少对于足够大的收入水平是如此——同时无须担心收入效应。这会简化市场均衡的分析。你应该把这看成一种情况建模，在这种情况下物品的需求对收入不太敏感。想一想你对纸或铅笔的需求：随着你的收入变化，你的需求将变化多少？最可能的是，收入的任何增加都将进入对其他物品的消费。

此外，拟线性效用的可积性问题非常简单。因为反需求函数是 $p_1(x_1) = u'(x_1)$，所以与物品 1 的特殊消费水平相关的效用可以通过简单的积分从反需求曲线中得到：

$$u(x_1) - u(0) = \int_0^{x_1} u'(t)\mathrm{d}t = \int_0^{x_1} p_1(t)\mathrm{d}t$$

选择消费 x_1 的总效用等于消费物品 1 的效用加上消费物品 0 的效用：

$$u[x_1(p_1)] + m - p_1 x_1(p_1) = \int_0^{x_1} p_1(t)\mathrm{d}t + m - p_1 x_1(p_1)$$

如果我们不考虑常数 m，方程的右侧就是物品 1 的需求曲线以下的区域减去物品 1 的支出。或者，就是需求曲线左侧的区域。

考察此情形的另一种方法是从间接效用函数 $v(p_1) + m$ 出发。根据罗伊法则，$x_1(p_1) = -v'(p_1)$。对这个方程积分，得

$$v(p_1) + m = \int_{p_1}^{\infty} x_1(t)\mathrm{d}t + m$$

这就是需求曲线左侧价格 p_1 以上的区域，这正好是上一自然段那个面积的另外一种表达方式。

10.4　拟线性效用和货币度量效用

假设效用是拟线性的 $u(x_1) + x_0$，我们已知对于这样的效用函数，其需求函数

$x_1(p_1)$ 将独立于收入。由上面我们看到，可以通过对 p_1 积分来恢复与这个需求函数一致的间接效用函数。

当然，这个间接效用函数的任何单调变换也是一个描述消费者行为的间接效用函数。如果消费者作出使消费者剩余最大化的选择，那么他也会使消费者剩余的平方最大化。

上面已知货币度量效用函数对于许多目的来说是一个特别适宜的效用函数。结果是对于拟线性效用函数来说，需求的积分就是货币度量效用函数。

接下来写出可积性方程式并证明消费者剩余就是这些方程的解。如果 $x_1(p_1)$ 是需求函数，可积性方程是

$$\frac{\mathrm{d}\mu(t;q,m)}{\mathrm{d}t}=x_1(t)$$

$$\mu(q;q,m)=m$$

通过直接计算可以证明这些方程的解由下式给出：

$$\mu(p;q,m)=\int_q^p x_1(t)\mathrm{d}t+m$$

方程的右侧就是与价格自 p 至 q 变化相关的消费者剩余加上收入。

对于货币度量效用函数的这种形式，补偿变动和等价变动为

$$EV=\mu(p^0;p',m')-\mu(p^0;p^0,m^0)$$
$$=A(p^0,p')+m'-m^0$$
$$CV=\mu(p';p',m')-\mu(p';p^0,m^0)$$
$$=A(p^0,p')+m'-m^0$$

在这种特殊情况下，补偿变动和等价变动一致。不难看到这个结果背后的直觉知识。因为补偿函数在收入方面是线性的，所以额外一美元的价值——收入的边际效用——独立于价格。因此，收入的补偿变化或等价变化的值和度量值所在位置的价格无关。

10.5 作为近似的消费者剩余

我们知道只有当效用函数是拟线性的时，消费者剩余才是补偿和等价变动的一个精确度量。但是在一般情况下，它可以是一个合理的近似。

例如，有这样一种情况：只有物品 1 的价格从 p^0 至 p' 发生变化，收入固定在 $m=m^0=m'$，那么我们使用方程（10.1）和 $\mu(\mathbf{p};\mathbf{p},m)\equiv m$ 的事实，得

$$EV=\mu(p^0;p',m)-\mu(p^0;p^0,m)$$
$$=\mu(p^0;p',m)-\mu(p';p',m)$$

$$CV = \mu(p'; p', m) - \mu(p'; p^0, m)$$

$$= \mu(p^0; p^0, m) - \mu(p'; p^0, m)$$

因为所有其他的价格均被假定是固定的，我们把这些表达式看成 p 的函数。令 $u^0 = v(p^0, m)$ 和 $u' = v(p', m)$，使用本书第 7 章的货币度量效用函数的定义，有

$$EV = e(p^0, u') - e(p', u')$$

$$CV = e(p^0, u^0) - e(p', u^0)$$

最后，由于希克斯需求函数是支出函数的导数，所以 $h(p, u) \equiv \partial e / \partial p$，我们可以把这些表达式写成

$$EV = e(p^0, u') - e(p', u') = \int_{p'}^{p^0} h(p, u') dp$$

(10.2)

$$CV = e(p^0, u^0) - e(p', u^0) = \int_{p'}^{p^0} h(p, u^0) dp$$

从上式可知补偿变动是与效用初始水平相关的希克斯需求曲线的积分，等价变动是与效用最终水平相关的希克斯需求曲线的积分。福利的正确度量是需求曲线的积分——但是你需要使用希克斯需求曲线而非马歇尔需求曲线。

不过我们可以使用式（10.2）导出一个有用的边界。斯卢茨基方程告诉我们

$$\frac{\partial h(p, u)}{\partial p} = \frac{\partial x(p, m)}{\partial p} + \frac{\partial x(p, m)}{\partial m} x(p, m)$$

如果讨论的物品是正常品，希克斯需求曲线的导数将大于马歇尔需求曲线的导数，如图 10-2 所示。

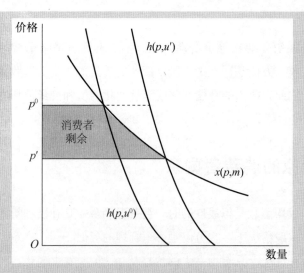

图 10-2　消费者剩余的边界

注：对于正常品来说，希克斯需求曲线比马歇尔需求曲线陡，因此马歇尔需求曲线左侧的面积以希克斯需求曲线左侧的面积为界。

由此可知马歇尔需求曲线左侧的面积以希克斯需求曲线左侧的面积为界，如图所示，$p^0 > p'$，所以所有的区域均为正。可见 $EV >$ 消费者剩余 $> CV$。

10.6　加　总

补偿变动、等价变动以及消费者剩余的上述关系对于单个消费者来说也成立。在此我们将考察包括许多消费者的一些情况。

在本书第 9 章中我们知道，只有当代理人 i 的间接效用函数具有戈尔曼形式 $(v_i \mathbf{p}, \ m_i) = a_i(\mathbf{p}) + b(\mathbf{p}) m_i$ 时，物品的总需求才是价格和总收入的函数。

在此情况下每一物品的总需求函数可从具有下述形式的总间接效用函数中导出：

$$V(\mathbf{p}, M) = \sum_{i=1}^{n} a_i(\mathbf{p}) + b(\mathbf{p}) M$$

其中 $M = \sum_{i=1}^{n} m_i$。

从上文我们可以看出，与拟线性偏好相关的间接效用函数具有下面的形式：

$$v_i(\mathbf{p}) + m_i$$

这明显是 $b(\mathbf{p}) \equiv 1$ 时戈尔曼形式的一个特例。因此产生总需求的总间接效用函数就是

$$V(\mathbf{p}) + M = \sum_{i=1}^{n} v_i(\mathbf{p}) + \sum_{i=1}^{n} m_i$$

上式如何与总的消费者剩余相关呢？回想单一价格的简单例子，罗伊法则表明函数 $v_i(p)$ 由下式给出：

$$v_i(p) = \int_{p}^{\infty} x_i(t) \mathrm{d}t$$

由此可得

$$V(p) = \sum_{i=1}^{n} v_i(p) = \sum_{i=1}^{n} \int_{p}^{\infty} x_i(t) \mathrm{d}t = \int_{p}^{\infty} \sum_{i=1}^{n} x_i(t) \mathrm{d}t$$

也就是，产生总需求函数的间接效用函数仅是总需求函数的积分。

如果所有的消费者都有拟线性效用函数，那么总需求函数将会使总消费者剩余最大化。但是，总消费者剩余适宜于福利比较这一点还不完全明显。为什么效用的一个特殊代表的未加权之和是一个有用的福利度量？我们将在本书第 13 章讨论这个问题。就像已经知道的，总消费者剩余适宜于拟线性效用的福利度量，但是这种情况相当特殊。一般来说，总消费者剩余不是一个精确的福利度量。然而，它在实际工作中常被用作消费者福利的近似度量。

10.7 非参数边界

我们知道，给定间接效用的参数形式，如何用罗伊恒等式计算需求函数。如果我们给定需求函数的参数式，可积性理论可用来计算货币度量效用函数的参数式。然而，每一个这类运算都要求我们为需求函数或间接效用函数设定参数式。

有趣的是，如果不设定参数式我们能走多远。结果是以一种完全非参数的方式在货币度量效用函数上导出严格的非参数边界是可能的。

在第8章可恢复性问题的讨论中我们知道，可以构造一些消费束集，这些消费束集与某个给定的消费束相比是"显示好于"（revealed preferred）或"显示劣于"（revealed worse）。这些集可以看成消费者偏好集的内界和外界。

用 $NRW(\mathbf{x}_0)$ 表示与 $\mathbf{x}_0$ 相比是"非显示劣于"（not revealed worse）的点集，这只是 $RW(\mathbf{x}_0)$ 集的补。从第8章中我们知道，与 $\mathbf{x}_0$ 相关的真偏好集 $P(\mathbf{x}_0)$ 必须包含 $RP(\mathbf{x}_0)$ 并且包含于点集 $NRW(\mathbf{x}_0)$ 中。

我们用图10-3描述这种情况。为了不使图混乱，我们去掉了许多预算线和可观察到的选择，仅展示 $RP(\mathbf{x}_0)$ 和 $RW(\mathbf{x}_0)$。我们也画出通过 $\mathbf{x}_0$ 的"真的"无差异曲线。根据定义，$\mathbf{x}_0$ 的货币度量效用被定义为

$$m(\mathbf{p},\mathbf{x}_0)=\min_{\mathbf{x}} \mathbf{px}$$

$$\text{s.t. } u(\mathbf{x})\geqslant u(\mathbf{x}_0)$$

这是与下面相同的问题：

$$m(\mathbf{p},\mathbf{x}_0)=\min_{\mathbf{x}} \mathbf{px}$$

$$\text{s.t. } \mathbf{x}\in P(\mathbf{x}_0)$$

定义 $m^+(\mathbf{p},\mathbf{x}_0)$ 和 $m^-(\mathbf{p},\mathbf{x}_0)$ 为

$$m^-(\mathbf{p},\mathbf{x}_0)=\min_{\mathbf{x}} \mathbf{px}$$

$$\text{s.t. } \mathbf{x}\in NRW(\mathbf{x}_0)$$

以及

$$m^+(\mathbf{p},\mathbf{x}_0)=\min_{\mathbf{x}} \mathbf{px}$$

$$\text{s.t. } \mathbf{x}\in RP(\mathbf{x}_0)$$

因为 $NRW(\mathbf{x}_0)\supset P(\mathbf{x}_0)\supset RP(\mathbf{x}_0)$，自标准形式的论证可得

$$m^+(\mathbf{p},\mathbf{x}_0)\geqslant m(\mathbf{p},\mathbf{x}_0)\geqslant m^-(\mathbf{p},\mathbf{x}^o)$$

因此，**过度补偿函数**（overcompensation function）$m^+(\mathbf{p},\mathbf{x}_0)$ 和**补偿不足函数**（undercompensation function）$m^-(\mathbf{p},\mathbf{x}_0)$ 界定了真的补偿函数 $m(\mathbf{p},\mathbf{x}_0)$。

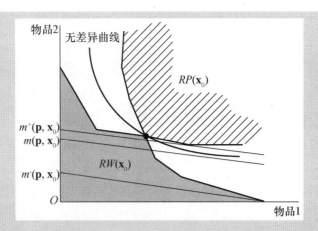

图 10 - 3　货币度量效用的边界

注：真偏好集 $P(\mathbf{x}_0)$ 包含 $RP(\mathbf{x}_0)$，同时包含于 $NRW(\mathbf{x}_0)$ 中，因此如图所示，$P(\mathbf{x}_0)$ 上的最小支出位于两个边界之间。

注　释

补偿变动和等价变动的概念以及它们与消费者剩余的关系应归功于 Hicks（1956）。消费者剩余的更严格的边界见 Willig（1976）。货币度量效用函数的非参数边界应归功于 Varian（1982a）。

习　题

10.1　假设效用是拟线性的，证明间接效用函数是价格的凸函数。

10.2　埃尔斯沃思（Ellsworth）的效用函数是 $U(x, y) = \min\{x, y\}$。埃尔斯沃思有 150 美元，x 和 y 的价格都是 1。他的老板想派他去另一个城市，那里 x 的价格是 1，y 的价格是 2。老板不提高支付，埃尔斯沃思完全理解补偿变动和等价变动，他牢骚满腹。他说虽然他不介意搬家本身并且新城和老城一样愉快，但是搬家就像减少 A 美元薪水那样坏。他又说如果他获得 B 美元的加薪他不介意搬家。求 A 和 B。

第11章 不确定性

迄今为止我们均考虑确定条件下的消费者行为。然而，消费者作出的许多选择发生在不确定性条件下。本章我们探讨消费者选择理论如何用于描述这种行为。

11.1 抽 彩

首先的工作是描述消费者面临的选择集合。我们设想消费者面临的选择采取**抽彩**（lotteries）的形式。用 $p \circ x \oplus (1-p) \circ y$ 表示一个抽彩。这个符号的含义是"消费者以概率 p 得到奖品 x，以概率（$1-p$）得到奖品 y"。奖品可以是货币、物品束甚至彩票。风险行为的大部分情况均可归入这个抽彩构架。

我们就消费者对抽彩的感觉做几个假设。

L1. $1 \circ x \oplus (1-1) \circ y \sim x$，以 1 的概率获得奖品就是肯定获得奖品。

L2. $p \circ x \oplus (1-p) \circ y \sim (1-p) \circ y \oplus p \circ x$，消费者不介意奖品在抽彩中被描述的次序。

L3. $q \circ [p \circ x \oplus (1-p) \circ y] \oplus (1-q) \circ y \sim (qp) \circ x \oplus (1-qp) \circ y$，消费者对抽彩的感觉仅取决于获得各种奖品的净概率。

假设（L1）和假设（L2）似乎无关紧要。假设（L3）有时被称为"复合抽彩的约简"，它有些不可信，因为有证据表明，消费者对待复合抽彩不同于一次性抽彩。不过我们不在此纠缠这一点。

在这些假设下，我们可以定义消费者的抽彩空间 L。假定消费者在抽彩空间上有偏好：给定任意两个抽彩，他可以在它们之间挑选。我们仍然假设偏好是完备的、反身的和传递的。

抽彩仅有两种结果的这个事实是非限制性的，因为我们允许结果可以是抽彩。这样通过复合两奖品抽彩，我们可以构造出具有任意个奖品数的抽彩。比如，假设我们想要表示一个有 x、y 和 z 三种奖品的情况，其中获得每项奖品的概率均为 $1/3$，通过复合抽彩的约简，本抽彩等于这样的抽彩

$$\frac{2}{3} \circ \left[\frac{1}{2} \circ x \oplus \frac{1}{2} \circ y \right] \oplus \frac{1}{3} \circ z$$

根据上面的假设 L3，消费者只关心其中的净概率，所以这确实等值于初始的抽彩。

11.2 预期效用

在另外次要的假设条件下，本书第 7 章中效用函数存在的定理可以用来证明，存在描述消费者偏好的连续效用函数 u，也就是 $p \circ x \oplus (1-p) \circ y \succ q \circ w \oplus (1-q) \circ z$，当且仅当

$$u[p \circ x \oplus (1-p) \circ y] > u[q \circ \omega \oplus (1-q) \circ z]$$

当然，这个效用函数不是唯一的；任何单调变换也可以。在另外一些假设下，我们可以发现效用函数的特殊单调变换具有一个非常方便的性质，即**预期效用性质**（expected utility property）：

$$u[p \circ x \oplus (1-p) \circ y] = pu(x) + (1-p)u(y)$$

预期效用性质表明，抽彩的效用是获奖效用的期望值。通过取得每个结果产生的效用，把效用和结果发生的概率相乘并将所有结果加总，我们可以计算任何抽彩的效用。就结果而言效用是加性可分的，就概率而言效用是线性的。

应该强调的是，效用函数的存在没有问题；任何表现良好的偏好的次序都可以用效用函数来代表。有趣的是具有上述方便性质的效用函数的存在。为此我们需要这些附加的公理：

U1. 对于所有在 L 中的 x、y 和 z 而言，$\{p \in [0,1]: p \circ x \oplus (1-p) \circ y \geq z\}$ 和 $\{p \in [0,1]: z \geq p \circ x \oplus (1-p) \circ y\}$ 是闭集。

U2. 如果 $x \sim y$，那么 $p \circ x \oplus (1-p) \circ z \sim p \circ y \oplus (1-p) \circ z$。

假设（U1）是一个连续性的假设，它相对来说是无伤大雅的。假设（U2）表明无差异奖的抽彩是无差异的。也就是，如果给定一个抽彩 $p \circ x \oplus (1-p) \circ z$ 并且知道 $x \sim y$，那么我们可以用 y 替代 x 来构造一个抽彩 $p \circ y \oplus (1-p) \circ z$，消费者把它看作与初始抽彩等价。这个假设显得颇有道理。

为了避免技术上的复杂，我们做两个进一步的假设：

U3. 存在某个最好的抽彩 b 和某个最坏的抽彩 w，对于在 L 中的任何 x 而言，$b \geq x \geq w$。

U4. 当且仅当 $p > q$ 时，抽彩 $p \circ b \oplus (1-p) \circ w$ 的偏好强于 $q \circ b \oplus (1-q) \circ w$。

假设（U3）纯粹是为了方便。假设（U4）可以从其他公理中导出，它只是说明如果一个最优奖和最差奖之间的抽彩，其偏好强于另一个，那一定是因为它获得最优奖的概率更高。

在这些假设下我们可以陈述主要的定理。

预期效用定理（expected utility theorem）：如果（L, $\geq$）满足以上公理，那么存在一个定义在 L 上的效用函数满足预期效用性质：

$$u[p \circ x \oplus (1-p) \circ y] = pu(x) + (1-p)u(y)$$

证明：定义 $u(b)=1$ 和 $u(w)=0$。为求得任意抽彩 z 的效用，令 $u(z)=p_z$，其中 p_z 被定义为

$$p_z \circ b \oplus (1-p_z) \circ w \sim z \tag{11.1}$$

在这个结构中，消费者在 z 和一个赌博之间是无差异的，该赌博介于最好和最坏结果之间，它有最好结果的概率为 p_z。

为了确保这一点很好地被定义，我们需要检验两点。

（1）p_z 是否存在？两个集合 $\{p \in [0,1]: p \circ b \oplus (1-p) \circ w \geq z\}$ 和 $\{p \in [0,1]: z \geq p \circ b \oplus (1-p) \circ w\}$ 是闭的和非空的，且 $[0,1]$ 中的每一点必属于两个集合中的一个。因为单位区间是连通的，所以在两个集合中必定存在某个 p——但这正是合意的 p_z。

（2）p_z 是唯一的吗？假设 p_z 和 p_z' 是两个不同的数并且都满足式（11.1），那么一个肯定比另一个大。根据假设（U4），获得最优奖的较大概率的抽彩并非与较小概率的抽彩无差异。因此，p_z 是唯一的并且 u 很好地被定义。

下面我们检验 u 具有预期效用性质。这来自一些简单的代换：

$$p \circ x \oplus (1-p) \circ y$$
$$\sim_1 p \circ [p_x \circ b \oplus (1-p_x) \circ w] \oplus (1-p) \circ [p_y \circ b \oplus (1-p_y) \circ w]$$
$$\sim_2 [pp_x + (1-p)p_y] \circ b \oplus [1 - pp_x - (1-p)p_y] \circ w$$
$$\sim_3 [pu(x) + (1-p)u(y)] \circ b \oplus [1 - pu(x) - (1-p)u(y)] \circ w$$

代换 1 利用（U2）和 p_x 与 p_y 的定义；代换 2 使用（L3），（L3）仅说明获得 b 或 w 的净概率；代换 3 利用了效用函数的构造。

从效用函数的构造可得

$$u[p \circ x \oplus (1-p) \circ y] = pu(x) + (1-p)u(y)$$

最后我们证明 u 是效用函数。假设 $x > y$，那么

$$u(x) = p_x, 使得 x \sim p_x \circ b \oplus (1-p_x) \circ w$$
$$u(y) = p_y, 使得 y \sim p_y \circ b \oplus (1-p_y) \circ w$$

根据（U4），我们一定有 $u(x) > u(y)$。证毕。

11.3 预期效用函数的唯一性

我们现在已经证明，存在一个预期效用函数 $u: L \rightarrow R$。当然，u 的任意单调变

换也是一个描述消费者选择行为的效用函数。但是，这样的单调变换是否保持了预期效用性质呢？上述架构是否在各方面刻画了预期效用函数的特征呢？

不难看出，如果 $u(\cdot)$ 是一个描述某消费者行为的预期效用函数，则 $v(\cdot)=au(\cdot)+c$，其中 $a>0$，即预期效用函数的任意仿射变换仍为预期效用函数。这个结论是显而易见的，因为

$$
\begin{aligned}
v[p\circ x\oplus(1-p)\circ y]&=au[p\circ x\oplus(1-p)\circ y]+c\\
&=a[pu(x)+(1-p)u(y)]+c\\
&=p[au(x)+c]+(1-p)[au(y)+c]\\
&=pv(x)+(1-p)v(y)
\end{aligned}
$$

我们也不难发现上述结论的逆命题：具有预期效用性质的 u 的任何单调变换一定是一个仿射变换。换言之，

预期效用函数的唯一性：预期效用函数对于仿射变换是唯一的。

证明：根据上述分析，我们只需证明：如果一个单调变换保持了预期效用性质，则它一定是一个仿射变换。令 $f: R\rightarrow R$ 是一个具有预期效用性质的 u 的单调变换。则

$$
f\{u[p\circ x\oplus(1-p)\circ y]\}=pf[u(x)]+(1-p)f[u(y)]
$$

或者

$$
f[pu(x)+(1-p)u(y)]=pf[u(x)]+(1-p)f[u(y)]
$$

这等同于仿射变换的定义（见本书第 26 章）。证毕。

11.4 预期效用的其他表示法

我们已在具有两种结果的抽彩的情况下证明了预期效用定理。正如前面所指出的那样，我们还可以通过运用复合抽彩把此证明直接拓展到具有有限结果的情况。对于 $i=1,\cdots,n$，如果以 p_i 的概率获得结果 x_i，则此抽彩的预期效用为

$$
\sum_{i=1}^{n}p_iu(x_i) \tag{11.2}
$$

根据某些次要的技术细节，预期效用定理对于连续概率分布也是成立的。如果 $p(x)$ 是定义在结果 x 上的概率密度函数，则此次打赌的预期效用可以写成

$$
\int u(x)p(x)\mathrm{d}x \tag{11.3}
$$

我们可以通过运用期望算子把上述情况归类。令 X 表示取值为 x 的**随机变量**（random variable），则 X 的效用 $u(X)$ 也是一个随机变量。此随机变量的**期望值**

（expectation） $Eu(X)$ 仅是一个与抽彩 X 相关的预期效用。在离散随机变量的情况下，$Eu(X)$ 由式（11.2）给出；在连续随机变量的情况下，$Eu(X)$ 由式（11.3）给出。

11.5 风险规避

下面我们考察仅包含货币奖赌博的抽彩空间的情形。我们知道，如果消费者的选择行为满足各个要求的公理，我们可以找到一个具备预期效用函数性质的效用表述。这意味着如果知道消费者对货币的效用函数的特定表述，我们就可以描述消费者对所有货币赌博的行为。例如，为计算消费者的一个赌博 $p\circ x\oplus(1-p)\circ y$ 的预期效用，我们仅需考察 $pu(x)+(1-p)u(y)$。

这个结构在图 11-1 中按 $p=\frac{1}{2}$ 的情况进行了描述。注意，在这个例子中，消费者偏好于获得抽彩的预期值，即抽彩 $u[p\circ x\oplus(1-p)\circ y]$ 的效用小于抽彩预期值 $px+(1-p)y$ 的效用。这种行为被称作**风险规避**（risk aversion）行为。一个消费者也可能是一个**风险偏好**（risk loving）者。风险偏好者对抽彩的效用大于预期值的效用。

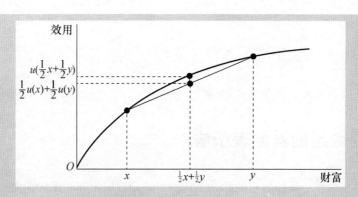

图 11-1 赌博的预期效用

注：赌博的预期效用是 $\frac{1}{2}u(x)+\frac{1}{2}u(y)$；赌博预期值的效用是 $u\left(\frac{1}{2}x+\frac{1}{2}y\right)$。在图中所描绘的情况下，赌博预期值的效用高于预期效用，该消费者为风险规避者。

如果一个消费者在某个范围内为风险规避者，则在此范围内，其效用函数曲线任意两点间的连线一定位于函数曲线的下方。这等价于凹函数的数学定义。因此，期望效用函数的凹性与风险规避是同义的。

风险规避的度量通常还是很方便的。从直观上看，预期效用函数越凹，消费者的风险规避倾向越强。因此，我们可以考虑用预期效用函数的二阶导数对风险规避加以度量。然而，此定义对预期效用函数的变化不是不变的：如果我们将预期效用函数乘以2，消费者行为并不改变，但我们提议的风险规避度量却改变了。但是如果我们以一阶导数除以二阶导数，使之标准化，我们就得到一个合理的度量，其被称为**阿罗-普拉特（绝对）风险规避度量**〔Arrow-Pratt measure of（absolute）risk aversion〕：

$$r(w) = -\frac{u''(w)}{u'(w)}$$

下面的分析将给出这一度量的进一步的基本原理。我们以一对数字（x_1，x_2）代表一个赌博，其中，如果事件 E 发生，消费者得到 x_1；如果事件 E 不发生，消费者得到 x_2。则我们把消费者的**接受集**（acceptance set）定义为，消费者在初始财富水平 w 可接受的所有赌博的集合。如果消费者为风险规避者，则其接受集为凸集。该集合的边界——无差异赌博集——可以通过隐函数 $x_2(x_1)$ 给出，如图 11-2 所示。

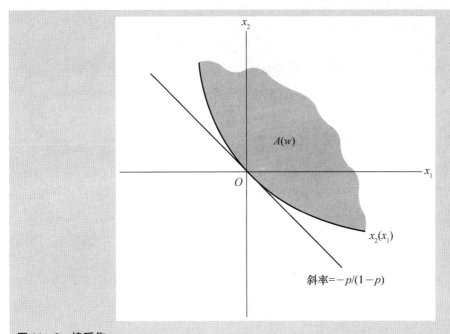

图 11-2 接受集

注：该集合描述消费者在初始财富水平可接受的所有赌博。如果消费者为风险规避者，则其接受集为凸集。

假设消费者行为可以通过预期效用的最大化来加以描述，则 $x_2(x_1)$ 一定满足恒等式：

$$pu(w+x_1)+(1-p)u[w+x_2(x_1)]\equiv u(w)$$

接受集边界在点（0，0）的斜率可以通过将恒等式对 x_1 求导，并在 $x_1=0$ 求解这一导数得到：

$$pu'(w)+(1-p)u'(w)x_2'(0)=0 \tag{11.4}$$

解接受集的斜率，我们得到

$$x_2'(0) = -\frac{p}{1-p}$$

也就是说，接受集在点（0，0）的斜率给出了赌博的赔率。这种方法比较妙——我们可以得到消费者恰好愿意为某事件押注一小笔钱的赔率。

现在假设我们有两个消费者，他们在事件 E 上的概率相同。我们自然可以说，如果消费者 i 的接受集包含于消费者 j 的接受集，消费者 i 比消费者 j 更倾向于规避风险。由于上述说法表示消费者 j 可以接受消费者 i 接受的任何赌博，这种对于风险规避的陈述是总体性的。如果我们将注意力限定在较小的赌博上，我们可以得到更有用的衡量方法。

自然可以说，消费者 i 比消费者 j 具有**局部更强风险规避**（locally more risk averse）倾向，如果消费者 i 的接受集包含于消费者 j 的接受集中的点（0，0）的某个邻域之中。这意味着消费者 j 可以接受消费者 i 接受的任何较小的赌博。如果这种包含关系是严格的，那么消费者 i 可以接受的较小赌博数量比消费者 j 可接受的少。

不难发现，如果消费者 i 的接受集比消费者 j 的接受集在接近点（0，0）时"更弯曲"，则消费者 i 比消费者 j 具有局部更强风险规避倾向。这个结论是有益的，因为我们可以通过计算 $x_2(x_1)$ 的二阶导数来检验接受集的曲率。将恒等式（11.4）再次对 x_1 求导，并在零求相应导数的值，得到

$$pu''(w) + (1-p)u''(w)x_2'(0)x_2'(0) + (1-p)u'(w)x_2''(0) = 0$$

由于 $x_2'(0) = -p/(1-p)$，我们有

$$x_2''(0) = \frac{p}{(1-p)^2}\left[-\frac{u''(w)}{u'(w)}\right]$$

此表达式与前面定义的阿罗-普拉特局部风险规避度量成比例。我们可以得出结论：当且仅当代理人 i 具有一个较大的阿罗-普拉特局部风险规避度量，代理人 j 将比代理人 i 接受更小的赌博。

例 11-1：保险需求

假设某消费者具有初始货币财富 W。他可能损失 L 美元的概率为 p——比如他的房子存在被烧毁的可能性。该消费者可以购买保险，在他蒙受这一损失时，他将得到 q 美元的赔偿。他购买 q 美元保险而必须花费的钱数为 πq，这里 π 是每美元保险的保险费。

该消费者将购买多少保险呢？我们考察效用最大化问题

$$\max\ pu(W - L - \pi q + q) + (1-p)u(W - \pi q)$$

对 q 求导并令其等于零，我们有

$$pu'[W - L + q^*(1-\pi)](1-\pi) - (1-p)u'(W - \pi q^*)\pi = 0$$

$$\frac{u'[W-L+(1-\pi)q^*]}{u'(W-\pi q^*)}=\frac{(1-p)}{p}\frac{\pi}{(1-\pi)}$$

如果消费者蒙受损失的事件发生，保险公司得到 $\pi q-q$ 美元；如果事件不发生，保险公司得到 πq 美元。因此，保险公司的预期利润为

$$(1-p)\pi q-p(1-\pi)q$$

我们假定，保险业的竞争使得这些利润为零。这意味着

$$-p(1-\pi)q+(1-p)\pi q=0$$

由此可得 $\pi=p$。

在零利润假设下，保险公司按照精算公平费率收费：每张保险单的成本恰好等于其预期价值，所以 $p=\pi$。将其代入效用最大化的一阶条件，我们得到

$$u'[W-L+(1-\pi)q^*]=u'(W-\pi q^*)$$

若该消费者为严格风险规避者，$u''(W)<0$，则上面的方程意味着

$$W-L+(1-\pi)q^*=W-\pi q^*$$

由此可得 $L=q^*$。因此，该消费者将为其可能的 L 损失投全额保险。

这一结论关键取决于这个假设：消费者不能影响损失的概率。如果消费者的行为确实影响损失的概率，则保险公司仅愿提供部分保险，以使消费者仍然具有动力来保持必要的谨慎。我们将在本书第 25 章研究此类模型。

11.6　总体风险规避

阿罗-普拉特度量似乎是局部风险规避的一个合理的解释：如果一个代理人愿意接受更少的小赌博，那么，他就有更强的风险规避倾向。然而在很多情况下，我们需要对风险规避进行总体度量——我们需要说明一个代理人比另一个代理人对全部财富水平具有更强的风险规避倾向。表述这一条件的自然方式是什么呢？

第一种可行方式是，如果具有效用函数 $A(w)$ 的代理人比具有效用函数 $B(w)$ 的代理人具有更强的风险规避倾向，对所有财富水平 w，必有如下不等式：

$$-\frac{A''(w)}{A'(w)}>-\frac{B''(w)}{B'(w)}$$

这仅意味着代理人 A 比代理人 B 处处都有更高程度的风险规避倾向。

第二种可行方式是，如果代理人 A 比代理人 B 具有更强的风险规避倾向，那就是说代理人 A 的效用函数比代理人 B 的效用函数"更凹"。更确切地说，代理人 A 的效用函数是 B 的效用函数的一个凹变换，即存在一个递增的、严格凹的函数 $G(\cdot)$，使得

$$A(w) = G[B(w)]$$

第三种可行方式是，如果代理人 A 比代理人 B 具有更强的风险规避倾向，那就是说为了避免一定的风险，代理人 A 比代理人 B 愿意支付更多。为规范化这一思想，令 $\tilde{\epsilon}$ 是一个随机变量，具有零期望，即 $E\tilde{\epsilon} = 0$。定义 $\pi_A(\tilde{\epsilon})$ 是代理人 A 为了避免面对随机变量 $\tilde{\epsilon}$ 而需要放弃的财富的最大数量。以符号表示，这个**风险金**（risk premium）是

$$A[w - \pi_A(\tilde{\epsilon})] = EA(w + \tilde{\epsilon})$$

表达式的左侧表示财富 w 减去 $\pi_A(\tilde{\epsilon})$ 的效用，右侧表示面对赌博 $\tilde{\epsilon}$ 的预期效用。如果对于全部 ϵ 和 w，$\pi_A(\tilde{\epsilon}) > \pi_B(\tilde{\epsilon})$，自然可以说代理人 A 比代理人 B 具有更强的（总体）风险规避倾向。

在对什么是一个代理人比另一个代理人具有"更强的总体风险规避"倾向的三个可能有效的解释中进行选择，似乎是很困难的。幸运的是，我们不需要作出这种选择：三个定义将被证明是等价的！作为证明这一事件的一个步骤，我们需要下述结论，这个不等式对处理预期效用函数是极具价值的。

詹森不等式（Jensen's inequality）：令 X 为一非退化的随机变量，且 $f(X)$ 是该随机变量的严格凹函数，则 $Ef(X) < f(EX)$。

证明：此不等式是普遍成立的，但是在可微凹函数的情况下证明最为简单。这种函数具有下述性质：在任意点 $\bar{x}$，$f(x) < f(\bar{x}) + f'(\bar{x})(x - \bar{x})$ 成立。令 $\bar{X}$ 是 X 的预期值，对表达式两侧取期望，我们有

$$Ef(X) < f(\bar{X}) + f'(\bar{X})E(X - \bar{X}) = f(\bar{X})$$

由此可知

$$Ef(X) < f(\bar{X}) = f(EX)$$

证毕。

普拉特定理（Pratt's theorem）：令 $A(w)$ 和 $B(w)$ 为两个可微、递增、凹的财富预期效用函数。则下述三种性质是等价的：

(1) 对所有的 w，$-A''(w)/A'(w) > -B''(w)/B'(w)$。

(2) 对某一递增的严格凹函数 G，$A(w) = G[B(w)]$。

(3) 对所有具有期望 $E\tilde{\epsilon} = 0$ 的随机变量 $\tilde{\epsilon}$，$\pi_A(\tilde{\epsilon}) > \pi_B(\tilde{\epsilon})$ 成立。

证明：首先证明（1）成立意味着（2）成立。以 $A(w) = G[B(w)]$ 定义函数 $G(B)$。注意，此效用函数的单调性意味着 G 是定义良好的——每一个 B 值对应一个唯一的 $G(B)$ 值。现在将此定义两次微分，得到

$$A'(w) = G'(B)B'(w)$$

$$A''(w) = G''(B)B'(w)^2 + G'(B)B''(w)$$

因为 $A'(w)>0$，$B'(w)>0$，由第一个方程可知 $G'(B)>0$。以第一个方程除以第二个方程，有

$$\frac{A''(w)}{A'(w)}=\frac{G''(B)}{G'(B)}B'(w)+\frac{B''(w)}{B'(w)}$$

整理后得

$$\frac{G''(B)}{G'(B)}B'(w)=\frac{A''(w)}{A'(w)}-\frac{B''(w)}{B'(w)}<0$$

其中，不等式源于（1）。这证明 $G''(B)<0$，所以，结论得证。

其次证明（2）成立意味着（3）成立。这一结论可以从下面的不等式链中得到证明：

$$A(w-\pi_A)=EA(w+\tilde{\epsilon})=EG[B(w+\tilde{\epsilon})]<G[EB(w+\tilde{\epsilon})]$$
$$=G[B(w-\pi_B)]$$
$$=A(w-\pi_B)$$

除不等式外，上式中的所有关系均源于风险金的定义，而不等式则由詹森不等式推出。比较第一项和最后一项，我们可以看到 $\pi_A>\pi_B$。

最后我们证明（3）成立意味着（1）成立。因为（3）对所有零均值随机变量 $\tilde{\epsilon}$ 均成立，所以，它对任意小的随机变量也一定成立。固定一个 $\tilde{\epsilon}$，考察由 $t\tilde{\epsilon}$ 定义的随机变量族，其中 t 在 $[0,1]$ 中。令 $\pi(t)$ 表示风险金，它是 t 的函数。围绕 $t=0$ 的 $\pi(t)$ 的二阶泰勒展开式由下式给出：

$$\pi(t)\approx\pi(0)+\pi'(0)t+\frac{1}{2}\pi''(0)t^2 \tag{11.5}$$

我们将计算泰勒展开式中的各项，以考察 $\pi(t)$ 对微小的 t 如何反应。$\pi(t)$ 的定义是

$$A[w-\pi(t)]\equiv EA(w+t\tilde{\epsilon})$$

由定义可知 $\pi(0)=0$。将定义对 t 两次求微分，我们有

$$-A'[w-\pi(t)]\pi'(t)=E[A'(w+t\tilde{\epsilon})\tilde{\epsilon}]$$
$$A''[w-\pi(t)]\pi'(t)^2-A'[w-\pi(t)]\pi''(t)=E[A''(w+t\tilde{\epsilon})\tilde{\epsilon}^2]$$

（有些读者可能不熟悉对期望求微分的运算。但可把期望作为另一种求和或积分的概念，所以仍可应用同样的规则：期望的微分即微分的期望。）

当 $t=0$ 时，求解第一个表达式，我们知道 $\pi'(0)=0$。当 $t=0$ 时，求解第二个表达式，我们得到

$$\pi''(0)=-\frac{EA''(w)\tilde{\epsilon}^2}{A'(w)}=-\frac{A''(w)}{A'(w)}\sigma^2$$

其中，σ^2 是 $\tilde{\epsilon}$ 的方差。将其代入式（11.5）求 $\pi(t)$，我们有

$$\pi(t)\approx 0+0-\frac{A''(w)}{A'(w)}\frac{\sigma^2}{2}t^2$$

这意味着对任意小的 t，风险金单调地依赖于风险规避的程度，这正是我们要证明的结论。证毕。

例 11-2：一个简单资产组合问题的比较静态分析

下面我们用学过的知识来分析一个简单的两期资产组合问题。此资产组合包括两种资产，一种具有风险收益，另一种具有确定收益。因为风险资产的收益率是不确定的，所以我们以随机变量 $\tilde{R}$ 表示它。

令 w 为初始财富，令 $a\geqslant 0$ 为投资于风险资产的美元数量。由预算约束可知，$w-a$ 是投资于确定资产的数量。为方便起见，我们假定确定资产具有零收益率。

在此情况下，第二期财富可以写成：

$$\tilde{W}=a(1+\tilde{R})+w-a=a\tilde{R}+w$$

注意，由于 $\tilde{R}$ 是一个随机变量，所以第二期财富也是随机变量。在风险资产上投资 a 的预期效用可以写成

$$v(a)=Eu(w+a\tilde{R})$$

预期效用对 a 的一阶、二阶导数为

$$v'(a)=Eu'(w+a\tilde{R})\tilde{R}$$
$$v''(a)=Eu''(w+a\tilde{R})\tilde{R}^2$$

需要指出的是，风险规避意味着 $v''(a)$ 处处均为负，所以二阶条件自动满足。

我们首先来考察边界解。在 $a=0$ 时求一阶导数的值，我们有 $v'(0)=Eu'(w)\tilde{R}=u'(w)E\tilde{R}$。由此得到：如果 $E\tilde{R}\leqslant 0$，$v'(0)\leqslant 0$，并给定严格风险规避，则对所有 $a>0$，$v'(a)<0$。因此当且仅当 $E\tilde{R}\leqslant 0$ 时，$a=0$ 是最优解。也就是说，当且仅当风险规避者的预期收益为非正的时，他对风险资产将选择零投资。

相反，若 $E\tilde{R}>0$，由此可知 $v'(0)=u'(w)E\tilde{R}>0$，则此人一般愿在风险资产上进行一定数量的投资。最优投资满足一阶条件：

$$Eu'(w+a\tilde{R})\tilde{R}=0 \tag{11.6}$$

这仅要求财富的预期边际效用为零。

让我们对这个选择问题进行比较静态分析。首先考察当 w 变化时 a 如何变化。令 $a(w)$ 为 a 作为 w 函数的最优选择，这一定使一阶条件恒等：

$$Eu'[w+a(w)\tilde{R}]\tilde{R}\equiv 0$$

对 w 求微分，得到

$$Eu''(w+a\tilde{R})\tilde{R}[1+a'(w)\tilde{R}]\equiv 0$$

或者

$$a'(w)=-\frac{Eu''(w+a\tilde{R})\tilde{R}}{Eu''(w+a\tilde{R})\tilde{R}^2}$$

同以往一样，由于二阶条件，分母为负，所以我们看到

$$a'(w)\text{的符号}=Eu''(w+a\tilde{R})\tilde{R}\text{ 的符号}$$

$Eu''(w+a\tilde{R})\tilde{R}$ 的符号并不是完全清楚的。然而，可以证明它是由绝对风险规避者的行为 $r(w)$ 所决定的。

风险规避：当 $r(w)$ 为递减、递增或者常数时，$Eu''(w+a\tilde{R})\tilde{R}$ 分别为正、负或零。

证明：我们证明 $r'(w)<0$ 意味着 $Eu''(w+a\tilde{R})\tilde{R}>0$，因为这是最合理的情形。其他情形的证明也类似。

首先考察 $\tilde{R}>0$ 的情况，在此情况下我们有

$$r(w+a\tilde{R})=-\frac{u''(w+a\tilde{R})}{u'(w+a\tilde{R})}<r(w)$$

此式可以重写成

$$u''(w+a\tilde{R})>-r(w)u'(w+a\tilde{R}) \tag{11.7}$$

因为 $\tilde{R}>0$，

$$u''(w+a\tilde{R})\tilde{R}>-r(w)u'(w+a\tilde{R})\tilde{R} \tag{11.8}$$

其次考察 $\tilde{R}<0$ 的情况。观察式 (11.7)，我们看到递减的绝对风险规避意味着

$$u''(w+a\tilde{R})<-r(w)u'(w+a\tilde{R})$$

因为 $\tilde{R}<0$，我们有

$$u''(w+a\tilde{R})\tilde{R}>-r(w)u'(w+a\tilde{R})\tilde{R}$$

将其与方程 (11.8) 比较，我们看到无论 $\tilde{R}>0$ 或 $\tilde{R}<0$，式 (11.8) 都成立。因此，对所有的 $\tilde{R}$ 值取期望，我们有

$$Eu''(w+a\tilde{R})\tilde{R}>-r(w)Eu'(w+a\tilde{R})\tilde{R}=0$$

其中最后的等号源于一阶条件。证毕。

此引理给出这样一个结论：当风险规避倾向随财富增加而递减时，在风险资产上的投资将随财富增加而递增；当风险规避倾向不因财富变化而变化时，在风险资产上的投资也不对财富变化发生反应；当风险规避倾向随财富增加而递增时，在风险资产上的投资随财富增加而递减。

现在我们转而考察对风险资产的需求如何随着风险资产收益的概率分布的变化而变化。

对随机收益率进行参数化转换的一种方式是写出 $(1+h)\widetilde{R}$，其中 h 为一转换变量。当 $h=0$ 时，我们得到初始随机变量；若 h 为正，则意味着每一实现的收益高 $h\%$。

以 $(1+h)\widetilde{R}$ 替换方程 (11.6) 中的 $\widetilde{R}$，并将表达式两侧除以 $(1+h)$，得到

$$Eu'[w+a(1+h)\widetilde{R}]\widetilde{R}=0 \tag{11.9}$$

我们可以继续将此式对 h 求微分，并观察结果的符号是正还是负，但还有一个更简单的方式来考察 h 变化时 a 如何变化。令 $a(h)$ 表示对风险资产的需求，它是 h 的函数。我们可以认为

$$a(h)=\frac{a(0)}{1+h}$$

这个结论只需将此式代入一阶条件式 (11.9) 即可得到证明。

直观地看，如果随机变量扩大 $(1+h)$ 倍，消费者恰好减少 $\frac{1}{(1+h)}$ 的风险资产，从而准确地恢复到随机变量变化前的收益模式。随机变量的这种线性变换能够被消费者资产组合的变化所完全抵消。

随机变量的一个更有趣的变换是**不变均值分布**（mean-preserving spread），即增加 $\widetilde{R}$ 的方差但使均值不变。对这种变化进行参数化的一个办法是写出 $\widetilde{R}+h(\widetilde{R}-\overline{R})$。此随机变量的期望值为 $\overline{R}$，但方差是 $(1+h)^2\sigma_R^2$，所以，h 的增加使均值不变，但方差增加。

我们也可以将此表达式写成 $(1+h)\widetilde{R}-h\overline{R}$。此式表明，这种不变均值分布可以被视为 $(1+h)$ 乘以随机变量再减去 $h\overline{R}$。根据我们前面的结论，如果假设绝对风险规避是递减的，用 $(1+h)$ 乘以随机变量，将使风险需求比例降低 $(1+h)$，减去财富将减少更多需求。因此，这种不变均值分布减少的风险资产投资高于随机变量变化的比例。

例 11-3：资产定价

现在假设存在多种风险资产和一种确定资产。对于 $i=1,\cdots,n$，每一风险资产有一个随机的总收益 $\widetilde{R}_i$，无风险资产的总收益为 R_0（总收益 R 等于 1 加收益率；在最后一节，我们也用 R 表示收益率）。消费者最初具有财富 w，并且将其财富的一个比例 x_i 投资于资产 i，$i=0,\cdots,n$。因此，当随机收益实现时，消费者在第二期的财富可以通过下式给出：

$$\widetilde{W}=w\sum_{i=0}^{n}x_i\widetilde{R}_i \tag{11.10}$$

我们假设消费者希望选择 (x_i) 以最大化其随机财富 $\widetilde{W}$ 的预期效用。

此问题的预算约束为 $\sum_{i=0}^{n}x_i=1$。因为 x_i 是消费者财富中投资于资产 i 的比例，所以，全部适宜资产的比例之和一定等于 1。我们也可以把此预算约束写成

$$x_0+\sum_{i=1}^{n}x_i=1$$

所以 $x_0=1-\sum_{i=1}^{n}x_i$。将此式代入式 (11.10)，整理，我们有：

$$\widetilde{W} = w\Big[x_0 R_0 + \sum_{i=1}^{n} x_i \widetilde{R}_i \Big]$$

$$= w\Big[(1 - \sum_{i=1}^{n} x_i) R_0 + \sum_{i=1}^{n} x_i \widetilde{R}_i \Big]$$

$$= w\Big[R_0 + \sum_{i=1}^{n} x_i (\widetilde{R}_i - R_0) \Big]$$

通过对预算约束的这种重新整理，我们现在得到一个对 x_1，$\cdots$，x_n 的非约束的最大化问题：

$$\max_{x_1, \cdots, x_n} Eu\Big\{ w\Big[R_0 + \sum_{i=1}^{n} x_i (\widetilde{R}_i - R_0) \Big] \Big\}$$

对 x_i 求微分，我们得到一阶条件

$$Eu'(\widetilde{W})(\widetilde{R}_i - R_0) = 0 \quad i = 1, \cdots, n$$

注意，此式同上一节推导的表达式实质上是相同的。

此式也可以写成

$$Eu'(\widetilde{W})\widetilde{R}_i = R_0 Eu'(\widetilde{W})$$

利用随机变量的协方差恒等式，$\mathrm{cov}(X, Y) = EXY - EX\,EY$，我们可以将此式转换为

$$\mathrm{cov}[u'(\widetilde{W}), \widetilde{R}_i] + E\widetilde{R}_i Eu'(\widetilde{W}) = R_0 Eu'(\widetilde{W})$$

经重新排列，有

$$E\widetilde{R}_i = R_0 - \frac{1}{Eu'(\widetilde{W})}\mathrm{cov}u'[(\widetilde{W}), \widetilde{R}_i] \tag{11.11}$$

此方程说明，任何资产的预期收益都可以表示成两部分之和：无风险收益加上**风险收益**（risk premium）。风险收益取决于财富的边际效用与资产收益之间的协方差（注意，这里"风险收益"的概念与前面讨论普拉特定理的证明时所使用的风险金的概念是不同的。遗憾的是，两个概念却要应用同一英文术语）。*

考察一种收益与财富正相关的资产。因为风险规避意味着财富的边际效用随着财富的增加而递减，由此可知这种资产一定与边际效用负相关。因此，这种资产一定具有一个高于无风险收益率的预期收益，以对风险进行补偿。

一种与财富负相关的资产将具有一个低于无风险收益率的预期收益。直观地讲，与财富负相关的资产对降低风险特别有价值，因此，人们为持有该资产宁愿牺牲预期收益。

11.7　相对风险规避

考察一个具有财富 w 的消费者，并假定提供给他这样一种赌博：以概率 p 获

---

* 风险收益和风险金的英文均为 risk premium，我们在翻译时作了区分。——译者注

得他现有财富的 $x\%$，以概率 $(1-p)$ 获得他现有财富的 $y\%$。如果该消费者用预期效用对抽彩加以评估，此次抽彩的效用将为

$$pu(xw)+(1-p)u(yw)$$

注意这种倍增的赌博与前面分析的可加性的赌博结构不同。然而，这种相对赌博常在经济问题中产生。比如投资收益一般就是相对于投资水平来表示的。

　　同以往一样，我们可以提出这样的问题：在给定财富水平的情况下，一个消费者比另一个消费者何时愿意接受更小的相对赌博？经过上述同样的分析，我们可以找到合适的度量，即**阿罗-普拉特相对风险规避度量**（Arrow-Pratt measure of relative risk aversion）：

$$\rho=-\frac{u''(w)w}{u'(w)}$$

　　应该提出这样的问题：绝对与相对风险规避如何随着财富的变化而变化？做这样的假设似乎是合理的，绝对风险规避倾向随财富增加而递减：当你变得更富有时，你将愿意接受以绝对美元数量表示的更多的赌博。相对风险规避行为却更为不确定；当你的财富增加时，你是更愿意还是更不愿意冒损失其中一个特定比例财富的风险？假设不变相对风险规避倾向也许是一个并不太坏的假设，至少对财富的小的变化而言是如此。

例 11-4：均值-方差效用

　　通常，赌博的预期效用取决于结果的整个概率分布。但在某些情况下，赌博的预期效用仅取决于某些分布的汇总统计量。最常见的例子就是**均值-方差效用函数**（mean-variance utility function）。

　　例如，假设预期效用函数为二次的，所以 $u(w)=w-bw^2$。预期效用为

$$Eu(w)=Ew-bEw^2=\overline{w}-b\overline{w}^2-b\sigma_w^2$$

因此，赌博的预期效用仅是财富的均值与方差的函数。

　　遗憾的是，二次效用函数具有一些不合意的性质：它在某些范围内是财富的减函数，并表现出递增的绝对风险规避。

　　当均值-方差分析经证明后，更具有讨论价值的是当财富为正态分布时的情况。众所周知，均值与方差完全刻画了一个正态随机变量的特征，因此，在正态随机变量中的选择可以简化为对其均值与方差的比较。

　　令人特别感兴趣的是当消费者效用函数具有 $u(w)=-e^{-rw}$ 这种形式的特殊情况。可以证明，这种效用函数具有不变绝对风险规避倾向。进而，当财富为正态分布时

$$Eu(w)=-\int e^{-rw}f(w)\mathrm{d}w=-e^{-r[\overline{w}-r\sigma_w^2/2]}$$

（积分时，可以进行配方，或者注意到这个积分就是找到正态分布的矩母函数。）注意，预期效用对 $\overline{w} - r\sigma_w^2 / 2$ 是递增的。这意味着我们可以对预期效用进行单调变换，并利用效用函数 $u(\overline{w}, \sigma_w^2) = \overline{w} - \dfrac{r}{2}\sigma_w^2$ 估计财富的分布。这个效用函数具有方便的特点，它是财富的均值与方差的线性函数。

11.8 状态依存效用

我们分析消费者在不确定环境下的选择决策时，一开始我们假设奖品只是抽象的物品束；后来我们又关注仅具有货币结果的抽彩的分析。然而，事实并不像这种分析所表现的那样单纯。毕竟，一美元的价值取决于现行的价格；美元赌博结果的完备表述不仅应当包括适用于每一结果的货币数量，而且应包括每一结果的现行价格。

一般来说，一个物品的有用性通常依赖于其使用的环境或**自然状态**（state of nature）。一把伞在下雨时对一个消费者的价值与不下雨时可能是完全不同的。这些例子表明，在有些选择问题中，根据物品使用的自然状态而对其加以区分，是非常重要的。

例如，假设存在两种自然状态——热和冷，我们分别以 h 和 c 表示。令 x_h 表示天热的时候得到的冰激凌数量，x_c 表示天冷时得到的冰激凌数量。则如果天气热的概率为 p，我们可以描述一个特定抽彩 $pu(h, x_h) + (1-p)u(c, x_c)$。这里，物品束是在天气热的状态时得到的 x_h 单位的冰激凌和在天气冷的状态时得到的 x_c 单位的冰激凌。

一个更严肃一点的例子是健康保险。一美元的价值可能完全依赖于一个人的健康——如果一个人处于昏迷状态，那么 100 万美元对他能有多少价值呢？在这种情况下，我们可以把效用函数写成 $u(h, m_h)$，其中 h 是一个健康指示器，m 是一定数量的货币。这些情形下的效用函数都是**状态依存效用函数**（state-dependent utility function）的例子。这仅意味着消费者对于物品的偏好取决于这些物品的自然状态。

11.9 主观概率理论

在讨论预期效用理论时，我们对进入预期效用函数的"概率"的确切性质还是十分模糊的。最直接的解释是它们是"客观"的概率——如在某些观测频率的基础上计算出来的概率。遗憾的是，大多数有趣的选择问题均涉及**主观概率**（subjective probability）：一个给定代理人对某些事件发生可能性的主观感觉。

就预期效用理论而言，我们可以提出这样的问题：关于个人选择行为的何种公理将表明代表该行为的预期效用函数确实存在？类似地，我们还可以问：关于个人选择行为的何种公理能被用于推断主观概率的存在？即个人的选择行为可以视为好像他正在根据其关于某些主观概率度量的预期效用对赌博进行评估？

碰巧，这种公理集的确存在，并且是合理的。主观概率可以按照类似于构建预期效用函数的方式加以构建。回想一下，我们选择某一赌博 x 的效用被选中的数量为 $u(x)$，使得

$$x \sim u(x) \circ b \oplus [1-u(x)] \circ w$$

假设我们努力确定某个体关于某日将下雨的主观概率。则我们可以问在多大的概率 p 下，该个体将认为赌博 $p \circ b \oplus (1-p) \circ w$ 与"如果天下雨，收到 b，否则收到 w"是无差别的？

更正式地，令 E 表示某一事件，令 $p(E)$ 代表 E 发生的（主观）概率。我们定义 E 发生的主观概率 $p(E)$ 满足

$$p(E) \circ b \oplus [1-p(E)] \circ w \sim 若 E 发生，收到 b，否则收到 w$$

可以证明，在一定的正规假设之下，以此方式定义的概率具有一般客观概率所具有的全部性质，特别是它们服从条件概率处理的一般规则。这对经济行为的分析有许多有用的启示。

我们可以简单地探讨上述含义中的一种。假设 $p(H)$ 为一个体关于一特定假设为真的主观概率，E 是一个事件，被作为推断 H 为真的证据。那么，一个理性的经济代理人如何根据证据 E 调整其相信 H 为真的概率呢？也就是说，什么是在观测证据 E 条件下的 H 为真的概率呢？

我们可以将观测中的 E 与 H 为真的联合概率写成

$$p(H,E) = p(H|E)p(E) = p(E|H)p(H)$$

整理方程右侧，有

$$p(H|E) = \frac{p(E|H)p(H)}{p(E)}$$

此即**贝叶斯定律**（Bayes' law），它将**先验概率**（prior probability）$p(H)$——在观测证据前假设为真的概率——与**后验概率**（posterior probability）——在观测证据后假设为真的概率——联系在一起。

贝叶斯定律直接从条件概率的简单处理中产生。如果个体行为满足足以确保主观概率存在的约束，这些概率就一定满足贝叶斯定律。贝叶斯定律是重要的，因为它证明一个理性的个人如何根据证据修正其概率，所以成为大多数理性学习行为模型的基础。

因此，只要观测到的选择行为服从某些直观合理的公理，效用函数和主观概率

就都可以由观测到的选择行为来构建。然而，需要强调的是，尽管公理是直观合理的，但并不能由此得出它们是对个体实际如何行动的确切描述。那样的决定必须基于经验证据。

例 11－5：阿莱悖论和埃尔斯伯格悖论（The Allais paradox and the Ellsberg paradox）

预期效用理论和主观概率理论被理性思维所激发。以预期效用理论为基础的公理似乎是合理的，正如我们用主观概率所进行的构建一样。

遗憾的是，真实的个体行为表现为系统地违背某些公理，这里我们提供两个著名的例子。

☐ 阿莱悖论

你需要在下面两个赌博之间进行选择：

赌博 A：100％的机会得到 100 万美元。

赌博 B：10％的机会得到 500 万美元，89％的机会得到 100 万美元，1％的机会什么也得不到。

在你进一步向下阅读前，从中作出一个选择并记下。现在考察下面两个赌博：

赌博 C：11％的机会得到 100 万美元，89％的机会什么也得不到。

赌博 D：10％的机会得到 500 万美元，90％的机会什么也得不到。

再从两个赌博中作出你偏好的选择，并记下来。

很多人偏好于 A 而非 B，偏好于 D 而非 C。然而这种选择违背了预期效用公理！为证明这一点，仅需写出由 A≥B 所隐含的预期效用关系：

$$u(1) > 0.1u(5) + 0.89u(1) + 0.01u(0)$$

重新排列此式，给出：

$$0.11u(1) > 0.1u(5) + 0.01u(0)$$

两边加上 $0.89u(0)$，得到

$$0.11u(1) + 0.89u(0) > 0.1u(5) + 0.90u(0)$$

由此可得，预期效用最大化者一定偏好于 C 而非 D。

☐ 埃尔斯伯格悖论

埃尔斯伯格悖论与主观概率理论有关。有人告诉你一个缸中有 300 个球，其中 100 个球为红色，其余 200 个或者为蓝色或者为绿色。你若从中拿出一球：

赌博 A：若球为红色，你得到 1 000 美元。

赌博 B：若球为蓝色，你得到 1 000 美元。

记下你愿意选择的赌博。现在考察下面两个赌博：

赌博 C： 如果球不是红的，你得到 1 000 美元。

赌博 D： 如果球不是蓝的，你得到 1 000 美元。

所有的人基本上严格偏好于 A 而非 B，严格偏好于 C 而非 D。但这种偏好关系违背了标准的主观概率理论。要想知道原因，可令 R 表示球为红色的事件，$\neg R$ 表示球不是红色的事件；相应地定义 B 为球是蓝色的事件，$\neg B$ 表示球为非蓝色的事件。根据概率的一般规则，有

$$p(R)=1-p(\neg R)$$
$$p(B)=1-p(\neg B) \tag{11.12}$$

为方便起见，标准化 $u(0)=0$，则若你对 A 偏好于 B，一定有 $p(R)u(1\,000)>p(B)u(1\,000)$，由此可得：

$$p(R)>p(B) \tag{11.13}$$

如果对 C 偏好于 D，我们一定有 $p(\neg R)u(1\,000)>p(\neg B)u(1\,000)$，由此可得：

$$p(\neg R)>p(\neg B) \tag{11.14}$$

然而，显然式（11.12）、式（11.13）和式（11.14）是前后矛盾的。

埃尔斯伯格悖论对这样一个事实而言似乎是合理的：人们认为对红球 R 会否出现打赌，比对"蓝球" B 会否出现打赌更"安全"。

关于阿莱悖论和埃尔斯伯格悖论重要性的意见存在分歧。一些经济学家认为，这些异常表明需要新的模型来描述人的行为。另一些经济学家认为这些悖论类似于"视觉错误"。尽管在某些环境中人们对判断距离无能为力，但这并不意味着我们需要发明一个新的距离概念。

注 释

预期效用函数归功于 Neumann & Morgen-stern（1944），这里的处理遵循 Herstein & Milnor（1953）；风险规避的度量归功于 Arrow（1970）和 Pratt（1964），这里的处理遵循 Yaari（1969）；

预期效用理论最近成果的概括性描述可参阅 Machina（1982）；我们对主观概率的简单处理基于 Anscombe & Aumnn（1963）。

习 题

11.1 证明：为避免一个方差为 v 的小赌博的支付意愿（willingness-to-pay）近似等于 $r(w)v/2$。

11.2 若风险规避为常数，预期效用函数为何种形式？若相对风险规避为常数，预期效用函数为何种形式？

11.3 预期效用函数为何种形式,在风险资产上的投资才会独立于财富的变化?

11.4 考察预期效用函数为二次的情况。证明在某一财富水平,边际效用是递减的。更重要的是,证明在任意财富水平,绝对风险规避是递增的。

11.5 抛一枚硬币,正面向上的概率为 p。你参与一次打赌,如果抛第 j 次时第一次正面向上,你将得到 2 美元。

(a) 当 $p=1/2$ 时,此次打赌的预期值为多少?

(b) 假设你的预期效用函数为 $u(x)=\ln x$,描述这次博弈的效用之和。

(c) 求效用和的值(你需要一些求和公式方面的知识)。

(d) 令 w_0 为能够给你带来与参加这一博弈的效用相同的货币数量。求解 w_0。

11.6 埃斯佩兰萨(Esperanze)自 5 岁起就是一个预期效用最大化者。由于在一所偏僻的英国寄宿学校接受严格的教育,她的效用函数 u 是严格递增和严格凹的。现在,在她 30 岁左右时,她正在对具有随机结果 R 的一份资产进行评估,结果 R 是具有均值 μ 和方差 σ^2 的正态分布。因此,此密度函数为

$$f(r)=\frac{1}{\sigma\sqrt{2\pi}}\exp\left\{-\frac{1}{2}\left\{\frac{r-\mu}{\sigma}\right\}^2\right\}$$

(a) 证明埃斯佩兰萨对 R 的预期效用仅是 μ 和 σ^2 的函数,进而证明 $E[u(R)]=\phi(\mu,\sigma^2)$。

(b) 证明 $\phi(\cdot)$ 对 μ 是递增的。

(c) 证明 $\phi(\cdot)$ 对 σ^2 是递减的。

11.7 令 R_1 和 R_2 为两份资产的随机收益。假设 R_1 和 R_2 是独立的并具有相同的分布。证明:如果预期效用最大化者是一个风险规避者,她会将其财富在两种资产间进行分配;如果她是一个风险偏好者,她会将其全部财富投资在一种资产上。

11.8 假设一个消费者面临两种风险,其中只有一种是可以避免的。令 $\widetilde{w}=w_1$ 的概率为 p,

令 $\widetilde{w}=w_2$ 的概率为 $1-p$。若 $\widetilde{w}=w_2$,令 $\widetilde{\epsilon}=0$;若 $\widetilde{w}=w_1$,令 $\widetilde{\epsilon}=\epsilon$ 的概率为 $1/2$ 并且 $\widetilde{\epsilon}=-\epsilon$ 的概率为 $1/2$。现在定义对 $\widetilde{\epsilon}$ 的风险金 π_u 满足

$$E[u(\widetilde{w}-\pi_u)]=E[u(\widetilde{w}+\widetilde{\epsilon})] \qquad (*)$$

(a) 证明若 ϵ 足够小,则

$$\pi_u\approx\frac{-\frac{1}{2}pu''(w_1)\epsilon^2}{pu'(w_1)+(1-p)u'(w_2)}$$

[提示:对式(*)两侧按泰勒展开式展开,左侧展开至一阶,右侧展开至二阶。]

(b) 令 $u(w)=-e^{-aw}$ 和 $v(w)=-e^{-bw}$。计算 u 和 v 的阿罗-普拉特度量。

(c) 假设 $a>b$。证明如果 $p<1$,则存在一个值 w_1-w_2,大到足以使 $\pi_v>\pi_u$。说明这对风险仅能部分降低的问题的阿罗-普拉特度量的有用性意味着什么?

11.9 某人具有预期效用函数 $u(w)=\sqrt{w}$。他具有初始财富 4 美元。他有一张彩票,能够得到 12 美元的概率为 $1/2$,能够得到 0 美元的概率为 $1/2$。他的预期效用是多少?他卖掉彩票的最低价格 p 为多少?

11.10 一个消费者具有预期效用函数 $u(w)=\ln w$。他有一个对抛硬币进行打赌的机会,硬币正面向上的概率为 π。如果他赌 x 美元,若硬币正面向上,他将有 $w+x$ 美元,若正面向下则有 $w-x$ 美元。求出最优 x 关于 π 的函数,当 $\pi=1/2$ 时,最优选择 x 为多少?

11.11 一个消费者具有预期效用函数 $u(w)=-1/w$。他可参与一次赌博,可以以概率 p 得到财富 w_1,以概率 $1-p$ 得到财富 w_2。他现在需要多少财富能使其保持现有财富水平与接受赌博恰好是无差异的?

11.12 考察一个关注在下一期可能发生的自然状态 $s=1,\cdots,S$ 条件下的货币报酬的个体。以 x_s 表示在 s 状态下的美元报酬;以 p_s 表示状态 s 将发生的概率。假设该个体选择 $\mathbf{x}=(x_1,\cdots,x_S)$ 以最大化其报酬的贴现预期价值。贴现因子以 α 表示,即 $\alpha=1/(1+r)$,其中 r 为贴现率。可

行报酬集以 X 表示，假设 X 为非空的。

（a）写出该个体的最大化问题。

（b）如果概率为 $\mathbf{p}=(p_1, \cdots, p_S)$，贴现因子为 α，定义 $v(\mathbf{p}, \alpha)$ 为该个体可达到的最大贴现预期值。证明 $v(\mathbf{p}, \alpha)$ 对 α 是一次齐次的。[提示：

$v(\mathbf{p}, \alpha)$ 是否像你以前曾看到的什么函数呢？]

（c）证明：$v(\mathbf{p}, \alpha)$ 是 $\mathbf{p}$ 的凸函数。

（d）假设对各种 $\mathbf{p}$ 值和 α 值，你可以观测 X 的一个任意大的最优选择数量 $\mathbf{x}$。为使其能从观测到的选择行为中恢复，集合 X 必须具备何种性质？

第12章 计量经济学

在前面的章节里，我们考察了各种最优化行为模型。本章我们研究如何利用在前面章节中建立起来的理论洞察力，来帮助我们估计由最优化行为可能产生的各种关系。

理论分析与计量经济分析在几个方面是相互影响的。首先，从理论能够得到可计量检验的假设；其次，理论能提供建立更好的模型参数估计的方法；再次，理论能以更合适的估计方法帮助我们确定模型的结构关系；最后，理论有助于确定适当的函数估计形式。

12.1 最优化假设

我们知道，最优化选择模型对可观测的行为施加了一定的约束。这些约束可由多种方式来表示：（1）如利润最大化弱公理（WAPM）、成本最小化弱公理（WACM）、显示偏好一般性公理（GARP）等代数关系；（2）如替代矩阵必须对称且是半正定或半负定的等微分关系；（3）如利润必须是价格的凸函数等对偶关系。

对于最大化模型暗含的条件，其重要之处至少有两个方面。第一，由这些条件我们可以检验最大化行为模型。如果数据不满足我们使用的特定的最优化模型暗含的约束条件，那么一般来说这样的模型不适合用来描述可观测到的行为。

第二，这些条件可以使我们更精确地估计模型中的参数。如果我们发现，最优化所施加的理论约束没有被一些特定的数据集推翻，那么，我们就希望以满足最优化暗含约束的估计方法来重新估计模型。

例如，假设有一个最优化模型，要求参数 α 等于零。首先我们可能想检验这个约束，看 α 的估计值是否显著不为零。如果 α 并不是显著不为零，我们便可以接受 $\alpha = 0$ 的假设，然后利用此假设重新估计模型。如果此假设为真，则该系统中其他参数的第二次估计集，一般来说将是更有效的估计。

当然，如果此假设为伪，再估计的方法就不合适了。我们对作为结果的估计的信心，在一定程度上依赖于我们对最优化约束条件最初检验结果有多大的信心。

12.2 最大化行为的非参数检验

如果给定一个关于企业选择的观测集，我们可以直接对前面描述的 WAPM 与 WACM 不等式单独或同时进行检验。如果我们有关于消费者选择的数据，像 GARP 之类条件的检验只是稍微困难了一些。至于所讨论的数据是否能由最大化行为产生，这些条件可以给我们一个明确的答案。

这些不等式条件很容易检验，我们只要看所讨论的数据是否满足特定的不等式关系即可。只要观测到其中一个不等式关系不满足，我们就可以拒绝此最大化模型。例如，假设我们对企业在不同价格向量下净产出的选择有一些观测值，即 $(\mathbf{p}^t, \mathbf{y}^t)$ $(t=1, \cdots, T)$，我们就会对企业在竞争环境下追求利润最大化的假设感兴趣。我们知道，利润最大化意味着 WAPM：$\mathbf{p}^t\mathbf{y}^t \geqslant \mathbf{p}^t\mathbf{y}^s$ 对所有的 s 和 t 均成立。要检验 WAPM，只要检验这 T^2 个不等式是否满足即可。

在此框架下，具备 $\mathbf{p}^t\mathbf{y}^t < \mathbf{p}^t\mathbf{y}^s$ 的一次观测，就足以拒绝该利润最大化模型。但这或许太绝对了。可能我们所真正关心的不是一个特定的企业是否严格追求利润最大化，而是其行为是否能用利润最大化模型合理而准确地描述。通常，我们不仅想知道这个企业是否实现了利润最大化，还想知道如果未能实现，它离最大化的差距是多大。如果这种差距很小，我们仍愿意接受企业"近乎"追求利润最大化的理论。

有一个 WAPM 背离程度的自然测度，即"剩余" $R_t = \max_s \{\mathbf{p}^t\mathbf{y}^s - \mathbf{p}^t\mathbf{y}^t\}$。剩余 R_t 度量的是在观测 t 作出不同选择的情况下，该企业能得到多少更多的利润。这提供了一个偏离利润最大化行为的合理测度。如果 R_t 的平均值较小，则对该企业的行为而言，"近乎"最优化行为就会是一个不错的模型。

12.3 最大化行为的参数检验

上一节描述的非参数检验是最优化的"严格"检验：它们是数据与最优化模型相一致的必要和充分条件。不过，经济学家常常对某一特定的参数形式是否为基本的生产函数或效用函数的一个较好近似这样的问题感兴趣。

解答该问题的方式之一是使用回归分析或更复杂的统计方法去估计函数形式中的参数，看其是否满足最大化模型施加的约束。例如，假设我们观测 k 商品的价格与选择。科布-道格拉斯效用函数意味着商品 i 的需求是收入除以价格的线性函数：$x_i = a_i m/p_i$, $i=1, \cdots, k$。

我们观测到的需求数据不太可能与 m/p_i 严格呈线性关系，因此，应该允许有一个误差项，用来描述测量误差、错误设定、遗漏变量等。用 ϵ_i 代表第 i 个方程的

误差项，我们有**回归模型**（regression model）

$$x_i = a_i \frac{m}{p_i} + \epsilon_i \quad i = 1, \cdots, k \tag{12.1}$$

这是根据满足约束 $\sum_{i=1}^{k} a_i = 1$ 的最大化模型得出的。我们可以估计方程（12.1）中的所有参数，并看这些参数是否满足此约束。如果满足，则表明科布-道格拉斯模型成立；如果不满足，则表明科布-道格拉斯参数形式有问题。

如果使用更复杂的函数形式，就会得到一个更复杂的可检验约束集。我们从消费者行为的研究中知道，最大化所施加的基本的、可观测的约束是替代矩阵项必须为半负定的。这个条件施加了一些交叉方程限制，这些限制可用标准假设检验程序进行检验。

12.4　施加最优化约束

如果统计检验没有拒绝一些特定的参数约束，我们可以在估计过程中加上这些约束来重新估计模型。继续上面举过的例子，方程（12.1）描述的科布-道格拉斯需求体系意味着约束 $\sum_{i=1}^{k} a_i = 1$，我们可以将此作为一个保留假设来估计参数集 (a_i)。如果假设为真，则这样的估计一般要好于没有约束的估计。

最优化模型常常对误差项和参数施加约束。例如，理论模型施加的另一个约束是 $\sum_{i=1}^{k} p_i x_i (\mathbf{p}, m) = m$。通常，观测到的选择能够满足模型构造约束 $\sum_{i=1}^{k} p_i x_i = m$。倘若如此，则方程（12.1）意味着

$$\sum_{i=1}^{k} p_i x_i = m = \sum_{i=1}^{k} a_i m + \sum_{i=1}^{k} p_i \epsilon_i$$

如果估计服从约束 $\sum_{i=1}^{k} a_i = 1$，则我们还要施加约束 $\sum_{i=1}^{k} p_i \epsilon_i = 0$。也就是说，$k$ 误差项必须与价格向量正交。

12.5　最优化模型的拟合优度

上一节简要讨论的参数检验描述了如何从一些特定参数形式最大化所产生的被观测到的选择，来进行假设的统计检验。在此意义上，这种检验是"鲜明"的，要么接受最大化的假设，要么不接受。但在许多情况下，使用拟合优度（goodness-of-fit）法更合适：观测到的选择在多大程度上接近最大化选择？

回答此问题需要有关于"接近"的一个合理的定义。在利润最大化的非参数分析中，我们知道，对此有一个合理的度量方法，即看如果企业采取不同的行为，它

能获得多少额外的利润。这个思想可以被更一般化地应用：拟合优度的一个度量方法是，看经济行为者在多大程度上未能最优化假定的目标函数。

就企业行为来说，这种度量能够直接计算得出。如果假设利润最大化或成本最小化，我们只要对最佳拟合最优化模型与实际选择进行比较，就能简单地计算出利润损失或额外成本，而运用效用最大化则稍微困难一些。

假设用科布-道格拉斯函数检验消费者选择行为。如果科布-道格拉斯效用函数的最佳拟合以参数（$\hat{a_i}$）描述，我们可以用估计的效用函数去比较最优选择的效用与实际选择的效用。

这种度量的问题在于效用函数的单位是任意的。多大程度称为"接近"并不明显，这个问题的解决方法是使用特定的效用函数来计算拟合优度值。一个自然的选择是本书第 7 章描述的货币度量效用函数，它以货币单位来度量效用：在固定价格下，一个消费者需要多少货币才能与其消费物品束 **x** 的境况同样好。

让我们看看如何用此法建立一个拟合优度值。假设我们观测到一些数据（$\mathbf{p}^t$，$\mathbf{x}^t$）（$t=1，\cdots，T$）。假设消费者要最大化效用函数 $u(\mathbf{x}，\beta)$，这里，β 是一个未知参数（或一系列参数），给定 $u(\mathbf{x}，\beta)$，我们就可用标准的最优化方法建立货币度量效用函数 $m(\mathbf{p}，\mathbf{x}，\beta)$。

我们用这些选择数据来估计效用函数 $u(\mathbf{x}，\hat{\beta})$，此函数能最好地描述观察到的选择行为。一个检验这个效用函数的"拟合"程度的方法是计算 t 的"剩余"

$$G^t = \frac{m(\mathbf{p}^t，\mathbf{x}^t，\hat{\beta})}{\mathbf{p}^t\mathbf{x}^t}$$

这里，G^t 度量的是消费者为获得效用 $u(\mathbf{x}^t，\hat{\beta})$ 而需支出的最小货币量与消费者实际支出的货币量的比值。这里有一个关于效率的自然解释：如果 G^t 的平均值为 $\bar{G}$，那么我们说消费者在他的选择行为中平均有 $\bar{G}$% 的效率。

如果消费者完全地最大化了他的效用函数 $u(\mathbf{x}，\hat{\beta})$，那么，$\bar{G}$ 将等于 1——消费者在他的消费选择中有 100% 的效率。如果 $\bar{G}$ 为 0.95，则其有 95% 的效率，如此等等。

12.6 结构模型和简化形式模型

假设有一理论认定若干变量之间存在一些关系。一般地，在模型中有两类变量：**内生**变量（endogenous variables），其值由模型决定；**外生**变量（exogenous variables），其值是预先确定的。例如，在利润最大化行为模型中，价格和技术是外生变量，要素选择是内生变量。

一般地，一个模型可以表示为一个方程组，其中的每一个方程都包含了外生变量、内生变量和参数之间的一些关系。这个方程组被称为**结构模型**（structural model）。

例如，考虑一个简单的需求和供给方程组：

$$D=a_0-a_1p+a_2z_1+\epsilon_1$$
$$S=b_0+b_1p+b_2z_2+\epsilon_2$$
$$D=S \tag{12.2}$$

这里，D 和 S 分别代表对某种商品的（内生）需求和供给，p 为（内生）价格，(a_i) 和 (b_i) 为参数，z_1 和 z_2 为影响需求和供给的其他外生变量，变量 ϵ_1 和 ϵ_2 为误差项。方程组（12.2）为一结构方程组。

我们可以用把内生变量 p 表示成外生变量函数的方法来解此结构方程组：

$$p=\frac{a_0-b_0}{a_1+b_1}+\frac{a_2}{a_1+b_1}z_1-\frac{b_2}{a_1+b_1}z_2+\frac{\epsilon_2-\epsilon_1}{a_1+b_1} \tag{12.3}$$

这就是该方程组的**简化形式**（reduced form）。

通常，估计一个模型的简化形式并不很复杂。在这个需求-供给的例子中，我们只要估计下列形式的一个回归即可：

$$p=\beta_0+\beta_1z_1+\beta_2z_2+\epsilon_3$$

参数 (β_i) 是参数 $(a_i,\ b_i)$ 的函数。不过，它一般不可能从简化形式参数 (β_i) 中恢复结构参数 $(a_i,\ b_i)$ 的唯一估计。简化形式参数可以用来预测均衡价格如何随外生变量的变化而变化。这也许对某些目的而言是有用的。

但对其他目的而言，估计结构参数是必要的。例如，假设我们想预测市场中均衡价格是如何对商品税负的变化作出反应的，结构模型（12.2）表明供应商接受的均衡价格 p_s 应该是税收的线性函数：

$$p_s=\frac{a_0-b_0}{a_1+b_1}+\frac{a_2}{a_1+b_1}z_1-\frac{b_2}{a_1+b_1}z_2-\frac{b_1}{a_1+b_1}t \tag{12.4}$$

如果我们有很多描述不同税收选择和相应的供给价格的数据，就能估计如方程（12.4）所述的简化形式。但是，如果没有这样的数据，简化形式就无法进行估计。为预测均衡价格如何响应税收的变化，我们需要知道结构参数 $\frac{b_1}{(a_1+b_1)}$。方程（12.3）中的简化形式参数并不能提供回答此问题的足够信息。

这就要求我们必须考虑如式（12.2）那样的结构方程组的估计方法。最简单的方法可能是使用标准的普通最小二乘（ordinary least squares，OLS）回归法，分别简单地估计需求方程和供给方程。这样提供可接受的参数估计可能吗？

我们从统计学中知道，如果某些假设得到满足，普通最小二乘估计具有理想的特征。一个特定的假设是在回归中等式右侧变量*与误差项不相关。

---

* 等式右侧变量，即自变量。——译者注

不过，这并不是我们讨论的问题中的情况。从方程（12.3）中很容易看到，变量 p 依赖于误差项ϵ_1 和ϵ_2。可以证明，这种依赖通常会导致对这些参数的有偏估计。

为估计结构方程组，一般需要使用如两阶段最小二乘法或各种极大似然法等更复杂的估计方法。可以证明，在包括方程组的估计问题上，这些方法比普通最小二乘具有更好的统计特性。

在上述简单的需求-供给的例子中，变量之间的理论联系意味着某些估计方法将比其他方法更合适。通常就是这样，计量经济学的艺术之一包括了使用理论来指导统计方法的选择。对此，我们将在下一节一个拓展的例子中进行进一步的研究。

12.7 估计技术关系

假设我们要估计一个简单的科布-道格拉斯生产函数的参数。为精确起见，假设我们有一些农场的样本，设农场 i 的谷物产量 C_i 依赖于谷物种植面积 K_i 和生长期的日照天数 S_i。我们暂且假定只有这两个变量影响谷物的产量。

假设生产关系由科布-道格拉斯函数 $C_i = K_i^a S_i^{1-a}$ 给出，两侧取对数，我们可以写出投入与产出之间的关系：

$$\ln C_i = a\ln K_i + (1-a)\ln S_i \tag{12.5}$$

假定农场主在做种植决策时，没有观测日照天数，而且，计量经济学家也没有关于每个地点日照天数的数据。因此，计量经济学家就把式（12.5）视为下列形式的回归模型

$$\ln C_i = a\ln K_i + \epsilon_i \tag{12.6}$$

这里，ϵ_i 为"误差项"$(1-a)\ln S_i$。

如果 $\ln K_i$ 与 ϵ_i 不相关，计量经济学理论告诉我们普通最小二乘将给我们关于参数 a 的很好的估计。如果农场主在选择 K_i 时没有观测到 $\ln S_i = \epsilon_i$，则他们的选择就不会受此影响。因此，在这种情况下，这就是一个合理的假设，普通最小二乘也就是一个合适的估计方法。

现在，我们看一下普通最小二乘不是合适估计方法的情况。假设生产关系还依赖于每一个农场的土地质量，即 $C_i = Q_i K_i^a S_i^{1-a}$，或

$$\ln C_i = \ln Q_i + a\ln K_i + (1-a)\ln S_i$$

和前面一样，假设计量经济学家和农场主都没有观测 S_i。不过，现在假设农场主观测了 Q_i，而计量经济学家没有观测。现在，估计回归方程（12.6）能给我们一个关于 a 的很好的估计吗？

答案是否定的。由于每一农场主观测了 Q_i，其 K_i 的选择将依赖于 Q_i，所以，K_i 将与误差项相关，这就可能导致有偏估计。

在利润最大化行为的假设下，我们将对农场主如何使用有关 K_i 的信息相当清楚。对农场主 i 而言，（短期的）利润最大化问题为

$$\max\ p_i Q_i K_i^a S_i^{1-a} - q_i K_i$$

这里，p_i 为产出价格，q_i 为第 i 个农场主面对的种子的价格。对 K_i 求导，并解要素需求函数，我们有

$$K_i = \left[a Q_i \frac{p_i}{q_i} \right]^{\frac{1}{1-a}} S_i \tag{12.7}$$

很显然，农场主关于 Q_i 的知识直接影响其种植面积多少的选择，从而也就影响了生产的产量。

考虑如图 12-1 中 $\ln K_i$ 和 $\ln C_i$ 的散点图，我们还绘制了函数 $\ln C_i = a \ln K_i + \bar{Q}$ 的图形，这里 $\bar{Q}$ 为土地的平均质量。

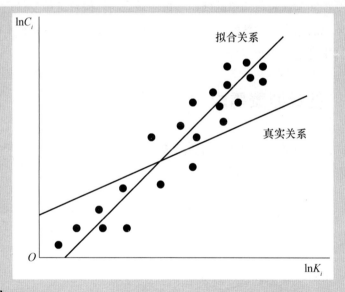

图 12-1　散点图

注：这是一个关于 $\ln K_i$ 和 $\ln C_i$ 的散点图。注意，具有大的 K_i 的农场通常有高于平均质量的土地，因而产出也大于具有平均土地质量的农场的产出。所以，这样的点将位于具有平均土地质量的农场的生产关系线之上。

方程（12.7）清楚地表明具有更高土地质量的农场主会种植更多的谷物。这意味着如果我们观测到一个农场有大量 K_i 投入，则可能它就有高质量 Q_i 的土地。因此，该农场的产量将高于只有平均土地质量的农场，从而有较大 K_i 的农场的数据点将位于那些只有平均质量 Q_s 的农场的真实关系线之上。类似地，具有小的 K_i 投入的农场，其土地质量可能是低于平均质量 Q_s 的。

结果是拟合这样数据的回归线将给出一个关于 a 的估计，这个估计将大于 a 的

真值。根本的问题是，大的产出值并不完全由大的投入值引起。这里有被省略的第三个变量——土地质量，它既影响产出水平，也影响投入选择。

这种偏差在计量经济工作中非常普遍：典型地，影响选择的一些回归变量是由经济行为者自己选择的。例如，假设我们要估计教育的收益。通常，高收入的人具有高水平的教育，但教育并不是一个预先确定的变量：人们选择获得多少教育。如果人们选择不同水平的教育，大概他们在其他未被观测到的方面也会不同。但是，这些未被观测到的方面也很可能影响他们的收入。

例如，假设高智商的人会得到高工资，而不管其受教育情况如何。但是，高智商的人更容易获得较多的教育。这意味着有两个原因使受过更多教育的人具有高工资：第一，他们有比平均水平更高的智商；第二，他们受过较多的教育。工资对教育的简单回归会夸大教育对收入的影响。

或者，有些人认为，父母富有的人倾向于有高收入，但富有的父母能够负担得起更多的教育，也能提供更多的财富给其子女。再一次地，高收入与高水平的教育联系起来了，但这两个变量之间或许并没有直接的因果关系。

对受控实验而言，简单的回归分析是适当的，但对解释变量由行为者选择时的情况就不那么适当了。此时，有一个结构模型是必要的，它把所有相关的选择表示为真实外生变量的一个函数。

12.8 估计要素需求

就生产关系来说，间接估计其参数也许是有益的。例如，考虑方程（12.7），对其取对数，我们可以写成

$$\ln K_i = \frac{1}{1-a}\ln a + \frac{1}{1-a}\ln p_i - \frac{1}{1-a}\ln q_i + \frac{1}{1-a}\ln Q_i + \ln S_i$$

此方程的适当回归是

$$\ln K_i = \beta_0 + \beta_1 \ln p_i + \beta_2 \ln q_i + \epsilon_i$$

这里，常数项 β_0 是 a、$\ln Q_i$ 和 $\ln S_i$ 均值的某个函数。注意，这种设定意味着 $\beta_2 = -\beta_1$。

这个方程可能是普通最小二乘估计的候选者吗？如果农场主面对的是投入与产出的竞争性市场，那么答案就是肯定的，因为在竞争性市场中，农场主不能控制价格。如果价格与误差项不相关，那么，普通最小二乘就是一个合适的估计方法。

此外，一个最优化模型中 $\beta_1 = -\beta_2$ 的事实向我们提供了一种检验科布-道格拉斯生产函数最优化的方法。如果发现 β_1 与 $-\beta_2$ 有显著差异，我们就可倾向于拒绝该最优化。如果不能拒绝假设 $\beta_1 = -\beta_2$，我们则倾向于施加此保留假设，然

后估计模型

$$\ln K_i = \beta_0 + \beta_1 \ln(p_i/q_i) + \epsilon_i$$

在这种情况下，需求函数为结构方程：它把选择表示为外生变量的一个函数。可以用此方程的估计来推出此技术的其他特性。

12.9　更复杂的技术

考虑多种投入的生产函数。为简单起见，考虑有两种投入的科布-道格拉斯生产函数：$f(x_1, x_2) = A x_1^a x_2^b$。

从本书第 4 章中已经知道，要素需求函数具有如下形式：

$$x_1(w_1, w_2, y) = A^{-\frac{1}{a+b}} \left[\frac{a w_2}{b w_1} \right]^{\frac{b}{a+b}} y^{\frac{1}{a+b}}$$

$$x_2(w_1, w_2, y) = A^{-\frac{1}{a+b}} \left[\frac{a w_2}{b w_1} \right]^{-\frac{a}{a+b}} y^{\frac{1}{a+b}}$$

这些需求函数具有对数线性形式，故我们可以写出如下回归模型：

$$\ln x_1 = \beta_{01} + \beta_{11} \ln\left(\frac{w_2}{w_1}\right) + \beta_{21} \ln y + \epsilon_1$$

$$\ln x_2 = \beta_{02} + \beta_{12} \ln\left(\frac{w_1}{w_2}\right) + \beta_{22} \ln y + \epsilon_2$$

这里，技术参数是回归系数的函数。不过，重要的是要注意同样的参数 a 和 b 进入了这些系数的定义之中。这说明这两个方程中的参数并非无约束，而是相关的。例如很容易看到有 $\beta_{01} = \beta_{02}$。估计这个方程组应考虑**交叉方程约束**（cross-equation restrictions）。

或者，我们可以结合这两个方程以形成成本函数 $c(\mathbf{w}, y)$：

$$c(w_1, w_2, y) = A^{-\frac{1}{a+b}} \left[\left(\frac{a}{b}\right)^{\frac{b}{a+b}} + \left(\frac{a}{b}\right)^{-\frac{a}{a+b}} \right] w_1^{\frac{a}{a+b}} w_2^{\frac{b}{a+b}} y^{\frac{1}{a+b}}$$

同样有对数线性形式

$$\ln c = \ln \gamma_0 + \gamma_1 \ln w_1 + \gamma_2 \ln w_2 + \gamma_3 \ln y$$

要素需求函数的交叉方程约束能方便地并入成本函数的方程中。此外，我们从成本函数的理论研究中知道，此成本函数应是一个递增、齐次、凹的函数。如果合适，这些约束是可以被检验并施加的。

事实上，成本函数可以被认为是这组要素需求的简化形式。不像我们前面研究的需求与供给的例子，成本函数包含了结构模型的所有相关信息。从成本函数的研究中我们知道，成本函数的微分为条件要素需求，因此，估计成本函数的参数会自动地得出条件要素需求函数的参数估计。

不过，应该强调，只有在成本最小化的保留假设下它才成立。如果被考察的企业确实在最小化成本或最大化利润，我们可以用各种间接方法来估计这些技术参数。如果最优化假设为真，这些方法通常比直接方法更好。

12.10　函数形式选择

上面所有的例子都是使用科布-道格拉斯函数形式，这是为简单起见，并非现实如此。一般来说，为表示技术上的折中（tradeoff），常希望有更灵活的参数形式。

我们可以写出任意一个函数形式来作为生产函数，但接下来必须去计算暗含的要素需求和（或）成本函数。对成本函数而言，直接从参数形式开始会更简单，然后，寻找合适的要素需求就是一个简单的微分事情了。

我们从第 6 章中知道，对某些性能良好的技术来说，任何单调、齐次、凹的价格函数都是一个成本函数。因此，所有这些对寻找具有所要求特性的函数形式都是必要的。

通常，我们想选择一个参数形式以使一些参数值能满足最优化施加的约束，而另一些值则不满足。这样，我们就可以估计参数，并检验所估计出的参数满足理论施加的相关约束的假说。下面列举几个例子。

例 12-1：迪沃特成本函数

迪沃特成本函数（Diewert cost function）形式为

$$c(\mathbf{w}, y) = y \sum_{i=1}^{k} \sum_{j=1}^{k} b_{ij} \sqrt{w_i w_j}$$

对此函数形式，要求 $b_{ij} = b_{ji}$。注意，我们也可将此形式写成

$$c(\mathbf{w}, y) = y \left[\sum_{i=1}^{k} b_{ii} w_i + \sum_{i \neq j} \sum_{j \neq i} b_{ij} \sqrt{w_i w_j} \right]$$

由于此表达式的第一部分为里昂惕夫成本函数形式，这个形式也被称为**广义里昂惕夫成本函数**（generalized Leontief cost function）。

要素需求形式为

$$x_i(\mathbf{w}, y) = y \sum_{j=1}^{k} b_{ij} \sqrt{w_j / w_i}$$

这些需求关于参数 b_{ij} 是线性的。如果 $b_{ij} \geq 0$ 和某些 $b_{ij} > 0$，很容易验证该形式满足作为成本函数的必要条件。

参数 b_{ij} 与不同要素之间的替代弹性有关，b_{ij} 项越大，要素 i 和要素 j 之间的替代弹性也

越大。此函数形式并不施加约束于各种弹性之上；迪沃特成本函数可用作对任意成本函数的局部二阶逼近。

例 12 - 2：反对数成本函数

反对数成本函数（translog cost function）的形式为

$$\ln c(\mathbf{w}, y) = a_0 + \sum_{i=1}^{k} a_i \ln w_i + \frac{1}{2} \sum_{i=1}^{k} \sum_{j=1}^{k} b_{ij} \ln w_i \ln w_j + \ln y$$

对此函数，我们要求

$$\sum_{i=1}^{k} a_i = 1$$
$$b_{ij} = b_{ji}$$
$$\sum_{j=1}^{k} b_{ij} = 0$$

在这些约束下，反对数成本函数关于价格是齐次的。如果对所有的 i 和 j，$a_i > 0$ 和 $b_{ij} = 0$ 都成立，该成本函数就变成了科布-道格拉斯函数。

此条件要素需求关于参数不是线性的，但要素份额 $s_i(\mathbf{w}, y) = w_i x_i(\mathbf{w}, y)/c(\mathbf{w}, y)$ 关于参数则是线性的，并由下式给出：

$$s_i(\mathbf{w}, y) = a_i + \sum_{j=1}^{k} b_{ij} \ln w_i$$

12.11　估计消费者需求

前面的例子都集中在估计生产关系方面，它们有着便利的特征——目标函数为可观测的利润函数或成本函数。在消费者需求行为的情况下，目标函数不可能被直接观测到。这使得事情在概念上有点复杂，但不会产生人们预期的那么多困难。

假设给定数据 $(\mathbf{p}^t, \mathbf{x}^t)$（$t=1, \cdots, T$），要估计某种参数需求函数。我们先研究感兴趣的单一商品的需求，然后拓展到多个商品。

□ 单一商品的需求函数

即使我们只对单一商品的需求感兴趣，这里也包括两种商品：我们感兴趣的商品和"所有其他商品"，理解这一点是重要的。通常，我们是通过考虑所讨论的商品和花费在所有其他商品上的货币之间的选择问题来对此构造模型的。见本书第 9 章的希克斯可分性讨论。

假设以 x 表示所讨论的商品的购买量，y 表示花费在所有其他商品上的货币。如果 p 是 x 商品的价格，q 是 y 商品的价格，则效用最大化问题变成

$$\max_{x,y} u(x,y)$$

$$\text{s.t. } px+qy=m$$

以 $x(p,q,m)$ 表示需求函数，由于需求函数是零次齐次的，可用 q 进行标准化，因此需求成了 x 的相对价格和真实收入的函数：$x(p/q,m/q)$。在实际中，p 是我们感兴趣的商品的名义价格，q 通常被作为消费者价格指数。需求设定则说明了观测到的需求量是"真实价格" p/q 和"真实收入" m/q 的函数。

两商品问题的便利特征是任何函数形式在实质上与效用最大化相一致。我们从本书第 8 章可知，两商品情况的可积性方程组可以表示成一个单一的常微分方程。于是由罗伊定律可知，总存在一个能产生单一需求方程的间接效用函数。本质上，两商品情形最大化所施加的唯一要求是自己的价格补偿效应应当为负。

这意味着人们在选择与最优化相一致的函数形式方面有很大的自由。三个普通形式为：

（1）线性需求：$x=a+bp+cm$。

（2）对数需求：$\ln x=\ln a+b\ln p+c\ln m$。

（3）半对数需求：$\ln x=a+bp+cm$。

每个方程都与间接效用函数相关。在本书第 26 章中，我们推导了对数需求的间接效用函数，而线性和半对数的情况作为练习给出。估计需求函数的参数就自动得出了间接效用函数的参数估计。

一旦有了间接效用函数，我们就可依此作出各种预测。例如，我们可以利用这些估计去计算与某一价格变动相关的补偿或等价变动。具体见本书第 10 章。

多个方程

假设我们要估计多于两个商品的一组需求。在这种情况下，我们可以从需求方程的函数形式开始，然后试着将它们结合起来寻找效用函数。不过，通常为效用或间接效用指定一个函数形式会更容易，然后对其求导以得到需求函数。

例 12-3：线性支出系统

假设效用函数形式为

$$u(\mathbf{x}) = \sum_{i=1}^{k} a_i \ln(x_i - \gamma_i)$$

这里，$x_i > \gamma_i$。效用最大化问题为

$$\max_{x_i} \sum_{i=1}^{k} a_i \ln(x_i - \gamma_i)$$

$$\text{s.t. } \sum_{i=1}^{k} p_i x_i = m$$

如果令 $z_i = x_i - \gamma_i$，可将效用最大化问题写成

$$\max_{z_i} \sum_{i=1}^{k} a_i \ln z_i$$

$$\text{s. t. } \sum_{i=1}^{k} p_i z_i = m - \sum_{i=1}^{k} p_i \gamma_i$$

这就是以 z_i 表示的科布-道格拉斯最大化问题。很容易看到，x_i 的需求函数具有下列形式：

$$x_i = \gamma_i + a_i \frac{m - \sum_{i=1}^{k} p_i \gamma_i}{p_i}$$

例 12-4：几乎理想需求系统

几乎理想需求系统（almost ideal demand system，AIDS）的支出函数形式为

$$e(\mathbf{p}, u) = a(p) + b(p)u \tag{12.8}$$

其中，

$$a(p) = \alpha_0 + \sum_i a_i \ln p_i + \frac{1}{2} \sum_i \sum_j \gamma_{ij}^* \ln p_i \ln p_m$$

$$b(p) = \beta_0 \prod_i p_i \beta_i$$

由于 $e(\mathbf{p}, u)$ 关于 $\mathbf{p}$ 必须是齐次的，故参数必须满足

$$\sum_{i=1}^{k} a_i = 1$$

$$\sum_{i=1}^{k} \gamma_{ij}^* = \sum_{j=1}^{k} \gamma_{ij}^* = \sum_{i=1}^{k} \beta_i = 0$$

需求函数可从方程（12.8）的微分中得到，不过，通常更方便的是估计支出份额

$$s_i = \alpha_i + \sum_{j=1}^{k} \gamma_{ij} \ln p_j + \beta_i \ln \frac{m}{P} \tag{12.9}$$

这里，P 为价格指数，由下式给出：

$$\ln P = \alpha_0 + \sum_{i=1}^{k} \ln p_i + \frac{1}{2} \sum_{i=1}^{k} \sum_{j=1}^{k} \gamma_{ij} \ln p_i \ln p_j$$

且

$$\gamma_{ij} = \frac{1}{2}(\gamma_{ij}^* + \gamma_{ji}^*)$$

除价格指数项外，几乎理想需求系统接近于线性。在实际中，计量经济学家一般用一任意价格指数去计算 m/P 项，然后用方程（12.9）估计该系统的剩余参数。

12.12 总 结

我们看到，最优化模型的理论分析可以在几个方面对指导计量经济研究有帮助。首先，无论是非参数形式还是参数形式，它都提供了检验理论的方法；其次，理论可以提出构造更有效估计的约束；再次，理论可以指定模型中的结构关系，并指导估计方法的选择；最后，理论可以指导函数形式的选择。

注 释

Deaton & Muelbauer（1980）的著作讨论了应用消费者理论估计需求系统。Varian（1990）更详细地讨论了拟合优度，并给出了几个实证例子。

第13章 竞争市场

到目前为止，我们研究了单个经济主体的最大化行为：厂商和消费者。我们将经济环境视为给定，并用市场价格向量予以全部概括。本章，我们开始研究市场价格如何由单个主体的行动来决定。我们从最简单的模型开始：单一竞争市场。

13.1 竞争厂商

竞争厂商（competitive firm）是把产出的市场价格看作给定，且不能予以控制的企业。在竞争市场中，尽管所有厂商的行动一起决定了市场价格，但每一个厂商都视价格独立于自己的行动。

令 $\bar{p}$ 为市场价格。那么，一个理想的竞争厂商面临的需求曲线的形式为

$$D(p) = \begin{cases} 0 & \text{如果 } p > \bar{p} \\ \text{任意量} & \text{如果 } p = \bar{p} \\ \infty & \text{如果 } p < \bar{p} \end{cases}$$

一个竞争厂商在确定它想要的价格、生产它所生产的产量方面是自由的。不过，如果厂商处于竞争市场中，它制定的价格高于通行的市场价格，就没有人会购买它的产品。如果它制定的价格低于市场价格，则拥有的顾客会如其所想；但是，由于以市场价格定价也可以获得尽可能多的顾客，因此它不需要放弃利润。这有时可以被表达成竞争厂商面临完全弹性需求曲线。

如果一个竞争厂商欲销售任何产量产品，它就必须以市场价格来销售。当然，真实世界中的市场很少能达到这种理想境界。问题不是任何特定的市场是否为完全竞争的——几乎没有市场会如此。恰当的问题是什么程度的完全竞争模型能够产生关于真实世界中对市场的见解。正像物理学中无摩擦的模型能描述世界中的一些重要现象一样，完全竞争的无摩擦模型也能产生经济世界中的有用见解。

13.2 利润最大化问题

由于竞争厂商必须把市场价格视作给定的，其利润最大化问题非常简单。它必须选择产量 y，以便解

$$\max_y py - c(y)$$

内点解的一阶和二阶条件分别为

$$p = c'(y^*)$$

$$c''(y^*) \geq 0$$

通常，我们将假定作为严格不等式的二阶条件能够满足。这并不是很必要，但能使一些计算更简单。我们称此为**正则**情况。

以 $p(y)$ 表示**反供给函数**（inverse supply function），它衡量为使企业找到供给既定数量的产品有利可图的市场价格必须为多少。根据一阶条件，反供给函数由下式给出：

$$p(y) = c'(y)$$

只要 $c''(y) > 0$。

供给函数给出了每一价格下的利润最大化产量，因而，供给函数 $y(p)$ 必须同样地满足一阶条件

$$p \equiv c'[y(p)] \tag{13.1}$$

和二阶条件

$$c''[y(p)] \geq 0$$

直接供给曲线和反供给曲线度量了相同的关系——产出的价格和利润最大化供给之间的关系。两个函数只是采取了不同的方式来描述关系。

竞争厂商的供给如何响应于产出价格的变化？对表达式（13.1）求关于 p 的导数，我们可以得到

$$1 = c''[y(p)]y'(p)$$

通常由于 $c''(y) > 0$，故 $y'(p) > 0$。因此，竞争厂商的供给曲线具有正的斜率，至少在正则情形下如此。在前面的第 2 章中，我们用不同的方法得到了相同的结果。

我们已将重点集中于利润最大化问题的内点解，但有趣的问题是内点解何时被选择。让我们将成本函数写成 $c(y) = c_v(y) + F$，以使总成本能表达成可变成本与固定成本之和。我们将固定成本解释成真正固定的——即使产量为零，固定成本仍需支付。在这种情况下，当产量大于零的利润超过产量为零的利润（亏损）时，厂商会发现生产正水平的产量是有利可图的：

$$py(p) - c_v[y(p)] - F \geqslant -F$$

重新排列这个条件，我们发现仅当

$$p \geqslant \frac{c_v[y(p)]}{y(p)}$$

这就是说，当价格大于平均可变成本时，该厂商将生产正水平的产量（见图 13-1）。

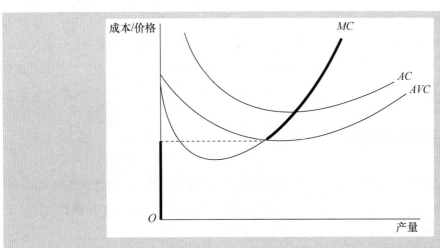

图 13-1　供给函数和成本曲线

注：在性状良好的情况下，竞争厂商的供给函数为位于平均可变成本曲线之上的边际成本曲线的向上倾斜部分。

13.3　行业供给函数

行业供给函数（industry supply function）是单个厂商供给函数之和。如果某行业有 m 个厂商，第 i 个厂商的供给函数为 $y_i(p)$，则该行业供给函数由下式给出：

$$Y(p) = \sum_{i=1}^{m} y_i(p)$$

该行业的**反供给函数**正是这个函数的反函数：它给出了该行业愿意供给一给定产量的最低价格。由于每个厂商都选择价格等于边际成本的产量水平，故每个生产正的产量的厂商都具有相同的边际成本。行业供给函数度量行业产量与生产该产量的共同边际成本之间的关系。

例 13-1：不同的成本函数

考虑有两个厂商的竞争行业，厂商 1 的成本函数为 $c_1(y) = y^2$，厂商 2 的成本函数为 $c_2(y) = 2y^2$。供给函数为

$$y_1 = p/2$$
$$y_2 = p/4$$

因此，行业供给曲线为 $Y(p)=3p/4$。对任何水平的行业产量 Y，每一厂商生产的边际成本为 $4Y/3$。

例 13-2：相同的成本函数

假设 m 个厂商具有共同的成本函数 $c(y)=y^2+1$。边际成本函数为 $MC(y)=2y$，平均可变成本函数为 $AVC(y)=y$。由于该例中的边际成本总是大于平均可变成本，故该厂商的反供给函数由 $p=MC(y)=2y$ 给定。

继而，厂商的供给函数为 $y(p)=p/2$，行业供给函数为 $Y(p,m)=mp/2$。行业反供给函数为 $p=2y/m$。注意，厂商数量越大，反供给函数的斜率就越小。

13.4 市场均衡

行业供给函数衡量在任何价格下对行业产品的总供给。**行业需求函数**（industry demand function）衡量在任何价格下对该行业产品的总需求。**均衡价格**（equilibrium price）是需求量等于供给量时的价格。

为什么这样的价格被称为均衡价格？通常的论点是，如果在某个价格下需求不等于供给，某个经济人就会单方面改变自己的行为。例如，考虑在某价格下，供给量大于需求量。在这种情形下，某些企业的产品无法全部销售出去。这些企业会减少产量，因为这样会降低生产成本而又不会导致销售收入的减少，由此增加了利润。所以这样的价格不可能是均衡价格。

如果我们令 $x_i(p)$ 为个体 i 的需求函数，$i=1, \cdots, n$，令 $y_j(p)$ 为厂商 j 的供给函数，$j=1, \cdots, m$，那么，均衡价格是下列方程的解：

$$\sum_{i=1}^{n} x_i(p) = \sum_{j=1}^{m} y_j(p)$$

例 13-3：相同的厂商

假设行业需求函数为线性的，$X(p)=a-bp$，行业供给函数由上例给出，$Y(p,m)=mp/2$。均衡价格则为下式的解：

$$a-bp=mp/2$$

其意味着

$$p^* = \frac{a}{b+m/2}$$

注意，本例中的均衡价格随厂商数量增加而减少。

对任一行业需求曲线，均衡由下式决定：

$$X(p)=my(p)$$

均衡价格如何随 m 变化而变化? 我们视 p 为 m 的隐函数, 对此求导数, 发现

$$X'(p)p'(m)=my'(p)p'(m)+y(p)$$

其意味着

$$p'(m)=\frac{y(p)}{X'(p)-my'(p)}$$

假定行业需求曲线斜率为负, 则均衡价格必然会随厂商数量的增加而下降。

13.5 进 入

稍前一节描述了当厂商数量为外生给定的时, 行业供给曲线的计算。不过, 长期地看, 一个行业中的厂商数量是变化的。如果某厂商认为它生产某种产品能够获得利润, 我们也就认为它会这么去做。类似地, 如果某行业中的某厂商发现它正在亏损, 我们也就认为它会退出这个行业。

根据对进入和退出成本以及潜在进入者的预见能力等的假设不同, 可以作出几种不同的**进入**(entry) 和**退出** (exit) 模型。本节我们介绍一种特别简单的模型, 该模型所涉及的进入和退出成本为零, 以及潜在进入者具有完全的预见能力。

假设行业中的企业数量任意多, 其成本函数是相同的, 为 $c(y)$。我们可以计算出盈亏平衡 (break-even) 价格 p^*, 此价格下的供给量为最优且利润为零。这也是平均成本等于边际成本的产量水平。

现在, 如果行业中的厂商数量为 1, 2, …, 我们可以绘出行业供给曲线, 寻找最大的厂商数量, 以便使盈亏平衡, 见图 13-2。如果厂商的均衡数量很大, 则相关供给函数会非常平缓, 均衡价格也会接近于 p^*。因此, 通常假定自由进入的竞争性行业的供给曲线, 在价格等于最小平均成本处, 基本上为一水平线。

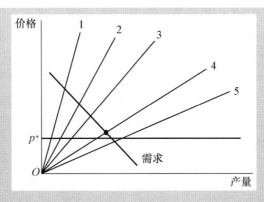

图 13-2 均衡厂商数量

注: 在我们的进入模型中, 均衡厂商数量是厂商能够盈亏平衡的最大数量。如果这个数量相当大, 则均衡价格必须接近于最小平均成本。

在此进入模型中，均衡价格可以大于盈亏平衡价格。即使该行业中的厂商正在获得正利润，进入也被阻止，因为潜在进入者会正确地预见到他们的进入会导致负利润。

像往常一样，正的利润可以被视作经济租金。在这种情况下，我们可将此利润当作"首位租金"（rent to being first）。亦即，投资者为获得利润流，愿意支付在位厂商赚取利润流的现值。这个租金可被保留在该行业中的（机会）成本被计算在内。如果这个计算习惯被遵守，处于均衡的厂商会获得零利润。

例 13-4：进入和长期均衡

如果 $c(y)=y^2+1$，则产出的盈亏平衡水平可由使平均成本等于边际成本来得到：

$$y+1/y=2y$$

其意味着 $y=1$。在此产量水平下，边际成本为 2，故这也是盈亏平衡价格。根据我们的进入模型，只要企业认为它们的进入不会迫使均衡价格下降到 2 以下，它们便决定进入该行业。

和前例一样，假设需求为线性。那么，均衡价格将是满足下列条件的最小 p^*：

$$p^*=\frac{a}{b+m/2}$$

$$p^* \geqslant 2$$

随着 m 的增加，均衡价格必然会越来越接近 2。

13.6　福利经济学

我们已经看到如何计算竞争均衡：供给等于需求的价格。本节，我们将讨论这个均衡的福利特征。处理此问题的方法有好几种，这里我们使用的可能是最简单的一种方法：**有代表性的消费者**（representative consumer）法。在后面对一般均衡理论的讨论中，我们将使用不同但更一般性的方法。

假设市场需求曲线 $x(p)$ 是由单个有代表性的消费者的最大化效用产生的，效用函数形式为 $u(x)+y$。商品 x 是这一特定市场中要观察的商品，商品 y 代表"所有其他物品"。最方便的方法是把商品 y 当作消费者在作出关于商品 x 的最优购买决策后，剩余下来的购买其他商品的货币。

我们已在第 10 章中看到，这种形式的效用函数产生了一条如下形式的反需求曲线：

$$p=u'(x)$$

直接需求函数 $x(p)$ 为此函数的反函数，故满足一阶条件

$$u'[x(p)]=p$$

注意其特殊性质：在拟线性效用情况下，需求函数独立于收入。这个性质使得均衡和福利分析特别简单。

只要我们假定了一个有代表性的消费者，我们也可假定一个成本函数为 $c(x)$ 的有代表性的厂商。对此，我们这样解释：生产 x 单位产品需要 $c(x)$ 单位的 y 产品，且作出假设 $c(0)=0$。我们还假定 $c''(\cdot)>0$，以便一阶条件唯一决定有代表性的厂商的利润最大化供给。[①]

有代表性的厂商的利润最大化（反）供给函数为 $p=c'(x)$，因此，商品 x 的均衡产量水平是下面方程的解：

$$u'(x)=c'(x) \tag{13.2}$$

这是商品 x 边际意愿支付等于边际生产成本的产量水平。

13.7　福利分析

假设我们不再使用市场机制确定产量，我们直接通过最大化有代表性的消费者的效用来决定产量。这个问题如下式所示：

$$\max_{x,y} u(x)+y$$
$$\text{s.t. } y=\omega-c(x)$$

这里 ω 是消费者关于 y 商品的初始禀赋。

将约束条件代入，我们可将该问题重写为

$$\max_x u(x)+\omega-c(x)$$

一阶条件为

$$u'(x)=c'(x) \tag{13.3}$$

根据前面的曲率假设，二阶条件会自动满足。注意，方程（13.2）和方程（13.3）决定了相同的产量水平：在此例中，竞争市场恰好导致了与直接最大化效用相同的生产和消费水平。

福利最大化问题即为使总效用最大化：消费商品 x 的效用加上消费商品 y 的效用。由于 x 单位商品 x 意味着放弃 $c(x)$ 单位商品 y，故我们的社会目标函数为 $u(x)+\omega-c(x)$。最初禀赋 ω 为常数，所以我们还可取社会目标函数为 $u(x)-c(x)$。

我们已经看到，$u(x)$ 只是（反）需求曲线下并增至 x 的那块区域面积。相似地，$c(x)$ 为边际成本曲线下并增至 x 的区域面积，这是因为

---

① 当然，如果确实只有一个厂商，竞争行为就非常不合理。最好是把这种情况设想为竞争行业中厂商的"平均"或"有代表性的"行为。

$$c(x) - c(0) = \int_0^x c'(x) \mathrm{d}x$$

和我们假定了 $c(0)=0$。

因此，选择 x 使效用减成本之差最大化等价于选择 x 使需求曲线之下和供给曲线之上形成的那块区域面积最大化，见图 13-3。

这里有另外一种方法能得到相同的结果。令 $CS(x) = u(x) - px$ 为与给定产量水平相关的**消费者剩余**（consumer's surplus）：它计量从商品 x 的消费中获得的"总福利"与商品 x 的支出之差。类似地，令 $PS(x) = px - c(x)$ 为有代表性的厂商获得的利润或**生产者剩余**（producer's surplus）。

那么，**总剩余**（total surplus）最大化要求

$$\max_x CS(x) + PS(x) = [u(x) - px] + [px - c(x)]$$

或

$$\max_x u(x) - c(x)$$

因此，我们也可以说产量的竞争均衡水平使总剩余最大化。

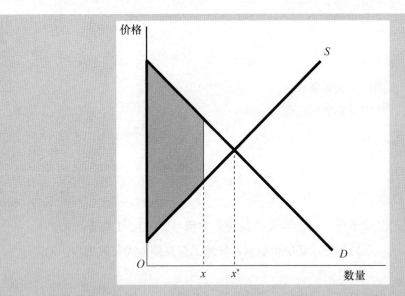

图 13-3　直接效用

注：均衡数量使得需求曲线和供给曲线间垂直的区域面积最大化。

13.8　若干消费者

上一节的分析只涉及单个消费者和单个厂商。不过，这很容易扩展到多个消费者和多个厂商。假设有 n 个消费者，$i=1, \cdots, n$；m 个厂商，$j=1, \cdots, m$。每一个消费者 i 都有一个拟线性效用函数 $u_i(x_i) + y_i$，每一个厂商 j 都有一个成本函数 $c_j(x_j)$。

本书中的**配置**（allocation）将描述每一个消费者消费多少商品 x 和商品 y，即 (x_i, y_i)，$i=1, \cdots, n$；以及每一个厂商生产多少商品 x，即 z_j，$j=1, \cdots, m$。由于我们知道每一个厂商的成本函数，故厂商 j 使用商品 y 的数量由 $c_j(z_j)$ 确定。每一个消费者的**初始禀赋**（initial endowment）为一定量的商品 y（为 ω_i）和数量为 0 的商品 x。

这种情况下的福利最大化合适候选者是在满足可行生产量的约束下，最大化效用总和的配置。效用总和为

$$\sum_{i=1}^{n} u_i(x_i) + \sum_{i=1}^{m} y_i$$

商品 y 的总量是初始禀赋之和减去生产中的消耗量：

$$\sum_{i=1}^{n} y_i = \sum_{i=1}^{n} \omega_i - \sum_{j=1}^{m} c_j(z_j)$$

将此式代入目标函数，并认识到商品 x 的总产量必须等于总消费量的可行性约束，我们有最大化问题

$$\max_{x_i, z_j} \sum_{i=1}^{n} u_i(x_i) + \sum_{i=1}^{n} \omega_i - \sum_{j=1}^{m} c_j(z_j)$$

$$\text{s. t.} \sum_{i=1}^{n} x_i = \sum_{j=1}^{m} z_j$$

令 λ 为此约束的拉格朗日乘数，此最大化问题的答案必定满足

$$u_i{}'(x_i^*) = \lambda$$

$$c_j{}'(z_j^*) = \lambda$$

和可行性约束。

但应该注意，这些精确的条件必须是以均衡价格 $p^* = \lambda$ 来满足的。这样的均衡价格使得边际效用等于边际成本，同时使需求等于供给。因此，市场均衡必然使得福利最大化，至少在用效用之和衡量福利的情形下是这样的。

当然，这在总效用的分配方面并不能说明什么，因为它将依赖初始禀赋（ω_i）的配置模式。在拟线性效用情况下，均衡价格并不依赖于财富分配，任何初始禀赋的分配都与上述给出的均衡条件相一致。

13.9 帕累托效率

我们已经看到，竞争均衡最大化了效用的总和，至少在拟线性效用情况下是如此。但效用总和作为可行的目标函数还远不明显，即使在被限制的情况下也是这样。

更一般的目标是**帕累托效率**（Pareto efficiency）思想。帕累托有效配置是一种

无法使所有代理人的境况都变得更好的配置。换言之，帕累托有效配置是给定其他代理人的效用，使每一代理人的境况都尽可能好的配置。

让我们讨论拟线性效用函数情况下的帕累托效率条件。为简单起见，我们将情形限定为只有两种固定量商品 $(\bar{x}, \bar{y})$，并且只有两个人。此时，帕累托有效配置是代理人 2 的效用维持在一给定效用水平 $(\bar{u})$ 上，最大化代理人 1 的效用。

$$\max_{x_1, y_1} u_1(x_1) + y_1$$
$$\text{s. t. } u_2(\bar{x} - x_1) + \bar{y} - y_1 = \bar{u}$$

将此约束代入目标函数，我们有无约束的最大化问题

$$\max_{x_1} u_1(x_1) + u_2(\bar{x} - x_1) + \bar{y} - \bar{u}_2$$

其一阶条件为

$$u_1'(x_1) = u_2'(x_2) \tag{13.4}$$

对 x_1 的任何给定值，此条件将唯一决定有效的 x_2 水平。不过，y_1 和 y_2 的分配是任意的。在两个消费者之间来回转移商品 y，会使得一个的境况更好而另一个的境况更差，但这丝毫不影响效率的边际条件。

最后，考虑式（13.4）和竞争均衡之间的关系。在均衡价格 p^*，每一个消费者调整商品 x 的消费，以使

$$u_1'(x_1^*) = u_2'(x_2^*) = p^*$$

因此，帕累托效率的必要条件被满足。进而，任何帕累托效率的配置必须满足等式（13.4），它基本上决定了这样一个价格 p^*，在此价格下，帕累托有效配置可以通过竞争均衡实现。

巧合的是，即使效用函数不是拟线性的，通常同样的结果也基本有效。不过一般地说，均衡价格将依赖于商品 y 的分配。我们将在一般均衡那一章中进一步讨论这种依赖性。

13.10　效率和福利

初看起来似乎很奇怪，当我们最大化效用之和时，就如同求解帕累托效率问题一样，竟然获得了相同的答案。本节对此作进一步的探讨。为简单起见，我们考虑固定于两个消费者和两种商品的情况，但除此之外均可推广到更多的消费者和商品。

假设商品 x 的初始量为 $\bar{x}$，商品 y 的初始量为 $\bar{y}$。一个有效配置能做到在一人的效率水平既定的前提下使得另外一人的效用最大：

$$\max_{x_1, y_1} u_1(x_1) + y_1 \tag{13.5}$$

$$\text{s. t. } u_2(\bar{x}-x_1)+\bar{y}-y_1=\bar{u}_2$$

最大化效用之和的配置是解

$$\max_{x_1, y_1} u_1(x_1)+u_2(\bar{x}-x_1)+y_1+\bar{y}-y_1 \tag{13.6}$$

我们已经观察到，这两个问题均解出同一 x_1^*。不过，关于商品 y，这两个问题的解是不同的。任何最大化效用之和的组合 (y_1, y_2)，将只有一个 y_1 值能够满足式 (13.5) 的效用约束。式 (13.5) 的解只是式 (13.6) 的许多解中的一个。

拟线性效用的特殊结构意味着所有的帕累托有效配置都可以通过求解式 (13.6) 得到：所有的帕累托有效配置有相同的 (x_1^*, x_2^*) 值，但 (y_1^*, y_2^*) 不同。这就是为什么我们通过效用之和的最大化和直接确定帕累托有效配置，竟然得到相同的答案。[①]

13.11　离散商品模型

对市场行为的检验来说，离散商品模型是另一种有用的特殊情况。在此模型中，又只有两种商品，商品 x 和商品 y，不过，商品 x 可以离散量来消费。特别地，我们仍假定消费者总是购买要么一单位，要么零单位的商品 x。

具有收入 m 和面临的价格为 p 的消费者，其达到的效用为：如果他购买该商品则为 $u(1, m-p)$，如果他不购买该商品则为 $u(0, m)$。保留价格为 r，它使得消费者在购买或不购买商品 x 之间无差异。这就是说，价格 r 满足下列等式：

$$u(1, m-r)=u(0, m)$$

单个消费者的需求曲线描绘在图 13-4A 中，具有不同保留价格的多个消费者的总需求曲线呈现阶梯形状，我们在图 13-4B 中给出。

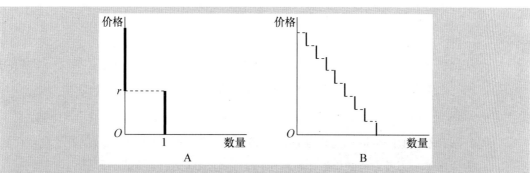

图 13-4　保留价格

注：图 A 描绘了单个消费者的需求曲线，图 B 描绘了具有不同保留价格的多个消费者的总需求曲线。

---

① 对这些说法有一个提醒：它们要求有 (y_1, y_2) 的内点解。如果消费者 2 的目标效用水平很低，以致只有使 $y_2=0$ 时方可达到，那么就破坏了这两个问题的等价性。

拟线性偏好和离散商品的情况特别简单。在这种情形下，如果消费者购买这种商品，其效用为 $u(1)+m-p$，如果不购买，则为 $u(0)+m$。保留价格 r 是下式的解：

$$u(1)+m-r=u(0)+m$$

容易看到，$r=u(1)-u(0)$。使用方便的标准化，即 $u(0)=0$，我们看到，保留价格就等于消费商品 x 的效用。

如果商品 x 的价格为 p，则选择消费此商品的消费者具有效用 $u(1)+m-p=m+r-p$。因此，消费者剩余 $r-p$ 就是一种度量面临价格为 p 的消费者所获得效用的简便方法。

这种特殊结构使得均衡与福利分析非常简单。市场均衡价格仅度量了**边际消费者**（marginal consumer）的保留价格——边际消费者是指购买与不购买该商品无差异的消费者。边际消费者获得的消费者剩余（近似）为零，**超边际消费者**（inframarginal consumer）通常获得正的消费者剩余。

13.12   税收和补贴

我们已经看到，比较静态这个术语是关于经济结果如何随经济环境变化而变化的分析。在竞争市场中，我们一般要问，均衡价格和（或）数量如何随一些政策变量的变化而变化？税收和补贴就是方便的例子。

关于税收，重要的事情是要记住在此体制下总存在两个价格：**需求价格**（demand price）和**供给价格**（supply price）。需求价格 p_d 是商品需求者支付的价格，供给价格 p_s 是商品供给者得到的价格。它们依税收或补贴量而不同。

例如，**从量税**（quantity tax）是对商品的消费数量征税。这意味着需求者支付的价格大于供给者得到的价格，多出的部分为税收：

$$p_d=p_s+t$$

从价税（value tax）是对商品的支出额征税。通常表示成百分量，如 10% 的营业税。税率为 τ 的从价税导致了下面的特殊形式：

$$p_d=(1+\tau)p_s$$

补贴有着相似的结构；金额为 s 美元的**数量补贴**（quantity subsidy）表示卖者得到的价格多于买者支付的价格，每单位多 s 美元，即 $p_d=p_s-s$。

需求者和供给者的行为依赖于各自面对的价格，故我们写为 $D(p_d)$ 和 $S(p_s)$。典型的均衡条件是需求等于供给；这导致了两个方程：

$$D(p_d)=S(p_s)$$
$$p_d=p_s+t$$

将第二个方程代入第一个方程之中，我们可以解

$$D(p_s+t)=S(p_s)$$

或

$$K(p_d)=S(p_d-t)$$

显然，关于 p_d 和 p_s 的解独立于我们要解的方程。

解这种税收问题的另外一种方法是使用反需求函数和反供给函数。此时，方程变成

$$P_d(q)=P_s(q)+t$$

或

$$K_s(q)=P_d(q)-t$$

一旦我们解出了均衡价格和数量，直接进行福利分析是合理的。消费者在均衡点 x^* 消费产生的效用为 $u(x^*)-p_dx^*$，而厂商产生的利润为 $p_sx^*-c(x^*)$。最后，政府获得的收入为 $tx^*=(p_d-p_s)x^*$。最简单的情况是厂商利润和税收收入都来自代表性消费者，产生的净福利为

$$W(x^*)=u(x^*)-c(x^*)$$

即为需求曲线以下的区域与边际成本曲线以下的区域之差，见图 13-5。有税收情形下达到的剩余与原均衡所获得的福利之差称为**净损失**（deadweight loss）；在图 13-5 中以三角形表示。净损失为消费者度量损失产量的价值。

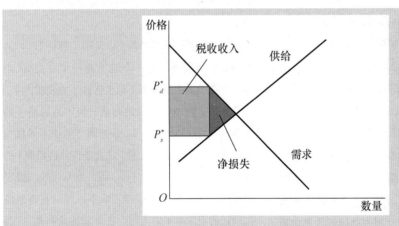

图13-5 净损失

注：浅灰色阴影区域表示总税收收入，深灰色三角形区域为净损失。

注 释

这是一个标准的单市场新古典分析，这里讨   论的形式可能是 Marshall（1920）最先采用的。

习 题

13.1 令 $v(p)+m$ 为一代表性消费者的间接效用函数，$\pi(p)$ 为一代表性厂商的利润函数。令福利为价格的函数，且为 $v(p)+\pi(p)$。证明竞争价格使这个函数最小化。你能解释为什么均衡价格最小化而不是最大化此福利计量吗？

13.2 证明当价格从 p_0 变至 p_1 时，供给函数在 p_0 与 p_1 间积分给出了利润变化。

13.3 一个有大量厂商的行业，每个厂商都取如下的成本函数形式：

$$c(w_1,w_2,y)=(y^2+1)w_1+(y^2+2)w_2$$

(a) 找出厂商的平均成本曲线，描述它如何随要素价格 w_1/w_2 变化而移动。

(b) 找出单个厂商的短期供给曲线。

(c) 找出行业的长期供给曲线。

(d) 描述单个厂商的投入要求集。

13.4 农场主生产谷物需土地和劳动。生产 y 蒲式耳谷物需以货币计的劳动成本为 $c(y)=y^2$。存在 100 个相同的农场主，其行为互相竞争。

(a) 单个农场主的谷物供给曲线是什么？

(b) 谷物市场供给曲线是什么？

(c) 假定谷物的需求曲线为 $D(p)=200-50p$，售出的均衡价格和数量是多少？

(d) 土地的均衡租金是多少？

13.5 考虑一个英国和美国进行雨伞贸易的模型。英国的代表性厂商生产出口型雨伞，生产函数为 $f(K,L)$，K 和 L 分别为生产中需要的资本量和劳动量。令 r 和 w 分别为英国的资本价格和劳动价格，$c(w,r,y)$ 是与生产函数 $f(K,L)$ 相关联的成本函数。假定雨伞最初的均衡价格为 p^*，均衡产量为 y^*。为简单起见，假设模型中的所有雨伞均为出口，美国不生产雨伞，所有市场均为竞争性的。

(a) 英国决定给每把伞施加出口补贴 s 以支持雨伞的生产与出口，这样，出口商出口每把伞可获 $p+s$。美国应该采用多高的进口税 $t(s)$ 方可抵消这种补贴的使用，即保持伞的生产和出口在 y^* 处不变？（提示：这是一个简单的问题，不要想得太复杂了。）

(b) 由于美国很容易抵消出口补贴的效果，英国决定替代而使用资本补贴。特别地，英国决定以一定的补贴 s 补助资本购买，以使英国的雨伞制造商的资本价格为 $r-s$。美国为进行报复，决定对进口雨伞予以征税 $t(s)$，以使雨伞的生产数量在 y^* 处保持不变。消费者支付的价格 p、税收 $t(s)$ 和成本函数 $c(w,r,y)$ 之间的关系是什么？

(c) 计算关于 $t'(s)$ 的表达式，它包含了对资本的条件要素需求函数 $K(w,r,y)$。

(d) 假设生产函数表现出规模收益不变，这如何使得关于 $t'(s)$ 的公式变得简单？

(e) 在雨伞制造中，假定资本为一劣等生产要素，抵补英国资本补贴的关税 $t(s)$ 有何不寻常？

13.6 在一热带岛屿上，从第 1 到第 100，共有 100 个造船商。每一个造船商一年可造 12 条船，并在给定市场价格下最大化自己的利润。令 y 代表某造船商每年造船的数量。假定造船商 1 的成本函数为 $c(y)=11+y$，造船商 2 的成本函数为 $c(y)=11+2y$；依此类推。这就是说，造船商 i 的成本函数为 $c(y)=11+iy$，$i=1,\cdots,100$。假定 11 美元的固定成本为拟固定成本，即只在造船商选择正的产量水平时支付。如果船的价格是 25 美元，有多少造船商选择正的产量水平？一年共制造多少条船？

13.7 考虑具有下列结构的行业。有 50 个以竞争方式行动的厂商，它们具有相同的成本函数 $c(y)=y^2/2$。有一个具有零边际成本的垄断者。产品的需求曲线由下式给出：

$$D(p)=1\,000-50p$$

（a）什么是垄断者的利润最大化产量？

（b）什么是垄断者的利润最大化价格？

（c）在此价格下，该竞争部门的供给是多少？

13.8　美国消费者对雨伞的需求函数为 $D(p)=90-p$，雨伞由美国和英国的厂商供应。为简单起见，假定每一个国家只有一个有代表性的厂商，且为竞争行为。每个国家生产雨伞的成本函数都由 $c(y)=y^2/2$ 给出。

（a）雨伞的总供给函数是什么？

（b）出售的均衡价格和数量各为什么？

（c）现在国内行业游说要求保护，国会同意对外国雨伞征收 3 美元的关税，消费者支付的新的美国价格是什么？

（d）国外及国内厂商各供给多少雨伞？

13

第14章 垄 断

垄断（monopoly）一词的原意是排他性销售的权利。现在它已被用来描述某一厂商或厂商集团在一给定市场上对某一产品具有排他性的控制。此定义的困难之处在于定义什么是一个"给定市场"。在软饮料市场上有很多厂商，但在可乐市场上却只有几家。

从经济分析观点看，一个垄断者的关键特征是在某种意义上具有市场力（market power），它能够出售的产量，作为其索要价格的函数而持续响应。这与竞争厂商的情形相对立：如果竞争厂商索要的价格高于通行的市场价格，其销售量会降至零。竞争厂商是价格接受者，垄断者则是价格制定者。

垄断者在选择价格和产量水平时面临两种约束。首先，它面临的是前面已经描述的标准的技术约束——只有一定的投入产出模式是技术可行的。我们将发现用成本函数$c(y)$来概括技术约束是非常方便的（在成本函数中，省略了作为自变量的要素价格，因为我们假定其为固定的）。

其次，垄断者面临的约束集是消费者呈现出的行为。消费者愿意就某一商品以不同价格购买不同的量，我们以需求函数$D(p)$来概括这种关系。

垄断者的利润最大化问题可以写成

$$\max_{p,y} py - c(y)$$
$$\text{s. t. } D(p) \geqslant y$$

在大部分情况下，垄断者愿意生产消费者所需求的量，因此约束可以被写成等式，$y = D(p)$。于是，在目标函数中替代y，我们有下列问题：

$$\max_{p} pD(p) - c[D(p)]$$

尽管这也许是最自然地提出垄断者最大化问题的方法，但在大部分情况下，事实证明用反需求函数比用直接需求函数更加方便。

令$p(y)$为反需求函数——为出售y单位产量而必须索要的价格。那么，垄断者生产y单位产量期望得到的收益为$r(y) = p(y)y$。我们可以提出垄断者的最大化

问题为

$$\max_y p(y)y - c(y)$$

该问题的一阶和二阶条件为

$$p(y) + p'(y)y = c'(y) \tag{14.1}$$

$$2p'(y) + p''(y)y - c''(y) \leqslant 0 \tag{14.2}$$

一阶条件说明，在利润最大化产量选择下，边际收益必须等于边际成本。让我们更仔细地考虑这个条件。当垄断者多出售 $\mathrm{d}y$ 单位产量时，它必须考虑两个效应：第一，它以当前价格出售更多产量而增加的收益 $p\mathrm{d}y$；第二，为了能出售此额外产量，它必须降低价格，$\mathrm{d}p = \frac{\mathrm{d}p}{\mathrm{d}y}\mathrm{d}y$，这个较低的价格用于出售它所有的单位 y。因此，出售额外产量的额外收益由下式给出：

$$p\mathrm{d}y + \mathrm{d}py = \left[p + \frac{\mathrm{d}p}{\mathrm{d}y}y\right]\mathrm{d}y$$

这一数量一定与边际成本保持平衡。

二阶条件要求边际收益的导数必须小于边际成本的导数，即边际收益曲线从上面穿过边际成本曲线。

一阶条件可重新排列成如下形式：

$$r'(y) = p(y)\left[1 + \frac{\mathrm{d}p}{\mathrm{d}y}\frac{y}{p}\right] = c'(y)$$

或

$$p(y)\left[1 + \frac{1}{\epsilon(y)}\right] = c'(y) \tag{14.3}$$

这里

$$\epsilon(y) = \frac{p}{y}\frac{\mathrm{d}y}{\mathrm{d}p}$$

为垄断者面临的（价格）**需求弹性**。注意，只要消费者的需求曲线具有负的斜率，此弹性就是一负数，当然，这是一个标准情况。

由最优产量水平的一阶条件可得，需求弹性的绝对值必须大于 1。如果不是这样，边际收益为负，因而也就不能等于非负的边际成本。

垄断者的最优产量如图 14-1 所示。边际收益曲线为 $r'(y) = p(y) + p'(y)y$。根据假设，$p'(y) < 0$，故边际收益曲线位于反需求曲线的下方。

当 $y = 0$ 时，出售一个额外单位产量的边际收益恰为价格 $p(0)$。不过，当 $y > 0$ 时，出售一个额外单位产量的边际收益必须小于价格，由于出售额外产量的唯一方法是降低价格，而这一价格降低将影响所有超边际单位出售所获得的收益。

垄断者的最优产量水平位于边际收益曲线与边际成本曲线的交叉处。为满足二阶条件，MR 线必须从上面穿过 MC 线。我们通常假定，只有唯一的利润最大化产量水平。已知此产量水平，比如说 y^*，索要的价格将由 $p(y^*)$ 给出。

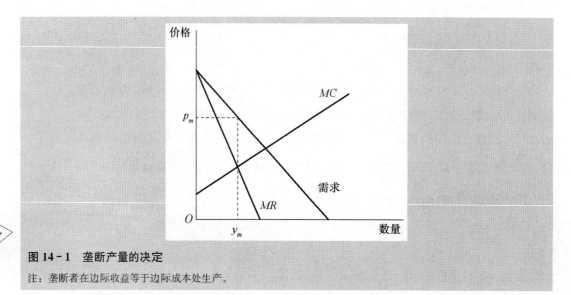

图 14 - 1　垄断产量的决定

注：垄断者在边际收益等于边际成本处生产。

14.1　特殊情况

有两种垄断行为的特殊情形值得注意：第一种是线性需求情形。如果反需求曲线取形式 $p(y) = a - by$，那么，收益函数将取形式 $r(y) = ay - by^2$，边际收益取形式 $r'(y) = a - 2by$。因此，边际收益曲线的陡峭程度是需求曲线的两倍。如果厂商呈现不变边际成本形式，即 $c(y) = cy$，我们可以解这个边际收益等于边际成本方程，以直接确定垄断价格和产量：

$$y^* = \frac{a - c}{2b}$$

$$p^* = \frac{a + c}{2}$$

另一种有趣的情形是不变弹性需求函数，$y = Ap^{-b}$。正如我们在前面所看到的，其需求弹性为常数，且为 $\epsilon(y) = -b$。在这种情况下，应用式（14.3），我们可以写出

$$p(y) = \frac{c}{1 - 1/b}$$

因此，对不变弹性需求函数来说，价格为对边际成本的一个不变补充，补充量依赖于需求弹性。

14.2 比较静态

确定垄断者的产量和价格如何随成本变化而变化常常是有趣的。为简单起见，假定边际成本不变，则该利润最大化问题为

$$\max_y p(y)y - cy$$

一阶条件为

$$p(y) + p'(y)y - c = 0$$

我们从标准的比较静态计算中可知，dy/dc 的符号与一阶条件关于 c 的导数的符号一样。容易看到，它是负的，故我们可以得出结论：利润最大化的垄断者在其边际成本增加时，将总是降低产量。

更加有趣的是计算成本变化对价格的效应。我们从链式法则中知道：

$$\frac{dp}{dc} = \frac{dp}{dy}\frac{dy}{dc}$$

由此表达式，很明显有 $dp/dc>0$。但是，知道 dp/dc 的范围通常是很有用的。

标准的比较静态计算告诉我们

$$\frac{dy}{dc} = -\frac{\partial^2\pi/\partial y\partial c}{\partial^2\pi/\partial y^2}$$

取利润函数适当的二阶导数，我们有

$$\frac{dy}{dc} = \frac{1}{2p'(y) + yp''(y)}$$

从而

$$\frac{dp}{dc} = \frac{p'(y)}{2p'(y) + yp''(y)}$$

这也可写为

$$\frac{dp}{dc} = \frac{1}{2 + yp''(y)/p'(y)}$$

由此表达式，很容易看到在上面所说的特殊情形下会有什么发生。如果需求为线性的，那么，$p''(y)=0$，$dp/dc=1/2$。如果需求函数表现为不变弹性 ϵ，那么，$\frac{dp}{dc} = \frac{\epsilon}{1+\epsilon}$。在线性需求曲线的情况下，一半的成本增加量转嫁到价格之上。在不变弹性需求的情况下，价格增加比成本增加更大——需求越是缺乏弹性，转嫁的成本增加量越多。

14.3 福利和产量

在第 13 章中，我们已经看到，在一定条件下，价格等于边际成本的产量水平是帕累托有效的。由于边际收益曲线总是位于反需求曲线之下，显然，一个垄断生产的产量水平低于帕累托有效的产量。本节我们将更详细地讨论垄断的这种无效。

为简单起见，让我们考虑只有一个消费者的经济，他拥有拟线性效用函数：$u(x)+y$。正如我们在第 13 章中所看到的，这种形式的效用函数的反需求函数由 $p(x)=u'(x)$ 给出。令 $c(x)$ 代表为生产 x 单位的商品 x 而必需的商品 y 的数量，那么，一个可行的社会目标是选择 x 以最大化效用：

$$W(x)=u(x)-c(x)$$

这意味着产量的社会最优水平 x_o 由下式给出：

$$u'(x_o)=p(x_o)=c'(x_o)$$

而垄断的产量水平满足条件

$$p(x_m)+p'(x_m)x_m=c'(x_m)$$

由此，由垄断产量水平估计的福利函数导数为

$$W'(x_m)=u'(x_m)-c'(x_m)=-p'(x_m)x_m=-u''(x_m)x_m>0$$

它可从 $u(x)$ 的凹性推定，增加产量将增加效用。

我们可稍微不同地来进行相同的讨论。我们也可将社会目标函数写成消费者剩余加利润：

$$W(x)=[u(x)-p(x)x]+[p(x)x-c(x)]$$

在垄断产量下，由于垄断者在最大化利润下选择产量水平，故利润关于 x 的导数为零。消费者剩余在 x_m 处的导数为

$$u'(x_m)-p(x_m)-p'(x_m)x_m=-p'(x_m)x_m$$

它当然为正。

14.4 质量选择

垄断者不仅选择产量水平，而且选择其生产产品的其他方面，如考虑产品质量。让我们假定产品质量用某个数值水平 q 表示，假定效用和成本依赖于质量，并取社会目标函数为

$$W(x,q)=u(x,q)-c(x,q)$$

（为使分析简单，通常我们假定效用函数为拟线性的。）我们假定质量是一种商品，故有 $\partial u/\partial q>0$，其生产耗费大，故有 $\partial c/\partial q>0$。

垄断者最大化利润：

$$\max_{x,q} p(x,q)x-c(x,q)$$

该问题的一阶条件为

$$p(x_m,q_m)+\frac{\partial p(x_m,q_m)}{\partial x}x_m=\frac{\partial c(x_m,q_m)}{\partial x}$$

$$\frac{\partial p(x_m,q_m)}{\partial q}x_m=\frac{\partial c(x_m,q_m)}{\partial q}$$

让我们在点 (x_m, q_m) 计算福利函数的导数，我们有

$$\frac{\partial W(x_m,q_m)}{\partial x}=\frac{\partial u(x_m,q_m)}{\partial x}-\frac{\partial c(x_m,q_m)}{\partial x}$$

$$\frac{\partial W(x_m,q_m)}{\partial q}=\frac{\partial u(x_m,q_m)}{\partial q}-\frac{\partial c(x_m,q_m)}{\partial q}$$

用一阶条件对上式进行替代，我们发现

$$\frac{\partial W(x_m,q_m)}{\partial x}=-\frac{\partial p(x_m,q_m)}{\partial x}x_m>0 \tag{14.4}$$

$$\frac{\partial W(x_m,q_m)}{\partial q}=\frac{\partial u(x_m,q_m)}{\partial q}-\frac{\partial p(x_m,q_m)}{\partial q}x_m \tag{14.5}$$

第一个方程告诉我们，将质量固定，垄断者相对于社会最优水平将生产很少。第二个方程不那么容易解释。由于 $\partial p/\partial q$ 等于生产更高质量的边际成本，它一定是正的，所以福利关于质量的导数是两个正数之差，从表面上看，它并不清楚。

问题是我们能否找到任何关于需求行为的可能条件去给此表达式标上符号。如果我们将社会目标函数写成消费者剩余加利润，而不是效用减成本，似乎更加容易看到答案。社会目标函数采取如下形式：

$$W(x,q)=[u(x,q)-p(x,q)x]+[p(x,q)x-c(x,q)]$$
$$=消费者剩余+利润$$

现在，对此定义求关于 x 和 q 的微分，并在垄断者最大化利润的产量水平处对此进行评价。由于垄断者最大化利润，垄断利润关于产量和质量的导数必须等于零，表明了福利关于数量和质量的导数精确地是消费者剩余关于数量和质量的导数。

消费者剩余关于数量的导数总是为正，这是垄断者生产很少产量的另一种说法。消费者剩余关于质量的导数是模糊的——可能为正，也可能为负。其符号依赖于 $\partial^2 p(x,q)/\partial x\partial q$ 的符号。

为看清这一点，考虑图 14-2。当质量提高时，需求曲线向上移动，并（可能）由一边向另一边倾斜。将此运动分解成平行上移和转动，如图所示。在平行移动

中，消费者剩余不受影响，因而总的变化就只依赖于反需求曲线是变平还是变陡。
如果反需求曲线的斜率变得更平，消费者剩余将下降，反之亦然。[①]

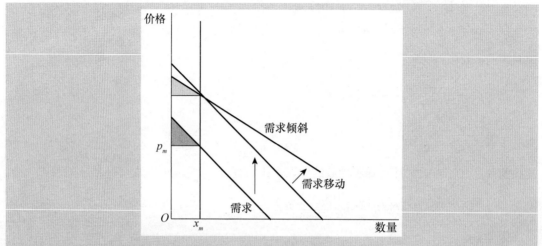

图 14 - 2　质量变化对消费者剩余的影响
注：当需求曲线上移和倾斜时，消费者剩余的影响只依赖于倾斜方向。

另一种解释方程（14.5）的方法是基于保留价格模型的考虑。将 $p(x, q)$ 认作衡量消费者 x 的保留价格，故 $u(x, q)$ 即为保留价格的总和。在此解释中，$u(x, q)/x$ 为平均支付意愿（average willingness to pay），$p(x, q)$ 为边际支付意愿（marginal willingness to pay）。我们可以将式（14.5）重写为

$$\frac{1}{x_m}\frac{\partial W(x_m, q_m)}{\partial q} = \frac{\partial}{\partial q}\left[\frac{u(x_m, q_m)}{x_m} - p(x_m, q_m)\right]$$

现在我们可以看到，福利关于 q 的导数与平均支付意愿关于质量变化的导数减去边际支付意愿关于质量变化的导数成正比。

社会福利依赖于消费者效用或支付意愿的总和；但是，垄断者只关心边际个人的支付意愿。如果这两个值不同，从社会角度看，垄断者的质量选择将不是最优的。

14.5　价格歧视

粗略地说，价格歧视就是对同一消费者或不同消费者以不同价格出售不同单位的同一商品。价格歧视很自然地由对垄断的研究引起，因为我们已经看到，如果垄断者能够找到一种不降低当前销售这些单位的价格的方法，它一般希望出售额外的产量。

---

① 注意，需求曲线的斜率为负，这就是说，斜率变得更平意味着它趋于零。

为使价格歧视能够成为厂商的一种可行策略，它必须有能力对消费者进行分类，并防止再次销售。防止再次销售通常不是个困难的问题，与价格歧视有关的最大困难是对消费者进行分类。最容易的情况是厂商可用如年龄之类的外生范畴来清晰区别消费者。当厂商必须以如购买量或购买时间之类的一些内生范畴为基础进行价格歧视时，更复杂的分析就是必要的。在这种情况下，垄断者面临的是定价结构问题，以使消费者"自我选择"进入适当的等级。

价格歧视形式的传统分类由庇古（Pigou，1920）给出。

第一价格歧视（first-degree price discrimination）是卖者以每一单位的索要价格等于该单位的最大支付意愿的方式，对每一单位商品索要不同的价格。这也被称为**完全价格歧视**（perfect price discrimination）。

第二价格歧视是价格的不同依赖于商品购买的数量，而不依赖于消费者。这个现象也被称为**非线性定价**（nonlinear pricing）。每个消费者面临相同的价格表，但此表对不同的购买量有不同的价格。数量折扣或风险溢价是明显的例子。

第三价格歧视的意思是不同的买者被索要不同的价格，但每一买者为每一单位商品的购买需求支付一个不变的量。这也许是最普通的价格歧视形式，如学生折扣、对一周的不同时间索要不同的价格。

我们将在一个非常简单的模型中探讨这三种形式的价格歧视。假定有两个潜在的消费者，其效用函数为 $u_i(x)+y$，$i=1$，2。为简单起见，对效用进行标准化，以使 $u_i(0)=0$。消费者 i 对某个消费水平 x 的最大支付意愿以 $r_i(x)$ 来表示。它是下列方程的解：

$$u_i(0)+y=u_i(x)-r_i(x)+y$$

等式左侧给出了零商品消费的效用，右侧给出了消费 x 单位并支付价格 $r_i(x)$ 的效用。借助于标准化的优点，$r_i(x) \equiv u_i(x)$。

另一个与效用函数有关的有用函数是边际支付意愿函数，即（反）需求函数。这个函数度量为诱使消费者需求 x 单位消费品，每单位价格必须为多少。如果消费者面临的每单位价格为 p，需选择最优消费水平，他或她必须解效用最大化问题

$$\max_{x,y} u_i(x)+y$$
$$\text{s. t. } px+y=m$$

正如我们已多次看到的，该问题的一阶条件为

$$p=u_i'(x) \tag{14.6}$$

因此，反需求函数由式（14.6）清晰地给出：诱使消费者 i 选择消费水平 x 的必要价格为 $p=p_i(x)=u_i'(x)$。

我们假定，消费者 2 对该商品的最大支付意愿总是超过消费者 1 的最大支付意愿，即

$$u_2(x) > u_1(x) \quad \text{对所有的 } x \tag{14.7}$$

我们一般还假定消费者 2 对该商品的边际支付意愿超过消费者 1 的边际支付意愿，即

$$u'_2(x) > u'_1(x) \quad \text{对所有的 } x \tag{14.8}$$

因而很自然地得出，消费者 2 是**高需求**（high demand）消费者，消费者 1 是**低需求**（low demand）消费者。

我们还将假定，问题中只有一个卖者出售该商品，他以每单位固定边际成本 c 生产。从而，这个垄断者的成本函数为 $c(x) = cx$。

14.6　第一价格歧视

现在假定只有一个消费者，故我们省略了区分消费者的下标。垄断者想提供给消费者某一价格和产量的组合 (r^*, x^*)，以便获得最大利润。价格 r^* 是要么接受要么放弃的价格——消费者可以支付 r^* 以消费 x^*，或消费零单位商品。

垄断者的利润最大化问题为

$$\max_{r,x} r - cx$$
$$\text{s. t. } u(x) \geqslant r$$

约束表明，消费者在从商品 x 的消费中一定获得非负的剩余。由于垄断者希望 r 尽可能大，所以此约束将作为一个等式得以满足。

用约束替代并求导数，我们发现，决定最优生产水平的一阶条件为

$$u'(x^*) = c \tag{14.9}$$

给定此生产水平，要么接受要么放弃的价格为

$$r^* = u(x^*)$$

关于这个解答有几点值得注意。第一，垄断者将选择一个帕累托有效的产量水平进行生产——边际支付意愿等于边际成本的产量水平。不过，生产者将设法获得所有的这种有效生产水平的收益——在消费者消费或不消费产品无差异时，他将获得最大可能的利润。

第二，在这个市场中的垄断者与在竞争行业中一样，生产同一水平的产量。竞争行业在价格等于边际成本处生产，且供给等于需求。这两个条件合在一起表示 $p(x) = c$，这恰好是与式（14.6）中反需求函数定义成对的等式（14.9）。当然，交易收益的分配与在竞争均衡中非常不同。在这种情况下，消费者获得效用 $u(x^*) - cx^*$，厂商获得零利润。

第三，如果垄断者以不同的价格出售每一单位产量给这个消费者，可以达到相

同的结果。例如，假定厂商将产量分成 n 份，每份的大小为 Δx，故 $x = n\Delta x$。则第一单位消费的支付意愿由下式给出：

$$u(0) + m = u(\Delta x) + m - p_1$$

或

$$u(0) = u(\Delta x) - p_1$$

相似地，第二单位消费的边际支付意愿为

$$u(\Delta x) = u(2\Delta x) - p_2$$

继续此过程至第 n 单位，我们有方程序列

$$u(0) = u(\Delta x) - p_1$$
$$u(\Delta x) = u(2\Delta x) - p_2$$
$$\vdots$$
$$u[(n-1)\Delta x] = u(x) - p_n$$

把这 n 个方程相加，并使用标准化 $u(0) = 0$，我们有 $\sum_{i=1}^{n} p_i = u(x)$。这就是边际支付意愿加总一定等于总的支付意愿。因此，厂商如何进行价格歧视并不重要：提供一个要么接受要么放弃的价格，或以每单位的边际支付意愿出售每单位商品。

14.7 第二价格歧视

第二价格歧视也被称为**非线性定价**。这包括像数量折扣这样的实践，厂商得到的收益是购买量的非线性函数。本节，我们将分析这种类型中的一个简单问题。

回忆早期引入的符号。有两个效用函数分别为 $u_1(x_1) + y_1$ 和 $u_2(x_2) + y_2$ 的消费者，这里，我们假定 $u_2(x) > u_1(x)$ 和 $u'_2(x) > u'_1(x)$。我们把消费者 2 称作高需求消费者，把消费者 1 称作低需求消费者。具有更大总支付意愿的消费者也具有更大边际支付意愿的假定有时被称作**单交叉性**（single crossing property），因为它意味着消费者的任何两条无差异曲线最多相交一次。

假设垄断者选择某一（非线性）函数 $p(x)$，其表明如果 x 单位被需求，它将索要多少。假定消费者 i 需求 x_i 单位，支出 $r_i = p(x_i)x_i$ 美元。从消费者和垄断者的角度看，消费者花费 r_i 美元和获得 x_i 单位的产量是相关的。因此，函数 $p(x)$ 的选择可简化为 (r_i, x_i) 的选择。消费者 1 选择 (r_1, x_1)，消费者 2 选择 (r_2, x_2)。

垄断者面临的约束如下。首先，每个消费者一定希望消费 x_i，并愿意支付价格 r_i：

$$u_1(x_1) - r_1 \geq 0$$

$$u_2(x_2) - r_2 \geqslant 0$$

上面两个式子是说，每个消费者消费商品 x 的境况至少要和不消费一样好。其次，每个消费者必须偏好他自己的消费，而不是其他消费者的消费。

$$u_1(x_1) - r_1 \geqslant u_1(x_2) - r_2$$
$$u_2(x_2) - r_2 \geqslant u_2(x_1) - r_1$$

这就是所谓的**自我选择约束**。如果由消费者自愿选择，在某种意义上计划（x_1，x_2）为可行的，则与消费其他人的消费束相比较，每个消费者必须偏好自己意愿的消费束。

将上一段的不等式重新排列为

$$r_1 \leqslant u_1(x_1) \tag{14.10}$$
$$r_1 \leqslant u_1(x_1) - u_1(x_2) + r_2 \tag{14.11}$$
$$r_2 \leqslant u_2(x_2) \tag{14.12}$$
$$r_2 \leqslant u_2(x_2) - u_2(x_1) + r_1 \tag{14.13}$$

当然，垄断者希望选择使其尽可能大的 r_1 和 r_2。由此可知，一般来说，可以得出前两个不等式中的一个是有约束力的，后两个不等式中的一个也是有约束力的。[*] 其结果是 $u_2(x) > u_1(x)$ 和 $u_2'(x) > u_1'(x)$ 的假设足以决定哪一个约束将有约束力，这正像我们现在证明的。

开始假设式（14.12）是有约束力的，则式（14.13）意味着

$$r_2 \leqslant r_2 - u_2(x_1) + r_1$$

或

$$u_2(x_1) \leqslant r_1$$

使用式（14.7），我们有

$$u_1(x_1) < u_2(x_1) \leqslant r_1$$

这与式（14.10）冲突。从而可知式（14.12）不具有约束力，而式（14.13）才是有约束力的，它是一个我们为将来使用要指出的事实：

$$r_2 = u_2(x_2) - u_2(x_1) + r_1 \tag{14.14}$$

现在考虑式（14.10）和式（14.11）。如果式（14.11）是有约束力的，我们有

$$r_1 = u_1(x_1) - u_1(x_2) + r_2$$

用式（14.14）替代，发现

---

* 这里的含义为不等式变成等式约束。——译者注

$$r_1 = u_1(x_1) - u_1(x_2) + u_2(x_2) - u_2(x_1) + r_1$$

其意味着

$$u_2(x_2) - u_2(x_1) = u_1(x_2) - u_1(x_1)$$

我们可以将此表达式重新写为

$$\int_{x_1}^{x_2} u_1'(t)\,dt = \int_{x_1}^{x_2} u_2'(t)\,dt$$

不过，这与 $u_2'(x) > u_1'(x)$ 的假设冲突，从而可知式（14.11）不具有约束力，而式（14.10）才是有约束力的，故

$$r_1 = u_1(x_1) \tag{14.15}$$

式（14.14）和式（14.15）意味着低需求消费者将被索要他的最大支付意愿，高需求消费者将被索要能诱使他消费 x_2 而不是 x_1 的最高价格。

垄断者的利润函数为

$$\pi = [r_1 - cx_1] + [r_2 - cx_2]$$

对 r_1 和 r_2 进行替代变成

$$\pi = [u_1(x_1) - cx_1] + [u_2(x_2) - u_2(x_1) + u_1(x_1) - cx_2]$$

此方程是关于 x_1 和 x_2 的最大化。求导数，我们有

$$u_1'(x_1) - c + u_1'(x_1) - u_2'(x_1) = 0 \tag{14.16}$$
$$u_2'(x_2) - c = 0 \tag{14.17}$$

重新排列方程（14.16），有

$$u_1'(x_1) = c + [u_2'(x_1) - u_1'(x_1)] > c \tag{14.18}$$

这表明，低需求消费者具有超过该商品边际成本的（边际）价值，因此，他无效地消费一小部分商品。等式（14.17）说明，在最优的非线性价格下，高需求消费者有一个等于边际成本的边际支付意愿，故他消费了社会正合适的量。

注意，如果单交叉性不满足，式（14.18）的括号项符号会为负，因此低需求消费者会比其在有效点上消费一个更大的量。这种情况有可能发生，但被认为是相当特殊的。

更高需求的消费者支付边际成本的结论非常普通。如果更高需求的消费者以超过边际成本来支付价格，则垄断者可以对最大的消费者少量降低其索要的价格，诱使他购买更多。由于价格仍超过边际成本，垄断者从这些销售中会获得利润。进而，这样的策略不会影响垄断者从任何其他消费者那儿得到的利润，因为他们都在消费的更低价值处被最优化。

例 14-1：图形处理

自我选择的价格歧视问题也可以在图上进行处理。考虑表示两个消费者需求曲线的图 14-3，为简单起见，我们假定边际成本为零。图 14-3A 表示没有自我选择问题的价格歧视。厂商对高需求消费者出售 x_h^o，对低需求消费者出售 x_l^o，出售价格为各自的消费者剩余，即各自需求曲线下的区域。这样，高需求消费者为消费 x_h^o 需支付 $A+B+C$，低需求消费者为消费 x_l^o 需支付 A。

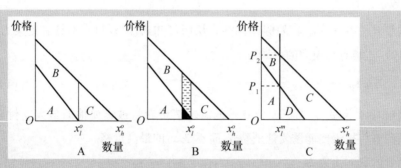

图 14-3 第二价格歧视

注：图 A 显示了自我选择不成为问题时的解，图 B 证明了减少低需求消费者的束将增加利润，图 C 证明了对低需求消费者而言的利润最大化产量水平。

不过，这种策略违背了自我选择约束。高需求消费者偏好低需求消费者的消费束，因为选择它会让其得到一个面积为 B 的净剩余。为满足自我选择约束，垄断者必须以等于 $A+C$ 的价格提供 x_h^o，它给高需求消费者留下了等于 B 的剩余，而不管其选择哪一消费束。

这个策略是可行的，但为最优吗？答案是否定的：用提供给低需求消费者一个更小一点的束，垄断者损失的利润如图 14-3B 中的黑色三角形所示，获得的利润由阴影的四边形表示。减少提供给低需求消费者的量对利润没有一阶效应，这是由于在 x_l^o 处的边际支付意愿等于零。不过，由于高需求消费者在此点的支付意愿大于零，故他非边际地增加了利润。

对低需求消费者而言，在利润最大化的消费水平处，即图 14-3C 中的 x_l^m，利润的边际减少来自低需求消费者自价格 p_1 的进一步减少，它正好等于来自高需求消费者在利润方面的边际增加，即 p_2-p_1［注意，这也可从式（14.18）中得出］。最后的结论是低需求消费者在 x_l^m 处消费并支付 A，故从其购买中得到零剩余。高需求消费者在 x_h^o 处消费，这属于社会合理量，他为此支付 $A+C+D$，留下正的且量为 B 的剩余。

14.8 第三价格歧视

第三价格歧视出现在当消费者被索要不同的价格时，但每个消费者对购买量的所有单位都面临一个固定的价格。这可能是最常见的价格歧视形式。

教科书的情况就是这样，有两个独立的市场，厂商可以很容易对此实施分割。

一个例子是以年龄进行歧视,正如在电影放映中给年轻人折扣一样。如果我们令 $p_i(x_i)$ 为群体 i 的反需求函数,且假设只有两个群体,那么,垄断者的利润最大化问题为

$$\max_{x_1, x_2} p_1(x_1)x_1 + p_2(x_2)x_2 - cx_1 - cx_2$$

该问题的一阶条件为

$$p_1(x_1) + p_1'(x_1)x_1 = c$$
$$p_2(x_2) + p_2'(x_2)x_2 = c$$

令 ϵ_i 为市场 i 中的需求弹性,我们可以将这些表达式写为

$$p_1(x_1)\left[1 - \frac{1}{|\epsilon_1|}\right] = c$$
$$p_2(x_2)\left[1 - \frac{1}{|\epsilon_2|}\right] = c$$

当且仅当 $|\epsilon_1| < |\epsilon_2|$ 时,有 $p_1(x_1) > p_2(x_2)$。因此,需求弹性越大的市场——市场对价格的敏感度也越大——被索要的价格越低。

　　现在假设垄断者并不能像假设的那样清楚地分割市场,从而在一个市场中索要的价格影响在另一个市场中的需求。例如,考虑一个星期一廉价之夜的剧场,星期一较低的价格可能在一定程度上影响到星期二的需求。

　　在这种情况下,厂商的利润最大化问题为

$$\max_{x_1, x_2} p_1(x_1, x_2)x_1 + p_2(x_1, x_2)x_2 - cx_1 - cx_2$$

且一阶条件变为

$$p_1 + \frac{\partial p_1}{\partial x_1}x_1 + \frac{\partial p_2}{\partial x_1}x_2 = c$$
$$p_2 + \frac{\partial p_2}{\partial x_2}x_2 + \frac{\partial p_1}{\partial x_2}x_1 = c$$

我们可以重新排列这些条件以得到

$$p_1\left[1 - \frac{1}{|\epsilon_1|}\right] + \frac{\partial p_2}{\partial x_1}x_2 = c$$
$$p_2\left[1 - \frac{1}{|\epsilon_2|}\right] + \frac{\partial p_1}{\partial x_2}x_1 = c$$

　　由于我们假设为拟线性效用,从而有 $\partial p_1 / \partial x_2 = \partial p_2 / \partial x_1$,即交叉价格效应是对称的。将第一个等式减去第二个等式并重新排列,我们有

$$p_1\left[1 - \frac{1}{|\epsilon_1|}\right] - p_2\left[1 - \frac{1}{|\epsilon_2|}\right] = [x_1 - x_2]\frac{\partial p_2}{\partial x_1}$$

很自然地假设这两种商品是替代的——毕竟它们是卖给不同群体的同一商品——所

以有 $\partial p_2/\partial x_1 > 0$。不失一般性，假设 $x_1 > x_2$，根据上式就可立即得出

$$p_1\left[1-\frac{1}{|\epsilon_1|}\right]-p_2\left[1-\frac{1}{|\epsilon_2|}\right]>0$$

重新排列，我们有

$$\frac{p_1}{p_2}>\frac{1-1/|\epsilon_2|}{1-1/|\epsilon_1|}$$

由此表达式可知，如果 $|\epsilon_2|>|\epsilon_1|$，必然有 $p_1>p_2$。这就是说，如果较小的市场有更大的需求弹性，其必然会有一个较低的价格。从而，在这些辅助假设下，独立市场的直觉推广到更一般的情形。

□ 福利效应

关于第三价格歧视的大多数讨论都涉及进行这种形式的价格歧视的福利效应。当第三价格歧视存在与不存在相比时，我们一般会期望消费者剩余加生产者剩余是更高还是更低？

我们从确定福利改进的一般检验开始。为简单起见，假设只有两个群体，总效用函数形式为 $u(x_1, x_2)+y$。这里，x_1 和 x_2 分别代表两个群体的消费量，y 是花费在其他商品上的货币。这两种商品的反需求函数由下式给出：

$$p_1(x_1,x_2)=\frac{\partial u(x_1,x_2)}{\partial x_1}$$

$$p_2(x_1,x_2)=\frac{\partial u(x_1,x_2)}{\partial x_2}$$

我们假设 $u(x_1, x_2)$ 为凹且可微的，尽管这比所要求的要更强一点。

令 $c(x_1, x_2)$ 为提供 x_1 和 x_2 的成本，从而社会福利由下式计量：

$$W(x_1,x_2)=u(x_1,x_2)-c(x_1,x_2)$$

现在考虑两个产量组合，(x_1^0, x_2^0) 和 (x_1', x_2')，其相关的价格为 (p_1^0, p_2^0) 和 (p_1', p_2')。根据 $u(x_1, x_2)$ 的凹性，我们有

$$u(x_1',x_2')\leqslant u(x_1^0,x_2^0)+\frac{\partial u(x_1^0,x_2^0)}{\partial x_1}(x_1'-x_1^0)+\frac{\partial u(x_1^0,x_2^0)}{\partial x_2}(x_2'-x_2^0)$$

重新排列并使用反需求函数的定义，我们有

$$\Delta u\leqslant p_1^0\Delta x_1+p_2^0\Delta x_2$$

用类似的论据，我们有

$$\Delta u\geqslant p_1'\Delta x_1+p_2'\Delta x_2$$

由于 $\Delta W=\Delta u-\Delta c$，故我们的最终结果为

$$p_1^0 \Delta x_1 + p_2^0 \Delta x_2 - \Delta c \geqslant \Delta W \geqslant p_1' \Delta x_1 + p_2' \Delta x_2 - \Delta c \tag{14.19}$$

在固定边际成本的特殊情况下，$\Delta c = c \Delta x_1 + c \Delta x_2$，故不等式变成

$$(p_1^0 - c)\Delta x_1 + (p_2^0 - c)\Delta x_2 \geqslant \Delta W \geqslant (p_1' - c)\Delta x_1 + (p_2' - c)\Delta x_2 \tag{14.20}$$

注意，这些福利边界完全是一般性的，仅基于效用函数的凹性，这也是需求曲线向下倾斜的基本要求。范里安（Varian，1985）用间接效用函数推导出这个不等式，比此稍显一般性。

为在价格歧视的问题中应用这些不等式，令初始的那组价格为不变的垄断价格，从而有 $p_1^0 = p_2^0 = p^0$。令 (p_1', p_2') 为歧视价格，则式（14.20）中的边界就变成

$$(p^0 - c)(\Delta x_1 + \Delta x_2) \geqslant \Delta W \geqslant (p_1' - c)\Delta x_1 + (p_2' - c)\Delta x_2 \tag{14.21}$$

上界的含义是，福利增加的必要条件为总产量增加。假定与此相反，总产量减少，即 $\Delta x_1 + \Delta x_2 < 0$。由于 $p^0 - c > 0$，式（14.21）就意味着 $\Delta W < 0$。下界给出了价格歧视下福利增加的充分条件，即加权产量变化的总和为正，权重由价格减边际成本给出。

此边界的简单几何图形如图 14-4 所示。福利所得 ΔW 由梯形表示。梯形的面积由上下两个矩形的面积清晰地界定。

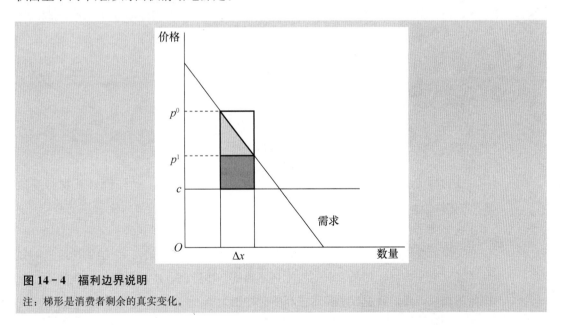

图 14-4 福利边界说明

注：梯形是消费者剩余的真实变化。

作为福利边界的简单应用，让我们考虑具有线性需求曲线的两个市场的情况：

$$x_1 = a_1 - b_1 p_1$$

$$x_2 = a_2 - b_2 p_2$$

为简单起见，令边际成本为零。那么，如果垄断者进行价格歧视，它将通过在每一

条需求曲线的下一半长度内销售来使收益最大化，故有 $x_1 = a_1/2$，$x_2 = a_2/2$。

现在假定垄断者用单一价格向两个市场进行销售。总需求曲线将为

$$x_1 + x_2 = a_1 + a_2 - (b_1 + b_2)p$$

为最大化收益，垄断者将在需求曲线的下半部分经营，它表示

$$x_1 + x_2 = \frac{a_1 + a_2}{2}$$

因此，在具有线性需求曲线的价格歧视下与在通常的垄断情形下，总产量一样。边界由式（14.21）给出，它表示在价格歧视下，福利必然会减少。

不过，这个结论依赖于两个市场都被置于通常的垄断之下的假设。假定市场 2 非常小，且不允许价格歧视，因而利润最大化厂商将不在该市场上销售。如图 14-5 所示。

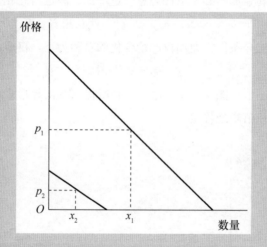

图 14-5　价格歧视

注：如果不允许价格歧视，垄断者会最优地只选择服务于大的市场。

在这种情况下，由式（14.21）任意给定一福利所得，允许价格歧视将导致 $\Delta x_1 = 0$ 和 $\Delta x_2 > 0$。当然，这不仅是福利所得，而且是事实上的帕累托改进。

这个例子相当有说服力。一方面，如果由于价格歧视而开辟一个新的市场——该市场以前并不被通常的垄断者所服务——那么，我们一般有一个帕累托改进的福利增加。另一方面，如果需求的线性是不错的初步近似，产量也不会剧烈变动以响应价格歧视，我们就可以期望对福利的净冲击为负。

注　释

质量选择的讨论基于 Spence（1975）。价格歧视的文献综述见 Varian（1989a）。

习 题

14.1 反需求曲线由 $p(y)=10-y$ 给出，垄断者有 4 单位商品的一个固定供给，它将出售多少且定什么价格？在具有这些需求和供给特点的竞争市场中，价格和产量会怎样？如果垄断者有 6 单位商品，将会发生什么（假定自由处置）？

14.2 假设一个垄断者面临的需求曲线为 $D(p)=10-p$，并有 7 单位的固定供给可出售，利润最大化的价格是什么？最大化利润是多少？

14.3 垄断者面临的需求曲线形式为 $x=10/p$，固定边际成本为 1，利润最大化产量水平是什么？

14.4 什么形式的需求曲线使得 $\mathrm{d}p/\mathrm{d}c=1$？

14.5 假定垄断者面临的反需求曲线由 $p(y, t)$ 给出，这里的 t 为移动需求曲线的参数。为简单起见，假定垄断者有表现出固定边际成本的技术，推导出一个表达式以证明产量如何响应 t 的变化。如果这个移动参数取特殊形式 $p(y, t)=a(y)+b(t)$，如何简化此表达式？

14.6 垄断者面临的需求函数由 $D(p)=10/p$ 给出，并有正的边际成本 c，利润最大化产量水平是什么？

14.7 假定边际成本在 $c>0$ 时固定，需求函数由下式给出：

$$D(p)=\begin{cases} 10/p & \text{如果 } p\leqslant 20 \\ 0 & \text{如果 } p>20 \end{cases}$$

利润最大化的价格是什么？

14.8 已知数量选择，什么形式的效用函数和需求曲线能使垄断者生产最优的质量水平？

14.9 在正文中，我们给出了一个图形讨论，如果 $\partial^2 p/\partial x\partial q>0$，则 $\partial u/\partial q-x\partial p/\partial q<0$，让我们用代数形式证明。这里的步骤如下：

（1）证明这个假设的含义是，如果 $z<x$，那么

$$\frac{\partial p(z, q)}{\partial q}<\frac{\partial p(x, q)}{\partial q}$$

（2）依据效用函数，表述不等式的左侧。

（3）在不等式两侧对 z 从 0 到 x 进行积分。

14.10 一种常见的价格歧视方式是索要一笔一次总付的费用以有权力购买某商品，然后再索要消费该商品的单位成本。标准的例子是娱乐园，经营者索要一个进入费，再索要在内部的乘坐费。这样的定价策略被称为**两部收费**（two part tariff）。假设所有消费者都有同样的效用函数，以 $u(x)$ 表示，提供的服务成本为 $c(x)$。如果垄断者采用两部收费，它将比有效产量水平生产多还是少？

14.11 考虑第二价格歧视问题的图形处理，仔细地观察图 14-3C，回答下列问题：在什么条件下，垄断者只出售给高需求消费者？

14.12 如果垄断者选择对两部分消费者出售，证明 B 的面积必然小于 A 的面积。

14.13 假设只有两个消费者，每一个消费者可以购买一单位的某商品。如果该商品质量为 q，则消费者 t 达到的效用为 $u(q, t)$。垄断者提供质量的成本为零，消费者 t 愿意支付质量 q 的最大价格以 w_t 表示。垄断者不能区分这两个消费者，并至多提供两个不同的质量供消费者自由选择。建立该垄断者的利润最大化问题，并予以深入分析。提示：该问题像你从前遇到的问题吗？

14.14 垄断者可以被看作是选择价格，让市场决定出售多少。写下此利润最大化问题，证明在最优价格水平处有 $p[1+1/\epsilon]=c'(y)$。

14.15 有一个垄断者呈现固定边际成本的技术，即 $c(y)=cy$。市场需求弹性为常数，以 ϵ 表示。存在一个从价税，当消费者支付价格 P_D 时，垄断者得到 $P_S=(1-\tau)P_D$（这里，P_D 是消费者面临的需求价格，P_S 是生产者面临的供给价格）。

税收当局正考虑改从价税为从量税 t，即有 $P_D=P_S+t$。你已经被请去计算在某种意义上等价于从价税 τ 的从量税 t，并使得消费者面临的最终

价格在这两种情况下都一样。

14.16 假定垄断者面临的反需求曲线由 $p(y, t)$ 给出，这里 t 是移动需求曲线的参数。为简单起见，假定垄断者具有呈现为固定边际成本的技术。

(a) 推导出一个表达式以证明产量如何响应 t 的变化。

(b) 如果反需求函数取特殊形式 $p(y, t) = a(y) + b(t)$，如何简化这个表达式？

14.17 考虑只有一个消费者的简单经济，其效用函数为 $u_1(x_1) + u_2(x_2) + y$。这里，x_1 和 x_2 分别是商品 1 和商品 2 的数量，y 是花费在所有其他商品上的货币。假定商品 1 由一竞争行为的厂商供给，商品 2 由一垄断行为的厂商供给。商品 i 的成本函数以 $c_i(x_i)$ 表示，在行业 i 中，有一种从量税 t_i。假定 $c_i'' > 0$，$p_i' < 0$ 和 $p_i' < 0$。

(a) 对 $i = 1, 2$，推导 dx_i / dt_i 的表达式，并确定符号。

(b) 已知产量的变化 (dx_1, dx_2)，推导福利变化的表达式。

(c) 假定我们考虑对这两个行业之一进行征税，并用所得补贴另一个行业。我们应该对竞争行业征税，还是对垄断行业征税？

14.18 有两个具有下列效用函数的消费者：

$$u_1(x_1, y_1) = a_1 x_1 + y_1$$
$$u_2(x_2, y_2) = a_2 x_2 + y_2$$

商品 y 的价格为 1，每个消费者都有一个"巨大"的初始财富。已知 $a_2 > a_1$，对两种商品只能消费非负的量。

一个垄断者供应商品 x，边际成本为零，但有生产能力约束：最多供应商品 x 10 个单位。垄断者最多提供两个价格-数量套装：(r_1, x_1) 和 (r_2, x_2)。这里，r_i 是购买 x_i 单位该商品的费用。

(a) 写出垄断者的利润最大化问题。你应该有 4 个约束，再加上生产能力约束，$x_1 + x_2 \leqslant 10$。

(b) 在最优解中，哪个约束是有约束力的？

(c) 将这些约束代入目标函数，产生的表达式是什么？

(d) (r_1, x_1) 和 (r_2, x_2) 的最优值是什么？

14.19 某垄断者在两个市场上销售。对垄断者产品的市场需求曲线为：市场 1，$x_1 = a_1 - b_1 p_1$；市场 2，$x_2 = a_2 - b_2 p_2$。这里的 x_1 和 x_2 分别是在每个市场上的销售数量，p_1 和 p_2 分别是在每个市场上索要的价格。垄断者的边际成本为零。注意，尽管垄断者可以在两个市场上制定不同的价格，但在同一市场上只能以同一价格出售所有的单位。

(a) 参数 (a_1, b_1, a_2, b_2) 在什么条件下垄断者的最优选择将不是价格歧视（假定为内点解）？

(b) 现在假定需求函数取形式 $x_i = A_i p_i^{-b_i}$ $(i = 1, 2)$，且垄断者取某固定边际成本 $c > 0$。在什么条件下垄断者的选择将不是价格歧视（假定为内点解）？

14.20 某垄断者最大化 $p(x)x - c(x)$。为获取若干垄断利润，政府对其收益征收量为 t 的税，从而该垄断者的目标函数变为 $p(x)x - c(x) - tp(x)x$。最初，政府从这种税收中拥有收益。

(a) 此税是增加还是减少了垄断者的产量？

(b) 现在政府决定将这部分税收收益返回给垄断产品的消费者。每一个消费者将从这种消费支出所征集的税收中获得"回扣"。花费 px 的有代表性的消费者从政府那里得到 tpx。假定拟线性效用函数，推导消费者作为 x 和 t 的反需求函数的表达式。

(c) 垄断者的产量如何对"税收-回扣"计划作出反应？

14.21 某垄断者的成本函数为 $c(y) = y$，故其边际成本固定且为每单位 1 美元。它面临如下的需求曲线：

$$D(p) = \begin{cases} 0 & \text{如果 } p > 20 \\ 100/p & \text{如果 } p \leqslant 20 \end{cases}$$

(a) 利润最大化产量的选择是什么？

(b) 如果政府能对垄断者制定一个价格上限，

以迫使其作为一个竞争者行动，垄断者应该制定什么样的价格？

(c) 如果垄断者被迫像竞争厂商那样行动，其生产的产量是多少？

14.22 某经济有两种消费者和两种商品。A型消费者的效用函数为 $U(x_1, x_2) = 4x_1 - (x_1^2/2) + x_2$；B型消费者的效用函数为 $U(x_1, x_2) = 2x_1 - (x_1^2/2) + x_2$。消费者只能消费非负的数量，商品2的价格为1，所有消费者的收入为100。A型消费者和B型消费者的数量均为 N。

(a) 假定垄断者以每单位为 c 的固定单位成本生产商品1，并且不能从事任何价格歧视，找出其最优价格和数量选择。对什么样的 c 值，垄断者向两类消费者出售的选择为真？

(b) 假定垄断者采用"两部收费"，此处，消费者必须支付一笔总量 k 方可购买任意量商品。

一个支付了一笔总量 k 的人，可用单位购买价格 p 购买任何他所需的量。消费者不能再售商品1。对于 $p < 4$，A型消费者为能够获得以价格 p 购买这个特许权的最高量 k 是多少？如果某A型消费者支付了 k，从而能够以价格 p 进行购买，那么，他将需要多少单位？把决定A型消费者对商品1需求的函数描述成 p 和 k 的函数，B型消费者对商品1的需求函数是什么？现在描述作为 p 和 k 的函数的决定所有消费者对商品1的总需求的函数。

(c) 如果经济中只包括 N 个A型消费者，没有B型消费者，p 和 k 的利润最大化选择将会是什么？

(d) 如果 $c < 1$，找出在满足两类消费者都从此垄断者购买的约束下，最大化垄断者利润的 p 和 k 的值。

第15章 博弈论

博弈论（game theory）是关于相互影响的决策者的研究。在前面的章节里，我们研究了在非常简单的环境下，单个主体（一个厂商或一个消费者）的最优决策理论。主体之间的策略互相影响并不非常复杂。本章，我们将为经济主体在更复杂环境下的行为作更深入的分析铺垫基础。

人们可以从多个方面研究相互影响的决策者。我们可以从社会学、心理学、生物学等角度来检验行为。在特定范围内，这其中的每一种方法都是有用的。博弈论强调冷血的"理性"决策的研究，因为对许多经济行为而言，这是最合适的模型。

在最近的十几年中，博弈论在经济学中得到了广泛的应用，在澄清经济模型中策略相互影响的性质方面取得了许多进展。确实，许多经济行为都可视作博弈论的一个特殊情形，博弈论的深入理解是任何经济学家分析工具箱中的必要组成部分。

15.1 博弈描述

描述一个博弈有几种方式。就我们的目的而言，**策略型**（strategic form）与**扩展型**（extensive form）就已足够。粗略地说，扩展型提供了一个博弈的"扩展"描述，而策略型则提供了一个博弈的"简化"概括。① 我们首先将讨论策略型，对扩展型的讨论将留在序贯博弈那一节中。

博弈的策略型可用**局中人**（players）集合、**策略**（strategies）集合（即每个局中人可做的选择）和**支付**（payoffs）集合来予以定义。支付表示如果某特定的策略组合被选择，每个局中人所得到的效用。因仅限于说明，我们在本章中将只涉及二人博弈。下面所有描述的概念很容易推广至多人的内容中。

我们假定博弈的描述——适用局中人的支付和策略——为**常识**（common

---

① 策略型最初被称为博弈的**标准型**（normal form），但这个词并不很具描述性，近年已不鼓励使用。

knowledge）。这就是说，每个局中人都知道他自己和别人的支付与策略，进而，每个局中人也知道其他局中人也知道这些等。我们还假定，每个局中人皆为"完全理性的"是一个常识。亦即，每个局中人在给定的主观信念下，会选择最大化自己效用的行动；当新的信息到来时按照贝叶斯定律，这些信念会得到修正。

据此，博弈论是标准的一人决策理论的广义化。在其支付依赖于其他理性预期效用最大化者的选择的情况下，该理性预期效用最大化者应如何采取行动？显然，为了确定可行的选择，每个局中人都必须考虑其他局中人面临的问题。我们在下面分析这类考虑的结果。

例 15-1：便士匹配

在这个博弈中，有两个局中人，行和列。每个局中人都有一枚他自己能安排以使得正面或反面朝上的硬币。这样，每个局中人有两个策略，我们将其简写为正面或反面。一旦策略被选定，每一局中人都有一支付，它依赖于两个局中人所作的选择。

这些选择是独立作出的，局中人在自己作出选择时，并不知道他人的选择。我们假定，如果两个局中人同时出示正面或反面，那么，行赢 1 美元，列输 1 美元。另一方面，如果一个局中人出示正面，另一个局中人出示反面，则行输 1 美元，列赢 1 美元。表 15-1 描绘了便士匹配博弈矩阵。

表 15-1　便士匹配博弈矩阵

		列 正面	反面
行	正面	1，-1	-1，1
	反面	-1，1	1，-1

我们在一个**博弈矩阵**（game matrix）中描绘此策略互动。如果这一特定的策略组合（正面，反面）被选择，矩阵中的这一项表明局中人行得到-1，局中人列得到+1。注意，此矩阵的每一项，局中人行的支付恰好等于局中人列的支付的负数。换句话说，这是一个**零和博弈**（zero-sum game）。在零和博弈中，局中人的利益正好相反，这对于分析尤其简单。不过，对经济学家而言，大部分利益博弈并非零和博弈。

例 15-2：囚徒困境

再一次，我们有两个局中人，行和列。不过，现在他们的利益只是部分地冲突。有两个策略：合作与背叛。故事的起源是行和列为两个囚犯，他们共同参与了一次犯罪活动。他们可以互相合作，拒绝供出任何证据，也可背叛并指控对方。

在其他应用中，合作和背叛可以有不同的含义。例如，在双寡头垄断的情况下，合作表示"保持索要一个高价"，背叛则表示"削价并窃取其竞争者的市场"。

奥曼（Aumann，1987）对这种博弈作了一个特别简单的描述，每个局中人可以对仲裁人简单地宣告："给我 1 000 美元"，或"给其他人 3 000 美元"。注意，货币支付来自第三方，并非来自局中人的任何一方。囚徒困境是一种**变和博弈**（variable-sum game）。

局中人可以事先讨论此博弈，但实际的决策必须独立地作出。合作策略中的每一个人被宣布得到 3 000 美元礼品，而背叛策略则只得到 1 000 美元。（博弈开始！）表 15 - 2 描绘了奥曼囚徒困境版本中的支付矩阵，这里的支付单位为千美元。

表 15 - 2　囚徒困境

		列	
		合作	背叛
行	合作	3, 3	0, 4
	背叛	4, 0	1, 1

我们将在下面更详细地讨论这个博弈，但是我们在开始之前应该指出这个"困境"。问题是每一方都有背叛的动机，而不管他或她认为另一方将做什么。如果我认为其他人将合作且给我 3 000 美元礼品，那么，我若背叛将总共获得 4 000 美元。如果我相信其他人将背叛而只能得到 1 000 美元，则我最好是为自己取得 1 000 美元而行动。

例 15 - 3：古诺双寡头垄断

考虑一个首先由古诺（Cournot，1838）分析的简单双寡头垄断博弈。我们假定有两个以零成本生产相同产品的厂商。每个厂商必须在不知道另一个寡头垄断者产量的情况下，决定自己生产多少产量。如果厂商生产该商品的全部产量为 x 单位，则市场价格将为 $p(x)$。这就是说，$p(x)$ 是两个生产者面临的反需求曲线。

如果 x_i 是厂商 i 的生产水平，那么，市场价格将为 $p(x_1 + x_2)$，厂商 i 的利润由 $\pi_i = p(x_1 + x_2)x_i$ 给出。在这个博弈中，厂商 i 的策略是生产水平的选择，厂商 i 的支付则为其利润。

例 15 - 4：伯特兰双寡头垄断

考虑一个构造与古诺博弈相同的博弈，但现在假设每个局中人的策略为宣布他愿意提供任意量产品的价格。在此情况下，支付函数采取了完全不同的形式。假设消费者只从最低价格厂商处购买，以及假设如果厂商索要相同的价格，它们将平分市场似乎是合理的。令 $x(p)$ 代表市场需求函数，这决定了厂商 1 的支付形式：

$$\pi_1(p_1, p_2) = \begin{cases} p_1 x(p_1) & \text{如果 } p_1 < p_2 \\ p_1 x(p_1)/2 & \text{如果 } p_1 = p_2 \\ 0 & \text{如果 } p_1 > p_2 \end{cases}$$

这个博弈与囚徒困境有相似的结构。如果两个局中人合作，他们可以索要一个垄断价格，每人可收取一半的垄断利润。但是，诱惑对每个局中人始终存在，他稍微降低价格就可获得全部的市场。然而，如果两个局中人都降低价格，他们的境况都会恶化。

15.2 策略选择的经济模拟

注意，古诺博弈和伯特兰博弈有根本上不同的结构，即使它们的目的都在于模拟相同的经济现象——双寡头垄断。在古诺博弈中，每个厂商的支付是其策略选择的连续函数；在伯特兰博弈中，支付为策略的非连续函数。正如可以预见的，这导致了相当不同的均衡。哪一个模型是"正确"的？

抽象地看，发出哪一个是"正确"模型的疑问，并无多少意义。答案是它依赖于你试图去模拟什么。可能更有效的问题是：在模拟行为人的策略集时应该考虑哪些事项？

显然，一种方法是根据经验证据进行判断。如果我们注意到石油输出国组织（OPEC）在报告中指出，它们试图确定每个成员国的生产份额，但油价交由世界石油市场确定，那么，据推测对该博弈策略的合理模拟应从产量水平而不是价格入手。

另外一个应该考虑的事项是，一旦观测到对手的行为，其策略应具备承诺性或很难被改变。上面介绍的那些博弈是"一次性"博弈，但是这些博弈模拟的事实却是实时发生的。假设我为我的产量挑选一个价格，然后发现我的对手制定了一个稍微更低一点的价格。在这种情况下，我可以很快地调整自己的价格。由于一旦知道对手的行动，策略变量可被很快地调整，故在"一次性"博弈中试图模拟这种策略互动并不具有更多意义。在这类定价博弈中，似乎必须要使用具有多阶段的一个博弈来捕获策略行为可能性的全部范围。

假设我们将古诺博弈中的产量解释为"产能"——产能是可生产出指定产量的一种不可撤销的资本投资——在这种情形下，一旦我发现了竞争对手的产量水平，我要想改变自己的产量水平将要付出很大的代价。这里产能或产量似乎是策略变量的自然选择，即使在一次性博弈中也是如此。

和大部分经济模拟一样，挑选能够捕捉实际策略迭代要素的博弈策略选择的表示，同时又能使博弈足够简单以利于分析，这是一门艺术。

15.3 解的概念

在许多博弈中，策略相互影响的性质表明局中人希望选择一个策略，该策略事先不能被其他局中人预测。例如，考虑上面描述的便士匹配博弈。很显然，每个局中人都不希望他的选择被其他人准确地预测到。这样，很自然地考虑以某一概率 p_h 掷正面、以另一概率 p_t 掷反面的随机策略。这样的策略被称为**混合策略**（mixed strategy）。以概率 1 作某一选择的策略被称为**纯策略**（pure strategy）。

如果 R 是局中人行的纯策略集，则行的混合策略集是所有 R 上概率分布的集，这里，在 R 中执行策略 r 的概率为 p_r。相似地，p_c 将是列执行某策略 c 的概率。为解此博弈，我们需要寻找一个在某种意义上处于均衡的混合策略（p_r，p_c）的集合。也许有一些选择具备概率为 1 的均衡混合策略，此时，它们也可被解释为纯策略。

寻找解的概念的自然出发点是标准的决策理论：我们假定每个局中人关于其他局中人可能选择的策略有一个概率信念，且每个局中人都选择最大化自己期望支付的策略。

例如，如果行执行 r，列执行 c，假定行的支付为 $u_r(r, c)$。我们假定，行对列的选择有一个**主观概率分布**（subjective probability distribution），以（π_c）表示，见本书第 11 章有关主观概率的基本思想。这里，π_c 如行想象的那样，被设定代表列选择 c 的概率。相似地，列也有我们以（π_r）表示的关于行的行为的信念。

我们允许每个局中人使用混合策略，令（p_r）为行的实际混合策略，（p_c）为列的实际混合策略。由于行作出选择时，并不知道列的选择，故特定结果（r, c）发生时，行的概率为 $p_r\pi_c$。这就是行执行 r 的（客观）概率乘以行关于列执行 c 的（主观）概率。因此，行的目标是选择一个概率分布（p_r）以最大化

$$行的期望支付 = \sum_r \sum_c p_r \pi_c u_r(r, c)$$

列欲最大化

$$列的期望支付 = \sum_c \sum_r p_c \pi_r u_c(r, c)$$

到目前为止，我们仅将标准的决策理论模型应用到这个博弈——在给定信念下，每个局中人欲最大化他或她的期望效用。已知关于其他局中人可能要做什么的信念，我选择一个策略以最大化自己的效用。

在这个模型中，我拥有的关于其他局中人策略选择的信念是外生变量。不过，现在我们对此标准决策模型增加一个附加因素，并且我们要问，拥有什么样的关于其他人行为的信念是合理的？总之，博弈中，每个局中人都知道其他局中人在设法最大化自己的支付，每个人都应该在决定什么是合理信念方面使用拥有的关于其他局中人行为的信息。

15.4 纳什均衡

在博弈理论中，我们将每个局中人设法最大化自己的支付作为给定的命题，进一步，每个局中人知道，这也是每个其他局中人的目标。因此，在决定我所拥有的关于其他局中人可能要做什么的合理信念方面，我必须要问其他人认为我将要做什么。在上一节结尾部分给出的期望支付公式中，行的行为——他有多大可能性执行每一个策略——以概率分布（p_r）表示，列关于行的行为的信念以（主观）概率分

布（π_r）来表示。

自然一致性要求是每个局中人关于其他局中人行为选择的信念符合其他局中人意欲要作出的实际选择。符合实际频率的期望有时也被称作**理性预期**（rational expectations）。纳什均衡是一种理性预期均衡。更正式地：

纳什均衡：一个纳什均衡包括关于策略的概率信念（π_r，π_c）、选择策略的概率（p_r，p_c），满足：

（1）信念正确：$p_r = \pi_r$，$p_c = \pi_c$，对所有的 r 和 c 均成立；

（2）每个局中人选择（p_r）和（p_c），以使在给定信念下，最大化自己的期望效用。

在此定义中，显然，纳什均衡是行动和信念的均衡。均衡中，每个局中人都能正确预见其他局中人如何去作出各种选择，两个局中人的信念是相互一致的。

纳什均衡的一个更加常见的定义是，给定其他主体的策略，纳什均衡是一对混合策略（p_r，p_c），使得每个主体的选择最大化自己的期望效用。这等价于我们所使用的定义，但由于主体信念和主体行动之间的区别是模糊的，故它具有误导性。我们试图在区分这两个概念方面尽量小心。

纳什均衡的一个特别有趣的特殊情况是**纯策略纳什均衡**（Nash equilibrium in pure strategies），它是每个局中人执行一特定策略的概率为 1 的纳什均衡。更确切地说：

纯策略：纯策略纳什均衡是指：存在一对（r^*，c^*），对所有行的策略 r，使得 $u_r(r^*, c^*) \geqslant u_r(r, c^*)$；对所有列的策略 c，使得 $u_c(r^*, c^*) \geqslant u_c(r^*, c)$。

纳什均衡是置于一个策略组合上的最低一致性要求：如果行相信列将执行 c^*，则行的最好响应是 r^*，列也与此相似。没有局中人会找到单边偏离纳什均衡策略的利益。

如果一个策略集不是纳什均衡，那么至少有一个局中人没有仔细想透其他局中人的行为，即局中人之一一定预料其他局中人没有为其自身利益行动——这与分析的最初假设矛盾。

一个均衡概念常被当作某一调整过程的"休止点"（rest point）。纳什均衡的一个解释是"想透"其他局中人动机的调整过程。行可能想："如果我认为列将执行某个策略 c_1，则我的最好响应是执行 r_1。但如果列认为我将执行 r_1，则对他最好的事情是执行某个其他策略 c_2。但如果列将执行 c_2，则我的最好响应却是 r_2……"等。一个纳什均衡是一个关于信念和策略的集合，此处，每一个局中人关于其他局中人将要做什么的信念与其实际选择相一致。

有时，上一段描述的"想透"调整过程被解释为**实际**的调整过程，其中每个局中人在试图理解其他局中人的选择方面，以不同策略进行试验。尽管很显然这样的试验和学习存在于真实生活里的策略互动中，但严格地说，它并不是纳什均衡概念的有效解释。理由是，如果每个局中人都知道博弈将重复某一次数，则每个局中人都可以计划将他在时间 t 上的行动基于时间 t 之前对其他局中人行动的观察之上。此时，纳什均衡的正确概念是一个执行序列（sequence of plays），它是对我的对手执行序列的最好响应（在某种意义上）。

例 15-5：计算纳什均衡

下面的博弈被称为"性别之战"（battle of the sexes），隐藏在此博弈之后的故事也正是如此。朗达（Rhonda）（行）和卡尔文（Calvin）（列）正在讨论本学期是否选微观经济学或宏观经济学课程。如果他们同时选微观经济学，则朗达获效用 2，卡尔文获效用 1；如果他们同时选宏观经济学，则支付正好与此相反。如果他们选择不同的课程，则获得零效用。

让我们计算此博弈中的所有纳什均衡。首先，我们寻找纯策略纳什均衡。它仅包括对各种策略选择的最好响应的系统检验。假设列认为行将执行"上"。列执行"左"会得到 1，执行"右"会得到 0，所以"左"是列对行执行"上"的最好反应。如果列执行"左"，那么很容易看到，行执行"上"是最优的。这一系列推理表明（上，左）是一个纳什均衡。类似的讨论表明（下，右）也是一个纳什均衡。表 15-3 描绘了性别之战。

表 15-3　性别之战

		卡尔文 左（微观）	右（宏观）
朗达	上（微观）	2, 1	0, 0
	下（宏观）	0, 0	1, 2

其次，我们也可以通过写出每个主体必须求解和检验其一阶条件的最大化问题来系统地求解这个博弈。令 (p_t, p_b) 为行执行"上"和"下"的概率，以类似方式定义 (p_l, p_r)，则行的问题为

$$\max_{(p_t, p_b)} p_t[p_l 2 + p_r 0] + p_b[p_l 0 + p_r 1]$$
$$\text{s. t. } p_t + p_b = 1$$
$$p_t \geq 0$$
$$p_b \geq 0$$

令 λ、μ_t 和 μ_b 为此约束条件的库恩-塔克乘数，使得拉格朗日函数形式为

$$L = 2p_t p_l + p_b p_r - \lambda(p_t + p_b - 1) - \mu_t p_t - \mu_b p_b$$

分别对 p_t 和 p_b 求导数，我们看到，行的库恩-塔克条件为

$$2p_l = \lambda + \mu_t$$
$$p_r = \lambda + \mu_b \tag{15.1}$$

由于我们已经知道纯策略解，故只需考虑 $p_t > 0$ 和 $p_b > 0$ 的情形。互补松弛条件意味着 $\mu_t = \mu_b = 0$。使用 $p_t + p_b = 1$ 的事实，我们容易看到行将发现当 $p_l = 1/3$ 和 $p_r = 2/3$ 时，执行混合

策略是最优的。

对列也遵循相同的程序，我们发现，$p_t=2/3$，$p_b=1/3$。每个局中人从这个混合策略中获得的期望支付可以通过将这些数值代入目标函数中而方便地算出。在这个例子中，每个局中人的期望支付为 2/3。注意，每个局中人相较于混合策略而言，更喜欢任一个纯策略均衡，因为它使得每个局中人的支付更高。

15.5　混合策略的解释

有时，很难对混合策略给出行为解释。对于一些博弈，如便士匹配，混合策略显然是唯一合理的均衡。但对于其他的经济利益博弈来说——如双寡头垄断博弈——混合策略似乎不现实。

除混合策略在一些范围内的不现实性质外，另一个困难则纯粹是逻辑原因。再一次考虑性别之战中的混合策略例子。该博弈中的混合策略均衡具有特征：如果行执行他的均衡混合策略，列从执行每一个纯策略中获得的期望支付必须与执行均衡混合策略的期望支付相同。看到这一点的最简单方式是查看一阶条件式（15.1）。由于 $2p_l=p_r$，执行"上"的期望支付与执行"下"的期望支付相同。

不过，这并非偶然。对任何混合策略均衡来说，情况总是这样：如果一方相信另一方将执行均衡混合策略，则他是执行均衡混合策略还是混合策略一部分内容的任意纯策略，是无差异的。逻辑是简单的：如果均衡混合策略一部分内容的某个纯策略比均衡混合策略的其他组成部分有更高的期望支付，那么，他会注意增加执行更高期望支付策略的频率。但是，如果在混合策略中，所有以正的概率被实施的纯策略有着相同的期望支付，这也必然是混合策略的期望支付。这也反过来表示了该行为主体在执行纯策略或混合策略时无差异。这种"退化"产生于期望效用函数关于概率是线性的。人们想要有一些更加激发兴趣的理由来"实施"混合策略结果。

在某些环境下，这并不会带来严重的问题。假设你是一大群人中的一个，人们随机碰面并与群体中的每一个对手玩一次便士匹配游戏。假设最初每个人都以混合策略（1/2,1/2）执行唯一的混合纳什均衡，最终一些局中人倦于执行此混合策略，并决定总是玩正面或反面游戏。如果决定总是出正面的人的数量等于总是出反面的人的数量，则在任何行为主体的选择问题中没有显著的改变：每个行为主体依然理性地认为他的对手以 50∶50 的概率出正面或反面。

在这种方式下，每个成员正在执行纯策略，但在一个给定博弈中，局中人无法知道其对手执行的是哪一个纯策略。作为既有人口频率的混合策略概率的解释在模拟动物行为中非常普遍。

解释混合策略均衡的另一种方式是，考虑一个给定的个人在一次性博弈中是出正面还是出反面的选择。这个选择被当作依赖于不能被对手确定的特质性因素。例如，假设你在"正面情绪"中叫正面，在"反面情绪"中叫反面。你可以观察你自己的情绪，但你的对手却不能。因此，从每个局中人的观点看，其他人的策略是随机的，即使某人自己的策略是确定性的。关于一个局中人混合策略重要性的大小是不确定的，它产生于博弈中的其他局中人。

15.6　重复博弈

我们在上面指出，希望相同的局中人重复博弈的结果只是一次性博弈的简单重复是不合适的。这是因为重复博弈的策略空间更大：每个局中人可以在某一点决定他或她的选择，该选择作为这之前至此点全部博弈历史的函数。由于我的对手会基于我的选择历史而修正他的行为，我必须在作出自己的选择时考虑这种影响。

让我们在前面描述的简单囚徒困境博弈框架中分析这个问题。这里，两个局中人的"长期"利益是企图获得（合作，合作）解。因此，对每一个局中人而言，可行的是试着给另一个局中人发出"信号"，以表明他愿意"善意"且在博弈一开始就进行合作。当然，背叛是另一个局中人的短期利益，但这是他的长期利益吗？他可能说，如果他背叛，另一个局中人会失去耐心且从此以后就只实行背叛。这样，第二个局中人就会因短期最优策略而失去了长期利益。位于这种推理之后的事实是，我现在所做的行动可以在未来得到反应——其他局中人的未来选择可能依赖我的当前选择。

让我们讨论（合作，合作）的策略是否可以是重复囚徒困境的一个纳什均衡。首先，我们考虑每个局中人都知道博弈将重复一固定次数的情况，考虑局中人在最后一轮实施之前的推理。在此时，每个人都认为他们在进行一次性博弈。由于在最后一次行动后就没有下一步了，纳什均衡的标准逻辑得以应用，且双方都为背叛。

现在考虑最后一次之前的行动。似乎每一个局中人选择合作是值得的，以此发出他是"好家伙"的信号（signal），从而能在下一次及最后行动中再次合作。但是，我们已经看到，当下一次行动到来时，每个局中人将选择背叛。因此，在下一次到最后行动中，合作并没有优势——只要双方局中人都相信对方将在最后行动中背叛，那么企图用倒数第二次行动时的善意去影响未来的行为是无利可图的。**逆向归纳法**（backwards induction）的同样的逻辑也适用于倒数第三轮、倒数第四轮，依此类推。在知道重复次数的重复囚徒困境中，每一回合的纳什均衡将是背叛。

在无限次重复博弈中，情况则相当不同。在这种情况下，每一个阶段都知道博弈将至少重复一次以上，因而合作将有（潜在的）利益。让我们看一下在囚徒困境的例子中它是如何进行的。

考虑一个包括无限次重复的囚徒困境的博弈。在这个重复博弈中的策略为一函数序列，它表明每一个局中人在一特定阶段是合作还是背叛，作为此阶段之前博弈历史的函数。重复博弈中的支付是每一个阶段支付的折现和，即如果一个局中人在

时刻 t 获得支付 u_t，在重复博弈中他的支付就是 $\sum_{t=0}^{\infty} u_t / (1+r)^t$，这里，$r$ 为折现率。

我断定，只要折现率不是太高，就存在一个纳什均衡策略组合，使得每个局中人发现他在每一个阶段合作的利益。事实上，很容易以一个清晰的例子展现这样的策略。考虑下面的策略："在当前行动中合作，除非其他局中人在下次行动中背叛。如果其他局中人在下次行动中背叛，则永远选择背叛"。这有时被称作**惩罚策略**（punishment strategy），原因是明显的：如果一个局中人背叛，他将以低的支付被永远惩罚。

为证明一个惩罚策略组合构成一个纳什均衡，我们只需要证明如果一个局中人执行惩罚策略，另一个局中人最好也执行惩罚策略。假定该局中人已经合作且行动至 T，考虑如果一个局中人在本次行动中决定背叛将会发生什么。使用本书第 15 章中囚徒困境的数值，他会立即得到支付 4，但他也会以值为 1 的无限次支付流来毁灭自己。这种支付流的折现值是 $1/r$，因此，他从背叛中得到的总期望支付为 $4+1/r$。

他从持续合作中得到的期望支付为 $3+3/r$。只要 $3+3/r > 4+1/r$，简化为只要 $r < 2$，就会选择继续合作。只要这个条件得以满足，惩罚策略就能形成一个纳什均衡：如果一方执行惩罚策略，另一方也欲执行惩罚策略，没有一方能从单边偏离这个选择中获益。

这个解释相当稳健。本质上，对超过从（背叛，背叛）中获得的支付的任何支付的相同讨论均有效。一个被称为无名氏定理的著名定理准确地断定了这一点：在重复囚徒困境中，任何大于双方一致背叛所得支付的支付，都将被作为纳什均衡得以支持。证明或多或少沿用上面给出的解释路线。

例 15－6：维持卡特尔

考虑一个简单的重复双寡头垄断，如果两个厂商选择执行古诺博弈，则产生利润（π_c，π_c）；如果两个厂商以最大化联合利润决定产量水平，亦即，它们作为**卡特尔**（cartel）行动，则利润为（π_j，π_j）。众所周知，在单期博弈中，最大化联合利润的产量水平典型地不是一个纳什均衡——如果每一个生产者都认为其他生产者将保持产量不变，则每一个生产者都有动机去倾销额外的产量。不过，只要折现率不是太高，联合利润最大化解将是重复博弈的纳什均衡。适当的惩罚策略是每一个厂商生产卡特尔产量，除非其他厂商偏离，在那种情况下它将一直以古诺产量生产。与囚徒困境讨论类似的一个讨论证明它是一个纳什均衡。

15.7 纳什均衡的精炼

纳什均衡概念看起来像是一个博弈均衡的合理定义。像任何均衡概念一样，存在两个直接有趣的问题：（1）纳什均衡一般是否存在？（2）纳什均衡是唯一的吗？

很幸运，存在不是一个问题。纳什（Nash，1950）证明了具有有限个局中人和有限个纯策略的均衡总是存在。当然，它可能是包括混合策略的均衡。

不过，通常唯一性却很难发生。我们已经看到一个博弈中可有几个纳什均衡。博弈理论家已经付出大量努力去发现进一步的准则，以用来在纳什均衡中进行挑选。这些准则被称作纳什均衡概念的**精炼**（refinements），我们将在下面对其中几个逐一探讨。

15.8 占优策略

令 r_1 和 r_2 为行的两个策略。如果不管列做什么选择，策略 r_1 的支付严格大于策略 r_2 的支付，我们说对行来说 r_1 **严格优于**（strictly dominate）r_2。如果来自 r_1 的支付对列所做的所有选择至少与 r_2 的支付一样大，而对列所做的一些选择要严格大于 r_2 的支付，则策略 r_1 **弱优于**（weakly dominate）r_2。

一个**占优策略均衡**（dominant strategy equilibrium）是每一个局中人的策略选择，使得每一策略（弱）优于任一适用于此局中人的其他策略。

一个具有占优策略均衡的特别有趣的博弈是囚徒困境，这里的占优策略均衡为（背叛，背叛）。如果我认为其他行为主体将合作，则我背叛是有利的；如果我认为其他行为主体将背叛，则我背叛仍有利。

显然，占优策略均衡是纳什均衡，但并不是所有的纳什均衡都是占优策略均衡。一个占优策略均衡是博弈的一个特别的引人注目的解，它应该存在，因为每个局中人都有一个唯一的最优选择。

15.9 劣策略的剔除

当不存在占优策略均衡时，我们必须求助于纳什均衡的思想。但通常有不止一个纳什均衡。于是，我们的问题是企图剔除一些被认为"不合理"的纳什均衡。

一个关于局中人行为的明智信念是，要他们执行劣于其他策略的策略是不合理的。这建议我们，当给定博弈时，首先应剔除所有的劣策略，然后再计算剩余博弈的纳什均衡。这个步骤被称作**劣策略的剔除**（elimination of dominated strategies），有时，它可以导致纳什均衡数量的显著减少。表 15-4 描绘了具有劣策略的博弈。

注意，这里有两个纯策略纳什均衡：（上，左）和（下，右）。不过，对局中人列来说，策略右弱优于策略左。如果行假定列将从来不会执行他的劣策略，则该博弈唯一的均衡是（下，右）。

表 15 - 4　具有劣策略的博弈

列

		左	右
行	上	2, 2	0, 2
	下	2, 0	1, 1

严格劣策略的剔除对简化博弈分析而言，通常被当作可接受的程序。然而，弱劣策略的剔除存在不少问题。有例子表明，弱劣策略的剔除看来像是以显著的方式改变博弈的策略性性质。

15.10　序贯博弈

本章迄今为止所描述的博弈都具有一个非常简单的动态结构：它们或是一次性博弈，或是一次性博弈的重复序列。它们还有一个非常简单的信息结构：博弈的每一个局中人都知道其他局中人的支付和可适用策略，但事先不知道其他局中人的实际策略选择。换个方式说，迄今为止，我们以**同时行动**（simultaneous move）来讨论博弈。

但是，许多利益的博弈并没有这种结构。在许多情况下，至少一些选择是按顺序作出的，局中人在做自己的选择之前，可能知道其他局中人的选择。由于许多经济博弈具有这种结构，对这种博弈的分析引起了经济学家相当大的兴趣：垄断者在生产之前就开始观察消费者的需求行为，或一个双寡头垄断者在制定自己的产量决策之前，可以观察其对手的资本投资等。这种博弈的分析要求一些新的概念。

例如，考虑表 15 - 5 中描述的简单博弈。很容易证明，该博弈有两个纯策略纳什均衡：（上，左）和（下，右）。隐含在该博弈这种描述之中的是两个局中人同时作出各自的选择，没有关于其他局中人已经作出选择的知识。但是，现在假定在这个博弈中，我们考虑行必须先选择，列在观察行的行动之后再开始作出选择。

表 15 - 5　同时行动博弈的支付矩阵

列

		左	右
行	上	1, 9	1, 9
	下	0, 0	2, 1

为了描述这样的序贯博弈，有必要引进一个新的工具——**博弈树**（game tree）。它是表示每一局中人在每一时点上作出选择的图，每一局中人的支付被表示在这个树的"叶子"上，如图 15 - 1 所示。博弈树是用**扩展型**描述博弈的一部分。

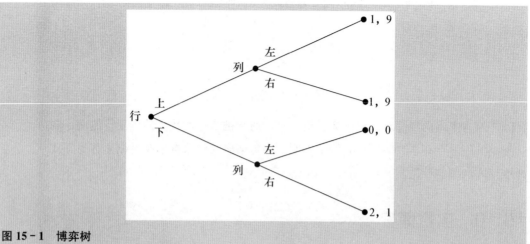

图 15 - 1　博弈树

注：它表示当行先行动时，对先前博弈的各个支付。

　　博弈树形图的优点是它指明了博弈的动态结构——一些选择在另一些之前作出。博弈的一个选择对应于对树的分支的选择。一旦选择作出，局中人从此就处于包括适用于他们的策略和支付的**子博弈**（subgame）之中。

　　在每个可能的子博弈中，可以直接去计算纳什均衡，特别是在像上例所示特别简单的情况下。如果行选择"上"，他有效地选择了只有列保持行动的一个非常简单的子博弈。列在两个行动中无差异，所以，如果行选择"上"，他将决定性地以支付 1 来结束博弈。

　　如果行选择"下"，列的最优选择是"右"，它给行的支付为 2。由于 2 大于 1，行显然选择"下"比选择"上"会更好。因此，对这个博弈，合理的均衡是（下，右）。当然，这是同时行动博弈中的纳什均衡之一。如果列宣布他将选择"右"，则行的最优响应是"下"，如果行宣布他将选择"下"，则列的最优响应是"右"。

　　但是，对另一个均衡（上，左）会发生什么？如果行相信，列将选择"左"，则他的最优选择当然是"上"。不过，为什么行要相信列将实际选择"左"？一旦行选择"下"，在随后的子博弈中，列的最优选择是"右"。在这个点上，"左"的选择不是这个相关子博弈的均衡选择。

　　在这个例子里的两个纳什均衡中，只有一个不仅能满足总均衡条件，而且满足每一个子博弈均衡的条件。具有这种特性的纳什均衡被称作**子博弈完美**（subgame perfect）均衡。

　　计算子博弈完美均衡相当容易，至少在我们检验的博弈中是如此。一个简单的做法是起始于博弈最后一轮行动的"逆向归纳法"。最后行动的局中人有一个简单的最优化问题，没有策略分支，故很容易解决该问题。作出相对于最后行动的第二次选择的局中人可以事先观察到最后行动的局中人如何响应他的选择，如此等等。分析的模式类似于动态规划，见本书第 19 章。一旦博弈以这种逆向归纳法来予以理解，行为主体将向前推进。[①]

　　博弈的扩展型还能够模拟一些行动为序贯和一些行动为同时的情形。必要的概念是**信息集**。局中人的信息集是所有不能被行为者区分的博弈树的节点构成的集合。例如，本节开头描述的同时行动博弈，它可以用图 15 - 2 中的博弈树来表示。图中，阴影区域表示当列必须作出他自己的选择时，他不能区分当时行作出了哪一个决策。因此，这正像选择是同时作出的。

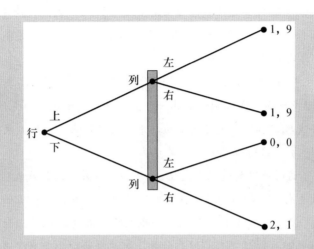

图 15 - 2　信息集

注：这是原来同时行动博弈的扩展型。阴影的信息集表示当列在做自己的选择时，他不知道行作出了哪一个选择。

　　这样，博弈的扩展型可以用来模拟关于策略型加上关于选择顺序信息和信息集信息的任何事情。在此意义上，扩展型是比策略型更有力的一个概念，因为它包含了局中人之间策略互动的更详细信息。这种附加信息的存在有助于剔除一些"不合理"的纳什均衡。

例 15 - 7：一个简单的讨价还价模型

　　有两个局中人，A 和 B，要在他们之间分配 1 美元，他们同意用至多三天的时间来协商此分配。第一天，A 先出价，B 或接受，或在第二天还价，第三天，A 做最后的出价。如果他们在三天内达不成协议，都只能得到零。

　　A 和 B 的不耐烦程度是不同的：A 以每天 α 的费率折现未来支付，B 以每天 β 的费率折现未来支付。最后，我们假定，如果一个局中人在两次出价中是无差异的，他将接受一个其对手最喜欢的出价。这个思想是对方可以出某一任意小的量，它会使局中人严格偏好某一选择，这个假设允许我们用零来近似这样一个"任意小的量"。其结果是这个讨价还价博弈有唯一的子博弈完美均衡。[②]

---

　　① 相较于克尔凯郭尔（Kierkegaard，1938）所言："正如哲学家所言，生活必须倒推思考是完全真实的。但他们忘记了另一个命题，那就是生活是向前的"[465]。

　　② 这是鲁宾斯坦-斯塔尔（Rubinstein-Stähl）讨价还价模型的简化版，更详细的信息见本书末的参考文献。

正如上面所建议的，我们在博弈的结束处开始分析，恰好在最后一天之前。在此点上，A 可以对 B 做一个要么接受要么放弃的出价。显然，A 在此时的最优选择是给 B 出一个他会接受的最小可能值，根据假设，它为零。因此，如果这个博弈实际持续三天，A 会获得 1，B 会获得 0（也就是，一个任意小的量）。

现在回到前面的行动，B 开始提出分配。在此点上，B 应该意识到，A 只要否定 B 的提议，就可在下次行动中保证得到 1 美元。对 A 来说，下一时期的 1 美元值本期的 α 美元，故任何低于 α 美元的提议肯定会被否决。B 当然偏好于 $(1-\alpha)$ 美元，而不是下一期的 0，故他的合理提议应是出价 α 美元给 A，这是 A 将接受的。因此，如果博弈在第二次行动中结束，A 得到 α 美元，B 得到 $(1-\alpha)$ 美元。

现在分析第一天。在此点上，A 开始出价，他意识到如果等到第二天，B 就可得到 $(1-\alpha)$ 美元。因此，为避免延误，A 必须给 B 出一个至少等于这个现值的支付。这样，他会给 B 出 $\beta(1-\alpha)$ 美元。B 发现这（正）是可接受的，于是博弈结束。最终结果是博弈在第一天结束，A 得到 $[1-\beta(1-\alpha)]$，B 得到 $\beta(1-\alpha)$ 美元。

图 15-3A 显示了这种情况的过程，这里 $\alpha=\beta<1$。最外部的斜线表明第一天的可能支付模式，即所有形式的支付为 $x_A+x_B=1$。往原点移动的下一条斜线表明如果博弈在第二时期结束，支付现值为 $x_A+x_B=\alpha$。最接近原点的斜线表明如果博弈在第三时期结束，支付现值为 $x_A+x_B=\alpha^2$。直角的路线描绘了每一时期的最小可接受分配，导致了最终的子博弈完美均衡。图 15-3B 表明了谈判中有更多阶段的相同过程。

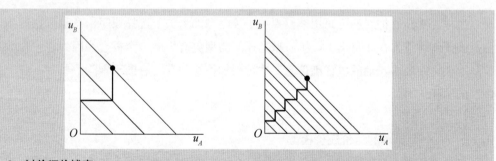

图 15-3　讨价还价博弈

注：粗线与子博弈中的均衡结果相连。最外部线上的那个点为子博弈完美均衡。

自然地，令水平趋向无限，然后看在无限的博弈中将会发生什么。结果是子博弈完美均衡分配为

$$给 A 的支付=\frac{1-\beta}{1-\alpha\beta}$$

$$给 B 的支付=\frac{\beta(1-\alpha)}{1-\alpha\beta}$$

注意，如果 $\alpha=1$，$\beta<1$，那么，局中人 A 获得了全部支付，这符合"福音书"（Gospels）表述的准则："让耐心有她的（子博弈）完美成果"（James 1：4）。

15.11 重复博弈和子博弈完美

子博弈完美的思想剔除了包含局中人不可信威胁行动的纳什均衡，即他们不在局中人去执行的利益中。例如，前面描述的惩罚策略就不是一个子博弈完美均衡。如果一个局中人实际上偏离（合作，合作）路线，则对另一个局中人的利益来说，并没有必要永远用实际上的背叛来予以回应。在一定程度上惩罚其他人的背叛似乎是合理的，但永远的惩罚则走向了极端。

一个有点不太严厉的策略被称为针锋相对（tit-for-tat）：在第一回合中进行合作，随后的选择则依赖于对手在前一回合中做了什么。在这个策略中，一个局中人因背叛而被惩罚，但仅被惩罚一次。在这个意义上，针锋相对是一个"宽容"的策略。

尽管惩罚策略不是重复囚徒困境的子博弈完美，仍存在支持合作解为子博弈完美的策略。这些策略不容易被描述，但它们具有西点军校荣誉准则的特征：每一个局中人都同意惩罚背叛的其他局中人，且对其他局中人不能惩罚另一个局中人的背叛而进行惩罚，等等。如果你不能惩罚背叛者，你将被惩罚的事实使得执行惩罚成为子博弈完美。

遗憾的是，同样种类的策略也支持重复囚徒困境的许多其他结果。**无名氏定理**（folk theorem）断定在重复一次性博弈中，本质上所有的效用分配都可以是重复博弈的均衡。

这种均衡的过度供给是麻烦的。一般地，策略空间越大，均衡也将越多，因为从一个给定策略集中，局中人有更多的方式对背叛进行"威胁"报复。为剔除"不合意"的均衡，我们需要找到剔除策略的某一准则。一个自然的准则是剔除"太复杂"的策略。尽管在此方向上已作出一定的进展，但复杂性的思想是难以捉摸的，很难给出一个完全满意的定义。

15.12 不完全信息博弈

迄今为止，我们一直讨论的是完全信息博弈。特别地，每个行为主体被假定知道其他局中人的支付，每个局中人也知道其他行为主体掌握他的支付等。在许多情况下，这不是一个合适的假设。如果一个行为主体不知道其他行为主体的支付，则纳什均衡就没有太多的意义。不过，海萨尼（Harsanyi，1967）对其特性作了一个系统的分析，发展了一种考虑不完全信息博弈的方法。

海萨尼方法的关键是把一个行为主体关于其他行为主体的所有不确定性归结为一个变量，称为该行为主体的**类型**（type）。例如，一个行为主体关于其他行为主体对某一商品价值判断的不确定性，对风险规避的不确定性等。每一种类型的局中人被当作不同的局中人，每一个行为主体都有定义在不同类型行为主体之上的先验概率分布。

这种博弈的一个**贝叶斯-纳什均衡**（Bayes-Nash equilibrium）是指每个类型局中人的策略组合，给定其他局中人追求的策略，该策略组合中的策略最大化每个类型局中人的期望值。除了附加的包含关于其他局中人类型的不确定性外，这基本上与纳什均衡的定义一样。每个局中人知道其他局中人从可能的类型集合中进行选择，但并不严格知道他正选择哪一个。注意，为有一个均衡的完全描述，我们必须考虑关于所有类型局中人的策略清单，并不仅仅是考虑特殊情况下的实际类型，因为单个局中人并不知道其他局中人的实际类型，且必须考虑所有的可能性。

在一个同时行动的博弈中，这个均衡的定义是适当的。在序贯博弈中，允许局中人基于他们对行动的观察而调整关于其他局中人类型的信念是合理的。正常地，我们假定这种调整以与贝叶斯规则一致的方式作出。[①] 这样，如果一个局中人观察到另一个局中人选择了策略 s，则第一个局中人应该根据决定 s 如何被各种类型所选择的可能性来校正关于另一个局中人是什么类型的信念。

例 15-8：密封拍卖

考虑一个只有两个投标者对一个项目的简单的密封拍卖（sealed-bid auction）。每个局中人在不知道其他局中人投标的情况下，独立作出投标，项目将给予最高投标者。每个投标人知道自己对被拍卖项目的估价，令其为 v，但没有人知道其他人的估价。不过，每个局中人相信，其他人对该项目的估价在 0 和 1 之间均匀分配（且每个人都知道其他人也相信此点等）。

在这个博弈中，局中人的类型就是他的估价。因而，此博弈的贝叶斯-纳什均衡将为函数 $b(v)$，它表明了对于类型为 v 的局中人，最优投标为 b。已知博弈的对称性质，我们寻求每个局中人遵循一个同一策略的均衡。

很自然地猜测，函数 $b(v)$ 是严格递增的，即更高的估价导致更高的投标。因此，我们可以令 $V(b)$ 为其反函数，所以 $V(b)$ 给出投标为 b 者的估价。当一个局中人投标为某一特定 b 时，他赢的概率为其他局中人投标小于 b 的概率。不过，这也是其他局中人估价小于 $V(b)$ 的概率。由于 v 均匀地分布在 0 与 1 之间，其他局中人估价小于 $V(b)$ 的概率为 $V(b)$。

因此，如果一个局中人估价为 v，投标为 b，他的期望支付为

$$(v-b)V(b)+0[1-V(b)]$$

如果他的投标最高，第一项就是期望的消费者剩余；如果他投标失败，第二项是他获得的零剩余。最优的投标必须最大化这个表达式，所以

$$(v-b)V'(b)-V(b)=0$$

对每一个 v 值，这个等式为局中人确定了作为 v 的函数的最优投标。由于 $V(b)$ 是依据假设

来描述最优投标和估价之间关系的函数，对所有的 b，我们一定有

$$[V(b)-b]V'(b)\equiv V(b)$$

此微分方程的解为

$$V(b)=b+\sqrt{b^2+2C}$$

这里，C 是积分常量。（检查一下！）为了确定这个积分常量，我们注意当 $v=0$ 时，必有 $b=0$，这是由于最优的投标在估价为零时必然为 0。将此代入微分方程的解，有

$$0=0+\sqrt{2C}$$

这意味着 $C=0$。它得出了 $V(b)=2b$ 或 $b=v/2$ 为这个简单拍卖的贝叶斯-纳什均衡。这就是说，每个局中人的贝叶斯-纳什均衡是以他估价的一半来投标的。

我们得到这个博弈解的方式是合理而标准的。基本上，我们猜到了最优投标函数是可逆的，然后推导出了它必须满足的微分方程。结果是，产生的投标函数具有合意的特性。这种方法的一个弱点是对此贝叶斯博弈仅展现了一个特定的均衡——原则上还存在着许多其他的均衡。

在这个特定的博弈中，当它发生时，我们计算的解是唯一的，但它不需要发生在一般情况下。特别地，在不完全信息博弈中，一些局中人可以尽量试着去隐藏他们的真实类型。例如，一种类型可能试图像某一其他类型一样，推行相同的策略。在这种情况下，联系类型与策略的函数是不可逆的，分析将更加复杂。

15.13 贝叶斯-纳什均衡的讨论

贝叶斯-纳什均衡的思想是精巧的，不过，也许太精巧了。问题是包含在计算贝叶斯-纳什均衡之中的推理常常太复杂了。尽管纯粹的理性局中人根据贝叶斯-纳什理论进行博弈也许并非不合理，但相当大的疑问是现实中的局中人是否能作出此必要的计算。

此外，还有一个与模型预测有关的问题。每一个局中人所做的选择决定性地依赖于他关于人群中各种类型分布的信念。关于不同类型频率的不同信念导致了不同的最优行为。由于我们一般不能观察关于局中人各种类型流行的信念，通常我们也将不能检查模型的预测。莱迪亚德（Ledyard，1986）证明了对一些信念模式而言，本质上博弈的任何形式都是一个贝叶斯-纳什均衡。

在原来的公式中，纳什均衡对行为主体的信念提出了一致性要求——只有与最大化行为相容的信念才被允许。但是，只要我们允许具有不同效用函数的局中人存在许多类型，这个思想就丧失了很大的力量。几乎任何行为模式都可以与信念的一些模式一致。

注 释

纳什均衡的概念来自 Nash（1951）。贝叶斯均衡的概念出自 Harsanyi（1967）。简单讨价还价模型的更详细处理可以在 Binmore & Dasgupta（1987）的文献中找到。

本章只是对博弈论进行梗概性介绍，大多数学生都想仔细地研究这个学科。幸而，几个更好的处理方法近来变得可用了，这提供了一种更严密和详细的方法。对于综述性文章，见 Aumann（1987）、Myerson（1986）和 Tirole（1988）。对于教科书长度的处理，见 Kreps（1990）、Binmore（1991）、Myerson（1991）、Rasmusen（1989）和 Fudenberg & Tirole（1991）。

习 题

15.1 计算便士匹配博弈中的所有纳什均衡。

15.2 在有限重复囚徒困境博弈中，我们证明了一个纳什均衡为每一回合都背叛。证明它事实上也是占优策略均衡。

15.3 在剔除劣策略之后，下列博弈的纳什均衡是什么？

列

		左	中	右
行	上	3, 3	0, 3	0, 0
	中	3, 0	2, 2	0, 2
	下	0, 0	2, 0	1, 1

15.4 对于正文中讨论的简单拍卖博弈，如果每个局中人视他的价值 v 遵循贝叶斯-纳什均衡策略，计算每个局中人的期望支付。

15.5 考虑这里给出的博弈矩阵。

列

		左	右
行	上	a, b	c, d
	下	e, f	g, h

（a）如果（上，左）为一个占优策略均衡，那么在 $a, \cdots, h$ 中，什么不等式必须成立？

（b）如果（上，左）为一个纳什均衡，那么上一问的不等式中哪一个必须要满足？

（c）如果（上，左）为占优策略均衡，它一定是一个纳什均衡吗？

15.6 两个加利福尼亚年轻人比尔（Bill）和特德（Ted）正在进行斗鸡博弈。比尔驾驶他的高速汽车在单车道上往南行驶，特德驾车在同一条路上往北行驶。每个人都有两个策略：保持原状或转向。如果一个局中人选择转向，他就丧失了面子；如果两个局中人都转向，则都失去面子。不过，如果都选择保持原状，则他们都会被撞死。斗鸡博弈的支付矩阵如下：

特德

		保持原状	转向
比尔	保持原状	−3, −3	2, 0
	转向	0, 2	1, 1

（a）找出所有的纯策略均衡。

（b）找出所有的混合策略均衡。

（c）两个年轻人都能活下来的概率是多少？

15.7 在一个重复、对称的双寡头垄断中，如果两个厂商的产量水平是最大化它们的联合利润，则对其支付为 π_j；如果它们生产古诺产量水平，则为 π_c。如果一个局中人选择最大化联合利润的产量水平，另一局中人可以得到的最大支付为 π_d。折现率为 r。局中人采用的是惩罚策略，如果一个局中人背叛联合利润最大化策略，局中人就会转向古诺博弈来实施惩罚策略。问 r 可以为多大？

15.8 考虑如下的博弈：

		左	中	右
	上	1, 0	1, 2	2, −1
行	中	1, 1	1, 0	0, −1
	下	−3, −3	−3, −3	−3, −3

列（表头居中）

（a）不管列做什么，行的哪一个策略为严格劣策略？

（b）行的哪一个策略为弱劣策略？

（c）不管行做什么，列的哪一个策略为严格劣策略？

（d）如果我们剔除列的劣策略，行的哪些策略是弱劣策略？

15.9 考虑下面的协调博弈

		左	右
	上	2, 2	−1, −1
行	下	−1, −1	1, 1

列

（a）计算此博弈的所有纯策略均衡。

（b）有任何纯策略均衡占优于任何其他的策略吗？

（c）假定行先行动，承诺为"上"或"下"，上面描述的策略仍为纳什均衡吗？

（d）此博弈的子博弈完美均衡是什么？

第16章 寡头垄断

寡头垄断（oligopoly）是对具有少数厂商的市场的互相影响的研究。现代对这个问题的研究几乎完全立足于上一章讨论的博弈理论。当然，这是一个非常自然的发展。通过使用博弈论的概念，早期许多关于市场策略性互相影响的特别解释已经相当清楚。本章，我们将初步讨论寡头垄断理论，尽管从这个角度看它并不全面。

16.1 古诺均衡

我们从**古诺均衡**（Cournot equilibrium）的经典模型开始，它作为例子已在上一章中提到。考察两个具有产量水平 y_1 和 y_2 且生产同质产品的厂商，它们的总产量为 $Y = y_1 + y_2$。与此产量相关的市场价格（反需求函数）被给定为 $p(Y) \equiv p(y_1 + y_2)$。厂商 i 的成本函数由 $c_i(y_i)$（$i = 1, 2$）给定。

厂商 1 的最大化问题为

$$\max_{y_1} \pi_1(y_1 + y_2) = p(y_1 + y_2)y_1 - c_1(y_1)$$

显然，厂商 1 的利润依赖于厂商 2 的产量选择，为制定有根据的决策，厂商 1 必须预测厂商 2 的产量决策。这恰好进入那种抽象博弈的考虑——每一个局中人必须猜测其他局中人的选择。出于这个原因，古诺模型被当作一次性博弈是很自然的：厂商 i 的利润为其支付，厂商 i 的策略空间则为它生产的可能产量。那么，一个（纯策略）纳什均衡是一个产量（y_1^*，y_2^*）组合，其中，每一个厂商都在已知关于其他厂商选择的信念下，选择其利润最大化的产量水平，每一个厂商关于其他厂商的选择信念实际上都是正确的。

假定每一个厂商都为内部最优，这表示古诺-纳什均衡必须满足两个一阶条件：

$$\frac{\partial \pi_1(y_1, y_2)}{\partial y_1} = p(y_1 + y_2) + p'(y_1 + y_2)y_1 - c_1'(y_1) = 0$$

$$\frac{\partial \pi_2(y_1, y_2)}{\partial y_2} = p(y_1 + y_2) + p'(y_1 + y_2)y_2 - c_2'(y_2) = 0$$

我们还有每个厂商的二阶条件，形式为

$$\frac{\partial^2 \pi_i}{\partial y_i^2} = 2p'(Y) + p''(Y)y_i - c_i''(y_i) \leqslant 0 \quad i=1,2$$

这里，$Y = y_1 + y_2$。

厂商 1 的一阶条件决定了厂商 1 的最优产量选择是关于厂商 2 产量选择信念的函数。这个关系被称作厂商 1 的**反应曲线**（reaction curve）：它描述已知厂商 2 可能选择的各种信念，厂商 1 将如何反应。

假定充分正则性，厂商 1 的反应曲线 $f_1(y_2)$ 由下列恒等式清晰地定义：

$$\frac{\partial \pi_1 [f_1(y_2), y_2]}{\partial y_1} \equiv 0$$

为了决定厂商 1 在关于厂商 2 产量的信念发生改变时如何最优地改变它的产量，我们对此恒等式进行微分，解 $f'_1(y_2)$：

$$f'_1(y_2) = -\frac{\partial^2 \pi_1 / \partial y_1 \partial y_2}{\partial^2 \pi_1 / \partial y_1^2}$$

像通常一样，根据二阶条件，分母是负的，所以反应曲线的斜率由混合偏导数的符号来决定。容易看到有

$$\frac{\partial^2 \pi_1}{\partial y_1 \partial y_2} = p'(Y) + p''(Y)y_1$$

如果反需求曲线为凹，或者至少不"太"凸，这个表达式将为负，它表示厂商 1 的古诺反应曲线一般有负的斜率。典型的例子如图 16-1 所示。

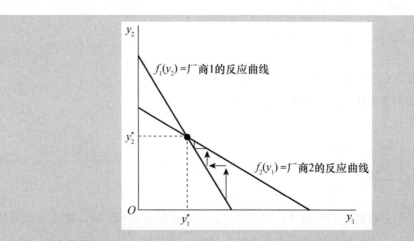

图 16-1　反应曲线

注：两条反应曲线的交点是古诺-纳什均衡。

正像我们在下面将要看到的，双寡头垄断互相影响的许多重要特点依赖反应曲线的斜率，而它又依赖于利润关于两个选择变量的混合偏导数。如果选择变量为数

量，那么很自然地，这个混合偏导数的符号为负。在这种情况下，我们说 y_1 和 y_2 是**策略替代**。如果混合偏导数为正，则我们有**策略互补**（strategic complement）的情况。我们在下面将看到这些区别的一个例子。

☐ 系统的稳定性

尽管我们小心强调古诺博弈的一次性特点，但古诺自己却用更加动态的术语来思考它。确实，动态解释这个模型是自然的（如果有一些疑问）。假设我们考虑有一个学习过程，这期间每一个厂商靠观察其他厂商的实际产量选择来深化它关于该厂商行为的信念。

已知在时期 0 处的一个任意产量模式（y_1^0，y_2^0），厂商 1 猜测厂商 2 在时期 1 将继续生产 y_2^0，因而要选择符合这个猜测的利润最大化产量，即 $y_1^1 = f_1(y_2^0)$。厂商 2 观察到这个选择 y_1^1，并猜想厂商 1 将继续保持这个产量水平 y_1^1。厂商 2 因此选择 $y_2^2 = f_2(y_1^1)$。一般来说，厂商 i 在时期 t 的产量选择为 $y_i^t = f_i(y_j^{t-1})$。

这在产量方面给了我们一个差分方程，它勾勒了如图 16-1 所示的一个"蛛网"。在图示的情况下，厂商 1 的反应曲线比厂商 2 的反应曲线更陡，蛛网收敛于古诺-纳什均衡。因此，我们说图示的均衡是**稳定的**（stable）。如果厂商 1 的反应曲线比厂商 2 的平坦，则均衡将是**不稳定的**（unstable）。

假定另一个厂商保持其产量固定，如果我们设想厂商朝增加利润的方向调整其产量，将会产生一个稍微不同的动态模型。这导致了如下的**动态系统**（dynamical system）形式：

$$\frac{dy_1}{dt} = \alpha_1 \left[\frac{\partial \pi_1(y_1, y_2)}{\partial y_1} \right]$$

$$\frac{dy_2}{dt} = \alpha_2 \left[\frac{\partial \pi_2(y_1, y_2)}{\partial y_2} \right]$$

这里，参数 $\alpha_1 > 0$ 和 $\alpha_2 > 0$ 代表调整速度。

这个动态系统局部稳定的充分条件是

$$\begin{vmatrix} \frac{\partial^2 \pi_1}{\partial y_1^2} & \frac{\partial^2 \pi_1}{\partial y_1 \partial y_2} \\ \frac{\partial^2 \pi_2}{\partial y_1 \partial y_2} & \frac{\partial^2 \pi_2}{\partial y_2^2} \end{vmatrix} > 0 \tag{16.1}$$

这"几乎"是稳定的必要条件；问题出自行列式可能为零的事实，即使动态系统是局部稳定的。我们将忽视这些由于考虑边界情形所引起的复杂情况。

在推导比较静态的结果方面，这个行列式条件被证明是相当有用的。不过，应该强调，假定的调整过程相当特别。每个厂商希望其他厂商保持产量不变，尽管它希望改变自己的产量。这类不一致的信念是博弈理论所厌恶的。问题是一次性的古诺博弈不能给出一个动态的解释；为分析多阶段博弈的动态性，应该回到上一章讨论的重复博弈分析。虽有这个缺点，这类简单的动态模型可能对经验上的相关性有一些要求。为了学习市场如何响应它们的决策，厂商可能需要去实验，而上面描述的特定的动态调整过程可以被当作描述这类学习过程的一个简单模型。

16.2 比较静态

假定 a 是改变厂商 1 利润函数的某个参数。古诺均衡由下列条件描述：

$$\frac{\partial \pi_1 \left[y_1(a), y_2(a), a \right]}{\partial y_1} = 0$$

$$\frac{\partial \pi_2 \left[y_1(a), y_2(a) \right]}{\partial y_2} = 0$$

对这些方程求关于 a 的导数，给出系统

$$\begin{pmatrix} \dfrac{\partial^2 \pi_1}{\partial y_1^2} & \dfrac{\partial^2 \pi_1}{\partial y_1 \partial y_2} \\[3mm] \dfrac{\partial^2 \pi_2}{\partial y_1 \partial y_2} & \dfrac{\partial^2 \pi_2}{\partial y_2^2} \end{pmatrix} \begin{pmatrix} \dfrac{\partial y_1}{\partial a} \\[3mm] \dfrac{\partial y_2}{\partial a} \end{pmatrix} = \begin{pmatrix} -\dfrac{\partial^2 \pi_1}{\partial y_1 \partial a} \\[3mm] 0 \end{pmatrix}$$

应用克莱姆法则（见本书第 26 章），我们有

$$\frac{\partial y_1}{\partial a} = \frac{\begin{vmatrix} -\dfrac{\partial^2 \pi_1}{\partial y_1 \partial a} & \dfrac{\partial^2 \pi_1}{\partial y_1 \partial y_2} \\[3mm] 0 & \dfrac{\partial^2 \pi_2}{\partial y_2^2} \end{vmatrix}}{\begin{vmatrix} \dfrac{\partial^2 \pi_1}{\partial y_1^2} & \dfrac{\partial^2 \pi_1}{\partial y_1 \partial y_2} \\[3mm] \dfrac{\partial^2 \pi_2}{\partial y_1 \partial y_2} & \dfrac{\partial^2 \pi_2}{\partial y_2^2} \end{vmatrix}}$$

分母的符号由式（16.1）的稳定性条件决定，我们假定它为正。分子的符号由下式决定：

$$-\frac{\partial^2 \pi_1}{\partial y_1 \partial a} \frac{\partial^2 \pi_2}{\partial y_2^2}$$

根据利润最大化的二阶条件，此表达式的第二项为负。因此

$$\operatorname{sign} \frac{\partial y_1}{\partial a} = \operatorname{sign} \frac{\partial^2 \pi_1}{\partial y_1 \partial a}$$

这个条件是说，为决定利润改变如何影响均衡产量，我们只需计算混合偏导数 $\partial^2 \pi_i / \partial y_i \partial a$。

让我们把这个结果应用于双寡头垄断模型。假设 a 等于一个（固定）边际成

本，利润由下式给出：

$$\pi_1(y_1, y_2, a) = p(y_1 + y_2)y_1 - ay_1$$

那么，$\partial^2\pi_1/(\partial y_1 \partial a) = -1$。这表示增加厂商 1 的边际成本将减少古诺均衡产量。

16.3 若干厂商

如果有 n 个厂商，古诺模型有大量相同特点。在这种情况下，厂商 i 的一阶条件变成

$$p(Y) + p'(Y)y_i = c'_i(y_i) \tag{16.2}$$

这里，$Y = \sum_i y_i$。可以很方便地重新排列这个方程，取形式

$$p(Y)\left[1 + \frac{\mathrm{d}p}{\mathrm{d}Y}\frac{y_i}{p}\right] = c'_i(y_i)$$

令 $s_i = y_i/Y$ 为厂商 i 的行业产量份额，我们可以写出

$$p(Y)\left[1 + \frac{\mathrm{d}p}{\mathrm{d}Y}\frac{Y}{p}s_i\right] = c'_i(y_i)$$

或

$$p(Y)\left[1 + \frac{s_i}{\epsilon}\right] = c'_i(y_i) \tag{16.3}$$

这里，ϵ 是市场需求弹性。

最后一个方程解释了古诺模型的意义，在某种意义上，它处在垄断和纯粹竞争"之间"。如果 $s_i = 1$，我们严格地有垄断条件。当 s_i 接近于零时，每一个厂商有无穷小的市场份额，古诺均衡接近竞争均衡。[1]

式 (16.2) 和式 (16.3) 存在一些特殊的情形，我们可以使用这些特殊情形构建一些例子。假定每一个厂商有固定的边际成本 c_i。那么，将方程两侧对所有的 n 个厂商进行相加，我们有

$$np(Y) + p'(Y)Y = \sum_{i=1}^{n} c_i$$

因此，总行业产量只依赖于边际成本的总和，并不依赖于企业间的分布。[2] 如果所有的厂商都有同样的固定边际成本 c，则在一个对称的均衡 $s_i = 1/n$ 中，我们将这个方程写为

---

[1] 实际上，当更加严格地依赖于每一个厂商的份额如何趋于零时，我们应该稍微仔细地对待这样粗略的说法。对于一个一致的说明，见诺夫什克（Novshek，1980）。

[2] 当然，我们假定为内点解。如果边际成本过于不同，一些厂商将不愿意在均衡中生产。

$$p(Y)\left[1+\frac{1}{n\epsilon}\right]=c \qquad (16.4)$$

此外，如果 ϵ 为常数，这个式子表明价格是在边际成本上的固定加成。在这个简单的例子中，显然，当 $n\to\infty$ 时，价格必然接近边际成本。

□ 福利

在前面我们已经看到，由于价格超过边际成本，垄断行业生产一个无效的低产量水平。在一个古诺行业中也是这样。借助图形说明扭曲的本质，实际上就是问古诺行业最大化的是什么。

正如我们前面已经看到的，需求曲线下的面积，$U(Y)=\int_0^Y p(x)\mathrm{d}x$，是一定情况下总收益的合理度量。使用此定义可以证明，在一个具有固定边际成本的对称古诺均衡中，产量水平最大化下列表达式：

$$W(Y)=[p(Y)-c]Y+(n-1)[U(Y)-cY]$$

证明只要对此表达式求关于 Y 的导数，且注意它满足方程（16.4）即可（我们将假定相关的二阶条件满足）。

一般来说，我们想要一个行业的效用减去成本最大化。竞争性行业事实上是这样做的，而垄断行业只最大化利润。一个古诺行业则最大化这两个目标的加权总和，权重依赖厂商的数量。当 n 增加时，与私人的利润目标相比较，越来越多的权重被赋予效用减去成本的社会目标。

16.4 伯特兰均衡

上一节简单介绍的古诺模型之所以具有吸引力，有多方面原因，但它绝不是寡头垄断行为的唯一可能模型。古诺模型把企业的策略空间作为数量，但是如果选择价格作为相关的策略变量，似乎同样自然地要考虑会发生什么。这被称为**伯特兰**（Bertrand）**寡头垄断模型**。

假定我们有固定边际成本为 c_1 和 c_2 的两个厂商，面临的市场需求曲线为 $D(p)$。为明确起见，假定 $c_2 > c_1$。如前，我们假定为同质产品，从而厂商 1 面临的需求曲线由下式给出：

$$d_1(p_1,p_2)=\begin{cases} D(p_1) & \text{如果 } p_1 < p_2 \\ D(p_1)/2 & \text{如果 } p_1 = p_2 \\ 0 & \text{如果 } p_1 > p_2 \end{cases}$$

这就是说，厂商 1 相信，通过制定一个小于厂商 2 的价格，它就能获得全部市场。当然，厂商 2 也被假定有类似的信念。

这个博弈的纳什均衡是什么？假设厂商1使得p_1大于c_2。这不是一个均衡。为什么？如果厂商2预料厂商1做此选择，它会选择p_2，使其位于p_1和c_2之间。这会使厂商1产生零利润，厂商2则产生正的利润。相似地，在任何低于c_2的价格下，厂商1是"放钱于桌上"（leaving money on the table）。在任何这样的价格下，厂商2会选择产量为零，而厂商1通过稍微提高一点价格就能增加利润。

这样，该博弈的一个纳什均衡是，厂商1取$p_1 = c_2$，生产$D(c_2)$单位的产量，而厂商2取$p_2 \geq c_2$，生产零单位的产量。

在一个两厂商的行业中，我们取价格等于边际成本似乎有些不太直观。部分问题是伯特兰博弈为一次性博弈：局中人选择他们的价格，然后博弈结束。这不是现实市场中典型的标准做法。

思考伯特兰模型的一种方式是把它当作一种竞争性投标模型。每个厂商递交一个密封的投标，说明它服务于所有顾客的价格；投标被公开，最低的投标者得到顾客。从这种方式看，伯特兰模型的结果并不自相矛盾。众所周知，密封投标是诱使厂商积极竞争的非常好的方式，即使只有少数厂商。

迄今为止，我们假定每一个厂商的固定成本为零。让我们放松这个假定，考虑一下如果每个厂商有$K > 0$的固定成本会发生什么。我们假定每个厂商总是有生产零产出带来零成本的停产选择权。在这种情况下，上面讨论的逻辑会很快产生伯特兰均衡：只要厂商1的利润为非负，均衡价格就等于厂商2（高成本厂商）的边际成本。如果厂商1的利润为负，则没有纯策略均衡存在。

不过，通常混合策略的均衡将存在，事实上还可以被清楚地计算。在这样的均衡中，每一个厂商都有关于其他厂商可能索要的价格的概率分布，且选择自己的概率分布以最大化期望利润。这是一种似乎令人难以置信的混合策略情况；不过像往常一样，这在某种程度上是分析一次性特征的人为做法。即使我们考虑重复博弈，也可用一个"销售"策略来解释混合策略：零售市场上的每一个商店随机定价，以使在任意给定的一周，某个商店具有城中的最低价，从而拥有全部顾客。不过，每周都有一个不同的商店是获胜者。

例16-1：一个销售模型

让我们在一个双寡头垄断销售模型中计算混合策略均衡。为简单起见，假定每个厂商的边际成本为零，固定成本为k。存在两种类型的消费者，**知情的消费者**（informed consumers）知道被索要的最低价格，**不知情的消费者**（uninformed consumers）只是随机选择商店。假设有I个知情的消费者和$2U$个不知情的消费者。因此，每一个商店肯定在每一时期都能得到U个不知情的消费者，但仅当它们偶尔制定了最低的价格，才能得到知情的消费者。每个消费者的保留价格为r。

我们将只考虑对称的均衡，这里每个厂商使用相同的混合策略。令$F(p)$为均衡策略的累积分布函数，亦即，$F(p)$为选择价格小于或等于p的概率。我们令$f(p)$为相应的概率密度函数，并假定它为连续的，因为这样我们可以忽略平分的概率。[1]

已知此假设，当厂商制定价格 p 时，有两个事件严格与此厂商相关。一个是它具有最低价格，事件的概率为 $1-F(p)$，另一个是它不具有最低价格，事件的概率为 $F(p)$。如果它具有最低价格，可获得收益 $p(U+I)$；如果它不具有最低价格，可获收益 pU。在任一种情况下，都需要付出固定成本 k。从而，厂商的期望利润 $\bar{\pi}$ 可以被写成

$$\bar{\pi}=\int_0^\infty \{p[1-F(p)](I+U)+pF(p)U-k\}f(p)\mathrm{d}p$$

现在注意下面的简单观察：在均衡混合策略中实际索要的每一个价格必然产生同样的期望利润。如若不然，必定有些价格的期望利润大于另外一些价格的期望利润，这样厂商可以增加选择前者的频率，从而增加整体期望利润。

这意味着我们必须有

$$p(I+U)[1-F(p)]+pF(p)U-k=\bar{\pi}$$

或者，解

$$F(p)=\frac{p(I+U)-k-\bar{\pi}}{pI} \tag{16.5}$$

接下来要确定 $\bar{\pi}$。厂商索要的价格小于或等于 r 的概率为 1，所以，我们必然有 $F(r)=1$。解此方程可得，$\bar{\pi}=rU-k$，代回方程（16.5），有

$$F(p)=\frac{p(I+U)-rU}{pI}$$

令 $u=U/I$，我们可以写为

$$F(p)=1+u-\frac{ru}{p}$$

此表达式在 $\bar{p}=ru/(1+u)$ 处等于零，因此，对 $p\leqslant\bar{p}$，有 $F(p)=0$；对任何 $p\geqslant r$，$F(p)=1$。

16.5 互补与替代

在两个寡头垄断模型中，我们假定厂商生产的商品是完全替代的。不过，很容易放松这个假设，并由此指出古诺均衡和伯特兰均衡之间的一个很好的对偶。在线性需求函数的情况下，这一点最容易展示，尽管在一般情况下也适用。令消费者的反需求函数由下式给出：

---

[1] 用一个更复杂的讨论可以证明，在均衡中平分的概率为零。

$$p_1 = \alpha_1 - \beta_1 y_1 - \gamma y_2$$
$$p_2 = \alpha_2 - \gamma y_1 - \beta_2 y_2$$

注意，对性状良好的消费者需求函数来说，要求"交叉价格效应是对称的"。

相应的直接需求函数为

$$y_1 = a_1 - b_1 p_1 + c p_2$$
$$y_2 = a_2 + c p_1 - b_2 p_2$$

这里，参数 a_1、a_2 等为参数 α_1、α_2 等的函数。

当 $\alpha_1 = \alpha_2$ 和 $\beta_1 = \beta_2 = \gamma$ 时，商品是完全替代的。当 $\gamma = 0$ 时，市场是独立的。通常，$\gamma^2 / \beta_1 \beta_2$ 可以被用作产品差异化指数。当其为 0 时，市场独立；当其为 1 时，商品完全替代。

为简单起见，假设边际成本为零。则如果厂商 1 为古诺竞争者，它最大化

$$(\alpha_1 - \beta_1 y_1 - \gamma y_2) y_1$$

以及如果为伯特兰竞争者，它最大化

$$(a_1 - b_1 p_1 + c p_2) p_1$$

注意，这两个表达式在结构上非常相似：我们只要用 a_1 替代 α_1，b_1 替代 β_1，$-c$ 替代 γ 即可。因此，具有替代产品（其中 $\gamma > 0$）的古诺均衡与具有互补性（其中 $c < 0$）的伯特兰均衡本质上具有同样的数学结构。

这种"对偶"允许我们通过一个价格证明两个定理：当我们计算涉及古诺竞争的结果时，我们只要简单地用罗马字母替代希腊字母，就可以得到伯特兰竞争的结果。

正如我们在前面看到的，在古诺模型中反应曲线的斜率在决定比较静态结果方面是重要的。在这里讨论的异质商品情形里，厂商 1 的反应曲线是下列最大化问题的解：

$$\max_{y_1} [\alpha_1 - \beta_1 y_1 - \gamma y_2] y_1$$

很容易看到有

$$y_1 = \frac{\alpha_1 - \gamma y_2}{2\beta_1}$$

将希腊字母换成罗马字母，伯特兰模型中的反应曲线为

$$p_1 = \frac{a_1 + c p_2}{2 b_1}$$

注意，古诺模型中的反应曲线与伯特兰模型中的反应曲线有相反的斜率。我们已经看到，古诺模型中的反应曲线通常向下倾斜，这意味着伯特兰模型中的反应曲

线通常向上倾斜。这通常在直观上是合理的。如果厂商 2 增加它的产量，则厂商 1 通常欲减少产量以促使价格上升。不过，如果厂商 2 增加价格，厂商 1 通常会发现，为了匹配价格的上涨，提高自己的价格是有利的。

理解这一点的另一种方式是使用早先介绍的策略互补和策略替代的概念。厂商的产量是策略替代的，这是因为如果厂商 1 增加产量，增加 y_2 会使其少获利。不过，p_2 的增加会使厂商 1 多获利，因为厂商 1 也要提高价格。由于混合偏导数的符号不同，反应曲线将有不同符号的斜率。

16.6　数量领导

另一个有趣的双寡头垄断模型是**数量领导**（quantity leadership）模型，也被称为**斯塔克尔伯格模型**（Stackelberg model）。本质上，它是一个厂商先行动的两阶段模型。第二个厂商可以观察第一个厂商的产量选择，然后选择自己的最优产量水平。用上一章的术语，数量领导模型是一个序贯博弈。

像通常一样，我们"逆向"求解此博弈。假设厂商 1 是领导者，厂商 2 是追随者。厂商 2 的问题是简单的：已知厂商 1 的产量，厂商 2 欲最大化它的利润 $p(y_1+y_2)y_2-c_2(y_2)$。这个问题的一阶条件为

$$p(Y)+p'(Y)y_2=c_2'(y_2) \tag{16.6}$$

这正像前面描述的古诺条件，我们可以使用此方程去推导厂商 2 的反应函数，$f_2(y_1)$ 也恰如以前一样。

回到博弈的第一阶段，现在厂商 1 欲选择它的产量水平，它考虑未来，并认清厂商 2 将如何反应。这样，厂商 1 欲最大化

$$p(y_1+f_2(y_1))y_1-c_1(y_1)$$

这导致一阶条件的形式为

$$p(Y)+p'(Y)[1+f_2'(y_1)]y_1=c_1'(y_1) \tag{16.7}$$

方程（16.6）和方程（16.7）足够决定两个厂商的产量水平。

斯塔克尔伯格均衡可以在图 16-2 中用图解法来确定。这里，厂商 1 的等利润线代表了产生不变利润的产量水平组合。较低的等利润线与较高水平的利润相联系。厂商 1 欲在厂商 2 反应曲线的某个点上运作，此时，厂商 1 能得到最大可能的利润，如图 16-2 所示。

与古诺均衡相比，斯塔克尔伯格均衡如何？从显示偏好直接有一个结果：因为斯塔克尔伯格的领导者挑选的是其竞争者的反应曲线上的最优点，而古诺均衡是其竞争者的反应曲线上的某一"随意"的点，所以，在斯塔克尔伯格均衡中，领导者的利润通常将高于它们在相同博弈的古诺均衡中所得到的。

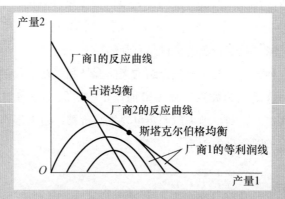

图 16 - 2　古诺均衡和斯塔克尔伯格均衡的比较

注：纳什均衡在两条反应曲线相交处出现，斯塔克尔伯格均衡发生于一条反应曲线与另一个厂商的等利润线的相切处。

作为领导者与作为追随者的厂商利润怎样？一个厂商偏好成为其中哪一个？这里有一个好的且一般的结果，但需要一些论证。在下列假设下，我们将分析异质商品（y_1 和 y_2）的一般情形（当然，这些假设包括了同质商品的特殊情形，这里，y_1 和 y_2 是完全替代的）。

A1：替代品。 $\pi_1(y_1, y_2)$ 是 y_2 的严格递减函数，$\pi_2(y_1, y_2)$ 是 y_1 的严格递减函数。

A2：向下倾斜的反应曲线。 反应曲线 $f_i(y_j)$ 是严格递减函数。

领导优先（leadership preferred）：在假设 A1 和 A2 下，一个厂商总是弱偏好于为一个领导者，而不是一个追随者。

证明： 当厂商 1 为领导者时，令 $(y_1^*, y_2^*) = (y_1^*, f_2(y_1^*))$ 为斯塔克尔伯格均衡，我们需要证明

$$f_1(y_2^*) \leqslant y_1^* \qquad (16.8)$$

假设不是这样，就有

$$f_1(y_2^*) > y_1^* \qquad (16.9)$$

应用函数 $f_2(\cdot)$ 于此不等式两侧，我们发现

$$f_2(f_1(y_2^*)) <_1 f_2(y_1^*) =_2 y_2^* \qquad (16.10)$$

不等式（1）可由 A2 推出，等式（2）可由斯塔克尔伯格均衡的定义推出。

现在，我们有下面的不等式链：

$$\pi_1(y_1^*, y_2^*) \leqslant_1 \pi_1(f_1(y_2^*), y_2^*) <_2 \pi_1(f_1(y_2^*), f_2(f_1(y_2^*))) \qquad (16.11)$$

不等式（1）可由反应函数的定义推出，不等式（2）可由方程（16.10）和假设 A1 推出。根据式（16.11），点 $(f_1(y_2^*), f_2(f_1(y_2^*)))$ 比 $(y_1^*, f_2(y_1^*))$ 产生更高

的利润，这与 $(y_1^*, f_2(y_1^*))$ 为斯塔克尔伯格均衡的要求相矛盾。这个矛盾使得式 (16.8) 成立。

我们寻求的结果很快地得自不等式：

$$\max_{y_2} \pi_2(f_1(y_2), y_2) \geqslant_1 \pi_2(f_1(y_2^*), y_2^*) \geqslant_2 \pi_2(y_1^*, y_2^*)$$

不等式（1）来自最大化，不等式（2）遵从式（16.8）和 A1。这些不等式的左侧项和右侧项证明了，厂商 2 的利润在它是领导者时不比厂商 1 是领导者时小。证毕。

由于向下倾斜的反应函数和替代性通常被作为"标准"的情形，此结果表明，在一般情况下我们可以期望每一个斯塔克尔伯格厂商会偏好成为领导者。至于哪一个厂商实际上能成为领导者，大概依赖于历史因素，如哪一个厂商首先进入市场。

16.7 价格领导

当一个厂商制定价格，而另一个厂商视其为给定时，就出现了**价格领导**（price leadership）。价格领导模型可以像斯塔克尔伯格模型一样来解决：我们首先推导追随者的行为，再推导领导者的行为。

在一个异质商品的模型中，令 $x_i(p_1, p_2)$ 为对厂商 i 产量的需求。追随者视 p_1 为给定，选择 p_2，亦即，追随者最大化

$$\max_{p_2} p_2 x_2(p_1, p_2) - c_2(x_2(p_1, p_2)) \tag{16.12}$$

我们令 $p_2 = g_2(p_1)$ 为反应函数，它作为 p_1 的函数，给出了 p_2 的最优选择。

然后，领导者解

$$\max_{p_1} p_1 x_1(p_1, g_2(p_1)) - c_1(x_1(p_1, g_2(p_1)))$$

以确定它的最优 p_1 值。

当厂商都出售相同的产品时，出现了一个有趣的特殊情况。在这种情况下，如果厂商 2 出售正的产量，它必须以 $p_2 = p_1$ 来出售。对每一个价格 p_1，追随者视 p_1 为给定，将选择去生产 $S_2(p_1)$ 的产量，以最大化它的利润。因此，这种情况下的反应函数就是竞争性的供给曲线。

如果厂商 1 索要价格 p_1，厂商 1 将出售 $r(p_1) = x_1(p_1) - S_2(p_1)$ 单位的产量。函数 $r(p_1)$ 被称为厂商 1 面临的**剩余需求曲线**（residual demand curve）。厂商 1 欲选择 p_1 以最大化

$$\max_{p_1} p_1 r(p_1) - c_1(r(p_1))$$

这正是一个面临剩余需求曲线 $r(p_1)$ 的垄断者的问题。

解在图 16-3 中以图示法呈现出来。我们从市场需求曲线中减去厂商 2 的供给

曲线，以获得剩余需求曲线。然后，我们使用标准的 $MR=MC$ 条件来解出领导者的产量。

回到异质产品的情形，在这个模型中，我们可以问，一个厂商是喜欢做一个领导者，还是喜欢做一个追随者？我们注意到，上面证明的结果可以立即推广到价格领导模型中，只要以 p_i 替换 y_i 即可。不过，这种推广有两个困难。第一，利润为另一个厂商价格的一个递减函数的情形并非必然。厂商 1 的利润关于厂商 2 价格的导数为

$$\frac{\partial \pi_1(p_1,p_2)}{\partial p_2}=\left[p_1-c'_1(x_1(p_1,p_2))\right]\frac{\partial x_1(p_1,p_2)}{\partial p_2}$$

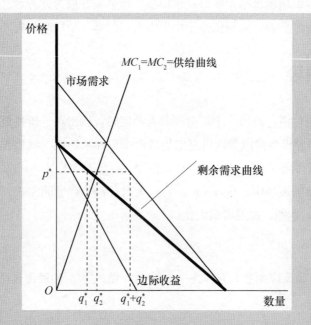

图 16-3 价格领导

注：从市场需求曲线中减去厂商 2 的供给曲线，得到厂商 1 的剩余需求曲线。然后，在此曲线上挑选最可能获利的生产水平。

这个导数的符号依赖于价格是大于还是等于边际成本。结果是这个困难可以被克服；只要反应函数向下倾斜，在价格领导模型中，领导者仍被偏好。

不过，向下倾斜的价格反应函数的假设并不总是合理的。为简单起见，假设边际成本为零。那么，厂商 2 的反应函数必须满足一阶条件

$$p_2\frac{\partial x_2[p_1,g_2(p_1)]}{\partial p_2}+x_2[p_1,g_2(p_1)]\equiv 0$$

用通常的比较静态计算

$$\text{sign } g'_2(p_1)=\text{sign}\left(p_2\frac{\partial^2 x_2}{\partial p_1\partial p_2}+\frac{\partial x_2}{\partial p_1}\right)$$

第一项可以为正,也可以为负,但如果两个商品为替代的,第二项的符号将为正。因此,正如前面所指出的,我们在价格领导模型中,也可以预期有向上倾斜的反应函数。

一个类似于上面给出的讨论可以被用来建立下面的命题。

一致(consensus):如果两个厂商有向上倾斜的反应函数,则如果一个厂商偏好作为领导者,另一个厂商一定偏好作为追随者。

证明:见道内克(Dowrick,1986)。证毕。

由此可以直接得出下面的结论。

偏好追随(following preferred):如果两个厂商有相同的成本和需求函数,反应曲线都向上倾斜,则每个厂商必然偏好于成为一个追随者而不是一个领导者。

证明:如果其中一个偏好于领导,那么,对称地,另一个也会偏好于领导。然而,这立即与上面给出的命题矛盾。证毕。

在两个厂商生产相同产品的特殊情况下,对此结果有另外的讨论,讨论用了图 16-3。在这幅图中,厂商 1 取价格 p^* 和产量水平 q_1^*。厂商 2 面临着选择:选择以价格 p^* 来供应与厂商 1 供应量 q_1^* 相同的量,或者拒绝它倾向于生产不同的产量水平——该产量基于厂商 2 的供给曲线。所以,在均衡中,厂商 2 获得了比厂商 1 更高的利润。

直观地,厂商在一个价格制定博弈中偏好于作为一个追随者的理由是,领导者必须减少它的产量以支持价格,而追随者可以视价格由领导者确定,从而尽可能多地生产,即追随者在领导者产量限制方面搭便车。

16.8 模型的分类和选择

我们已讨论了四种双寡头垄断模型:古诺模型、伯特兰模型、数量领导模型和价格领导模型。从博弈论观点看,这些模型可用策略空间(价格或数量)的定义和信息集来区分:当一个局中人作出行动时,是否知道其他局中人的选择。

哪一个模型是正确的? 通常,这个问题无法回答;它只能在一个特定的经济形势或特定的要检验的行业范围内论述。不过,我们可以提供一些有用的准则。

重要的是要记住,这些模型都是"一次性博弈"。但在应用中,我们经常企图去模拟现实中的互动关系,即一个持续多期的产业结构。因而,很自然地要求用来模拟该产业的策略变量是不能立即被调整的变量——一旦被选择,它们将持续若干个时期,以便一次性地分析具有代表发生在实际中经济现象的一些希望。

例如,考虑伯特兰均衡。正式地说,这是一个一次性博弈:双寡头垄断者没有观察其他人的选择而同时制定价格。但是,如果你一看到对手的价格(和在顾客看到任一个价格之前!)就毫不费力地调整自己的价格,则伯特兰模型就不那么吸引人了:一旦竞争性厂商观察到另一个厂商的价格,它可以使用这种或那种方式来予以响应，这可能导致一个非伯特兰的结果。

当数量只能被缓慢地调整时，古诺模型似乎是合适的。这在"数量"被解释成"能力"时尤其吸引人。其思想是，每一个厂商都在秘密地选择生产能力，它们意识到，一旦能力被确定，只能进行价格竞争，即进行伯特兰博弈。克雷普斯和沙因曼（Kreps & Scheinkman, 1983）分析了这个两阶段博弈，并证明其结果是典型的古诺均衡。我们将在这里粗略地勾画他们模型的一个简化版本。

假定每个厂商在第一期同时生产某产量水平 y_i，在第二期，每个厂商选择一个能够出售其产量的价格。我们对这个两阶段博弈的均衡感兴趣。

像通常一样，从第二期开始。此时，厂商 i 在出售任何低于 y_i 的产量时，其边际成本为零；在出售任何大于 y_i 的产量时，其边际成本为无穷大。在均衡下，每个厂商必然索要相同的价格，否则，高价格的厂商可以通过索要一个略低于低价格厂商所索要的价格而获益。此外，这个索要的价格不能大于 $p(y_1+y_2)$，否则，一个厂商可以略微降低价格而占领全部市场。最后，索要的价格也不能小于 $p(y_1+y_2)$，这是由于当每一个厂商以既定能力出售时，提高价格对双方有利（这个讨论的思路相当直观，但令人吃惊地，却很难严密地建立起来）。

关键的结论是，当每一个厂商以既定能力出售时，没有人想要削减价格。这是真实的，如果一方降低价格，就会赢得对手的全部顾客，但是，由于它已经出售了所必需出售的，故这些额外的顾客对其并无用处。[①]

一旦知道了在第二期的均衡价格只是关于既定能力的反需求，计算第一期的均衡就很简单：这只是一个标准的古诺均衡。因此，能力的古诺竞争被价格的伯特兰竞争所追随，从而导致了标准的古诺结果。

16.9 推测变量

上面描述的价格领导和数量领导的博弈，可以用一个有趣的方式予以一般化。回忆描写一个斯塔克尔伯格领导者的最优数量选择，其一阶条件为

$$p(Y)+p'(Y)[1+f'_2(y_1)]y_1=c'_1(y_1) \tag{16.13}$$

$f'_2(y_1)$ 项表明了厂商 1 关于随着 y_1 改变厂商 2 的最优行为如何变化的信念。

在斯塔克尔伯格模型中，这个信念等于厂商 2 实际反应函数的斜率。不过，我们可以将此项作为对厂商 2 如何响应厂商 1 的产量选择的一个任意"推测"，称此为厂商 1 关于厂商 2 的**推测变量**（conjectural variation），以 v_{12} 表示。现在，适当的一阶条件为：

---

① 不过，这确实带来了难以处理之处：如果一个厂商得到了比其可能销售的更多的顾客，我们必须指定一个定量配给规则，以表明对额外的顾客会发生什么。戴维森和丹克瑞（Davidson & Deneckere, 1986）证明了这个定量配给规则的指定可以影响均衡的性质。

$$p(Y)+p'(Y)(1+v_{12})y_1=c_1'(y_1) \tag{16.14}$$

这个参数化的好处在于，参数的不同选择直接导出前面讨论的各种模型的相关一阶条件。

(1) $v_{12}=0$——此为古诺模型，每一个厂商认为其他厂商的选择与自己独立；

(2) $v_{12}=-1$——此为竞争模型，由于一阶条件简化成价格等于边际成本；

(3) $v_{12}=$ 厂商 2 反应曲线的斜率——这当然是斯塔克尔伯格模型；

(4) $v_{12}=y_2/y_1$——在这种情况下，一阶条件归纳成最大化行业利润的条件——串谋均衡。

上面表明了前面讨论的每一种主要模型只是推测变量模型的一个个特例。在此意义上，推测变量的思想能够作为寡头垄断模型的一个有用的分类方法。

不过，作为一个行为模型，它并不十分令人满意。问题是它具有一种粘贴在内在静态模型顶部的伪动态性。前面讨论的每一个模型都是一个特殊的一次性模型——在古诺模型中，厂商独立地选择产量；在斯塔克尔伯格模型中，厂商选择一个产量，并希望其他厂商能最优地作出反应等。推测变量模型表明，厂商选择一个产量，因为它希望其他厂商以某种特定的方式来作出反应；但是在一次性博弈中，其他厂商如何作出反应？如果希望模型处于一种动态的情形，从而每一个厂商都能够对其他厂商的产量选择作出反应，那么，我们应该从重复博弈着手。

16.10　串　谋

迄今为止，上面所讨论的所有模型都是**非合作**博弈的例子。每个厂商都企图最大化它的利润，每个厂商都独立于其他厂商作出自己的决策。如果放松这个假设而考虑协调行动的可能性，会发生什么？厂商在一定程度上串谋以设定它们的价格和产量的行业结构，被称为**卡特尔**。

一个自然的模型是考虑如果两个厂商选择它们的产量以最大化共同的利润会发生什么。在这种情况下，厂商同时选择 y_1 和 y_2，以便最大化行业利润：

$$\max_{y_1,y_2} p(y_1+y_2)[y_1+y_2]-c_1(y_1)-c_2(y_2)$$

一阶条件为

$$p(y_1^*+y_2^*)+p'(y_1^*+y_2^*)[y_1^*+y_2^*]=c_1'(y_1^*)$$
$$p(y_1^*+y_2^*)+p'(y_1^*+y_2^*)[y_1^*+y_2^*]=c_2'(y_2^*) \tag{16.15}$$

由于这两个方程的左侧项相同，右侧项也必然相同——厂商必然使边际生产成本相等。

卡特尔解的问题是其并不"稳定"。总是存在欺骗的诱惑：以多于协议产量生产。为看到此点，假定厂商 2 会遵守卡特尔协议的产量 y_2^*，考虑如果厂商 1 盘算

以某个小量 dy_1 增加自己的产量时会发生什么。随着 y_1 的变化，厂商 1 利润的变化可以用卡特尔解来估计，即

$$\frac{\partial \pi_1(y_1^*, y_2^*)}{\partial y_1} = p(y_1^* + y_2^*) + p'(y_1^* + y_2^*)y_1^* - c_1'(y_1^*)$$

$$= -p'(y_1^* + y_2^*)y_2^* > 0$$

表达式中等式的符号来自方程（16.15）中的一阶条件，不等式则源于需求曲线向下倾斜的事实。

如果一个厂商认为其他厂商会遵守达成协议的卡特尔产量，则它增加自己的产量会受益，因为可以在高的价格下卖得更多一些。但是，如果它认为其他厂商也不会遵守卡特尔协议，则其维护卡特尔协议，通常也不是最优的！此时，它可以在市场上进行倾销，获取利润。

策略情况与囚徒困境类似：如果你认为其他厂商以配额生产，这促使你背叛——比你的配额生产更多。另外，如果你认为其他厂商不以配额生产，则对你来说比你的配额生产更多通常是有利可图的。

为了使卡特尔的结果切实可行，必须寻找稳定市场的方法，通常采取对不忠于卡特尔协议的厂商予以有效惩罚的方式。例如，某厂商可以宣布，如果它发现其他厂商改变了其卡特尔产量，它就相应地增加自己的产量。有趣的是，我们想问究竟应该增加多少产量来作为对其他厂商偏离的反应。

我们在前面看到，支持卡特尔解的推测变量为 $v_{12} = y_1/y_2$。这意味着什么？假设厂商 1 宣布，如果厂商 2 以 dy_2 增加产量，它就以 $dy_1 = (y_1/y_2)dy_2$ 来增加产量，作为对厂商 2 的反应。如果厂商 2 相信这个威胁，则从产量的 dy_2 增加所期望的利润变化为

$$d\pi_2 = p(y_1^* + y_2^*)dy_2 + p'(y_1^* + y_2^*)\left[dy_2 + \frac{y_1^*}{y_2^*}dy_2\right]y_2^* - c_2'(y_2^*)d_2$$

$$= [p(y_1^* + y_2^*) + p'(y_1^* + y_2^*)[y_1^* + y_2^*] - c_2'(y_2^*)]dy_2$$

$$= 0$$

因此，如果厂商 2 相信厂商 1 将以此种方式来反应，那么，厂商 2 从配额的违背中并不能获利。

考虑不对称的市场份额情况，就很容易看到厂商 1 惩罚的性质。假定在卡特尔均衡中，厂商 1 的产量是厂商 2 的两倍，则它就必须以生产对手两倍的产量来惩罚任何对卡特尔产量的偏离来予以威胁。厂商 2 则只需以生产对方可能考虑的任何偏离的一半产量来威胁。

尽管有启发，这类分析仍有与推测变量相关的标准问题：将动态的互动关系压缩进一个静态模型。不过，我们将看到，一个严密的动态分析包含了更多的相同考虑；支持卡特尔结果的主要问题是如何构造一个对偏离的适当的惩罚。

16.11　重复寡头垄断博弈

到目前为止，所有上面讨论的博弈都是"一次性"博弈。但是，实际市场的互动实时发生，互动的重复性质的考虑当然是合适的。开始此讨论的最简单方式是把数量确定的古诺博弈想象成一个重复博弈。

类似于第 15 章中重复囚徒困境分析的处理，在这种情况下，合作的结果是卡特尔解。古诺产量选择可以被当作惩罚。于是，支持卡特尔解的策略为下列形式：选择卡特尔产量，除非你的对手欺骗；如果欺骗，选择古诺产量。恰像囚徒困境的情况，这将是一个策略的纳什均衡集，只要折现率不是太高。

遗憾的是，此博弈有许多其他的均衡策略：正像重复囚徒困境的情况，几乎任何策略都是一个纳什均衡。与重复囚徒困境的不同之处在于，对于有限重复的数量确定博弈，这也为真。

为看到此点，让我们分析一个具有零边际成本的相同厂商的两阶段博弈。考虑厂商 1 的下列策略：在第一期生产某一产量 y_1。如果它的对手在第一期生产 y_2，在下一期生产古诺产量水平 y_1^c。如果它的对手的产量不是 y_2，则生产一个足以使市场价格为零的产量。

对这个威胁，厂商 2 的最优反应是什么？如果它在第一期生产 y_2，在第二期生产 y_2^c，可得到支付 $\pi_2(y_1, y_2) + \delta \pi_2(y_1^c, y_2^c)$。如果它在第一期就生产了一个不同于 y_2 的量——比如说为 x——可得到支付 $\pi_2(y_1, x)$。从而，当 $\pi_2(y_1, y_2) + \delta \pi_2(y_1^c, y_2^c) > \max_x \pi_2(y_1, x)$ 时，与厂商 1 合作是有利可图的。通常，这个条件对产量 (y_1, y_2) 的整个范围都将有效。

问题是实际执行惩罚策略的威胁是不可信的：一旦第一期过去，产品充斥市场通常并不符合厂商 1 的利益。换句话说，在只包括第二期的子博弈中，产品充斥市场不是一个均衡策略。用第 15 章中的术语，这个策略不是**子博弈完美的**。

在有限次重复的数量确定博弈中，不难证明唯一的子博弈完美均衡是重复的一次性古诺均衡，至少只要一次性古诺均衡是唯一的。讨论还是用通常的逆向归纳：由于古诺均衡是最后一期的唯一结果，第一期博弈的进行就不能可信地影响最后一期的结果，所以，"短视"的古诺均衡是唯一选择。

很自然地会问，卡特尔产量在无限的重复博弈中是否能成为子博弈完美均衡？弗里德曼（Friedman，1971）证明了答案是肯定的。采用的策略类似于上一章讨论的惩罚策略。令 π_i^c 为厂商 i 从单阶段古诺均衡得到的利润，令 π_i^* 为从单阶段卡特尔结果得到的利润。考虑厂商 1 的下列策略：生产卡特尔产量水平，除非厂商 2 的产量不同于卡特尔产量，一旦厂商 2 偏离，就永远生产古诺产量。

如果厂商 2 认为，厂商 1 在一个给定的时期里将生产古诺产量水平，则它的最好回应也是生产古诺产量水平。（这是古诺均衡的定义！）因此，无限次重复古诺产量确实是重复博弈的均衡。

为看清厂商 2 生产卡特尔产量水平是否有利可图，我们必须比较来自偏离与来自合作的利润的现值。令 π_2^d 为来自偏离的利润，这个条件变成

$$\pi_2^d + \delta \frac{\pi_2^c}{1-\delta} < \frac{\pi_2^*}{1-\delta}$$

亦即，厂商 2 得到来自本期偏离的利润，加上来自未来每一期的古诺均衡的利润的现值。重新排列，我们有条件

$$\delta > \frac{\pi_2^d - \pi_2^*}{\pi_2^d - \pi_2^c} \tag{16.16}$$

只要 δ 足够大（即，只要折现率足够小），这个条件将被满足。如同重复囚徒困境的情况，这个模型有多种多样的其他均衡。

通过允许不同种类的惩罚而不是简单的古诺恢复，（子博弈完美）惩罚策略的基本思想就可以用不同的方式予以拓展。例如，阿布瑞（Abreu，1986）证明，惩罚一期并接着回到卡特尔解，将通常足够支持卡特尔产量。这使人想起了推测变量模型中关于最优惩罚的结论——只要一个厂商能足够快地惩罚其他厂商，就可保证其他厂商不能从偏离中获利。参见夏皮罗（Shapiro，1989），一个有关重复寡头垄断博弈结果的很好的综述。

16.12 序贯博弈

上一节描述的重复博弈只是一次性市场博弈的简单重复。厂商在一个时期作出的选择，除了以间接方式影响对手的行为外，不影响它在另一时期的利润。不过，事实上，在一个时点上作出的决策会影响到随后时间的产出。在一些博弈中，这类投资决策扮演了重要的策略作用。

在讨论这类行为的模型时，纳什均衡和子博弈完美均衡的区别非常重要。为以最简单的可能的语境展现这种区别，考虑一个简单的进入模型。

想象有两个厂商准备在条件成熟时进入一个行业。假定进入不需要花费成本，且在一段时间内有某种降低生产成本的外生技术进步。在时间 t，如果在市场中仅有一个厂商，令 $\pi_1(t)$ 为其在时间 t 获得的利润的现值；在时间 t，如果市场中有两个厂商，则令每一个厂商获得的利润为 $\pi_2(t)$。这个简化形式的利润函数掩盖了该行业内严格的竞争形式；我们需要的是对所有的 t，$\pi_1(t) > \pi_2(t)$，这只表示垄断比双寡头垄断更有利可图。

我们在图 16-4 中展现了这些利润流。我们假定，利润在最初比利率增加得更快，导致在这段时间内折现的利润增加。但是，最终该行业的技术进步减缓，从而

引起利润增加不比利率更快，所以利润的现值下降。

就我们的兴趣而言，问题是进入的模式。明显的候选者是组合（t_1，t_2），即当垄断变得有利可图时，两个厂商中的一个进入，当双寡头垄断变得有利可图时，其他厂商进入。这是通常种类的正利润进入条件，确实，容易证明它是一个纳什均衡。不过，令人有点吃惊的是，它并不是子博弈完美的。

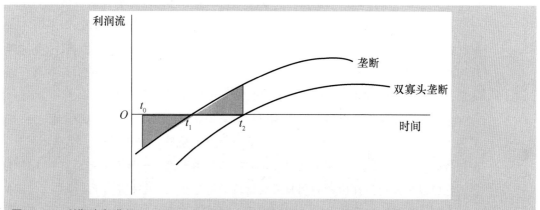

图 16 - 4 利润流和进入

注：在子博弈完美均衡中，第一个厂商在 t_0 进入，此时的折现利润为零。在 t_1 进入是一个纳什均衡，但不是子博弈完美均衡。

考虑一下，如果厂商 2（第二个进入者）稍微在时间 t_1 之前决定进入会发生什么。确实，在短时间内会损失货币，但现在厂商 1 在时间 t_1 的进入威胁就不再可信。给定厂商 2 已在市场中，厂商 1 在时间 t_1 的进入就不再有利可图。因此，厂商 2 在区间 $[t_1, t_2]$ 中获得正的垄断利润，在 t_2 之后得到双寡头垄断利润。

当然，如果厂商 2 企图稍微在 t_1 之前进入，厂商 1 也可以有同样的企图。此模型的唯一子博弈完美均衡是厂商之一在 t_0 进入，使得最初垄断阶段的利润达到零，即 t_0 和 t_1 之间 $\pi_1(t)$ 之上的（负）阴影面积等于 t_1 与 t_2 之间 $\pi_1(t)$ 之下的正的面积。进入的威胁有效地消除了垄断利润。

回顾一下，这有多种意义。厂商被相同地定位，如果它们以不同的利润结束会有些令人吃惊。在子博弈完美均衡中，早期进入的利润被竞争抵消，所有剩下的只是博弈的双寡头垄断阶段的利润。

16.13 限制性定价

通常认为，在寡头垄断中，进入威胁可作为一个制约力量。即使在一个行业中，当前只有少数的厂商，但可能存在许多潜在的进入者，因此，竞争的"有效"量仍然很大。甚至一个垄断者也可能面临进入的威胁，从而促使它进行竞争性定价。以这种方式阻止进入的定价被称为**限制性定价**。

尽管这个观点有很大的直观吸引力，却存在一些严重的问题。让我们通过展开一个正式的模型来分析这些问题。设有两个厂商，一个**在位者**（incumbent），它正在一个市场中进行生产，一个潜在**进入者**（entrant），它正企图进入。两个厂商的市场需求函数和成本函数为常识。存在两个时期：在第一期，垄断者制定价格和数量，潜在进入者可以观察并在此时决定是否进入。如果进入发生，第二期的厂商执行某种双寡头垄断博弈。如果进入不发生，在位者在第二期索要垄断价格。

在这个模型中，限制性定价的性质是什么？本质上并没有什么；如果进入发生，就决定了一个双寡头垄断均衡。潜在进入者唯一关心的是，预测它在双寡头垄断均衡中可以得到的利润。由于完全知道成本和需求函数，第一期的价格没有传递信息。所以，在位者在第一期索要垄断价格，也能获得垄断利润。

你会设想，在位者在第一期可能想索取一个低的价格，以发出这样的信号：如果进入发生，它将"愿意战斗"。但这是一个空的威胁；如果其他厂商真正进入，在位者此时应该合理地去做利润最大化的事情。由于潜在进入者知道所有相关的信息，它可以事前预测在位者的利润最大化行动将是什么，并相应作出计划。

在这个框架中，限制性定价不起作用，这是由于第一期的定价没有给第二期的博弈传递任何信息。不过，如果我们在模型中引入不确定性，我们将发现，限制性定价很容易成为一个均衡策略。

考虑下列简单的模型。如果市场价格小于或等于 3，则某商品的需求为一单位。有一个在位者，其固定边际成本为 0 或 2，有一个潜在进入者，其具有 1 的固定边际成本。为进入这个市场，进入者需付进入费 1/4。如果进入者进入市场，我们假定厂商进行伯特兰竞争。

由于厂商有不同的成本，这意味着厂商之一将被逐出市场。如果在位者为低成本厂商，则它将设定等于或略低于进入者的边际成本 1 的价格，从而将进入者逐出市场。在这种情况下，在位者获得利润 1，进入者损失了进入费，即 $-1/4$。如果在位者为高成本厂商，则进入者将使产品定价略低于 2，从而得到利润 $2-1-1/4=3/4$，在位者被逐出市场。

如果在位者是一个高成本厂商，且进入没有发生，它制定为 3 的垄断价格，获得利润 1。问题是，在第一期制定什么价格？基本上，低成本的在位者会制定一个对高成本在位者来说不可行的价格，因为这可以向潜在进入者传递其类型的信号。假定低成本在位者在第一期制定一个略低于 1 的价格，在第二期制定为 3 的垄断价格。由于成本为零，这仍然能够获利。但这个策略对高成本厂商而言，却非有利可图的——在第一期，其损失略多于 1，在第二期则只能得到 1。总体上，这个策略会招致损失。由于只有低成本厂商才能承受为 1 的价格，故这是一个可信的信号。此例证明了限制性定价在不完全信息模型中确实起作用：对潜在进入者来说，它可以作为在位者成本结构的信号，从而排除进入，至少在一些情况下是如此。

注　释

寡头垄断理论的一个好的综述见 Shapiro (1989)，我严密地遵循了他关于重复博弈的处理。在寡头垄断中比较静态的材料取自 Dixit (1986)。销售模型来自 Varian (1980)。在古诺模型中能力选择的讨论基于 Kreps & Scheinkman (1983)。领导者)-追随者博弈的盈利能力分析来自 Dowrick (1986)。古诺均衡和伯特兰均衡的对偶性首次由 Sonnenschein (1968) 提出，而后由 Singh & Vives (1984) 予以拓展。这里描述的限制性定价的简单模型由 Milgrom & Roberts (1982) 提出。

习　题

16.1　假定我们有两个具有固定边际成本 c_1 的厂商和两个具有固定边际成本 c_2 的厂商，且 $c_2 > c_1$。该模型的伯特兰均衡是什么？该模型的竞争均衡是什么？

16.2　考虑在本书第 16 章描述的销售模型，当 U/I 增加时，$F(p)$ 会发生什么？解释此结果。

16.3　已知在本书第 16 章中的线性反需求函数，推导关于直接需求函数参数的公式。

16.4　使用前面问题 16.3 中的线性需求函数，证明古诺竞争比伯特兰竞争总是数量更低而价格更高。

16.5　证明如果两个厂商有向上倾斜的反应函数，从而 $f'_i(y_j) > 0$，(y_1^*, y_2^*) 为斯塔克尔伯格均衡，则 $f_2(f_1(y_2^*)) > f_2(y_1^*) = y_2^*$。

16.6　与竞争模型相关的推测变量为 $v = -1$，这意味着当一个厂商增加一单位产量时，另一个厂商就要减少一单位产量。直观地，这很难像是竞争行为，错在哪里？

16.7　证明对所有的 $x > 0$，如果 $c'_1(x) < c'_2(x)$，则卡特尔解有 $y_1 > y_2$。

16.8　假设两个相同的厂商正以卡特尔解经营，每个厂商都相信，如果它调整产量，其他厂商也将调整产量，以保证市场份额为 $1/2$。关于推测变量这意味着什么？意味着何种产业结构？

16.9　为什么在有限重复古诺博弈中有许多均衡，而在有限重复囚徒困境中仅有一个均衡？

16.10　考虑有两个厂商的行业，每个厂商的边际成本均为零，这个行业面临的（反）需求曲线为

$$P(Y) = 100 - Y$$

这里，$Y = y_1 + y_2$ 为总产量。

(a) 该行业产量的竞争均衡水平是什么？

(b) 如果每个厂商都是古诺竞争者，已知厂商 2 的产量，厂商 1 的最优选择是什么？

(c) 计算每个厂商的古诺均衡产量。

(d) 计算该行业的卡特尔产量。

(e) 如果厂商 1 为追随者，厂商 2 为领导者，计算每个厂商的斯塔克尔伯格均衡产量。

16.11　考虑一个古诺行业，厂商的产量以 $y_1, \cdots, y_n$ 表示，总产量以 $Y = \sum_{i=1}^{n} y_i$ 表示，行业需求曲线以 $P(Y)$ 表示，每个厂商的成本函数由 $c_i(y_i) = cy_i$ 给出。为简单起见，假设 $P''(Y) < 0$，假定每个厂商要求支付一个特别税 t_i。

(a) 写出厂商 i 的一阶条件。

(b) 证明行业的产量和价格仅依赖税率的总和 $\sum_{i=1}^{n} t_i$。

(c) 考虑每个厂商税率的变化，但并不改变行业的税收负担。令 Δt_i 代表厂商 i 的税率变化，我们要求 $\sum_{i=1}^{n} \Delta t_i = 0$。假定没有厂商会离开此行业，计算厂商 i 均衡产量的变化 Δy_i。提示：不需要求导数，这个问题可通过考察（a）和（b）来

回答。

16.12 考虑一个具有下列结构的行业。存在 50 个以竞争方式行动的厂商，相同的成本函数由 $c(y) = y^2/2$ 给出。存在一个垄断者，其边际成本为零。产品的需求曲线由下式给出：

$$D(p) = 1\,000 - 50p$$

（a）竞争厂商之一的供给曲线是什么？

（b）这个竞争部门的总供给是什么？

（c）如果垄断者制定价格 p，它将出售多少产量？

（d）垄断者的利润最大化产量是多少？

（e）垄断者的利润最大化价格是多少？

（f）在此价格下，这个竞争部门将提供多少产量？

（g）这个行业出售的总产量将是多少？

第17章 交　换

在第13章，我们讨论了单一市场的经济理论主体都有理由假定。我们看到，在存在很多经济主体的情况下，每一个主体都有理由假定接受他们不能控制的市场价格。给定这些外生价格，每个主体就可以确定所考察商品的需求和供给。价格调整到使市场出清，在这样的均衡价格下，没有主体愿意改变其行动。

在上面所描述的单一市场情形中，所考察商品之外的一切商品价格都被假定为保持固定，所以是一个**局部均衡**模型。在**一般均衡**模型中，所有商品价格都是可变的，并且均衡要求所有商品市场全部出清。因此，一般均衡理论同时考虑零售市场功能以及诸多市场之间的所有相互作用。

为了更好地将本章内容加以展开，我们将首先考察一种所有经济主体都是消费者的特殊的一般均衡模型。这就是被称为**纯交换**（pure exchange）经济的情形，它包括了更为广泛的包括厂商和生产情况下的许多目前现象。

在一个纯交换经济中，我们有若干个消费者，每个消费者都通过他们的偏好和所拥有的商品来描述。经济主体在他们之间按照一定规则进行商品交换，并试图使他们的境况更好一些。

这一过程的结果是什么？这一过程的合意结果又是什么？为了达到合意结果什么分配机制是恰当的？这些问题既涉及实证经济学的观点，又涉及规范经济学的观点。正是这两类问题的恰好的相互作用使得资源配置理论更加有趣。

17.1　经济主体和商品

这里所考虑的商品的概念是很广泛的。商品可以按时间、地点及状态加以区分。服务，如劳务，只是被视为另一种商品。假定每一种商品都有其对应的市场，且其决定了商品的价格。

在纯交换经济模型中，唯一的经济主体就是消费者。每一个消费者 i 都可以完全由他的消费偏好 $\succeq_i$（或者他的效用函数 u_i）和他对于 k 商品的**初始禀赋** ω_i 进行描述。假设每个消费者的行为都是竞争性的——这就是说：商品价格是给定的，独立于个人行为。我们假定每个消费者都试图选择其支付能力范围内最优的消费束。

一般均衡理论的基本问题是商品如何在经济主体之间进行分配。主体 i 所拥有的商品 j 的数量记为 x_i^j。主体 i 的**消费束**为 $\mathbf{x}_i = (x_i^1, \cdots, x_i^k)$；这是一个描述主体 i 对每一种商品各消费多少的 k 维向量。一种**分配** $\mathbf{x} = (\mathbf{x}_1, \cdots, \mathbf{x}_n)$ 是 n 个消费束的集合，该集合描述了所有 n 个主体持有什么。一个**可行分配**（feasible allocation）是指在物理上是可能的，在纯交换情形下，这仅指将所有商品都加以分配，也就是指该分配满足 $\sum_{i=1}^{n} \mathbf{x}_i = \sum_{i=1}^{n} \boldsymbol{\omega}_i$（在一些情形下，如果 $\sum_{i=1}^{n} \mathbf{x}_i \leqslant \sum_{i=1}^{n} \boldsymbol{\omega}_i$，考虑一种可行分配将更为方便）。

当仅有两种商品和两个主体时，我们可以在一个二维平面图中使用一种方便的方式来表达分配、偏好和禀赋，该图被称为**埃奇沃思盒**（Edgeworth box）。在图 17-1 中我们给出了埃奇沃思盒的一个示例。

假定商品 1 的总量是 $\omega^1 = \omega_1^1 + \omega_2^1$，商品 2 的总量是 $\omega^2 = \omega_1^2 + \omega_2^2$。埃奇沃思盒的宽就是 ω^1，高就是 ω^2。方盒中的点 (x_1^1, x_1^2) 表示主体 1 对两种商品的持有量。与此同时，它指出主体 2 对两种商品的持有量：$(x_2^1, x_2^2) = (\omega^1 - x_1^1, \omega^2 - x_1^2)$。从几何学上讲，我们从方盒的左下角开始度量主体 1 的消费束。主体 2 的持有量是从方盒的右上角开始加以度量的。通过这种方式，在两个主体之间的两种商品的任何一种可行分配都能以方盒中的一点来表示。

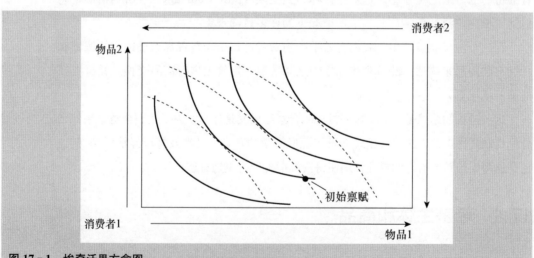

图 17-1 埃奇沃思方盒图

注：横轴的长度度量商品 1 的总数量，纵轴的高度度量商品 2 的总数量。方盒中的每一点都是一种可行分配。

在方盒中，我们也可以描绘行为者的无差异曲线。有两组无差异曲线，每一组对应一个主体。在一个两人、两商品的纯交换经济中所包含的所有信息都可以用上述方式在一个方便的图形中加以表示。

17.2　瓦尔拉斯均衡

我们曾经讲过，在存在很多主体的情况下，假定每个行为者将市场价格视为不受其控制的是合理的。思考本章描述的纯交换经济的特例。我们设想某市场价格向量为 $\mathbf{p}=(p_1, \cdots, p_k)$，每种商品对应一种价格。每个消费者都接受既定的价格，并且从其消费集中选择最优消费束；也就是说，每一个消费者 i 的行为就如同对下列问题进行求解：

$$\max_{\mathbf{x}_i} u_i(\mathbf{x}_i)$$

$$\text{s. t.}\quad \mathbf{p}\,\mathbf{x}_i = \mathbf{p}\boldsymbol{\omega}_i$$

该问题的解，即 $\mathbf{x}_i(\mathbf{p}, \mathbf{p}\boldsymbol{\omega}_i)$ 就是消费者的**需求函数**，这一问题我们在第 9 章已经研究过。在那一章中，消费者的收入或财富 m_i 是外生的。这里我们认为消费者的财富是其初始禀赋的市场价值，故 $m_i = \mathbf{p}\boldsymbol{\omega}_i$。在第 9 章我们看到，在偏好严格凸性的假设下，需求函数是良好定义的连续函数。

当然，对一个任意的价格向量 $\mathbf{p}$，也许并不可能真正达成期望的交易，原因很简单，总需求 $\sum_i \mathbf{x}_i(\mathbf{p}, \mathbf{p}\boldsymbol{\omega}_i)$ 或许并不等于总供给 $\sum_i \boldsymbol{\omega}_i$。

很自然会想到一个均衡的价格向量将会使所有市场出清；就是说，在每个市场中，在该组价格下的需求等于供给。然而，这对我们的目的来说有些太强了。例如，考虑某些商品不合意的情况。在这种情况下，它们在均衡中就会处于过度供给的状态。

基于这一理由，我们将**瓦尔拉斯均衡**定义为满足

$$\sum_i \mathbf{x}_i(\mathbf{p}^*, \mathbf{p}^*\boldsymbol{\omega}_i) \leqslant \sum_i \boldsymbol{\omega}_i$$

的一对（$\mathbf{p}^*$，$\mathbf{x}^*$）。也就是说，如果不存在超额需求为正的商品，p^* 是一个瓦尔拉斯均衡。在本章后面我们将证明，如果所有商品都是合意的——在某种意义上是准确的——那么事实上，在所有市场上需求将等于供给。

17.3　图形分析

瓦尔拉斯均衡可以用埃奇沃思盒在几何意义上加以考察。给定任何价格向量，我们可以确定每个行为者的预算线并通过使用无差异曲线来找到每个行为者的需求束。然后我们寻求一个价格向量，使得两个行为者的需求点相容。

在图 17-2 中，我们画出了这样一种均衡分配，每个行为者都在其预算线上达到了最大效用并且这些需求与可获得的总供给是相容的。注意到瓦尔拉斯均衡在两条无差异曲线的切点上发生。这是非常明显的，因为效用最大化要求每个行为者的

边际替代率等于共同的价格比率。

描述均衡的另一种方法是使用**提供曲线**（offer curves）。回想一下，一个消费者的提供曲线描述了当相关价格变动时无差异曲线与预算线之间切点的轨迹——也就是需求束的集。这样，在埃奇沃思盒的均衡点两个行为者的提供曲线相交。在此交点，各行为者的需求束与可获得的供给是相容的。

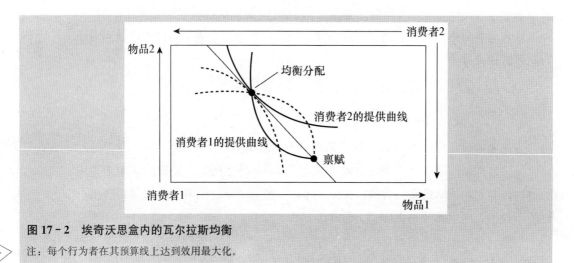

图 17-2 埃奇沃思盒内的瓦尔拉斯均衡

注：每个行为者在其预算线上达到效用最大化。

17.4 瓦尔拉斯均衡的存在性

使所有市场出清的价格向量是否总会存在？本节我们将对**瓦尔拉斯均衡存在性**（existence of Walrasian equilibria）问题进行分析。

让我们回顾一下有关存在性问题的几项事实。如果所有商品价格都乘以一个任意正值常数，则消费者的预算集保持不变，这样，每个消费者的需求函数具有如下性质：对所有 $k>0$，$\mathbf{x}_i(\mathbf{p}, \mathbf{p}\omega_i)=\mathbf{x}_i(k\mathbf{p}, k\mathbf{p}\omega_i)$；也就是说，需求函数是价格的零次齐次函数。由于齐次函数的和仍是齐次函数，所以总超额需求函数

$$\mathbf{z}(\mathbf{P})=\sum_{i=1}^{n}\left[\mathbf{x}_i(\mathbf{p},\mathbf{p}\omega_i)-\omega_i\right]$$

也是价格的零次齐次函数。应该注意到我们忽略了如下事实，$\mathbf{z}$ 依赖于初始禀赋向量（ω_i），这是因为在我们的分析中假定初始禀赋保持不变。

如果所有的个人需求函数都连续，那么 $\mathbf{z}$ 也是连续函数，因为连续函数的和仍是连续函数。另外，总超额需求函数必定满足一个条件，那就是**瓦尔拉斯法则**（Walras' law）。

瓦尔拉斯法则。对任何价格向量 $\mathbf{p}$，我们有 $\mathbf{p}\mathbf{z}(\mathbf{p}) \equiv 0$；也就是说，超额需求的价值恒等于 0。

证明：我们简单地写出总超额需求的定义并乘以价格向量 $\mathbf{p}$：

$$\mathbf{pz}(\mathbf{p}) = \mathbf{p}\Big[\sum_{i=1}^{n} \mathbf{x}_i(\mathbf{p}, \mathbf{p}\boldsymbol{\omega}_i) - \sum_{i=1}^{n} \boldsymbol{\omega}_i \Big] = \sum_{i=1}^{n} \big[\mathbf{p}\,\mathbf{x}_i(\mathbf{p}, \mathbf{p}\boldsymbol{\omega}_i) - \mathbf{p}\boldsymbol{\omega}_i \big] = 0$$

这是由于对每个主体 $i = 1, \cdots, n$，$\mathbf{x}_i(\mathbf{p}, \mathbf{p}\boldsymbol{\omega}_i)$ 必须满足预算约束 $\mathbf{px}_i = \mathbf{p}\boldsymbol{\omega}_i$。

　　瓦尔拉斯法则说明了一个显然的事实：如果每个个人满足其预算约束以致其超额需求价值为零，那么超额需求的和的价值一定为零。认识到瓦尔拉斯法则指明超额需求的价值恒为零——对所有价格超额需求的价值为零是很重要的。

　　结合瓦尔拉斯法则和均衡的定义，我们得到两个很有用的命题。

　　市场出清（market clearing）。如果在 $k - 1$ 个市场需求等于供给，并且 $p_k > 0$，那么在第 k 个市场上需求必然等于供给。

　　证明：如果不是如此，就违背了瓦尔拉斯法则。证毕。

　　免费物品（free goods）。如果 $\mathbf{p}^*$ 是一个瓦尔拉斯均衡，并且 $z_j(\mathbf{p}^*) < 0$，那么 $p_j^* = 0$。也就是说，在瓦尔拉斯均衡时如果某种商品存在超额供给，则肯定为免费物品。

　　证明：因为 $\mathbf{p}^*$ 是一个瓦尔拉斯均衡，所以 $\mathbf{z}(\mathbf{p}^*) \leqslant \mathbf{0}$。由于价格的非负性，所以 $\mathbf{p}^* \mathbf{z}(\mathbf{p}^*) = \sum_{i=1}^{k} p_i^* z_i(\mathbf{p}^*) \leqslant 0$。如果 $z_j(\mathbf{p}^*) < 0$ 并且 $p_j^* > 0$，我们将有 $\mathbf{p}^* \mathbf{z}(\mathbf{p}^*) < 0$，与瓦尔拉斯法则矛盾。证毕。

　　这个命题向我们指出了所有市场达到出清均衡所要求的条件。假定所有商品在下述含义下是合意的：

　　合意性（desirability）。如果 $p_i = 0$，那么 $z_i(\mathbf{P}) > 0$，$i = 1, \cdots, k$。

　　合意性假设认为，如果某些商品价格为零，则该商品的总超额需求严格为正。这样我们有下述命题：

　　需求与供给的相等性（equality of demand and supply）。如果所有商品都是合意的，并且 $\mathbf{p}^*$ 是一个瓦尔拉斯均衡，那么 $\mathbf{z}(\mathbf{p}^*) = \mathbf{0}$。

　　证明：假设 $z_i(\mathbf{P}^*) < 0$。则根据免费物品命题可得 $p_i^* = 0$。但是，由合意性假设可知，$z_i(\mathbf{P}^*) > 0$，这存在矛盾。证毕。

　　总结：通常，均衡所要求的全部条件就是对任何商品都不存在超额需求。但是，上面的命题指出：如果均衡时某种商品实际超额供给，则其价格一定为零。这样，如果在某种意义上，每种商品都是合意的，即零价格意味着存在超额需求，那么均衡事实上可以通过在每个市场上需求与供给的相等性来刻画。

17.5　均衡的存在性

　　因为总超额需求函数是零次齐次的，我们可以将价格标准化并以**相对价格**（relative prices）来表达需求。标准化的方法多种多样，但是能够达到我们目的的一种方便的标准化就是将每一个绝对价格 $\hat{p}_i$ 以一个标准化价格代替，即

$$p_i = \frac{\hat{p}_i}{\sum_{j=1}^{k} \hat{p}_j}$$

这种方法的结果是标准化价格 p_i 的和一定为 1。因此，我们可以仅考虑属于 $k-1$ 维单位单纯形

$$S^{k-1} = \left\{ \mathbf{p} \in R_+^k : \sum_{i=1}^{k} p_i = 1 \right\}$$

中的价格向量。图 17-3 中描绘了 S^1 和 S^2 的图形。

现在我们回到瓦尔拉斯均衡存在性问题上：是否存在一个 $\mathbf{p}^*$ 使所有市场出清？存在性的证明用到布劳威尔不动点定理。

布劳威尔不动点定理（Brouwer fixed-point theorem）。如果 $\mathbf{f}: S^{k-1} \to S^{k-1}$ 是一个从单位单纯形到其自身的连续函数，则在 S^{k-1} 中一定存在某个 $\mathbf{x}$ 满足 $\mathbf{x} = \mathbf{f}(\mathbf{x})$。

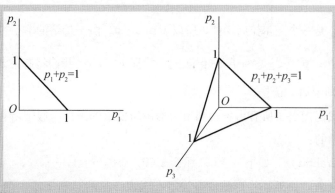

图 17-3　价格单纯形
注：第一幅图描绘了一维价格单纯形 S^1；第二幅图描绘了 S^2。

证明：对于一般情形的证明已经超出了本书的范围，斯卡夫（Scarf，1973）有一个很好的证明。虽然这样，但是我们还要针对 $k=2$ 的情况来证明这一定理。

在这种情况下，我们可以认为一维单位单纯形 S^1 同单位区间相一致。根据定理的设定我们有一个连续函数 $f:[0, 1] \to [0, 1]$，并且我们要建立的是存在某个 $x \in [0, 1]$ 满足 $x = f(x)$。

考虑如下定义的函数：$g(x) = f(x) - x$。从几何角度看，g 度量的是 $f(x)$ 和图 17-4 中所画的方框对角线的差。映射 f 的不动点是指在一点 x^* 满足 $g(x^*) = 0$。

现在有 $g(0) = f(0) - 0 \geqslant 0$，这是因为 $f(0) \in [0, 1]$，由于同样的原因，$g(1) = f(1) - 1 \leqslant 0$。因为 f 是连续的，我们可以应用中值定理得到结论——存在某个 $x \in [0, 1]$ 满足某个 $g(x) = f(x) - x = 0$，定理得到证明。证毕。

现在开始证明瓦尔拉斯均衡存在性定理。

瓦尔拉斯均衡存在性。如果 $\mathbf{z}: S^{k-1} \to R^k$ 是一个满足瓦尔拉斯法则的连续函数，即 $\mathbf{p}\mathbf{z}(\mathbf{p}) \equiv 0$，那么存在某个 $\mathbf{p}^* \in S^{k-1}$ 满足 $\mathbf{z}(\mathbf{p}^*) \leqslant 0$。

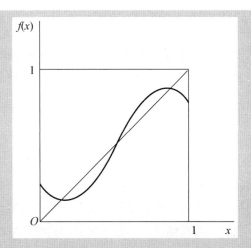

图 17-4 二维情形下布劳威尔定理的证明

注：在图上所画情形下，存在三个点使 $x = f(x)$。

证明：定义映射 g：$S^{k-1} \rightarrow S^{k-1}$ 如下：

$$g_i(\mathbf{p}) = \frac{p_i + \max[0, z_i(\mathbf{p})]}{1 + \sum_{j=1}^{k} \max[0, z_j(\mathbf{p})]} \quad i = 1, \cdots, k$$

注意到这一映射是连续的，因为 z 和 max 函数都是连续函数。另外，$\mathbf{g}(\mathbf{p})$ 属于单纯形 S^{k-1} 的一个点，因为 $\sum_i g_i(\mathbf{p}) = 1$。这一映射还有一个合理的经济解释：如果在某市场上存在超额需求以致 $z_i(\mathbf{p}) \geqslant 0$，那么那种商品的相对价格就上升。

由布劳威尔不动点定理，存在 $\mathbf{p}^*$ 满足 $\mathbf{p}^* = \mathbf{g}(\mathbf{p}^*)$；也就是

$$p_i^* = \frac{p_i^* + \max[0, z_i(\mathbf{p}^*)]}{1 + \sum_j \max[0, z_j(\mathbf{p}^*)]} \quad i = 1, \cdots, k \tag{17.1}$$

我们将证明 $\mathbf{p}^*$ 是一个瓦尔拉斯均衡。方程（17.1）两侧交叉相乘并重新排列可以得到：

$$p_i^* \sum_{j=1}^{k} \max[0, z_j(\mathbf{p}^*)] = \max[0, z_i(\mathbf{p}^*)] \quad i = 1, \cdots, k$$

现在以 $z_i(\mathbf{p}^*)$ 乘以 k 个方程中的每一个：

$$z_i(\mathbf{p}^*) p_i^* \left\{ \sum_{j=1}^{k} \max[0, z_j(\mathbf{p}^*)] \right\} = z_i(\mathbf{p}^*) \max[0, z_i(\mathbf{p}^*)] \quad i = 1, \cdots, k$$

将上述 k 个方程加总得到：

$$\left\{ \sum_{j=1}^{k} \max[0, z_j(\mathbf{p}^*)] \right\} \sum_{i=1}^{k} p_i^* z_i(\mathbf{p}^*) = \sum_{i=1}^{k} z_i(\mathbf{p}^*) \max[0, z_i(\mathbf{p}^*)]$$

现在由瓦尔拉斯法则得到 $\sum_{i=1}^{k} p_i^* z_i(\mathbf{p}^*) = 0$，所以我们有

$$\sum_{i=1}^{k} z_i(\mathbf{p}^*)\max[0, z_i(\mathbf{p}^*)] = 0$$

上述求和式中的每一项都大于或等于零，因为每一项为 0 或 $[z_i(\mathbf{p}^*)]^2$。但是如果有一项严格大于零，等式将不能成立。因此，每一项必须等于零，这就是说

$$z_i(\mathbf{p}^*) \leqslant 0 \quad i = 1, \cdots, k$$

证毕。

上述定理的一般性质值得加以强调，超额需求函数连续和满足瓦尔拉斯法则就是所要求的一切条件。瓦尔拉斯法则起作用的直接原因是消费者必须满足某种预算约束假设；这种行为似乎是每种类型经济模型中所必需的。连续性假设更具约束性但并非不合理。我们以前提到过，如果消费者都具有严格凸的偏好，那么他们的需求函数能良好定义并且是连续的。因而总需求函数也是连续的。但如果存在大量消费者，即使个人需求函数表现出不连续，总需求函数也仍可能是连续的。这样，总需求函数的连续性好像也是相对弱的要求。

但是，关于上述论点的存在性仍有一个小问题。对正的价格来讲，总需求函数可能是连续的，但当某些价格趋于零时，连续性假设就不是一个合理的假设了。例如，如果偏好是单调的而且某些商品价格为零，那么我们可以预期该商品的需求可能无穷大。这样，超额需求函数在价格单纯形的边界上甚至都不能很好地加以定义。此处价格单纯形的边界是指某些价格为零的价格向量集。然而，这类非连续性仍然可以运用稍微更复杂的数学工具来加以处理。

例 17 - 1：科布-道格拉斯经济

令行为者 1 的效用函数为 $u_1(x_1^1, x_1^2) = (x_1^1)^a (x_1^2)^{1-a}$，拥有禀赋 $\boldsymbol{\omega}_1 = (1, 0)$。令行为者 2 的效用函数是 $u_2(x_2^1, x_2^2) = (x_2^1)^b (x_2^2)^{1-b}$，拥有禀赋 $\boldsymbol{\omega}_2 = (0, 1)$，那么行为者 1 对商品 1 的需求函数是

$$x_1^1(p_1, p_2, m_1) = \frac{am_1}{p_1}$$

在价格 (p_1, p_2) 下，收入是 $m_1 = p_1 \times 1 + p_2 \times 0 = p_1$。代入上式我们有

$$x_1^1(p_1, p_2) = \frac{ap_1}{p_1} = a$$

类似地，行为者 2 对商品 1 的需求函数是

$$x_2^1(p_1, p_2) = \frac{bp_2}{p_1}$$

在均衡价格下，每种商品的总需求等于总供给。由瓦尔拉斯法则可知，我们只需找到使商品 1 的总需求等于总供给的价格：

$$x_1^1(p_1,p_2)+x_2^1(p_1,p_2)=1$$

$$a+\frac{bp_2}{p_1}=1$$

$$\frac{p_2^*}{p_1^*}=\frac{1-a}{b}$$

注意：与通常一样，在均衡中只能确定相对价格。

17.6 福利经济学第一定理

在我们相信模型建立的行为假设前提下，瓦尔拉斯均衡的存在性是一个很有意思的实证结果。然而，即使这些行为假设在许多情况下好像并不是十分适当，我们或许仍然对瓦尔拉斯均衡的规范性内容感兴趣。让我们考虑如下定义。

帕累托效率的定义（definitions of Pareto efficiency）。对一个可行分配 **x**，如果不存在可行分配 **x′** 使所有行为者相对于 **x** 严格偏好 **x′**，则称 **x** 为**弱帕累托有效**分配。如果不存在可行分配 **x′** 使所有行为者相对于 **x** 弱偏好于 **x′**，并且某个行为者相对于 **x** 严格偏好 **x′**，则称 **x** 为**强帕累托有效**分配。

容易看出，若一个分配为强帕累托有效的，则它一定为弱帕累托有效的。一般来说，逆命题是不成立的。然而，在附加关于偏好的一些较弱的假设下，逆命题也是成立的，所以两个概念是可以互换的。

弱帕累托效率与强帕累托效率的等价性（equivalence of weak and strong Pareto efficiency）。假设偏好是连续且单调的，那么一个分配是弱帕累托有效的当且仅当其为强帕累托有效的。

证明：如果一个分配是强帕累托有效的，则其必为弱帕累托有效的：如果不能在不损害其他人的情况下使某人境况变好，则当然不能使每人境况都更好。

需要我们证明的是，如果一个分配为弱帕累托有效的，则它一定为强帕累托有效的。我们来证明逻辑上的等价命题，即如果一个分配不是强有效的，则其不是弱有效的。

假设在不损害任何其他行为者的情况下可以使某特定行为者 i 境况变好。我们必须找到一个让每个人境况都改善的方法。为了做到这一点，只需以一个小数按比例缩减 i 的消费束并将其均等地再分配给其他行为者。更为精确地讲，就是将 i 的消费束 $\mathbf{x}_i$ 以 $\theta\mathbf{x}_i$ 来替代，以及将所有其他行为者 j 的消费束以 $\mathbf{x}_j+\frac{(1-\theta)\mathbf{x}_i}{n-1}$ 来替代。由偏好的连续性可知，能够选择充分接近于 1 的 θ 来保证行为者 i 的境况依旧更好一些。由单调性可知，通过接受再分配的消费束，每个其他行为者的境况都严格地好于以前。证毕。

事实证明，弱帕累托有效的概念在数学上更为便利，所以我们一般使用这个概念：当我们谈到"帕累托有效"时，我们一般是指"弱帕累托有效"。然而，今后我们将总是假设偏好是连续且单调的，因而每个定义都是适用的。

注意，帕累托效率在规范的概念上是很弱的；只有一个行为者得到了经济中的所有商品，而其他行为者一无所获的分配也是帕累托有效，当然前提是拥有一切的这个行为者尚未达到饱和点。

帕累托有效分配可以用以前介绍的埃奇沃思盒很容易描绘出来。需要注意的是，在两人情形下，帕累托有效分配可以通过将一个行为者的效用函数固定于一个给定水平并在此约束下最大化另一个行为者的效用函数来找到。规范地讲，我们仅需解下述最大化问题：

$$\max_{\mathbf{x}_1, \mathbf{x}_2} u_1(\mathbf{x}_1)$$

$$\text{s. t.} \quad u_2(\mathbf{x}_2) \geqslant \bar{u}_2$$

$$\mathbf{x}_1 + \mathbf{x}_2 = \boldsymbol{\omega}_1 + \boldsymbol{\omega}_2$$

这个问题可以利用埃奇沃思盒来求解。只要在一个行为者的无差异曲线上找到另一个行为者的效用最大化点即可。现在可以清楚地看到，产生的帕累托有效点可以用一个相切的条件来刻画：每个行为者的边际替代率相等。

对行为者 2 的每个固定效用值，我们都可以找到行为者 1 最大化其效用的一个分配且满足相切条件。帕累托有效点的集合即**帕累托集**（Pareto set），就是图 17 - 5 中埃奇沃思盒中画出的切点的轨迹。**帕累托集**也被称为**合同曲线**（contract curve），因为它给出了有效"合同"或分配的集合。

图 17 - 5 与图 17 - 2 的比较揭示了一个惊人的事实：瓦尔拉斯均衡集与帕累托有效分配集之间似乎存在一一对应关系。每个瓦尔拉斯均衡都满足效用最大化一阶条件，即每个行为者对于两种商品的边际替代率等于两种商品的价格比。因为所有行为者在瓦尔拉斯均衡面临相同的价格比，所以所有行为者一定具有相同的边际替代率。

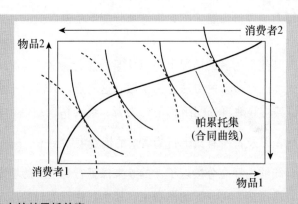

图 17 - 5　埃奇沃斯盒中的帕累托效率

注：帕累托集或合同曲线是所有帕累托有效分配的集合。

此外，我们知道，对于任意一个帕累托有效分配，边际替代率在两个行为者之间一定是相等的，这样，我们就找到了一个价格比与这一共同比率相同。从图形上讲，给定一个帕累托有效点，我们只画一条公切线将两条无差异曲线分开。这条切线上的任何一点均可作为一个初始禀赋。如果行为者试图在其预算集中最大化其偏好，他们将恰好在帕累托有效分配点上达到。

下面两个定理精确地给出了这一对应。我们以一种更为方便的形式重新陈述瓦尔拉斯均衡的定义。

瓦尔拉斯均衡的定义：如果满足以下两个条件，一个分配-价格对（**x**，**p**）就是一个**瓦尔拉斯均衡**：（1）分配是可行的。（2）每个行为者在其预算集内作出最优选择。条件数学表达式为：

(1) $\sum_{i=1}^{n} \mathbf{x}_i = \sum_{i=1}^{n} \boldsymbol{\omega}_i$。

(2) 如果行为者 i 相对于 $\mathbf{x}_i$ 偏好 $\mathbf{x}_i'$，那么 $\mathbf{p}\mathbf{x}_i' > \mathbf{p}\boldsymbol{\omega}_i$。

只要满足合意性假设，这个定义就等价于瓦尔拉斯均衡的原始定义。这个定义允许我们忽略免费物品的可能性，免费物品会给我们下面的论证带来麻烦。

福利经济学第一定理（first theorem of welfare economics）：如果（**x**，**p**）是一个瓦尔拉斯均衡，则 **x** 为帕累托有效的。

证明：假设不是，令 **x**′ 为一个所有行为者相对于 **x** 都更偏好的可行分配。那么根据瓦尔拉斯均衡定义的性质 2，可知：

$$\mathbf{p}\mathbf{x}_i' > \mathbf{p}\boldsymbol{\omega}_i \quad i=1,\cdots,n$$

对 $i=1,\cdots,n$ 个不等式加总并利用 **x**′ 是可行分配的事实，我们有

$$\mathbf{p}\sum_{i=1}^{n}\boldsymbol{\omega}_i = \mathbf{p}\sum_{i=1}^{n}\mathbf{x}_i' > \sum_{i=1}^{n}\mathbf{p}\boldsymbol{\omega}_i$$

这是一个矛盾的结论。证毕。

该定理指出：如果我们模型的行为假设被满足，市场均衡就是有效率的。一个市场均衡并非必须在任何道德意义上都是"最优"的，因为市场均衡也许很"不公平"。结果完全依赖于禀赋的初始分配。所需要的是一些进一步的道德标准来在有效分配之中加以选择。这样的一个概念即福利函数的概念将在本章后面部分讨论。

17.7　福利经济学第二定理

我们已经证明，每个瓦尔拉斯均衡都是帕累托有效的。这里，我们将证明每个帕累托有效分配都是一个瓦尔拉斯均衡。

福利经济学第二定理（second theorem of welfare economics）：假设 $\mathbf{x}^*$ 是一个帕累托有效分配，其中每个行为者对每种商品都拥有正的量。假设偏好是凸的、

连续的和单调的，则 $\mathbf{x}^*$ 是对应于初始禀赋 $\boldsymbol{\omega}_i = \mathbf{x}_i^*$ 的一个瓦尔拉斯均衡，其中 $i = 1, \cdots, n$。

证明： 令

$$P_i = \{x_i \in R^k : \mathbf{x}_i \succ_i \mathbf{x}_i^*\}$$

这是行为者 i 偏好于 $\mathbf{x}_i^*$ 的所有消费束的集合。然后定义：

$$P = \sum_{i=1}^n P_i = \{\mathbf{z} : \mathbf{z} = \sum_{i=1}^n \mathbf{x}_i, \text{且 } \mathbf{x}_i \in P_i\}$$

P 是能够在 n 个行为者之间分配并使每个行为者境况更好的所有 k 商品束的集合。因为假设每个 P_i 是一个凸集，且凸集的和也是凸集，可以推导出 P 也是凸集。

令 $\boldsymbol{\omega} = \sum_{i=1}^n \mathbf{x}_i^*$ 是当前的总消费束。因为 $\mathbf{x}^*$ 是帕累托有效的，所以不存在 $\mathbf{x}^*$ 的重新分配使每个行为者境况更好。这意味着 $\boldsymbol{\omega}$ 不是集合 P 的一个元素。

因此，由分离超平面定理（见本书第 26 章）可知，存在一个 $\mathbf{p} \neq \mathbf{0}$ 满足：

$$\mathbf{p}\mathbf{z} \geqslant \mathbf{p}\sum_{i=1}^n \mathbf{x}_i^*, \text{对所有 } \mathbf{z} \in P$$

整理这个方程可得：

$$\mathbf{p}\left(\mathbf{z} - \sum_{i=1}^n \mathbf{x}_i^*\right) \geqslant \mathbf{0}, \text{对所有 } \mathbf{z} \in P \tag{17.2}$$

我们想要证明，$\mathbf{P}$ 实际上就是一个均衡价格向量。证明过程分为三步。

（1）$\mathbf{p}$ 非负，也就是 $\mathbf{p} \geqslant \mathbf{0}$。

为看到这一点，令 $\mathbf{e}_i = (0, \cdots, 1, \cdots, 0)$，且第 i 个分量为 1。由于偏好是单调的，所以 $\boldsymbol{\omega} + \mathbf{e}_i$ 必定属于 P；由于任何商品的数量都增加了一单位，所以再分配可以使每个人的境况变好。那么不等式（17.2）意味着

$$\mathbf{p}(\boldsymbol{\omega} + \mathbf{e}_i - \boldsymbol{\omega}) \geqslant 0 \quad i = 1, \cdots, k$$

消掉同类项，

$$\mathbf{p}\mathbf{e}_i \geqslant 0 \quad i = 1, \cdots, k$$

该方程意味着 $p_i \geqslant 0$, $i = 1, \cdots, k$。

（2）对每个行为者 $j = 1, \cdots, n$，如果 $\mathbf{y}_j \succ_j \mathbf{x}_j^*$，则 $\mathbf{p}\mathbf{y}_j \geqslant \mathbf{p}\mathbf{x}_j^*$。

我们已经知道，如果每个行为者 i 相对于 $\mathbf{x}_i^*$ 偏好 $\mathbf{y}_i$，则

$$\mathbf{p}\sum_{i=1}^n \mathbf{y}_i \geqslant \mathbf{p}\sum_{i=1}^n \mathbf{x}_i^*$$

现在假设仅某个特定行为者 j 相对 $\mathbf{x}_j$ 偏好某些消费束 $\mathbf{y}_j$。通过将行为者 j 的各种商品都拿走一部分并将之在其他行为者间分配，可以构造一个分配 $\mathbf{z}$。规范地表述为，

令 θ 为小的数并定义分配 $\mathbf{z}$ 为：

$$z_j = (1-\theta)y_j$$

$$z_i = x_i^* + \frac{\theta y_j}{n-1} \quad i \neq j$$

对于足够小的 θ，强单调性意味着分配 $\mathbf{z}$ 是帕累托优于 $\mathbf{x}^*$ 的，因而 $\sum_{i=1}^{n} \mathbf{z}_i$ 属于集合 P。应用不等式（17.2），我们有

$$\mathbf{p} \sum_{i=1}^{n} \mathbf{z}_i \geqslant \mathbf{p} \sum_{i=1}^{n} \mathbf{x}_i^*$$

$$\mathbf{p}\left[\mathbf{y}_j(1-\theta) + \sum_{i \neq j} \mathbf{x}_i^* + \mathbf{y}_j\theta\right] \geqslant \mathbf{p}\left[\mathbf{x}_j^* + \sum_{i \neq j} \mathbf{x}_i^*\right]$$

$$\mathbf{p}\,\mathbf{y}_j \geqslant \mathbf{p}\,\mathbf{x}_j^*$$

上式说明，如果行为者 j 相对于 $\mathbf{x}_j^*$ 偏好 $\mathbf{y}_j$，则 $\mathbf{y}_j$ 的花费不少于 $\mathbf{x}_j^*$。剩下来要证明的是该不等式是严格成立的。

（3）如果 $\mathbf{y}_j \succ_j \mathbf{x}_j^*$，我们必定有 $\mathbf{p}\,\mathbf{y}_j > \mathbf{p}\,\mathbf{x}_j^*$。

我们已经知道 $\mathbf{p}\,\mathbf{y}_j \geqslant \mathbf{p}\,\mathbf{x}_j^*$；我们要排除等式成立的可能性。相应地，我们假设 $\mathbf{p}\,\mathbf{y}_j = \mathbf{p}\,\mathbf{x}_j^*$，并试图导出矛盾。

从偏好连续性假设，我们能够找到某个 $\theta \in (0, 1)$，使得 $\theta\mathbf{y}_j$ 严格偏好于 $\mathbf{x}_j^*$。由（2）中结果可知 $\theta\mathbf{y}_j$ 的花费至少和 $\mathbf{x}_j^*$ 一样：

$$\theta\mathbf{p}\,\mathbf{y}_j \geqslant \mathbf{p}\,\mathbf{x}_j^* \tag{17.3}$$

定理有一条假设是 $\mathbf{x}_j^*$ 的每个分量都严格为正，由此推出 $\mathbf{p}\,\mathbf{x}_j^* > 0$。

因此，如果 $\mathbf{p}\,\mathbf{y}_j - \mathbf{p}\,\mathbf{x}_j^* = 0$，推出 $\theta\mathbf{p}\,\mathbf{y}_j < \mathbf{p}\,\mathbf{x}_j^*$。但是，这与不等式（17.3）矛盾，定理证明结束。证毕。

这个命题的假设是值得考虑的。偏好的凸性和连续性当然是关键的，但是偏好的强单调性可以考虑放松。人们也能对 $\mathbf{x}_i^* \gg \mathbf{0}$ 的假设加以放松。

☐ 显示偏好的观点

存在一个很简单却有一些间接的关于福利经济学第二定理的证明，这一证明基于显示偏好观点和本章前面所给出的存在性定理。

福利经济学第二定理。假设 $\mathbf{x}^*$ 是一个帕累托有效分配且偏好具有非饱和性。进一步假设对初始禀赋 $\omega_i = x_i^*$，存在一个竞争均衡，令其由 $(\mathbf{p}', \mathbf{x}')$ 给出，则实际上 $(\mathbf{p}', \mathbf{x}^*)$ 就是一个竞争均衡。

证明：因为 $\mathbf{x}_i^*$ 属于被构造的消费者 i 的预算集，我们必定有 $\mathbf{x}_i' \succsim_i \mathbf{x}_i^*$。因为 $\mathbf{x}^*$ 是帕累托有效的，所以这意味着 $\mathbf{x}_i^* \sim_i \mathbf{x}_i'$。这样，如果 $\mathbf{x}_i'$ 是最优的，则 $\mathbf{x}_i^*$ 也是最优的。因此，$(\mathbf{p}', \mathbf{x}^*)$ 是一个瓦尔拉斯均衡。证毕。

这个论证指明，若对应一个帕累托有效分配存在一个竞争均衡，则该帕累托有效分配本身就是一个竞争均衡。本章关于存在性定理的评论表明，存在性的唯一必需条件是总需求函数的连续性。连续性可从个人偏好的凸性得到，亦可由一个"大的"经济的假设推导出。这样，福利经济学第二定理在相同条件下成立。

17.8 帕累托效率与微积分

在上一节中我们已经看到，每个竞争均衡都是帕累托有效的，而且每个帕累托有效分配本质上都是对应于某个禀赋分配的一个竞争均衡。本节我们将引入微分学对这一关系进行更深入的探讨。实质上，我们将导出刻画市场均衡和帕累托效率的一阶条件，而后对这两组条件进行研究。

刻画市场均衡的条件非常简单。

均衡的微积分特征（calculus characterization of equilibrium）。若$(\mathbf{x}^*, \mathbf{p}^*)$是一个市场均衡而且每个消费者持有正的数量的每种商品，则存在一组数$(\lambda_1, \cdots, \lambda_n)$满足

$$\mathbf{D}u_i(\mathbf{x}^*) = \lambda_i \mathbf{p}^* \quad i = 1, \cdots, n$$

证明：若我们有一个市场均衡，则每个行为者在其预算集上达到了最大化，而且这些正是效用最大化的一阶条件。λ_i是行为者收入的边际效用。证毕。

帕累托效率的一阶条件用公式表示稍有些难。但是下面的技巧是很有帮助的。

帕累托效率的微积分特征（calculus characterization of Pareto efficiency）。一个可行分配$\mathbf{x}^*$是帕累托有效的，当且仅当$\mathbf{x}^*$是下述几个最大化问题的解，$i = 1, \cdots, n$：

$$\max_{(x_i^g, x_j^g)} u_i(\mathbf{x}_i)$$
$$\text{s.t. } \sum_{h=1}^{n} x_h^g \leqslant \omega^g \quad g = 1, \cdots, k$$
$$u_j(\mathbf{x}_j^*) \leqslant u_j(\mathbf{x}_j) \quad j \neq i$$

证明：假设$\mathbf{x}^*$为上述所有最大化问题的解，但$\mathbf{x}^*$并非帕累托有效的。这意味着存在某个分配$\mathbf{x}'$使每人境况都变好。但这样$\mathbf{x}^*$就不是任何一个最大化问题的解，存在矛盾。

反之，假设$\mathbf{x}^*$是帕累托有效的，但并不是上述全部最大化问题中的某一个的解。令$\mathbf{x}'$为该特定问题的解，则$\mathbf{x}'$在不损害其他行为者的条件下使得该行为者境况变好了，这与$\mathbf{x}^*$是帕累托有效的假设是矛盾的。证毕。

在考察这些最大化问题之一对应的拉格朗日等式之前，让我们先做一个小小的计算。对应这n个最大化问题中的每一个，有$k+n-1$个约束。前k个是资源约束，后面$n-1$个是效用约束。每个最大化问题中有kn个选择变量：n个行为者中

的每一个对 k 种商品中的每一种各持有多少。

对于 $g=1, \cdots, k$，令 q^g 是资源约束的库恩-塔克乘子，令 a_j（$j \neq i$）为效用约束的乘子。写出其中一个最大化问题的拉格朗日函数：

$$L = u_i(\mathbf{x}_i) - \sum_{g=1}^{k} q^g \Big[\sum_{i=1}^{n} x_i^g - \omega^g \Big] - \sum_{j \neq i} a_j \big[u_j(\mathbf{x}_j^*) - u_j(\mathbf{x}_j) \big]$$

现在对 L 求 x_j^g 的导数，这里 $g=1, \cdots, k$，$j=1, \cdots, n$。我们得到了一阶条件公式：

$$\frac{\partial u_i(\mathbf{x}_i^*)}{\partial x_i^g} - q^g = 0 \quad g=1, \cdots, k$$

$$a_j \frac{\partial u_j(\mathbf{x}_j^*)}{\partial x_j^g} - q^g = 0 \quad j \neq i; g=1, \cdots, k$$

这些条件看起来有些奇怪，因为它们似乎不对称。对 i 的每一个选择，乘子（q^g）和（a_j）的取值不同。但是当我们注意到（q^g）的相对值并不依赖于 i 的选择时，上述悖论就被解决了。这是很明显的，因为上述条件意味着：

$$\frac{\dfrac{\partial u_i(\mathbf{x}_i^*)}{\partial x_i^g}}{\dfrac{\partial u_i(\mathbf{x}_i^*)}{\partial x_i^h}} = \frac{q^g}{q^h} \quad i=1, \cdots, n \text{ 且 } g, h=1, \cdots, k$$

因为 $\mathbf{x}^*$ 是给定的，故 $\dfrac{q^g}{q^h}$ 必定不依赖于我们求解的那个最大化问题。同理表明 $\dfrac{a_i}{a_j}$ 不依赖于我们求解的那个最大化问题。上述不对称问题的解现在变得很清晰了：如果我们将行为者 i 的效用最大化，并以其他行为者的效用作为约束，那么这恰似我们武断地将行为者 i 的库恩-塔克乘子设为 $a_i = 1$。

运用福利经济学第一定理，我们能够对权数（a_i）和（q^g）导出好的解释：若 $\mathbf{x}^*$ 为一个市场均衡，那么

$$\mathbf{D}u_i(\mathbf{x}_i^*) = \lambda_i \mathbf{p}^* \quad i=1, \cdots, n$$

然而，所有市场均衡都是帕累托有效的，这样必须满足

$$a_i \mathbf{D}u_i(\mathbf{x}_i^*) = \mathbf{q} \quad i=1, \cdots, n$$

由此很明显地我们可以选择 $\mathbf{p}^* = \mathbf{q}$ 且 $a_i = \dfrac{1}{\lambda_i}$。用文字描述就是，资源约束的库恩-塔克乘子就是竞争价格，行为者效用的库恩-塔克乘子就是他们收入边际效用的倒数。

如果将一阶条件中的库恩-塔克乘子消掉，我们得到刻画有效分配的下述条件：

$$\frac{\dfrac{\partial u_i(\mathbf{x}_i^*)}{\partial x_i^g}}{\dfrac{\partial u_i(\mathbf{x}_i^*)}{\partial x_i^h}} = \frac{p_g^*}{p_h^*} = \frac{q^g}{q^h} \quad i=1, \cdots, n \text{ 且 } g, h=1, \cdots, k$$

这个条件说明，每个帕累托有效配置必须满足下列条件，即对每个行为者来说，每组商品之间的边际替代率是相同的。该边际替代率就是竞争价格比。

这个条件背后有着非常清晰的直觉含义：如果两个消费者对某一对商品有着不同的边际替代率，他们可以安排一次小的交易来使两者境况都变好，这与帕累托效率的假设矛盾。

通常，注意到下述事实会对我们有所裨益，即帕累托有效分配的一阶条件与一个效用加权和的最大化一阶条件相同。为了看到这一点，让我们考虑下述问题：

$$\max \sum_{i=1}^{n} a_i u_i(\mathbf{x}_i)$$
$$\text{s. t. } \sum_{i=1}^{n} x_i^g \leqslant \omega^g \quad g = 1, \cdots, k$$

该问题的解的一阶条件是

$$a_i \mathbf{D} u_i(\mathbf{x}_i^*) = \mathbf{q}$$

恰好与帕累托效率的必要条件相同。

随着这组"福利权数"（$a_1, \cdots, a_n$）的变动，我们可以勾画帕累托有效分配集。如果对刻画所有帕累托有效分配的条件感兴趣，那么需要对上述方程进行处理以消除福利权数。一般来讲，这归结为用边际替代率来表述条件。

得到上述结论的另一条思路是，将福利权数纳入效用函数的定义。若行为者 i 的原始效用函数是 $u_i(\mathbf{x}_i)$，做一个单调变换使新效用函数为 $v_i(\mathbf{x}_i) = a_i u_i(\mathbf{x}_i)$。所导出的一阶条件刻画了一个特定的帕累托有效分配——该分配最大化效用的一个特定表示的效用和。但是如果我们对一阶条件加以整理以使其以边际替代率表达，那么我们一般会找到刻画所有有效分配的一个条件。

现在注意，帕累托效率的微积分特征给我们提供了关于福利经济学第二定理的简单证明。让我们假定所有消费者都有凹的效用函数，尽管并不确实要求。那么，如果 $\mathbf{x}^*$ 是一个帕累托有效分配，我们依据一阶条件可知：

$$\mathbf{D} u_i(\mathbf{x}^*) = \frac{1}{a_i} \mathbf{q} \quad i = 1, \cdots, n$$

这样，每个消费者效用函数的梯度都与某个固定向量 $\mathbf{q}$ 成比例。让我们选择 $\mathbf{q}$ 为竞争价格向量。需要确认每个消费者在其预算集 $\{\mathbf{x}_i : \mathbf{q}\,\mathbf{x}_i \leqslant \mathbf{q}\,\mathbf{x}_i^*\}$ 上达到最大化。但是这一结果由凹性可以很快地推出；依据凹函数的数学性质：

$$u(\mathbf{x}_i) \leqslant u(\mathbf{x}_i^*) + \mathbf{D} u(\mathbf{x}_i^*)(\mathbf{x}_i - \mathbf{x}_i^*)$$

因此

$$u(\mathbf{x}_i) \leqslant u(\mathbf{x}_i^*) + \frac{1}{a_i} \mathbf{q}(\mathbf{x}_i - \mathbf{x}_i^*)$$

这样，如果$\mathbf{x}_i$属于消费者的预算集，则$u(\mathbf{x}) \leqslant u(\mathbf{x}_i^*)$。

17.9 福利最大化

帕累托效率的概念作为一个规范性的标准所存在的一个问题是不太具体。帕累托效率仅关心效率，对福利的分布没有涉及。即使我们同意应当处于帕累托有效分配状态，但我们仍然不知道应当处于哪一个帕累托有效分配点上。

解决这些问题的一种方式就是假定存在某个**社会福利函数**（social welfare function）。该函数被假定为总个人效用函数赶上"社会效用"。这种函数的最合理解释是，它代表了社会决策者就如何对社会不同成员的效用进行折中所拥有的偏好。这里我们将不进行哲学性讨论并仅假定存在某个这样的函数；也就是，我们将假设我们有

$$W:R^n \to R$$

以致$W(u_1, \cdots, u_n)$为我们给出了产生于任何个人效用分布$(u_1, \cdots, u_n)$的"社会效用"。为了弄懂这个构造，我们必须对每个行为者的效用选取一种特定表示，并在讨论过程中保持不变。

我们将假设W是其每个自变量的增函数——如果在不减少任何人其他福利的情况下增加任何行为者的效用，社会福利将增加。我们假设社会应当在社会福利最大化点上运行；也就是，我们应当选择一个分配$\mathbf{x}^*$，使其解决：

$$\max W[u_1(\mathbf{x}_1), \cdots, u_n(\mathbf{x}_n)]$$
$$\text{s. t. } \sum_{i=1}^{n} x_i^g \leqslant \omega^g \quad g = 1, \cdots, k$$

与帕累托有效分配相比较，最大化这个福利函数的分配是怎样的呢？下面是单调性假设的一个小推论：

福利最大化和帕累托效率（welfare maximization and Pareto efficiency）。如果$\mathbf{x}^*$最大化一个社会福利函数，那么$\mathbf{x}^*$是帕累托有效的。

证明：若$\mathbf{x}^*$是非帕累托有效的，那么将存在可行分配$\mathbf{x}'$，对$i=1, \cdots, n$满足$u_i(\mathbf{x}_i') > u_i(\mathbf{x}_i^*)$。但是这样就有$W[u_1(\mathbf{x}_1'), \cdots, u_n(\mathbf{x}_n')] > W[u_1(\mathbf{x}_1^*), \cdots, u_n(\mathbf{x}_n^*)]$。证毕。

因为福利最大化点是帕累托有效的，所以它们必须同帕累托有效分配满足同样的一阶条件；此外，在凸性假设下，每个帕累托有效分配都是一个竞争均衡，所以对于福利最大化点也是同样：每个福利最大化点都是某些禀赋分布下的竞争均衡。

上述观察给出了我们对竞争价格的进一步解释：它们也是福利最大化问题的库恩-塔克乘子。应用包络定理，我们看到竞争价格度量了一种商品的（边际）社会价值：如果该商品有少量增加，福利会增加多少。然而，这个结论仅对在所考察的

分配达到最大的福利函数的选择成立。

上面我们已经看到每个福利最大化点都是帕累托有效，但是逆命题必然成立吗？在上一节中我们看到，每个帕累托有效分配与一个效用加权和最大化问题满足相同的一阶条件，所以在凸性和凹性假设下逆命题成立似乎是合理的。事实上逆命题是成立的。

帕累托效率和福利最大化。 令 $\mathbf{x}^*$ 是一个帕累托有效分配，其中 $\mathbf{x}_i^* \gg \mathbf{0}$，$i=1, \cdots, n$。令效用函数 u_i 是凹的、连续单调函数。则存在权数 a_i^* 的某些选择，满足 $\mathbf{x}^*$ 在资源约束下最大化 $\sum a_i^* u_i(\mathbf{x}_i)$。另外，权数满足 $a_i^* = \dfrac{1}{\lambda_i^*}$，此处 λ_i^* 是第 i 个行为者收入的边际效用；也就是，如果 m_i 是行为者 i 的禀赋在均衡价格 $\mathbf{p}^*$ 下的价值，则

$$\lambda_i^* = \frac{\partial v_i(\mathbf{p}^*, m_i)}{\partial m_i}$$

证明：因为 $\mathbf{x}^*$ 是帕累托有效的，所以它是一个瓦尔拉斯均衡。因而存在价格 $\mathbf{p}$ 使得每个行为者在其预算集上达到最大化；这转而意味着

$$\mathbf{D}u_i(\mathbf{x}_i^*) = \lambda_i \, \mathbf{p}^* \quad i=1, \cdots, n$$

现在考虑福利最大化问题：

$$\max \sum_{i=1}^n a_i u_i(\mathbf{x}_i)$$

$$\text{s. t.} \ \sum_{i=1}^n x_i^1 \leqslant \sum_{i=1}^n x_i^{1*}$$
$$\vdots$$
$$\sum_{i=1}^n x_i^k \leqslant \sum_{i=1}^n x_i^{k*}$$

依据针对凹函数约束最大化问题的充分性定理（见本书第 27 章），如果存在非负数 $(q_1, \cdots, q_k) = \mathbf{q}$，满足

$$a_i \mathbf{D}u_i(\mathbf{x}_i^*) = \mathbf{q}$$

那么 $\mathbf{x}^*$ 为上述福利最大化问题的解。若我们选择 $a_i = \dfrac{1}{\lambda_i}$，则价格 $\mathbf{p}$ 可以充当合适的非负数。证毕。

作为收入边际效用之倒数的权数的解释有着很好的经济学意义。若某个行为者在某个帕累托有效分配上有着巨大收入，则其收入的边际效用将较小而其在所蕴含的社会福利函数中的权数将很大。

上述两个命题完成了对市场均衡、帕累托有效分配和福利最大化点之间关系的体系构建。下面扼要重述：

（1）竞争均衡总是帕累托有效的。

（2）在凸性假设与禀赋重新分配条件下，帕累托有效分配是竞争均衡。

（3）福利最大化点总是帕累托有效的。

（4）在对某种福利权数选择凹性假设条件下，帕累托有效分配是福利最大化点。

审查上述关系，我们可以看到基本寓意：一个竞争市场体系会给出有效分配但对分布一无所知。收入分配的选择与禀赋重新分配的选择是一样的，转而又等价于选取一个特定的福利函数。

注 释

一般均衡模型是由 Walras（1954）首次提出的。存在性的第一个证明归功于 Wald（1951），存在性的更为一般的处理由 McKenzie（1954）及 Arrow & Debreu（1954）给出。权威性的现代处理来自 Debreu（1959）及 Arrow & Hahn（1971）。后者的工作包含了许许多多历史性注记。

基本的福利经济学结果已有很长历史。此处关于福利经济学第一定理的证明采取了 Koopmans（1957）的方法。福利经济学第二定理中凸性的重要性是由 Arrow（1951）和 Debreu（1953）认识到的。关于效率的微分化处理是由 Samuelson（1947）首次严格提出的。福利最大化点与帕累托效率之间的关系引自 Negisihi（1960）。

福利经济学第二定理的显示偏好证明归功于 Maskin & Roberts（1980）。

习 题

17.1 考虑福利经济学第二定理的显示偏好观点。证明如果偏好严格凸，对所有 $i=1, \cdots, n$，有 $\mathbf{x}'_i = \mathbf{x}^*_i$。

17.2 用无限数的瓦尔拉斯均衡价格画一个埃奇沃思盒的例子。

17.3 考虑图 17-6。此处 $\mathbf{x}^*$ 是一个帕累托有效分配，但是 $\mathbf{x}^*$ 不能被竞争价格所支持。福利经济学第二定理的哪一条假设未被满足？

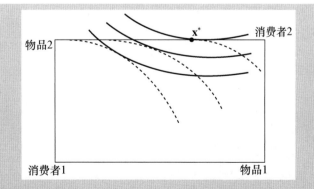

图 17-6　阿罗的例外情形

注：分配 $\mathbf{x}^*$ 是帕累托有效的，但不存在价格使得 $\mathbf{x}^*$ 为瓦尔拉斯均衡。

17.4 两个消费者 A 和 B，分别具有下述效用函数和禀赋：

$$u_A(x_A^1, x_A^2) = a\ln x_A^1 + (1-a)\ln x_A^2,$$

$$\boldsymbol{\omega}_A = (0,1)$$

$$u_B(x_B^1, x_B^2) = \min(x_B^1, x_B^2), \boldsymbol{\omega}_B = (1,0)$$

计算市场出清价格和均衡分配。

17.5 我们有具备相同严格凹效用函数的 n 个行为者。$\boldsymbol{\omega}$ 为初始商品束，证明均等分配为一个帕累托有效分配。

17.6 我们有两个行为者，其间接效用函数为

$$v_1(p_1, p_2, y) = \ln y - a\ln p_1 - (1-a)\ln p_2$$

$$v_2(p_1, p_2, y) = \ln y - b\ln p_1 - (1-b)\ln p_2$$

初始禀赋为

$$\boldsymbol{\omega}_1 = (1,1); \boldsymbol{\omega}_2 = (1,1)$$

计算市场出清价格。

17.7 假设所有消费者都具有拟线性效用函数，故 $v_i(\mathbf{p}, m_i) = v_i(\mathbf{p}) + m_i$，令 $\mathbf{p}^*$ 为瓦尔拉斯均衡。证明，在价格为 $\mathbf{p}^*$ 时，每种商品的总需求曲线一定向下倾斜。更一般地，证明总替代矩阵必定为半负定的。

17.8 假设我们有两个消费者 A 和 B，他们有相同的效用函数：$u_A(x_1, x_2) = u_B(x_1, x_2) = \max(x_1, x_2)$。现有 1 单位商品 1 和 2 单位商品 2。画出埃奇沃思盒来表示强帕累托有效集和（弱）帕累托有效集。

17.9 考虑一个拥有 15 名消费者和 2 种商品的经济。消费者 3 拥有科布-道格拉斯效用函数，$u_3(x_3^1, x_3^2) = \ln x_3^1 + \ln x_3^2$。在某个帕累托有效分配 $\mathbf{x}^*$ 处，若消费者 3 拥有（10，5），支持分配 $\mathbf{x}^*$ 的竞争价格是什么？

17.10 如果我们允许饱和的可能性，消费者的预算约束采取的形式为 $\mathbf{p}\,\mathbf{x}_i \leqslant \mathbf{p}\boldsymbol{\omega}_i$。那么瓦尔拉斯法则在所有 $\mathbf{p} \geqslant 0$ 时，变为 $\mathbf{pz(p)} \leqslant 0$。证明本章所给出的瓦尔拉斯均衡存在性的证明仍然适用于推广后的瓦尔拉斯法则。

17.11 行为者 A 的效用函数为 $u_A(x_1, x_2) = x_1 + x_2$，行为者 B 的效用函数为 $u_B(x_1, x_2) = \max(x_1, x_2)$，行为者 A 和 B 有相同的禀赋 $\left(\dfrac{1}{2}, \dfrac{1}{2}\right)$。

（a）在埃奇沃思盒中用图形表示这一情形。

（b）p_1 和 p_2 之间的均衡关系是什么？

（c）什么是均衡分配？

第18章 生 产

前一章仅分析了纯交换经济。在本章中，我们将描述如何将这样一个一般均衡模型扩展到包括生产的经济中。首先我们将讨论如何对厂商行为建模，其次讨论如何对消费者行为建模，最后讨论如何对基本存在性和效率定理加以修正。

18.1 厂商行为

我们将沿用第1章中描述技术的表达方式。如果有 k 种商品，那么厂商 j 的净产出向量为 k 维向量 $\mathbf{y}_j$，而且其可行净产出向量集，即生产可能性集可以表示为 Y_j。回想一下，在净产出向量中，负项表示净投入，正项表示净产出。在第1章中我们对生产可能性集的例子进行了描述。

本章我们将专门处理具有竞争性且为价格接受者的厂商。如果 $\mathbf{p}$ 为各种商品价格的向量，则 $\mathbf{p}\mathbf{y}_j$ 为对应于生产计划 $\mathbf{y}_j$ 的利润。厂商 j 被假定选择最大化其利润的生产计划 $\mathbf{y}_j^*$。

在第2章中我们讨论了这个行为模型的推论。那里我们描述了竞争厂商的净供给函数 $\mathbf{y}_j(\mathbf{p})$ 的思想。该函数把每个价格向量 $\mathbf{p}$ 与在这些价格下的利润最大化净产出向量相联系。在一定假设条件下，单个厂商的净供给函数定义完善且性状良好。如果我们有 m 家厂商，则**总净供给函数**将是 $\mathbf{y}(\mathbf{p}) = \sum_{j=1}^{m} \mathbf{y}_j(\mathbf{p})$。若单个厂商的净供给函数定义完善且是连续的，则总净供给函数亦然。

我们也可以考虑**总生产可能性集** Y，该集合指明了经济作为整体，其所有可行的净产出向量。总生产可能性集是单个厂商生产可能性集的加总，所以我们可以写出：

$$Y = \sum_{j=1}^{m} Y_j$$

温习一下这个式子的含义是有帮助的。当且仅当 $\mathbf{y}$ 能够写成如下形式，一个生产计划 $\mathbf{y}$ 才属于 Y：

$$\mathbf{y} = \sum_{j=1}^{m} \mathbf{y}_j$$

式中每个生产计划 $\mathbf{y}_j$ 都属于 $\mathbf{Y}_j$。因此，Y 表示那些通过把生产在厂商（$j=1, \cdots, m$）之间进行分配来完成的所有生产计划。

总利润最大化：当且仅当每家厂商的生产计划$\mathbf{y}_j$能最大化其各自利润时，总生产计划 $\mathbf{y}$ 才能使其总利润最大化。

证明：假设 $\mathbf{y} = \sum_{j=1}^{m} \mathbf{y}_j$ 最大化总利润，但是某个厂商 k 通过选择 $\mathbf{y}'_k$ 可获得更高利润。那么通过使厂商 k 选择同一计划 $\mathbf{y}'_k$ 而其余厂商生产不变，能够使总利润更高。

反之，令$(\mathbf{y}_j)(j = 1, \cdots, m)$ 为单个厂商的一组利润最大化生产计划。假设 $\mathbf{y} = \sum_{j=1}^{m} \mathbf{y}_j$ 不是价格 $\mathbf{p}$ 的利润最大化点。这意味着存在某个有更高利润的其他生产计划 $\mathbf{y}' = \sum_{j=1}^{m} \mathbf{y}'_j$，$\mathbf{y}'_j$在$Y_j$ 中：

$$\sum_{j=1}^{m} \mathbf{p}\mathbf{y}'_j = \mathbf{p}\sum_{j=1}^{m} \mathbf{y}'_j > \mathbf{p}\sum_{j=1}^{m} \mathbf{y}_j = \sum_{j=1}^{m} \mathbf{p}\mathbf{y}_j$$

通过观察不等式两侧的和，我们看到该单个厂商在 $\mathbf{y}'_j$ 而不是在 $\mathbf{y}_j$ 一定有更高利润。证毕。

该命题是说，若每家厂商的利润最大化，则总利润必定最大化；反之，若总利润最大化，则各家厂商利润必定最大化。本结论的成立以总生产可能性集可以简单地表示为单个厂商生产可能性集之和的假设为条件。

从该命题可以导出，存在两种方法来构造总净供给函数：或对单个厂商的净供给函数加总，或对单个厂商的生产可能性集加总而后在此总生产可能性集上最大化利润来确定净供给函数。两种方法导致了同一函数。

18.2 困　难

虽然假定总净供给函数性状良好是很方便的，但是一种更为细致的分析将以生产可能性集的内在性质为基础导出。若生产可能性集严格凸并被适当界定，则不难证明净供给函数性状良好。反之，若生产可能性集中含有非凸区域，则会导致净供给"函数"不连续。引号的使用着意于强调，在非凸性存在的情况下需求函数将不能很好地加以定义；在某些价格下也许存在几个利润最大化束。若这种不连续是"小的"则也许问题不大，但是使我们难以作出一般性结论。

规模收益不变情形是介于两者之间的一种。在第 2 章我们已经看到这种情形下的净供给行为可能相当令人满意：依据价格，供给可能为零、无限大或者整个产出区间。尽管有着明显的不良行为，但是与规模收益不变技术相关的净供给"函数"，仍然或多或少地表现出依价格而连续地变动。

　　首先要说明的一点是，净供给"函数"也许根本就不是函数。函数的定义要求在值域中存在唯一的点与值域中的每一点相关。若生产可能性集表现出规模收益不变，则如果某净产出向量 $\mathbf{y}$ 产生的最大化利润为零，那么对任何 $t \geqslant 0$，$t\mathbf{y}$ 的最大化利润为零。因此，存在无穷多个商品束是最优净供给。

　　数学上，这种情形通过定义一种被称为**对应**（correspondence）的广义函数来处理。一个对应将其定义域内每一点与其值域中的一个点集相联系。若该点集为凸，则我们说我们有一个**凸对应**（convex correspondence）。当然，一个函数只是凸对应的一种特殊形式。

　　不难证明，如果生产可能性集为凸，那么净供给对应为一个凸对应。此外，可以证明：随着价格的变动，净供给对应以一种适当连续的方式在变动。几乎在本章中我们所运用的关于净供给函数的所有结果都可以推广到对应的情形。感兴趣的读者可以在本章注释所列的文献中查询细节。然而，为了使我们的讨论尽可能简单，我们将分析局限于净供给函数的情况。

18.3　消费者行为

　　生产为我们的消费者行为模型引入了两种新的含义：劳动供给和利润分配。

☐ 劳动供给

　　在纯交换模型中，消费者被假定为拥有一定数量的商品初始禀赋 $\boldsymbol{\omega}_i$。若消费者卖出其拥有的禀赋，他得到的收入为 $\mathbf{p}\boldsymbol{\omega}_i$。消费者是卖掉其全部商品束并重新购回一些，还是仅卖出其部分商品束，是不重要的。所观察到的收入数可能不同，但是经济收入是相同的。

　　如果我们将劳动引入模型，我们就引进了一种新的可能性：消费者能够依据工资率来供给不同数量的劳动。

　　在本书第 9 章，我们考察过一个简单的劳动供给模型。在那个模型中，消费者拥有"时间" $\bar{L}$ 并且必须将它在劳动 l 和闲暇 $L = \bar{L} - l$ 之间进行分配。消费者关心的是闲暇 L 和一种消费品 c。劳动的价格-工资率以 w 来表示，消费品价格以 p 来表示。消费者可以事先拥有一定数量的消费品禀赋 $\bar{c}$，这归因于非劳动收入。

　　消费者的最大化问题可以写作：

$$\max u(c, L)$$
$$\text{s. t. } pc = p\bar{c} + w(\bar{L} - L)$$

将预算约束写成如下形式更为方便：

$$pc + wL = p\bar{c} + w\bar{L}$$

表达预算约束的第二种方式将闲暇视为另外一种商品：人们拥有 $\bar{L}$ 数量的禀赋，以价格 w "销售" 禀赋给厂商，而后以相同价格 w "购回" 一些闲暇。

相同的策略也适用于消费者拥有多种不同类型劳动的更为复杂的情形。对应于商品和劳动的任何价格向量，消费者可以考虑卖掉其初始禀赋而后购回所需要的商品和闲暇束。当我们以这种方式来看待劳动供给问题时，我们看到它恰恰与以前的消费者行为模型相吻合。给定一个禀赋向量 $\boldsymbol{\omega}$ 和价格向量 $\mathbf{p}$，消费者求解下述问题：

$$\max u(\mathbf{x})$$
$$\text{s. t. } \mathbf{px} = \mathbf{p}\boldsymbol{\omega}$$

唯一更为复杂的情况在于，问题有着更多的约束；比如，总闲暇的消费量必须少于每天 24 小时。从形式上讲，这种约束可以被并入本书第 7 章所描述的消费集的定义。

□ 利润分配

现在我们转到利润分配问题。在资本主义经济中，消费者拥有企业并有权领取一份利润。我们将把所有权关系归结为一组数 (T_{ij})，此处 T_{ij} 表示消费者 i 占有企业 j 的利润份额。对任何企业 j，我们要求 $\sum_{i=1}^{n} T_{ij} = 1$，即其完全为个人消费者所有。我们将所有权关系视为已由历史所决定，虽然更为复杂的模型可以引进一个股票市场的存在，以处理份额问题。

在价格向量 $\mathbf{p}$ 下每家企业 j 将选择其利润为 $\mathbf{p}\,\mathbf{y}_j(\mathbf{p})$ 的一个生产计划。消费者 i 所接受的总利润收入即为他从每家企业所接收的利润加总：$\sum_{j=1}^{m} T_{ij}\,\mathbf{p}\,\mathbf{y}_j(\mathbf{p})$。现在消费者预算约束变为：

$$\mathbf{px}_i = \mathbf{p}\boldsymbol{\omega}_i + \sum_{j=1}^{m} T_{ij}\,\mathbf{p}\,\mathbf{y}_j(\mathbf{p})$$

我们假定在满足该预算约束的条件下，消费者将选择一个效用最大化消费束。因此，消费者 i 的需求函数可以写为价格向量 $\mathbf{p}$ 的一个函数。需要再次作出偏好严格凸性假设以保证 $\mathbf{x}_i(\mathbf{p})$ 为一个（单值）函数。然而，在第 9 章我们已经看到在这样的假设下，至少在严格正的价格和收入下 $\mathbf{x}_i(\mathbf{p})$ 是连续的。

18.4　总需求

将所有消费者的需求函数加总给出总消费者需求函数 $\mathbf{X}(\mathbf{p}) = \sum_{i=1}^{n} \mathbf{x}_i(\mathbf{p})$。总供

给向量是由 $\boldsymbol{\omega}=\sum_{i=1}^{n}\boldsymbol{\omega}_i$ 表示的消费者的总供给，以及由 $\mathbf{Y}(\mathbf{P})$ 表示的厂商总净供给的和。最后，我们定义总超额需求函数为：

$$\mathbf{z}(\mathbf{p})=\mathbf{X}(\mathbf{p})-\mathbf{Y}(\mathbf{p})-\boldsymbol{\omega}$$

注意到供给商品的符号很好地服从惯例约定：如果相关商品处于净超额供给，则 $\mathbf{z}(\mathbf{p})$ 的分量为负，如果处于净超额需求则为正。

在纯交换经济中，存在性定理的一个重要部分是瓦尔拉斯法则的应用。下面讲述在包含生产的经济中，瓦尔拉斯法则如何发挥作用。

瓦尔拉斯法则：如果 $\mathbf{z}(\mathbf{p})$ 如上所定义，那么对于所有 $\mathbf{p}$，$\mathbf{pz}(\mathbf{p})=0$。

证明：我们按其定义展开 $\mathbf{z}(\mathbf{p})$：

$$\mathbf{pz}(\mathbf{p}) = \mathbf{p}[\mathbf{X}(\mathbf{p})-\mathbf{Y}(\mathbf{p})-\boldsymbol{\omega}]$$
$$= \mathbf{p}\Big[\sum_{i=1}^{n}\mathbf{x}_i(\mathbf{p})-\sum_{j=1}^{m}\mathbf{y}_j(\mathbf{p})-\sum_{i=1}^{n}\boldsymbol{\omega}_i\Big]$$
$$= \sum_{i=1}^{n}\mathbf{px}_i(\mathbf{p})-\sum_{j=1}^{m}\mathbf{py}_j(\mathbf{p})-\sum_{i=1}^{n}\mathbf{p\omega}_i$$

消费者的预算约束是 $\mathbf{p}\,\mathbf{x}_i = \mathbf{p\omega}_i + \sum_{j=1}^{m}T_{ij}\,\mathbf{py}_j(\mathbf{p})$。对此进行替换：

$$\mathbf{pz}(\mathbf{p}) = \sum_{i=1}^{n}\mathbf{p\omega}_i+\sum_{i=1}^{n}\sum_{j=1}^{m}T_{ij}\,\mathbf{py}_j(\mathbf{p})-\sum_{j=1}^{m}\mathbf{py}_j(\mathbf{p})-\sum_{i=1}^{n}\mathbf{p\omega}_i$$
$$= \sum_{j=1}^{m}\mathbf{py}_j(\mathbf{p})\sum_{i=1}^{n}T_{ij}-\sum_{j=1}^{m}\mathbf{py}_j(\mathbf{p})$$
$$= \sum_{j=1}^{m}\mathbf{py}_j(\mathbf{p})-\sum_{j=1}^{m}\mathbf{py}_j(\mathbf{p})=0$$

因为对于每个 j，都有 $\sum_{i=1}^{n}T_{ij}=1$。证毕。

瓦尔拉斯法则成立的原因与在纯交换经济中是相同的：每个消费者满足其预算约束，所以经济作为一个整体也必定满足一个总预算约束。

18.5 均衡的存在性

如果 $\mathbf{z}(\mathbf{p})$ 是定义在价格单纯形上的连续函数，且满足瓦尔拉斯法则，那么第17章的论证也可以用来证明存在一个 $\mathbf{p}^*$ 满足 $\mathbf{z}(\mathbf{p}^*)\leqslant\mathbf{0}$。我们已经看到，如果每家厂商的生产可能性集是严格凸的，那么连续性就成立。不难看出，所要求的仅是总生产可能性集的凸性。即使单个厂商拥有轻微非凸性生产技术，比如说一小段区域内的规模收益递增，所引起的非连续性也有可能在加总时被平滑掉。

回想一下刚才我们所勾勒的关于存在性的论证仅在我们处理需求函数时才有效。这种方法所强加的唯一一个严重限制是，它排除了规模收益不变的生产技术，但我们曾经提到这是很重要的一种情形。因此我们将针对一般情形给出一个存在性定理，并讨论假设的经济含义。

均衡的存在性：如果满足下列假设，则一个经济中均衡存在：

（1）每个消费者的消费集是有下界的凸闭集；

（2）任何消费者的消费束都是非饱和的；

（3）对每个消费者 $i=1,\cdots,n$，集合 $\{\mathbf{x}_i:\mathbf{x}_i\succeq_i\mathbf{x}_i'\}$ 和 $\{\mathbf{x}_i:\mathbf{x}_i'\succeq_i\mathbf{x}_i\}$ 都是闭集；

（4）每个消费者在其消费集内部都有一个初始禀赋向量；

（5）对每个消费者 i，如果 $\mathbf{x}_i$ 和 $\mathbf{x}_i'$ 是两个消费束，那么 $\mathbf{x}_i\succ_i\mathbf{x}_i'$ 意味着对任何 $t\in(0,1)$，满足 $t\mathbf{x}_i+(1-t)\mathbf{x}_i'\succ_i\mathbf{x}_i'$；

（6）对每个厂商 j，$\mathbf{0}$ 是 Y_j 的一个元素；

（7）$Y=\sum\limits_{j=1}^{m}Y_j$ 是闭凸集；

（8）$Y\cap(-Y)\subset\{\mathbf{0}\}$；

（9）$Y\supset(-\mathbf{R}_+)$。

证明：参阅德布鲁（Debreu，1959）。证毕。

虽然对本定理的证明超出本书范围，但是至少我们能够确认我们理解了每条假设的目的。假设（1）和假设（3）需要用来建立效用最大化消费束的存在性。假设（1）～（5）需要用来建立消费者需求对应的连续性。

假设（6）是假定一个厂商总是能够停业：这保证了均衡利润非负。假设（7）被用来保证每个厂商的（多值）净供给函数的连续性。假设（8）在某种意义上保证了生产过程不能逆转，也就是你不能在生产一个净产出向量 $\mathbf{y}$ 之后再逆过来使用这些产出作为投入并生产所有的投入以作为产出。它被用来保证分配可行集的有界性。最后，假设（9）是指用所有商品作为投入的任何生产计划都是可行的；这在本质上是一个自由处置假设；它意味着均衡价格非负。

18.6 均衡的福利性质

如果总持有量与总供给量是相容的，即

$$\sum_{i=1}^{n}\mathbf{x}_i-\sum_{j=1}^{m}\mathbf{y}_j-\sum_{i=1}^{n}\boldsymbol{\omega}_i=\mathbf{0}$$

分配 $(\mathbf{x},\mathbf{y})$ 就是可行的。

正如以前，对一个可行分配 $(\mathbf{x},\mathbf{y})$，若不存在其他可行分配 $(\mathbf{x}',\mathbf{y}')$ 满足对所有 $i=1,\cdots,n$，$\mathbf{x}_i'\succ_i\mathbf{x}_i$，则称可行分配 $(\mathbf{x},\mathbf{y})$ 为帕累托有效的。

福利经济学第一定理：若 $(\mathbf{x},\mathbf{y},\mathbf{p})$ 是一个瓦尔拉斯均衡，则 $(\mathbf{x},\mathbf{y})$ 为帕累托有效。

证明：假设不是这样，并令 $(\mathbf{x}',\mathbf{y}')$ 为一个帕累托占优分配。那么因为消费

者达到了效用最大化，所以对所有 $i=1，\cdots，n$，必定有

$$\mathbf{px}'_i > \mathbf{p}\boldsymbol{\omega}_i + \sum_{j=1}^{m} T_{ij} \mathbf{p}\,\mathbf{y}_j$$

对消费者 $i=1，\cdots，n$ 加总，我们有

$$\mathbf{p}\sum_{i=1}^{n} \mathbf{x}'_i > \sum_{i=1}^{n} \mathbf{p}\,\boldsymbol{\omega}_i + \sum_{j=1}^{m} \mathbf{p}\,\mathbf{y}_j$$

这里我们用到了事实 $\sum_{i=1}^{n} T_{ij}=1$。现在我们使用 $\mathbf{x}'$ 可行性定义并用 $\sum_{i=1}^{n}\mathbf{x}'_i$ 以 $\sum_{j=1}^{m}\mathbf{y}'_j + \sum_{i=1}^{n}\boldsymbol{\omega}_i$ 来代替：

$$\mathbf{p}\Big[\sum_{j=1}^{m}\mathbf{y}'_j + \sum_{i=1}^{n}\boldsymbol{\omega}_i\Big] > \sum_{i=1}^{n}\mathbf{p}\boldsymbol{\omega}_i + \sum_{j=1}^{m}\mathbf{p}\,\mathbf{y}_j$$

$$\sum_{j=1}^{m}\mathbf{p}\mathbf{y}'_j > \sum_{j=1}^{m}\mathbf{p}\,\mathbf{y}_j$$

但是这说明：生产计划（$\mathbf{y}'_j$）的总利润大于生产计划（$\mathbf{y}_j$）的总利润，此结论与厂商利润最大化矛盾。证毕。

福利经济学的另一个基本定理大致也是如此容易证明。我们将满足于给出一个证明的梗概。

福利经济学第二定理：假设（$\mathbf{x}^*，\mathbf{y}^*$）是一个帕累托有效分配，且每个消费者对各种商品持有严格正的数量，偏好是凸的、连续的和强单调的。假设厂商的生产可能集 Y_j 是凸集，此处 $j=1，\cdots，m$，那么存在一个价格向量 $\mathbf{p}\geq\mathbf{0}$ 满足：

（1）如果 $\mathbf{x}'_i \succ_i \mathbf{x}^*_i$，那么 $\mathbf{px}'_i > \mathbf{p}\,\mathbf{x}^*_i$，$i=1，\cdots，n$；

（2）如果 $y'_j \in Y_j$，那么 $\mathbf{p}\,\mathbf{y}^*_j \geq \mathbf{py}'_j$，$j=1，\cdots，m$。

证明：（概要）正如以前，令 P 为所有加总的被优选消费束的集合。令 F 是所有可行的加总供给商品束的集合。也就是

$$F = \Big\{\boldsymbol{\omega} + \sum_{j=1}^{m}\mathbf{y}_j : \mathbf{y}_j \in Y_j\Big\}$$

则 F 和 P 两个都是凸集，而且因为（$\mathbf{x}^*，\mathbf{y}^*$）为帕累托有效的，所以 F 和 P 是不相交的。因而我们能够应用本书第 26 章的分离超平面定理来找到一个价格向量 $\mathbf{p}$ 满足

$$\mathbf{pz}' \geq \mathbf{pz}''，对于所有 \mathbf{z}'\in P，\mathbf{z}''\in F$$

偏好的单调性意味着 $\mathbf{p}\geq\mathbf{0}$。我们能够使用在纯交换证明中所给出的方法来证明在这些价格下每个消费者达到其最大偏好，每家厂商都最大化其利润。证毕。

上述命题指出：每个帕累托有效分配都能够通过适当的"财富"再分配来达到。我们确定我们想要的分配（$\mathbf{x}^*，\mathbf{y}^*$），而后我们确定相应的价格 $\mathbf{p}$。如果我们

给定消费者 i 的收入为 $\mathbf{px}_i^*$，则他将不想改变其消费束。

存在几种方式来对这个结果加以阐释：首先，我们可以设想政府将消费者的原有商品禀赋和闲暇没收，然后以一种与所要求的收入再分配相一致的方式将这些禀赋重新分配。注意，这种重新分配可能涉及商品、利润份额和闲暇的重新分配。

其次，我们可以设想消费者保持其原有禀赋，但要缴纳一笔总额税。这种税不像平常的税，它是对"潜在"收入而不是对"实现的"收入征税；也就是，是对劳动禀赋而不是已出卖的劳动征税。消费者不管如何行动都要缴税。从纯经济意义上讲，对一个行为者征收一笔总额税并将收益补贴给另一个行为者与把第一个行为者的一些劳动送给另一个行为者并让他以现行工资率出卖是同样的。

当然，行为者可能在能力上有所差异，或等价地讲，在其各种潜在劳动禀赋方面有差别。在实践上也许非常难以观测在能力上的这种差别，而这种差别是我们如何征收总额税收的依据。当个人之间能力变化时，对收入的重新有效分配存在着实实在在的难题。

☐ 显示偏好的观点

这里有一个简单却又有些间接的关于福利经济学第二定理的证明，该证明基于显示偏好理论，该理论是对第 17 章中给出的相似定理的推广。

福利经济学第二定理。假设（$\mathbf{x}^*$，$\mathbf{y}^*$）是一个帕累托有效分配且偏好是局部非饱和的。进一步假设对所有 i，j，在初始禀赋为 $\boldsymbol{\omega}_i = \mathbf{x}_i^*$，利润份额为 $T_{ij} = 0$ 的情形下，存在一个竞争均衡，并令其由（$\mathbf{p}'$，$\mathbf{x}'$，$\mathbf{y}'$）给出，那么，事实上（$\mathbf{p}'$，$\mathbf{x}^*$，$\mathbf{y}^*$）是一个竞争均衡。

证明：因为由命题的设定可知 $\mathbf{x}_i^*$ 满足每个消费者的预算约束，所以我们必定有 $\mathbf{x}_i' \succeq_i \mathbf{x}_i^*$。因为 $\mathbf{x}^*$ 是帕累托有效的，这意味着 $\mathbf{x}_i' \sim_i \mathbf{x}_i^*$。这样，若 $\mathbf{x}_i'$ 在预算集上提供最大效用，则 $\mathbf{x}_i^*$ 也是如此。

由非饱和性假设，每个行为者将满足等式预算约束，故

$$\mathbf{p}'\mathbf{x}_i' = \mathbf{p}'\mathbf{x}_i^* \quad i=1,\cdots,n$$

对行为者 $i=1$，$\cdots$，n 加总并使用可行性条件，我们有

$$\mathbf{p}'\left(\sum_{j=1}^m \mathbf{y}_j' + \sum_{i=1}^n \boldsymbol{\omega}_i\right) = \mathbf{p}'\left(\sum_{j=1}^m \mathbf{y}_j^* + \sum_{i=1}^n \boldsymbol{\omega}_i\right)$$

或

$$\mathbf{p}'\sum_{j=1}^m \mathbf{y}_j' = \mathbf{p}'\sum_{j=1}^m \mathbf{y}_j^*$$

因此，若 $\mathbf{y}'$ 最大化总利润，则 $\mathbf{y}^*$ 也能最大化总利润。依据通常的论据，每个独立厂商必定最大化其利润。证毕。

本命题指出，若对应帕累托有效分配（$\mathbf{x}^*$，$\mathbf{y}^*$）存在一个均衡，则（$\mathbf{x}^*$，$\mathbf{y}^*$）本身就是一个竞争均衡。我们或许要问均衡存在的条件是什么。按照前面涉及存在性的讨论，下面两条假设为充分条件：（1）所有需求函数都是连续的，（2）满足瓦尔拉斯法则。需求连续性可由偏好和生产可能性集的凸性推出。瓦尔拉斯法则可由以下计算来验证：

$$\begin{aligned}\mathbf{pz}(\mathbf{p}) &= \mathbf{p}\mathbf{X}(\mathbf{p}) - \mathbf{p}\boldsymbol{\omega} - \mathbf{p}\mathbf{Y}(\mathbf{p})\\ &= \mathbf{p}\mathbf{X}(\mathbf{p}) - \mathbf{p}\,\mathbf{X}^* - \mathbf{p}\mathbf{Y}(\mathbf{p})\\ &= 0 - \mathbf{p}\mathbf{Y}(\mathbf{p}) \leqslant 0\end{aligned}$$

我们看到，在该模型中超额需求值总是非正的。这是因为我们没有给予消费者以厂商利润的一个份额。因为这些利润被"抛掉"了，所以超额需求值就很有可能为负。然而，对本书第 17 章均衡存在性证明的考察显示我们并不真的需要假设 $\mathbf{pz}(\mathbf{p}) \equiv 0$；有 $\mathbf{pz}(\mathbf{p}) \leqslant 0$ 就足够了。

该结果说明，福利经济学第二定理成立的关键条件就是使竞争均衡存在的条件，也就是凸性条件。

18.7　生产性经济中的福利分析

毫无令人惊讶之处，生产性经济中的福利最大化分析沿袭与纯交换情形下大致相同的方式进行。唯一真正的问题是如何在生产的情形下描述分配可行集。

最简单的方法是运用在本书第 1 章中提到的变换函数。回想一下，在某种意义上这是一种能够挑选出有效生产计划的函数，即 $\mathbf{y}$ 是有效生产计划的条件是当且仅当 $T(\mathbf{y}) = 0$。事实证明几乎所有合理的生产技术都能通过一个变换函数的方式来描述。[①]

福利最大化问题可以写成如下形式：

$$\max W[u_1(\mathbf{x}_1), \cdots, u_n(\mathbf{x}_n)]$$
$$\text{s. t. } T(X^1, \cdots, X^k) = 0$$

此处对 $g = 1$，$\cdots$，k，$X^g = \sum\limits_{i=1}^{n} x_i^g$。此问题的拉格朗日函数为

$$L = W[u_1(\mathbf{x}_1), \cdots, u_n(\mathbf{x}_n)] - \lambda T(\mathbf{X}) = 0$$

其一阶条件为

$$\frac{\partial W}{\partial u_i}\frac{\partial u_i(\mathbf{x}_i^*)}{\partial x_i^g} - \lambda \frac{\partial T(\mathbf{X}^*)}{\partial X^g} = 0 \quad \begin{array}{l} i = 1, \cdots, n\\ g = 1, \cdots, k \end{array}$$

---

① 我们可以将资源禀赋纳入变换函数的定义中。

可以重新整理这些条件得到：

$$\frac{\frac{\partial u_i(\mathbf{x}_i^*)}{\partial x_i^g}}{\frac{\partial u_i(\mathbf{x}_i^*)}{\partial x_i^h}}=\frac{\frac{\partial T(\mathbf{X}^*)}{\partial X^g}}{\frac{\partial T(\mathbf{X}^*)}{\partial X^h}} \qquad \begin{matrix} i=1,\cdots,n \\ g=1,\cdots,k \\ h=1,\cdots,k \end{matrix}$$

刻画福利最大化的这些条件要求任意一对商品之间的边际替代率必须等于这对商品之间的边际变换率。

18.8 图形分析

存在类似于埃奇沃思盒的一种图，有助于我们理解生产和一般均衡。假设我们考虑一个单消费者经济。该消费者过着一种患精神分裂症般的生活：一方面他是一个用劳动投入生产一种消费品的利润最大化生产者，同时另一方面他是一个拥有利润最大化企业的效用最大化消费者。这有时被称作**鲁滨逊·克鲁索经济**（Robinson Crusoe economy）。

在图 18-1 中我们画出了企业的生产可能性集。注意劳动作为负数被度量，因为它是生产过程的投入，生产技术则表现出规模收益不变。

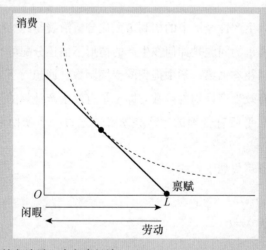

图 18-1 规模收益不变的鲁滨逊·克鲁索经济
注：劳动作为负数被度量并且生产技术表现出规模收益不变。

$\bar{L}$ 是可以提供的劳动最大化数量。为简单起见，我们假设消费品的初始禀赋就是零。消费者对于消费和闲暇的偏好由图中的无差异曲线给出。均衡工资是怎样的呢？

如果实际工资由生产可能性集的斜率给出，则消费者的预算集将与生产可能性集相一致。他将以给他带来最大效用的消费束作为其需求。生产者愿意供给该消费束，因为他获得零利润。因此，消费和劳动市场都出清。

注意下述有趣的一点：实际工资完全由生产技术所决定，而最终的生产和消费束由消费者需求决定。这个观察可以推广到**非替代性定理**（nonsubstitution theorem）。它指出，如果生产仅有一种非生产投入且生产技术表现出规模收益不变，则均衡价格不依赖于偏好——它们完全由生产技术所确定。在本书第 18 章我们将证明该定理。

图 18-2 描绘了规模收益递减的情形。通过寻找边际替代率等于边际变换率的点，我们能够找到均衡配置。在该点的斜率给出了均衡实际工资。

当然，在这一实际工资下，消费者的预算线并没有通过禀赋点 $(0, \bar{L})$。原因是消费者从企业接受了一些利润。用消费品单位来度量的企业创造的利润数由纵轴截距给出。由于消费者拥有企业，他得到作为"非劳动"收入的所有这些利润。这样其预算集就正如图中所示并且两个市场确实均出清。

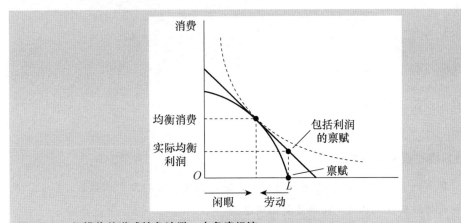

图 18-2 规模收益递减的鲁滨逊·克鲁索经济
注：消费者的预算线并不通过 $(0, \bar{L})$，因为他从企业接受了一些利润。

这引起了一般均衡模型中关于利润的一点有趣之处。在上面的处理中，我们已经假定生产技术表现出对劳动的规模收益递减，但并未对此进行任何特定解释。这种对劳动的规模收益递减的一个可能原因也许是某些固定要素的存在，如土地。在这种解释中，鲁滨逊的消费品生产函数依赖于（固定）土地投入 T 和劳动投入 L。若我们同时增加两种生产要素，也许生产函数会表现出很好的规模收益不变，但是若我们固定土地投入并将产出仅视为劳动的函数，我们将假定看到劳动的规模收益递减。在本书第 1 章，我们已经看到，通过假定一个固定要素，每个规模收益递减的生产技术都可以被视为规模收益不变的生产技术。

依据此观点，"利润"或非劳动收入可被理解为固定要素的**租金**（rent）。若我们确实采用该解释，那么广义上讲利润为零——产出的价值一定等于要素的价值，几乎可由定义得出。其余部分，都可以自动地归为对固定要素的支出或租金。

例 18－1：科布-道格拉斯规模收益不变经济

假定我们有一个消费者，其科布-道格拉斯效用函数依赖于消费 x 和闲暇 R：$u(x, R) = a\ln x + (1-a)\ln R$。消费者拥有一单位的劳动/闲暇禀赋，还有一家企业，其拥有一种规模收益不变的生产技术：$x = aL$。

考察上述问题，我们看到均衡实际工资必定为劳动的边际生产；因此，$w^*/p^* = a$，消费者的最大化问题是

$$\max \ a\ln x + (1-a)\ln R$$
$$\text{s. t. } px + wR = w$$

在写预算约束时我们已经用到了均衡利润为零的事实。使用我们现在已经熟悉的结果，即科布-道格拉斯效用函数的需求函数具有形式 $x(p) = \dfrac{am}{p}$，此处 m 是货币收入，我们得到：

$$x(p,w) = a\,\frac{w}{p}$$

$$R(p,w) = (1-a)\frac{w}{w} = 1-a$$

因此，劳动的均衡供给为 a，均衡产出是 a^2。

例 18－2：一种规模收益递减的经济

假设消费者拥有例 18-1 的科布-道格拉斯效用函数，但生产者的生产函数为 $x = \sqrt{L}$。我们武断地将产出的价格标准化为 1。利润最大化问题是

$$\max \ L^{\frac{1}{2}} - wL$$

该问题有一阶条件：

$$\frac{1}{2}L^{-\frac{1}{2}} - w = 0$$

求解厂商的需求函数和供给函数：

$$L = (2w)^{-2}$$
$$x = (2w)^{-1}$$

通过替代得到利润函数：

$$\pi(w) = (2w)^{-1} - w\,(2w)^{-2} = (4w)^{-1}$$

现在消费者的收入包括利润收入，所以闲暇的需求为

$$R(w) = \frac{(1-a)}{w}\left(w + \frac{1}{4w}\right) = (1-a)\left(1 + \frac{1}{4w^2}\right)$$

由瓦尔拉斯法则，我们只需找到一个实际工资使劳动市场出清：

$$\frac{1}{4w^2}=1-(1-a)\left(1+\frac{1}{4w^2}\right)$$

解该方程，我们得到

$$w^*=\left(\frac{2-a}{4a}\right)^{\frac{1}{2}}$$

因而利润的均衡水平为

$$\pi^*=\frac{1}{4}\left(\frac{2-a}{4a}\right)^{-\frac{1}{2}}$$

这里给出求解上述问题的另一种方法。正如前面所指出的，生产技术的规模收益递减特征被假定归因于一种固定要素的存在。我们称此要素为"土地"并以单位数量来度量，以使土地的总量为 $\overline{T}=1$。令生产函数由 $L^{\frac{1}{2}}T^{\frac{1}{2}}$ 给出。注意此函数表现出规模收益不变而且当 $T=1$ 时与原生产技术一致。土地价格以 q 来表示。

厂商的利润最大化问题是

$$\max L^{\frac{1}{2}}T^{\frac{1}{2}}-wL-qT$$

具有一阶条件：

$$\frac{1}{2}L^{-\frac{1}{2}}T^{\frac{1}{2}}-w=0$$

$$\frac{1}{2}L^{\frac{1}{2}}T^{-\frac{1}{2}}-q=0$$

均衡时土地市场出清，所以 $T=1$。将该条件加入上述方程组，我们得到

$$L=(2w)^{-2}$$
$$L=(2q)^2$$

这些方程一起意味着 $q=\dfrac{1}{4w}$。

现在，消费者的收入包括从其劳动禀赋而来的收入 $w\overline{L}=w$，再加上从其土地禀赋而来的收入 $q\overline{T}=q$。因此他对闲暇的需求为

$$R=(1-a)\frac{m}{w}=(1-a)\frac{(w+q)}{w}$$

令劳动的需求等于供给，得到均衡实际工资：

$$w^*=\left(\frac{2-a}{4a}\right)^{\frac{1}{2}}$$

土地的均衡租金为

$$q^*=\frac{1}{4}\left(\frac{2-a}{4a}\right)^{-\frac{1}{2}}$$

注意到该结果与稍前的解相同。

18.9　非替代性定理

这里我们为前面提及的非替代性定理给出一个论证。我们将假设存在 n 个行业分别生产产出 y_i，$i=1$，$\cdots$，n。每个行业只生产一种产出；不允许联合生产。仅有一种由 y_0 表示的非生产的生产投入。一般我们将该非被生产的商品设想为劳动。$n+1$ 种商品的价格由 $\mathbf{w}=(w_0$，w_1，$\cdots$，$w_n)$ 来表示。

像往常一样，均衡价格将仅作为相对价格来确定。我们将假定劳动是每个行业的必要投入。这样均衡时有 $w_0>0$，而且我们可以选择它作为计价单位；也就是说，我们可以武断地令 $w_0=1$。

我们将假定生产技术表现为规模收益不变。在本书第 5 章我们已经看到，这意味着对每个行业 $i=1$，$\cdots$，n，成本函数可以写作 $c_i(\mathbf{w}, y_i)=c_i(\mathbf{w})y_i$。该成本函数 $c_i(\mathbf{w})$ 为**单位成本函数**（unit cost functions），即在以 w_0 为计价单位时的价格 $\mathbf{w}$ 下生产 1 单位产出成本是多少。

我们还假设劳动对生产来讲必不可少，因而劳动的单位要素需求严格为正。以 x_i^0 表示厂商 i 在 $y=1$ 时对要素 0 的需求，我们可以运用成本函数的导数性质写出：

$$x_i^0(\mathbf{w})=\frac{\partial c_i(\mathbf{w})}{\partial w_0}>0$$

注意：这意味着成本函数对 w_0 是严格递增的。因为成本函数至少对一个价格是严格递增的，所以对 $t>1$，$c_i(t\mathbf{w})=tc_i(\mathbf{w})>c_i(\mathbf{w})$。

非替代性定理：假设仅有一种非生产性投入，该投入对生产来讲必不可少，不存在联合生产，且生产技术表现出规模收益不变。令（$\mathbf{x}$，$\mathbf{y}$，$\mathbf{w}$）为一个瓦尔拉斯均衡，此处对 $i=1$，$\cdots$，n，$y_i>0$。则 $\mathbf{w}$ 是 $w_i=c_i(\mathbf{w})$（$i=1$，$\cdots$，n）的唯一解。

证明：如果 $\mathbf{w}$ 是一个规模收益不变经济中的均衡价格向量，那么各行业利润必定为零，即

$$w_iy_i-c_i(\mathbf{w})y_i=0 \quad i=1,\cdots,n$$

因为 $y_i>0$，$i=1$，$\cdots$，n，该条件可以写为

$$w_i-c_i(\mathbf{w})=0 \quad i=1,\cdots,n$$

也就是说，任何均衡价格向量必须满足价格与平均成本相等的条件。因为 $w_0>0$，且劳动对生产必不可少，所以我们必有 $c_i(\mathbf{w})>0$。这转而意味着对 $i=0$，$\cdots$，n，$w_i>0$。换句话讲，就是所有均衡价格向量严格为正。

我们将证明存在唯一这样的均衡价格向量。假设 $\mathbf{w}'$ 和 $\mathbf{w}$ 是上述方程组的两个不同的解。定义：

$$t = \frac{w'_m}{w_m} = \max_i \frac{w'_i}{w_i}$$

这里这两个向量分量的最大比率发生在 m 项，此处 w'_m 为 w_m 的 t 倍。

假设 $t > 1$。那么我们有下列一串不等式：

$$w'_m =_1 tw_m =_2 tc_m(\mathbf{w}) =_3 c_m(t\mathbf{w}) >_4 c_m(\mathbf{w}') =_5 w'_m$$

下面是这些等式和不等式成立的理由：

(1) t 的定义；

(2) 假设 $\mathbf{w}$ 为一个解；

(3) 成本函数的线性齐次性；

(4) t 的定义，假设 $t > 1$，以及成本函数对要素价格向量的严格单调性；

(5) 假设 $\mathbf{w}'$ 是一个解。

假设 $t > 1$ 得到的结果是个矛盾，所以 $t \leqslant 1$，因此 $\mathbf{w} \geqslant \mathbf{w}'$。在上述论证过程中，$\mathbf{w}$ 和 $\mathbf{w}'$ 的角色是对称的，所以我们也有 $\mathbf{w}' \geqslant \mathbf{w}$。将这两个不等式放在一起我们得到 $\mathbf{w}' = \mathbf{w}$，正如所要求的。证毕。

该定理告诉我们，如果经济中存在一个均衡价格向量，它必定为 $w_i = c_i(\mathbf{w})$（$i = 1, \cdots, n$）的解。令我们感到惊讶的是，$\mathbf{w}$ 一点也不依赖于需求条件；也就是说，$\mathbf{w}$ 完全不依赖于偏好和禀赋。

让我们使用**技术**这个名词来指代生产一单位产出所必需的要素需求。令 $\mathbf{w}^*$ 为满足零利润条件的价格向量。那么通过将其成本函数对每个要素价格 j 求微分，我们就可以确定厂商 i 的均衡技术：

$$x_i^j(\mathbf{w}^*) = \frac{\partial c_i(\mathbf{w}^*)}{\partial w_j}$$

因为均衡价格独立于需求条件，所以技术的均衡选择也独立于需求条件。不管消费者需求如何变化，厂商都不会进行替代来离开均衡技术；这就是非替代性定理名称的原因。

18.10 一般均衡时的产业结构

回忆在瓦尔拉斯模型中，厂商数目是给定的。在第 13 章中我们曾提及在一个行业中厂商数目是一个变量。我们怎样协调这两个模型呢？

让我们首先考虑规模收益不变的情形。我们知道在此情形下，与均衡相容的利润的唯一利润最大化水平为零利润。另外，在与零利润相容的价格下，厂商愿意在任何产量水平上运营。因此，经济的产业结构是不确定的——占有多大市场份额对厂商来讲是无差异的。如果厂商数目是变量，它也是不确定的。

现在考虑规模收益递减的情形。如果所有生产技术都是收益递减的，我们知道将存在某些均衡利润。在我们直到现在一直在介绍的一般均衡模型中，不存在任何理由使厂商之间获得固定的利润。固定利润的通常论据是，厂商会进入利润最高的行业；但若厂商数目固定，这不可能发生。

如果厂商数目是变量，实际情况会怎样？假设我们将看到进入发生。如果生产技术实际表现出规模收益递减，则厂商的最优规模将是无限小的，仅因为拥有两家小企业总是比拥有一家大企业要好。因此，我们将期望连续的进入将会发生，从而拉低了利润水平。在长期均衡中，我们将期望看到无限多的企业，每家企业都在无限低的水平上运营。

这看起来非常不可能。一条出路就是回到第 13 章中提到的论点：如果我们总是能够复制，那么唯一合理的长期生产技术是一种规模收益不变的技术。因此，规模收益递减生产技术实际上必须归因于某种固定要素的存在。在这种解释中，均衡"利润"实际上应被当作固定要素的收益。

注 释

参见 Samuelson（1951）中的非替代性定理。　　此处的处理依据 von Weizsäcker（1971）。

习 题

18.1　考虑一个经济，有两种非生产要素——土地和劳动，还有两种生产商品——苹果和手帕。苹果和手帕的生产满足规模收益不变。手帕仅用劳动来生产，苹果是用劳动和土地来生产。有 N 个相同的人，每人有 15 单位劳动和 10 单位土地的初始禀赋。他们的效用函数形式都为 $U(A, B) = c\ln A + (1-c)\ln B$，此处 $0 < c < 1$，A 和 B 分别为某人对苹果和手帕的消费。苹果用一个固定系数生产技术来生产，每生产一单位苹果需要使用 1 单位劳动和 1 单位土地。手帕仅用劳动来生产。生产一块手帕需要 1 单位劳动。令劳动为经济中的记账单位。

（a）找到本经济中的竞争均衡价格及数量。

（b）对于参数 c 的什么值（如果存在），土地禀赋的小变动将不会引致竞争均衡价格的变动？

（c）对于参数 c 的什么值（如果存在），土地禀赋的小变动将不会引致竞争均衡消费的变动？

18.2　考虑一个经济，有两家企业，两个消费者。企业 1 由消费者 1 完全所有。它通过生产函数 $g = 2x$，用石油生产枪支。企业 2 由消费者 2 完全所有，它通过生产函数 $b = 3x$，用石油生产黄油。每个消费者拥有 10 单位石油。消费者 1 的效用函数是 $u(g, b) = g^{0.4} b^{0.6}$，消费者 2 的效用函数是 $u(g, b) = 10 + 0.5\ln g + 0.5\ln b$。其中 g 和 b 分别代表枪支和黄油的消费数量。

（a）找到枪支、黄油和石油的市场出清价格。

（b）每个消费者消费的枪支和黄油各是多少？

（c）每个企业使用多少石油？

第19章 时　间

在本章中，我们讨论涉及时间的消费者行为和经济方面的一些专题。正如我们即将看到的，在某些情形下跨时期行为可以被认为是前面所讨论的静态模型的简单推广。然而，时间仍然给偏好和市场施加了某些有趣的特别结构。既然未来有着内在的不确定性，那么对某些涉及不确定性的论题进行考察也就是很自然的了。

19.1 跨期偏好

我们的标准消费者选择理论对于描述跨期选择是完全足够的。选择的目标——消费束——现在将是时间上的消费流。我们假定消费者对这些消费流有偏好，而且偏好满足通常的正则条件。从标准的考虑推出一般存在一个效用函数来表示这些偏好。

然而，正如期望效用最大化的情形一样，我们正在考虑一个特定类型的选择问题的事实，意味着偏好有一个特殊结构，该结构产生了特定形式的效用函数。一个尤其普遍的选择是在时间上满足可加性的效用函数，故

$$U(c_1, \cdots, c_T) = \sum_{t=1}^{T} u_t(c_t)$$

此处 $u_t(c_t)$ 是 t 时期消费的效用。该函数也可以进一步特定于时间-静态形式：

$$U(c_1, \cdots, c_T) = \sum_{t=1}^{T} \alpha^t u(c_t)$$

在这种情况下，我们在各期采用相同的效用函数；但是，t 期效用要乘以**折现因子**（discount factor）α^t。

注意其与期望效用结构很近的相似性。在期望效用模型中，消费者在每个自然状态下有相同的效用，而且每个自然状态下的效用要乘以该状态发生的概率。事实上，加于潜在偏好的约束根据对期望效用理论的公理进行机械重复，就可以用来证明这种时间可加性效用函数。

假设未来的消费可能性是不确定的。正如我们前面所看到的，一套自然的公理意味着我们能够选择一种在各种自然状态之间满足可加性的效用表示方式。但是，情形也许倾向于这样：效用的一个单调变换满足在各种自然状态之间的可加性，而一个不同的单调变换满足在时间上的可加性。没有任何理由认为只应有一种偏好的表达方式，用来同时满足跨期选择和不确定选择两种情况下的可加性。尽管如此，最为广泛的设定形式仍是假定跨期效用函数在时间和自然状态之间均满足可加性。这并不是非常现实的，但的确能够简化计算。

19.2 两期的跨期最优化

在本书第 11 章，我们已经研究过一个简单的两期投资组合最优化模型。这里，我们将探讨如何将这个模型推广到多期。这个例子可用来说明**动态规划**（dynamic programming）方法，这种方法是一种把多期最优化问题分解为两期最优化问题来求解的技术。

我们首先回顾一下两期模型。将每个两期的消费表示为 (c_1, c_2)。在第 1 期消费者拥有初始禀赋 w_1，并将其财富投资到两种资产上去。一种资产有一个确定收益 R_0；另一种资产有一个随机收益 $\tilde{R}_1$。将这些收益视为总收益是方便的；也就是 1 加上收益率。

假设在第 1 期消费者决定消费 c_1，并将其财富的 x 份额投资到风险资产，将 $(1-x)$ 份额投资到无风险资产。在该投资组合中，消费者有 $(w_1-c_1)x$ 美元资产收益为 $\tilde{R}_1$，$(w_1-c_1)(1-x)$ 美元资产收益为 R_0。因此消费者的第 2 期财富——等于第 2 期消费——就是

$$\tilde{w}_2 = \tilde{c}_2 = (w_1-c_1)[\tilde{R}_1 x + R_0(1-x)] = (w_1-c_1)\tilde{R}$$

此处 $\tilde{R} = \tilde{R}_1 x + R_0(1-x)$ 是消费者的**投资组合收益**（portfolio return）。注意，一般地，它是随机变量，因为 $\tilde{R}_1$ 是随机变量。

由于投资组合收益是不确定的，所以消费者的第 2 期消费也是不确定的。我们假设消费者有如下形式的效用函数：

$$U(c_1, \tilde{c}_2) = u(c_1) + \alpha E u(\tilde{c}_2)$$

此处 α 是小于 1 的折现因子。

如果消费者在第 1 期有财富 w_1，令 $V_1(w_1)$ 为消费者能达到的最大效用：

$$V_1(w_1) = \max_{c_1, x} u(c_1) + \alpha E u[(w_1-c_1)\tilde{R}] \tag{19.1}$$

函数 $V_1(w_1)$ 本质上是间接效用函数：它给出了作为财富的函数的最大效用。

对方程（19.1）求关于 c_1 和 x 的导数，我们有一阶条件：

$$u'(c_1)=\alpha Eu'(\tilde{c}_2)\widetilde{R} \qquad (19.2)$$

$$Eu'(\tilde{c}_2)(\widetilde{R}_1-R_0)=0 \qquad (19.3)$$

方程（19.2）是一个跨期最优化条件：它表明第 1 期消费的边际效用必定等于第 2 期消费的折现期望边际效用。方程（19.3）是一个投资组合最优化条件：它是说将小部分资金从无风险资产转向风险资产的期望边际效用应当为零。在本书第 11 章我们分析过一个相似的一阶条件。

给定关于未知数 c_1 和 x 的这两个方程，原则上我们能够解决最优消费和投资组合选择问题。我们举出下面的例子，作为 T 期最优化问题解的一部分。

19.3　多期的跨期最优化

现在假设有 T 期。如果（$\tilde{c}_1$，$\cdots$，$\tilde{c}_T$）是某个（可能随机）消费流，我们假设消费者依据效用函数来评价它：

$$U(\tilde{c}_1,\cdots,\tilde{c}_T) = \sum_{t=0}^{T}\alpha^t Eu(\tilde{c}_t)$$

若消费者在时间 t 有财富 w_t，并将其 x_t 部分投入风险资产，则在 $t+1$ 期财富为

$$\widetilde{w}_{t+1}=[w_t-c_t]\widetilde{R}$$

此处 $\widetilde{R}=x_t\widetilde{R}_1+(1-x_t)R_0$ 是 t 期和 $t+1$ 期之间的（随机）投资组合收益。

为求解这个跨期最优化问题，我们运用**动态规划**方法，将其分解为一系列两期最优化问题。考虑 $T-1$ 期。如果消费者在本期有财富 w_{T-1}，则其能达到的最大效用是

$$V_{T-1}(w_{T-1})=\max_{c_{T-1},x_{T-1}} u(c_{T-1})+\alpha Eu[(w_{T-1}-c_{T-1})\widetilde{R}] \qquad (19.4)$$

这就是方程（19.1），只是用 $T-1$ 替换了 1。一阶条件是

$$u'(c_{T-1})=\alpha Eu'(\tilde{c}_T)\widetilde{R} \qquad (19.5)$$

$$Eu'(\tilde{c}_T)(\widetilde{R}_1-R_0)=0 \qquad (19.6)$$

原则上，我们已经知道如何求解这个问题并确定间接效用函数 $V_{T-1}(w_{T-1})$。

现在回到 $T-2$ 期。若消费者选择（c_{T-2}，x_{T-2}），则在 $T-1$ 期他将有（随机）财富：

$$\widetilde{w}_{T-1}=[w_{T-2}-c_{T-2}]\widetilde{R}$$

根据这个财富，他将达到 $V_{T-1}(w_{T-1})$ 的期望效用。因此，在 $T-2$ 期消费者的最大化问题可以写作：

$$V_{T-2}(w_{T-2})=\max_{c_{T-2},x_{T-2}} u(c_{T-2})+\alpha EV_{T-1}[(w_{T-2}-c_{T-2})\widetilde{R}]$$

这完全类似问题（19.4），但是"第2期"效用由间接效用函数 $V_{T-1}(w_{T-1})$ 给出，而不是由直接效用函数给出。

$T-2$ 期的一阶条件是

$$u'(c_{T-2}) - \alpha EV'(\tilde{w}_{T-1})\tilde{R} = 0 \tag{19.7}$$

$$EV'(\tilde{w}_{T-1})(\tilde{R}_1 - R_0) = 0 \tag{19.8}$$

与前面一样，方程（19.7）是一个跨期最优化条件：当前消费的边际效用必须等于未来财富的折现间接边际效用。方程（19.8）是投资组合最优化条件。

我们能够运用这些条件解出 $V_{T-2}(w_{T-2})$ 并一直进行下去。给定间接效用函数 $V_t(w_t)$，T 期跨期最优化问题恰是两期最优化问题的序列。

例 19-1：对数效用

假设 $u(c) = \log c$。则一阶条件方程（19.5）和方程（19.6）变为

$$\frac{1}{c_{T-1}} = \alpha E \frac{\tilde{R}}{[w_{T-1} - c_{T-1}]\tilde{R}} = \frac{\alpha}{[w_{T-1} - c_{T-1}]} \tag{19.9}$$

$$0 = E\left[\frac{\tilde{R}_1 - R_0}{[w_{T-1} - c_{T-1}]\tilde{R}}\right] \tag{19.10}$$

注意方程（19.9）中不含投资组合收益，这是对数效用的一个很方便的性质。

利用方程（19.9）解出 c_{T-1} 得：

$$c_{T-1} = \frac{w_{T-1}}{1+\alpha}$$

我们将其代入目标函数来确定间接效用函数：

$$V_{T-1}(w_{T-1}) = \ln\frac{w_{T-1}}{1+\alpha} + \alpha E\ln\frac{\alpha w_{T-1}\tilde{R}}{1+\alpha}$$

运用对数性质，

$$V_{T-1}(w_{T-1}) = (1+\alpha)\ln w_{T-1} + \alpha E\ln\tilde{R} + \alpha\ln\alpha - (1+\alpha)\ln(1+\alpha)$$

注意，该间接效用函数 V_{T-1} 的一个重要特征是，它是财富的对数函数。随机收益对 V_{T-1} 的影响满足可加性；它并不影响财富的边际效用，因而并不进入相应的一阶条件。

接下来对第 $T-2$ 期，一阶条件有如下形式：

$$\frac{1}{c_{T-2}} = \frac{\alpha(1+\alpha)}{[w_{T-2} - c_{T-2}]} \tag{19.11}$$

$$0 = E\left[\frac{\tilde{R}_1 - R_0}{[w_{T-2} - c_{T-2}]\tilde{R}}\right] \tag{19.12}$$

这些与 $T-1$ 期的条件很相似；方程（19.11）在右侧有一特殊因子 $1+\alpha$，方程（19.12）

完全相同。这一观察说明，每期消费者都要选择他能选择的相同的投资组合，即便他正解一个两期问题，而且在 $T-1$ 期，消费选择总是与该期的财富成比例。

19.4 跨时期一般均衡

正如前面所提及的，在阿罗-德布鲁一般均衡模型中商品的概念是非常一般的。商品可以通过行为者所关心的任何特征来加以区分。如果行为者关心商品可获得的时间，那么在不同时间可获得的商品应被视为不同商品。如果行为者关心商品可获得的环境，那么商品可以通过它们被提供的自然状态所区分。

当我们以这些方式来区分商品时，我们可以用一种新的更深入的方式来理解均衡价格的作用。比如，让我们考虑涉及一种商品（即消费）的简单一般均衡模型，消费可在 $t=1$，…，T 这些不同时间获得。鉴于上述评论，我们将该商品视为 T 种不同商品，并令 c_t 表示 t 时间获得的消费。

在一个纯交换模型中，行为者 i 要被赋予在 t 时刻的一些消费 $\bar{c}_{it}$。在生产模型中，存在一种生产技术将 t 时刻的消费转化到未来其他时刻的消费。通过牺牲在某时刻的消费，消费者能够在未来某时刻享受消费。

行为者对消费流有所偏好，而且存在市场对不同时点的消费进行交换。这种市场的一种组织方式是使用**阿罗-德布鲁证券**（Arrow-Debreu securities）。这是特殊形式的证券：证券 t 在 t 时刻支付 1 美元，在其他时刻没有支付。在现实世界中存在这种形式的证券；它们被称为**纯折现债券**（pure discount bonds）。一张纯折现债券在特定日期支付特定数量的资金（比如说 10 000 美元）。

该模型有着标准阿罗-德布鲁模型中的所有成分：偏好、禀赋、市场。我们可以用标准的存在性结果来证明必定存在阿罗-德布鲁证券的均衡价格（p_t）来出清所有市场。注意 p_t 是在 0 时刻对在 t 时刻交付的消费品的支付价格。在该模型中，所有金融交易均在时间开始时进行，而消费则沿着时间进行。

在实际生活中我们经常使用一种不同的方式来度量未来价格，即**利率**（interest rates）。设想有一家银行提供如下安排：对其在 0 时刻接受的每一美元将在 t 时刻支付 $1+r_t$ 美元。我们说银行正提供利率 r_t。利率 r_t 与阿罗-德布鲁价格 p_t 间的关系是怎样的？

假设某行为者在 0 时刻持有 1 美元。他也许将之投资于银行，在 t 时刻他得到 $1+r_t$ 美元。另外一种方式，他也许将之投资于阿罗-德布鲁证券 t。如果阿罗-德布鲁证券 t 的价格是 p_t，那么他能买到 $\frac{1}{p_t}$ 单位。由于在 t 时刻这种证券每单位价值为 1 美元，所以 t 时刻他将有 $\frac{1}{p_t}$ 美元。很显然，不管他如何投资，t 时刻行为者所持有的资金量应相同；因此，

$$1 + r_t = \frac{1}{p_t}$$

这意味着利率就是阿罗-德布鲁价格的倒数减去 1。

我们可以用阿罗-德布鲁价格来通过平常的方法估计消费流的价值。比如，消费者的预算约束采取以下形式：

$$\sum_{t=1}^{T} p_t c_t = \sum_{t=1}^{T} p_t \bar{c}_t$$

运用价格与利率之间的关系，我们也可以将其写为：

$$\sum_{t=1}^{T} \frac{c_t}{1 + r_t} = \sum_{t=1}^{T} \frac{\bar{c}_t}{1 + r_t}$$

因此，预算约束采取消费的**折现现值**（discounted present value）一定等于禀赋的折现现值的形式。

在与之前描述的标准阿罗-德布鲁模型完全相同的设定下，同样的定理也成立：在各种凸性假设下，均衡存在且为帕累托有效。

□ 时间无限长

在许多应用中，应用一个有限的时间区间似乎不是恰当的，因为行为者也许有理由期望经济会"不确定地"继续下去。但是，如果使用无限长时间，存在性和福利定理将存在某些问题。

首先一组问题是技术上的：无限多个自变量的连续函数的适当定义是什么？什么是适用的不动点定理或分离超平面定理？这些问题可以通过各种数学工具来提出；出现的绝大多数问题在本质上是纯技术性的。

然而，无限多时期模型也具有某些基本的特色。也许最著名的示例来自**世代叠加模型**（overlapping generations model），它也被称为**纯消费借贷模型**（pure consumption-loan model）。考虑具有如下结构的经济。每期有 n 个行为者出生，每个生存两期。因此在第一期后的每一时点有 $2n$ 个行为者存活：n 个年轻的，n 个年老的。每个行为者在其出生时有 2 单位消费禀赋，而且年轻行为者的消费与年老行为者的消费之间没有区别。

在此简单情形下，均衡存在性没有任何问题。很明显每个行为者消费其禀赋就是一个均衡。这个均衡由价格 $p_t = 1$（对所有 t）所支持。但是，可以证明该均衡非帕累托有效！

为了看清这一点，假设 $t+1$ 代的每位成员转让其 1 单位禀赋给 t 代成员。现在 1 代成员境况变好，因为在其有生之年收到了 3 单位消费。由于当他们老了时倾向于转让他们年轻时所创造的，他们被补偿，所以没有其他代成员境况恶化。这意味着我们在原始均衡上找到了一个帕累托改进！

值得思考一下，该模型中福利经济学第一定理的论证不成立是因为什么地方有问题？问题出在存在无限多种商品；如果均衡价格全部为 1，那么总消费流和总禀赋的价值都是无限大。在福利经济学第一定理的证明中最后一步的矛盾将不再成立，证明失败。

该例子非常简单，但这种现象是相当发人深省的。将有限维模型的结果推广到无限维模型时应当非常细心。

19.5 自然状态下的一般均衡

前面我们曾经讲过，行为者也许关心周围环境，或称**自然状态**（state of nature），即商品可获取时的自然状态。毕竟，在下雨和不下雨时雨伞是非常不同的商品！

让我们假设市场在 0 时刻开放，但是关于在交易被假定真正实施的 1 时刻，将发生什么是不确定的。更为具体地讲，假设在 1 时刻有两种可能自然状态：或者下雨，或者阳光灿烂。

假设行为者签订如下形式的**相机合同**（contingent contracts）："当且仅当下雨时，行为者 i 将向此份合同的持有者交付 1 单位商品 j。" 0 时刻交易是合同的交易，这就是如果某种自然状态发生，答应在未来提供一些商品或服务。

我们可以设想，存在这些合同的一个市场，以及合同的任何价格向量，行为者能够顾及其偏好和生产技术以确定他们对各种合同的需求和供给。注意合同在 0 时刻交易并支付款项但仅在 1 时刻时，如果适当的自然状态发生才执行。与通常一样，一个均衡价格向量是对任何合同都没有超额需求的价格向量。从抽象理论的观点来看，合同就是像其他商品一样的商品。标准的存在性和效率结果都是适用的。

重要的是要正确地理解效率结果。偏好是定义在抽彩空间上的。若冯·诺依曼-摩根斯坦（von Neumann-Morgenstern）公理成立，则定义于随机事件上的偏好可以归结为期望效用函数。我们说不存在其他可行分配使所有消费者境况变好，就是说不存在任何形式的相机合同能够增加每个行为者的期望效用。

实际生活中存在着相机合同的类似物。也许最为普遍的就是保险合同。保险合同提供的是，当且仅当某事件发生时，支付一定数量货币。但是，必须承认，相机合同在实践中是很少见的。

注 释

Ingersoll（1987）介绍了几个动态投资组合最优化模型的范例。Geanakoplos（1987）对世代叠加模型有一个好的评述。

习 题

19.1 考虑本书第 19 章的对数效用的例子。证明任意 t 期的消费由下式给出：

$$c_t = \frac{w_t}{[1+\alpha+\alpha^2+\cdots+\alpha^{T-t}]}$$

$$= \frac{1-\alpha}{1-\alpha^{T-t+1}} w_t$$

19.2 考虑下述"租金稳定化"计划。每年地主被允许按照通货膨胀率的 $\frac{3}{4}$ 来提高租金。新建造公寓的所有者能够按其意愿的价格来设定初始租金。此计划的支持者声称，因为新公寓的初始价格可以设定于任何水平，所以新公寓的供给不会被抑制。让我们在一个简单模型中分析这种说法。

假设公寓持续两期。令 r 为名义利率，π 为通货膨胀率。假定在没有租金稳定化计划时，第 1 期租金为 p，第 2 期租金为 $(1+\pi)p$。令 c 为新公寓建造的固定边际成本且令每期对公寓的需求函数由 $D(p)$ 给出。最后，令 K 为被控制公寓租金的供给。

（a）在没有租金稳定化时，在第 1 期的租价 p 和新公寓建造边际成本间的均衡关系是什么？

（b）若采用了租金稳定化计划，这一关系将变成怎样的？

（c）画一个简单的供求-需求图并图示没有租金稳定化时新公寓的数量。

（d）租金稳定化计划将导致更多还是更少新公寓被建造？

（e）在租金稳定化计划下，新公寓的均衡价格将较高还是较低？

第 20 章 资产市场

资产市场的研究要用一般均衡方法。正如我们下面将要看到的，一种给定资产的均衡价格严重依赖于其价值与其他资产价值的相关关系。因此，本质上多资产定价的研究涉及一般均衡方面的考虑。

20.1 确定性下的均衡

在资产市场的研究中，关键问题是什么决定了资产价格的差别？在确定性世界中，对资产市场的分析很简单：资产的价格就是当前其收益流的折现值。如果不是这样，就存在无风险**套利**（arbitrage）机会。

例如，考虑一个两期模型。我们假设存在某资产，可以获取确定的**总收益**（total return）R_0。也就是说，今天在资产 0 上投资 1 美元，下一期将得到 R_0 美元的确定收益。若 R_0 为资产 0 的总收益，则 $r_0 = R_0 - 1$ 是**收益率**（rate of return）。

存在另一项资产 a，将于下一期具有价值 V_a。今天资产 a 的均衡价格将是什么？

在确定性世界中，回答这个问题很容易：资产 a 在今天的价格必定由其现值给出：

$$p_a = \frac{V_a}{R_0} = \frac{V_a}{r_0 + 1} \tag{20.1}$$

若不是这样，那么将有确定的方法来赚钱。若 $p_a > \dfrac{V_a}{R_0}$，则拥有资产 a 的人能够卖掉 1 单位并将收入投资于无风险资产。下一期他将有 $p_a R_0 > V_a$。因为至少存在一个人想卖掉资产 a，所以 p_a 不是均衡价格。

写出均衡条件（20.1）的另一种方式是以资产 a 的收益形式来表达。资产 a 的收益定义为 $R_a = \dfrac{V_a}{p_a}$。若我们以 p_a 去除式（20.1）两侧并整理所导出的表达式，我们有

$$R_a = \frac{V_a}{p_a} = R_0 \qquad\qquad (20.2)$$

该方程只是说，在均衡时，所有具有确定收益的资产一定有相同收益——因为没有人将持有一种预期有较小收益的资产。

20.2 不确定性下的均衡

在一个资产收益不确定的世界里，资产的期望收益将依赖于资产的风险而不同。在正常情况下，若其他条件相同，则我们认为资产风险越大，我们对其支付越少。用另外一种方式来讲，这意味着，资产风险越大，则为诱使人们持有该资产，其预期收益不得不越高。

对照方程（20.2），我们可以写出：

$$\bar{R}_a = R_0 + \text{资产 } a \text{ 的风险金}$$

表达式左侧是资产 a 的**预期收益**（expected return），右侧是无风险收益加上资产 a 的风险金。我们也可以如下表达这个条件：

$$\bar{R}_a - R_0 = \text{资产 } a \text{ 的风险金}$$

该式左侧被称为资产 a 的**超额收益**（excess return），而且该方程表明，在均衡时每项资产的超额收益等于其风险金。

当然这些方程仅是定义。资产市场的经济理论试图以消费者偏好和资产收益模式等"基本元素"来导出风险金项的明确表达式。

这个分析涉及一般均衡的考虑，因为风险资产的价值本质上依赖于作为该资产补充或替代的其他风险资产的存在与否。因此，在绝大多数资产定价模型中，一种资产的价值最终依赖于如何与其他资产**协同变动**（covary）。

令人惊讶的是，这个洞见经常出现在似乎非常不同的模型中。本章将导出并比较几个资产定价模型。

20.3 符 号

这里我们收集了本章将用到的符号。这便于读者按照需要进行查阅和温习各种符号的定义。某些词汇将在适当的章节进行更加细致的定义。

一般地，我们将考虑一个两期模型，当期为第 0 期。在第 1 期各种资产的价值是不确定的。我们使用**自然状态**的符号来对这一不确定性建模。也就是，我们假设存在各种可能结果，以 $s = 1, \cdots, S$ 标记，而且下期每项资产的价值依赖于实际上发生哪个结果。

i，个体投资者，$i=1,\cdots,I$。

W_i，投资者 i 在第 0 期的财富。

c_i，第 0 期的消费。

W_i-c_i，投资者 i 在第 0 期的投资数量。

s，第 2 期的自然状态，$s=1,\cdots,S$。

π_s，状态 s 发生的概率。我们假定所有消费者对概率有相同信念；这是同质预期（homogeneous expectations）的情形。

C_{is}，消费者 i 在第 2 期及状态 s 下的消费。

$\widetilde{C}_i$，消费者 i 在第 2 期作为随机变量的消费。

注意，我们可以用两种方式看待消费：或是作为在每种自然状态下一系列可能消费（C_{is}），或是作为随机变量 $\widetilde{C}_i$，它以 π_s 的概率取（C_{is}）值。

$u_i(c_i)+\delta Eu_i(\widetilde{C}_i)$，投资者 i 的冯·诺依曼-摩根斯坦效用函数。注意我们假定该函数在时间上满足加性可分，折现因子为 δ。

p_a，资产 a 的价格，$a=0,\cdots,A$。

X_{ia}，投资者 i 对资产 a 的购买量。

x_{ia}，资产 a 所占投资者 i 的投资财富的份额。若 W_i 是投资于所有资产的总数量，$x_{ia}=\dfrac{p_a X_{ia}}{W_i}$，因而 $\sum\limits_{a=0}^{A} x_{ia}=1$。

（$x_{i0},\cdots,x_{iA}$），投资者 i 所持有的资产投资组合。注意投资组合由投资于每种给定资产的财富份额来表示。

V_{as}，第 2 期 s 自然状态下资产 a 的价值。

$\widetilde{V}_a$，第 2 期作为随机变量的资产 a 的价值。

R_{as}，资产 a 在状态 s 下的（总）收益。根据定义，$R_{as}=V_{as}/p_a$。

$\widetilde{R}_a$，视为随机变量的资产 a 的总收益。随机变量 $\widetilde{R}_a$ 取值 R_{as} 的概率为 π_s。

$\bar{R}_a=\sum\limits_{s=1}^{S}\pi_s R_{as}=E\widetilde{R}_a$，资产 a 的期望收益。

R_0，无风险资产的总收益。

$\sigma_{ab}=\text{cov}(\widetilde{R}_a,\widetilde{R}_b)$，资产 a 和资产 b 的收益之间的协方差。

20.4　资本资产定价模型

我们将粗略地按照历史顺序来分析资产市场的各种模型，所以我们将从它们的祖辈开始来分析，即著名的**资本资产定价模型**（capital asset pricing model），简记为 **CAPM** 模型。CAPM 是从一种特定效用技术参数入手，也就是说，财富随机分配的效用仅依赖于其概率分布的前两个矩：均值和方差。

这仅在某些情形下与期望效用模型相一致；比如，当所有资产都是正态分布或期望效用函数是二次函数时。但是，均值-方差可以充当广泛情形下对一般效用函数的粗略近似。在上下文中"风险规避"意味着消费的期望增加是好事而消费的方差增加是坏事。

我们首先导出预算约束。在我们所考察的几个模型中将用到一个相似的预算约束。为了记法上的方便，我们略去投资者的下标 i，第 2 期消费由下式给出：

$$\widetilde{C} = (W - c)\sum_{a=0}^{A} x_a \widetilde{R}_a = (W - c)\left[x_0 R_0 + \sum_{a=1}^{A} x_a \widetilde{R}_a\right]$$

因为投资组合权数之和为 1，所以 $x_0 = 1 - \sum_{a=1}^{A} x_a$，我们也可以将第 1 期消费写为

$$\widetilde{C} = (W - c)\left[R_0 + \sum_{a=1}^{A} x_a (\widetilde{R}_a - R_0)\right] \tag{20.3}$$

方括号中的表达式是**投资组合收益**（portfolio return）。给定我们关于均值-方差效用函数的假定，不管投资水平怎样，投资者将在给定的期望值下寻求方差最小的投资组合收益。也就是投资者愿意购买**均值-方差有效**（mean-variance efficient）的投资组合。真正选择哪个投资组合将依赖于投资者的效用函数；但是不管效用函数如何，该投资组合必须在给定的期望收益水平下最小化方差。

在进一步深入以前，让我们考察一下该最小化问题的一阶条件。我们要最小化投资组合收益的方差满足的约束是，要达到一个指定的期望收益 $\overline{R}$，并满足预算约束 $\sum_{a=0}^{A} x_a = 1$。

$$\min_{x_0, \cdots, x_A} \sum_{a=0}^{A} \sum_{b=0}^{A} x_a x_b \sigma_{ab}$$
$$\text{s.t.} \sum_{a=0}^{A} x_a \overline{R}_a = \overline{R}$$
$$\sum_{a=0}^{A} x_a = 1$$

在该问题中，我们允许 x_a 为正或负。这意味着消费者可以在包括无风险资产在内的任何资产上处于多头或空头位置。

令 λ 为第一个约束的拉格朗日乘子，μ 为第二个约束的拉格朗日乘子，一阶条件采取下述形式：

$$2\sum_{b=0}^{A} x_b \sigma_{ab} - \lambda \overline{R}_a - \mu = 0 \quad a = 0, \cdots, A \tag{20.4}$$

由于目标函数是凸的且约束是线性的，所以二阶条件自动满足。

这些一阶条件可以用来导出一个好的方程来描述期望收益的模式。我们所运用的推导是很优美的，但是有些兜圈子。令 $(x_1^e, \cdots, x_A^e)$ 是全部由均值-方差有效的风险资产组成的某投资组合。假设投资者可获取的一种风险资产——比如资产

e——是持有该有效投资组合（x_a^e）的一种"共同基金"。那么在资产 e 上投资 1、在其他资产上投资 0 的投资组合是均值-方差有效的。这意味着这样的投资组合对每种资产 $a=0, \cdots, A$，满足方程（20.4）中给出的条件。

注意，对该投资组合对 $b \neq e$，有 $x_b = 0$，我们看到第 a 个一阶条件变为

$$2\sigma_{ae} - \lambda \bar{R}_a - \mu = 0 \tag{20.5}$$

$a=0$ 和 $a=e$ 是两种特殊情形：

$$-\lambda R_0 - \mu = 0$$

$$2\sigma_{ee} - \lambda \bar{R}_e - \mu = 0$$

当 $a=0$ 时，因为资产 0 是无风险资产，所以 σ_{ae} 为零。当 $a=e$ 时，$\sigma_{ae} = \sigma_{ee}$，因为一个变量与其自身的协方差就是随机变量的方差。

解这两个方程求 λ 和 μ 得

$$\lambda = \frac{2\sigma_{ee}}{\bar{R}_e - R_0}$$

$$\mu = -\lambda R_0 = \frac{-2\sigma_{ee}R_0}{\bar{R}_e - R_0}$$

将这些值代回方程（20.5）并整理得

$$\bar{R}_a = R_0 + \frac{\sigma_{ae}}{\sigma_{ee}}(\bar{R}_e - R_0) \tag{20.6}$$

该方程是说，任意资产的期望收益等于无风险利率加上一个"风险金"，该"风险金"依赖于该资产的收益与某有效风险资产投资组合收益的协方差。对任何有效风险资产投资组合，该方程必定成立。

为使该方程具备经验性内容，我们要能够识别某特定有效投资组合。为了进行这项工作，我们从图形上考察有效投资组合的结构。在图 20-1 中，我们已经画出了某特定风险资产集所产生的期望收益和**标准差**（standard deviations）。[①] 全部由风险资产组成的均值-标准差有效投资组合集可以被证明具有图 20-1 所描绘的双曲线形状，但是，其具备特定形状的事实对我们的下述论证不是必需的。

我们想使用风险资产和无风险资产一起来构造有效投资组合集。为了做这件事，画一条直线通过无利率收益 R_0，且如图 20-1 所示恰与双曲线相切。其与该集合相切的点为 $(\bar{R}_m, \sigma_m)$。该点就是我们称为投资组合 m 的期望收益和标准差。我们断言，在此直线上的每个期望收益和标准差组合都可以由无风险投资组合和投资组合 m 的凸组合来达到。

---

① 一个随机变量的标准差就是其方差的平方根。

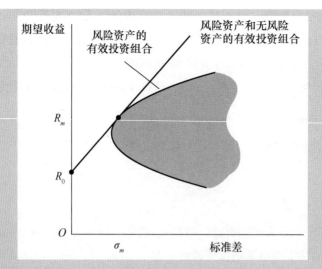

图 20 - 1 风险收益和标准差集

注：所有均值-方差有效投资组合都可以通过合并收益为 R_0 和 $\bar{R}_m$ 的投资组合来构造。

举例来说，为构造具有期望收益为 $\frac{1}{2}(\bar{R}_m - R_0)$、标准差为 $\frac{1}{2}\sigma_m$ 的一个投资组合，我们可以简单地将财富的一半投资于无风险资产、一半投资于投资组合 m。这说明了如何达到 $(\bar{R}_m, \sigma_m)$ 左侧的均值-标准差组合。为产生点 $(\bar{R}_m, \sigma_m)$ 右侧的收益组合，我们不得不以利率 R_0 借款并将其投资于投资组合 m。

这个几何论证说明，事实上有效投资组合集的构造非常简单：它完全可以通过两个投资组合来构造：一个是由无风险资产构成的投资组合，另一个是投资组合 m。剩下的唯一问题是赋予该特定风险资产投资组合以经验含义。

令投资组合 m 中投资到资产 a 的财富份额由 x_a^m 来表示。当然，我们必定有 $\sum_{a=1}^{A} x_a^m = 1$。令 W_i 为个体 i 投资风险投资组合的财富数。令 X_{ia} 为个体 i 投资风险资产 a 的份额数，且令 p_a 表示资产 a 的价格。由于每个投资者持有风险资产的相同投资组合，我们必定有

$$x_a^m = \frac{p_a X_{ia}}{W_i} \quad i = 1, \cdots, I$$

方程两侧乘以 W_i，并对 i 加总，可以得到

$$x_a^m = \frac{p_a \sum_{i=1}^{I} X_{ia}}{\sum_{i=1}^{I} W_i}$$

该表达式的分子是资产 a 的总市场价值，分母是所有风险资产的总价值。因此，x_a^m 就是在投资于风险资产的财富中资产 a 所占的份额。该投资组合被称为**风险资产的市场投资组合**（market portfolio of risky assets）。这是一个潜在地可观察的投资组

合——只要我们能够度量风险资产的总持有量。

因为风险资产的市场投资组合是一个特定的均值-标准差有效投资组合，我们可以将方程（20.6）改写为

$$\bar{R}_a = R_0 + \frac{\sigma_{am}}{\sigma_{mm}}(\bar{R}_m - R_0)$$

这是 CAPM 的基本结果。它给出了风险金的经验含义：风险金是资产 a 与市场投资组合的协方差除以市场投资组合的方差再与市场投资组合的超额收益相乘。

$\frac{\sigma_{am}}{\sigma_{mm}}$ 项可作为 $\tilde{R}_a$ 对 $\tilde{R}_m$ 在理论上的回归系数来认识。据此理由，该项一般写为 β_a。进行这一替代后得到 CAPM 的最终形式：

$$\bar{R}_a = R_0 + \beta_a(\bar{R}_m - R_0) \tag{20.7}$$

CAPM 说明，为确定任何资产的期望收益，我们仅需知道该资产的" β "——与市场投资组合的协方差。注意资产收益的方差是不相关的；重要的不是一项资产的"自身风险"，而是该资产收益对行为者总体投资组合风险的贡献如何。由于在 CAPM 模型中，每个人持有相同的风险资产投资组合，所以相关的风险在于一项资产如何对市场投资组合的风险产生影响。

CAPM 令人着迷的特征是涉及似乎是实证上可观察的东西：风险资产的市场投资组合的期望收益，以及特定资产的收益和市场投资组合收益之间的回归系数。但是，必须记住，相应的理论构建在所有风险资产的投资组合之上；这也许并不容易观察到。

20.5　套利定价理论

CAPM 是从对消费者偏好的一种说明开始的；套利定价理论（arbitrage pricing theory，APT）是从资产收益产生过程的说明开始的。在此意义上，CAPM 是需求方模型，APT 是供给方模型。

能够普遍地观察到，绝大多数资产价格是一起运动的；也就是资产价格之间存在高的协方差。很自然地想到将资产收益写为几个共同因素和一些资产特定风险的函数。比如，若仅有两个因素，则可以写为

$$\tilde{R}_a = b_{0a} + b_{1a}\tilde{f}_1 + b_{2a}\tilde{f}_2 + \tilde{\epsilon}_a \quad a = 1, \cdots, A$$

此处，我们将 $(\tilde{f}_1, \tilde{f}_2)$ 视为"宏观经济"，即影响所有资产收益的经济面因素。每项资产 a 对因素 i 拥有一个特定的"灵敏度" b_{ia}。由定义，资产特定风险 $\tilde{\epsilon}_a$ 与经济面因素 $\tilde{f}_1$ 及 $\tilde{f}_2$ 无关。

由于"常数项" b_{0a} 的存在，因素 $\tilde{f}_i$（$i = 1, 2$）和资产特定风险 ε_a（$a = 1, \cdots,$

A）总是可以被假定为有零期望值（若期望值非零，只需将其并入 b_{0a}）。我们还假设 $E\tilde{f}_1\tilde{f}_2=0$，即 $\tilde{f}_1$ 和 $\tilde{f}_2$ 确实是相互独立的因素。

我们首先考察一下没有资产特定风险的 APT 的特殊情形。我们从仅有一种风险因素的情形开始，因此，

$$\tilde{R}_a=b_{0a}+b_{1a}\tilde{f}_1 \quad a=0,\cdots,A$$

像通常一样，我们寻求以风险金来解释资产的期望收益。由上述设定可知 $\bar{R}_a=b_{0a}$，所以归结为考察 b_{0a} 的行为，$a=1,\cdots,A$。

假设我们构造包括两项资产 a 和 b 的一项投资组合，其中对资产 a 持有 x，对资产 b 持有 $1-x$。该投资组合的收益将是

$$x\tilde{R}_a+(1-x)\tilde{R}_b=[xb_{0a}+(1-x)b_{0b}]+[xb_{1a}+(1-x)b_{1b}]\tilde{f}_1$$

让我们选择 x^*，使方括号中第二项为零。这意味着

$$x^*=\frac{b_{1b}}{b_{1b}-b_{1a}} \tag{20.8}$$

注意：此处要求假定 $b_{1b}\neq b_{1a}$，即资产 a 和资产 b 的灵敏度不相同。

由此构造所导出的投资组合是无风险投资组合。因此其收益必定等于无风险利率，这意味着

$$x^*b_{0a}+(1-x^*)b_{0b}=R_0$$

或

$$x^*(b_{0a}-b_{0b})=R_0-b_{0b}$$

将方程（20.8）代入并整理得到

$$\frac{b_{0b}-R_0}{b_{1b}}=\frac{b_{0b}-b_{0a}}{b_{1b}-b_{1a}} \tag{20.9}$$

在论证过程中调换 a 和 b 的角色，可以得到

$$\frac{b_{0a}-R_0}{b_{1a}}=\frac{b_{0a}-b_{0b}}{b_{1a}-b_{1b}} \tag{20.10}$$

观察方程（20.9）和方程（20.10）的右侧，可知是相同的。由于这对所有资产 a 和资产 b 都成立，对某常数 λ_1 和所有资产 a，下式成立：

$$\frac{b_{0a}-R_0}{b_{1a}}=\lambda_1$$

使用 $\bar{R}_a=b_{0a}$，并整理可得到单因素套利定价理论的最终形式：

$$\bar{R}_a=R_0+b_{1a}\lambda_1 \tag{20.11}$$

方程（20.11）是说，任何资产 a 的预期收益是无风险利率再加上一个风险金，

该风险金由资产 a 对公共风险因素的灵敏度乘以一个常数来给出。该常数可以解释为投资组合的风险金，这个投资组合对于因素 1 代表的风险的灵敏度为 1。

两因素

现在假设我们考虑一个两因素模型：

$$\tilde{R}_a = b_{0a} + b_{1a}\tilde{f}_1 + b_{2a}\tilde{f}_2$$

现在构造一个包括三种资产 a、b 和 c 的投资组合 (x_a, x_b, x_c)，满足三个方程：

$$x_a b_{1a} + x_b b_{1b} + x_c b_{1c} = 0$$
$$x_a b_{2a} + x_b b_{2b} + x_c b_{2c} = 0$$
$$x_a + x_b + x_c = 1$$

第一个方程说该投资组合消去了因素 1 的风险，第二个方程说该投资组合消去了因素 2 的风险，第三个方程说资产份额之和为 1，即我们真正有一个投资组合。

可以导出该投资组合风险为零。因此，它必须获得无风险收益，所以 $x_a b_{0a} + x_b b_{0b} + x_c b_{0c} = R_0$。以矩阵形式写出这些条件：

$$\begin{pmatrix} b_{0a} - R_0 & b_{0b} - R_0 & b_{0c} - R_0 \\ b_{1a} & b_{1b} & b_{1c} \\ b_{2a} & b_{2b} & b_{2c} \end{pmatrix} \begin{pmatrix} x_a \\ x_b \\ x_c \end{pmatrix} = \begin{pmatrix} 0 \\ 0 \\ 0 \end{pmatrix}$$

向量 (x_a, x_b, x_c) 不能全部由 0 构成，因为三项之和为 1。进而左侧的矩阵必定是奇异的。若后两行不共线（这是我们所要假定的），则必然第一行是后两行的线性组合。也就是说，第一行中的每一项都是后两行中相应项的线性组合。这意味着

$$\bar{R}_a - R_0 = b_{1a}\lambda_1 + b_{2a}\lambda_2 \quad a = 1, \cdots, A \tag{20.12}$$

这些 λ 有着同以前一样的阐释：它们是那种对由适当因素表示的特定类型风险有着灵敏度 1 的投资组合的超额收益。这是对单因素情形的简单推广：资产 a 的超额收益依赖于其对两种风险因素的灵敏度。

资产特定风险

我们已经看到若因素数目比资产数目小，而且不存在资产特定风险，则可能构造无风险投资组合。这些无风险投资组合必须获取无风险收益，这对期望收益集加上了一定约束。

但是，由风险资产来构造这些无风险投资组合仅当所有风险均为宏观经济因素导致时才能完成。在经济面风险之外还存在资产特定风险会怎样？

由定义可知，资产特定风险不依赖于经济面风险因素，而且相互之间也是独立的。这样大数定律意味着，企业高度分散化投资组合的风险一定包括很小的资产特

定风险。这个论证建议我们可以忽视资产特定风险，而且期望收益与因素之间的线性关系可以仍然被期望成立，至少作为一个好的近似。感兴趣的读者要了解该论证的细节，可以查阅本章后所列注释。

20.6　期望效用

现在让我们考虑一个基于跨期期望效用最大化的资产定价模型。考虑下述两期问题：

$$\max_{c, x_1, \cdots, x_A} u(c) + \alpha E\left\{u\left[(W-c)(R_0 + \sum_{a=1}^{A} x_a(\widetilde{R}_a - R_0))\right]\right\}$$

再一次，我们为记法上的方便而略去了投资者 i 的下标。

该问题要求我们确定第 1 期的储蓄 $W-c$，以及投资组合投资模式（x_1，…，x_A）来最大化折现期望效用。

令 $\widetilde{R} = [R_0 + \sum_{a=1}^{A} x_a(\widetilde{R}_a - R_0)]$ 为投资组合收益，而且 $\widetilde{C} = (W-c)\widetilde{R}$，我们可以写出这个问题的一阶条件：

$$u'(c) = xEu'(\widetilde{C})\widetilde{R}$$
$$0 = Eu'(\widetilde{C})(\widetilde{R}_a - R_0) \quad a = 1, \cdots, A$$

第一组条件是说，第 1 期消费的边际效用应等于第 2 期消费的折现期望边际效用。第二组条件是说对所有资产 $a = 1$，…，A，将投资组合从无风险资产转向资产 a 的期望边际效用必定为零。

让我们集中来看第二组条件并看其对资产定价的含义是什么。运用本书第 26 章的协方差恒等式，我们可以把这些条件写为

$$Eu'(\widetilde{C})(\widetilde{R}_a - R_0) = \text{cov}[u'(\widetilde{C}), \widetilde{R}_a] + Eu'(\widetilde{C})(\overline{R}_a - R_0) = 0 \quad a = 1, \cdots, A$$

整理，我们有

$$\overline{R}_a = R_0 - \frac{1}{Eu'(\widetilde{C})} \text{cov}[\widetilde{R}_a, u'(\widetilde{C})] \tag{20.13}$$

该方程令我们想起 CAPM 的定价方程，即方程（20.7），但是有几点区别。现在风险金依赖于与边际效用的协方差，而不是与风险资产的市场投资组合的协方差。

若一项资产与消费正相关，则它将与消费的边际效用负相关，因为 $u'' < 0$。这意味着将有一个正的风险金——持有该项资产要求更高的期望收益。对于与消费负相关的资产则相反。

事实是这样，该方程仅对个人投资者 i 成立。但是，在某些条件下，该条件能够被加总。举例来讲，假定所有资产均正态分布。则消费也将正态分布，而且我们

可以应用鲁宾斯坦（Rubinstein，1976）提出的一个定理：

$$\mathrm{cov}[u'(\widetilde{C}),\widetilde{R}_a]=Eu''(\widetilde{C})\mathrm{cov}(\widetilde{C},\widetilde{R}_a)$$

对方程（20.13）应用此定理，并加上下标 i 以区别个体投资者，我们有

$$\bar{R}_a=R_0+\left(-\frac{Eu''_i(\widetilde{C}_i)}{Eu'_i(\widetilde{C}_i)}\right)\mathrm{cov}(\widetilde{C}_i,\widetilde{R}_a) \tag{20.14}$$

乘到协方差上的项有时被称为行为者 i 的**总体风险规避**（global risk aversion）。利用其相似性，我们将其表示为 r_i。将方程（20.14）左右交叉互乘，我们有

$$\frac{1}{r_i}(\bar{R}_a-R_0)=\mathrm{cov}(\widetilde{C}_i,\widetilde{R}_a)$$

对所有投资者 $i=1,\cdots,I$ 加总，并使用 $\widetilde{C}=\sum_{i=1}^{I}\widetilde{C}_i$ 来表示总消费，得

$$(\bar{R}_a-R_0)\sum_{i=1}^{I}\frac{1}{r_i}=\mathrm{cov}(\widetilde{C},\widetilde{R}_a)$$

这也可以写作：

$$\bar{R}_a=R_0+\left[\sum_{i=1}^{I}\frac{1}{r_i}\right]^{-1}\mathrm{cov}(\widetilde{C},\widetilde{R}_a) \tag{20.15}$$

现在，风险金与总消费和该资产收益的协方差成比例。比例因子为平均风险规避的一个度量。

我们也可以将该比例因子表示为一特定资产的超额收益。假定存在资产 c 与总消费完全相关（该资产本身可以是其他资产的投资组合）。那么，资产 c 的收益 R_c 必须满足方程（20.15）：

$$\bar{R}_c=R_0+\left[\sum_{i=1}^{I}\frac{1}{r_i}\right]^{-1}\mathrm{cov}(\widetilde{C},\widetilde{R}_c)=R_0+\left[\sum_{i=1}^{I}\frac{1}{r_i}\right]^{-1}\mathrm{var}(\widetilde{C})$$

求解该方程，我们得到平均风险规避：

$$\left[\sum_{i=1}^{I}\frac{1}{r_i}\right]^{-1}=\frac{\bar{R}_c-R_0}{\sigma_{cc}}$$

这使我们可以将资产定价方程（20.15）改写成：

$$\bar{R}_a=R_0+\frac{\sigma_{ca}}{\sigma_{cc}}(\bar{R}_c-R_0) \tag{20.16}$$

该表达式中的协方差比有时被称为一项资产的**消费 β**（consumption beta）。它是资产 a 的收益和与总消费完全相关的资产收益之间的理论回归系数。它具有与 CAPM 中"市场 β"相同的解释。事实上，方程（20.16）和方程（20.7）之间是如此相似以至于使人惊奇是否不存在任何区别。

在两期模型中的确没有区别。若仅有两期，则第 2 期的总财富（即市场投资组合）等于总消费。但是，在多期模型中，财富和消费可能有所区别。

虽然我们就一个两期模型导出了我们的方程，实际上在一个多期模型中也是成立的。为看清这一点，考虑如下实验。在 t 期将 1 美元从无风险资产转移到资产 a。在 $t+1$ 期将你的消费进行 $x_a(\widetilde{R}_a - R_0)$ 数量的变动。如果你有一个最优消费计划，则这一行动的期望效用必定为零。但是，这个条件和收益分布的正态性是我们用来导出方程（20.16）的唯一条件！

例 20 - 1：期望效用和 APT

因为 APT 是对收益的特征作了限制，而期望效用模型仅是对偏好作了限制，我们可以将两模型的结果结合起来为因素特定风险提供一个解释。

方程（20.13）的期望效用模型表明：

$$\overline{R}_a = R_0 - \frac{1}{Eu'(\widetilde{C})} \text{cov}[\widetilde{R}_a, u'(\widetilde{C})] \tag{20.17}$$

且 APT 假定

$$\widetilde{R}_a = b_{0a} + b_{1a}\tilde{f}_1 + b_{2a}\tilde{f}_2$$

将此方程代入方程（20.13），有

$$\overline{R}_a = R_0 - \frac{1}{Eu'(\tilde{c})}\{b_{1a}\text{cov}[u'(\widetilde{C}), \tilde{f}_1] + b_{2a}\text{cov}[u'(\widetilde{C}), \tilde{f}_2]\}$$

将此方程与方程（20.12）进行比较，我们看到 λ_1 和 λ_2 与消费的边际效用和相应的因素风险之间的协方差成比例。

20.7 完全市场

现在我们考虑资产评估的不同模型。假设有 S 种不同自然状态，而且对每种自然状态 s 存在一种资产，当状态 s 发生时支付 1 美元，否则支付 0 美元。这种形式的资产被称为**阿罗-德布鲁证券**。令 p_s 为阿罗-德布鲁证券 s 的均衡价格。

现在考虑在状态 s 中具有价值 V_{as} 的任一资产 a。在第 0 期该资产价值多少？考虑下述论证：构造一个投资组合，拥有 V_{as} 单位阿罗-德布鲁证券 s。由于阿罗-德布鲁证券 s 在状态 s 价值 1 美元，该投资组合在状态 s 值 V_{as} 美元，因此该投资组合与资产 a 有完全相同的支付模式。从套利的角度考虑，资产 a 的价值必定与该投资组合的价值相同。因此，

$$p_a = \sum_{s=1}^{S} p_s V_{as}$$

这个论证证明任一资产的价值可由阿罗-德布鲁资产的价值来确定。

令 π_s 为状态 s 发生的概率,我们可以写出:

$$p_a = \sum_{s=1}^{S} \frac{p_s}{\pi_s} V_{as} \pi_s = E \frac{p}{\tilde{\pi}} \widetilde{V}_a$$

此处 E 为期望算子。此公式是说,资产 a 的价值是资产 a 的价值与随机变量 $\frac{p}{\pi}$ 的乘积的期望。运用本书第 26 章的协方差恒等式,我们将此表达式重写为

$$p_a = \text{cov}\left(\frac{p}{\tilde{\pi}}, \widetilde{V}_a\right) + E \frac{p}{\tilde{\pi}} E \widetilde{V}_a \tag{20.18}$$

由定义:

$$E \frac{p}{\tilde{\pi}} = \sum_{s=1}^{S} \frac{p_s}{\pi_s} \pi_s = \sum_{s=1}^{S} p_s$$

因此,$E\left(\frac{p}{\tilde{\pi}}\right)$ 是下一期确定支付 1 美元的投资组合的价值。令 R_0 为这样一种投资组合的无风险收益,我们有

$$E \frac{p}{\tilde{\pi}} = \frac{1}{R_0}$$

将之代入方程(20.18),稍微整理我们有

$$p_a = \frac{\overline{V}_a}{R_0} + \text{cov}\left(\frac{p}{\tilde{\pi}}, \widetilde{V}_a\right) \tag{20.19}$$

因此,资产 a 的价值必定是其折现期望的价值再加上一个风险金。

所有这些只是操作性定义;现在我们加入行为假设。若行为者 i 购买 c_{is} 单位的阿罗-德布鲁证券 s,他必须满足一阶条件:

$$\pi_s u_i'(c_{is}) = \lambda p_s$$

或者

$$\frac{u_i'(c_{is})}{\lambda_i} = \frac{p_s}{\pi_s}$$

可以推出,$\frac{p_s}{\pi_s}$ 必定与投资者 i 的消费边际效用成比例。由于风险规避,表达式的左侧是消费的严格递减函数。令 f_i 为 $\frac{u_i'}{\lambda_i}$ 的反函数,这也是一个递减函数。我们可以写出:

$$c_{is} = f_i\left(\frac{p_s}{\pi_s}\right)$$

对 i 加总,并使用 C_s 表示状态 s 下的总消费,可得

$$C_s = \sum_{i=1}^{I} f_i(p_s/\pi_s)$$

因为每个 f_i 是递减函数，该表达式的右侧也是递减函数。因此，它有反函数 F，所以我们可以写为

$$\frac{p_s}{\pi_s} = F(C_s)$$

此处 $F(C_s)$ 是总消费的递减函数。

将之代入方程（20.19），我们有

$$p_a = \frac{\overline{V}_a}{R_0} + \text{cov}[F(\widetilde{C}), \widetilde{V}_a] \tag{20.20}$$

因此，资产 a 的价值是经由一个风险金调整过的折现期望价值，该风险金依赖于该资产价值和总消费的一个递减函数的协方差。与总消费成正相关的资产将有负的调整；负相关的资产则有正的调整，正如在其他模型中一样。

20.8 纯套利

最后，我们考虑具有绝对最少假设条件的资产定价模型：我们仅要求无纯套利机会。

将资产集排列为一个 $S \times A$ 矩阵，V_{sa} 项度量自然状态 s 下资产 a 的价值。称其为矩阵 $\mathbf{V}$。令 $\mathbf{X} = (X_1, \cdots, X_A)$ 是对 A 项资产的持有模式。那么第 2 期该投资模式的价值将是矩阵乘积 $\mathbf{VX}$ 给出的一个 S 维向量。

假设 $\mathbf{X}$ 在每个自然状态下引起收益非负：$\mathbf{VX} \geq \mathbf{0}$。那么，假定此投资模式的价值应该非负似乎是合理的，即 $\mathbf{pX} \geq 0$，否则将存在明显的套利机会。将这个条件表达为**无套利原则**（no arbitrage principle）：若 $\mathbf{VX} \geq \mathbf{0}$，则 $\mathbf{pX} \geq 0$。

这实质上是要求"天下没有免费的午餐"。结果是，可以证明无套利原则意味着，存在一组"状态价格" $\rho_s \geq 0$, $s = 1, \cdots, S$，使得任一资产 a 的价值由下式给出：

$$p_a = \sum_{s=1}^{S} \rho_s V_{as} \tag{20.21}$$

因为其证明并不是我们直接感兴趣的，所以在本章附录中给出。这里我们探讨此条件对资产定价的含义。

我们知道，π_s 度量状态 s 发生的概率，于是方程（20.21）可写为

$$p_a = \sum_{s=1}^{S} \frac{\rho_s}{\pi_s} V_{as} \pi_s$$

方程右侧就是两个随机变量乘积的期望。令 $\tilde{Z}$ 为取值 $\frac{\rho_s}{\pi_s}$ 的随机变量，令 $\tilde{V}_a$ 为取值 V_{as} 的随机变量。

然后，应用协方差恒等式，我们有

$$p_a = E\tilde{Z}\,\tilde{V}_a = \text{cov}(\tilde{Z}, \tilde{V}_a) + \bar{Z}\,\bar{V}_a$$

由定义：

$$\bar{Z} = \sum_{s=1}^{S} \frac{\rho_s}{\pi_s}\pi_s = \sum_{s=1}^{S}\rho_s$$

此表达式右侧是在各自然状态中支付为 1 的证券的价值，也就是无风险证券的价值。由定义知，此值为 $\frac{1}{R_0}$。

将该值代入并重新整理得

$$\bar{V}_a = p_a R_0 - R_0\text{cov}(\tilde{Z}, \tilde{V}_a)$$

两侧除以 p_a，转换为表示资产收益的表达式：

$$\bar{R}_a = R_0 - R_0\text{cov}(\tilde{Z}, \tilde{R}_a)$$

从该方程我们看到，在非常一般的条件下，各资产的风险金依赖于该资产收益与一个唯一随机变量的协方差，上述随机变量对所有资产是相同的。

在我们已经探讨的不同模型中，我们已经找到关于 $\tilde{Z}$ 的不同表示。在 CAPM 中，$\tilde{Z}$ 是风险资产的市场投资组合的收益。在消费 β 模型中，$\tilde{Z}$ 是消费的边际效用。在阿罗-德布鲁模型中，$\tilde{Z}$ 是总消费的特定函数。

附 录

我们要证明文中提到的无套利原则意味着非负状态价格 $(\rho_1, \cdots, \rho_S)$ 的存在。为着手该问题，我们考虑下述线性规划问题：

min $\mathbf{pX}$
s. t. $\mathbf{VX} \geqslant 0$

该线性规划问题要求我们找到给出所有非负收益向量的最便宜的投资组合。当然 $\mathbf{X}=\mathbf{0}$ 是该问题的一个可行选择，而且无套利原则意味着它确实最小化目标函数。这样，该线性规划问题有一个有限的解。

此线性规划问题的对偶问题是

max $\mathbf{0p}$
s. t. $\boldsymbol{\rho}\mathbf{V}=\mathbf{p}$

此处，$\boldsymbol{\rho}$ 是对偶变量组成的 S 维非负向量。因为原问题有有限的可行解，所以对偶问题也是如此。这样我们已经发现，无套利条件的必然含义是，必定存在一个非负的 S 维向量 $\boldsymbol{\rho}$ 满足

$$\mathbf{p}=\boldsymbol{\rho}\mathbf{V}$$

注　释

CAPM 的处理依据 Ross（1977）。APT 模型归功于 Ross（1976）；此处的处理依据 Ingersoll（1987）。阿罗-德布鲁模型的资产定价公式依据 Rubinstein（1976）。纯套利分析依据 Ross（1978），但使用了来自 Ingersoll（1987）的证明。

习　题

20.1　在期望效用模型中投资组合选择的一阶条件是对所有资产 a，$Eu'(\widetilde{C})(\widetilde{R}_a - R_0) = 0$。证明：其也可以写成对任何资产 a 和 b，$Eu'(\widetilde{C})(\widetilde{R}_a - \widetilde{R}_b) = 0$。

20.2　根据资产 a 的收益率，写出方程（20.20）。

第21章 均衡分析

在本章我们讨论一些不便放于其他章节的一般均衡分析方面的专题。我们的第一个论题是有关核（core）的，核是帕累托集的推广，我们要探讨它与瓦尔拉斯均衡的关系。随后我们简短讨论一下凸性和经济规模之间的关系。接着我们将讨论瓦尔拉斯均衡唯一性的条件。最后，我们讨论一般均衡的稳定性。

21.1 交换经济中的核

我们已经看到，一般来说，瓦尔拉斯均衡是存在的，且为帕累托有效的。但是竞争市场机制系统的利用仅是配置资源的一条途径。若我们运用其他社会制度来促成贸易，则情形会是怎样的呢？我们是否仍可达到一个"接近于"瓦尔拉斯均衡的分配呢？

为了考察这个问题，我们考虑一种"市场博弈"，其中，每个行为者 i 带着初始禀赋 ω_i 来到市场。行为者不是利用价格机制，而只是四处游荡并作出相互交易的试探性安排。当所有行为者都作出尽可能好的安排时，交易得以进行。

正如上面所描述的，该博弈结构非常简单。我们并不给出计算均衡所需的博弈具体细节，而是要问一个更为一般的问题：什么是该博弈的"合理"结果集？这里有几个定义，也许有助于我们思考这个问题。

分配的改进（improve upon an allocation）。一组行为者 S 被称作对一个给定的分配 $\mathbf{x}$ 加以改进（improve upon），如果存在某个分配 $\mathbf{x}'$ 满足

$$\sum_{i \in S} \mathbf{x}'_i = \sum_{i \in S} \boldsymbol{\omega}_i$$

而且

$$\mathbf{x}'_i \succ_i \mathbf{x}_i, \text{对所有 } i \in S$$

如果一个分配 $\mathbf{x}$ 能够被加以改进，那么就存在某些行为者可以根本不通过进入市场而使自己境况更好；他们只要在他们之间进行交易就可以使境况得到改善。一

个可能的例子是一组消费者组织一个合作商店来抵制杂货店的高价格。看起来，可以被加以改进的任何分配似乎都不是一个合理的均衡——某些成员总是有着从其他经济部门中分裂出去的激励。

经济的核（core of an economy）：可行分配 **x** 属于经济的**核**，如果它不能通过任何联盟（coalition）被加以改进。

注意，若 **x** 属于核，则 **x** 必定为帕累托有效的。因为若 **x** 不是帕累托有效的，则包括所有行为者的联盟会对 **x** 加以改进。在此意义上，核是帕累托集思想的推广。若一个分配属于核，每组行为者都从交易中得到部分收益——没有一组有背叛的激励。

核的概念的一个问题是对行为者有非常大的信息要求——处于不满意联盟中的人们必须能够彼此找到。另外假定不存在形成联盟的成本，以至于即使通过形成联盟只能创造出非常小的收益，联盟也能形成。

通过一个两人、两物品的标准的埃奇沃思盒图，我们可以对核进行几何图形描述，见图 21-1。在这种情况下，核是帕累托集的子集，在此集合中，每个行为者进行交易比不进行交易时境况得到改善。

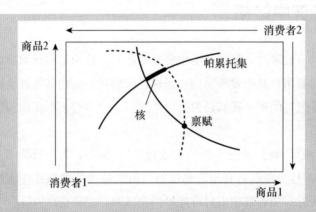

图 21-1 埃奇沃思盒中的核
注：在埃奇沃思盒中，核就是位于通过初始禀赋的两条无差异曲线之间的帕累托集片段。

在一般情况下，经济的核将是非空的吗？若我们继续作出保证市场均衡存在的假设，则是这样的，因为市场均衡总是包含在核中。

瓦尔拉斯均衡属于核（Walrasian equilibrium is in core）。若（**x***，**p**）是具有初始禀赋 ω_i 的一个瓦尔拉斯均衡，则 **x*** 属于核。

证明： 假设不然；则存在某联盟 S 和某可行分配 **x**′，使得 S 中所有行为者 i 相对于 **x**$_i^*$ 严格偏好 **x**$_i'$，且进一步

$$\sum_{i \in S} \mathbf{x}_i' = \sum_{i \in S} \boldsymbol{\omega}_i$$

但瓦尔拉斯均衡的定义意味着

$$\mathbf{p}\mathbf{x}'_i > \mathbf{p}\boldsymbol{\omega}_i，对 S 中的所有 i$$

所以

$$\mathbf{p}\sum_{i \in S}\mathbf{x}'_i > \mathbf{p}\sum_{i \in S}\boldsymbol{\omega}_i$$

这与第一个等式矛盾。证毕。

从埃奇沃思盒中可以看出，一般地，核中存在市场均衡以外的其他点。但是，若允许我们的两人经济增长，我们将有更多的可能的联盟，因而有更多的机会来对任何给定的分配加以改进。因此人们可能怀疑随着经济增长，核也许会萎缩。形式化这个思想的一个问题在于核是分配空间的一个子集，这样随着经济增长，核在不断变换维数。因此，我们想把自己局限于特别简单的增长类型。

如果两个行为者的偏好和初始禀赋相同，则我们认为他们属于相同**类型**。我们说一个经济是另一个经济的**复制**（replica），如果一个经济中的每类行为者是另一个经济中的 r 倍。这意味着如果一个大型经济复制一个小型经济，大型经济就是小型经济的"按比例扩大"版。为简单起见，我们把自己局限于两种类型的行为者，A 类型和 B 类型。考虑固定的两人经济；该经济的 r-核表示原始经济 r 阶复制的核。

可以证明同类型的所有行为者在任何核分配中必须接受相同的商品束。该结果大大简化了我们的分析。

核中的平等对待（equal treatment in the core）。假设行为者的偏好是严格凸、强单调和连续的。则若 $\mathbf{x}$ 是给定经济的 r-核中的分配，那么同类型的任何两个行为者一定接受相同的商品束。

证明：令 $\mathbf{x}$ 为核中的一个分配，而且 $2r$ 个行为者使用下标 $A1，\cdots，Ar$ 和 $B1，\cdots，Br$ 来表示。若同类型的所有行为者没有获得相同的分配，那么每类中存在一个受到最差待遇的行为者。我们称这两个行为者为"A 类型受害者"和"B 类型受害者"。如果出现平局的情况，则从平局的行为者中任选一个。

令 $\bar{\mathbf{x}}_A = \dfrac{1}{r}\sum\limits_{j=1}^{r}\mathbf{x}_{A_j}$，$\bar{\mathbf{x}}_B = \dfrac{1}{r}\sum\limits_{j=1}^{r}\mathbf{x}_{B_j}$ 为 A 类型和 B 类型行为者的平均商品束。因为分配 $\mathbf{x}$ 是可行的，所以我们有

$$\frac{1}{r}\sum_{j=1}^{r}\mathbf{x}_{A_j} + \frac{1}{r}\sum_{j=1}^{r}\mathbf{x}_{B_j} = \frac{1}{r}\sum_{j=1}^{r}\boldsymbol{\omega}_{A_j} + \frac{1}{r}\sum_{j=1}^{r}\boldsymbol{\omega}_{B_j} = \frac{1}{r}r\boldsymbol{\omega}_A + \frac{1}{r}r\boldsymbol{\omega}_B$$

进而有

$$\bar{\mathbf{x}}_A + \bar{\mathbf{x}}_B = \boldsymbol{\omega}_A + \boldsymbol{\omega}_B$$

所以 $(\bar{\mathbf{x}}_A，\bar{\mathbf{x}}_B)$ 对于由两位受害者组成的联盟是可行的分配。我们假设至少对一个类型，如 A 类型，A 类型的两个行为者接受不同的商品束。因此由偏好的严格凸性可知，A 类型受害者相对于当前分配严格偏好 $\bar{\mathbf{x}}_A$（因为它是一个至少同 $\bar{\mathbf{x}}_A$ 一样好

的对商品束的加权平均），而且 B 类型受害者认为 $\mathbf{x}_B$ 至少同当前的商品束一样好。强单调性和连续性允许 A 类型受害者从 $\mathbf{x}_A$ 中拿出一小部分对 B 类型受害者进行贿赂，这样就形成一个能够对分配加以改进的联盟。

因为该核中的任何分配必须赋予相同类型的行为者以相同的商品束，所以我们可以通过使用埃奇沃思盒来考察复制的两行为者经济的核。核中的点 $\mathbf{x}$ 不是代表 A 和 B 各获得多少，而是代表 A 类型和 B 类型的每个行为者各获得多少。上述引理告诉我们 r-核中的所有点均可由此种方式来表示。

下述命题是说，不是市场均衡的分配最终一定不在经济的 r-核中。这意味着大型经济的核分配看起来就是瓦尔拉斯均衡。

萎缩的核（shrinking core）：假定偏好是严格凸、强单调的，而且对应于初始禀赋 $\boldsymbol{\omega}$ 存在唯一的市场均衡 $\mathbf{x}^*$。则若 $\mathbf{y}$ 不是该市场均衡，就存在某复制 r 使得 $\mathbf{y}$ 不在 r-核中。

证明：参照图 21-2 中的埃奇沃思盒。我们要证明像 $\mathbf{y}$ 这样的点将最终被加以改进。因为 $\mathbf{y}$ 不是一个瓦尔拉斯均衡，$\mathbf{y}$ 和 $\boldsymbol{\omega}$ 之间的线段必须至少与一个行为者的通过 $\mathbf{y}$ 的无差异曲线相交。这样能够选择一个点，比如 $\mathbf{g}$，行为者 A 偏好 $\mathbf{y}$。依据 $\mathbf{g}$ 的位置，处理存在好几种情况；但是，本质上论证方法是相同的，所以我们仅处理所描绘的情形。

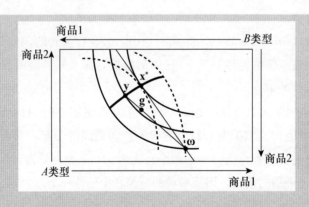

图 21-2 萎缩的核

注：随着经济的复制，像 $\mathbf{y}$ 这样的点将最终不在核中。

因为 $\mathbf{g}$ 处于 $\mathbf{y}$ 和 $\boldsymbol{\omega}$ 之间的线段上，所以我们可以写出

$$\mathbf{g} = \theta \boldsymbol{\omega}_A + (1-\theta) \mathbf{y}_A$$

对某个 $\theta > 0$。由偏好的连续性，我们也可以假设对某些整数 T 和 V，有 $\theta = \dfrac{T}{V}$。因此，

$$\mathbf{g}_A = \frac{T}{V} \boldsymbol{\omega}_A + \left(1 - \frac{T}{V}\right) \mathbf{y}_A$$

假设经济复制了 V 次。这样形成了包括 V 个 A 类型消费者和 $V-T$ 个 B 类型消费者的一个联盟，考虑该联盟中 A 类型行为者接受 $\mathbf{g}_A$，B 类型行为者接受 $\mathbf{y}_B$ 这样一种分配 $\mathbf{z}$。该分配相对于 $\mathbf{y}$，被联盟的所有成员都偏好（我们可以从 A 类型行为者那里拿走一小部分送给 B 类型行为者使其严格偏好）。我们将证明对该联盟的成员，上述分配是可行的。这可以从以下计算中得到：

$$V_{\mathbf{g}A}+(V-T)\mathbf{y}_B$$

$$=V\left[\frac{T}{V}\boldsymbol{\omega}_A+(1-\frac{T}{V})\mathbf{y}_A\right]+(V-T)\mathbf{y}_B$$

$$=T\boldsymbol{\omega}_A+(V-T)\mathbf{y}_A+(V-T)\mathbf{y}_B$$

$$=T\boldsymbol{\omega}_A+(V-T)\left[\mathbf{y}_A+\mathbf{y}_B\right]$$

$$=T\boldsymbol{\omega}_A+(V-T)\left[\boldsymbol{\omega}_A+\boldsymbol{\omega}_B\right]$$

$$=T\boldsymbol{\omega}_A+V\boldsymbol{\omega}_A-T\boldsymbol{\omega}_A+(V-T)\boldsymbol{\omega}_B$$

$$=V\boldsymbol{\omega}_A+(V-T)\boldsymbol{\omega}_B$$

这恰是我们的联盟的禀赋，因为该联盟有 V 个 A 类型行为者和 $(V-T)$ 个 B 类型行为者。这样，该联盟能够对 $\mathbf{y}$ 加以改进，命题得证。证毕。

该命题的许多严格假定可以被放松。特别是我们可以容易地去掉强单调性和市场均衡唯一性的假设。凸性对于此命题似乎是很关键的，但是正如在存在性定理中一样，该假设对大型经济是不必要的。当然，我们也可以允许存在多于两类型的行为者。

在瓦尔拉斯均衡的研究中，我们发现价格机制导致一个定义很好的均衡。在帕累托有效分配的研究中，我们发现几乎所有帕累托有效分配都可以通过禀赋的适当分配和一个价格机制来达到。另外在这里，在一般纯交换经济的研究中，价格呈现出另外一种不同的面目：只有大型经济核中的分配是市场均衡分配。萎缩的核定理说明瓦尔拉斯均衡是稳定的：甚至非常弱的均衡概念，如核，也倾向于对大型经济导出接近于瓦尔拉斯均衡的分配。

21.2 凸性和经济规模

偏好凸性在几个一般均衡模型中都出现过。通常，严格凸性的假设用来保证需求函数的良好定义——指在每一个价格仅对应唯一商品束需求，并且用来保证需求函数的连续性——价格的微小变动导致需求的微小变动。凸性假设对均衡分配的存在性是必要的，因为容易构造示例以说明非凸性引起需求的不连续，以及由此而导致的均衡价格的缺失。

例如，考虑图 21-3 中的埃奇沃思盒。此处行为者 A 有非凸偏好而行为者 B 有凸偏好。在价格 p^*，存在两个点最大化效用，但在每个点供给都不等于需求。

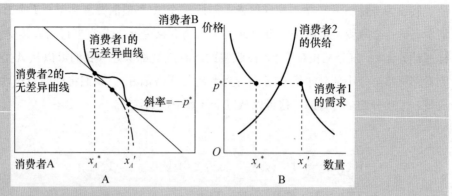

图 21 - 3　非凸偏好下均衡的不存在性

注：A 图给出了一个行为者具有非凸偏好的一个埃奇沃思盒的例子。B 图给出了相应的不连续的总需求曲线。

　　但是，也许均衡并不像本例中那样难以达到。让我们考虑一个具体的例子。假定商品的总供给恰好处于在 p^* 时的两个需求中间，如图 21 - 3B 所示。若经济复制一次，则我们有两个 A 类行为者和两个 B 类行为者，现在思考会发生什么。那么在价格 p^*，一个 A 类行为者可以需求 x_A^*，而另一个 A 类行为者可以需求 x_A'。在这种情况下，行为者的总需求事实上与商品供给的总量是相等的。瓦尔拉斯均衡对复制的经济是存在的。

　　不难看出，不管供给曲线处于什么位置，都存在与上面相似的构造使均衡存在：若供给曲线处于 x_A^* 和 x_A' 之间距离的 2/3 处，我们将复制三次等。只要我们对经济复制足够多的次数，我们就可以得到任意接近总供给的总需求。

　　上述论证说明，在大型经济中，如果非凸性范围相对于市场规模较小，则一般将存在一个价格向量，使需求接近供给。对足够大的经济来讲，小的非凸性不会引起严重困难。

　　这个观察与我们在竞争性厂商行为的讨论中所描述的复制观点是密切相关的。考虑具有固定成本和 U 形平均成本函数的厂商的经典模型。单个厂商的供给函数一般是不连续的，但若市场范围足够大，则这些不连续性将是无关紧要的。

21.3　均衡的唯一性

　　从一般均衡的存在性那一节我们知道，在适当条件下，出清所有市场的价格向量将存在；也就是存在一个 p^* 满足 $\mathbf{z}(\mathbf{p}^*) \leqslant \mathbf{0}$。本节我们要问的问题是有关唯一性的：什么时候存在出清所有市场的唯一价格向量？

　　这里，免费物品情形不是我们所感兴趣的，所以我们通过合意性假设的方式将其排除在外：我们假定，当其相对价格为零时，每种商品的超额需求严格为正。在经济上这意味着，当一种商品的价格趋于零时，每个人对其有着大量需求，这似乎非常合理。其显然的推论是，在所有均衡价格向量中，每种商品的价格必须严格为正。

　　与以前一样，我们要假定 **z** 是连续的，但是现在我们的要求更强一些——我们假定 **z** 有连续的导数。其原因相当明显，若无差异曲线存在扭结，则我们会发现价格的整个区间都是市场均衡。不仅均衡不唯一，甚至局部都不唯一。

　　给定这些假设，我们就有一个纯数学问题：给定从价格单纯形到 R^K 的一个平滑映射 **z**，什么时候存在唯一点映射到零？不要奢望它在一般情况下都成立，因为可以构造简单的反例，即使在二维情形下它也是不成立的。因此，我们有兴趣寻找能够保证唯一性的对超额需求函数的限制条件。这样我们就对这些限制条件是强还是弱、其经济含义是什么等感兴趣。

　　这里我们将考虑保证唯一性的对 **z** 的两个限制条件。第一种情形是**总替代**（gross substitutes），其令人感兴趣之处在于，其有着清晰的经济含义而且在此条件下唯一性的证明既简单又直接。第二种情形是**指数分析**（index analysis），其令人感兴趣之处在于它具有一般性。事实上，它将几乎所有其他唯一性结果都作为特例。遗憾的是，其证明要用到相当高深的微分拓扑学定理。

□ 总替代

　　粗略地讲，若一种商品价格的上涨引起另一种商品需求的增加，该两种商品就是总替代的。在基础教程中，这通常是替代的定义。在更为高级的教程中，有必要**区分净替代和总替代**的思想。净替代——当一种商品的价格上涨，则另一种商品的希克斯需求增加。总替代则是在此定义中将"希克斯"换为"马歇尔"。

　　总替代：在价格向量 **p** 下，若对于 $i \neq j$，$\dfrac{\partial z_j(\mathbf{p})}{\partial p_i} > 0$，则两种商品 i 和 j 就是总替代的。

　　此定义是说，若商品 i 价格的增加引起对商品 j 的超额需求的增加，则两种商品为总替代的。若所有商品都是总替代的，则 **z** 的雅可比（Jacobian）矩阵 $\mathbf{Dz}(\mathbf{p})$ 将有全部为正的非对角线项。

　　总替代意味着唯一均衡。如果在所有价格下所有商品都是总替代的，那么若 $\mathbf{p}^*$ 是一个均衡价格向量，则它是唯一的均衡价格向量。

　　证明：假设 $\mathbf{p}'$ 是某个其他均衡价格向量。因为 $\mathbf{p}^* \gg 0$，我们可以定义 $m = \max p_i' / p_i^* \neq 0$。由齐次性和 $\mathbf{p}^*$ 为一个均衡，我们知道 $\mathbf{z}(\mathbf{p}^*) = \mathbf{z}(m\mathbf{p}^*) = \mathbf{0}$。由 m 的定义我们知道，对某价格 p_k，我们有 $mp_k^* = p_k'$。现在我们把除了 p_k 以外的价格 mp_i^* 都依次降低到 p_i'。因为 k 以外的每种商品的价格从 $m\mathbf{p}^*$ 降到 $\mathbf{p}'$，所以必定有对 k 的需求下降。这样 $z_k(\mathbf{p}') < 0$ 意味着 $\mathbf{p}'$ 不是一个均衡。证毕。

□ 指数分析

　　考虑仅有两种商品的一个经济。选择商品 2 的价格作为计价单位，将商品 1 的超额需求作为其自身价格的函数画出其曲线。瓦尔拉斯法则意味着，当对商品 1 的超额需求为零时，我们得到均衡。我们所做的合意性假设意味着，当商品 1 的相对价格很大时，对商品 1 的超额需求为负；而当商品 1 的相对价格较小时，对商品 1 的超额需求为正。

参考图 21-4，图中我们画出了可能发生的几种情形。注意在（1）中，均衡通常是孤立的；在（2）和（3）中，均衡没有孤立的情形，微小的扰动可引起不"稳定"；（4）说明通常有奇数个均衡；在（5）中，如果超额需求曲线在所有均衡处都是向下倾斜的，则存在唯一的均衡，而且若仅有一个均衡，那么在此均衡处，超额需求曲线必定向下倾斜。

在上述一维情形下，注意如果在所有均衡下都有 $\mathrm{d}z(p)/\mathrm{d}p<0$，那么存在唯一的均衡。指数分析将此结果推广到 k 维情形，给出了唯一性的一个简单充要条件。

给定一个均衡 $\mathbf{p}^*$，以下述方式定义 $\mathbf{p}^*$ 的**指数**：写下超额供给函数的雅可比矩阵的负矩阵－$\mathbf{Dz}(\mathbf{p}^*)$，舍掉其最后一行和最后一列，并求所导出矩阵的行列式。若行列式的值为正，则点 $\mathbf{p}^*$ 的指数赋为＋1，若行列式的值为负，则点 $\mathbf{p}^*$ 的指数赋为－1（就像我们简单的一维示例一样，舍掉最后一行和最后一列等价于选择最后的商品为计价单位）。

我们还需要一个边界条件；有几种一般可能性，但是最为简单的是假定当 $\mathbf{p}_i＝0$ 时 $\mathbf{z}_i(\mathbf{p})>0$。在这种情况下，微分拓扑的一个基本定理讲，若所有均衡都有正的指数，则仅存在一个均衡。这立即给了我们一个唯一性定理。

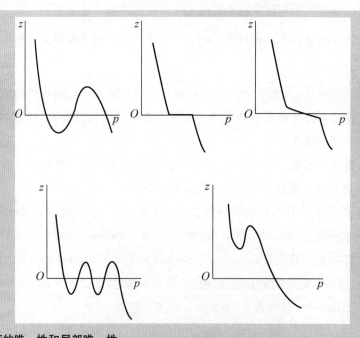

图 21-4 均衡的唯一性和局部唯一性

注：这些图画出了在均衡唯一性的讨论中所用到的几个例子。

均衡的唯一性：假设 $\mathbf{z}$ 是一个定义于价格单纯形上的连续可微的总超额需求函数，且当 $p_i = 0$ 时，有 $z_i(\mathbf{p}) > 0$。若 $(k-1) \times (k-1)$ 矩阵 $[-\mathbf{Dz}(\mathbf{p}^*)]$ 在所有均衡点有正的行列式，则存在唯一均衡。

该唯一性定理是一个纯数学结果。其优点在于该定理可以应用于大量不同的均衡问题。若一个均衡存在性定理能够作为一个不动点问题来提出，则我们一般地可以运用一个指数定理来找到均衡唯一的条件。但是，该定理有一个弱点：很难用经济学术语来阐述其含义。

在我们所考察的情形中，我们感兴趣的是总超额供给函数的行列式。我们能够运用斯卢茨基方程来写出总超额供给函数的导数：

$$-\mathbf{Dz}(\mathbf{p}) = -\sum_{i=1}^{n} \mathbf{D_p h}_i(\mathbf{p}, u_i) - \sum_{i=1}^{n} \mathbf{D_m x}_i(\mathbf{p}, \mathbf{p}\boldsymbol{\omega}_i)[\boldsymbol{\omega}_i - \mathbf{x}_i]$$

在什么时候，左侧的矩阵有一个正的行列式呢？让我们看该表达式的右侧。右侧第一项可以较好地处理；替代矩阵是半负定矩阵，所以该矩阵的 $(k-1) \times (k-1)$ 阶主子阵的（负）矩阵将一般为一个正定矩阵。正定矩阵的和也是正定矩阵，因而行列式的值为正。

第二项就有问题了。该项本质上是商品的超额供给和该商品的边际消费倾向之间的协方差。没有理由认为它一般地具有某种特定结构。我们能说的就是若这些收入效应相对替代效应较小，以致第一项为主导项，那么期望均衡唯一就是合理的。

21.4 一般均衡动态

我们已经证明，在对经济主体行为似乎可行的假设下，总是存在一个价格向量使需求等于供给。但是并没有给出一个保证，使经济恰巧在此"均衡"点运行。存在什么力量倾向于使价格向市场出清价格向量移动呢？本节我们将探讨在试图构造竞争性经济的价格调整机制时所遇到的一些问题。

最大也是最基本的问题，是存在于竞争思想和价格调整之间的矛盾关系：若所有经济主体都将市场价格视为给定并在其控制之外，那么价格如何移动呢？谁将调整价格？

这个谜团导致了一个精心编造的神话的出现，其中假定了寻求市场出清价格的"瓦尔拉斯拍卖者"的存在。按照这个构造，一个竞争性市场功能如下：

在零时刻，瓦尔拉斯拍卖者喊出某个价格向量。所有行为者确定其在这些价格下的现货与期货的需求和供给。拍卖者检查总超额需求向量并按照某规则调整价格，假定提高具有超额需求商品的价格，降低具有超额供给商品的价格。此过程将继续到一个均衡价格向量被找到。在该点上，包括期货交易合同的交换的所有贸易都要敲定。经济则随着时间而运转，每个行为者执行已经同意的合同。

当然这是一个很不现实的模型。然而，价格沿超额需求方向变动的基本思想似乎是合理的。在什么条件下这种调整过程会导向一个均衡呢？

21.5 试探过程

让我们考虑随时间而发生的一个经济。每天市场开放，人们将其需求和供给呈现在市场上。在任意价格向量 **p** 下，一般在某些市场上将存在超额需求和超额供给。我们将假设价格按照下述称为供给和需求的法则进行调整。

价格调整规则（price adjustment rule）：对 $i=1, \cdots, k$，$\dot{p}_i = G_i[z_i(\mathbf{p})]$，此处 G_i 是超额需求的某个光滑保号函数。

很方便地可以作出某类合意性假定来排除均衡在零价格取到的可能性，所以我们通常假定，当 $p_i = 0$ 时 $z_i(\mathbf{p}) > 0$。

画图来描绘该价格调整规则所定义的动态系统是很有帮助的。让我们考虑对每个 $i=1, \cdots, k$，$G_i(z_i)$ 等于恒等函数的特殊情形。这样再加上边界假设，我们有了由下式定义的 R^k 空间中的一个系统：

$$\dot{\mathbf{p}} = \mathbf{z}(\mathbf{p})$$

按常规考虑我们知道，此系统遵从瓦尔拉斯法则，$\mathbf{pz}(\mathbf{p}) \equiv 0$。从几何学上讲，这意味着 $\mathbf{z}(\mathbf{p})$ 与价格向量 **p** 正交。

瓦尔拉斯法则意味着一条非常方便的性质。让我们来看价格向量的欧几里得范数如何随时间而变动：由瓦尔拉斯法则，有

$$\frac{\mathrm{d}}{\mathrm{d}t}\Big[\sum_{i=1}^{k} p_i^2(t)\Big] = \sum_{i=1}^{k} 2p_i(t)\dot{p}_i(t) = 2\sum_{i=1}^{k} p_i(t)z_i[\mathbf{p}(t)] = 0$$

因此，瓦尔拉斯法则要求价格的平方和随价格调整保持不变。这意味着价格的路径被局限于 k 维球面。此外，因为当 $p_i = 0$ 时 $z_i(\mathbf{p}) > 0$，我们知道在 $p_i = 0$ 的点附近，价格的运动路径总是指向内部。在图 21-5 中，我们有 $k=2$ 和 $k=3$ 情形下的几张图。

第三张图特别令人不快。它描绘了存在唯一均衡的情形，但是均衡完全不稳定。我们所描绘的调整过程几乎永不收敛于一个均衡。这似乎是一种反常的情形，但非常容易发生。

德布鲁（Debreu，1974）已经证明，在本质上满足瓦尔拉斯法则的任何连续函数都是某经济的一个超额需求函数；这样，效用最大化假设对总需求行为没有施加任何约束，而且价格球面上的任何动态系统都可以从我们的经济行为模型中产生。很明显，要得到全局稳定性结果，必须对需求函数假定特殊条件。那么结果的价值将依赖于所假定条件的经济自然性。

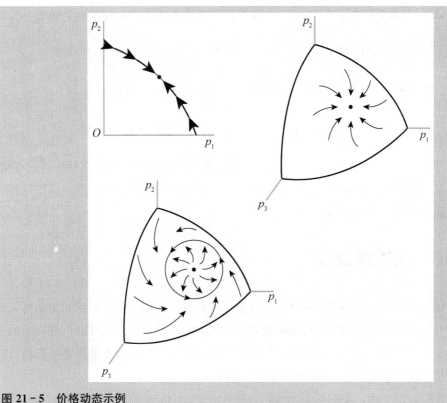

图 21 - 5 价格动态示例

注：前两个示例是稳定均衡，第三个示例有唯一的不稳定均衡。

我们将针对一种特殊调整过程下的一个特殊假设来对全局稳定性的论证予以勾勒，即假设总需求行为满足本书第 8 章所描述的显示偏好弱公理。这就是说，对所有 $\mathbf{p}$ 和 $\mathbf{p}^*$，若 $\mathbf{px}(\mathbf{p}) \geqslant \mathbf{px}(\mathbf{p}^*)$，我们必定有 $\mathbf{p}^* \mathbf{x}(\mathbf{p}) > \mathbf{p}^* \mathbf{x}(\mathbf{p}^*)$。因为该条件对所有 $\mathbf{p}$ 和 $\mathbf{p}^*$ 成立，所以它当然对 $\mathbf{p}^*$ 的均衡值也成立。让我们导出该条件对超额需求函数的含义。

从这些不等式中减去 $\mathbf{p}\boldsymbol{\omega}$ 和 $\mathbf{p}^* \boldsymbol{\omega}$ 可得出下面的结果：

$$\mathbf{px}(\mathbf{p}) - \mathbf{p}\boldsymbol{\omega} \geqslant \mathbf{px}(\mathbf{p}^*) - \mathbf{p}\boldsymbol{\omega} \text{ 意味着 } \mathbf{p}^* \mathbf{x}(\mathbf{p}) - \mathbf{p}^* \boldsymbol{\omega} > \mathbf{p}^* \mathbf{x}(\mathbf{p}^*) - \mathbf{p}^* \boldsymbol{\omega}$$

运用超额需求的定义，我们可以将该表达式写为

$$\mathbf{pz}(\mathbf{p}) \geqslant \mathbf{pz}(\mathbf{p}^*) \text{ 意味着 } \mathbf{p}^* \mathbf{z}(\mathbf{p}) > \mathbf{p}^* \mathbf{z}(\mathbf{p}^*) \tag{21.1}$$

现在我们来说明式（21.1）左侧的条件对任何均衡价格向量 $\mathbf{p}^*$ 都必定满足。为证明这一点，只要看到瓦尔拉斯法则意味着 $\mathbf{pz}(\mathbf{p}) \equiv 0$，而均衡的定义意味着 $\mathbf{pz}(\mathbf{p}^*) = 0$。由此可知，对任何均衡 $\mathbf{p}^*$，右侧不等式必定成立。因此对所有 $\mathbf{p} \neq \mathbf{p}^*$，我们必定有 $\mathbf{p}^* \mathbf{z}(\mathbf{p}) > 0$。

WARP 意味着稳定性：假设由 $\dot{p}_i = z_i(\mathbf{p})$（$i = 1, \cdots, k$）给出价格调整规则而且超额需求函数遵循显示偏好弱公理；即若 $\mathbf{p}^*$ 为经济的均衡，则对所有 $\mathbf{p} \neq \mathbf{p}^*$ 满足 $\mathbf{p}^* \mathbf{z}(\mathbf{p}) > 0$。那么遵循上述法则的所有价格路径都收敛于 $\mathbf{p}^*$。

证明：（概述）我们将对该经济构造一个李雅普诺夫（Liaponov）函数（见本书第 26 章）。令 $V(\mathbf{p}) = \sum_{i=1}^{k} \left[(p_i - p_i^*)^2 \right]$，则

$$\frac{\mathrm{d}V(\mathbf{p})}{\mathrm{d}t} = \sum_{i=1}^{k} 2(p_i - p_i^*)\dot{p}_i(t) = 2\sum_{i=1}^{k} (p_i - p_i^*)z_i(\mathbf{p})$$

$$= 2\sum_{i=1}^{k} \left[p_i z_i(\mathbf{p}) - p_i^* z_i(\mathbf{p}) \right] = 0 - 2\mathbf{p}^* \mathbf{z}(\mathbf{p}) < 0$$

这意味着对 $\mathbf{p} \neq \mathbf{p}^*$，$V(\mathbf{p})$ 是沿着解路径的单调减函数。依据李雅普诺夫定理，我们仅需说明 $\mathbf{p}$ 的有界性来得到 $V(\mathbf{p})$ 是一个李雅普诺夫函数和经济全局稳定的结论。我们省去该部分证明。

21.6　无试探过程

试探过程的情形在两种状况下是有意义的：或者直到达到均衡才发生交易，或者没有商品是可贮藏的以至每期消费者拥有相同的禀赋。若商品可以积存，则消费者的禀赋将随时间而变动而且这反过来会影响需求行为。这种考虑到禀赋变动的模型被称为**无试探模型**（nontatonnement models）。

在这种模型中，我们必须用当前的价格向量 $\mathbf{p}(t)$ 和当前的禀赋 $[\boldsymbol{\omega}_i(t)]$ 刻画时点 t 的经济状态。和以前一样，我们通常假设价格根据超额需求的符号进行调整。但禀赋应该如何演化？

我们考虑两种具体过程。第一种具体过程是**埃奇沃思过程**（Edgeworth process），指的是在行为者之间进行交易的技术具有使每个行为者的效用一定持续增加的性质。这基于以下观点：除非交易使行为者境况都变好，否则不存在自愿交易。该过程的一个非常方便的性质是可以很快得到一个稳定性定理；我们只要定义李雅普诺夫函数为 $\sum_{i=1}^{n} u_i[\boldsymbol{\omega}_i(t)]$。由假设可知，效用的和必须随着时间的延伸而增加，所以一个简单的有界性论证就可以给出收敛性的证明。

第二种具体过程被称为**哈恩过程**（Hahn process）。在本过程中我们假定交易规则具备如下性质，即没有商品对某个行为者而言处于超额需求状态，而对另外一个行为者而言处于超额供给状态。也就是说，在任何时点上，如果某种商品对一特定行为者处于超额需求状态，则它也处于总超额需求状态。

此假定具有一个重要的含义。我们已经假定，当一种商品处于超额需求状态时其价格将上升。这将使需求该商品的行为者的间接效用下降。那些已经承诺以现行价格供应商品的行为者不受此价格变动的影响。因此总间接效用将随时间而下降。

为了使论证更加严密，我们需要对禀赋变动作出进一步假设。t 时刻消费者 i 的禀赋的价值是 $m_i(t) = \sum_{j=1}^{k} p_j(t)\boldsymbol{\omega}_i^j(t)$，对 t 求微分得

$$\frac{\mathrm{d}m_i(t)}{\mathrm{d}t} = \sum_{j=1}^{k} p_j(t)\,\frac{\mathrm{d}w_i^j(t)}{\mathrm{d}t} + \sum_{j=1}^{k} \frac{\mathrm{d}p_j(t)}{\mathrm{d}t}w_i^j(t)$$

假定表达式的第一项为零是合理的。这意味着以现行价格来计价的任一瞬间的禀赋变动为零。这仅仅是说，每个行为者用价值 1 美元的商品交换价值 1 美元的商品。由于价格变动，禀赋的价值将随时间而变动，但并不是因为行为者在固定价格下努力进行盈利性交易。

给定这个观察，容易证明间接效用的和随时间而减小。行为者 i 的间接效用函数的导数是

$$\frac{\mathrm{d}v_i[\mathbf{p}(t),\mathbf{p}(t)\boldsymbol{\omega}_i(t)]}{\mathrm{d}t} = \sum_{j=1}^{k} \frac{\partial v_i}{\partial p_j}\frac{\mathrm{d}p_j}{\mathrm{d}t} + \frac{\partial v_i}{\partial m_i}\left[\sum_{j=1}^{k} p_j\frac{\mathrm{d}\omega_i^j}{\mathrm{d}t} + \frac{\mathrm{d}p_j}{\mathrm{d}t}\omega_i^j\right]$$

运用罗伊法则和当前价格下禀赋变动的价值一定为零的事实，我们有

$$\frac{\mathrm{d}v_i[\mathbf{p}(t),\mathbf{p}(t)\boldsymbol{\omega}_i(t)]}{\mathrm{d}t} = -\frac{\partial v_i}{\partial m_i}\sum_{j=1}^{k}\left[x_i^j(\mathbf{p},\mathbf{p}\boldsymbol{\omega}_i) - \omega_i^j\right]\frac{\mathrm{d}p_j(t)}{\mathrm{d}t}$$

由假设可知，若对行为者 i 而言商品 j 处于超额需求状态，则 $\mathrm{d}p_j/\mathrm{d}t>0$，而且反过来也是这样。由于收入的边际效用为正，所以只要总需求不等于总供给，整个表达式的符号将为负。因此当经济未处于均衡时，每个行为者 i 的间接效用必定下降。

注 释

对这些专题的更为精细的讨论参见 Arrow & Hahn（1971）。拓扑指数对于均衡唯一性的重要性是由 Dierker（1972）首次认识到的。核收敛性结果是由 Debreu & Scarf（1963）严密建立起来的。

习 题

21.1 有两个行为者，他们有着相同的、严格凸的偏好和均等的禀赋。描述该经济的核并把它在埃奇沃思盒图中描绘出来。

21.2 考虑一个纯交换经济，所有消费者具有形式为 $u(x_1,\cdots,x_n)+x_0$ 的可微拟线性效用函数。假定 $u(x_1,\cdots,x_n)$ 是严格凹的。证明均衡唯一。

21.3 假设瓦尔拉斯拍卖者遵循以下价格调整法则 $\dot{p}=[\mathbf{Dz(p)}]^{-1}\mathbf{z(p)}$，证明 $V(\mathbf{p})=-\mathbf{z(p)z(p)}$ 是该动态系统的一个李雅普诺夫函数。

第22章 福 利

本章将考察几个不便置于本书其他章节的福利经济学概念。第一个概念是补偿标准，它经常用于成本-收益分析。然后我们讨论在计算产出或价格变动的福利效应时通常所用的一种技巧。最后我们考察最优商品税收问题。

22.1 补偿标准

人们经常需要知道，一个政府项目什么时候能增进社会福利。比如，建造一个水坝有诸如降低电力和水资源价格的经济效益。不过，与这些收益相对照，我们还必须权衡环境可能被破坏的成本以及水坝的建造成本。一般来说，一个项目的成本和收益会以不同方式影响不同的人。水坝增加了水供给，可能在降低某些地区的水费的同时，又增加其他地区的水费。这些不同的收益和成本应当如何来比较？

以前我们曾经分析过由于某种商品的价格或消费数量的变动，给个人所带来的收益或成本的度量问题。本节我们试图运用**帕累托标准**和**补偿标准**的概念，将此类分析推广到由诸多个体所组成的社区。

考虑两种分配 $\mathbf{x}$ 和 $\mathbf{x}'$。如果每个人都相对 $\mathbf{x}$ 偏好 $\mathbf{x}'$，则称 $\mathbf{x}'$ **帕累托优于** $\mathbf{x}$。[1] 若每个人相对于 $\mathbf{x}$ 偏好 $\mathbf{x}'$，那么断言 $\mathbf{x}'$ "优于" $\mathbf{x}$，而一个把我们从 $\mathbf{x}$ 移向 $\mathbf{x}'$ 的项目就应该被采用似乎没有争议。这是**帕累托标准**。但是受到一致偏爱的项目是很少的。在典型情况下，某些人偏好 $\mathbf{x}'$ 而其他人可能偏好 $\mathbf{x}$。那么应该怎么决定呢？

补偿标准建议采用下述检验：若存在对 $\mathbf{x}'$ 重新分配的某种方式，以使每个人相对于原始分配 $\mathbf{x}$ 都偏好重新分配，则称 $\mathbf{x}'$ **潜在帕累托优于** $\mathbf{x}$。让我们稍微更正式地陈述这个定义：如果存在某分配 $\mathbf{x}''$，$\sum_{i=1}^{n} \mathbf{x}_i'' = \sum_{i=1}^{n} \mathbf{x}_i'$（即 $\mathbf{x}''$ 为 $\mathbf{x}'$ 的重新分配），对所有行为者 i，满足 $\mathbf{x}_i'' \succ_i \mathbf{x}_i'$，那么 $\mathbf{x}'$ 潜在帕累托优于 $\mathbf{x}$。

这样，补偿标准仅要求 $\mathbf{x}'$ 是对 $\mathbf{x}$ 的潜在帕累托改进。若一个人相对于 $\mathbf{x}$ 偏好 $\mathbf{x}'$

---

[1] 为方便起见，此处我们使用严格偏好；其思想可以容易地推广到弱偏好。

则称他为"赢家",若他相对于 $\mathbf{x}'$ 偏好 $\mathbf{x}$ 则称其为"输家"。如果赢家能够补偿输家,即赢家能够出让足够的收益使每个人境况变得更好,则在补偿检验的意义下 $\mathbf{x}'$ 好于 $\mathbf{x}$。

现在如果事实上赢家真的补偿了输家,则所建议的变动能够被每个人所接受就似乎是合理的。但是并不清楚为什么仅仅因为赢家有补偿输家的可能,就认为 $\mathbf{x}'$ 优于 $\mathbf{x}$。

维护补偿标准的一个通常论据是,补偿是否实施的问题实际上是一个收入分配问题,而且基本福利定理认为收入分配问题独立于分配效率问题。补偿标准涉及分配效率,而适当收入分配问题最好是通过诸如再分配税之类的其他方式来处理。在本书第 22 章我们将进一步对此加以探讨。

让我们用图形重述这个讨论。假设仅有两个人,而且他们正考虑两种分配 $\mathbf{x}$ 和 $\mathbf{x}'$。我们将之与其效用可能集相联系:

$$U = \{u_1(\mathbf{y}_1), u_2(\mathbf{y}_2) : \mathbf{y}_1 + \mathbf{y}_2 = \mathbf{x}_1 + \mathbf{x}_2\}$$
$$U' = \{u_1(\mathbf{y}_1), u_2(\mathbf{y}_2) : \mathbf{y}_1 + \mathbf{y}_2 = \mathbf{x}'_1 + \mathbf{x}'_2\}$$

这些集合的右上边界被称为**效用可能性边界**（utility possibility frontiers）。效用可能性边界给出了与 $\mathbf{x}$ 和 $\mathbf{x}'$ 的所有帕累托有效重新分配相关的效用分布。图 22-1 描绘了效用可能性集的一些示例。

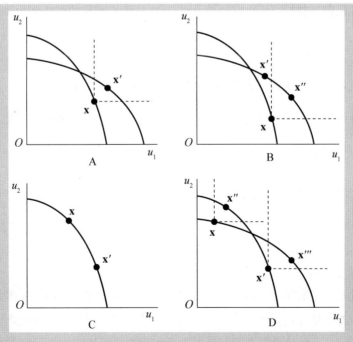

图 22-1 补偿检验

注:在 A 图中,$\mathbf{x}'$ 帕累托优于 $\mathbf{x}$。在 B 图中,在补偿检验的意义下,$\mathbf{x}'$ 优于 $\mathbf{x}$。在 C 图中,$\mathbf{x}$ 和 $\mathbf{x}'$ 不可比。在 D 图中,$\mathbf{x}$ 优于 $\mathbf{x}'$ 和 $\mathbf{x}'$ 优于 $\mathbf{x}$。

在图 22-1A 中，因为 $u_1(\mathbf{x}_1') > u_1(\mathbf{x}_1)$ 而且 $u_2(\mathbf{x}_2') > u_2(\mathbf{x}_2)$，分配 $\mathbf{x}'$ 帕累托优于 $\mathbf{x}$。在图 22-1B 中，$\mathbf{x}'$ 潜在帕累托优于 $\mathbf{x}$：即使 $\mathbf{x}'$ 本身不是帕累托优的，但是存在 $\mathbf{x}'$ 的某重新分配帕累托优于 $\mathbf{x}$。这样，在从 $\mathbf{x}$ 到 $\mathbf{x}'$ 的移动中，就赢家能够补偿输家的意义来讲，$\mathbf{x}'$ 满足补偿标准。在图 22-1C 中，$\mathbf{x}'$ 和 $\mathbf{x}$ 不可比——对于它们的相对合意性，补偿检验和帕累托检验都没有讲任何东西。在图 22-1D 中，我们有最为矛盾的情形：这里因为 $\mathbf{x}''$ 帕累托优于 $\mathbf{x}$，$\mathbf{x}'$ 潜在帕累托优于 $\mathbf{x}$；但是，因为 $\mathbf{x}''$ 帕累托优于 $\mathbf{x}'$，$\mathbf{x}$ 也潜在帕累托优于 $\mathbf{x}'$！

图 22-1C 和 D 两种情形说明了补偿标准的主要缺点：它没有给出任何准则用于比较两个帕累托有效分配，而且它可能导致不一致的比较。不过补偿检验仍普遍地应用于应用福利经济学中。

正如我们所描述的，补偿检验要求我们考虑项目对所有受影响的消费者效用的影响。乍看起来，这似乎要求对人口进行细致调查。然而我们下面将证明，这对某些情形并不是必需的。

如果所考虑的项目是公共物品，为作出社会决策就不太可能避免社区的明确质询。我们将在第 23 章考察与这种质询有关的问题。如果项目涉及私人物品，我们就有一个较好的情形，因为私人物品的当前价格在一定意义上反映它们对于单个行为者的边际价值。

假定我们目前处于一个市场均衡 $(\mathbf{x}, \mathbf{p})$ 中，而且我们正试图移向分配 $\mathbf{x}'$。则：

国民收入检验（national income test）。若 $\mathbf{x}'$ 潜在帕累托优于 $\mathbf{x}$，我们一定有

$$\sum_{i=1}^{n} \mathbf{p}\mathbf{x}_i' > \sum_{i=1}^{n} \mathbf{p}\mathbf{x}_i$$

这就是，以现行价格度量的国民收入在 $\mathbf{x}'$ 处比在 $\mathbf{x}$ 处多。

证明：如果在补偿标准的意义下，$\mathbf{x}'$ 优于 $\mathbf{x}$，那么存在某分配 $\mathbf{x}''$ 满足 $\sum_{i=1}^{n} \mathbf{x}_i'' = \sum_{i=1}^{n} \mathbf{x}_i'$，而且对所有 i，$\mathbf{x}_i'' >_i \mathbf{x}_i'$。因为 $\mathbf{x}$ 是一个市场均衡，这意味着对所有 i 有 $\mathbf{p}\mathbf{x}_i'' > \mathbf{p}\mathbf{x}_i$。加总，我们有 $\sum_{i=1}^{n} \mathbf{p}\mathbf{x}_i'' > \sum_{i=1}^{n} \mathbf{p}\mathbf{x}_i$。但是

$$\sum_{i=1}^{n} \mathbf{p}\mathbf{x}_i'' = \mathbf{p}\sum_{i=1}^{n} \mathbf{x}_i'' = \mathbf{p}\sum_{i=1}^{n} \mathbf{x}_i'$$

这就导出了结果。证毕。

此结果是有用的，因为它给我们提供了对所建议项目的一种单向检验：如果在现行价格下度量的国民收入下降，则该项目不可能潜在地帕累托优于目前的分配。

图 22-2 使该命题在几何图形上更加清晰化。该图的坐标轴度量两种可获得商品的总数量。当前分配由某总商品束 $X = (X^1, X^2)$ 来表示，此处 $X^1 = \sum_{i=1}^{n} x_i^1$，并类似地定义 X^2（记住：消费者由下标表示，商品由上标表示）。

对一个总商品束 $\mathbf{X}'$，如果 $\mathbf{X}'$ 能在消费者之间分配构建一个配置 $\mathbf{x}'$，而且 $\mathbf{x}'$ 帕累托优于 $\mathbf{x}$，那么说总商品束 $\mathbf{X}'$ 潜在帕累托优于分配 $\mathbf{x}$。换种说法，潜在帕累托优的总商品束集由下式给出：

$$P = \left\{ \sum_{i=1}^{n} \mathbf{x}'_i : \text{对所有的 } i, \mathbf{x}'_i \succ i\mathbf{x}_i \right\}$$

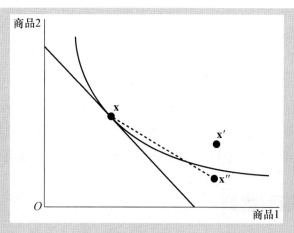

图 22 - 2 国民收入检验

注：如果国民收入下降，则该变动不可能是潜在帕累托优的。如果国民收入增加，则该变动可能是也可能不是潜在帕累托优的。但是，如果一个小的变动引起了国民收入的增加，那么它很可能是潜在帕累托优的。

图 22 - 2 描绘了一种典型的情形。集合 P 具有较好的凸性而且总商品束 $\mathbf{X}$ 位于其边界上。竞争性价格把 $\mathbf{X}$ 从 P 中分离出来。从此图中可以容易地看到上述命题的内容：如果在补偿标准的意义下 $\mathbf{x}'$ 优于 $\mathbf{x}$，则 $\mathbf{X}'$ 必定属于 P，因而 $\mathbf{p}\mathbf{X}' > \mathbf{p}\mathbf{X}$。

我们也可以看到逆命题并不正确。商品束 $\mathbf{X}''$ 具有性质 $\mathbf{p}\mathbf{X}'' > \mathbf{p}\mathbf{X}$，但它并不潜在帕累托优于 $\mathbf{x}$。但是，该图确实提出了一个有趣的猜想：如果 $\mathbf{p}\mathbf{X}'' > \mathbf{p}\mathbf{X}$ 且 $\mathbf{X}''$ 充分接近 $\mathbf{X}$，那么 $\mathbf{X}''$ 必定潜在帕累托优于 $\mathbf{x}$。更准确地说，考察连接 $\mathbf{X}''$ 和 $\mathbf{X}$ 的虚线。这条线上的所有点都有比 $\mathbf{X}$ 大的价值，但是并不是此线上的所有点都处于通过 $\mathbf{X}$ 的无差异曲线的上方。然而，此线上与 $\mathbf{X}$ 足够近的点是位于该无差异曲线上方的。让我们尝试用代数方法来系统阐述这一思想。

论证基于以下事实：就一阶而言，个人效用的变化与收入变化成比例。这依据一个简单的泰勒级数展开式：

$$u_i(\mathbf{x}'_i) - u_i(\mathbf{x}_i) \approx \mathbf{D}u_i(\mathbf{x}_i)[\mathbf{x}'_i - \mathbf{x}_i]$$
$$= \lambda_i \mathbf{p}[\mathbf{x}'_i - \mathbf{x}_i]$$

根据此表达式，随着商品束的价值变动为正或为负，商品束 $\mathbf{x}_i$ 的微小变动是受到偏好的或不受到偏好的。

我们运用这个思想来证明，若 $\mathbf{p} \sum_i \mathbf{x}'_i > \mathbf{p} \sum_i \mathbf{x}_i$ 且 $\mathbf{x}'_i$ 接近于 $\mathbf{x}_i$，则能够找到 $\mathbf{x}'$ 的

重新分配——称之为 $\mathbf{x}''$——满足每个人相对 $\mathbf{x}$ 偏好 $\mathbf{x}''$。为证明此结论，简单地令 $X = \sum_i \mathbf{x}_i$，$X' = \sum_i \mathbf{x}'_i$，并定义 $\mathbf{x}''$ 如下：

$$\mathbf{x}''_i = \mathbf{x}_i + \frac{X' - X}{n}$$

此处每个行为者 i 得到了从 $\mathbf{x}$ 向 $\mathbf{x}'$ 移动中总收益的 $1/n$。依据上述泰勒级数展开式，

$$u_i(\mathbf{x}'') - u_i(\mathbf{x}) \approx \lambda_i \mathbf{p} \left[\mathbf{x}_i + \frac{X' - X}{n} - \mathbf{x}_i \right]$$

$$\approx \lambda_i \mathbf{p} \left[\frac{X' - X}{n} \right]$$

这样，如果右侧为正——在原始价格国民收入增加——那么增加每个行为者的效用一定是可能的。当然，仅当变动足够小从而使泰勒近似式有效时，此结论才成立。此国民收入检验被广泛运用于评价边际政策变动对消费者福利的影响。

22.2 福利函数

正如在本章前面所提及的，补偿方法的弱点在于它忽视了福利分布方面的考虑。潜在帕累托优于当前分配的分配潜在地具有高的福利。但是也许有人认为真正相关的是真实福利。

如果有人愿意假定存在某福利函数，那么他就可以将分布方面的考虑并入成本-收益分析。让我们假定，我们有一个线性效用福利函数：

$$W(u_1, \cdots, u_n) = \sum_{i=1}^{n} a_i u_i$$

正如我们在本书第 17 章所看到的，参数（a_i）与单个经济人的"福利权数"相关。这些权数可以认为是"社会计划者"的价值判断。假定我们处于一个市场均衡（$\mathbf{x}$，$\mathbf{p}$）中并且正考虑移向一个分配 $\mathbf{x}'$。该移动将增加福利吗？若 $\mathbf{x}'$ 接近于 $\mathbf{x}$，我们可以应用泰勒级数展开式得到

$$W[u_1(\mathbf{x}'_1), \cdots, u_n(\mathbf{x}'_n)] - W[u_1(\mathbf{x}_1), \cdots, u_n(\mathbf{x}_n)] \approx \sum_{i=1}^{n} a_i \mathbf{D}u_i(\mathbf{x}_i)(\mathbf{x}'_i - \mathbf{x}_i)$$

因为（$\mathbf{x}$，$\mathbf{p}$）为一个市场均衡，我们可以将上式重写为

$$W[u_1(\mathbf{x}'_1), \cdots, u_n(\mathbf{x}'_n)] - W[u_1(\mathbf{x}_1), \cdots, u_n(\mathbf{x}_n)] \approx \sum_{i=1}^{n} a_i \lambda_i \mathbf{p}(\mathbf{x}'_i - \mathbf{x}_i)$$

我们看到福利检验简化为考察支出的加权变动。权数与我们最初并入福利函数的价值判断有关。

作为一个特例，假设最初分配 $\mathbf{x}$ 是福利最优化的。则本书第 17 章的结果告诉我们 $\lambda_i = 1/a_i$。在此情形下我们发现

$$W[u_1(\mathbf{x}_1'),\cdots,u_n(\mathbf{x}_n')] - W[u_1(\mathbf{x}_1),\cdots,u_n(\mathbf{x}_n)] \approx \sum_{i=1}^{n}\mathbf{p}(\mathbf{x}_i'-\mathbf{x}_i)$$

因为分布已经最优化了，所以分布项消失了，而且留给我们的是一个简单的标准：如果国民收入（在原始价格下）增加，则小项目增加福利。这恰是与补偿检验有关的标准。

这意味着，如果社会计划者始终如一地遵循不仅就总额收入分布，而且就影响分配的其他政策选择选择福利最大化的政策，那么影响分配的政策选择可以独立于其对收入分布的影响来加以评价。

22.3 最优税收

在本书第 8 章我们曾经看到，一次性所得税总比消费税要可取。但是，在很多情形下一次性所得税是不可行的。如果我们不能使用一次性所得税，最优税收是怎样的呢？

我们在一个单一消费者经济中考察此问题。令 $u(\mathbf{x})$ 为消费者的直接效用函数且 $v(\mathbf{p},m)$ 为其间接效用函数。我们将 $\mathbf{p}$ 解释为生产者价格。如果 $\mathbf{t}$ 是一个税收向量，那么消费者面临的价格向量是 $\mathbf{p}+\mathbf{t}$。这使得消费者的效用为 $v(\mathbf{p}+\mathbf{t},m)$，政府的收入为 $R(\mathbf{t})=\sum_{i=1}^{k}t_ix_i(\mathbf{p}+\mathbf{t},m)$。

最优税收问题是，在满足税收系统征收给定数目收入 R 的约束下，最大化此税率下消费者的效用：

$$\max_{t_1,\cdots,t_k} v(\mathbf{p}+\mathbf{t},m)$$
$$\text{s. t. } \sum_{i=1}^{k}t_ix_i(\mathbf{p}+\mathbf{t},m)=R$$

此问题的拉格朗日等式为

$$L = v(\mathbf{p}+\mathbf{t},m) - \mu\Big[\sum_{i=1}^{k}t_ix_i(\mathbf{p}+\mathbf{t},m)-R\Big]$$

对 t_i 求微分，我们有

$$\frac{\partial v(\mathbf{p}+\mathbf{t},m)}{\partial p_i} - \mu\Big[x_i + \sum_{j=1}^{k}t_j\frac{\partial x_j(\mathbf{p}+\mathbf{t},m)}{\partial p_i}\Big]=0, \quad i=1,\cdots,k$$

应用罗伊法则，我们可以写出

$$-\lambda x_i - \mu\Big[x_i + \sum_{j=1}^{k}t_j\frac{\partial x_j(\mathbf{p}+\mathbf{t},m)}{\partial p_i}\Big]=0, \quad i=1,\cdots,k$$

解出 x_i，我们有

$$x_i = -\frac{\mu}{\mu + \lambda} \sum_{j=1}^{k} t_j \frac{\partial x_j(\mathbf{p} + \mathbf{t}, m)}{\partial p_i}$$

现在对此方程右侧运用斯卢茨基方程可以得到

$$x_i = -\frac{\mu}{\mu + \lambda} \sum_{j=1}^{k} t_j \left[\frac{\partial h_j}{\partial p_i} - \frac{\partial x_j}{\partial m} x_i \right]$$

经某些处理之后，此表达式可以写为

$$\theta x_i = \sum_{j=1}^{k} t_j \frac{\partial h_j}{\partial p_i}$$

此处 θ 是 μ、λ 和 $\sum_j t_j \partial x_j / \partial m$ 的一个函数。

应用斯卢茨基矩阵的对称性，我们可以写出

$$\theta x_i = \sum_{j=1}^{k} t_j \frac{\partial h_i}{\partial p_j} \tag{22.1}$$

将此表达式写为弹性形式，我们有

$$\theta = \sum_{j=1}^{k} \frac{\partial h_i}{\partial p_j} \frac{p_j}{x_i} \frac{t_j}{p_j} = \sum_{j=1}^{k} \epsilon_{ij} \frac{t_j}{p_j}$$

此方程意为税收选择必须使得对所有商品，希克斯交叉价格弹性的加权和都相同。

在 $\epsilon_{ij} = 0 (i \neq j)$ 的极端情形下，该条件变为

$$\frac{t_i}{p_i} = \frac{\theta}{\epsilon_{ii}} \tag{22.2}$$

所以商品 i 的税收-价格比与需求弹性的倒数成正比。这被称为**逆弹性法则**（inverse elasticity rule）。其有好的含义：应该对相对无弹性需求的商品课以重税，而对相对弹性需求的商品课以轻税。这样做可以在最低程度上扭曲消费者的决策。

当税率 t_i 很小时，可以得到另一种简化。在此情形下

$$\mathrm{d}h_i \approx \sum_{j=1}^{k} t_j \frac{\partial h_i}{\partial p_j}$$

将此式代入方程（22.1）得

$$\frac{\mathrm{d}h_i}{h_i} \approx \theta$$

此方程是说较小税的最优集使得所有补偿需求按相同的比例减少。

注　释

本章的内容非常标准；查询任何成本-收益分析方面的教科书都可以找到详细的介绍。最优税收理论的评论参见 Mirrlees（1982）或 Atkinson & Stiglitz（1980）。

习 题

22.1 考虑正文中所导出的最优税收公式——方程 (22.1)，证明：当所要求的收入量为正时，θ 为非负。

22.2 一家公用事业公司生产产出 x_1，…，x_k。这些产品由一个具有效用函数 $u_1(x_1) + \cdots + u_k(x_k) + y$ 的代表性消费者来消费，此处 y 为基准商品。该公用事业公司以边际成本 c_i 生产商品 i，其固定成本为 F。导出一个最优定价法则公式将 $(p_i - c_i)$ 与商品 i 的需求弹性联系起来。

22

第23章 公共物品

到现在为止，我们对资源配置的讨论一直完全集中在**私人物品**（private goods）上，即那些消费仅影响单个经济人的物品。比如说以面包为例，你和我可以消费不同数量的面包，并且，如果我消费某一条特定的面包，你就不能消费它。

一件物品，如果在消费它时他人能够被排除在外，我们就说它是**排他性的**（excludable）；如果一个人的消费并不减少其他消费者的可用量，我们就说它是**非竞争性的**（nonrival）。竞争性物品是单个人的消费确实能减少他人的可用量的物品。竞争性物品有时被称为**有减少性的**（diminishable）物品。普通的私人物品既有排他性又有竞争性。

有些物品不具备上面这些特性。一个很好的例子就是路灯。在一个既定的区域里，路灯的数量是固定的——你和我都具有同样的潜在消费，而且，我"消费"的数量并不影响你可用来消费的数量。因此，路灯是非竞争性的。此外，我对路灯的消费并不排斥你的消费。具有非排他性和非竞争性的物品被称为**公共物品**（public goods）；其他的一些例子还有警察与消防保护、公路、国防、灯塔、电视与无线电广播、清洁的空气。

也有不少介于两者之间的例子，比如加密的电视广播。这是非竞争性的——因为一个人的消费并不减少另外一个人的——但它又是排他性的，因为只有那些有权使用解密装置的人才能观看广播节目。这类物品有时被称为**俱乐部物品**（club goods）。

另一类例子是具有非排他性但具有竞争性的物品。一条拥挤的街道就是一个很好的例子：任何人都可以使用这条街道，但是一个人的使用会减少另外某个人的可用空间。

最后，我们还有这样一些物品，它们本来是私人物品，却被像公共物品般地对待。例如，教育实质上是一项私人物品——它是排他性的，并且在一定程度上是有减少性的。但是，大多数国家作出了提供公共教育的政治决策。通常还有对所有公民提供同等水平教育支出的政治决定。这要求我们像公共物品那样看待教育。

涉及公共物品与涉及私人物品的资源配置问题，二者是完全不同的。我们前文已经谈到竞争市场是以高效的方式配置私人物品的有效社会制度。然而，结果表明，私人市场对于配置公共物品来说通常不具有很好的机制。一般来说，必须运用其他的社会制度，例如投票。

23.1　离散型公共物品的有效提供

我们从研究两个行为者、两种物品的简单例子开始。一种物品 x_i，是一种私人物品，可设想是用于私人消费的货币。另一种物品 G，是一种公共物品，它可以是花费在某公共物品如路灯上的货币。行为者起初拥有一些属于私人物品的禀赋 w_i，并且决定将多少贡献于公共物品。如果行为者 i 决定贡献 g_i，他将有 $x_i = w_i - g_i$ 的私人消费。我们假设，消费私人物品与公共物品的效用都是严格递增的，并且行为者 i 的效用函数写为 $u_i(G, x_i)$。

我们首先考虑这样一种情况：公共物品仅能以一个离散的数量来利用；它或者是以那个数量得到提供，或者根本得不到提供。假定提供一单位的公共物品要耗费的成本为 c，于是有下式表示的技术：

$$G = \begin{cases} 1 & \text{当 } g_1 + g_2 \geq c \\ 0 & \text{当 } g_1 + g_2 < c \end{cases}$$

稍后我们将考虑更一般的技术。

我们首先要问，什么时候提供该公共物品才是帕累托有效的？如果有某形式的贡献 (g_1, g_2)，使得 $g_1 + g_2 \geq c$，并且

$$\begin{aligned} u_1(1, w_1 - g_i) &> u_1(0, w_1) \\ u_2(1, w_2 - g_2) &> u_2(0, w_2) \end{aligned} \tag{23.1}$$

那么，提供该公共物品将帕累托优于不提供它。令 r_i 为行为者 i 为了获得一单位的公共物品而愿意放弃的私人物品的最大数量。我们称之为支付意愿的最大值，或者消费者 i 的**保留价格**（见本书第 9 章）。

根据定义，r_i 必须满足等式：

$$u_i(1, w_i - r_i) = u_i(0, w_i) \tag{23.2}$$

把这个定义式应用于式（23.1），我们有

$$u_i(1, w_i - g_i) > u_i(0, w_i) = u_i(1, w_i - r_i) \quad i = 1, 2$$

由于私人消费的效用是严格递增的，

$$w_i - g_i > w_i - r_i \quad i = 1, 2$$

把这些不等式相加，我们可看出

$$r_1 + r_2 > g_1 + g_2 \geqslant c$$

因此，如果提供公共物品是帕累托改进，我们必有 $r_1 + r_2 > c$。也就是说，对公共物品的支付意愿的和必须超过提供它的成本。注意与提供私人物品在效率条件上的差别。在私人物品的情形中，如果个人 i 愿意付出生产私人物品的成本，那么提供它就是有效的。这里我们仅需较弱的条件，即支付意愿的和超过提供的成本。

证明其逆命题也没什么困难。假设我们有 $r_1 + r_2 > c$。然后选择 g_i 略小于 r_i，以使不等式 $g_1 + g_2 \geqslant c$ 且

$$u_i(1, w_i - g_i) > u_i(0, w_i)$$

得以满足，$i = 1, 2$。这表示当 $r_1 + r_2 > c$ 时，提供该公共物品既是可行的又是帕累托改进的。我们用以下陈述来总结以上的讨论：当且仅当支付意愿的和超过提供成本时，提供离散型公共物品才是帕累托改进。

23.2 离散型公共物品的私人提供

私人市场在提供公共物品上的有效性有多大？假设 $r_i = 100$，$i = 1, 2$，且 $c = 150$，以使支付意愿的和超过提供成本。每个行为者独立地决定是否要购买这一公共物品。然而，由于公共物品是公共的物品，任何一个行为者都不能排除他人对其消费。

我们可用一个简单的博弈矩阵代表策略与支付，见表 23 - 1。

表 23 - 1　离散型公共物品的私人提供

		消费者 2	
		买	不买
消费者 1	买	−50，−50	−50，100
	不买	100，−50	0，0

如果消费者 1 购买该物品，他将获得 100 美元的收益，但需为这些收益付出 150 美元。如果消费者 1 购买，而消费者 2 不买，消费者 2 将免费得到 100 美元的收益。在此情形下，我们称消费者 2 搭了消费者 1 的**便车**（free riding）。

注意这个博弈与本书第 15 章所描述的**囚徒困境**在结构上是相似的。这个博弈中的占优策略均衡是（不买，不买）。没有一个消费者想购买该物品，因为每人都想搭他人的便车。但净结果是这个物品根本得不到提供，即便这样做是有效率的。

这表明，我们不能期望纯粹的独立决策会必然导致公共物品的有效数量得到提供。一般来说，这需要运用更加复杂的机制。

23.3 为离散型公共物品投票

公共物品的数量通常用投票的方式加以决定。一般地，这将导致一种有效的提供吗？假设我们有三个消费者，他们决定对是否要提供一个需花费 99 美元才能提供的公共物品进行投票。如果多数投票赞成提供，他们将均摊成本，每人支付 33 美元。这三位消费者的保留价格分别是：$r_1 = 90$，$r_2 = 30$，$r_3 = 30$。

显然，保留价格之和超过提供成本。然而，在此情况下，只有消费者 1 将投票赞成提供该公共物品，因为如果该物品被提供，只有消费者 1 能从中获得一个正的净收益。多数投票表决的问题是，它仅衡量了对公共物品的序数偏好，而效率条件要求一个对支付意愿的比较。消费者 1 将愿意对其他消费者进行补偿，以使他们投公共物品的赞成票，但这种可能性也许得不到利用。

另一类投票涉及个人宣布他们对公共物品的支付意愿，并伴以如下规则：如果宣布的支付意愿之和超过公共物品的成本，该公共物品将得到供应。如果成本份额是固定的，那么这个博弈将典型地不存在均衡。考虑上面给出的三个投票者的例子。在此情况下，投票者 1 将因该物品得到提供而境况变好，所以他完全有理由宣布一个任意大的正数。同样地，行为者 2 和行为者 3 完全有理由宣布任意大的负数。

对物品的另一类投票涉及每人宣布其对公共物品愿意支付多少。如果宣布的价格之和至少与公共物品的成本同样大，该公共物品就得到提供，并且每人必须支付他所宣布的数目。在此情况下，如果该公共物品的提供是帕累托有效的，那么这就是博弈的一个均衡。使每个行为者所宣布的不大于其保留价格且总和达到公共物品的成本的任一组声明都是一个均衡。然而，这个博弈也有许多其他的无效率的均衡。例如，所有的行为者都宣布对该公共物品的支付意愿为零，就是一个典型的均衡。

23.4 连续型公共物品的有效提供

现在让我们假定公共物品可以以任意连续的数量提供；为了简便，我们继续考虑仅有两个行为者的情况。如果 $g_1 + g_2$ 被用于公共物品，那么公共物品的数量就由 $G = f(g_1 + g_2)$ 给出，且行为者 i 的效用由 $U_i[f(g_1 + g_2), w_i - g_i]$ 给出。我们还不如把生产函数包含在效用函数里，且仅写为 $u_i(g_1 + g_2, w_i - g_i)$，而 $u_i(G, x_i)$ 就是以 $U_i[f(G), x_i]$ 定义的。效用函数里包含技术并不失其一般性，因为效用最终依赖于公共物品的总贡献。

我们知道，效率的一阶条件可从效用加权和的最大化中求得：

$$\max_{g_1,g_2} a_1 u_1(g_1+g_2,w_1-g_1)+a_2 u_2(g_1+g_2,w_2-g_2)$$

对 g_1 和 g_2 的一阶条件可写作：

$$a_1 \frac{\partial u_1(G,x_1)}{\partial G}+a_2 \frac{\partial u_2(G,x_2)}{\partial G}=a_1 \frac{\partial u_1(G,x_1)}{\partial x_1} \tag{23.3}$$

$$a_1 \frac{\partial u_1(G,x_1)}{\partial G}+a_2 \frac{\partial u_2(G,x_2)}{\partial G}=a_2 \frac{\partial u_2(G,x_2)}{\partial x_2}$$

因而有 $a_1 \frac{\partial u_1}{\partial x_1}=a_2 \frac{\partial u_2}{\partial x_2}$。式（23.3）的左侧被右侧相除，并应用该等式，我们有

$$\frac{\frac{\partial u_1(G,x_1)}{\partial G}}{\frac{\partial u_1(G,x_1)}{\partial x_1}}+\frac{\frac{\partial u_2(G,x_2)}{\partial G}}{\frac{\partial u_2(G,x_2)}{\partial x_2}}=1 \tag{23.4}$$

或者

$$MRS_1+MRS_2=1$$

在连续地提供公共物品的情况下，效率的条件是：边际支付意愿的和等于提供的边际成本。在这种情况下边际成本为 1，因为公共物品直接就是贡献之和。

跟通常一样，存在配置 (G, x_1, x_2) 的一整个区域满足这个效率条件。由于一般来说对公共物品的边际支付意愿依赖于个人消费的数量，G 的效率水平将典型地依赖 x_1 和 x_2。

然而，在一种特殊情况下，即拟线性效用的情形，公共物品的有效数量将独立于个人的消费水平。要看清这一点，不妨假设效用函数具有 $u_i(G)+x_i$ 的形式。那么，效率条件（23.4）可写为 $u_1'(G)+u_2'(G)=1$，它将标准地决定公共物品的唯一水平。[①]

例 23-1：求解一种公共物品的有效提供量

假定效用函数具有科布-道格拉斯形式：$u_i(G, x_i)=a_i \ln G+\ln x_i$。在此情况下边际替代率（MRS）函数由 $a_i x_i/G$ 给出，所以效率条件为

$$\frac{a_1 x_1}{G}+\frac{a_2 x_2}{G}=1$$

或者

$$G=a_1 x_1+a_2 x_2 \tag{23.5}$$

如果起初可用的私人物品的总量为 w，那么我们也有条件

---

① 这个论点假定提供一正数的公共物品是有效率的。如果收入非常低，也许就不会这样了。

$$x_1 + x_2 + G = w \tag{23.6}$$

等式（23.5）与等式（23.6）描述了帕累托有效配置集。

现在考虑具有 $u_i(G, x_i) = b_i \ln G + x_i$ 形式的拟线性效用函数。一阶效率条件为

$$\frac{b_1}{G} + \frac{b_2}{G} = 1$$

或者

$$G = b_1 + b_2 \tag{23.7}$$

配置又必定是可行的，因此帕累托有效配置集就由式（23.6）与式（23.7）给出。注意，在拟线性效用的情况下，公共物品的有效数量是唯一的，而在一般情况下存在许多不同的有效水平。

23.5 连续型公共物品的私人提供

假设每个行为者独立决定他要为这个公共物品贡献多少。比如，如果行为者 1 认为行为者 2 将贡献 g_2，那么，行为者 1 的效用最大化问题就是

$$\max_{g_1} u_1(g_1 + g_2, w_1 - g_1)$$
$$\text{s. t. } g_1 \geqslant 0$$

约束条件 $g_1 \geqslant 0$ 在本例中是一个自然的限制，它说明行为者 1 可以自愿地增加公共物品的数量，但他不能单方面地减少它。如我们下面将要看到的那样，这个不等式约束被证明是很重要的。

这个问题的库恩-塔克一阶条件为

$$\frac{\partial u_1(g_1 + g_2, x_1)}{\partial G} - \frac{\partial u_1(g_1 + g_2, x_1)}{\partial x_1} \leqslant 0 \tag{23.8}$$

如果 $g_1 > 0$，则等式成立。我们也可以把这个条件写为：

$$\frac{\dfrac{\partial u_1(g_1 + g_2, x_1)}{\partial G}}{\dfrac{\partial u_1(g_1 + g_2, x_1)}{\partial x_1}} \leqslant 1$$

如果行为者 i 贡献一正的数量，其公共物品与私人物品间的边际替代率必定等于他的边际成本 1。如果其边际替代率低于他的成本，他就不会贡献什么。

这个条件可用图 23-1 来说明。这里行为者 1 的"禀赋"是点 (w_1, g_2)，因为在他无所贡献时他得到的私人消费量是 w_1，而且他获得的公共消费量是 g_2。"预算"线是过这个点的斜率为 -1 的直线。预算线上的可行点是那些满足 $g_1 = w_1 -$

$x_1 \geqslant 0$ 的点。我们画出了两种情形：一种情形，行为者 1 想贡献一正的数量；另一种情形，行为者 1 想搭便车。

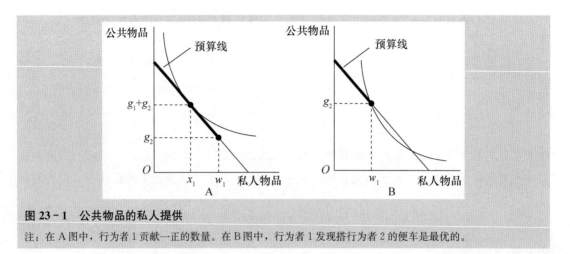

图 23-1 公共物品的私人提供

注：在 A 图中，行为者 1 贡献一正的数量。在 B 图中，行为者 1 发现搭行为者 2 的便车是最优的。

此博弈的一个**纳什均衡**是每个行为者在给定另一个行为者贡献的条件下都贡献最优数量的一个贡献组合（g_1^*，g_2^*）。因此，等式（23.8）对两个行为者来说必须同时得到满足。我们可以将以纳什均衡为特征的条件写为

$$\frac{\dfrac{\partial u_1(G^*,x_1^*)}{\partial G^*}}{\dfrac{\partial u_1(G^*,x_1^*)}{\partial x_1}} \leqslant 1$$

$$\frac{\dfrac{\partial u_2(G^*,x_2^*)}{\partial G^*}}{\dfrac{\partial u_2(G^*,x_2^*)}{\partial x_2}} \leqslant 1 \qquad (23.9)$$

如果一个正数量的 G 被提供，那么这些不等式中至少有一个必须是等式。我们可以继续分析并尝试找出在怎样的条件下只有一个行为者贡献，何时两者都贡献等。

不过，在本例中还存在另一种稍微更有用的方式来描述纳什均衡。为了做到这一点，我们需要解行为者 i 的**反应函数**。这给出行为者 i 想贡献出的以另一行为者的贡献量为函数的数量。

我们可以把行为者 1 的最大化问题写为

$$\max_{g_1,x_1} u_1(g_1+g_2,x_1)$$
$$\text{s. t. } g_1+x_1 = w_1 \qquad (23.10)$$
$$g_1 \geqslant 0$$

利用 $G = g_1+g_2$ 的事实，我们可以把这个问题重写为

$$\max_{G,x_1} u_1(G,x_1)$$
$$\text{s. t. } G+x_1 = w_1+g_2 \qquad (23.11)$$

$$G \geqslant g_2$$

仔细留意第二个公式。它说明，行为者 1 在满足其预算约束与他选择的数量至少不小于另一个人提供的数量的约束条件下，有效地选择了公共物品的总量。预算约束说明，他消费的总价值必须与其"禀赋"价值 $w_1 + g_2$ 相等。

问题（23.11）除了不等式约束外，与通常的消费者最大化问题十分相似。令 $f_1(w)$ 为在忽略不等式约束情形下行为者 1 对公共物品的需求，这个需求是其财富的函数。那么，解式（23.10）所得出的公共物品数量由下式给出：

$$G = \max\{f_1(w_1 + g_2), g_2\}$$

等式两侧同时减去 g_2，我们有

$$g_1 = \max\{f_1(w_1 + g_2) - g_2, 0\}$$

这就是行为者 1 的反应函数；它给出了他的作为另一个行为者贡献量的函数的最优贡献量。一个纳什均衡就是一个能使下式成立的贡献组合 (g_1^*, g_2^*)：

$$
\begin{aligned}
g_1^* &= \max\{f_1(w_1 + g_2^*) - g_2^*, 0\} \\
g_2^* &= \max\{f_2(w_2 + g_1^*) - g_1^*, 0\}
\end{aligned}
\tag{23.12}
$$

这个公式通常比公式（23.9）更为有用，因为我们对需求函数 f_1 和 f_2 可能的样子有了一个更明晰的概念。我们在下面的例子中追求这一点。

考察一下当效用为拟线性的时均衡条件所表现出来的形式是有用的。在此情况下，我们可以把式（23.9）写为

$$
\begin{aligned}
u_1'(g_1^* + g_2^*) &\leqslant 1 \\
u_2'(g_1^* + g_2^*) &\leqslant 1
\end{aligned}
$$

注意，一般来说，两个约束条件中仅有一个是有约束力的。假设行为者 1 对公共物品比行为者 2 有一个更高的边际价值，使得对所有的 G 都有 $u_1'(G) > u_2'(G)$，那么，只有行为者 1 愿意贡献——行为者 2 则总是搭便车。只有当两个人对公共物品有同样的爱好（在边际上），他们才会都有所贡献。

换一种说法，我们注意到当效用为拟线性的时，对公共物品的需求将独立于收入，使得 $f_i(w) \equiv \bar{g}_i$ 成立。那么，式（23.12）采用如下形式：

$$
\begin{aligned}
g_1^* &= \max\{\bar{g}_1 - g_2^*, 0\} \\
g_2^* &= \max\{\bar{g}_2 - g_1^*, 0\}
\end{aligned}
$$

从这些等式中可导出，如果 $\bar{g}_1 > \bar{g}_2$，那么 $g_1^* = \bar{g}_1$ 和 $g_2^* = 0$。

例 23-2：求解纳什均衡提供量

考虑我们前面的有科布-道格拉斯效用函数的例 23-1。应用科布-道格拉斯需求函数的

标准公式，我们有

$$f_i(w) = \frac{a_i}{1+a_i}w$$

由此导出，式（23.12）的解一定满足

$$g_1 = \max\left\{\frac{a_1}{1+a_1}(w_1+g_2)-g_2, 0\right\}$$

$$g_2 = \max\left\{\frac{a_2}{1+a_2}(w_2+g_1)-g_1, 0\right\}$$

(23.13)

就拟线性的例子来说，我们有一阶条件：

$$\frac{b_1}{G} \leqslant 1$$

$$\frac{b_2}{G} \leqslant 1$$

所以，$G^* = \max\{b_1, b_2\}$。如果 $b_1 > b_2$，行为者 1 作出全部贡献，而行为者 2 则搭便车。

23.6 投 票

假设一组行为者正在考虑对公共物品的数量进行投票表决。如果公共物品的当前水平是 G，那么他们就投票决定是否增加或者减少公共物品的数量。如果多数人投票赞成增加或者减少公共物品的数量，那就这么做。能使多数人既不喜欢更多也不喜欢更少的公共物品数量，就是一个**投票均衡**（voting equilibrium）。

无须更进一步的限制，这个模型中就可能不存在均衡。例如，假定有 A、B、C 三个行为者及公共物品的三种提供水平——1、2 或者 3 单位。A 喜欢 1 甚于 2 且 2 甚于 3；B 喜欢 2 甚于 3 且 3 甚于 1；C 喜欢 3 甚于 1 且 1 甚于 2。在这种情况下，多数人喜欢 1 甚于 2，多数人喜欢 2 甚于 3，多数人喜欢 3 甚于 1。因而，不管提供的公共物品数量是多少，总有想改变它的多数人存在。这就是著名的**投票悖论**（paradox of voting）的一个例子。

然而，如果我们愿意加进一点东西，我们就能消除这个悖论。假设行为者都同意：如果多数人投票赞成增加公共物品的数量，那么行为者 i 就支付增加成本的一部分 s_i，并假定所有行为者都有拟线性效用函数。如果提供了 G 单位的公共物品，行为者 i 获得的效用就是 $u_i(G) - s_iG$。因而，如果 $u_i'(G) > s_i$，他将投票赞成增加公共物品的数量。

如果 $u_i(G) - s_iG$ 有唯一的最大值，我们就称行为者 i 有**单峰偏好**（single-peaked preferences）。假设这个条件得到满足，令 G_i 为使行为者 i 效用最大化的点。那么我们断言，唯一的投票均衡由 G_i 的**中值**给出。为简单起见，假设每个行

为者有一个不同的 G_i 值，且投票者人数为奇数。如果有 $n+1$ 个投票者，那么**中间的投票者**（median voter）就是这样一个人，他一边的 $n/2$ 的人喜欢更多的公共物品，另一边的 $n/2$ 的人则喜欢更少。如果行为者 m 是中间的投票者，那么公共物品的投票均衡水平 G_v 就由下式给出：

$$u'_m(G_v) = s_m$$

这样的一个均衡被称为**鲍恩均衡**（Bowen equilibrium）。显然这是一个均衡，因为多数人不想增加或减少公共物品的数量。不难证明它是唯一的。

令人感兴趣的一个问题是，怎样比较公共物品的有效水平。回想一下，公共物品的有效水平满足下式：

$$\sum_{i=1}^{n} u'_i(G_e) = 1$$

我们也可以把它写为

$$\frac{1}{n} \sum_{i=1}^{n} u'_i(G_e) = \frac{1}{n}$$

等式左侧是"平均的"效用函数的导数，等式右侧是平均的成本份额。因而，公共物品的有效水平由以下条件决定：平均的支付意愿必须等于平均成本。投票均衡的条件是，中间的支付意愿决定公共物品的均衡数量。应把这两种条件加以对比。如果中间的消费者要求的公共物品数量与平均的消费者相同，那么投票决定的公共物品的提供数量将是有效的。不过，一般来说，由投票决定的公共物品提供，不是过多就是过少，这依赖于中间投票者比平均的投票者是否想要更多或更少的公共物品。

例 23－3：拟线性效用与投票

假设效用采用 $b_i \ln G + x_i$ 的形式，且每人须支付公共物品的一个相等份额 $1/n$。公共物品的有效数量由 $G_e = \sum_i b_i$ 给出。投票均衡数量是对中间投票者来说最优的数量。令 b_m 为该投票者的偏好参数，我们有

$$\frac{b_m}{G_v} = \frac{1}{n}$$

或者 $G_v = nb_m$。所以

$$G_e > G_v \text{ 当且仅当 } \frac{1}{n} \sum_i b_i > b_m$$

也就是说，如果平均消费者比中间的消费者认为公共物品具有更高的价值，公共物品的有效数量就会超过多数投票决定的提供量。

23.7　林达尔配置

假设我们用价格系统来设法维持公共物品的一个有效配置。我们让每个消费者 i 有权以 p_i 的价格想"买"多少就买多少公共物品。因而，消费者 i 要解最大化问题

$$\max_{x_i, G} u_i(G, x_i)$$
$$\text{s. t. } x_i + p_i G = w_i$$

这个问题的一阶条件是

$$\frac{\dfrac{\partial u_i}{\partial G}}{\dfrac{\partial u_i}{\partial x_i}} = p_i$$

作为 p_i 与 w_i 函数的 G 的最优数量，是消费者对公共物品的需求函数，我们把它写为 $G_i(p_i, w_i)$。

有没有这样一组价格，它使得消费者自然而然地选择公共物品的一个有效数量？在标准的凸性条件下，答案是"有"。从我们对效率的分析中得知，公共物品的有效数量必须满足

$$\frac{\dfrac{\partial u_1(G^*, x_1^*)}{\partial G}}{\dfrac{\partial u_1(G^*, x_1^*)}{\partial x_1}} + \frac{\dfrac{\partial u_2(G^*, x_2^*)}{\partial G}}{\dfrac{\partial u_2(G^*, x_2^*)}{\partial x_2}} = 1$$

因而选择

$$p_i^* = \frac{\dfrac{\partial u_i(G^*, x_i^*)}{\partial G}}{\dfrac{\partial u_i(G^*, x_i^*)}{\partial x_i}}$$

就获得了成功。这些价格——支持公共物品的一个有效配置的价格——就是**林达尔价格** (Lindahl prices)。

我们也可以将这些价格解释为税率。如果提供了 G 单位的公共物品，那么行为者 i 必须支付 $p_i G$ 的税金。为此，人们有时见到，林达尔价格被称为**林达尔税** (Lindahl taxes)。

23.8　需求显示机制

在本章前面我们已经看到，公共物品或许对分散化的资源配置机制提出了问

题。公共物品的私人提供一般导致少于公共物品的有效数量。投票则可能导致公共物品供给过多或者过少。是否存在一种机制，使得公共物品的供给量恰好"正确"？

为了考察这个问题，让我们回到离散型公共物品的模型。假定 G 或者是 0 或者是 1。令 r_i 为行为者 i 的保留价格，s_i 为行为者 i 的公共物品成本份额。由于提供公共物品的成本为 c，所以，如果要提供公共物品，那么行为者 i 必须支付的货币总额就是 $s_i c$。令 $v_i = r_i - s_i c$ 为行为者 i 从公共物品所得的**净值**。根据我们前面的讨论，如果 $\sum_i v_i = \sum_i (r_i - s_i c) > 0$，提供公共物品就是有效的。

我们大概能用的一种机制，就是直接要求每一个行为者报告他或她的净值，并且如果这些报告值的和非负，就提供公共物品。这种方案的麻烦是，它对单个行为者显示其真实的支付意愿不能提供有效的激励。例如，不管行为者 1 的净值超过 0 多少，他都完全有理由报告一个任意大的数值。由于他的报告不影响他的支付，却影响是否提供公共物品，他完全有理由尽可能地把数值报大。

我们怎样才能引导每个行为者诚实地显示其公共物品的真实价值呢？这里有一个奏效方案：

格罗夫斯–克拉克机制（Groves-Clarke mechanism）。

（1）每个行为者报告对公共物品的一个"出价"，b_i。这可以是也可以不是他的真实价值。

（2）如果 $\sum_i b_i \geqslant 0$，就提供公共物品；如果 $\sum_i b_i < 0$，就不提供。

（3）如果公共物品被提供，每个行为者 i 得到一份等于其他出价之和的单方支付 $\sum_{j \neq i} b_j$。（如果这个和为正，行为者 i 就得到它；如果和为负，行为者 i 就必须支付那个数额。）

让我们来说明，对每个行为者来说报告其真实值是最优的。有 n 个行为者，每人的真实值为 v_i，其出价为 b_i。我们要说明，不管其他行为者报告什么值，对每一个行为者来说报告 $b_i = v_i$ 是最优的。也就是说，我们要说明，说实话是一种**占优策略**。

行为者 i 的支付采取如下形式：

$$\text{对 } i \text{ 的支付} = \begin{cases} v_i + \sum_{j \neq i} b_j & \text{当 } b_i + \sum_{j \neq i} b_j \geqslant 0 \\ 0 & \text{当 } b_i + \sum_{j \neq i} b_j < 0 \end{cases}$$

假设 $v_i + \sum_{j \neq i} b_j > 0$，那么行为者 i 可以通过报告 $b_i = v_i$ 而保证公共物品得到提供。假设 $v_i + \sum_{j \neq i} b_j < 0$，那么行为者 i 可以通过报告 $b_i = v_i$ 而保证公共物品得不到提供。无论如何，对行为者 i 来说，说实话总是最优的。不管其他行为者做什么，都不会有歪曲偏好的激励。实际上，信息收集机制已得到改进，使得每个行为者

面临社会决策问题而不是个人决策问题，因而每个行为者有正确显示自己偏好的激励。

遗憾的是，上述偏好显示方案有一个重大缺陷。总单方支付也许非常大：它们与其他每个人的出价额相等。诱使每个行为者说真话也许代价太高了！

理想地说，我们希望有一种单方支付之和为零的机制。不过一般来说，事实证明这是不可能的。然而，设计一种单方支付总为非正数的机制却是可能的。因而，行为者也许被要求纳"税"，但永远得不到支付。由于有这些"浪费了"的税收支付，公共物品与私人物品的配置将不是帕累托有效的。可是，当且仅当提供公共物品有效时，人们才会这么做。

让我们来说明怎样才能做到这一点。基本的想法如下：我们可以要求每个行为者 i 增加一个额外支付，它仅依赖于其他行为者的行为而一点也不影响 i 的激励。

令 $\mathbf{b}_{-i}$ 为略去了行为者 i 的出价后其他行为者的出价向量，$h_i(\mathbf{b}_{-i})$ 为行为者 i 作出的额外支付。现在，行为者 i 的支付采取如下形式：

$$\text{对 } i \text{ 的支付} = \begin{cases} v_i + \sum_{j \neq i} b_j - h_i(\mathbf{b}_{-i}) & \text{当 } b_i + \sum_{j \neq i} b_j \geqslant 0 \\ -h_i(\mathbf{b}_{-i}) & \text{当 } b_i + \sum_{j \neq i} b_j < 0 \end{cases}$$

显然，正是由于上面提到的原因，这种机制会给出真实的显示。如果明智地选择 h_i 函数，单方支付的规模会大大减少。对 h_i 函数的一个较好选择如下：

$$h_i(\mathbf{b}_{-i}) = \begin{cases} \sum_{j \neq i} b_j & \text{当 } \sum_{j \neq i} b_j \geqslant 0 \\ 0 & \text{当 } \sum_{j \neq i} b_j < 0 \end{cases}$$

这样的一个选择产生了**枢纽机制**（pivotal mechanism），也被称为**克拉克税**（Clarke tax）。对行为者 i 的支付形式为

$$\text{对 } i \text{ 的支付} = \begin{cases} v_i & \text{当 } \sum_i b_i \geqslant 0 \text{ 且 } \sum_{j \neq i} b_j \geqslant 0 \\ v_i + \sum_{j \neq i} b_j & \text{当 } \sum_i b_i \geqslant 0 \text{ 且 } \sum_{j \neq i} b_j < 0 \\ -\sum_{j \neq i} b_j & \text{当 } \sum_i b_i < 0 \text{ 且 } \sum_{j \neq i} b_j \geqslant 0 \\ 0 & \text{当 } \sum_i b_i < 0 \text{ 且 } \sum_{j \neq i} b_j < 0 \end{cases} \quad (23.14)$$

注意，行为者 i 永远不会收到一个正的单方支付；他或许被征税，却永远得不到补贴。仅当行为者 i 改变社会决定时，加进单方支付才有对他征税的效果。例如，参见表达式（23.14）的第二和三行。仅当行为者 i 把出价之和从正变为负时，他才必须纳税；反之亦然。行为者 i 必须支付的税额正是其据以损害其他行为者

（根据他们的出价）的数量。行为者 i 为了改变公共物品的数量所必须支付的价格，等于他施加于其他行为者的损害。注意，每个行为者都发现运用这个决策程序是有好处的，因为对他的征税不会多于该决策对他的价值。

23.9　具有连续型物品的需求显示机制

假设我们现在关心的是连续型公共物品的提供。如果提供了 G 单位的公共物品，那么消费者 i 将有效用

$$v_i(G) = u_i(G) - s_i G$$

其中 $u_i(G)$ 为其对公共物品的（拟线性）效用，s_i 为其成本份额。假定行为者 i 被要求报告效用函数 $v_i(G)$。

将他报告的函数记为 $b_i(G)$。政府宣布它将提供的公共物品的水平为 G^*，G^* 最大化报告的函数之和。每个行为者 i 将得到等于 $\sum_{j \neq i} b_j(G^*)$ 的一份单方支付。

在这种机制下，诚实地报告其真实的效用函数，总是合乎每个行为者 i 的利益的。要看出这一点，稍微留意一下个人 i 想最大化

$$v_i(G) + \sum_{j \neq i} b_j(G)$$

同时政府将最大化

$$b_i(G) + \sum_{j \neq i} b_j(G)$$

通过报告 $b_i(G) = v_i(G)$，行为者 i 保证政府会选择能够最大化他的效用的一个 G^*。

同在离散的情况中一样，总单方支付也许非常庞大。不过，与前面一样，它们可以通过一个适当的单方支付而被减小。在此情况下最佳选择是单方支付 $-\max_G \sum_{j \neq i} b_j(G)$。这使行为者 i 的净效用为

$$v_i(G) + \sum_{j \neq i} b_j(G) - \max_G \sum_{j \neq i} b_j(G)$$

注意，后两项的和必定是负的。与前面一样，行为者 i 被征的税正是他改变的社会福利额。

注　释

公共物品的效率条件首先由 Samuelson（1954）进行了明确的阐述。公共物品的私人提供已由 Bergstrom，Blume & Varian（1986）作了广泛研究。Lindahl（1919）引入了林达尔价格的概念。需求显示机制已由 Clarke（1971）和 Groves（1973）提出。

习 题

23.1 考虑作为在两个行为者的离散公共物品的情况下公共物品问题的一个解的如下博弈。每个行为者 i 宣布一个"出价"，b_i。如果 $b_1 + b_2 \geqslant c$，就提供该物品且每个行为者支付其出价额；否则就不提供该物品，每个行为者也无须支付什么。有效的结果是这个博弈的一个均衡吗？有其他的均衡吗？

23.2 假设 u_1 和 u_2 关于 (x_i, G) 都是位似的函数，推导纳什均衡贡献水平的条件。

23.3 假设现在两个行为者有不等的财富，但有同样的科布-道格拉斯效用函数，$u_i(G, x_i) = G^a x_i^{1-a}$。均衡时行为者 2 的贡献为零所需的两人财富差异有多大？

23.4 假设 n 个行为者都有同样的科布-道格拉斯效用函数，$u_i(G, x_i) = G^a x_i^{1-a}$。总的财富量为 w，分给 $k \leqslant n$ 个行为者。有多少公共物品被提供？当 k 增加时，公共物品的数量怎样变化？

23.5 克拉克税能导致帕累托有效配置吗？克拉克税能导致公共物品的帕累托有效数量吗？

23.6 在南太平洋中有一个被称为格拉德的特殊的土著部落，只消费椰子。他们把椰子用于两个目的：或者当食物吃，或者作为公共的宗教祭品而烧掉（格拉德人相信这个祭品有助于他们的预备仪式）。

假定每个格拉德人 i 拥有的椰子初始禀赋为 $w_i > 0$。令 $x_i \geqslant 0$ 为其消费的椰子量，$g_i \geqslant 0$ 为其为公共祭献而拿出的椰子量。拿出用于祭献的椰子总量为 $G = \sum_{i=1}^{n} g_i$。格拉德人 i 的效用函数由下式给出：

$$u_i(x_i, G) = x_i + a_i \ln G$$

其中 $a_i > 1$。

（a）在决定其祭礼时，每个格拉德人 i 都假定其他格拉德人的祭礼保持固定，确定在此基础上他会给出多少祭礼。令

$$G_{-i} = \sum_{j \neq i} g_j$$

为除格拉德人 i 之外的祭礼。写出确定格拉德人 i 祭礼的效用最大化问题。

（b）回想一下对所有行为者 i，$G = g_i + G_{-i}$，公共物品的均衡量是多少？（提示：并非每个行为者都将贡献一正数的公共物品。）

（c）在这个问题中，谁将搭便车？

（d）在此经济中，要提供的公共物品的帕累托有效数量是多少？

第24章 外部效应

当一个行为者的行为直接影响另一个行为者的环境时，我们就说存在**外部效应**（externality）。在**消费外部效应**（consumption externality）中，一个消费者的效用会直接受到另一个消费者行为的影响。例如，一些消费者会受到其他人的抽烟、喝酒、听震耳音乐的影响。消费者或许会受到产生污染或噪音的企业的不利影响。

在**生产外部效应**（production externality）中，一个企业的生产集会直接受到其他企业行为的影响。例如，钢铁厂产生的烟尘会直接影响洗衣房洗净的衣服；养蜂人生产蜂蜜也许会直接影响到隔壁苹果园的产出水平。

在本章中，我们要探讨外部效应的经济问题。我们发现，在外部效应存在时市场均衡一般是低效的。这就自然引出了对资源有效配置各种替代方式建议的考察。

在外部效应存在时，福利经济学第一定理不成立。理由是存在着为人们所关心而又没有标价的事物。在外部效应存在时，要达到有效配置本质上涉及确保行为者面临其行为的正确价格。

24.1 生产外部效应的一个例子

假设我们有两个企业。企业 1 生产产量 x，并把它在竞争市场上出售。可是，x 的生产给企业 2 造成了成本 $e(x)$。例如，假设采用的是这样的技术，只有造成 x 单位的污染才能制造出 x 单位的产出，并且该污染损害了企业 2。

令 p 为产出的价格，两个企业的利润由下式给出：

$$\pi_1 = \max_x px - c(x)$$
$$\pi_2 = -e(x)$$

与通常的一样，我们假定两者的成本函数是递增且凸的（或许企业 2 会从某些生产活动中获得利润，但为简单起见我们不考虑这一点）。

产出的均衡数量 x_q 由 $p = c'(x_q)$ 给出。不过，从社会的观点看，产出太大了。第一个企业只考虑了**私人成本**（private costs）——它施加给自己的成本——但它忽略了**社会成本**（social costs）——私人成本加上它施加给其他企业的成本。

为了确定有效的产出数量，我们要问，如果两个企业合并以便把外部效应**内部化**（internalize），将发生什么情况？在这种情况下，合并后的企业将最大化总利润

$$\pi = \max_{x} px - c(x) - e(x)$$

这个问题有一阶条件

$$p = c'(x_e) + e'(x_e) \qquad\qquad (24.1)$$

产量 x_e 是一个有效产量；它以价格等于边际社会成本为特征。

24.2 外部效应问题的解决

为解决外部效应的低效问题，人们提出了几种解决方案。

□ 庇古税

根据这个观点，企业 1 面临的只是其行为的错误价格，正确的征税将导致有效的资源配置。这种正确的税收被称为**庇古税**（Pigovian taxes）。

举例来说，假定企业面临着产量税 t，那么利润最大化的一阶条件变为

$$p = c'(x) + t$$

在我们的凸性成本函数假设下，我们可以令 $t = e'(x_e)$，如同等式（24.1）中所确定的那样，这将使企业选择 $x = x_e$。即使成本函数不是凸的，我们也可以简单地对企业 1 征收一种非线性的税 $e(x)$，从而使其将外部效应的成本内部化。

这种解决方式的问题是，它要求税收当局知道外部效应成本函数 $e(x)$。但是，如果税收当局知道这个成本函数，它或许只需吩咐企业从一开始生产多少就行了。

□ 市场缺失

根据这个观点，问题是企业 2 关心企业 1 造成的污染但没法影响它。为企业 2 表达其对污染或者减少污染的需求而增加一个市场，将会提供一个有效配置的机制。

在我们的模型中，当生产 x 单位的产出时，将不可避免地产生 x 单位的污染。如果污染的市场价格为 r，企业 1 就会决定它想卖多少污染 x_1，企业 2 也会决定它要购买多少 x_2。利润最大化问题变为

$$\pi_1 = \max_{x_1} px_1 + rx_1 - c(x_1)$$

$$\pi_2 = \max_{x_2} -rx_2 - e(x_2)$$

一阶条件为

$$p + r = c'(x_1)$$
$$-r = e'(x_2)$$

当污染的需求等于其供给时，我们有 $x_1 = x_2$，且这些一阶条件变为等价于式 (24.1) 中的条件。注意，污染的均衡价格 r 将是一个负数。这是自然的，因为污染是一件"坏事"而非好事。

更一般地，假定污染和产出不一定以一对一的比例产生。如果企业 1 生产 x 单位的产出并造成了 y 单位的污染，那么它支付的成本为 $c(x, y)$。大概 y 从零的递增会减少 x 的生产成本，否则就不会有什么问题。

当缺乏任何控制污染的机制时，企业 1 的利润最大化问题为

$$\max_{x, y} px - c(x, y)$$

它有一阶条件

$$p = \frac{\partial c(x, y)}{\partial x}$$

$$0 = \frac{\partial c(x, y)}{\partial y}$$

企业 1 将使污染的价格等于其边际成本。在此情况下污染的价格为零，所以，企业 1 的污染将达到使其生产成本最小的点。

现在我们为污染设立一个市场。仍令 r 为单位污染的成本，y_1 和 y_2 为企业 1 和企业 2 的供给和需求。最大化问题为

$$\pi_1 = \max_{x, y_1} px + ry_1 - c(x, y_1)$$
$$\pi_2 = \max_{y_2} -ry_2 - e(y_2)$$

一阶条件为

$$p = \frac{\partial c(x, y_1)}{\partial x}$$

$$r = \frac{\partial c(x, y_1)}{\partial y_1}$$

$$-r = \frac{\partial e(y_2)}{\partial y_2}$$

供求相等，于是 $y_1 = y_2$，我们有了 x 和 y 的有效水平的一阶条件。

这种解决方式的问题是，为污染而设的市场也许非常微弱。在上述例子中只有两个企业。没有特别的理由认为这样一个市场会是竞争性的。

☐ 产权

按照这个观点，基本的问题是产权无助于全效率。如果两种技术都由一个企业

来运用，我们已看到不存在什么问题。然而，我们将看到，存在一种市场信号来鼓励行为者确定一种有效的产权模式。

如果一个企业的外部效应对另一个企业的经营产生不利影响，一个企业买下另一个企业总是有利可图的。明显地，通过协调两个企业的行为，一个企业总能比各自单独行动时生产更多的利润。因为当外部效应被最优调整时一个企业的价值会超过其当前的市场价值，所以，（在外部效应存在时）一个企业足以补偿另一个企业的市场价值。这个观点表明，市场机制本身提供了调整产权以内部化外部效应的信号。

我们在本书第 18 章的福利经济学第一定理的证明中已经相当一般地确立了这个论断。在那里我们阐明了：如果一个配置不是帕累托有效的，就存在某种能使总利润增加的配置方式。对定理证明的仔细考察表明，所有必需的条件是，消费者所关心的全部商品都已被定价，或者等价地说，消费者的偏好仅依赖于他们自己的消费束。也许存在任意种类的生产外部效应，并且我们的证明直到最后一行仍然是通得过的，在那里我们阐明了在帕累托占优配置点的利润总和超过初始配置点的利润总和。如果没有生产外部效应，这就是一个矛盾。如果生产外部效应存在，那么这个论断表明，存在能够增加利润总和的某种替代性的生产计划——因而对一个企业来说存在一种市场激励，使它将其他企业收购下来，协调它们的生产计划，把外部效应内部化。

实质上，企业增长直到它把所有有关的生产外部效应内部化。这对某些种类的外部效应很奏效，但并不是对所有的外部效应。例如，它不能很好地处理消费外部效应的情况或者公共物品外部效应的情况。

24.3　补偿机制

上面我们论述了，庇古税一般不足以解决由信息问题而产生的外部效应：通常不能期望税收当局知道外部效应所造成的成本。可是，产生外部效应的行为者也许有理由清楚它所造成的成本。如果是这样，就会有一个相对简单的将外部效应内部化的方案。

这个方案包括为外部效应设立一个市场，但必须鼓励企业正确显示其给其他企业造成的成本。这个方案发挥作用的方式如下。

宣布阶段（announcement stage）。企业 $i=1,2$ 报出各自的庇古税 t_i，它可以是也可以不是这种税的有效水平。

选择阶段（choice stage）。如果企业 1 生产 x 单位产出，那么它必须支付 $t_2 x$ 的税，并且企业 2 获得 $t_1 x$ 数量的补偿。另外，每个企业根据它们所宣布的两个税率的差额支付罚金。

罚金的精确形式对我们的目的是无关紧要的；重要的是，当 $t_1=t_2$ 时，它为零，其他情况下皆为正数。为了说明方便，我们选择了一个二次的罚金项。在这种情况下，企业 1 和企业 2 的最终支付由下式给出：

$$\pi_1 = \max_x px - c(x) - t_2 x - (t_1 - t_2)^2$$
$$\pi_2 = t_1 x - e(x) - (t_2 - t_1)^2$$

我们要说明：这个博弈的均衡结果包含外部效应产生的一个有效水平。为了说明这一点，我们须考虑一下什么构成了这个博弈的一个合理的均衡概念。由于此博弈有两个阶段，要求一个**子博弈完美**均衡（即每一个企业考虑了第一阶段的选择对第二阶段结果的影响的均衡）是合理的。见本书第 15 章。

与往常一样，我们通过先看第二阶段来解这个博弈。考虑第二阶段的产出选择。企业 1 将选择 x 以满足条件

$$p = c'(x) + t_2 \tag{24.2}$$

对 t_2 的每一个选择，将存在某个最优的选择 $x(t_2)$。如果 $c''(x) > 0$，容易证明 $x'(t_2) < 0$。

在第一阶段，每个企业将选择税率以最大化利润。对企业 1 来说，选择是简单的：如果企业 2 选择 t_2，那么企业 1 也想选择

$$t_1 = t_2 \tag{24.3}$$

为了验证这一点，对企业 1 的利润函数关于 t_1 求导即可。

对企业 2 来说，事情有些麻烦，因为它必须认识到其选择 t_2 会通过函数 $x(t_2)$ 影响企业 1 的产出。对企业 2 的利润函数求导，考虑到这个影响，我们有

$$\pi_2'(t_2) = [t_1 - e'(x)] x'(t_2) - 2(t_2 - t_1) = 0 \tag{24.4}$$

将式 (24.2)、式 (24.3) 和式 (24.4) 结合在一起，我们发现

$$p = c'(x) + e'(x)$$

这就是效率条件。

这个方法通过为两个行为者设立相反的激励而奏效。显然，从式 (24.3) 中可以看出，企业 1 总有与企业 2 所宣布的税率相等的激励。但考虑一下企业 2 的激励。如果企业 2 认为，企业 1 将提议给它一个较大的补偿率 t_1，它就希望企业 1 尽可能少地被征税——以使企业 1 能尽可能多地生产。如果企业 2 认为企业 1 将提议给它一个较小的补偿率，企业 2 就希望企业 1 尽可能多地被征税。企业 2 关于企业 1 生产水平无差异的唯一的点，是企业 2 的外部效应的成本在边际上得到了精确的补偿的那个点。

24.4 外部效应存在时的效率条件

这里，我们推导外部效应存在时一般的效率条件。假设有两种物品——物品 x

和物品 y，且有两个行为者。每一个行为者关心另一个行为者对物品 x 的消费，但没有人在乎另一个行为者对物品 y 的消费。起初，有 $\bar{x}$ 单位的物品 x 和 $\bar{y}$ 单位的物品 y 可用。

根据本书第 17 章，帕累托有效配置将在以下资源约束下使效用之和最大化：

$$\max_{x_i, y_i} a_1 u_1(x_1, x_2, y_1) + a_2 u_2(x_1, x_2, y_2)$$
$$\text{s. t. } x_1 + x_2 = \bar{x}$$
$$y_1 + y_2 = \bar{y}$$

一阶条件为

$$a_1 \frac{\partial u_1}{\partial x_1} + a_2 \frac{\partial u_2}{\partial x_1} = \lambda$$

$$a_1 \frac{\partial u_1}{\partial x_2} + a_2 \frac{\partial u_2}{\partial x_2} = \lambda$$

$$a_1 \frac{\partial u_1}{\partial y_1} = \mu$$

$$a_2 \frac{\partial u_2}{\partial y_2} = \mu$$

经处理后，这些条件可写为

$$\frac{\frac{\partial u_1}{\partial x_1}}{\frac{\partial u_1}{\partial y_1}} + \frac{\frac{\partial u_2}{\partial x_1}}{\frac{\partial u_2}{\partial y_2}} = \frac{\lambda}{\mu}$$

$$\frac{\frac{\partial u_1}{\partial x_2}}{\frac{\partial u_1}{\partial y_1}} + \frac{\frac{\partial u_2}{\partial x_2}}{\frac{\partial u_2}{\partial y_2}} = \frac{\lambda}{\mu}$$

效率条件为边际替代率之和等于常数。当判定行为者 1 增加其对物品 1 的消费是否为一个好主意时，我们不仅要考虑他愿意为额外消费支付多少，而且要考虑行为者 2 愿意支付多少。这实际上与对公共物品的效率条件是相同的。

从这些条件中可以很清楚地看出如何把外部效应内部化。我们直接将 x_1 和 x_2 作为不同的物品。x_1 的价格为 $p_1 = \partial u_2 / \partial x_1$，$x_2$ 的价格为 $p_2 = \partial u_1 / \partial x_2$。如果每一个行为者面临其行为的适当价格，市场均衡将导致有效结果。

注　释

Pigou（1920）和 Coase（1960）是关于外部效应的经典著作。补偿机制由 Varian（1989b）作了深入考察。

习　题

24.1　假定有两个行为者在决定他们应把车开多快，行为者 i 选择速度 x_i 并从这个选择中得到 $u_i(x_i)$ 的效用；我们假定 $u_i'(x_i) > 0$。不过，车开得越快，他们就越有可能发生撞车事故。令 $p(x_1, x_2)$ 为事故发生的概率，假设它关于每个自变量都是递增的；令 $c_i > 0$ 为发生事故对行为者 i 带来的成本。假定每个行为者的效用关于货币都是线性的。

（a）说明从社会的观点看，每个行为者都有激励把车开得过快。

（b）如果发生事故，行为者 i 被罚款的数量为 t_i，为了把外部效应内部化，t_i 应为多大？

（c）如果用最优罚金，行为者支付的包括罚金的总成本是多少？与事故的总成本比较这个成本如何？

（d）现在假设只有当不发生事故时行为者 i 的效用是 $u_i(x)$。在此情况下，适当的罚金是多少？

第25章 信 息

信息经济学一直是过去 10 年经济理论中增长最为迅速的领域。本章我们将描述这方面的一些基本主题。

我们所要研究的绝大部分内容是关于**非对称信息**（asymmetric information）的情形，即在这种情况下，一个经济行为者知道另一个经济行为者所不知道的某些事情。例如，一个工人也许比其雇主更清楚他能生产多少；或者，生产者也许比其潜在的消费者更了解他所生产的物品的质量。

然而，通过仔细观察这位工人的行为，该雇主或许能够对其生产能力作出一些推断。同样地，一个消费者或许能够根据产品的销售情况，对一家企业产品的质量作出一些推断。优秀工人或许希望雇主能知道他们优秀，或者他们也许不希望这样，这取决于给予他们怎样的报酬。善于生产高质量产品的员工一般希望雇主知道这一点，但只能生产低质量产品的员工也希望获得高质量的声誉。所以，研究非对称信息下的行为，必然涉及行为者策略的相互作用。

25.1 委托-代理问题

许多种激励问题都可以用以下框架加以模型化。一个人［**委托人**（principal）］想要引导另一个人［**代理人**（agent）］从事某种活动，这种活动对代理人来说是有代价的。委托人或许不能直接观测代理人的行动，但能够观测某产出 x，它至少部分地是由代理人的行动所决定的。委托人的问题是设计一种委托人给予代理人的**激励性报酬**（incentive payment）$s(x)$，以诱导代理人采取在委托人看来是最好的行动。

委托-代理问题的最简单的实例是只有一个管理者和一个工人。管理者希望工人付出尽可能多的努力，以生产尽可能多的产出，而工人在既定的努力与激励性报酬格局里，理性地希望作出一项能够最大化自己效用的选择。

稍微不那么明显的例子是一个零售商与一个消费者的情形。零售商希望消费者购买其产品——对购买者来说是一种有代价的行动。零售商希望对每个消费者索取他的保留价格——消费者愿意支付的最大值。零售商无法直接观测这个保留价格，但它能够观测不同偏好的消费者在不同价格下所购买的数量。于是，零售商的问题就是设计一个最大化其利润的价格表。这正是垄断者在进行价格歧视时所面临的问题；见本书第 14 章。

我们将这种问题称为**委托-代理**问题。在以下各节我们将考察管理者-工人问题，但不难将它推广到其他情况，如非线性定价。

令 x 为委托人得到的产出，令 a 和 b 为代理人从某可行行动集 A 中选出的可能行动。在下述某些情况中，假设只有两种可行的行动将是方便的，但我们在此先不引入这个限制。我们假设没有不确定性，以使结果完全由代理人的行为决定，我们将这个关系记为 $x=x(a)$。令 $c(a)$ 为行动 a 的成本，$s(x)$ 为委托人给代理人的激励性报酬。

委托人的效用函数为 $x-s(x)$，即产出减去激励性报酬。代理人的效用函数为 $s(x)-c(a)$，即激励性报酬减去行动成本。委托人想选择一个函数 $s(\cdot)$，它在代理人最优化行为的约束下能够最大化委托人的效用。

有关代理人的约束典型的有两种。第一种是，代理人可能有另外一个可利用的机会，它能给代理人带来某保留水平的效用，委托人必须保证代理人至少能获得这个保留水平，以使之愿意参与工作。我们把这种约束称为**参与约束**（participation constraint）［有时叫作**个人理性**（individual rationality）约束］。

该问题的第二种约束是**激励相容**（incentive compatibility）约束：按委托人选择的既定激励安排，代理人将选择对自己最佳的行动。委托人不能直接选择代理人的行动，他只能通过对激励性报酬的选择来影响这一行动。

我们将考虑两种委托-代理环境。第一种环境是，其中只有一个作为垄断者的委托人：他制定一种报酬安排，只要预期它能够产生的效用比代理人的保留水平更大，代理人就会接受。这里我们需要确定在委托人看来是最优的激励安排的性质。第二种环境是，其中有许多竞争的委托人，他们各自制订激励计划，我们所要确定的是激励性报酬制度的均衡性质。

在垄断问题中，代理人效用的保留水平是外生的：它一般是与某不相关的行动相联系的效用。在竞争性问题中，效用的保留水平是内生的：这个效用与其他委托人提供的合同有关。同样地，在垄断问题中，可获得的利润的最大值是该问题的目标函数。但在竞争性问题中，我们一般假设均衡时利润已在竞争中丧失。因此，零利润条件成为一个重要的均衡条件。

25.2 完全信息：垄断解

我们以最简单的例子开始，其中委托人对代理人的成本与行动有完全的信息。在此情况下，委托人的目标仅仅是确定他希望代理人选择什么行动，并设计一项激励性报酬来诱导代理人选择那种行动。由于仅有一个委托人，我们称之为垄断情形。[①]

令 a 为代理人可以进行的各种行动，令产出为该行动的某已知函数 $x(a)$。令 b 为委托人想诱导的行动（将 b 视为对委托人"最好的"行动，a 视为"替代性的"行动）。

设计最优激励方案 $s(\cdot)$ 的问题可以写为

$$\max_{b,s(\cdot)} x(b)-s[x(b)] \tag{25.1}$$

$$\text{s. t. } s[x(b)]-c(b) \geqslant \bar{u}$$

$$s[x(b)]-c(b) \geqslant s[x(a)]-c(a), \text{对 } A \text{ 中所有 } a \tag{25.2}$$

条件（25.1）施加了这样一个约束：代理人至少必须得到其保留水平的效用，因为一项可能的"行动"是不参与；这是参与约束。条件（25.2）施加了这样一个约束：代理人将认为选择 b 是最优的；这是激励相容约束。注意，尽管不是直接的，委托人在其激励性报酬函数的设计中实际上选择了代理人的行动 b。委托人面临的约束是确保代理人想要采取的行动事实上是委托人希望他采取的行动。

尽管这个最大化问题初看起来显得特别，但事实上它有平常解。让我们暂且忽略激励相容约束。集中注意目标函数和参与约束，我们看到，对于任何 x，委托人都希望 $s(x)$ 尽可能地小。根据参与约束（25.1），这意味着应让 $s(x(b))$ 等于 $\bar{u}+c(b)$；即，给代理人的报酬涉及其行动的成本并保有其保留效用。

因此，在委托人看来的最优行动是能够最大化 $x(b)-\bar{u}-c(b)$ 的。将此行动称为 b^*，相关的产出水平为 $x^*=x(b^*)$。问题是，我们能够设计一个激励方案 $s(x)$ 使得 b^* 对代理人来说是最优选择吗？这很容易：只要选择任何一个函数 $s(x)$，使得对于 A 中的所有 a 均有 $s(x^*)-c(b^*) \geqslant s(x(a))-c(a)$ 就行了。例如，令

$$s(x^*)=\begin{cases} \bar{u}+c(b^*) & \text{如果 } x=x(b^*) \\ -\infty & \text{其他} \end{cases}$$

这个激励方案是一个**目标产出方案**（target output scheme）：设定一个目标产出 x^*，如果代理人达到了这个目标，就支付给他保留价格，否则会受到一个任意大的处罚（事实上，如果代理人达到了这个目标，任何少于这项报酬的支付都是可行的）。

这仅是解决激励问题的多种可能的激励方案之一。另一种选择是选取**线性激励报酬**（linear incentive payment），且令 $s(x(a))=x(a)-F$。在此情况下，代理人必须给委托人一项总费用 F，然后得到所生产的全部产量。这种方案可行，是因为代理人有激励选择最大化 $x(a)-c(a)$ 的行动。支付 F 的选择要使得代理人恰好满

---

① 我们可称之为买方垄断情形，因为我们处理的是单个买者而不是单个卖者的情况，但这是在一般意义上使用垄断这一术语，可包括单一买者和/或单一卖者的情况。

足参与约束；即 $F = x(b^*) - c(b^*) - \bar{u}$。在此情况下，代理人是产出的**剩余索取者**（residual claimant）。一旦代理人将数量 F 支付给了委托人，代理人就可获取所有的剩余利润。

关于完全信息委托-代理问题的这些解，有两件事值得注意。第一，激励相容约束实际上不是束紧的。一旦选择了产量的最优水平，总有可能选择一项激励方案，它将支持最优水平作为代理人的一项最优选择。第二，由于激励相容约束从未起作用，将总会生产帕累托有效的产量。也就是没有办法生产令委托人和代理人都喜欢的另一种产量水平。注意到没有激励约束的这个最大化问题为帕累托最优化的标准形式：最大化一个行为者的效用并保持另一个行为者的效用不变，由此即可导出上面的结论。

这些激励方案的困境是，它们对信息的细微的不完全十分敏感。例如，假设投入和产出之间的关系不是完全确定的。也许系统内有某种"噪音"，使得产出低或许是由于坏运气，而不是缺乏努力。在此情形下，上述激励方案也许是不合适的。如果当代理人达到目标产量水平时他才得到支付，那么他的期望效用——对随机化了的产量进行平均——或许低于其效用的保留水平。因此，他会拒绝参与。

为了满足参与约束，委托人必须给代理人提供一个使代理人得到其保留水平的效用的支付方案。一般地，这样的方案将包括在多个产量水平下的正的报酬，因为许多不同的产出或许与目标水平的努力是一致的。这类问题被称为**隐藏行动**（hidden action）激励问题，因为代理人的行动不能被委托人完全观察到。

令人感兴趣的第二类不完全信息是，其中的委托人不能完全观测代理人的目标函数。或许有许多不同类型的代理人，他们具有不同的效用函数或成本函数。委托人必须设计一项激励方案，它不论涉及什么类型的代理人，平均来说是运行良好的。这类激励问题被称为**隐藏信息**（hidden information）问题，因为困难在于有关代理人类型的信息对委托人隐藏起来了。下面我们将分析这两类激励问题。

25.3　完全信息：竞争解

在转入讨论之前，在一个竞争环境中考察一下完全信息委托-代理问题是挺有趣的。如上面所指出的，完成模型的一个方法是加入竞争使利润为零这个条件。

为了理清思路，假设有一组生产者和一组同样的工人。每个生产者制定一套激励制度，试图把工人吸引到他的工厂里来。生产者必须相互竞争以吸引工人，工人必须相互竞争以获得工作。

一个给定的生产者所面临的最优化问题与垄断情形里的是一样的：他清楚诱导各种水平的努力要花费多少，吸引工人到其工厂要花费多少，从而选择组合来使收入与成本之差最大化。

我们已经知道，在此情形下可以选出一项最优激励方案，使得报酬成为产出的一个线性函数，于是 $s(x)=x-F$。在垄断模型中，F 由下述参与约束所决定：

$$x(b^*)-F-c(b^*)=\bar{u}$$

其中，$\bar{u}$ 是在模型外的某个其他活动中可以得到的效用水平。

在竞争模型中，这一般不合适。在这种框架中，决定 F 的方法是假设参与约束不起作用，但产业中的竞争将利润压低到零。在此情况下，F 由以下条件决定：

$$x-(x-F)=0$$

这意味着 $F=0$。工人得到其全部边际产品，"垄断租金"为零。

均衡租金为零，是由规模收益不变的技术人为造成的。如果生产者有某固定成本 K，均衡条件就要求 $F=K$。

从正式的观点看，垄断与竞争解之间的主要区别是租金 F 如何确定。在垄断模型中，租金是使工人在为委托人工作与从事某个其他活动之间无差异的那个数量。在竞争模型中，租金由零利润条件确定。

25.4　隐藏行动：垄断解

在本节中，我们将考察委托-代理关系的一个简单模型，其中的行动不能直接观察。我们将作出几个假设以便于分析。特别地，我们将假设仅存在有限数目的可能的产出水平 $(x_1, \cdots, x_n)$。代理人可以采取 a 或者 b 两种行动之一，它们影响各种产出出现的概率。因而我们令 π_{ia} 为代理人选择行动 a 时产出水平 x_i 被观察到的概率，令 π_{ib} 为代理人选择行动 b 时 x_i 被观察到的概率。令 $s_i=s(x_i)$ 为当观察到 x_i 时委托人给予代理人的报酬。那么，当代理人选择行动 b 时，委托人的预期利润为

$$\sum_{i=1}^{n}(x_i-s_i)\pi_{ib} \tag{25.3}$$

至于代理人，让我们假设他是风险规避的，并且追求最大化报酬的某个冯·诺依曼-摩根斯坦效用函数 $u(s_i)$，其行动的成本 c_a 以线性形式进入其效用函数。因此，如果

$$\sum_{i=1}^{n}u(s_i)\pi_{ib}-c_b \geqslant \sum_{i=1}^{n}u(s_i)\pi_{ia}-c_a \tag{25.4}$$

代理人将选择行动 b，否则将选择行动 a。这是激励相容约束。

我们还假设代理人可以采取的行动之一是不参与。假设，如果代理人不参与，他会得到效用 $\bar{u}$。因此，参与的期望效用一定至少是 $\bar{u}$：

$$\sum_{i=1}^{n}u(s_i)\pi_{ib}-c_b \geqslant \bar{u} \tag{25.5}$$

此为参与约束。

委托人想在约束式（25.4）与式（25.5）下最大化式（25.3）。最大化是对行动 b 和报酬（s_i）进行的。注意，在这个问题中，行为者双方都在进行最优化选择。在给定了由委托人设立的激励制度（s_i）的情况下，代理人将选择对自己最有利的行动 b。明白了这一点，委托人希望提供一种对自己最为有利的激励性报酬形式。因此，委托人必须把代理人的随后行动作为激励性报酬设计中的一个约束。实际上，委托人在为代理人选择一项他希望的行动，同时将这样做的成本考虑在内，即，他必须制定激励性报酬，使得委托人所希望的行动也是代理人想做的。

□ 代理人的行动可以被观测

在上一节讨论的完全信息问题中，报酬方案是否以行动或产出为基础是无关紧要的，那是因为在行动与产出之间存在一一对应关系。在本问题中，这个区别是至关重要的。如果报酬能以行动为基础，就有可能实施最好的激励方案，即使产出是随机的。委托人必须做的仅是确定从诱导代理人每种可能的行动中所得的（预期）利润，然后诱导最大化委托人预期利润的行动。

为了从数学上看清这一点，假设委托人能够支付给代理人的报酬是代理人所采取行动的函数，而不是产出。那么，代理人将得到某报酬 $s(b)$。注意，这个报酬是确定的，使得代理人的效用为 $\sum_{i=1}^{n} \pi_{ib} u[s(b)] - c_b = u[s(b)] - c_b$。上述激励问题简化为

$$\max_{s(b),b} \sum_{i=1}^{n} x_i \pi_{ib} - s(b)$$
$$\text{s. t. } u[s(b)] - c_b \geqslant \bar{u}$$
$$u[s(b)] - c_b \geqslant u[s(a)] - c_a$$

这正如前面考察的完全信息问题：激励相容约束是无关紧要的。

在委托-代理问题中，只有当行动隐蔽起来，使得激励性报酬只能以产出为基础时，有趣的情形才会出现。在此情形中，给代理人的报酬必然是随机的，最优激励方案将包含委托人与代理人之间某种程度的风险分担。委托人希望当产出少时对代理人的支付也少，但委托人无法辨别，较少的产量究竟是由于代理人不够努力，还是由于坏的运气？如果委托人对产量低处罚太重，他将给代理人造成太大的风险，并将不得不提高平均的支付水平以补偿这个风险。这是委托人在设计最优激励机制时面临的权衡。

假设不存在激励问题，仅有风险分担问题。在此情况下，委托人的最大化问题是

$$\max_{(s_i)} \sum_{i=1}^{n} (x_i - s_i) \pi_{ib}$$
$$\text{s. t. } \sum_{i=1}^{n} u(s_i) \pi_{ib} - c_b \geqslant \bar{u}$$

25

令 λ 为关于约束的拉格朗日乘子，一阶条件是

$$-\pi_{ib}-\lambda u'(s_i)\pi_{ib}=0$$

它意味着 $u'(s_i)=$ 一个常数，从而意味着 $s_i=$ 常数。实质上，委托人承担了代理人的所有风险。这是很自然的，因为委托人是风险中性的，而代理人是风险规避的。

这个解一般不适用于有某种激励约束的情况。如果委托人提供完全的保险，代理人就不关心会出现什么结果，于是他就没有激励选择委托人所希望的行动：如果代理人无论努力与否都能得到一份确定的报酬，他何必努力工作？最优激励合同的确定涉及委托人为代理人提供保险所获收益与这个保险带来的激励成本之间的权衡。

□ 最优激励方案的分析

我们将用以下策略来探讨最优激励方案的设计。首先，我们将确定诱导每种可能行动所必需的最优激励方案。其次，我们将比较这些方案对委托人的效用，以弄清在委托人看来哪个方案花费最少。为简单起见，我们假设只有两种可能行动，a 和 b，并要问我们怎样才能设计一个方案以诱导比如说行动 b。令 $V(b)$ 为当委托人设计诱导代理人选择行动 b 的方案时委托人能获得的最大可能效用。委托人面临的最大化问题是

$$V(b)=\max_{(s_i)}\sum_{i=1}^{n}(x_i-s_i)\pi_{ib}$$

$$\text{s.t.} \sum_{i=1}^{n}u(s_i)\pi_{ib}-c_b\geqslant \bar{u} \tag{25.6}$$

$$\sum_{i=1}^{n}u(s_i)\pi_{ib}-c_b\geqslant \sum_{i=1}^{n}u(s_i)\pi_{ia}-c_a \tag{25.7}$$

这里条件（25.6）是参与约束，条件（25.7）是激励相容约束。

这是一个具有线性目标函数和非线性约束的问题。尽管可以对它进行直接分析，但对图形处理来说，将此问题重新表述为一个具有线性约束与非线性目标函数的问题会比较方便。令 u_i 为从结果 i 中获得的效用，于是有 $u(s_i)=u_i$。令 f 为效用函数的反函数，并写成 $s_i=f(u_i)$。函数 f 直接指出要提供效用 u_i 给代理人需花费委托人多少。容易证明，f 是一凸的增函数。用这个记号重写式（25.6）和式（25.7），我们有

$$V(b)=\max_{(u_i)}\sum_{i=1}^{n}[x_i-f(u_i)]\pi_{ib}$$

$$\text{s.t.} \sum_{i=1}^{n}u_i\pi_{ib}-c_b\geqslant \bar{u} \tag{25.8}$$

$$\sum_{i=1}^{n}u_i\pi_{ib}-c_b\geqslant \sum_{i=1}^{n}u_i\pi_{ia}-c_a \tag{25.9}$$

这里，我们将问题视为给代理人选择一个效用的分布，其中委托人提供 u_i 的成本是 $s_i = f(u_i)$。

当 $n=2$ 时，这个问题可用图形进行分析。在此情况下，只有两种产出水平 x_1 和 x_2；委托人只需设定两个效用水平：代理人在产出水平为 x_1 时所得到的效用 u_1，当产出水平为 x_2 时所得到的效用 u_2。

由式（25.8）和式（25.9）确定的约束集如图 25-1 所示。如果代理人选择行动 a 或 b，其无差异曲线将恰是下列形式的直线：

$$\pi_{1b} u_1 + \pi_{2b} u_2 - c_b = 常数$$
$$\pi_{1a} u_1 + \pi_{2a} u_2 - c_a = 常数$$

看看激励相容约束（25.9），并考虑一下代理人在行动 a 和行动 b 之间无差异的那些效用对 (u_1, u_2)。这些是行动 a 的无差异曲线与行动 b 的无差异曲线的交点，代表着同样水平的效用。所有这种效用对 (u_1, u_2) 的轨迹满足方程

$$\pi_{1b} u_1 + \pi_{2b} u_2 - c_b = \pi_{1a} u_1 + \pi_{2a} u_2 - c_a$$

将 u_2 作为 u_1 的函数，求解，我们有

$$u_2 = \frac{\pi_{1a} - \pi_{1b}}{\pi_{2b} - \pi_{2a}} u_1 + \frac{c_b - c_a}{\pi_{2b} - \pi_{2a}} = u_1 + \frac{c_b - c_a}{\pi_{2b} - \pi_{2a}} \tag{25.10}$$

u_1 的系数为 1，因为

$$\pi_{1a} + \pi_{2a} = \pi_{1b} + \pi_{2b} = 1$$

由此可见，方程（25.10）所决定的激励相容线的斜率为 +1。代理人更喜欢的行动

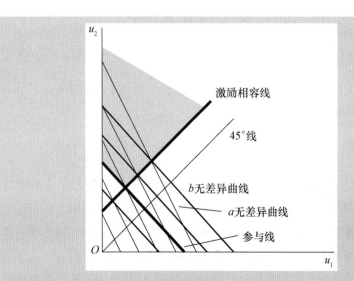

图 25-1　具有隐藏行动的委托-代理问题的可行集

注：参与线东北方的区域满足参与约束。激励相容线西北方的区域满足激励相容约束。两个区域的交集是阴影区。

b 的区域是这条线以上的部分。

参与约束要求

$$\pi_{1b}u_1 + \pi_{2b}u_2 - c_b \geqslant \bar{u}$$

使这个条件作为等式得到满足的 (u_1, u_2) 的集合，仅仅是代理人的一条 b 无差异曲线。满足激励相容的区域与满足参与约束的区域的交集在图 25-1 中被描绘了出来。

在图中还画出了 45°线。这条线很重要，因为它画出了 $u_1 = u_2$ 的那些 u_1 和 u_2 的组合。我们已经知道，如果没有激励相容约束，委托人就会直接为代理人保险，且最优解满足条件 $u_1 = u_2 = \bar{u}$。

由于有激励相容约束，完全保险点可能是不可行的。委托-代理问题解的性质取决于激励相容线是否截纵轴或横轴。我们在图 25-2 中说明了这些情形。为了找到最优解，我们简单地画出委托人的无差异曲线。这些线具有如下形式：

$$\pi_{1b}[x_1 - f(u_1)] + \pi_{2b}[x_2 - f(u_2)] = 常数$$

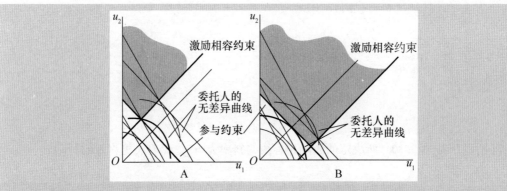

图 25-2 委托-代理问题的两个解
注：在 A 图中，我们描绘了最优解包含代理人承担某些风险的情形；B 图描绘了完全保险为最优的情形。

当 s_1 和 s_2 减小时，委托人的效用增加。关于其斜率我们知道些什么？委托人的无差异曲线的斜率由下式给出：

$$MRS = -\frac{\pi_{1b}f'(u_1)}{\pi_{2b}f'(u_2)}$$

当 $u_1 = u_2$ 时，我们必有 $MRS = -\pi_{1b}/\pi_{2b}$。由于代理人的无差异曲线取决于条件 $\pi_{1b}u_1 + \pi_{2b}u_2 = 常数$，当 $u_1 = u_2$ 时，其无差异曲线的斜率也由 $-\pi_{1b}/\pi_{2b}$ 给定，所以委托人的无差异曲线必与代理人的无差异曲线沿 45°线相切。这纯粹是下述事实的几何结果：如果不存在激励问题，委托人将对代理人完全保险。

因此，如果完全保险解是可行的，如图 25-2B 所示，它将是最优。如果完全保险解是不可行的，我们发现最优解将包含代理人承担某些风险。

为了用代数方法探讨最优激励方案的性质，我们返回到 n 个结果的情形，并为

式（25.6）～式（25.7）描述的最大化问题建立拉格朗日函数

$$L = \sum_{i=1}^{n} (x_i - s_i) \pi_{ib} - \lambda \left[c_b + \bar{u} - \sum_{i=1}^{n} u(s_i) \pi_{ib} \right]$$
$$- \mu \left[c_b - c_a - \sum_{i=1}^{n} u(s_i)(\pi_{ib} - \pi_{ia}) \right]$$

将此式对 s_i 微分，可得到库恩-塔克一阶条件。它给出

$$-\pi_{ib} + \lambda u'(s_i) \pi_{ib} + \mu u'(s_i)[\pi_{ib} - \pi_{ia}] = 0$$

除以 $\pi_{ib} u'(s_i)$ 并重新排列，我们得到决定激励方案形状的基本方程：

$$\frac{1}{u'(s_i)} = \lambda + \mu \left(1 - \frac{\pi_{ia}}{\pi_{ib}} \right) \tag{25.11}$$

我们一般可以预期，对保留效用的约束将是束紧的，使得 $\lambda > 0$。

第二个约束更有问题：如我们从图形分析中所看见的那样，它可能是或者可能不是束紧的。假设 $\mu = 0$，于是方程（25.11）意味着 $u'(s_i)$ 等于某个常数 $1/\lambda$；即，对代理人的报酬与结果无关。可以推知，s_i 等于某常数 $\bar{s}$。代入激励相容约束，我们得

$$u(\bar{s}) \sum_{i=1}^{n} \pi_{ib} - c_b > u(\bar{s}) \sum_{i=1}^{n} \pi_{ia} - c_a$$

由于每个概率分布之和为 1，这意味着

$$c_a > c_b$$

因此这种情形仅当委托人所喜欢的行动对代理人来说也是低成本行动时才会出现。这是图 25-2B 所示的情形，其中委托人与代理人之间没有利益冲突，委托人直接为代理人提供保险。

回到约束是束紧的，因而 $\mu > 0$ 的情形，我们知道，一般来说给代理人的报酬 s_i 将随结果 x_i 而变化。在这种情形中，委托人渴望那种给代理人带来高成本的行动，所以给代理人的报酬将依赖于分数 π_{ia}/π_{ib} 的行为。

在统计学文献中，π_{ia}/π_{ib} 形式的表达式被称为**似然比**（likelihood ratio）。它衡量在给定代理人选择 a 时观察到 x_i 的可能性与在给定代理人选择 b 时观察到 x_i 的可能性的比率。似然比的值高是倾向于代理人选择了 a 这种观点的根据，而似然比的值低则令人联想到代理人选择了 b。

公式中似然比的出现强有力地表明，最优激励方案的结构与统计推断问题紧密相关。这表明我们可以用统计学文献中的正则条件来分析最优方案的行为问题。例如，一个常用条件，**单调似然比性质**（monotone likelihood ratio property）要求比值 π_{ia}/π_{ib} 是随着 x_i 单调递减的。如果这个条件得到满足，则可推出 $s(x_i)$ 将是 x_i 的单调增函数。细节见米尔格罗姆（Milgrom，1981）。方程（25.11）引人注意的

特征是，最优激励方案是如此简单：它实质上是似然比的一个线性函数。

例 25 - 1：比较静态

如往常一样，我们可以通过考察这个问题的拉格朗日函数来了解最优激励方案的一些事情。包络定理告诉我们，委托人最优值函数关于该问题参数的导数，恰好等于拉格朗日函数对同一参数的导数。

例如，拉格朗日函数对 c_a 和 c_b 的导数为

$$\frac{\partial L}{\partial c_a} = \mu$$
$$\frac{\partial L}{\partial c_b} = -(\lambda + \mu)$$

(25.12)

这些导数可以用来回答这一古老的问题：胡萝卜与大棒哪个更好？将胡萝卜视为减少选择行动 b 的成本，将大棒视为以同样数量增加替代性的行动 a 的成本。根据方程组（25.12），所选行动的成本的微小减少，相较于替代性行动的成本的同量增加，总是能够更多地增加委托人的效用。实际上，胡萝卜放松了两个约束，而大棒仅放松了一个。

下一步，考虑概率分布的一个变化 $(d\pi_{ia})$。这一变化对委托人效用的影响由下式给出：

$$dL = -\mu \sum_{i=1}^{n} u(s_i) d\pi_{ia}$$

这表明，当激励相容约束是束紧的，使得 $\mu > 0$ 时，委托人和代理人的利益在关于替代性行动概率分布的变化方面截然相反：使代理人境况好转的任何变化，无疑会使委托人的境况恶化。

例 25 - 2：带均值-方差效用的委托-代理模型

这里有一个以霍姆斯特龙和米尔格罗姆（Holmström & Milgrom，1987）为基础的激励方案的简单例子。令行动 a 代表代理人的努力，令 $\tilde{x} = a + \tilde{\epsilon}$ 为委托人观察到的产出。随机变量 $\tilde{\epsilon}$ 具有均值为零、方差为 σ^2 的正态分布。

假设委托人选择的激励方案是线性的，使得 $s(\tilde{x}) = \delta + \gamma \tilde{x} = \delta + \gamma a + \gamma \tilde{\epsilon}$。这里 δ 和 γ 是待定参数。由于委托人是风险中立的，其效用为

$$E[\tilde{x} - s(\tilde{x})] = E[a + \tilde{\epsilon} - \delta - \gamma a - \gamma \tilde{\epsilon}] = (1 - \gamma)a - \delta$$

假设代理人具有固定绝对风险规避效用函数，$u(w) = -e^{-rw}$，其中 r 为绝对风险规避，w 为财富。代理人的财富就是 $s(\tilde{x}) = \delta + \gamma \tilde{x}$。由于 $\tilde{x}$ 服从正态分布，所以财富也将服从正态分布。我们在本书第 11 章已经看到，在此情况下，代理人的效用线性依赖于财富的均值和方差。于是，与激励性报酬 $s(\tilde{x}) = \delta + \gamma \tilde{x}$ 相关的代理人的效用将由下式给出：

$$\delta + \gamma a - \frac{\gamma^2 r}{2}\sigma^2$$

代理人希望最大化这个效用减去努力成本 $c(a)$：

$$\max_a \delta + \gamma a - \frac{\gamma^2 r}{2}\sigma^2 - c(a)$$

这给出了一阶条件

$$\gamma = c'(a) \tag{25.13}$$

委托人的最大化问题是，在代理人得到某水平的保留效用 $\bar{u}$ 约束及激励约束 (25.13) 下，确定最优的 δ 和 γ。这个问题可以写成

$$\max_{\delta,\gamma,a}(1-\gamma)a - \delta$$
$$\text{s. t.}\ \delta + \gamma a - \frac{\gamma^2 r}{2}\sigma^2 - c(a) \geqslant \bar{u}$$
$$c'(a) = \gamma$$

从第一个约束中求解 δ，从第二个约束中求解 γ，并将它们代入目标函数。经过一些简化，得出：

$$\max_a a - \frac{c'(a)^2 r}{2}\sigma^2 - c(a)$$

求微分，我们得一阶条件

$$1 - rc'(a)c''(a)\sigma^2 - c'(a) = 0$$

求解 $c'(a) = \gamma$，我们得

$$\gamma = \frac{1}{1 + rc''(a)\sigma^2}$$

这个方程显示了解的实质特征。如果 $\sigma^2 = 0$，以致不存在风险，我们有 $\gamma = 1$：最优激励方案具有 $s = \delta + \tilde{x}$ 的形式。如果 $\sigma^2 > 0$，我们有 $\gamma < 1$，于是每个代理人分担部分风险。不确定性越大，或者代理人越是风险规避，γ 将越小。

25.5 隐藏行动：竞争性市场

如果有许多委托人在其激励合同结构中进行竞争，会发生什么情况？在此情况下，我们可以假设竞争迫使委托人的利润为零，且均衡合同必定恰好收支平衡。在此情况下，图 25 - 2 仍然适用，但我们简单地重新解释一下等利润线和无差异曲线的水平。

在竞争情况下，参与约束不是束紧的，零利润条件决定委托人特定的等利润线。同在垄断情形中一样，存在两种可能的均衡配置：完全保险或部分保险。

在完全保险合同中，不管生产了多少产出，所有的工人都获得一固定的报酬。

他们作出的反应是投入最少的努力。在部分保险均衡中，工人所得的工资依赖于产出。因为工人承担更多的风险，他们便投入更多的努力，以增加生产更大产出的可能性。

考虑图 25-3 所示的部分保险的情形。为了使之成为一个均衡，可以不存在其他的给代理人带来更大效用且给厂商带来更大利润的合同。通过作图可知，诱导行动 b 的合同都不具有这些性质，然而或许存在一个诱导行动 a 的合同将是帕累托偏好的，即，一个取得正利润并为代理人所喜欢的合同。

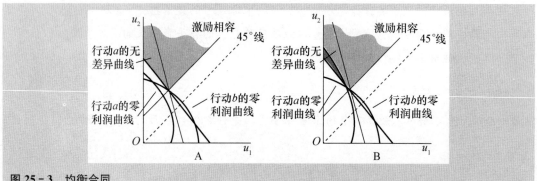

图 25-3 均衡合同

注：在 A 图中，部分保险合同为一个均衡。在 B 图中则不是，因为行动 a 下的零利润曲线与代理人的偏好集相交。

为了看清是否存在这样的合同，我们画出行动 a 的无差异曲线，使得它穿过部分保险合同和行动 a 的零利润曲线。如果零利润曲线与工人偏好的区域不相交，如图 25-3A 所示，部分保险合同就是一个均衡。如果零利润曲线与工人偏好的区域相交，如图 25-3B 所示，那么这不可能是一个均衡，因为某厂商可以提供一份能够带来正利润的完全保险合同，它对那些持有部分保险合同的工人仍有吸引力。在此情况下不可能存在均衡。

例 25-3：保险市场中的道德风险

在保险市场的各种情况中，具有隐藏行动的委托-代理问题被称为**道德风险问题**（moral hazard problem）。"道德风险"是指保险单的买主不愿意采取适当水平的小心。让我们在本书第 11 章对保险所做的早先分析的背景下考察这个问题。

假设有许多同样的消费者正在打算购买保险防止汽车失窃。如果一个消费者的汽车被盗了，他承担损失 L。令状态 1 为消费者的汽车被盗的自然状态，状态 2 为没有被盗的状态。消费者汽车被盗的概率依赖于其行为——比如说他是否锁上了汽车。令 π_{1b} 为即使消费者记得锁上他的车也会被盗的概率，π_{1a} 为如果消费者忘记锁上他的车而失窃的概率。令 c 为记住锁车的成本，令 s_i 为消费者在状态 i 下付给保险公司的净保险费。最后，令 w 为消费者的财富。

假设保险公司希望消费者锁上他的车，激励问题为

$$\max_{s_1,s_2} \pi_{1b}s_1 + \pi_{2b}s_2$$

$$\text{s. t. } \pi_{1b}u(w-s_1-L) + \pi_{2b}u(w-s_2) - c \geq \bar{u}$$

$$\pi_{1b}u(w-s_1-L) + \pi_{2b}u(w-s_2) - c \geq \pi_{1a}u(w-s_1-L) + \pi_{2a}u(w-s_2)$$

如果没有激励问题，则失窃发生的概率与代理人的行动无关。如果保险业的竞争迫使期望利润为零，从本书第 11 章中我们已经得知，最优解将包括 $s_2 = s_1 + L$，即保险公司将给消费者完全保险，以使不管失窃是否发生，消费者仍有同样的财富。

当损失的概率依赖于代理人的行动时，完全保险将不再是最优的。一般地，委托人希望使得代理人的消费依赖于其选择，以使其有激励采取适当的谨慎措施。在此情况下，消费者对保险的需求将受到限制。消费者愿意以经过保险精算的公平费率来购买更多保险，但保险业不愿意提供这种合同，因为那将诱使消费者粗心大意。

在竞争情况下，参与约束不是束紧的，均衡取决于零利润条件和激励相容约束：

$$\pi_{1b}s_1^* + \pi_{2b}s_2^* = 0$$

$$\pi_{1b}u(w-s_1^*-L) + \pi_{2b}u(w-s_2^*) - c \tag{25.14}$$

$$= \pi_{1a}u(w-s_1^*-L) + \pi_{2a}u(w-s_2^*)$$

这两个方程式决定均衡 (s_1^*, s_2^*)。同往常一样，为了确信不存在打破这个均衡的完全保险合同，我们必须进行检验。没有附加假设，也许会存在这种合同，使得这个模型中可能不存在均衡。

25.6　隐藏信息：垄断

现在我们来考虑另一类委托-代理问题，其中有关代理人的效用或成本函数的信息是不可观测的。为了简便，我们假设仅存在两种类型代理人，他们以其成本函数相互区别，令代理人的行动为其生产产出的数量。在前面讨论的工人-雇主模型的背景下，我们现在假设产出可被厂商完全观察到，但某些工人发现其生产总是比别人花费更多成本。厂商可以完全地观察到工人的行动，但它不能分辨那些行动耗费了工人多少成本。

令 x_t 和 $c_t(x)$ 为 t 类型代理人的产出与成本函数。为了明确起见，令代理人 2 为高成本代理人，于是对所有 x，有 $c_2(x) > c_1(x)$。令 $s(x)$ 为产出函数的报酬，并假定代理人 t 的效用函数形式为 $s(x) - c_t(x)$。委托人不能确信他所面临的是哪种类型的代理人，但他以 π_t 的概率认为代理人是 t 类型的。同往常一样，我们要求每个代理人至少得到其保留水平的效用，为了简便，我们视之为零。

对成本函数作出进一步假设是方便的，也就是假设具有较高总成本的代理人也具有较高的边际成本，即，对所有 x，有 $c_2'(x) > c_1'(x)$。这有时被称作**单交叉性**，因为它意味着，类型 1 代理人的任何一条给定的无差异曲线与类型 2 代理人的任何一条给定的无差异曲线最多相交一次。我们观察到如下简单事实，并要求在习题中证明它：

单交叉性。假设对所有 x，有 $c_2'(x)>c_1'(x)$。可以推知，对任意两个不同水平的产出 x_1 和 x_2，$x_2>x_1$，我们必有 $c_2(x_2)-c_2(x_1)>c_1(x_2)-c_1(x_1)$。

如果委托人可以观测到成本函数，考虑一下最优激励方案会是什么是有启发意义的。在此情况下，委托人有完全信息，所以解实质上是先前考察过的目标产出情形。委托人会直接最大化总产出减去总成本 $x_1+x_2-c_1(x_1)-c_2(x_2)$。解要求 $c_t'(x_t^*)=1$，$t=1,2$。于是，委托人对每个代理人的支付将恰好满足代理人的保留效用，使得 $s_t-c_t(x_t^*)=0$。

这被绘在图 25-4 中，这里我们在纵轴上画出了边际成本，在横轴上画出了产出。代理人 t 生产了 x_t^*，在这一点上 $c_t'(x_t^*)=1$。能够对两个代理人作出准确区分的委托人，通过给代理人 t 提出一个如前所述的目标产出方案而直接要求他生产产出 x_t^*；即，代理人 t 可以得到使 $s_t(x^*)=c_t(x_t^*)$ 的一份报酬，且对 x 的所有其他值，$s_t(x)<c_t(x)$。

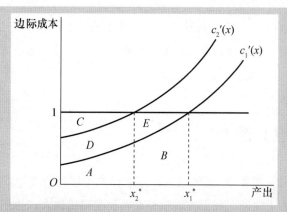

图 25-4 有隐藏信息的委托-代理问题

注：在最优方案中，代理人 1 生产 x_1^*，代理人 2 生产 x_2^*。

这意味着每个代理人的总剩余都被榨取了。用图形来说，代理人 1 会得到 $A+B$ 的报酬，它恰好等于其生产总成本；同样地，代理人 2 会得到等于其总成本的报酬 $A+D$。

这个方案的问题是它不满足激励相容约束。如果高成本代理人仅满足其参与约束，低成本代理人必然更喜欢 (s_2,x_2^*) 而不是 (s_1,x_1^*)。用符号来说：

$$s_2-c_1(x_2^*)>s_2-c_2(x_2^*)=0=s_1-c_1(x_1^*)$$

因为对任何 x，有 $c_1(x)<c_2(x)$。用图形来说，低成本代理人可以假装成高成本代理人并只生产 x_2^*。这会留给他剩余 D。

这个问题的一个解就是变动报酬。假设若产出是 x_2^*，则给予报酬 A，但如果

产出是 x_1^*，则给予报酬 $A+D$。这给低成本代理人留下了净剩余 D，使之在生产 x_1^* 和 x_2^* 之间无差异。

这当然是一个可行计划，但它在委托人看来是最优的吗？答案为否，有一个有趣的理由说明为什么如此。假设我们略微减少高成本代理人的目标产出，由于他是在价格等于边际成本的点上进行经营，仅存在利润的一阶减少：生产产出的减少恰好被必须支付给代理人 2 的数量的减少所弥补。

但由于 x_2 和区域 D 都较小，低成本代理人从在 x_2 点生产所得的剩余现在减少了。通过使高成本代理人生产少一点，给予他的报酬少一点，我们使其目标产出对低成本代理人不那么具有吸引力。这比一阶效果更大，因为低成本代理人在其边际成本小于 1 的点上进行经营。

这在图 25-5 中得到了说明。高成本代理人目标产出的减少以面积 ΔC 降低了从高成本代理人那里所得的利润，但以面积 ΔD 增加了从低成本代理人那里所得的利润。因此，委托人会发现，将高成本代理人的目标产出减少至低于效率水平的某一数量是有利可图的。通过减少给高成本代理人的报酬，委托人减少了他必须付给低成本代理人的报酬。

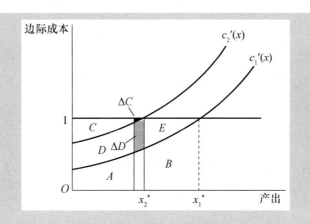

图 25-5　增加利润

注：通过以小的数量削减高成本代理人的目标产出，委托人可以增加其利润。

为了详细说明激励方案的构成，以代数方法说明这个问题是比较方便的。

如几何分析所指出的那样，基本的激励问题是低成本代理人可能会试图"伪装"成高成本代理人。如果 x_1 是代理人 1 被假定选择的产出，那么委托人必须制订报酬方案，使得代理人 1 选择 x_1 的效用高于其选择 x_2 的效用，对代理人 2 也是同样道理。这些只是激励相容条件的特殊形式，在此背景下它们被称为**自我选择约束**（self-selection constraints）。

给定这些观察资料，我们将委托人的最优化问题写成

$$\max_{x_1, x_2, s_1, s_2} \pi_1(x_1 - s_1) + \pi_2(x_2 - s_2)$$

$$\text{s. t. } s_1 - c_1(x_1) \geqslant 0 \tag{25.15}$$

$$s_2 - c_2(x_2) \geqslant 0 \tag{25.16}$$

$$s_1 - c_1(x_1) \geqslant s_2 - c_1(x_2) \tag{25.17}$$

$$s_2 - c_2(x_2) \geqslant s_1 - c_2(x_1) \tag{25.18}$$

前两个约束为参与约束，后两个约束为激励相容或自我选择约束。最优激励方案 $(x_1^*, s_1^*, x_2^*, s_2^*)$ 是这个最大化问题的解。

对这个问题的第一个观察结果来自对自我选择约束的整理：

$$s_2 \leqslant s_1 + c_1(x_2) - c_1(x_1) \tag{25.19}$$

$$s_2 \geqslant s_1 + c_2(x_2) - c_2(x_1) \tag{25.20}$$

这些不等式表明，如果自我选择约束得以满足，

$$c_1(x_2) - c_1(x_1) \geqslant c_2(x_2) - c_2(x_1) \tag{25.21}$$

单交叉条件意味着代理人 2 比代理人 1 始终有较高的边际成本。如果 $x_2 > x_1$，这会与式（25.21）矛盾。因此在最优解中必有 $x_2 \leqslant x_1$，它意味着低成本代理人至少与高成本代理人生产得同样多。

现在看约束（25.15）和约束（25.17）。这些可被重写为

$$s_1 \geqslant c_1(x_1) \tag{25.15'}$$

$$s_1 \geqslant c_1(x_1) + [s_2 - c_1(x_2)] \tag{25.17'}$$

由于委托人希望 s_1 尽可能地小，这两个约束中最多有一个是束紧的。从约束（25.16）和成本函数的性质，我们可得

$$s_2 - c_1(x_2) > s_2 - c_2(x_2) = 0$$

因此，方程（25.17'）方括号中的表达式是正的，式（25.15'）不是束紧的。于是有

$$s_1 = c_1(x_1) + [s_2 - c_1(x_2)] \tag{25.22}$$

同样可知，约束（25.16）和约束（25.18）中必有一个是束紧的。约束（25.18）能作为等式得到满足吗？在此情形中，我们可将等式（25.22）代入约束（25.18）中，得到

$$s_2 = s_1 + c_2(x_2) - c_2(x_1) = s_2 + c_1(x_1) - c_1(x_2) + c_2(x_2) - c_2(x_1)$$

经过整理，我们有

$$c_1(x_2) - c_1(x_1) = c_2(x_2) - c_2(x_1)$$

它违反单交叉条件。于是，最优策略必有

$$s_2 = c_2(x_2) \tag{25.23}$$

甚至无须考察实际的最优化问题，我们也看得出约束和目标函数本身的性质规

定了两个重要特性：高成本代理人得到的报酬恰好使他对参与感到无偏好，低成本代理人得到一份剩余。低成本代理人的剩余恰好是阻止他伪装成高成本代理人的必要量。

为了确定最优行动，我们用式（25.22）和式（25.23）替代 s_1 和 s_2，并把委托人的最大化问题写为

$$\max_{x_1,x_2} \pi_1 [x_1 - c_1(x_1) - c_2(x_2) + c_1(x_2)] + \pi_2 [x_2 - c_2(x_2)]$$

此问题的一阶条件为

$$\pi_1 [1 - c_1'(x_1)] = 0$$
$$\pi_1 [c_1'(x_2) - c_2'(x_2)] + \pi_2 [1 - c_2'(x_2)] = 0$$

可以将它们重写成

$$c_1'(x_1^*) = 1 \tag{25.24}$$

$$c_2'(x_2^*) = 1 + \frac{\pi_1}{\pi_2} [c_1'(x_2^*) - c_2'(x_2^*)]$$

第一个方程意味着，低成本代理人生产的产量与仅存在他那种类型的代理人时他所愿意生产的产出水平相同，即帕累托效率产出水平。给定单交叉性，高成本代理人生产的产量少于他是仅有的代理人时他意愿的产出，因为 $c_2'(x_2^*) - c_1'(x_2^*) > 0$。

为了用图形画出这些条件，为方便起见，假设 $\pi_1 = \pi_2 = 1/2$。那么式（25.24）的第二个等式意味着 $2c_2'(x_2^*) = 1 + c_1'(x_2^*)$。在这点上减少 x_2 一点点所得的边际收益恰好等于边际成本，最优解被绘在图 25-6 中。低成本代理人在其边际收益等于边际成本的点上生产；高成本代理人在其边际收益超过边际成本的点上生产。高成本代理人得到 $A+D$ 的报酬，这榨取了全部的剩余；低成本代理人得到 $A+B+D$ 的报酬，这使其恰不偏好装扮成高成本代理人。

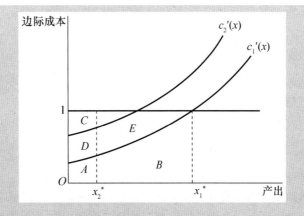

图 25-6 最优合同

注：高成本代理人在 x_2^* 生产而低成本代理人在 x_1^* 生产。高成本代理人得到报酬 $A+D$，低成本代理人得到报酬 $A+B+D$。

　　图 25-7 提供了最优激励合同的另一幅图画。在此图中我们在 (s, x) 空间中绘出了该合同。t 类型工人有 $u_t = s_t - c_t(x_t)$ 形式的效用函数。因此，其无差异曲线的形式为 $s_t = u_t + c_t(x_t)$。根据单交叉性，高成本代理人的无差异曲线总是比低成本代理人的更陡。

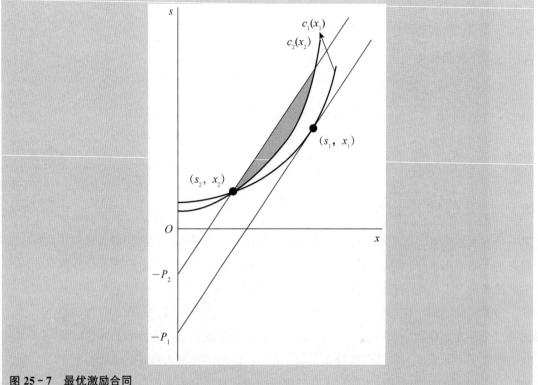

图 25-7　最优激励合同

注：厂商的利润为 $\pi_1 P_1 + \pi_2 P_2$。阴影区域代表了由自我选择约束所引致的对高成本工人的低效使用。

　　我们知道，均衡时高成本工人得到其零效用的保留水平。这确定了对高成本工人来说的无差异曲线及所有的激励合同 (s_2, x_2) 都必须位于零效用无差异曲线上。厂商从 t 类型工人那里获得的利润为 $P_t = x_t - s_t$。因此，等利润线具有 $s_t = x_t - P_t$ 的形式。这些是斜率为 $+1$ 且纵截距为 $-P_t$ 的平行直线。厂商的总利润为 $\pi_1 P_1 + \pi_2 P_2$。注意，利润随利润线向东南方移动而增加，代理人的效用随无差异曲线向西北方移动而增加。

　　从条件（25.24）中我们知道，低成本工人必须满足条件 $c_1'(x_1^*) = 1$。这意味着等利润函数必与低成本代理人的无差异曲线相切。我们还知道 $c_2'(x_2^*) < 1$，所以等利润线与高成本工人的无差异曲线相交。

　　如果低成本工人不存在，委托人会希望高成本工人生产更多，而且高成本工人会愿意这么做。图 25-7 中的阴影部分描绘了高成本工人与委托人双方境况均能得以改善的区域。但由于低成本工人的出现，提高高成本工人的产出就增加了厂商对低成本工人必须支付的数量。在均衡时，通过增加 x_2 和 s_2 而增大 P_2 所得的收益恰

被 P_1 的减少所抵消。

　　正是高成本工人与低成本工人之间的负外部性导致了低效的均衡。如果垄断者能够区分并给每种类型工人提供一份不同的工资，结果会是完全有效的。这与在本书第 14 章中讨论的第二价格歧视的情形相似。在那个模型中，如果只存在一种类型消费者，垄断者将实行完全价格歧视，并给出唯一不容讨价还价的报价。但如果有几种类型消费者，价格歧视的企图一般会导致低效的结果。

25.7 市场均衡：隐藏信息

　　同往常一样，我们可以通过在模型中加入零利润条件并重新解释保留效用来分析竞争均衡。随着更多厂商进入市场，它们哄抬工人的工资并减少了代表性厂商的利润。在垄断问题中，保留价格决定利润水平；在竞争均衡中，零利润条件决定工人的效用。

　　这一点可从对图 25 - 7 的考察看出来。在垄断情况下，高成本代理人的无差异曲线决定厂商的利润，$\pi_1 P_1 + \pi_2 P_2$。在竞争情况下，厂商的利润被迫为零，代理人移向了更高的无差异曲线。

　　我们将仅考察对称均衡，其中所有的厂商提供同样的合同集。均衡看来有几种可能：

　　（a）代表性厂商提供吸引两种类型工人的唯一的一份合同。

　　（b）代表性厂商提供仅吸引一种类型工人的唯一的一份合同。

　　（c）代表性厂商提供两份合同，每种类型工人一份。

　　两种类型工人都接受唯一一份合同的情形被称为**混同均衡**（pooling equilibrium）。不同类型的工人接受不同合同的情形叫作**分离均衡**（separating equilibrium）。

　　我们在图 25 - 8 中画出了一些可能的均衡配置。不难看出，仅提供一种合同不能是一个均衡，它排除了（a）类的混同均衡或（b）类的分离均衡。如果代表性厂商赚取了零利润，在图 25 - 8A 中它一定在 45°线上经营。如果它仅提供一种合同，例如 (s^*, x^*)，这对两种类型工人中的一种来说必是最优的；假设它对低成本类型是最优的。然而一个异常的厂商可以提供一份阴影区域中的合同，它为高成本类型所喜欢并产出正利润。当合同对高成本类型最优时，论证是类似的。

　　结果是，只要两种代理人都至少得到其保留水平的效用，在这个模型中唯一可能的均衡是绘于图 25 - 8B 的分离均衡。厂商对每种工人支付其产出的完全价值并挣得零利润。

25

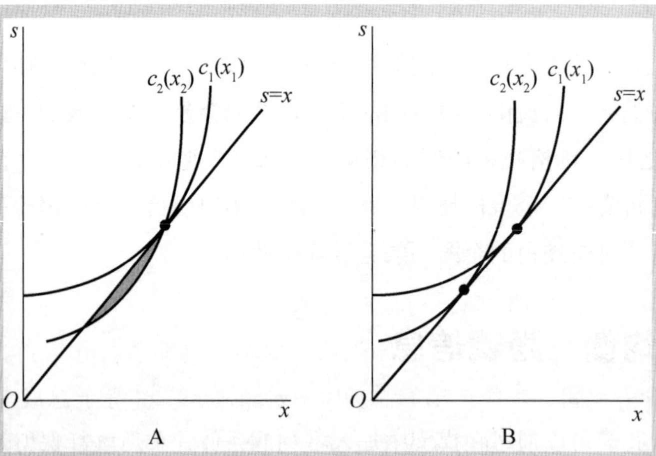

图 25 - 8　可能的均衡配置

注：根据文中给出的论据，A 图不能是一个均衡，唯一的可能性是情形 B，其中每种工人得到其边际产品。

例 25 - 4：一个代数例子

用代数方法弄清垄断与竞争的隐藏信息模型之间的区别是有益处的。假设 $c_t(x_t) = t x_t^2/2$ 且 $\pi_1 = \pi_2 = 1/2$。那么垄断者的最优解是由方程（25.22）、方程（25.23）和方程（25.24）确定的。应该验证这些方程具有解

$$x_1^* = 1$$
$$x_2^* = 1/3$$
$$s_1^* = 5/9$$
$$s_2^* = 1/9$$

垄断者的利润是

$$\frac{1}{2}(x_1^* - s_1^*) + \frac{1}{2}(x_2^* - s_2^*) = \frac{1}{2} \times \frac{4}{9} + \frac{1}{2} \times \frac{2}{9} = \frac{1}{3}$$

在垄断模型中，高成本工人恰好得到其为零的保留水平的效用。在竞争模型中，代理人得到的效用随厂商哄抬工资而增加。

我们已经知道，竞争均衡包含一个线性工资，于是一个 t 类型的工人希望最大化 $x_t - c_t(x_t)$。这给予我们 $x_1 = 1$ 和 $x_2 = 1/2$。厂商获得零利润，于是我们必有 $s_1 = x_1 = 1$，也有 $s_2 = x_2 = 1/2$。低成本代理人有 $1/2$ 的一份剩余，高成本代理人有 $1/4$ 的一份剩余。

25.8　逆向选择

考虑上一节描述的模型的一个变形。假设工人除了有不同的成本函数外还有不同的生产率。高成本工人生产 $v_2 x_2$ 单位的产出，而低成本工人生产 $v_1 x_1$。我们假

设 $v_1 > v_2$，以便低成本工人由于两个原因而具有吸引力：他们有更高的生产率和更低的成本。

现在均衡工资合同看起来像什么？如在上一节一样，对于对称均衡，存在两种逻辑上的可能性。或者厂商对所有的工人提供唯一的一种合同 (s^*, x^*)，或者厂商提供两种合同 (s_1^*, x_1^*)，(s_2^*, x_2^*)。如果仅提供了唯一一种合同，我们称之为混同均衡；如果提供了两种合同，我们称之为分离均衡。

先考虑混同均衡。这里所有的工人得到同样的补偿，即使某些人比其他人有更高的生产率。由于总利润为零，厂商必须从低成本工人那里获取正利润且从高成本工人那里获得负利润。生产产出的总值 $(\pi_1 v_1 + \pi_2 v_2) x^*$ 等于总成本 $\pi_1 s^* + \pi_2 s^* = s^*$。因此 (s^*, x^*) 必位于直线 $s = (\pi_1 v_1 + \pi_2 v_2)x$ 上，其斜率为两种类型代理人生产率的加权平均数，如图 25-9 所示。

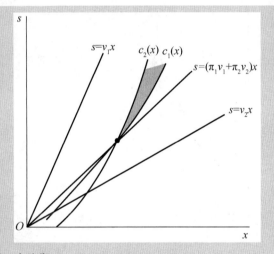

图 25-9　混同不可能是一个均衡

注：如果只提供唯一一种合同，它必沿着零利润曲线。通过这样的一种合同画无差异曲线，并注意由于低生产率工人有更陡的无差异曲线，在阴影区中总有可能找到只吸引高生产率工人的合同，从而赚取正利润。

提出的混同均衡是这条线上的某一点。在这样的任何一点，通过此点画出两种类型代理人的无差异曲线。根据假设，高生产率代理人的无差异曲线比低生产率代理人的无差异曲线要平坦。这意味着在阴影区，有某种合同对高生产率代理人有利而对低生产率代理人有害。一个异常的厂商可以提供这样的一份合同，并仅吸引高生产率的代理人，从而取得正利润。由于这个解释在零利润曲线上的任一点都能做出来，不存在混同均衡。

余下的可能性是分离均衡。图 25-10 绘出了既是有效又是均衡的合同的一个例子。合同 (s_1^*, x_1^*) 和 (s_2^*, x_2^*) 是（完全信息）有效率的合同，但它们不满足自我选择约束：低生产率代理人更喜欢这种为高生产率代理人制定的合同。一个厂商或许提供 (s_2^*, x_2^*)，希望仅吸引低成本、高生产率的工人。但这个厂商会感受到逆向选择（adverse selection）——两种工人都发现这个合同有吸引力。

这个逆向选择问题的解是把高生产率工人的零利润曲线移向如 (s_1', x_1') 的点。现在 (s_1', x_1') 和 (s_2^*, x_2^*) 是合同的一个均衡配置：低生产率代理人在其合同与高生产率代理人的合同之间恰无偏好。任何一个代理人的无差异曲线上方的任何点对厂商来说都是无利可图的，于是我们有一个均衡。

然而，不存在均衡的情况也会发生。注意，通过 (s_1', x_1') 的无差异曲线一定与零利润曲线相交。结果，将存在如图 25-10 中的阴影部分的某区域，它为厂商和高生产率工人双方所喜欢。在这个区域中不提供合同，因为它们也会吸引低生产率工人，从而无利可图——我们知道这样的合同是无利可图的，因为在图 25-10 中合并了的工人的零利润曲线位于阴影区域之下。

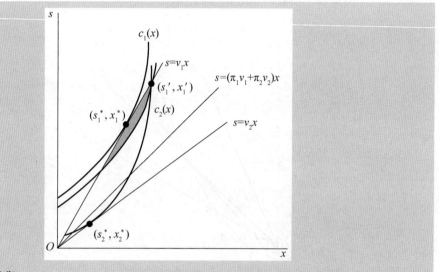

图 25-10 分离均衡

注：合同 (s_1^*, x_1^*) 和 (s_2^*, x_2^*) 是有效率的，但它们不满足自我选择约束。合同 (s_2^*, x_2^*) 和 (s_1', x_1') 满足自我选择约束。

但假设有许多高生产率工人，使得 $s = \pi_1 v_1 + \pi_2 v_2$ 线与阴影区域相交。在此情形下，在这个区域中提供一份混同的合同会是有利可图的。因此，所提到的分离均衡可能被打破，不存在纯策略均衡。

25.9 柠檬市场和逆向选择

这里有另一个模型可以用来说明由于有逆向选择而导致均衡不存在的可能性。考虑一下旧车市场。一辆汽车的当前所有人大概比潜在的买主更了解其质量。就买主知道这一点来说，他们或许不愿意购买供出售的产品，因为他们（正确地）担心被次品欺骗。买主也许会问：如果这辆车那么好，为什么要卖它呢？旧车市场也许比较冷清，尽管存在许多潜在的买主和卖主。

这个简单直觉被阿克洛夫（Akerlof，1970）在其**柠檬市场**（lemons market）中以一种醒目的方式正式提出。假设我们能够用某数字 q 来标明一辆旧车的质量，q 均匀分布在区间 $[0，1]$。为了后边使用，我们注意到，如果 q 均匀分布在区间 $[0，b]$，q 的平均值将为 $b/2$。因此，在这个市场中可得到的平均质量为 $1/2$。

对旧车有大量的需求者，他们愿意对 q 质量的一辆车支付 $3q/2$，同时有大量卖主，他们每人愿意以价格 q 将一辆质量为 q 的车卖出。因此，如果质量是可观察的，每辆质量为 q 的旧车将以 $3q/2$ 与 q 之间的某价格卖出。

然而，假设质量是不可观察的。那么旧车买主通过考虑旧车市场上提供的车的平均质量来试图评估提供给他们的一辆车的质量的做法是明智的。我们假设，尽管任何给定的车的质量不可观察，但平均质量是可观察的，因而对一辆旧车的意愿支付将是 $\frac{3}{2}\bar{q}$。

在这个市场中的均衡价格是什么？假设均衡价格是某数 $p>0$。那么质量劣于 p 的汽车的全部所有者将要卖出他们的车，因为对那些所有者来说，p 大于他们的保留价格。由于质量均匀分布在区间 $[0，p]$，拿出来卖的汽车的平均质量将是 $\bar{q}=p/2$。将此式代入买主保留价格的表达式，我们看出买主将愿意支付 $\frac{3}{2}\bar{q}=\frac{3}{2}\cdot\frac{p}{2}=\frac{3}{4}p$。这小于 p（我们假设在此价格下旧车会卖出），因此在价格 p 下没有车被卖出。由于价格 p 是任意的，我们已经证明了在任何正价格下旧车都卖不出去。在这个市场上唯一的均衡价格是 $p=0$。在这个价格下需求为零且供给为零：买主和卖主之间的不对称信息摧毁了旧车市场！

任何吸引好车车主的价格对差车车主的吸引力都更大。对提供到市场上的汽车的选择不是典型的选择，而是偏向次品的。这是逆向选择的另一个例子。

25.10 信号传递

上一节中我们指出了具有隐藏信息的问题如何导致逆向选择均衡。在柠檬市场上极少发生交易，因为不容易把高质量物品从低质量物品中区分出来。在劳动市场上，有效率的合同集是不可行的，因为低生产率工人想要选择适合于高生产率工人的合同。

在柠檬市场上，好车的卖主会愿意**发出信号**（signal）表明他们提供了一辆好车而不是次品。一种可能是提供一份担保——好车的所有者会证明他们愿意在一定时期内补偿任何故障的损失。实际上，好车的卖主愿意为其车的买主提供保险。

为了与均衡一致，信号必须使得好车的所有者能负担得起提供它，而次品的所有者不能。这样的信号将允许好车的所有者向潜在的买主"证明"他们真的有一辆好车。提供担保对次品的卖方来说是一项费用较大的活动，但对好车的卖方来说费用不大。因此，这个信号使得买主能在两种类型车之间作出区分。在此情形下，信号的存在允许市场比不存在信号时更有效地发挥作用。这无须总是这种情形，下面我们将要看到这一点。

25.11　教育信号传递

让我们回到劳动市场的例子上来，它有两种类型工人，其生产率为 v_1 和 v_2。假设每种类型工人工作的时间不变。如果没有办法区分高生产率与低生产率的工人，在竞争均衡时，工人将仅得到其生产率的平均数。给予他们的工资为

$$\bar{s}=\pi_1 v_1+\pi_2 v_2$$

高生产率的工人得到的报酬少于他们的边际产品价值，低生产率的工人得到的报酬多于他们的边际产品价值。高生产率的工人想要一种能表明他们比其他人更有生产力的方法。

假设存在某种信号，高生产率的工人得到它要比低生产率的工人容易。一个很好的例子是教育——对高生产率的工人来说获得教育要比低生产率的工人成本更低，这似乎是有道理的。为了明显，让我们假设，对高生产率的工人来说获得 e 年教育的成本为 $c_2 e$，对低生产率的工人来说为 $c_1 e$，并有 $c_1>c_2$。

让我们假设，教育对生产率没有影响。然而，厂商可能仍发现以教育为基础发工资是有利可图的，因为它们可能吸引到更高质量的劳动力。假设工人相信厂商将付 $s(e)$ 的工资，其中 s 为 e 的某个增函数。信号传递均衡将是由工人推测并被厂商行为所证实的一条工资曲线。

令 e_1 和 e_2 为工人实际选择的教育水平。那么一个分离信号传递均衡必须满足零利润条件

$$s(e_1)=v_1$$
$$s(e_2)=v_2$$

以及自我选择条件

$$s(e_1)-c_1 e_1 \geqslant s(e_2)-c_1 e_2$$
$$s(e_2)-c_2 e_2 \geqslant s(e_1)-c_2 e_1$$

一般地，可能有许多函数 $s(e)$ 满足这些条件，提出一个这样的函数我们就满足了。

令 e^* 为使下式成立的某数字：

$$\frac{v_2-v_1}{c_2}>e^*>\frac{v_2-v_1}{c_1}$$

假设工人推测的工资函数为

$$s(e) = \begin{cases} v_2 & \text{如果 } e > e^* \\ v_1 & \text{如果 } e \leq e^* \end{cases}$$

证明这满足自我选择约束，从而与均衡一致的工资曲线是没多大价值的。

注意，这个信号传递均衡在社会意义上是浪费的。教育没有社会收益，因为它不改进生产率。其唯一的作用是将高生产率的工人从低生产率工人中区分出来。

注 释

上面讨论的两种行动情形是简单的，但它包含了存在多种行动情形中的许多深刻见解。关于此点的一般性概述及委托-代理文献中的其他问题，见 Hart & Holmström（1987）。信号传递是由 Spence（1974）首先引入经济学的。Akerlof（1970）首次考察了柠檬市场。参见 Rothschild & Stiglitz（1976）关于带逆向选择的市场均衡的模型。有关非对称信息模型中均衡的更详细讨论见 Kreps（1990）。

习 题

25.1 考虑正文中描述的隐藏行动委托-代理问题，并令 $f = u^{-1}$。假设 $u(s)$ 是增且凹的，证明 f 是一个递增的凸函数。

25.2 当行动 a 和行动 b 的成本分别为 c_a 和 c_b 时，令委托人运用最优激励方案所得的效用为 $V(c_a, c_b)$。根据出现在基本条件中的参数来推导 $\partial V / \partial c_a$ 和 $\partial V / \partial c_b$ 的表达式，并运用这些表达式解释那些参数。

25.3 假设 $c_a = c_b$，最优激励方案将采取什么形式？

25.4 假设在委托-代理问题中 c_b 减小而所有其他参数保持不变，证明代理人必至少处于同样好的境况。

25.5 假设在隐藏行动委托-代理问题中，代理人是风险中性的，证明可以得到最优结果。

25.6 考虑垄断情况下的隐藏信息问题，假设两种类型代理人有同样的成本函数但不同保留水平的效用，正文中的分析应如何变化？

25.7 证明单交叉性的下列结论：如果对所有 x，有 $c_2'(x) > c_1'(x)$，那么对任意两个不同的产出水平 x_1 和 x_2，其中 $x_2 > x_1$，我们必有 $c_2(x_2) - c_2(x_1) > c_1(x_2) - c_1(x_1)$。

25.8 在正文中我们曾断言，如果 $c_2(x) > c_1(x)$ 且 $c_2'(x) > c_1'(x)$，那么类型 1 和类型 2 代理人的任何两条无差异曲线至多相交一次，证明这一点。

25.9 考虑正文中所描述的隐藏信息模型中的竞争均衡。如果高成本代理人的保留效用足够高，均衡可能存在于仅雇用低成本代理人的情形中。对什么样的 $\bar{u}_2$ 值会发生这种情况？

25.10 P教授雇用了一位助教 A 先生。P教授关心 A 先生教了多少小时，以及她应该给他多少报酬。P教授想最大化她的支付函数 $x - s$，其中 x 是 A 先生的教学小时数，s 是她付给他的总工资。如果 A 先生教了 x 小时并得到报酬 s，他的效用是 $s - c(x)$，其中 $c(x) = x^2 / 2$。A 先生的保留效用为零。

(a) 如果 P 教授在 A 先生愿意为她工作的约

束下选择 x 和 s 最大化她的效用，A 先生将做多少教学工作？

（b）为了使 A 先生做这么多的教学工作，P 教授必须付给他多少报酬？

（c）假设 P 教授用如下的方案使 A 先生为她工作。P 教授制订 $s(x)=ax+b$ 形式的工资方案，并让 A 先生选择他想工作的小时数。P 教授应选择什么样的 a 与 b 的值来最大化她的支付函数？如果 P 教授能使用更一般的函数形式的工资方案，她能得到更高的支付吗？

第26章 数 学

本章对前文中所运用的绝大多数数学工具予以简要说明。如果你忘记了某些术语的定义，或者某些重要性质，你可以翻阅本章。但它不适用于对一些概念的初次学习。本章末的注释附有适宜于学习的推荐书目。

26.1 线性代数

我们将所有 n 元组实数的集合记为 R^n，n 元组非负实数的集合记为 R^n_+。这些集合里的元素被称为点（points）或**向量**（vectors）。向量将以粗体字标记出来。如果 $\mathbf{x} = (x_1, \cdots, x_n)$ 是一个向量，那么我们将其第 i 个分量记为 x_i。

我们可以通过相加其分量而将两个向量相加：$\mathbf{x} + \mathbf{y} = (x_1 + y_1, \cdots, x_n + y_n)$。我们可以通过用一个固定实数 t 乘以一个向量的每一分量而对这个向量实施**标量乘法**（scalar multiplication）：$t\mathbf{x} = (tx_1, \cdots, tx_n)$。从几何图形上看，向量相加是通过画出 $\mathbf{x}$ 并把 $\mathbf{y}$ 位移到 $\mathbf{x}$ 的尾部完成的；标量乘法是通过将向量原来的长度延长 t 倍完成的。

如果 $\mathbf{x} = \sum_{i=1}^{n} t_i \mathbf{y}_i$，其中 $\mathbf{y}_i \in A$，且 t_i 为标量，则向量 $\mathbf{x}$ 是一组 n 维向量 A 的**线性组合**（linear combination）。如果不存在一组 $(t_i, \mathbf{x}_i)$，其中某个 $t_i \neq 0$，且 $\mathbf{x}_i \in A$，使得 $\sum_{i=1}^{n} t_i \mathbf{x}_i = 0$，则这组 n 维向量 A 是**线性无关的**（linearly independent）。一个等价的定义是 A 中没有一个向量可用 A 中向量的一个线性组合来表示。

给定两个向量，其**内积**（inner product）由 $\mathbf{x}\mathbf{y} = \sum_{i} x_i y_i$ 给出。一个向量 $\mathbf{x}$ 的**范数**（norm）记作 $|\mathbf{x}|$ 并定义为 $|\mathbf{x}| = \sqrt{\mathbf{x}\mathbf{x}}$。注意，根据毕达哥拉斯定理，$\mathbf{x}$ 的范数为点 $\mathbf{x}$ 到原点的距离；也就是说，它是向量 $\mathbf{x}$ 的长度。

内积有一个十分重要的几何解释，如图 26-1 所示。我们有两个向量 $\mathbf{x}$ 和 $\mathbf{y}$，从 $\mathbf{y}$ 的顶部向 $\mathbf{x}$ 引一条虚线，虚线垂直于 $\mathbf{x}$。从原点伸向虚线与 $\mathbf{x}$ 交点的向量被称为 $\mathbf{y}$ 在 $\mathbf{x}$ 上的**射影**（projection）。当然，$\mathbf{y}$ 在 $\mathbf{x}$ 上的射影是一个 $t\mathbf{x}$ 形式的向量。让

我们用毕达哥拉斯公式来计算 t：

$$|t\mathbf{x}|^2 + |\mathbf{y} - t\mathbf{x}|^2 = |\mathbf{y}|^2$$

$$t^2\mathbf{xx} + (\mathbf{y} - t\mathbf{x})(\mathbf{y} - t\mathbf{x}) = \mathbf{yy}$$

$$t^2\mathbf{xx} + \mathbf{yy} - 2t\mathbf{xy} + t^2\mathbf{xx} = \mathbf{yy}$$

$$t\mathbf{xx} = \mathbf{xy}$$

$$t = \frac{\mathbf{xy}}{\mathbf{xx}}$$

因此，如果我们将 $\mathbf{y}$ 向 $\mathbf{x}$ 做射影，我们得到与 $\mathbf{x}$ 指向同一方向的向量，但仅是 $\mathbf{x}$ 长度的 $\mathbf{xy}/\mathbf{xx}$。如果 $\mathbf{xy} = 0$，$\mathbf{x}$ 和 $\mathbf{y}$ 就被称为是**正交的**（orthogonal）。

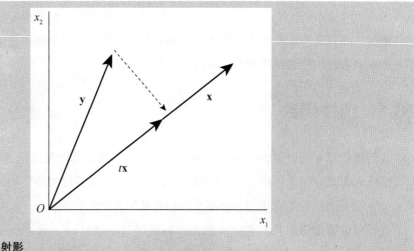

图 26 - 1　$\mathbf{y}$ 在 $\mathbf{x}$ 上的射影

注：这说明了做射影运算的几何解释。

令 θ 为 $\mathbf{x}$ 与 $\mathbf{y}$ 之间的角，从基本的三角学知识可很明显地看出 $t|\mathbf{x}| = |\mathbf{y}|\cos\theta$。如果我们把它与计算 t 的公式合起来，就会看到：$\mathbf{xy} = |\mathbf{x}||\mathbf{y}|\cos\theta$。因此，如果 $\theta = 90°$，那么 $\mathbf{xy} = 0$；如果 $\theta > 90°$，那么 $\mathbf{xy} < 0$；如果 $\theta < 90°$，那么 $\mathbf{xy} > 0$。

我们可以考虑从 R^n 到 R^m 的向量之间的映射，我们把这样的映射记作 $\mathbf{f}: R^n \to R^m$。如果对所有的标量 s 和 t 及向量 $\mathbf{x}$ 与 $\mathbf{y}$ 来说都有 $\mathbf{f}(t\mathbf{x} + s\mathbf{y}) = t\mathbf{f}(\mathbf{x}) + s\mathbf{f}(\mathbf{y})$，则这个映射是**线性函数**。如果 $\mathbf{f}$ 是一个到 R^1 上的线性函数，我们则称之为**线性泛函**（linear functional）。如果 $\mathbf{p}$ 是一个线性泛函，我们可以用一个向量 $\mathbf{p} = (p_1, \cdots, p_n)$ 表示它并写为 $\mathbf{p}(\mathbf{x}) = \mathbf{px}$。$H(\mathbf{p}, a) = \{\mathbf{x}: \mathbf{px} = a\}$ 形式的点集被称为**超平面**（hyperplane）。

超平面 $H(\mathbf{p}, 0)$ 由所有与向量 $\mathbf{p}$ 正交的向量 $\mathbf{x}$ 构成。不难看出这是一个 $n-1$ 维的集合。$H(\mathbf{p}, a)$ 形式的超平面是这个基本超平面的位移。超平面在经济学中是很重要的，因为 $H(\mathbf{p}, a)$ 由所有在价格 $\mathbf{p}$ 时价值为 a 的向量 $\mathbf{x}$ 组成。

如果 A 是一个线性函数 $A: R^n \to R^m$，我们可用一个 $m \times n$ 的矩阵 $\mathbf{A} = (a_{ij})$ 来

表示它。于是 $A(\mathbf{x}) = \mathbf{Ax}$；即要在映射 A 下找到 $\mathbf{x}$ 的像，我们仅需运用普通的矩阵乘法。一个**对称**（symmetric）矩阵对所有 i 和 j 来说都有 $a_{ij} = a_{ji}$。

我们沿用以下惯例来进行向量的不等式比较：$\mathbf{x} \geqslant \mathbf{y}$ 意味着对所有的 i 来说都有 $x_i \geqslant y_i$；$\mathbf{x} \gg \mathbf{y}$ 意味着对所有的 i 来说都有 $x_i > y_i$。

26.2　定矩阵和半定矩阵

令 $\mathbf{A}$ 为一个对称方阵。如果我们用某向量 $\mathbf{x}$ 右乘 $\mathbf{A}$，并以该向量（的转置向量）左乘它，我们就得到了**一个二次型**（quadratic form）。例如，

$$(x_1 \quad x_2) \begin{bmatrix} a_{11} & a_{12} \\ a_{21} & a_{22} \end{bmatrix} \begin{bmatrix} x_1 \\ x_2 \end{bmatrix} = a_{11}x_1^2 + (a_{21} + a_{12})x_1x_2 + a_{22}x_2^2$$

假定 $\mathbf{A}$ 是单位阵，在此情况下不难看出，不管 x_1 和 x_2 取何值，二次型一定是非负的。实际上，如果 x_1 和 x_2 不都为零，$\mathbf{xAx}$ 将是严格正的。单位阵是**正定矩阵**（positive definite matrix）的一个例子。

定矩阵（definite matrices）。一个方阵 $\mathbf{A}$ 是

（a）**正定的**，如果对所有 $\mathbf{x} \neq \mathbf{0}$ 都有 $\mathbf{x}^t \mathbf{Ax} > 0$；

（b）**负定的**，如果对所有 $\mathbf{x} \neq \mathbf{0}$ 都有 $\mathbf{x}^t \mathbf{Ax} < 0$；

（c）**半正定的**，如果对所有 $\mathbf{x}$ 都有 $\mathbf{x}^t \mathbf{Ax} \geqslant 0$；

（d）**半负定的**，如果对所有 $\mathbf{x}$ 都有 $\mathbf{x}^t \mathbf{Ax} \leqslant 0$。

在某些情况下，我们不想要求对所有 $\mathbf{x}$ 的值，$\mathbf{x}^t \mathbf{Ax}$ 都有一个确定的符号，只是要求对某个限定的数值集如此。如果对所有使 $\mathbf{bx} = 0$ 成立且不等于零的 $\mathbf{x}$ 都有 $\mathbf{x}^t \mathbf{Ax} > 0$，我们称 $\mathbf{A}$ 是在 $\mathbf{bx} = 0$ **约束下正定的**。其他的定义以一种自然而然的方式推广到这种约束情形。

☐ 定矩阵的判定

能够识别一个矩阵何时是半负定或半正定的，常常是很方便的。一个有用的必要条件如下：如果一个矩阵是半正定的，则它必有非负对角项。证明仅需注意，例如若 $\mathbf{x} = (1, 0, \cdots, 0)$，则 $\mathbf{x}^t \mathbf{Ax} = a_{11}$。

充要条件有更为复杂的形式。矩阵 A 的**子矩阵**（minor matrices）是通过删去 k 列与同一数目的 k 行而形成的矩阵。矩阵 A 的**自然顺序**（naturally ordered）或**嵌套主子阵**（nested principal minor matrices）是下式给出的子矩阵：

$$a_{11} \quad \begin{bmatrix} a_{11} & a_{12} \\ a_{21} & a_{22} \end{bmatrix} \quad \begin{bmatrix} a_{11} & a_{12} & a_{13} \\ a_{21} & a_{22} & a_{23} \\ a_{31} & a_{32} & a_{33} \end{bmatrix}$$

如此等等。一个矩阵的**子行列式**（minor determinants）或**子式**（minors）是其子矩阵的行列式。我们把矩阵 **A** 的行列式记为 det**A** 或者 |**A**|。

假设给定了一个方阵 **A** 和一个向量 **b**。我们可以以如下方式用 **b** 给 **A** 加边（border）：

$$\begin{bmatrix} 0 & b_1 & \cdots & b_n \\ b_1 & a_{11} & \cdots & a_{1n} \\ \vdots & \vdots & & \vdots \\ b_n & a_{n1} & \cdots & a_{nn} \end{bmatrix}$$

这个矩阵叫作**加边矩阵**（bordered matrix）。这样对子矩阵进行的有用推广称为**留边主子阵**（border-preserving principal minor matrices）。它们正是这个矩阵的子矩阵，从包括边元素的左上角开始。结果证明，这些子矩阵的行列式对于判定该矩阵是正定还是负定是很方便的。

定矩阵的判定：一个方阵 **A** 是

（a）**正定的**，当且仅当所有的主子行列式都为正。

（b）**负定的**，当且仅当 k 阶主子行列式的符号为 $(-1)^k$，$k=1, \cdots, n$。

（c）在 **bx**$=0$ 约束下**正定**，当且仅当留边主子式均为负。

（d）在 **bx**$=0$ 约束下**负定**，当且仅当留边主子式的符号为 $(-1)^k$，$k=2, \cdots, n$。

要特别注意这样一个特殊现象，即一个正定矩阵的主子式都是正的，而约束下的正定矩阵的留边主子式皆为负。见本书第 27 章中的例子。

推论：在上述情况下，如果自然顺序主子式满足（a）～（d）的条件之一，则所有的主子式均满足相应条件。因此，检验自然顺序主子式对判定来说就足够了。

26.3 克莱姆法则

对于解下列形式的线性方程组有一个方便的法则

$$\begin{bmatrix} a_{11} & \cdots & a_{1n} \\ \vdots & & \vdots \\ a_{n1} & \cdots & a_{nn} \end{bmatrix} \begin{bmatrix} x_1 \\ \vdots \\ x_n \end{bmatrix} = \begin{bmatrix} b_1 \\ \vdots \\ b_n \end{bmatrix}$$

我们可将这个方程组更方便地写为 **Ax**$=$**b**。

克莱姆法则（Cramer's rule）：要找到线性方程组解向量的分量 x_i，用列向量 **b** 代替矩阵 **A** 的第 i 列以形成矩阵 **A**$_i$。那么 x_i 就是 **A**$_i$ 的行列式除以 **A** 的行列式：

$$x_i = \frac{|\mathbf{A}_i|}{|\mathbf{A}|}$$

26.4　分　析

给定 R^n 中的一个向量 **x** 和一个正实数 e，我们在 **x** 处定义一个半径为 e 的**开球**（open ball）$B_e(\mathbf{x}) = \{\mathbf{y} \in R^n : |\mathbf{y} - \mathbf{x}| < e\}$。如果对点集 A 中的每一个 **x** 均有包含于 A 中的某个 $B_e(\mathbf{x})$，则 A 为一个**开集**（open set）。如果 **x** 位于一个任意的集合内且存在一个 $e > 0$ 使得 $B_e(\mathbf{x})$ 位于 A 中，则称 **x** 在 A 的**内部**（interior）。

R^n 中的集合 A 的**补集**（complement）由 R^n 中所有不在 A 内的点构成，记为 $R^n \setminus A$。

若 $R^n \setminus A$ 是一个开集，则 A 集合是一个**闭集**（closed set）。如果存在 A 中的某一点 **x** 及某个 $e > 0$ 使得 A 包含于 $B_e(\mathbf{x})$ 中，则集合 A 是有界的。如果 R^n 中的一个非空集合既是闭的又是有界的，则称它是**紧的**（compact）。

R^n 中的一个无限**序列**（sequence）$(\mathbf{x}^i) = (\mathbf{x}^1, \mathbf{x}^2, \cdots)$ 正是一个无限的点集，每一个正整数对应一个点。如果对每一个 $e > 0$，存在一个整数 m，使得对所有 $i > m$，均有 $\mathbf{x}^i$ 位于 $B_e(\mathbf{x}^*)$ 中，则称序列 $(\mathbf{x}^i)$ 是**收敛**（converge）于点 $\mathbf{x}^*$ 的。我们有时说 $\mathbf{x}^i$ 任意接近于 $\mathbf{x}^*$。我们也称 $\mathbf{x}^*$ 是序列 $(\mathbf{x}^i)$ 的**极限**（limit），并记为 $\lim_{i \to \infty} \mathbf{x}^i = \mathbf{x}^*$。如果一个序列收敛于一点，我们则称之为**收敛序列**（convergent sequence）。

闭集：如果 A 中每一个收敛序列均收敛于 A 中一点，则 A 是一个闭集。

紧集：如果 A 是一个紧集，那么 A 中的每一个序列均有一个收敛子序列。

如果对收敛于点 $\mathbf{x}^*$ 的每一个序列 $(\mathbf{x}^i)$，我们都有收敛于 $\mathbf{f}(\mathbf{x}^*)$ 的序列 $\mathbf{f}(\mathbf{x}^i)$，则函数 $\mathbf{f}(\mathbf{x})$ 在点 $\mathbf{x}^*$ 处是**连续的**。在其定义域内每一点均连续的函数叫作**连续函数**。

26.5　微积分

微积分是用线性函数近似某些函数来把线性代数和分析捆在一起的方法。给定一个函数 $f: R \to R$，如果该极限存在，我们把点 x^* 处它的导数定义为

$$\frac{\mathrm{d}f(x^*)}{\mathrm{d}x} = \lim_{t \to 0} \frac{f(x^* + t) - f(x^*)}{t}$$

导数 $\mathrm{d}f(x^*)/\mathrm{d}x$ 也被记为 $f'(x^*)$。如果在 x^* 处 f 的导数存在，我们称 f 在 x^* 处是**可微**的。

考虑如下定义的线性函数 $F(t)$：

$$F(t) = f(x^*) + f'(x^*)t$$

这是在 x^* 附近对 f 很好的一个近似，因为

$$\lim_{t \to 0} \frac{f(x^* + t) - F(t)}{t} = \lim_{t \to 0} \frac{f(x^* + t) - f(x^*) - f'(x^*)t}{t} = 0$$

同样地，给定一个任意函数 $\mathbf{f}: R^n \to R^m$，我们可以定义其在 $\mathbf{x}^*$ 处的导数 $\mathbf{Df}(\mathbf{x}^*)$，作为在以下意义上在$\mathbf{x}^*$附近近似 $\mathbf{f}$ 的从 R^n到 R^m的线性映射：

$$\lim_{|\mathbf{t}| \to 0} \frac{|\mathbf{f}(\mathbf{x}^* + \mathbf{t}) - \mathbf{f}(\mathbf{x}^*) - \mathbf{Df}(\mathbf{x}^*)\mathbf{t}|}{|\mathbf{t}|} = 0$$

当然，假定这个映射存在。因为分子与分母都是向量，我们用了范数符号。映射 $\mathbf{f}(\mathbf{x}^*) + \mathbf{Df}(\mathbf{x}^*)\mathbf{t}$ 是对小向量 $\mathbf{t}$ 在如下意义上于$\mathbf{x}^*$处对 $\mathbf{f}$ 的一个很好近似：

$$\mathbf{f}(\mathbf{x}^* + \mathbf{t}) \approx \mathbf{f}(\mathbf{x}^*) + \mathbf{Df}(\mathbf{x}^*)\mathbf{t}$$

给定函数 $f: R^n \to R$，我们也可定义在$\mathbf{x}^*$处计算的 f 对于 x_i 的**偏导数**。要做到这一点，我们将除第 i 个分量以外的所有分量都保持不变，以使 f 仅为 x_i 的函数，并计算普通的一维导数。我们把在$\mathbf{x}^*$处计算的 f 对于 x_i 的偏导数记为 $\partial f(\mathbf{x}^*) / \partial x_i$。

由于 $\mathbf{Df}(\mathbf{x}^*)$ 是一个线性变换，我们可用一个矩阵表示它，于是有

$$\mathbf{Df}(\mathbf{x}^*) = \begin{pmatrix} \dfrac{\partial f_1(\mathbf{x}^*)}{\partial x_1} & \cdots & \dfrac{\partial f_1(\mathbf{x}^*)}{\partial x_n} \\ \vdots & & \vdots \\ \dfrac{\partial f_m(\mathbf{x}^*)}{\partial x_1} & \cdots & \dfrac{\partial f_m(\mathbf{x}^*)}{\partial x_n} \end{pmatrix}$$

表示 $\mathbf{Df}(\mathbf{x})$ 的这个矩阵叫作 $\mathbf{f}$ 在$\mathbf{x}^*$处的**雅可比矩阵**（Jacobian matrix）。我们将经常处理从 R^n 到 R 的函数，在此情况下，$\mathbf{Df}(\mathbf{x}^*)$ 将是一个 $n \times 1$ 矩阵，即一个向量。

□ 高阶导数

如果我们有一个函数 $f: R^n \to R$，那么该函数的**海塞矩阵**（Hessian matrix）是混合偏导数矩阵：

$$\mathbf{D}^2 f(\mathbf{x}) = \left(\frac{\partial^2 f(\mathbf{x})}{\partial x_i \partial x_j} \right)$$

注意$\mathbf{D}^2 f(\mathbf{x})$是一个对称矩阵。

令 $f: R^n \to R$ 为一个可微函数且令 $\mathbf{x}$ 和 $\mathbf{y}$ 为 R^n 中的两个向量。那么它可表示为

$$f(\mathbf{y}) = f(\mathbf{x}) + \mathbf{D}f(\mathbf{z})(\mathbf{y} - \mathbf{x})$$

$$f(\mathbf{y}) = f(\mathbf{x}) + \mathbf{D}f(\mathbf{x})(\mathbf{y} - \mathbf{x}) + \frac{1}{2}(\mathbf{y} - \mathbf{x})^t \mathbf{D}^2 f(\mathbf{w})(\mathbf{y} - \mathbf{x})$$

其中 $\mathbf{z}$ 和 $\mathbf{w}$ 是 $\mathbf{x}$ 和 $\mathbf{y}$ 之间线段上的点。这些表达式叫作 f 在 $\mathbf{x}$ 处的**泰勒级数**展开式。

如果 $\mathbf{x}$ 和 $\mathbf{y}$ 彼此靠近且导函数是连续的，那么 $\mathbf{D}f(\mathbf{z})$ 和 $\mathbf{D}^2 f(\mathbf{w})$ 分别近似等于 $\mathbf{D}f(\mathbf{x})$ 和 $\mathbf{D}^2 f(\mathbf{x})$。所以我们经常将泰勒级数展开式写为

$$f(\mathbf{y})\approx f(\mathbf{x})+\mathbf{D}f(\mathbf{x})(\mathbf{y}-\mathbf{x})$$

$$f(\mathbf{y})\approx f(\mathbf{x})+\mathbf{D}f(\mathbf{x})(\mathbf{y}-\mathbf{x})+\frac{1}{2}(\mathbf{y}-\mathbf{x})^t\mathbf{D}^2f(\mathbf{x})(\mathbf{y}-\mathbf{x})$$

26.6　梯度和切平面

考虑一个函数 $f: R^n \to R$。f 在$\mathbf{x}^*$ 处的**梯度**是一个向量，其坐标为 f 在$\mathbf{x}^*$ 处的偏导数：

$$\mathbf{D}f(\mathbf{x}^*)=\left(\frac{\partial f(\mathbf{x}^*)}{\partial x_1},\cdots,\frac{\partial f(\mathbf{x}^*)}{\partial x_n}\right)$$

f 在$\mathbf{x}^*$ 的梯度与 f 在$\mathbf{x}^*$ 的导数有同样的表达式，但它们在概念上有些不同。导数是关于 R^n 的一个线性泛函，梯度是 R^n 中的一个向量。线性泛函有时可用向量来表达，所以它们"看起来"一样，尽管它们真是不同的东西。然而，我们将利用外观并用同样的符号来表示它们。

梯度有一个重要的几何解释：它指向函数 f 增加最快的方向。要看出这一点，令 $\mathbf{h}$ 是范数为 1 的向量。f 在$\mathbf{x}^*$ 沿 $\mathbf{h}$ 方向的导数即 $\mathbf{D}f(\mathbf{x}^*)\mathbf{h}$。运用内积公式，

$$\mathbf{D}f(\mathbf{x}^*)\mathbf{h}=|\mathbf{D}f(\mathbf{x}^*)|\cos\theta$$

很明显，当 $\theta=0$ 时它最大，即当向量 $\mathbf{D}f(\mathbf{x}^*)$ 和 $\mathbf{h}$ 共线时最大。

一个函数的**水平集**（level set）是能使函数取常数的所有 $\mathbf{x}$ 的集合：$Q(a)=\{\mathbf{x}: f(\mathbf{x})=a\}$。一个可微函数 $f: R^n \to R$ 的水平集一般是一个 $n-1$ 维的曲面。

一个函数 $f: R^n \to R$ 的**上轮廓集**是所有使 $f(\mathbf{x})$ 不小于某个数值的 $\mathbf{x}$ 的集合：$U(a)=\{\mathbf{x}\in R^n: f(\mathbf{x})\geqslant a\}$。

找出水平集在某个点$\mathbf{x}^*$ 处的**切超平面**（tangent hyperplane）的公式往往是很方便的。我们知道线性映射 $f(\mathbf{x}^*)+\mathbf{D}f(\mathbf{x}^*)(\mathbf{x}-\mathbf{x}^*)$ 在$\mathbf{x}^*$ 附近非常接近于映射 f。因此，对 $\{\mathbf{x}: f(\mathbf{x})=a\}$ 最好的线性近似应为 $H(a)=\{\mathbf{x}: f(\mathbf{x}^*)+\mathbf{D}f(\mathbf{x}^*)(\mathbf{x}-\mathbf{x}^*)=a\}$。因为 $f(\mathbf{x}^*)=a$，我们对切超平面有如下公式

$$H(a)=\{\mathbf{x}: \mathbf{D}f(\mathbf{x}^*)(\mathbf{x}-\mathbf{x}^*)=0\} \tag{26.1}$$

超平面：如果 $\mathbf{x}$ 是切超平面中的一个向量，那么 $\mathbf{x}-\mathbf{x}^*$ 与 f 在$\mathbf{x}^*$ 的梯度是正交的。

这直接从等式（26.1）中推出，但也是十分直观的，沿着曲面 $Q(a)$ 函数 f 的值是一个常量。所以 $f(\mathbf{x})$ 在那些方向的导数应为零。

26.7　极　限

本书中我们在几个点处运用**洛必达法则**（L'Hôpital's rule）计算极限。假设我

们正试图计算分式 $f(x)/g(x)$ 在 $x \to 0$ 时的极限，但 $f(0)=g(0)=0$，因此分式在 $x=0$ 处的值是无定义的。然而，如果 f 和 g 是可微的，且如果 $g'(0) \neq 0$，洛必达法则说明

$$\lim_{x \to 0} \frac{f(x)}{g(x)} = \frac{f'(0)}{g'(0)}$$

因此，比值的极限为导数的比值。

26.8 齐次函数

如果对所有 $t>0$，$f(t\mathbf{x})=t^k f(\mathbf{x})$，则函数 $f: R_+^n \to R$ 是 k **次齐次**的。两个最为重要的情形是其中的 $k=0$ 和 $k=1$。如果我们将一个零次齐次函数的所有自变量增加一倍，函数值不变。如果函数是一次齐次的，函数值也增加一倍。

欧拉法则（Euler's law）：如果 f 为一个可微的一次齐次函数，那么

$$f(\mathbf{x}) = \sum_{i=1}^{n} \frac{\partial f(\mathbf{x})}{\partial x_i} x_i$$

至于证明的方法，我们注意到，根据定义有 $f(t\mathbf{x}) \equiv tf(\mathbf{x})$。将这个恒等式对 t 微分，我们有

$$\sum_i \frac{\partial f(t\mathbf{x})}{\partial (tx_i)} x_i = f(\mathbf{x})$$

令 $t=1$ 就得出结果。

齐次性（homogeneity）：如果 $f(\mathbf{x})$ 是 $k \geqslant 1$ 次齐次的，那么 $\partial f(\mathbf{x})/\partial x_i$ 是 $k-1$ 次齐次的。

要看出这一点，将恒等式 $f(t\mathbf{x})=t^k f(\mathbf{x})$ 对 x_i 微分：

$$\frac{\partial f(t\mathbf{x})}{\partial (tx_i)} t = t^k \frac{\partial f(\mathbf{x})}{\partial x_i}$$

两侧同除以 t 即得到求证结果。

这个事实的一个重要含义是，一个齐次函数等位面的斜率沿过原点的射线方向是常量，即对所有 $t>0$，

$$\frac{\frac{\partial f(t\mathbf{x})}{\partial x_i}}{\frac{\partial f(t\mathbf{x})}{\partial x_j}} = \frac{\frac{\partial f(\mathbf{x})}{\partial x_i}}{\frac{\partial f(\mathbf{x})}{\partial x_j}} \tag{26.2}$$

然而，存在有这一相同性质的非齐次函数。如果一个函数是一次齐次函数的正的单调变换，那么这个函数被称为**位似的**。就是说，一个位似函数可以写为 $f(\mathbf{x})=g[h(\mathbf{x})]$，其中 $h(\mathbf{x})$ 是一次齐次的。不难证明，位似函数满足条件（26.2）。

26.9 仿射函数

如果一个函数可以表达成 $f(x)=a+bx$ 的形式，这个函数是一个**仿射函数**（affine function）。仿射函数有时被称作线性函数，但严格地说，只有当 $a=0$ 时这种说法才是正确的。

显然，当且仅当 $f''(x)\equiv0$ 时，一个可微函数 f 是一个仿射函数。这个事实的一个有用含义是：当且仅当 $f(u)$ 是仿射的，一个函数对所有的 $0\leqslant p\leqslant1$ 满足条件 $f[pu+(1-p)v]\equiv pf(u)+(1-p)f(v)$。仅需对条件式求关于 p 的微分以得出 $f'[pu+(1-p)v](u-v)\equiv f(u)-f(v)$ 就可以证明。再微分一次就得到 $f''[pu+(1-p)v]\equiv0$。

26.10 凸 集

A 是 R^n 中的一个点集，如果 $\mathbf{x}$ 和 $\mathbf{y}$ 都在 A 中，且对于 $0\leqslant t\leqslant1$ 的所有 t，都有 $t\mathbf{x}+(1-t)\mathbf{y}$ 在 A 中，则 A 是**凸集**。如果对于 $0<t<1$ 的所有 t 都有 $t\mathbf{x}+(1-t)\mathbf{y}$ 在 A 的内部，则在 A 中的点集是**严格凸的**（strictly convex）。

我们经常用到凸集的和仍为凸的这一事实，所以我们在此证明这一点。令 A_1 和 A_2 为两个凸集，令 $A=A_1+A_2$。令 $\mathbf{x}$ 和 $\mathbf{y}$ 为 A 中两点。根据定义 $\mathbf{x}=\mathbf{x}_1+\mathbf{x}_2$，其中 $\mathbf{x}_1$ 在 A_1 中，$\mathbf{x}_2$ 在 A_2 中，对 $\mathbf{y}$ 也是如此。于是有 $t\mathbf{x}+(1-t)\mathbf{y}=t(\mathbf{x}_1+\mathbf{x}_2)+(1-t)(\mathbf{y}_1+\mathbf{y}_2)=[t\mathbf{x}_1+(1-t)\mathbf{y}_1]+[t\mathbf{x}_2+(1-t)\mathbf{y}_2]$。方括号里的表达式所代表的点分别位于 A_1 和 A_2 中，因为 A_1 和 A_2 都是凸集。因此 $t\mathbf{x}+(1-t)\mathbf{y}$ 在 A 中，这就表明了 A 是一个凸集。

26.11 分离超平面

令 A 和 B 为 R^n 中不相交的两个凸集，即没有交点。于是有理由直观认为可以找出一个将两集合"分离"的超平面。也就是说，A 位于超平面的一侧，B 位于另一侧。这就是下述定理的内容。

分离超平面定理（separating hyperplane theorem）。如果 A 和 B 是 R^n 中两个非空、不相交的凸集，那么存在一个线性泛函 $\mathbf{p}$，使得对所有 A 中的 $\mathbf{x}$ 和 B 中的 $\mathbf{y}$，都有 $\mathbf{px}\geqslant\mathbf{py}$ 成立。

26.12 偏微分方程

偏微分方程组（system of partial differential equations）是具有以下形式的方

程组：

$$\frac{\partial f(\mathbf{p})}{\partial p_i} = g_i(f(\mathbf{p}), \mathbf{p}) \quad i = 1, \cdots, n$$

$$f(\mathbf{q}) = 0$$

最后一个方程叫作**边界条件**（boundary condition）。一般的偏微分方程组要比这个更复杂，但就我们的目的来说，这个形式就足够了。

偏微分方程组的一个**解**是满足同样的关于 $\mathbf{p}$ 的方程组的一个函数 $f(\mathbf{p})$。偏微分方程组的解存在的一个必要条件来自交叉偏导数的对称性

$$\frac{\partial g_i}{\partial f}\frac{\partial f}{\partial p_j} + \frac{\partial g_i}{\partial p_j} = \frac{\partial^2 f(\mathbf{p})}{\partial p_i \partial p_j} = \frac{\partial^2 f(\mathbf{p})}{\partial p_j \partial p_i} = \frac{\partial g_j}{\partial f}\frac{\partial f}{\partial p_i} + \frac{\partial g_j}{\partial p_i}$$

于是

$$\frac{\partial g_i}{\partial f}\frac{\partial f}{\partial p_j} + \frac{\partial g_i}{\partial p_j} = \frac{\partial g_j}{\partial f}\frac{\partial f}{\partial p_i} + \frac{\partial g_j}{\partial p_i}$$

是这组偏微分方程的局部解存在的必要条件，这个条件被称为**可积性条件**（integrability condition）。（全局解存在的条件有点复杂，且依赖于定义域的拓扑性质。）

求出一个偏微分方程组的显式解可能是相当困难的，但有一个容易处理的特例，这就是 $f(\mathbf{p})$ 不明显地出现在方程式右侧的情形，这种方程组可以通过简单的积分求解。

例如，当有两个方程时，考虑一下会出现什么情况。

$$\frac{\partial f(p_1, p_2)}{\partial p_1} = g_1(p_1, p_2)$$

$$\frac{\partial f(p_1, p_2)}{\partial p_2} = g_2(p_1, p_2)$$

$$f(q_1, q_2) = 0$$

如果可积性条件

$$\frac{\partial g_1(p_1, p_2)}{\partial p_2} = \frac{\partial g_2(p_1, p_2)}{\partial p_1}$$

得以满足，可以证明这个方程组的解由下式给出：

$$f(p_1, p_2) = \int_{q_1}^{p_1} g_1(t, q_2)\,\mathrm{d}t + \int_{q_2}^{p_2} g_2(p_1, t)\,\mathrm{d}t$$

显然，这个函数满足边界条件，且简单的微分表明 $\partial f / \partial p_2 = g_2(p_1, p_2)$。我们仅需确认 $\partial f / \partial p_1 = g_1(p_1, p_2)$。

求导，我们得出

$$\frac{\partial f(p_1, p_2)}{\partial p_1} = g_1(p_1, q_2) + \int_{q_2}^{p_2} \frac{\partial g_2(p_1, t)}{\partial p_1}\,\mathrm{d}t$$

运用可积性条件

$$\begin{aligned}\frac{\partial f(p_1,p_2)}{\partial p_1} &= g_1(p_1,q_2)+\int_{q_2}^{p_2}\frac{\partial g_1(p_1,t)}{\partial p_2}\mathrm{d}t\\ &= g_1(p_1,q_2)+g_1(p_1,p_2)-g_1(p_1,q_2)\\ &= g_1(p_1,p_2)\end{aligned}$$

26.13　动态系统

一个系统的**状态**由对影响系统行为的所有变量的描述构成。一个系统的**状态空间**（state space）由所有可行状态构成。例如，一个特定经济系统的状态空间可能由所有可能的价格结构或者所有可能的价格与消费束结构构成。

如果我们将状态空间记为 S，我们可以用函数 $\mathbf{F}:S\times R\to S$ 来描述一个**动态系统**（dynamical system）。实线 R 被解释为时间，且如果系统在 0 时刻的状态为 $\mathbf{x}$，其在 t 时刻的状态为 $\mathbf{F}(\mathbf{x},t)$。

系统状态函数 $\mathbf{F}$ 通常不会以显式给出，而是用一个**微分方程组**隐含地给出。例如，$\dot{\mathbf{x}}=\mathbf{f}[\mathbf{x}(t)]$ 是一个微分方程，它告诉我们当系统在状态 $\mathbf{x}(t)$ 时 $\mathbf{x}$ 的变化率。如果 $\mathbf{f}(\mathbf{x})$ 满足某些正则条件，可以证明，由 $\mathbf{f}$ 定义的动态系统是唯一的。

一个微分方程组 $\dot{\mathbf{x}}=\mathbf{f}(\mathbf{x})$ 的**解**是对所有 t 满足 $\dot{\mathbf{x}}(t)=\mathbf{f}(\mathbf{x}(t))$ 的一个函数 $\mathbf{x}:R\to R^n$。解也可以叫作**解曲线**（solution curve）、**轨迹**（trajectory）、**轨道**（orbit）等。

动态系统的一个**均衡**是满足 $\mathbf{f}(\mathbf{x}^*)=\mathbf{0}$ 的一种状态 $\mathbf{x}^*$。粗略地说，一个动态系统一旦达到了一种均衡状态，它就永远停留在那里。

假设给定某个动态系统 $\dot{\mathbf{x}}=\mathbf{f}(\mathbf{x})$，且在 0 时刻我们位于某一任意状态 $\mathbf{x}_0$，人们通常希望知道何时系统的状态会移动到某均衡 $\mathbf{x}^*$。如果对所有初始值 $\mathbf{x}_0$ 都有 $\lim_{t\to\infty}\mathbf{x}(t)=\mathbf{x}^*$，我们称系统是**全局稳定**（globally stable）的。我们注意到全局稳定均衡必定是唯一的。

有一个十分方便的标准来判断一个动态系统何时是全局稳定的。我们将讨论严格限定在紧的状态空间 S 的情形下，以便我们知道系统总是停留在一个有界区域里。假设我们可以找到一个可微函数 $V:S\to R$，具有如下两条性质：

（1）V 在 $\mathbf{x}^*$ 处达到最小值；

（2）对所有 $\mathbf{x}(t)\neq\mathbf{x}^*$，有 $\dot{V}(\mathbf{x}(t))<0$。即，对 $\mathbf{x}(t)\neq\mathbf{x}^*$，有 $\mathbf{DV}(\mathbf{x})\mathbf{f}(\mathbf{x}(t))<0$。

这样的函数叫作**李雅普诺夫函数**。

李雅普诺夫定理（Liaponov's theorem）：如果我们能够给一个动态系统找到一个李雅普诺夫函数，那么唯一的均衡 $\mathbf{x}^*$ 是全局稳定的。

26.14　随机变量

给定一个随机变量 $\tilde{R}_a$，它取值为 R_{as} 的概率为 π_s，$s=1,\cdots,S$，我们将这个

随机变量的**期望**定义为

$$E\tilde{R}_a = \bar{R}_a = \sum_{s=1}^{S} R_{as}\pi_s$$

我们将两个随机变量 $\tilde{R}_a$ 和 $\tilde{R}_b$ 的**协方差**定义为

$$\mathrm{cov}(\tilde{R}_a,\tilde{R}_b)=\sigma_{ab}=E(R_a-\bar{R}_a)(R_b-\bar{R}_b)$$

一个随机变量 $\tilde{R}_a$ 的**方差**由下式给出：

$$\sigma_a^2=\sigma_{aa}=\mathrm{cov}(\tilde{R}_a,\tilde{R}_a)$$

令 x_a、x_b 和 c 为非随机的。于是，在上述定义下，下列事实可由直接计算导出。

和的期望（expectation of a sum）：$E(x_a\tilde{R}_a+x_b\tilde{R}_b)=x_aE\tilde{R}_a+x_bE\tilde{R}_b=x_a\bar{R}_a+x_b\bar{R}_b$。更一般地，

$$E\sum_{a=1}^{A}x_a\tilde{R}_a=\sum_{a=1}^{A}x_a\bar{R}_a$$

协方差恒等式（covariance identity）：$\mathrm{cov}(\tilde{R}_a,\tilde{R}_b)=E\tilde{R}_a\tilde{R}_b-\bar{R}_a\bar{R}_b$。

和的协方差（covariance of a sum）：$\mathrm{cov}(x_a\tilde{R}_a+c,\tilde{R}_b)=x_a\mathrm{cov}(\bar{R}_a,\bar{R}_b)$。

和的方差（variance of a sum）：$\mathrm{var}(x_a\tilde{R}_a+x_b\tilde{R}_b+c)=x_a^2\mathrm{var}(\tilde{R}_a)+2x_ax_b\mathrm{cov}(\tilde{R}_a,\tilde{R}_b)+x_b^2\mathrm{var}(\tilde{R}_b)=x_a^2\sigma_{aa}+2x_ax_b\sigma_{ab}+x_b^2\sigma_{bb}$。更一般地，

$$\mathrm{var}\left(\sum_{a=1}^{A}x_a\tilde{R}_a\right)=\sum_{a=1}^{A}\sum_{b=1}^{A}x_ax_b\sigma_{ab}$$

注　释

有许多关于经济数学的书详细地包含了本材料。例如，见 Binmore（1982）、Binmore（1983）以及 Blume & Simon（1991）。

第27章 最优化

本章意在作为有关最优化的各种事实的一个复习。通常学生应在研读本文之前，在数学课中先花费几个星期来学习这些方法。

27.1 单变量最优化

令 $f: R \to R$ 为一个函数，如果对所有 x，有 $f(x^*) \geqslant f(x)$，我们称这个函数在 x^* 达到**最大值**（maximum）。如果对所有 $x \neq x^*$，有 $f(x^*) > f(x)$，我们称 x^* 是一个**严格最大值**。同理，如果对所有 x，有 $f(x^*) \leqslant f(x)$，我们称这个函数达到**最小值**（minimum）；如果对所有 $x \neq x^*$，有 $f(x^*) < f(x)$，我们就得到了一个**严格最小值**。

注意，关于 x 的 $f(x)$ 最大化问题与 $-f(x)$ 的最小化问题是一样的。

□ 一阶条件和二阶条件

假设一个可微[①]函数 f 在 x^* 达到最大值。那么我们从初等微积分中得知 f 在 x^* 的一阶导数必为零，且 f 在 x^* 的二阶导数必小于或等于零。这些条件分别被认为是**一阶条件**（first-order condition）和**二阶条件**（second-order condition），它们可以用如下数学公式表示：

$$f'(x^*) = 0$$
$$f''(x^*) \leqslant 0$$

注意，这些是必要而非充分条件；R 中作为最大化问题解的点必须满足这些条件，但可能有些满足这些条件的点并不是最大化问题的解。

最小化问题的一阶条件是一样的，而二阶条件变为 $f''(x^*) \geqslant 0$。

---

① 本章中我们将常常采用"索洛约定"：假设每个函数比我们所需的还多可微一次。

例 27-1：一阶和二阶条件

考虑函数 $f(x, a) = \ln x - ax$。关于 x 的最大值的一阶条件是 $1/x - a = 0$，二阶条件是 $-1/x^2 \leqslant 0$。我们看到二阶条件自动得到满足，所以可以得出 x 的最优值为 $x^* = 1/a$。

现在令 $g(x, b) = u(x) - bx$。在此情形下，我们不能明确得出使该式最大化的 x^* 的显示解，但我们知道它必满足两个条件 $u'(x^*) = b$ 和 $u''(x^*) \leqslant 0$。

凹性

一个变量的函数是**凹的**（concave），如果对所有 x 和 y 及所有满足 $0 \leqslant t \leqslant 1$ 的 t，有

$$f(tx + (1-t)y) \geqslant tf(x) + (1-t)f(y)$$

如图 27-1 所示。一个凹函数具有这样的性质：x 和 y 的加权平均数的 f 值大于或等于 $f(x)$ 和 $f(y)$ 的同样的加权平均数。

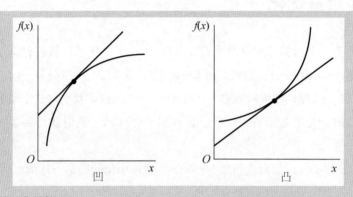

图 27-1　凹函数和凸函数

注：在某点上，凹函数比与之相切的线性函数增长得慢；凸函数比与之相切的线性函数增长得快。

如果 f 是可微的，那么当且仅当对所有 x，$f''(x) \leqslant 0$ 时，f 是凹的。例如，$\ln x$ 是一个凹函数，因为其二阶导数总是小于或等于零。

一个函数是**严格凹的**，如果对所有 x 和 y 及满足 $0 < t < 1$ 的所有 t，都有

$$f(tx + (1-t)y) > tf(x) + (1-t)f(y)$$

如果对所有 x，$f''(x) < 0$，那么 f 是严格凹的，但逆命题不成立。例如，$f(x) = -x^4$ 是严格凹的，但 $f''(0) = 0$。

凹函数的另一个性质是，对所有 x 和 y，

$$f(x) \leqslant f(y) + f'(y)(x - y) \tag{27.1}$$

一个线性函数以固定的比率增长。粗略地说，一个凹函数是比与之相切的线性函数在每一个切点处的增长都较慢的函数。

如果 f 是凹的，那么其二阶导数在每一点都小于或等于零。于是，如果 $f'(x^*) =$

0，那么 x^* 是这个函数的最大值。对此最简易的证明是把 $y=x^*$ 与 $f'(x^*)=0$ 代入方程（27.1），得出：对所有 x，有

$$f(x) \leqslant f(x^*) + f'(x^*)(x-x^*) = f(x^*)$$

但这个不等式表明 x^* 是 f 的一个最大值。因此，对凹函数来说，一阶条件既是必要的又是充分的。

一个**凸**函数满足性质

$$f(tx+(1-t)y) \leqslant tf(x)+(1-t)f(y)$$

注意，如果 $f(x)$ 是凸的，则 $-f(x)$ 是凹的。给定这个观察，很容易确认下列事实：

(1) 如果 f 是凸函数，则对所有 x，$f''(x) \geqslant 0$。

(2) 如果 f 是凸函数，那么

$$f(x) \geqslant f(y) + f'(y)(x-y)$$

(3) 如果 f 是凸函数，且 $f'(x^*)=0$，那么 x^* 使函数 f 最小化。

□ 包络定理

假设 $f(x, a)$ 是 x 和 a 的一个函数。我们一般将 a 解释为决定于所研究的问题之外的一个参数，将 x 解释为我们希望研究的变量。假设选定 x 来最大化这个函数，对每一个不同的 a 值，一般会有一个不同的 x 的最优选择。在充分正则的情形下，我们将能写出函数 $x(a)$，它就每一个不同的 a 值给予我们 x 的最优选择。例如，在某个经济问题中，选择变量或许是消费的或生产的某物品的数量，而参数 a 将是价格。

我们也可以定义（最优的）**值函数**（value function）：$M(a)=f(x(a), a)$。它告诉我们，对 a 的不同选择，f 的最优值是什么。

例 27 - 2：值函数

前面我们已经知道，对 $f(x, a)=\ln x - ax$，x 的最优值是 $x(a)=1/a$。因此这个问题的值函数是 $M(a)=\ln(1/a)-a/a=-\ln a-1$。

对例子 $g(x, b)=u(x)-bx$，我们有 $M(b)=u(x(b))-bx(b)$。

在经济学中，我们通常对在参数 a 变化时最优值如何变化感兴趣。于是，有一个计算这个变化的简单方法。根据定义，我们有

$$M(a) \equiv f(x(a), a)$$

对恒等式两侧求微分，我们有

$$\frac{\mathrm{d}M(a)}{\mathrm{d}a} = \frac{\partial f[x(a), a]}{\partial x}\frac{\partial x(a)}{\partial a} + \frac{\partial f[x(a), a]}{\partial a}$$

由于 $x(a)$ 是能使 f 最大化的 x 的选择，我们知道

$$\frac{\partial f[x(a), a]}{\partial x} = 0$$

把它代入上面的表达式中，我们有

$$\frac{\mathrm{d}M(a)}{\mathrm{d}a} = \frac{\partial f[x(a), a]}{\partial a} \tag{27.2}$$

记为

$$\frac{\mathrm{d}M(a)}{\mathrm{d}a} = \frac{\partial f(x, a)}{\partial a} \bigg|_{x = x(a)}$$

会更好一些。如此，显然是将 x 固定在 $x(a)$ 的最优值而求导。

换句话说，值函数关于参数的全导数，等于在最优选择计算的偏导数。这个表述是**包络定理**的最简洁的形式。花些时间考虑一下为什么如此是值得的。当 a 变化时，有两个效用：a 的变化直接影响了 f，a 的变化影响 x 然后影响到 f。但如果 x 是最优选择，x 的微小变化对 f 没有影响，所以间接效用消失了，只剩下直接效用。

例 27 - 3：包络定理

继续用 $f(x, a) = \ln x - ax$ 这个例子，我们记得 $M(a) = -\ln a - 1$。所以 $M'(a) = -1/a$。我们也可运用包络定理看出这一点；通过直接计算我们看到 $\partial f(x, a) / \partial a = -x$。令 x 等于其最优值，我们有 $\partial f(x, a) / \partial a = -1/a = M'(a)$。

对于 $M(b) = g(x(b), b) = u(x(b)) - bx(b)$ 的情形，我们有 $M'(b) = -x(b)$。

□ 比较静态

经济学中令人感兴趣的另一个问题是，当参数变化时，最优选择如何变化。这种分析是所谓的**比较静态分析**（comparative statics analysis）或**灵敏度分析**（sensitivity analysis）。基本的计算如下，我们知道最优选择函数 $x(a)$ 必须满足条件

$$\frac{\partial f[x(a), a]}{\partial x} \equiv 0$$

对这个恒等式的两侧微分，

$$\frac{\partial^2 f[x(a), a]}{\partial x^2} \frac{\mathrm{d}x(a)}{\mathrm{d}a} + \frac{\partial^2 f[x(a), a]}{\partial x \partial a} \equiv 0$$

求解 $\mathrm{d}x(a)/\mathrm{d}a$，我们有

$$\frac{\mathrm{d}x(a)}{\mathrm{d}a} = -\frac{\partial^2 f[x(a), a]/\partial x \partial a}{\partial^2 f[x(a), a]/\partial x^2}$$

我们知道，由于最大化的二阶条件，这个表达式的分母是负的。注意到分式前面的

负号，我们可以推出

$$\operatorname{sign} \frac{\mathrm{d}x(a)}{\mathrm{d}a} = \operatorname{sign} \frac{\partial^2 f[x(a),a]}{\partial x \partial a}$$

因此，最优选择关于参数的导数的符号，仅依赖于目标函数关于 x 和 a 的二阶交叉偏导数。

这个性质的优点是，我们实际上无须每次都重复这个计算；我们可以直接运用有关交叉偏导数的信息。

例 27－4：特定问题的比较静态

如果 $f(x, a) = \ln x - ax$，我们从上面知道 $x(a) = 1/a$，通过直接计算得 $x'(a) < 0$。但我们无须解最大化问题，直接通过观察下式就可以看出这一点：

$$\frac{\partial^2 f(x,a)}{\partial x \partial a} = -1 < 0$$

在目标函数为 $g(x, b) = u(x) - bx$ 的最优化问题中，我们可以立即看出

$$\operatorname{sign} x'(b) = \operatorname{sign}(-1) < 0$$

这是一个值得注意的例子：我们几乎对函数 $u(x)$ 的形状一无所知，但我们能够通过直接运用目标函数形式的性质来确定当参数变化时最优选择一定会如何变化。在我们微观经济学的学习中，我们将考察许多这类例子。

对最小化问题，所变化的仅是分母的符号。由于最小化的二阶条件意味着关于选择变量的二阶导数是正的，我们看出选择变量关于参数的导数的符号与交叉偏导数的符号相反。

27.2 多变量最大化

现在让我们考虑更为复杂的最大化问题。现在我们有 x_1 和 x_2 两个选择变量，将这两个变量写成一个向量 $\mathbf{x} = (x_1, x_2)$ 通常是很方便的。

在此情形下，我们用以下记号来写最大化问题

$$\max_{x_1, x_2} f(x_1, x_2)$$

或者，更一般地，写为

$$\max_{\mathbf{x}} f(\mathbf{x})$$

□ 一阶条件和二阶条件

这里，一阶条件采取了这样的形式，即目标函数关于每个选择变量的偏导数必为零。如果仅有两个选择变量，这给出了两个必要条件

$$\frac{\partial f(x_1,x_2)}{\partial x_1}=0$$

$$\frac{\partial f(x_1,x_2)}{\partial x_2}=0$$

如果有 n 个选择变量，以下式定义**梯度向量**

$$\mathbf{D}f(\mathbf{x})=\left(\frac{\partial f}{\partial x_1},\cdots,\frac{\partial f}{\partial x_n}\right)$$

是方便的。应用这个记号，我们可以将 n 个一阶条件写为

$$\mathbf{D}f(\mathbf{x}^*)=\mathbf{0}$$

这个方程直接说明，在最优选择$\mathbf{x}^*$处偏导数向量必须等于零向量。

两选择变量问题的二阶条件可以很容易地用目标函数的二阶导数矩阵形式表示出来。这个矩阵称为**海塞矩阵**，采取如下形式：

$$H=\begin{bmatrix}f_{11} & f_{12}\\ f_{21} & f_{22}\end{bmatrix}$$

其中 f_{ij} 代表 $\partial^2 f/\partial x_i \partial x_j$。

微积分告诉我们，在最优选择$\mathbf{x}^*$处海塞矩阵必为**半负定的**。这意味着对任意向量 (h_1,h_2)，我们必须满足

$$(h_1,h_2)\begin{bmatrix}f_{11} & f_{12}\\ f_{21} & f_{22}\end{bmatrix}\begin{bmatrix}h_1\\ h_2\end{bmatrix}\leqslant 0$$

更一般地，让我们把 $\mathbf{h}$ 作为列向量，令$\mathbf{h}^t$ 为 $\mathbf{h}$ 的转置。那么，我们可将以一个半负定矩阵为特征的这个条件写成

$$\mathbf{h}^t H\mathbf{h}\leqslant 0$$

如果我们正在考察一个最小化问题而不是最大化问题，那么一阶条件是一样的，但二阶条件变为要求海塞矩阵是**半正定的**。

☐ 比较静态

假设我们想确定最优选择函数如何对参数 a 的变化作出反应。我们知道最优选择必须满足一阶条件

$$\frac{\partial f[x_1(a),x_2(a),a]}{\partial x_1}=0$$

$$\frac{\partial f[x_1(a),x_2(a),a]}{\partial x_2}=0$$

关于 a 对这两个表达式求微分，我们有

$$f_{11}\frac{\partial x_1}{\partial u}+f_{12}\frac{\partial x_2}{\partial u}+f_{13}=0$$

$$f_{21}\frac{\partial x_1}{\partial u}+f_{22}\frac{\partial x_2}{\partial u}+f_{23}=0$$

以矩阵形式记之是更为方便的

$$\begin{bmatrix}f_{11} & f_{12}\\ f_{21} & f_{22}\end{bmatrix}\begin{bmatrix}x_1'(a)\\ x_2'(a)\end{bmatrix}=\begin{bmatrix}-f_{13}\\ -f_{23}\end{bmatrix}$$

如果这个表达式左侧的矩阵是可逆的，我们可以解这个方程组以得到

$$\begin{bmatrix}x_1'(a)\\ x_2'(a)\end{bmatrix}=\begin{bmatrix}f_{11} & f_{12}\\ f_{21} & f_{22}\end{bmatrix}^{-1}\begin{bmatrix}-f_{13}\\ -f_{23}\end{bmatrix}$$

通常不是对矩阵求逆，而是用本书第 26 章所描述的**克莱姆法则**来解方程组，以求出 $\partial x_1/\partial a$ 等，这样要更容易。

例如，如果要求解 $\partial x_1/\partial a$，我们可以应用克莱姆法则，将这个导数表示成两个行列式的比值：

$$\frac{\partial x_1}{\partial a}=\frac{\begin{vmatrix}-f_{13} & f_{12}\\ -f_{23} & f_{22}\end{vmatrix}}{\begin{vmatrix}f_{11} & f_{12}\\ f_{21} & f_{22}\end{vmatrix}}$$

根据最大化的二阶条件，这个表达式的分母上的矩阵是半负定矩阵。基本的线性代数知识告诉我们，这个矩阵一定有正的行列式。因此 $\partial x_1/\partial a$ 的符号就是分子上行列式的符号。

例 27-5：比较静态

令 $f(x_1,x_2,a_1,a_2)=u_1(x_1)+u_2(x_2)-a_1x_1-a_2x_2$，最大化 f 的一阶条件为

$$u_1'(x_1^*)-a_1=0$$
$$u_2'(x_2^*)-a_2=0$$

二阶条件是矩阵

$$H=\begin{bmatrix}u_1''(x_1^*) & 0\\ 0 & u_2''(x_2^*)\end{bmatrix}$$

是半负定的。由于半负定矩阵的对角项必小于或等于零，于是有 $u_1''(x_1^*)\leqslant0$，$u_2''(x_2^*)\leqslant0$。

最大化的值函数由下式给出：

$$M(a_1,a_2)\equiv\max_{x_1,x_2}u_1(x_1)+u_2(x_2)-a_1x_1-a_2x_2$$

应用包络定理进行简单计算，得

27

$$\frac{\partial M}{\partial a_1} = -x_1^*$$

$$\frac{\partial M}{\partial a_2} = -x_2^*$$

以上比较静态计算表明

$$\operatorname{sign}\frac{\partial x_1}{\partial a_1} = \operatorname{sign}\begin{vmatrix} 1 & 0 \\ 0 & u_2''(x_2^*) \end{vmatrix}$$

对这个行列式进行计算，

$$\operatorname{sign}\frac{\partial x_1}{\partial a_1} \leqslant 0$$

注意，我们在对 u_1 或 u_2 的显函数形式一无所知的情况下，可以确定选择变量如何对参数的变化作出反应；我们仅需知道目标函数的结构——在此情况下，它是**加性可分的**（additively separable）。

☐ 凸性和凹性

一个函数 $f: R^n \to R$ 是**凹的**，如果对所有 $\mathbf{x}$ 和 $\mathbf{y}$ 及所有 $0 \leqslant t \leqslant 1$，有

$$f(t\mathbf{x} + (1-t)\mathbf{y}) \geqslant tf(\mathbf{x}) + (1-t)f(\mathbf{y})$$

其解释与单变量情形相同；也就是，$\mathbf{x}$ 和 $\mathbf{y}$ 的加权平均数的 f 值不小于 $f(\mathbf{x})$ 和 $f(\mathbf{y})$ 的加权平均数。

于是，一个凹函数必满足不等式

$$f(\mathbf{x}) \leqslant f(\mathbf{y}) + \mathbf{D}f(\mathbf{y})(\mathbf{x} - \mathbf{y})$$

在二维情况下，我们可以将其记为

$$f(x_1, x_2) \leqslant f(y_1, y_2) + \left(\frac{\partial f(y_1, y_2)}{\partial x_1} \quad \frac{\partial f(y_1, y_2)}{\partial x_2}\right)\begin{bmatrix} x_1 - y_1 \\ x_2 - y_2 \end{bmatrix}$$

或者，进行乘法运算，

$$f(x_1, x_2) \leqslant f(y_1, y_2) + \frac{\partial f(y_1, y_2)}{\partial x_1}(x_1 - y_1) + \frac{\partial f(y_1, y_2)}{\partial x_2}(x_2 - y_2)$$

这是一维条件的自然推广。

也有一个对凹性二阶导数条件的良好推广。回想在一维情况下，凹函数的二阶导数必小于或等于零。在多维情况下，对凹性的条件是二阶导数矩阵在每一点上都是半负定的。从几何图形上看，这意味着，凹函数的图形必在每一方向上都"弯离"其切平面。这意味着对凹函数来说，最大化的二阶条件自动得到满足。同理，凸函数的海塞矩阵必为半正定的。

如果一个函数的海塞矩阵在每一点上都是负定的，那么函数必是严格凹的。然而逆命题不成立：一个严格凹函数的海塞矩阵在某些点上可能是奇异的。即使对一维情况这也是对的；考虑函数 $-x^4$ 在 $x=0$ 时的情形。

☐ 拟凹函数和拟凸函数

一个函数 $f: R^n \to R$ 是**拟凹的**（quasiconcave），如果该函数的上轮廓集都是凸集。换句话说，对所有的 a 值，$\{\mathbf{x} \in R^n: f(\mathbf{x}) \geqslant a\}$ 形式的集合都是凸的。一个函数 $f(\mathbf{x})$ 是**拟凸的**（quasiconvex），如果 $-f(\mathbf{x})$ 是拟凹的。

27.3 约束最大化

考虑以下形式的约束最大化问题

$$\max_{x_1, x_2} f(x_1, x_2)$$
$$\text{s. t. } g(x_1, x_2) = 0$$

为了说明这个问题的一阶条件和二阶条件，宜用**拉格朗日函数**：

$$L(\lambda, x_1, x_2) = f(x_1, x_2) - \lambda g(x_1, x_2)$$

变量 λ 被称为**拉格朗日乘子**（Lagrange multiplier）。我们将会看到，事实证明它有一个有用的经济解释。

一阶条件要求，拉格朗日函数对其每个自变量的导数皆为零。

$$\frac{\partial L}{\partial x_1} = \frac{\partial f}{\partial x_1} - \lambda \frac{\partial g}{\partial x_1} = 0$$

$$\frac{\partial L}{\partial x_2} = \frac{\partial f}{\partial x_2} - \lambda \frac{\partial g}{\partial x_2} = 0$$

$$\frac{\partial L}{\partial \lambda} = -g(x_1, x_2) = 0$$

有 x_1、x_2 和 λ 三个未知数及三个方程；通常能够解出这个方程组的最优选择。

n 维最优化问题有同样的一般结构。问题为

$$\max_{\mathbf{x}} f(\mathbf{x})$$
$$\text{s. t. } g(\mathbf{x}) = 0$$

于是拉格朗日函数变为

$$L = f(\mathbf{x}) - \lambda g(\mathbf{x})$$

$n+1$ 个一阶条件有如下形式：

$$\frac{\partial L}{\partial x_i} = \frac{\partial f(\mathbf{x})}{\partial x_i} - \lambda \frac{\partial g(\mathbf{x})}{\partial x_i} = 0 \quad i = 1, \cdots, n$$

$$\frac{\partial L}{\partial \lambda} = -g(\mathbf{x}) = 0$$

二阶条件利用了拉格朗日函数的海塞矩阵。在二维问题中，它是

$$\mathbf{D}^2 L(x_1, x_2) = \begin{pmatrix} \dfrac{\partial^2 L}{\partial x_1^2} & \dfrac{\partial^2 L}{\partial x_1 \partial x_2} \\[2mm] \dfrac{\partial^2 L}{\partial x_2 \partial x_1} & \dfrac{\partial^2 L}{\partial x_2^2} \end{pmatrix}$$

$$= \begin{pmatrix} \dfrac{\partial^2 f}{\partial x_1^2} - \lambda \dfrac{\partial^2 g}{\partial x_1^2} & \dfrac{\partial^2 f}{\partial x_1 \partial x_2} - \lambda \dfrac{\partial^2 g}{\partial x_1 \partial x_2} \\[2mm] \dfrac{\partial^2 f}{\partial x_2 \partial x_1} - \lambda \dfrac{\partial^2 g}{\partial x_2 \partial x_1} & \dfrac{\partial^2 f}{\partial x_2^2} - \lambda \dfrac{\partial^2 g}{\partial x_2^2} \end{pmatrix}$$

二阶条件要求这个矩阵在线性约束下必须是半负定的

$$\mathbf{h}^t \, \mathbf{D}^2 L(\mathbf{x}) \mathbf{h} \leqslant 0, \text{对所有满足 } \mathbf{D}g(\mathbf{x})\mathbf{h} = 0 \text{ 的 } \mathbf{h}$$

直观地，这个条件要求，对于沿与约束面相切方向的任何变化，海塞矩阵是半负定的。

如果海塞矩阵在约束下是负定的，那么我们称有**正则最大值**（regular maximum）。一个正则最大值必是一个严格的局部最大值，但反过来说就不一定正确了。

27.4　一个替代性的二阶条件

在正则局部最大值的情形下，二阶条件有一个替代性的表述方法。在此情形下，考察一个特定的受线性约束的矩阵是否负定，可以简化为对某一矩阵的各种行列式符号的检验。

考虑拉格朗日函数的二阶导数矩阵，它包含关于拉格朗日乘子 λ 的各个导数。如果有两个选择变量和一个约束，这个矩阵看起来像这样：

$$\mathbf{D}^2 L(\lambda, x_1, x_2) = \begin{pmatrix} \dfrac{\partial^2 L}{\partial \lambda^2} & \dfrac{\partial^2 L}{\partial \lambda \partial x_1} & \dfrac{\partial^2 L}{\partial \lambda \partial x_2} \\[2mm] \dfrac{\partial^2 L}{\partial x_1 \partial \lambda} & \dfrac{\partial^2 L}{\partial x_1^2} & \dfrac{\partial^2 L}{\partial x_1 \partial x_2} \\[2mm] \dfrac{\partial^2 L}{\partial x_2 \partial \lambda} & \dfrac{\partial^2 L}{\partial x_2 \partial x_1} & \dfrac{\partial^2 L}{\partial x_2^2} \end{pmatrix} \qquad (27.3)$$

运用拉格朗日函数的定义与一阶条件直接计算下列导数：

$$\frac{\partial^2 L}{\partial \lambda^2} = 0$$

$$\frac{\partial^2 L}{\partial\lambda\partial x_1}=\frac{\partial^2 L}{\partial x_1\partial\lambda}=-\frac{\partial g(\mathbf{x})}{\partial x_1}$$

$$\frac{\partial^2 L}{\partial\lambda\partial x_2}=\frac{\partial^2 L}{\partial x_2\partial\lambda}=-\frac{\partial g(\mathbf{x})}{\partial x_2}$$

将这些表达式代入式（27.3），就得到了**加边海塞**（bordered Hessian）矩阵：

$$\begin{pmatrix} 0 & -\dfrac{\partial g}{\partial x_1} & -\dfrac{\partial g}{\partial x_2} \\[2mm] -\dfrac{\partial g}{\partial x_1} & \dfrac{\partial^2 L}{\partial x_1^2} & \dfrac{\partial^2 L}{\partial x_1\partial x_2} \\[2mm] -\dfrac{\partial g}{\partial x_2} & \dfrac{\partial^2 L}{\partial x_2\partial x_1} & \dfrac{\partial^2 L}{\partial x_2^2} \end{pmatrix}$$

注意，这个矩阵有如下形式：

$$\begin{pmatrix} 0 & b_1 & b_2 \\ b_1 & h_{11} & h_{12} \\ b_2 & h_{21} & h_{22} \end{pmatrix}$$

其中"边缘项"是约束条件的负的一阶导数，h_{ij} 项是拉格朗日函数关于选择变量的二阶导数。如果有 n 个选择变量和 1 个约束条件，加边海塞矩阵将是 $n+1$ 维方阵。下面我们给出有四个选择变量的例子。

于是，在正则最大值且 $b_1\neq 0$ 的情形下，上述二阶条件意味着该加边海塞矩阵有一个正的行列式。对此的证明并不困难，但相当乏味，故省略。

值得注意的是，如果我们对加边海塞矩阵行列式的第一行和第一列乘以 -1，它的符号将不变。这个运算将消除边上的负号并使表达式显得更简洁。一些作者一开始就以这种方式表达加边海塞矩阵。然而，如果你那么做，以下事实就不那么明显了：加边海塞矩阵恰是拉格朗日函数的包含了关于 λ 的导数的海塞矩阵。

如果有 n 个选择变量和 1 个约束条件，加边海塞矩阵将是一个 $(n+1)\times(n+1)$ 矩阵。在此情况下，我们不得不检验加边海塞矩阵各个子矩阵的行列式。我们用一个 4×4 加边海塞矩阵的例子说明这种算法。像前面一样将边缘项记为 b_i，海塞项记为 h_{ij}，于是加边海塞矩阵成为

$$\begin{pmatrix} 0 & b_1 & b_2 & b_3 & b_4 \\ b_1 & h_{11} & h_{12} & h_{13} & h_{14} \\ b_2 & h_{21} & h_{22} & h_{23} & h_{24} \\ b_3 & h_{31} & h_{32} & h_{33} & h_{34} \\ b_4 & h_{41} & h_{42} & h_{43} & h_{44} \end{pmatrix}$$

考虑一个正则最大值的情形，其中海塞矩阵是约束下负定的，且假设 $b_1\neq 0$。那么二阶条件的一个等价集合是下列行列式条件必须成立：

$$\det\begin{pmatrix} 0 & b_1 & b_2 \\ b_1 & h_{11} & h_{12} \\ b_2 & h_{21} & h_{22} \end{pmatrix} > 0$$

$$\det\begin{pmatrix} 0 & b_1 & b_2 & b_3 \\ b_1 & h_{11} & h_{12} & h_{13} \\ b_2 & h_{21} & h_{22} & h_{23} \\ b_3 & h_{31} & h_{32} & h_{33} \end{pmatrix} < 0$$

$$\det\begin{pmatrix} 0 & b_1 & b_2 & b_3 & b_4 \\ b_1 & h_{11} & h_{12} & h_{13} & h_{14} \\ b_2 & h_{21} & h_{22} & h_{23} & h_{24} \\ b_3 & h_{31} & h_{32} & h_{33} & h_{34} \\ b_4 & h_{41} & h_{42} & h_{43} & h_{44} \end{pmatrix} > 0$$

对一个任意数目的要素，同样的模式成立。我们这样表达这个条件：加边海塞矩阵的自然顺序主子式的符号必须交替。

对正则局部最小值的二阶条件是类似的，即这同一组行列式必须都是负的。

□ 如何记忆二阶条件

要记住有关二阶条件的所有行列式条件，你或许会感到困难——至少我是这样。所以这里给出一种考虑这些条件的简易方法。

正定矩阵的最简单的例子是单位阵。计算其行列式，很容易看出，单位阵的主子式都是正的。

负定矩阵的最简单的例子是负的单位阵。不难看出，这个矩阵主子式的符号必定交替：

$$\begin{vmatrix} -1 & 0 \\ 0 & -1 \end{vmatrix} > 0$$

$$\begin{vmatrix} -1 & 0 & 0 \\ 0 & -1 & 0 \\ 0 & 0 & -1 \end{vmatrix} = -1\begin{vmatrix} -1 & 0 \\ 0 & -1 \end{vmatrix} < 0$$

假设我们有一个线性约束下的正定矩阵，其最简单的情形是受 $(h_1, h_2)(1, 1) = 0$ 约束的一个单位阵。这给出了加边海塞矩阵

$$\begin{pmatrix} 0 & 1 & 1 \\ 1 & 1 & 0 \\ 1 & 0 & 1 \end{pmatrix}$$

左上角子式为

$$\begin{vmatrix} 0 & 1 \\ 1 & 1 \end{vmatrix} = -1 < 0$$

整个矩阵的行列式按第一列展开，其值为

$$-1\begin{vmatrix} 1 & 1 \\ 0 & 1 \end{vmatrix} + 1\begin{vmatrix} 1 & 1 \\ 1 & 0 \end{vmatrix} = -2$$

因此，约束下的矩阵为正定的条件是，加边海塞矩阵的所有主子式都是负的。

下一步我们考察约束下为半负定的矩阵。再一次采用最简单的例子：负的单位阵和约束 $(h_1, h_2)(1, 1) = 0$。这给出了加边海塞矩阵

$$\begin{pmatrix} 0 & 1 & 1 \\ 1 & -1 & 0 \\ 1 & 0 & -1 \end{pmatrix}$$

两个主子式为

$$\begin{vmatrix} 0 & 1 \\ 1 & -1 \end{vmatrix} = -1 < 0$$

和

$$\begin{vmatrix} 0 & 1 & 1 \\ 1 & -1 & 0 \\ 1 & 0 & -1 \end{vmatrix} = -\begin{vmatrix} 1 & 1 \\ 0 & -1 \end{vmatrix} + \begin{vmatrix} 1 & 1 \\ -1 & 0 \end{vmatrix} = 2 > 0$$

因此，我们要求主子式符号交替。

□ 包络定理

考虑如下形式的一个参数化的最大化问题：

$$M(a) = \max_{x_1, x_2} g(x_1, x_2, a)$$
$$\text{s. t. } h(x_1, x_2, a) = 0$$

这个问题的拉格朗日函数为

$$L = g(x_1, x_2, a) - \lambda h(x_1, x_2, a)$$

一阶条件为

$$\frac{\partial g}{\partial x_1} - \lambda \frac{\partial h}{\partial x_1} = 0$$

$$\frac{\partial g}{\partial x_2} - \lambda \frac{\partial h}{\partial x_2} = 0 \qquad\qquad (27.4)$$

$$h(x_1, x_2, a) = 0$$

这些条件决定最优选择函数 $(x_1(a), x_2(a))$，该函数又决定最大值函数

$$M(a) \equiv g(x_1(a), x_2(a), a) \tag{27.5}$$

包络定理给出了在最大化问题中值函数关于一个参数的导数的公式。明确地，这个公式为

$$\frac{dM(a)}{da} = \frac{\partial \mathcal{L}(\mathbf{x}, a)}{\partial a} \bigg|_{\mathbf{x}=\mathbf{x}(a)}$$

$$= \frac{\partial g(x_1, x_2, a)}{\partial a} \bigg|_{\mathbf{x}=\mathbf{x}(a)} - \lambda \frac{\partial h(x_1, x_2, a)}{\partial a} \bigg|_{\mathbf{x}=\mathbf{x}(a)}$$

同前面一样，对偏导数的解释需要特别谨慎：它们是 g 和 h 在保持 x_1 和 x_2 于其最优值不变的条件下对 a 的导数。

包络定理的证明为一个直接的计算。对恒等式（27.5）求微分，得

$$\frac{dM}{da} = \frac{\partial g}{\partial x_1} \frac{dx_1}{da} + \frac{\partial g}{\partial x_2} \frac{dx_2}{da} + \frac{\partial g}{\partial a}$$

运用一阶条件（27.4）进行替代，得

$$\frac{dM}{da} = \lambda \left(\frac{\partial h}{\partial x_1} \frac{dx_1}{da} + \frac{\partial h}{\partial x_2} \frac{dx_2}{da} \right) + \frac{\partial g}{\partial a} \tag{27.6}$$

现在看到，最优选择函数必须恒满足约束 $h(x_1(a), x_2(a), a) \equiv 0$。对这个恒等式对于 a 求微分，我们有

$$\frac{\partial h}{\partial x_1} \frac{dx_1}{da} + \frac{\partial h}{\partial x_2} \frac{dx_2}{da} + \frac{\partial h}{\partial a} \equiv 0 \tag{27.7}$$

将式（27.7）代入式（27.6）得

$$\frac{dM}{da} = -\lambda \frac{\partial h}{\partial a} + \frac{\partial g}{\partial a}$$

这就是所求的结果。

27.5 不等式约束的约束最大化

在经济学的许多问题中，运用不等式约束是很自然的。这里我们考察这类问题一阶条件的适当形式。

令 $f: R^n \rightarrow R$ 及 $g_i: R^n \rightarrow R$，$i = 1, \cdots, k$，考虑最优化问题

$$\max f(\mathbf{x}) \tag{27.8}$$

$$\text{s. t. } g_i(\mathbf{x}) \leqslant 0 \quad i = 1, \cdots, k$$

点集 $\{\mathbf{x}: g_i(\mathbf{x}^*) \leqslant 0 \ i = 1, \cdots, k\}$ 叫作**可行集**（feasible set）。如果在某一特定的 $\mathbf{x}^*$，我们有 $g_i(\mathbf{x}^*) = 0$，我们称第 i 个约束是**束紧约束**（binding constraint）；

否则我们就称第 i 个约束不是束紧的，或是**松弛约束**（slack constraint）。

令 $G(\mathbf{x}^*)$ 为在 $\mathbf{x}^*$ 处的束紧约束的梯度集：

$$G(\mathbf{x}^*)=\{\mathbf{D}g_i(\mathbf{x}^*)\quad\text{对所有满足 } g_i(\mathbf{x}^*)=0 \text{ 的 } i\}$$

如果向量集 $G(\mathbf{x}^*)$ 是线性无关的，那么我们称**约束规格**（constraint qualification）成立。

库恩-塔克定理（Kuhn-Tucker theorem）：如果 $\mathbf{x}^*$ 是问题（27.8）的解且约束规格在 $\mathbf{x}^*$ 成立，那么存在一组**库恩-塔克乘子** $\lambda_i\geqslant0$，$i=1,\cdots,k$，使得

$$\mathbf{D}f(\mathbf{x}^*)=\sum_{i=1}^{k}\lambda_i\mathbf{D}g_i(\mathbf{x}^*)$$

进一步地，我们有**互补松弛**（complementary slackness）条件

$$\lambda_i\geqslant0\quad\text{对所有 } i$$
$$\lambda_i=0\quad\text{如果 } g_i(\mathbf{x}^*)<0$$

比较库恩-塔克定理与拉格朗日乘数定理，我们发现主要区别在于，库恩-塔克乘子的符号是非负的，而拉格朗日乘子的符号可以是任意的。这一增加的信息有时可以是很有用的。

当然，库恩-塔克定理仅是最大值的一个必要条件。然而，在一个重要的情形里，它是必要且充分的。

库恩-塔克充分性：假设 f 是一个凹函数，g_i 是一个凸函数，$i=1,\cdots,k$。令 $\mathbf{x}^*$ 为一个可行点，并假设我们能够找到与互补松弛一致的非负数 λ_i，符合互补松弛条件并使得 $\mathbf{D}f(\mathbf{x}^*)=\sum_{i=1}^{k}\lambda_i\mathbf{D}g(\mathbf{x}^*)$。那么 $\mathbf{x}^*$ 是最大化问题（27.8）的解。

证明：令 $\mathbf{x}$ 是可行点，由于 f 是凹的，我们可以写出

$$f(\mathbf{x})\leqslant f(\mathbf{x}^*)+\mathbf{D}f(\mathbf{x}^*)(\mathbf{x}-\mathbf{x}^*)$$

运用定理的假设，我们可以将它写成

$$f(\mathbf{x})\leqslant f(\mathbf{x}^*)+\sum_{i=1}^{k}\lambda_i\mathbf{D}g_i(\mathbf{x}^*)(\mathbf{x}-\mathbf{x}^*)\tag{27.9}$$

由于 $g_i(\mathbf{x})$ 是凸的，我们有

$$g_i(\mathbf{x})\geqslant g_i(\mathbf{x}^*)+\mathbf{D}g_i(\mathbf{x}^*)(\mathbf{x}-\mathbf{x}^*)\tag{27.10}$$

如果约束 i 是束紧的，则 $g_i(\mathbf{x})\leqslant g_i(\mathbf{x}^*)=0$；因为对所有束紧约束 $\lambda_i\geqslant0$，$\lambda_i\mathbf{D}g_i(\mathbf{x}^*)(\mathbf{x}-\mathbf{x}^*)\leqslant0$。如果约束 i 是松弛的，$\lambda_i=0$。将这些应用到不等式（27.9）中，我们得到和中的每一项都小于或等于零，所以 $f(\mathbf{x})\leqslant f(\mathbf{x}^*)$，这正是所要求的。

27.6 设立库恩-塔克问题

约束最大值问题与约束最小值问题的拉格朗日条件是一样的，因为它们仅处理一阶条件。如果正确地设立问题，库恩-塔克条件也是一样的。一般地，在应用这个定理之前需要进行某些处理。

回顾一下，我们表述了如下形式的最大化问题的库恩-塔克条件：

$$\max_{\mathbf{x}} f(\mathbf{x})$$
$$\text{s. t. } g_i(\mathbf{x}) \leqslant 0 \quad i = 1, \cdots, k$$

这个问题的拉格朗日函数为

$$L = f(\mathbf{x}) - \sum_{i=1}^{k} \lambda_i g_i(\mathbf{x})$$

当问题以这种方式设立时，库恩-塔克乘子确保为非负的。

在某些问题中，约束要求某函数大于或等于零。在此情形下，我们必须用 -1 乘以约束，使其形式适于运用库恩-塔克条件。例如，假设我们有问题

$$\max_{\mathbf{x}} f(\mathbf{x})$$
$$\text{s. t. } h_i(\mathbf{x}) \geqslant 0 \quad i = 1, \cdots, k$$

这等价于问题

$$\max_{\mathbf{x}} f(\mathbf{x})$$
$$\text{s. t. } -h_i(\mathbf{x}) \leqslant 0 \quad i = 1, \cdots, k$$

这是所需的形式。

这个问题的拉格朗日函数变为

$$L = f(\mathbf{x}) - \sum_{i=1}^{k} \lambda_i[-h_i(\mathbf{x})] = f(\mathbf{x}) + \sum_{i=1}^{k} \lambda_i[h_i(\mathbf{x})]$$

由于作了变换的问题有适当的形式，乘子（λ_i）确保为非负的。

假定我们在研究一个最小化问题。那么为了使库恩-塔克乘子有正确的（非负的）符号，我们必须将问题设成如下形式：

$$\min_{\mathbf{x}} f(\mathbf{x})$$
$$\text{s. t. } g_i(\mathbf{x}) \geqslant 0 \quad i = 1, \cdots, k$$

注意，最小化问题需要大于号不等式，而最大化问题需要小于号不等式。

27.7 最大值的存在与连续性

考虑如下形式的参数化的最大化问题：

$$M(a) = \max f(\mathbf{x}, a) \tag{27.11}$$
$$\text{s. t. } \mathbf{x} \in G(a)$$

最优值的存在性：如果约束集 $G(a)$ 是非空且紧的，函数 f 是连续的，那么这个最大化问题存在一个解 $\mathbf{x}^*$。

最优值的唯一性：如果函数 f 是严格凹的，且约束集是凸的，那么，若解存在，则它是唯一的。

令 $\mathbf{x}(a)$ 为问题（27.11）的一个解。令人感兴趣的通常是知道何时 $\mathbf{x}(a)$ 有良好的行为。我们必须面临的第一个问题是，$\mathbf{x}(a)$ 一般来说或许不是一个函数：一般地，或许有几个点是最优化问题的解。也就是，对每一个 a，$\mathbf{x}(a)$ 将是一个点集。一个**对应**（correspondence）是联系每一个 a 与一个 $\mathbf{x}$ 的集合的一项规则。我们要考察当 a 变化时，点集 $\mathbf{x}(a)$ 如何变化；特别地，我们希望知道何时 $\mathbf{x}(a)$ 会随着 a 的变化而"连续地"变化。

结果有两种对应的恰当的连续性的定义。如果当 a 略微变化时集合 $\mathbf{x}(a)$ 没有"急剧膨胀"，那么我们称这种对应是**上半连续的**（upper-semicontinuous）。如果当 a 略微变化时集合 $\mathbf{x}(a)$ 没有"急剧收缩"，我们就称这种对应为**下半连续的**（lower-semicontinuous）。如果一个对应既是上半连续又是下半连续的，那么就称它是**连续的**。

最大值定理（theorem of the maximum）：令 $f(\mathbf{x}, a)$ 为有一紧值域的一个连续函数，假设约束集 $G(a)$ 是 a 的一个非空、紧值、连续的对应，那么：（1）$M(a)$ 是一个连续函数，（2）$\mathbf{x}(a)$ 是一个上半连续的对应。

如果对应 $\mathbf{x}(a)$ 恰好是单值的，使得 $\mathbf{x}(a)$ 为一个函数，那么它将是一个连续函数。

注　释

关于经济学中最优化的直观讨论和例子见 Dixit（1990）。更深入的讨论见 Blume & Simon（1991）。更多的关于对应的拓扑性质的讨论见 Berge（1963）和 Hildenbrand & Kirman（1988）。

参考文献

Abreu, D. (1986). Extremal equilibria of oligopolistic supergames. *Journal of Economic Theory*, *39*, 191 – 225.

Afriat, S.. (1967). The construction of a utility function from expenditure data. *International Economic Review*, *8*, 67 – 77.

Akerlof, G. (1970). The market for lemons: Quality uncertainty and the market mechanism. *Quarterly Journal of Economics*, *89*, 488 – 500.

Anscombe, F. & Aumann, R. (1963). A definition of subjective probability. *Annals of Mathematical Statistics*, *34*, 199 – 205.

Arrow, K. (1951). An extension of the basic theorems of classical welfare economics. In P. Newman (Ed.), *Readings in Mathematical Economics*. Baltimore: Johns Hopkins Press.

Arrow, K. (1970). *Essays in the Theory of Risk Bearing*. Chicago: Markham.

Arrow, K. & Debreu, G. (1954). Existence of equilibrium for a competitive economy. *Econometrica*, *22*, 265 – 290.

Arrow, K. & Hahn, F. (1971). *General Competitive Analysis*. San Francisco: Holden-Day.

Atkinson, T. & Stiglitz, J. (1980). *Lectures on Public Economics*. New York: McGraw-Hill.

Aumann, R. (1987). Game theory. In J. Eatwell, M. Milgate, & P. Newman (Eds.), *The New Palgrave*. London: MacMillan Press.

Berge, C. (1963). *Topological Spaces*. New York: Macmillan.

Bergstrom, T., Blume, L., & Varian, H. (1986). On the private provision of public goods. *Journal of Public Economics*, *29* (1), 25 – 49.

Binmore, K. (1982). *Mathematical Analysis* (2 ed.). Cambridge: Cambridge University Press.

Binmore, K. (1983). *Calculus*. Cambridge: Cambridge University Press.

Binmore, K. (1991). *Fun and Games*. San Francisco: Heath.

Binmore, K. & Dasgupta, P. (1987). *The Economics of Bargaining*. Oxford: Basil Blackwell.

Blackorby, C., Primont, D., & Russell, R. (1979). *Duality, Separability and*

Functional Structure: Theory and Economic Applications. Amsterdam: North-Holland.

Blackorby, C. & Russell, R. R. (1989). Will the real elasticity of substitution please stand up. *American Economic Review*, *79* (4), 882 – 888.

Blume, L. & Simon, C. (1991). *Mathematics for Economists*. New York: W. W. Norton & Co.

Clarke, E. (1971). Multipart pricing of public goods. *Public Choice*, *11*, 17 – 33.

Coase, R. (1960). The problem of social cost. *Journal of Law and Economics*, *3*, 1 – 44.

Cook, P. (1972). A one-line proof of the Slutsky equation. *American Economic Review*, *42*, 139.

Davidson, C. & Deneckere, R. (1986). Long-run competition in capacity, short-run competition in price, and the Cournot model. *RAND Journal of Economics*, *17*, 404 – 415.

Deaton, A. & Muellbauer, J. (1980). *Economics and Consumer Behavior*. Cambridge: Cambridge University Press.

Debreu, G. (1953). Valuation equilibrium and Pareto optimum. In K. Arrow & T. Scitovsky (Eds.), *Readings in Welfare Economics*. Homewood, Ill.: Irwin.

Debreu, G. (1959). *Theory of Value*. New York: Wiley.

Debreu, G. (1964). Continuity properties of Paretian utility. *International Economic Review*, *5*, 285 – 293.

Debreu, G. (1974). Excess demand functions. *Journal of Mathematical Eco-nomics*, *1*, 15 – 22.

Debreu, G. & Scarf, H. (1963). A limit theorem on the core of an economy. *International Economic Review*, *4*, 235 – 246.

Dierker, E. (1972). Two remarks on the number of equilibria of an economy. *Econometrica*, *40*, 951 – 953.

Diewert, E. (1974). Applications of duality theory. In M. Intriligator & D. Kendrick (Eds.), *Frontiers of Quantitative Economics*. Amsterdam: North-Holland.

Dixit, A. (1986). Comparative statics for oligopoly. *International Economic Review*, *27*, 107 – 122.

Dixit, A. (1990). *Optimization in Economic Theory* (2 ed.). Oxford: Oxford University Press.

Dowrick, S. (1986). von Stackelberg and Cournot duopoly: Choosing roles. *Rand Journal of Economics*, *17* (1), 251 – 260.

Friedman, J. (1971). A noncooperative equilibrium for supergames. *Review of Economic Studies*, *38*, 1 – 12.

Frisch, R. (1965). *Theory of Production*. Chicago: Rand McNally.

Fudenberg, D. & Tirole, J. (1991). *Game Theory*. Cambridge: MIT Press.

Geanakoplos, J. (1987). Overlapping generations model of general equilibrium. In J. Eatwell, M. Milgate, & P. Newman (Eds.), *The New Palgrave*. London: MacMillan Press.

Gorman, T. (1953). Community preference fields. *Econometrica*, *21*, 63 – 80.

Groves, T. (1973). Incentives in teams. *Econometrica*, *41*, 617 – 631.

Harsanyi, J. (1967). Games of incomplete information played by Bayesian players. *Management Science*, *14*, 159 – 182, 320 – 334, 486 – 502.

Hart, O. & Holmström, B. (1987). The theory of contracts. In T. Bewley (Ed.), *Advances in Economic Theory*. Cambridge: Cambridge University Press.

Herstein, I. & Milnor, J. (1953). An axiomatic approach to measurable utility. *Econometrica*, *21*, 291 – 297.

Hicks, J. (1932). *Theory of Wages*. London: Macmillan.

Hicks, J. (1946). *Value and Capital*. Oxford, England: Clarendon Press.

Hicks, J. (1956). *A Revision of Demand Theory*. London: Oxford University Press.

Hildenbrand, W. & Kirman, A. (1988). *Equilibrium Analysis*. Amsterdam: North-Holland.

Holmström, B. & Milgrom, P. (1987). Aggregation and linearity in the provision of intertemporal incentives. *Econometrica*, *55*, 303 – 328.

Hotelling, H. (1932). Edgeworth's taxation paradox and the nature of demand and supply function. *Political Economy*, *40*, 577 – 616.

Hurwicz, L. & Uzawa, H. (1971). On the integrability of demand functions. In J. Chipman, L. Hurwicz, M. Richter, & H. Sonnenschein (Eds.), *Preferences, Utility, and Demand*. New York: Harcourt, Brace, Jovanovich.

Ingersoll, J. (1987). *Theory of Financial Decision Making*. Totowa, New Jersey: Rowman & Littlefield.

Kierkegaard, S. (1938). *The Journals of Soren Kierkegaard*. Oxford: Oxford University Press.

Koopmans, T. (1957). *Three Essays on the State of Economic Science*. New Haven: Yale University Press.

Kreps, D. (1990). *A Course in Microeconomic Theory*. Princeton University Press.

Kreps, D. & Scheinkman, J. (1983). Quantity pre-commitment and Bertrand competition yield Cournot outcomes. *Bell Journal of Economics*, *14*, 326 – 337.

Ledyard, J. (1986). The scope of the hypothesis of Bayesian equilibrium. *Journal of Economic Theory*, *39*, 59 – 82.

Lindahl, E. (1919). Just taxation—a positive solution. In R. Musgrave & A. Peacock (Eds.), *Classics in the Theory of Public Finance*. London: Macmillan.

Machina, M. (1982). 'Expected utility' analysis without the independence axiom. *Econometrica*, *50*, 277 – 323.

Marshall, A. (1920). *Principles of Economics*. London: Macmillan.

Maskin, E. & Roberts, K. (1980). On the fundamental theorems of general equilibrium. Technical Report 43, Cambridge University, Cambridge, England.

McFadden, D. (1978). Cost, revenue, and profit functions. In M. Fuss & D. McFadden (Eds.), *Production Economics: A*

Dual Approach to Theory and Applications. Amsterdam: North-Holland.

McFadden, D. & Winter, S. (1968). *Lecture Notes on Consumer Theory*. University of California at Berkeley: Unpublished.

McKenzie, L. (1954). On equilibrium in Graham's model of world trade and other competitive systems. *Econometrica*, *22*, 147 - 161.

McKenzie, L. (1957). Demand theory without a utility index. *Review of Economic Studies*, *24*, 183 - 189.

Milgrom, P. (1981). Good news and bad news: Representation theorems and applications. *Bell Journal of Economics*, *13*, 380 - 391.

Milgrom, P. & Roberts, J. (1982). Limit pricing and entry under incomplete information: An equilibrium analysis. *Econometrica*, *50*, 443 - 459.

Mirrlees, J. (1982). The theory of optimal taxation. In K. Arrow & M. Intriligator (Eds.), *Handbook of Mathematical Economics*, volume II. Amsterdam: North-Holland.

Myerson, R. (1986). An introduction to game theory. In S. Reiter (Ed.), *Studies in Mathematical Economics*. Mathematical Association of America.

Myerson, R. (1991). *Game Theory*. Cambridge: Harvard University Press.

Nash, J. (1950). Equilibrium points in *n*-person games. *Proceedings of the National Academy of Sciences*, *36*, 48 - 49.

Nash, J. (1951). Non-cooperative games. *Annals of Mathematics*, *54*, 286 - 295.

Negisihi, T. (1960). Welfare economics and the existence of an equilibrium for a competitive economy. *Metroeconomica*, *12*, 92 - 97.

Neumann, J. & Morgenstern, O. (1944). *Theory of Games and Economic Behavior*. Princeton, NJ: Princeton University Press.

Novshek, W. (1980). Cournot equilibrium with free entry. *Review of Economic Studies*, *47*, 473 - 486.

Pigou, A. (1920). *The Economics of Welfare*. London: Macmillan.

Pollak, R. (1969). Conditional demand functions and consumption theory. *Quarterly Journal of Economics*, *83*, 60 - 78.

Pratt, J. (1964). Risk aversion in the small and in the large. *Econometrica*, *32*, 122 - 136.

Rasmusen, E. (1989). *Games and Information*. Oxford: Basil Blackwell.

Ross, S. (1976). The arbitrage theory of capital asset pricing. *Journal of Economic Theory*, *13*, 341 - 360.

Ross, S. (1977). The capital asset pricing model (CAPM), short sales restrictions and related issues. *Journal of Finance*, *32*, 177 - 183.

Ross, S. (1978). A simple approach to the valuation of risky streams. *Journal of Business*, *51*, 453 - 475.

Rothschild, M. & Stiglitz, J. (1976). Equilibrium in competitive insurance markets: An essay on the economics of imperfect information. *Quarterly Journal of Economics*, *80*, 629 – 649.

Roy, R. (1942). *Del'utilité*. Paris: Hermann.

Roy, R. (1947). La distribution de revenu entre les divers biens. *Econometrica*, *15*, 205 – 225.

Rubinstein, M. (1976). The valuation of uncertain income streams and the pricing of options. *Bell Journal of Economics*, *7*, 407 – 425.

Samuelson, P. (1947). *Foundations of Economic Analysis*. Cambridge, Mass. : Harvard University Press.

Samuelson, P. (1948). Consumption theory in terms of revealed preference. *Econometrica*, *15*, 243 – 253.

Samuelson, P. (1951). Abstract of a theorem concerning substitutability in an open Leontief model. In T. Koopmans (Ed.), *Activity Analysis of Production and Consumption*. New York: Wiley.

Samuelson, P. (1954). The pure theory of public expenditure. *The Review of Economics and Statistics*, *64*, 387 – 389.

Samuelson, P. (1974). Complementarity: An essay on the 40th anniversary of the Hicks-Allen revolution in demand theory. *Journal of Economic Literature*, *64* (4), 1255 – 1289.

Scarf, H. (1973). *The Computation of Economic Equilibrium*. New Haven: Yale University Press.

Shafer, W. & Sonnenschein, H. (1982). Market demand and excess demand functions. In K. Arrow & M. Intriligator (Eds.),

Handbook of Mathematical Economics. Amsterdam: North-Holland.

Shapiro, C. (1989). Theories of oligopoly behavior. In R. Schmalensee & R. Willig (Eds.), *Handbook of Industrial Organization*, volume 1. Amsterdam: North-Holland.

Shephard, R. (1953). *Cost and Production Functions*. Princeton, NJ: Princeton University Press.

Shephard, R. (1970). *Cost and Production Functions*. Princeton, NJ: Princeton University Press.

Silberberg, E. (1974). A revision of comparative statics methodology in economics. *Journal of Economic Theory*, *7*, 159 – 172.

Silberberg, E. (1990). *The Structure of Economics*. New York: McGraw-Hill.

Singh, N. & Vives, X. (1984). Price and quantity competition in a differentiated duopoly. *Rand Journal of Economics*, *15*, 546 – 554.

Sonnenschein, H. (1968). The dual of duopoly is complementary monopoly: or, two of Cournot's theories are one. *Journal of Political Economy*, *36*, 316 – 318.

Spence, M. (1974). *Market Signaling*. Cambridge, Mass. : Harvard University Press.

Spence, M. (1975). Monopoly, quality and regulation. *Bell Journal of Economics*, *6* (2), 417 – 429.

Tirole, J. (1988). *The Theory of Industrial Organization*. Cambridge: MIT Press.

Varian, H. (1980). A model of sales. *American Economic Review*, *70*, 651–659.

Varian, H. (1982). The nonparametric approach to demand analysis. *Econometrica*, *50*, 945–973.

Varian, H. (1984). The nonparametric approach to production analysis. *Econometrica*, *52*, 579–597.

Varian, H. (1985). Price discrimination and social welfare. *American Economic Review*, *75* (4), 870–875.

Varian, H. (1989a). Price discrimination. In *Handbook of Industrial Organization*. Amsterdam: North-Holland.

Varian, H. (1989b). A solution to the problem of externalities when agents are well-informed. Technical report, University of Michigan, Ann Arbor.

Varian, H. (1990). Goodness-of-fit in optimizing models. *Journal of Econometrics*, *46*, 125–140.

von Weizsacker, C. (1971). *Steady State Capital Theory*. New York: Springer-Verlag.

Wald, A. (1951). On some systems of equations in mathematical economics. *Econometrica*, *19*, 368–403.

Walras, L. (1954). *Elements of Pure Economics*. London: Allen and Unwin.

Willig, R. (1976). Consumer's surplus without apology. *American Economic Review*, *66*, 589–597.

Wold, H. (1943). A synthesis of pure demand analysis, I-III. *Skandinavisk Aktuarietidskrift*, *26*, 27.

Yaari, M. (1969). Some remarks on measures of risk aversion and their uses. *Journal of Economic Theory*, *1*, 315–329.

Yokoyama, T. (1968). A logical foundation of the theory of consumer's demand. In P. Newman (Ed.), *Readings in Mathematical Economics*. Baltimore: Johns Hopkins Press.

习题答案

图书在版编目（CIP）数据

微观经济分析：第三版／（美）哈尔·R. 范里安著；
王文举等译 . -- 北京：中国人民大学出版社，2024.1
（经济科学译丛）
ISBN 978-7-300-31772-4

Ⅰ.①微… Ⅱ.①哈… ②王… Ⅲ.①微观经济－经
济分析 Ⅳ.①F016

中国国家版本馆 CIP 数据核字（2023）第 108134 号

"十三五"国家重点出版物出版规划项目
经济科学译丛
微观经济分析（第三版）
哈尔·R. 范里安　著
王文举　滕飞　王方军　孙强　胡文玉　译
王文举　校
Weiguan Jingji Fenxi

出版发行	中国人民大学出版社				
社　　址	北京中关村大街 31 号		邮政编码	100080	
电　　话	010 - 62511242（总编室）		010 - 62511770（质管部）		
	010 - 82501766（邮购部）		010 - 62514148（门市部）		
	010 - 62515195（发行公司）		010 - 62515275（盗版举报）		
网　　址	http://www.crup.com.cn				
经　　销	新华书店				
印　　刷	涿州市星河印刷有限公司				
开　　本	787 mm×1092 mm　1/16		版　　次	2024 年 1 月第 1 版	
印　　张	27.25 插页 2		印　　次	2024 年 12 月第 2 次印刷	
字　　数	543 000		定　　价	88.00 元	

中国人民大学出版社经济类引进版教材推荐

双语教学用书

为适应培养国际化复合型人才的需求，中国人民大学出版社联合众多国际知名出版公司，打造"高等学校经济类双语教学用书"，该系列聘请国内外著名经济学家、学者及一线教师进行审核，努力做到把国外真正高水平的适合国内实际教学需求的优秀教材引进来，供国内外读者参考、研究和学习。

中国人民大学出版社将陆续修订出版该系列丛书中的经典之作，以飨读者。想要了解更多图书具体信息，可扫描下方二维码。

 高等学校经济类双语教学用书书目

经济科学译丛

20 世纪 90 年代中期，中国人民大学出版社推出了"经济科学译丛"系列丛书，引领了国内经济学汉译的第二次浪潮。"经济科学译丛"出版了上百种经济学教材，克鲁格曼《国际经济学》、曼昆《宏观经济学》、平狄克《微观经济学》、博迪《金融学》、米什金《货币金融学》等顶尖经济学教材的出版深受国内经济学专家和读者好评，已经成为中国经济学专业学生的必读教材。

中国人民大学出版社将陆续修订出版该系列丛书中的经典之作，以飨读者。想要了解更多图书具体信息，可扫描下方二维码。

 经济科学译丛书目

金融学译丛

21 世纪初，中国人民大学出版社推出了"金融学译丛"系列丛书，引进金融体系相对完善的国家最权威、最具代表性的金融学著作，将实践证明最有效的金融理论和实用操作方法介绍给中国的广大读者，帮助中国金融界相关人士更好、更快地了解西方金融学的最新动态，寻求建立并完善中国金融体系的新思路，促进具有中国特色的现代金融体系的建立和完善。

中国人民大学出版社将陆续修订出版该系列丛书中的经典之作，以飨读者。想要了解更多图书具体信息，可扫描下方二维码。

 金融学译丛书目